U0881835

SHANGHAI STOCK EXCHANGE STATISTICS ANNUAL

STATISTICS ANNUAL
SHANGHAI STOCK EXCHANGE

上海证券交易所
统计年鉴

2　0　0　6　卷

总　　编：朱从玖
副 总 编：吴雅伦　刘啸东　周勤业　万杜涓
执行总编：蒋建人
编　　辑：石晓成　吴　卓
数据统计：刘　峻　费永建　张全祥
资　　料：薛　钧　周　舶　陆　谳　张志明　李　萌
陈　祁　罗　列　谭　晖　鲍康虎　刘　迅
翁念龙　施杨灵　段长碧　南秋云　洪　泳
赵志刚　章　玲　邹常林　洪　伟　陈志勇
陆志俊
翻　　译：武朝晖

Editor-in-Chief: Zhu Congjiu
Deputy Editor: Wu Yalun, Liu Xiaodong,
Zhou Qinye, Wan Dujuan
Managing Editor: Jiang Jianren
Editor: Shi Xiaocheng, Wu Zhuo
Data: Liu Jun, Fei Yongjian, Zhang Quanxiang
Information: Xue Jun, Zhou Bo, Lu Yan, Zhang Zhiming,
Li Meng, Chen Qi, Luo Lie, Tan Hui, Bao Kanghu,
Liu Xun, Weng Nianlong, Shi Yangling, Duan Changbi
Nan Qiuyun, Hong Yong, Zhao Zhigang, Zhang Ling,
Zou Changlin, Hong Wei, Chen Zhiyong, Lu Zhijun
Translator: Wu Zhaohui

上海證券交易所　编　上海人民出版社

1. 成交数量和成交金额两类指标均按交易的买方或卖方单向计算。

2. 交易数量和交易金额两类指标均按交易的买方和卖方双向计算。

3. 统计范围：在本所上市交易的各类证券，包括股票（A 股、B 股）、基金、权证、企业债（现货、回购）、金融债、国债（现货、回购）等。

4. 统计内容：包括本所上市的各类证券的交易状况和参与者的交易状况，上市公司的股本结构及财务状况，会员情况及其交易状况等。

5. 统计日期：2005 年 1 月 1 日至 2005 年 12 月 31 日。

6. 数据类型：证券数目及会员数目、股本、市值、市盈率、股价、指数等为月底或年底的时点数，不具有可加性；交易金额、交易数量等为全年或某月的时期数字，具有可加性，由相应时期内各交易日的实际数字累加而成。

7. 误差：本年鉴数字采用截尾方式计算，个别数字采用四舍五入方式计算。由于舍入误差，分类数字之和未必等于总额数字。

8. 席位数：包括本所会员申请的席位及其他非会员申请的特别席位，如国债专用席位、B 股境外券商特别席位。

9. 成交笔数：由交易系统完成配对交易的记录数。

10. 数量单位：

(1)股：A 股、B 股均使用 1 元人民币面额为 1 股。对历年曾出现的大于 1 元面额的股票，在本年鉴的数量指标中均已被换算到当前面额。

(2)手：国债现货、国债回购和企业债回购均以 1000 元人民币面额为 1 手。

(3)份：基金以 1 元人民币面额为 1 份。

11. 价格单位：除 B 股价格指标采用美元标价，其他各类证券价格指标均以人民币元标价。

12. 金额单位：除非特别指出，金额单位均以亿元人民币为单位。

13. 发行数量：指在交易所上市证券的已发行总量。

14. 市价总值：指在交易所上市的证券在某一时点按市价与发行数量计算的总金额：

$$\Sigma(\text{市价}\times\text{发行数量})$$

15. 流通数量：指在交易所上市证券的发行数量中可流通交易的数量。

16. 流通市值：指在交易所上市的证券在某一时点按市价与流通数量计算的总金额：

$$\Sigma(\text{市价}\times\text{流通数量})$$

17. 上年每股税后利润：指按上一年度年末股本计算，分配到每一股的净利润。

18. 到期年收益率：按人民银行发布的《银货政[2001]51 号》文件所提供的公式计算。

19. 适用汇率：1 美元=8.0775 元人民币。

20. $\text{净资产倍率}=\dfrac{\text{每股价格}}{\text{每股净资产}}$

21. $\text{市盈率}=\dfrac{\text{股票价格}}{\text{上年每股税后利润}}$

$$\text{平均市盈率}=\frac{\text{总市值}}{\text{总收益}}=\frac{\Sigma(\text{收盘价}\times\text{发行数量})}{\Sigma(\text{每股收益}\times\text{发行数量})}$$

22. 年换手率= Σ日换手率。

23. 回购价格为该品种年收益率。

特别说明 1：股东情况统计是按投资者申请开设股票账户时填写的《上海证券中央登记结算公司记名证券名册登记表》上的身份证编号设置进行的。身份证号码是基本统计单位。目前的统计存在不可避免的误差，且以统计指标“其他”来表现的误差占据了相当的比例。主要原因：（1）因历史原因尚有部分股票账户缺乏身份证号码；（2）部分投资者未使用身份证而使用诸如军官证等特殊证件；（3）由于登记公司以前异地开户采用对异地登记会员先放空号由其代理开户再统一在一个时点汇总资料的方法，故每月统计时均有相当数量的空号出现。

特别说明 2：（1）股票除息时，上证指数不予修正，自然回落。（2）有些指标的绝对数是放大了计量单位的。（3）本年鉴中走势图均为日线图，其标明最高、最低与市场表现中最高最低不同，是因为其最高、最低为收盘价，而市场表现中最高最低为盘中价。（4）未注明成交数量、发行数量的，单位为亿股。

交易天数 No.of Trading Days	2005 年 242	2004 年 243	2003 年 241
上市公司总数 No.of Listed Companies	833	837	780
新上市公司数 No.of New Listed Companies	3	61	67
上市证券总数 No.of Listed Securities	1073	996	914
股票 Stock	878	881	824
基金 Fund	26	25	25
债券现货 Bond Spot	108	72	53
债券回购 Bond Repurchase	57	18	12
权证 Warrant	4	---	---
发行数量(亿) Issued Volume(100 Million)			
股票 Stock	5023.05	4700.55	4170.39
基金 Fund	467.15	398.00	398.00
股票流通数量(亿股) Negotiable Shares(100 Million)	1561.21	1366.58	1157.10
股票市价总值(亿元) Market Capitalization(100 Million RMB Yuan)	23096.13	26014.34	29804.92
股票流通市值(亿元) Market Capitalization of Negotiable Shares(100 Million Yuan)	6754.61	7350.88	8201.14
成交金额(亿元) Trading Value(100 Million Yuan)	49775.61	76927.32	82911.56
股票 Stock	19240.21	26470.60	20824.14
基金 Fund	576.78	249.10	362.16
债券现货 Bond Spot	3219.35	3395.92	6261.71
债券回购 Bond Repurchase	24919.06	46601.81	55334.68
权证 Warrant	1763.07	---	---
集资总额(亿元) Fund Raised(100 Million RMB Yuan)			
A 股 A Share	299.77	456.90	557.41
B 股 B Share	0.000(US$)	0.000(US$)	0.428(US$)
交易情况(亿元) Trading Highlight (100 Million RMB Yuan)			
全年成交金额 Trading Value	49775.61	76927.32	82911.56
日均成交金额 Daily Average Trading Value	205.68	316.57	344.03
平均市盈率 P/E Ratio	16.33	24.23	36.54
股价指数 Index			
上证综合指数 SSE Composite Index	1161.06	1266.50	1497.04
上证 180 指数 SSE 180 Index	2166.78	2362.07	2828.80
上证 50 指数 SSE 50 Index	796.40		
会员公司 Member Companies	151	161	177
投资者(万户) Investor(10 Thousand)	3856.24	3787.22	3643.94

目 录

Contents

目 录

Contents

权 证
Warrant

上市公司
Listed Companies

会员公司
Member Companies

投 资 者
Shareholder

附 录
Appendix

SSE INDICES

股 价 指 数

上证指数数据
Data of SSE Indices
分类指数数据及图表
Data and Chart of Sector Indices

上证指数数据

Data of SSE Indices

上证综合指数历年数据 Data of SSE Composite Index, 1990-2005

年份 Year	开盘 Open	最高 High	日期 Date	最低 Low	日期 Date	收盘 Close
1990	96.05	127.61	12/31	95.79	12/19	127.61
1991	127.61	292.75	12/31	104.96	05/17	292.75
1992	293.74	1429.01	05/26	292.76	01/02	780.39
1993	773.89	1558.98	02/16	750.46	12/20	833.80
1994	837.70	1052.94	09/13	325.89	07/29	647.87
1995	637.72	926.41	05/22	524.43	02/07	555.29
1996	550.26	1258.69	12/11	512.83	01/19	917.02
1997	914.06	1510.18	05/12	870.80	02/20	1194.10
1998	1200.95	1422.95	06/04	1043.02	08/18	1146.70
1999	1144.89	1756.18	06/30	1047.83	05/17	1366.58
2000	1368.69	2125.72	11/23	1361.21	01/04	2073.48
2001	2077.08	2245.44	06/14	1514.86	10/22	1645.97
2002	1643.49	1748.89	06/25	1339.20	01/29	1357.65
2003	1347.43	1649.60	04/16	1307.40	11/13	1497.04
2004	1492.72	1783.01	04/07	1259.43	09/13	1266.50
2005	1260.78	1328.53	02/25	998.23	06/06	1161.06

2005 年股价指数变动 Data of SSE Index Series, 2005

	上年收盘 Close Last Year	本年开盘 Open This Year	本年最高 High	本年最低 Low	本年收盘 Close This Year	增减 Change	增减% Change%
上证 180 指数	2362.07	2349.31	2491.89	1907.86	2166.78	-195.29	-8.27
SSE 180 Index			02/25	06/06			
上证综合指数	1266.50	1260.78	1328.53	998.23	1161.06	-105.44	-8.33
SSE Composite Index			02/25	06/06			
上证 50 指数	842.73	836.99	889.98	693.53	796.40	-46.33	-5.50
SSE 50 Index			02/22	06/06			
上证红利指数	- - -	997.27	1066.03	784.76	891.02	- - -	- - -
SSE Dividend Index			02/25	06/06			
上证 A 股指数	1330.19	1324.13	1394.58	1047.65	1220.93	-109.26	-8.21
SSE A Share Index			02/25	06/06			
上证 B 股指数	75.65	75.56	84.22	50.32	62.02	-13.63	-18.02
SSE B Share Index			03/10	07/21			
上证工业类指数	1004.76	1000.00	1050.70	768.86	908.63	-96.13	-9.57
SSE Industrial Index			02/25	07/19			
上证商业类指数	918.59	914.06	962.33	729.22	879.76	-38.83	-4.23
SSE Commercial Index			03/09	07/19			
上证地产类指数	976.51	973.46	1145.71	675.18	995.27	18.76	1.92
SSE Real Estate Index			02/25	07/18			
上证公用事业类指数	2373.16	2361.29	2484.70	1963.19	2138.03	-235.13	-9.91
SSE Utilities Index			03/09	06/03			
上证综合类指数	1036.16	1032.97	1097.23	843.85	1000.25	-35.91	-3.47
SSE Conglomerates Index			02/25	07/12			
上证基金指数	872.01	866.93	866.93	706.53	840.19	-31.82	-3.65
SSE Fund Index			01/04	06/06			
上证国债指数	95.61	95.64	109.73	95.61	109.06	13.45	14.07
SSE T-Bond Index			10/20	01/04			
上证企业债指数	95.84	95.84	118.98	90.90	118.92	23.08	24.08
SSE C-Bond Index			12/30	01/26			

分类指数数据及图表
Data and Chart of Sector Indices

上证 180 指数　SSE 180 Index

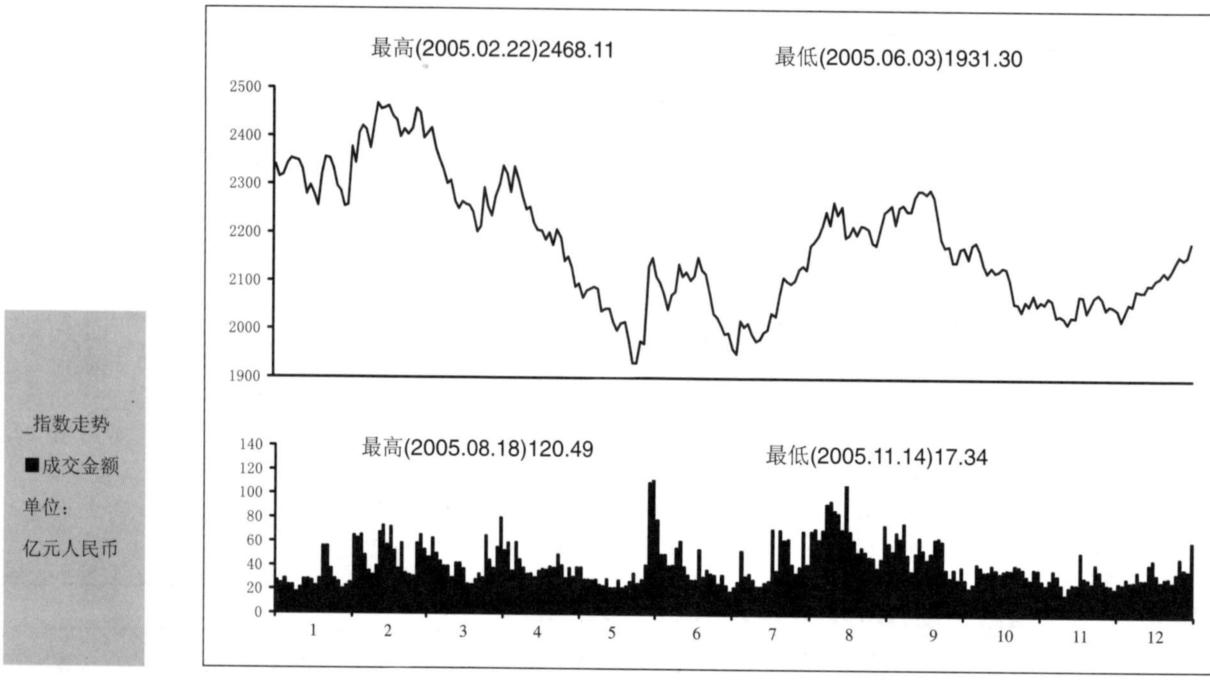

每日收盘指数 Daily Index

日期 Date	1月 Jan	2月 Feb	3月 Mar	4月 Apr	5月 May	6月 Jun	7月 Jul	8月 Aug	9月 Sep	10月 Oct	11月 Nov	12月 Dec
1	---	2256.45	2432.61	2293.92	---	1978.45	2034.23	2103.54	2246.02	---	2053.47	2051.39
2	---	2377.11	2398.50	---	---	1931.69	---	2127.12	2253.09	---	2075.74	2045.79
3	---	2344.17	2414.00	---	---	1931.30	---	2134.36	---	---	2053.69	---
4	2321.30	2406.44	2403.15	2253.84	---	---	2026.53	2126.17	---	---	2062.42	---
5	2339.73	---	---	2235.15	---	---	2010.62	2176.22	2260.73	---	---	2023.07
6	2315.21	---	---	2275.34	---	1977.23	1992.41	---	2221.57	---	---	2039.58
7	2319.22	---	2415.71	2300.02	---	1971.13	1994.82	---	2257.15	---	2057.78	2058.04
8	---	---	2458.14	2339.27	---	2131.83	1962.35	2184.02	2261.57	---	2069.94	2055.26
9	---	---	2449.02	---	2141.85	2149.66	---	2196.84	2249.23	---	2065.13	2086.32
10	2342.97	---	2395.28	---	2151.67	2112.08	---	2218.60	---	2149.62	2030.78	---
11	2352.81	---	2406.36	2322.48	2128.18	---	1951.22	2247.24	---	2178.91	2033.59	---
12	2350.55	---	---	2284.13	2088.54	---	2019.64	2219.46	2248.40	2184.04	---	2084.25
13	2348.13	---	---	2337.31	2095.19	2097.92	2006.54	---	2278.13	2166.50	---	2083.60
14	2330.38	---	2416.62	2307.08	---	2076.83	2015.28	---	2291.67	2137.53	2027.81	2098.46
15	---	---	2373.63	2275.67	---	2042.42	1993.70	2267.00	2291.09	---	2015.67	2096.43
16	---	2420.57	2350.41	---	2065.88	2073.30	---	2241.24	2284.47	---	2030.39	2109.30
17	2279.59	2412.92	2330.02	---	2080.65	2079.60	---	2258.23	---	2121.16	2029.30	---
18	2297.30	2374.88	2301.12	2248.39	2085.00	---	1977.75	2193.38	---	2132.64	2074.51	---
19	2278.72	---	---	2253.91	2088.70	---	1982.51	2198.52	2293.97	2122.12	---	2112.96
20	2255.26	---	---	2220.75	2085.15	2136.44	1997.13	---	2277.53	2124.40	---	2125.04
21	2320.59	2423.40	2307.84	2206.48	---	2111.39	2002.00	---	2235.90	2131.96	2073.64	2115.86
22	---	2468.11	2264.50	2205.29	---	2120.35	2036.68	2216.38	2190.20	---	2039.65	2127.36
23	---	2456.00	2250.52	---	2038.33	2103.08	---	2198.23	2174.05	---	2056.57	2143.44
24	2355.98	2459.26	2265.23	---	2044.34	2113.30	---	2218.69	---	2129.88	2071.22	---
25	2353.03	2462.52	2259.22	2187.42	2043.78	---	2028.88	2215.91	---	2104.24	2078.28	---
26	2332.18	---	---	2201.31	2016.60	---	2074.04	2211.10	2176.27	2058.15	---	2157.15
27	2296.14	---	---	2174.36	1999.16	2151.73	2110.42	---	2143.71	2056.82	---	2150.93
28	2285.59	2440.86	2256.58	2208.54	---	2124.87	2102.76	---	2143.03	2041.52	2069.00	2156.34
29	---	---	2243.86	2190.28	---	2116.37	2096.70	2183.13	2171.40	---	2046.83	2184.24
30	---	---	2202.29	---	2013.41	2074.47	---	2177.36	2173.85	---	2055.08	2166.78
31	2254.03	---	2212.63	---	2016.60	---	---	2207.72	---	2062.37	---	---
最高 high	2355.98	H2468.11	2458.14	2339.27	2151.67	2151.73	2110.42	2267.00	2293.97	2184.04	2078.28	2184.24
最低 low	2254.03	2256.45	2202.29	2174.36	1999.16	L1931.30	1951.22	2103.54	2143.03	2041.52	2015.67	2023.07

分类指数数据及图表
Data and Chart of Sector Indices

上证综合指数　SSE Composite Index

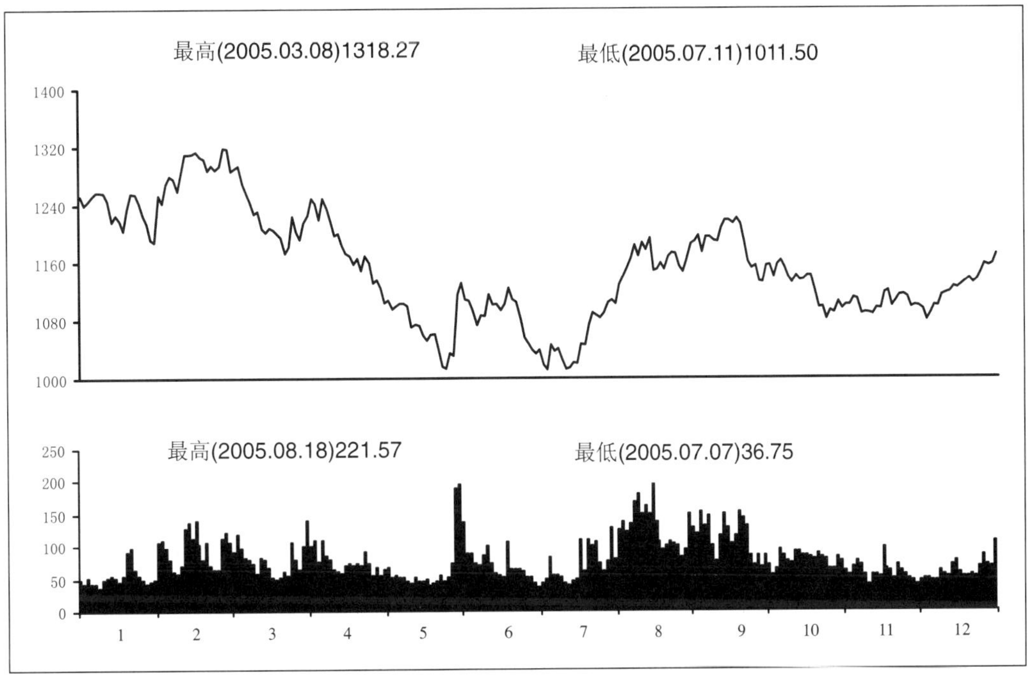

每日收盘指数 Daily Index

日期 Date	1月 Jan	2月 Feb	3月 Mar	4月 Apr	5月 May	6月 Jun	7月 Jul	8月 Aug	9月 Sep	10月 Oct	11月 Nov	12月 Dec
1	---	1188.93	1303.41	1223.57	---	1039.19	1055.59	1088.95	1184.93	---	1089.95	1098.75
2	---	1252.50	1287.45	---	---	1016.06	---	1104.04	1188.85	---	1104.79	1094.29
3	---	1242.31	1294.34	---	---	1013.64	---	1107.70	---	---	1095.27	---
4	1242.77	1269.00	1287.71	1202.97	---	---	1047.28	1102.59	---	---	1100.05	---
5	1251.94	---	---	1191.75	---	---	1039.04	1128.74	1196.22	---	---	1079.20
6	1239.43	---	---	1214.87	---	1034.38	1033.55	---	1173.32	---	---	1087.79
7	1244.75	---	1293.74	1225.49	---	1030.94	1038.60	---	1194.31	---	1100.65	1099.62
8	---	---	1318.27	1248.52	---	1115.58	1017.98	1138.88	1194.41	---	1110.15	1098.32
9	---	---	1316.79	---	1130.84	1131.05	---	1152.53	1189.63	---	1108.15	1113.48
10	1252.40	---	1286.23	---	1135.56	1108.29	---	1165.03	---	1138.95	1088.30	---
11	1257.46	---	1289.94	1240.97	1124.27	---	1011.50	1183.58	---	1157.19	1090.20	---
12	1256.92	---	---	1219.51	1103.99	---	1046.16	1167.92	1188.21	1161.85	---	1116.37
13	1256.31	---	---	1248.20	1107.63	1106.29	1037.39	---	1207.16	1152.61	---	1117.85
14	1245.62	---	1293.50	1234.33	---	1093.46	1040.42	---	1217.26	1139.55	1088.65	1125.39
15	---	---	1269.14	1216.96	---	1072.84	1026.12	1187.01	1217.28	---	1087.51	1123.56
16	---	1278.88	1255.59	---	1095.47	1086.01	---	1177.28	1212.95	---	1095.89	1127.51
17	1216.65	1276.13	1243.48	---	1099.64	1085.61	---	1192.83	---	1131.38	1095.31	---
18	1225.45	1258.97	1227.40	1197.74	1102.97	---	1012.10	1148.04	---	1141.20	1117.00	---
19	1218.11	---	---	1199.90	1103.48	---	1014.36	1150.18	1220.63	1134.61	---	1131.75
20	1204.39	---	---	1184.19	1099.27	1115.62	1021.05	---	1212.62	1135.95	---	1136.34
21	1234.48	1284.48	1231.05	1172.56	---	1101.49	1020.63	---	1187.99	1141.32	1119.94	1130.76
22	---	1309.28	1206.92	1169.19	---	1102.03	1046.32	1158.60	1159.96	---	1098.66	1135.24
23	---	1309.48	1201.65	---	1070.84	1093.70	---	1149.96	1151.98	---	1105.75	1144.87
24	1255.78	1309.95	1208.19	---	1073.85	1101.88	---	1167.14	---	1141.17	1113.37	---
25	1254.23	1312.45	1205.63	1157.97	1072.14	---	1045.40	1172.48	---	1121.92	1114.92	---
26	1241.96	---	---	1165.34	1058.87	---	1072.81	1171.86	1155.04	1097.16	---	1156.82
27	1225.89	---	---	1148.76	1051.95	1124.64	1089.91	---	1133.24	1097.78	---	1154.29
28	1213.67	1306.00	1200.11	1169.12	---	1108.59	1086.55	---	1131.77	1080.87	1110.82	1157.03
29	---	---	1195.02	1159.15	---	1104.99	1083.03	1154.43	1155.49	---	1096.99	1169.86
30	---	---	1172.57	---	1060.16	1080.94	---	1146.39	1155.61	---	1099.26	1161.06
31	1191.82	---	1181.24	---	1060.74	---	---	1162.80	---	1092.82	---	---
最高 high	1257.46	1312.45	H1318.27	1248.52	1135.56	1131.05	1089.91	1192.83	1220.63	1161.85	1119.94	1169.86
最低 low	1191.82	1188.93	1172.57	1148.76	1051.95	1013.64	L1011.50	1088.95	1131.77	1080.87	1087.51	1079.20

分类指数数据及图表
Data and Chart of Sector Indices

上证 50 指数　SSE 50 Index

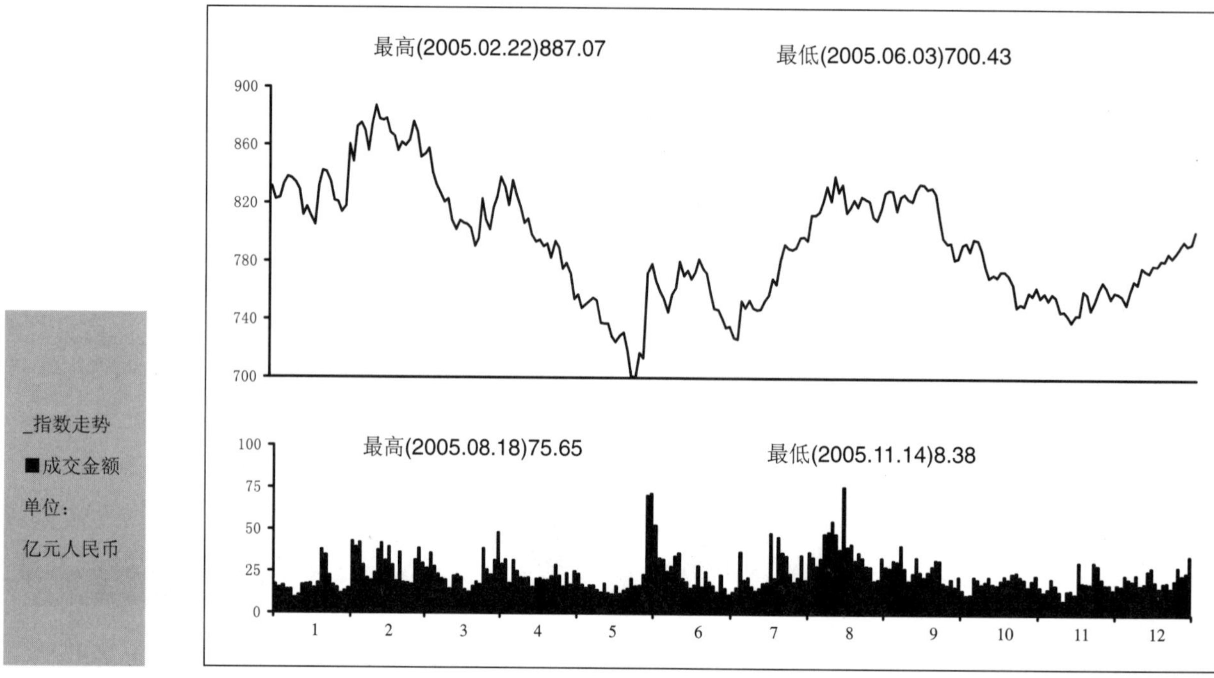

每日收盘指数 Daily Index

日期 Date	1月 Jan	2月 Feb	3月 Mar	4月 Apr	5月 May	6月 Jun	7月 Jul	8月 Aug	9月 Sep	10月 Oct	11月 Nov	12月 Dec
1	---	817.87	866.26	822.91	---	719.03	748.05	790.00	827.90	---	757.05	758.94
2	---	860.50	855.88	---	---	701.37	---	797.35	829.46	---	762.94	757.02
3	---	848.49	861.69	---	---	700.43	---	797.74	---	---	755.78	---
4	827.07	872.88	859.49	808.59	---	---	747.09	795.15	---	---	758.92	---
5	831.43	---	---	801.89	---	---	741.21	812.33	829.34	---	---	751.35
6	822.50	---	---	816.88	---	717.21	734.77	---	815.75	---	---	760.20
7	823.62	---	863.70	824.61	---	713.62	735.55	---	825.12	---	754.20	767.54
8	---	---	876.34	838.06	---	772.13	727.56	812.72	827.12	---	758.32	765.56
9	---	---	869.40	---	775.32	778.58	---	814.61	823.64	---	756.17	777.03
10	832.99	---	851.53	---	779.10	766.66	---	822.16	---	787.75	746.35	---
11	837.86	---	853.90	830.91	771.59	---	726.91	832.24	---	796.07	746.45	---
12	837.24	---	---	818.47	753.88	---	753.06	822.33	821.98	795.32	---	774.71
13	834.22	---	---	835.63	757.30	759.92	748.55	---	829.92	788.36	---	773.59
14	829.04	---	857.61	826.01	---	754.55	753.64	---	834.01	777.49	743.35	778.49
15	---	---	840.96	817.09	---	745.22	748.52	839.51	833.51	---	739.23	778.23
16	---	875.46	832.82	---	747.87	757.39	---	828.23	830.62	---	744.14	782.04
17	811.55	870.09	826.68	---	750.71	762.18	---	833.84	---	769.32	743.80	---
18	817.31	856.21	821.03	806.39	752.66	---	746.92	814.29	---	771.45	760.57	---
19	810.99	---	---	809.36	754.79	---	747.49	817.69	831.57	769.68	---	781.80
20	805.08	---	---	798.52	753.07	780.29	753.55	---	827.27	773.68	---	787.23
21	831.85	874.02	823.13	793.45	---	770.30	756.98	---	811.14	774.06	758.56	783.98
22	---	887.07	808.10	794.82	---	774.15	768.72	823.08	796.94	---	747.31	787.39
23	---	877.91	801.98	---	737.74	768.33	---	818.05	793.16	---	754.16	791.44
24	842.41	877.35	808.18	---	737.35	772.32	---	825.45	---	771.15	761.66	---
25	841.64	878.50	806.43	790.75	737.54	---	764.65	823.58	---	765.03	766.68	---
26	834.67	---	---	792.30	728.70	---	780.75	822.20	793.73	749.13	---	795.56
27	821.71	---	---	782.43	724.52	782.38	792.49	---	782.24	751.26	---	792.16
28	820.69	868.89	805.56	793.88	---	775.63	789.85	---	783.00	749.96	762.91	793.54
29	---	---	802.74	789.73	---	772.02	788.63	811.31	792.25	---	755.29	801.90
30	---	---	790.58	---	729.07	758.72	---	809.06	793.65	---	759.63	796.40
31	813.75	---	795.67	---	731.00	---	---	816.76	---	759.24	---	---
最高 high	842.41	H887.07	876.34	838.06	779.10	782.38	792.49	839.51	834.01	796.07	766.68	801.90
最低 low	805.08	817.87	790.58	782.43	724.52	L700.43	726.91	790.00	782.24	749.13	739.23	751.35

分类指数数据及图表

Data and Chart of Sector Indices

上证红利指数　SSE Dividend Index

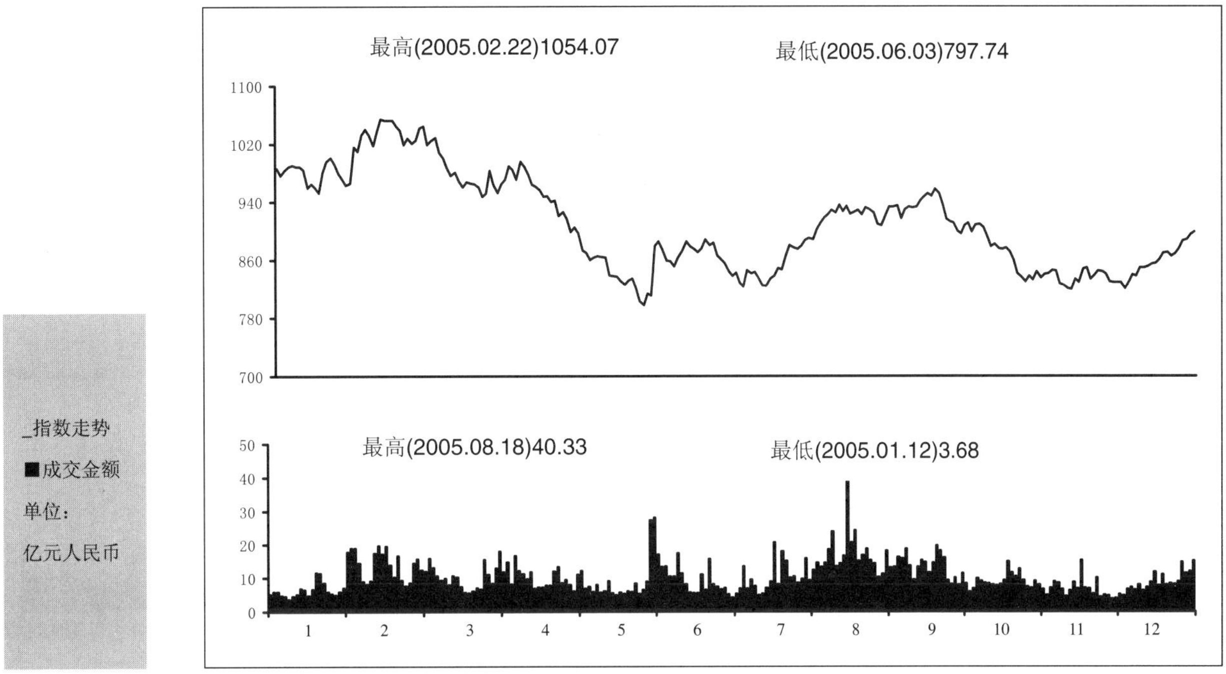

每日收盘指数 Daily Index

日期 Date	1月 Jan	2月 Feb	3月 Mar	4月 Apr	5月 May	6月 Jun	7月 Jul	8月 Aug	9月 Sep	10月 Oct	11月 Nov	12月 Dec
1	- - -	965.28	1038.29	982.74	- - -	820.33	860.50	879.01	933.31	- - -	832.85	829.54
2	- - -	1015.56	1019.32	- - -	- - -	802.81	- - -	886.83	932.88	- - -	844.46	829.66
3	- - -	1009.40	1027.63	- - -	- - -	797.74	- - -	889.61	- - -	- - -	835.46	- - -
4	981.18	1032.17	1021.31	963.60	- - -	- - -	855.51	888.36	- - -	- - -	841.09	- - -
5	985.46	- - -	- - -	952.71	- - -	- - -	843.83	902.53	934.96	- - -	- - -	820.58
6	976.06	- - -	- - -	964.73	- - -	813.70	837.61	- - -	916.97	- - -	- - -	829.23
7	982.92	- - -	1025.32	971.15	- - -	810.67	842.62	- - -	929.50	- - -	841.71	839.45
8	- - -	- - -	1042.22	989.07	- - -	879.31	828.78	910.80	933.23	- - -	845.99	838.42
9	- - -	- - -	1044.42	- - -	898.54	885.82	- - -	918.43	932.49	- - -	845.02	849.42
10	988.17	- - -	1019.44	- - -	904.66	875.21	- - -	922.26	- - -	898.99	827.36	- - -
11	989.99	- - -	1023.99	983.88	896.52	- - -	822.79	928.33	- - -	908.78	824.70	- - -
12	988.35	- - -	- - -	970.75	873.19	- - -	846.07	924.96	932.53	909.64	- - -	849.38
13	988.50	- - -	- - -	995.04	869.60	859.38	841.36	- - -	941.90	904.42	- - -	851.26
14	983.53	- - -	1028.63	988.56	- - -	858.40	843.46	- - -	947.07	892.95	820.74	854.37
15	- - -	- - -	1007.43	977.55	- - -	851.18	834.64	935.37	951.54	- - -	819.72	855.81
16	- - -	1039.82	1000.25	- - -	859.83	863.35	- - -	927.19	947.82	- - -	833.64	861.27
17	959.57	1032.37	986.17	- - -	863.85	872.52	- - -	933.74	- - -	878.42	828.94	- - -
18	964.72	1016.99	975.70	963.62	864.98	- - -	825.25	923.16	- - -	881.62	847.74	- - -
19	959.13	- - -	- - -	961.52	864.74	- - -	824.26	925.54	957.26	875.88	- - -	869.36
20	952.42	- - -	- - -	955.56	863.71	885.68	834.37	- - -	951.67	874.78	- - -	870.56
21	980.39	1037.46	980.71	947.14	- - -	878.80	838.17	- - -	935.86	876.92	849.79	865.01
22	- - -	1054.07	968.31	947.88	- - -	875.11	848.18	928.48	916.05	- - -	833.54	869.17
23	- - -	1052.91	959.88	- - -	839.16	870.20	- - -	922.43	912.60	- - -	839.30	875.62
24	995.50	1052.30	967.41	- - -	838.40	875.61	- - -	931.89	- - -	871.13	845.12	- - -
25	1000.48	1052.36	965.42	939.67	837.35	- - -	846.38	929.11	- - -	860.05	844.02	- - -
26	992.15	- - -	- - -	942.14	830.97	- - -	865.04	925.01	910.70	841.51	- - -	886.53
27	979.56	- - -	- - -	920.38	825.85	888.17	879.80	- - -	899.48	836.12	- - -	888.33
28	971.96	1044.45	964.94	926.34	- - -	880.36	876.81	- - -	895.66	830.10	841.05	895.09
29	- - -	- - -	960.13	916.10	- - -	883.65	874.57	909.43	907.41	- - -	829.99	898.40
30	- - -	- - -	947.26	- - -	831.89	866.57	- - -	907.34	911.09	- - -	829.09	891.02
31	962.90	- - -	951.06	- - -	834.57	- - -	- - -	920.84	- - -	838.37	- - -	- - -
最高 high	1000.48	H1054.07	1044.42	995.04	904.66	888.17	879.80	935.37	957.26	909.64	849.79	898.40
最低 low	952.42	965.28	947.26	916.10	825.85	L797.74	822.79	879.01	895.66	830.10	819.72	820.58

分类指数数据及图表
Data and Chart of Sector Indices

上证 A 股指数　SSE A Share Index

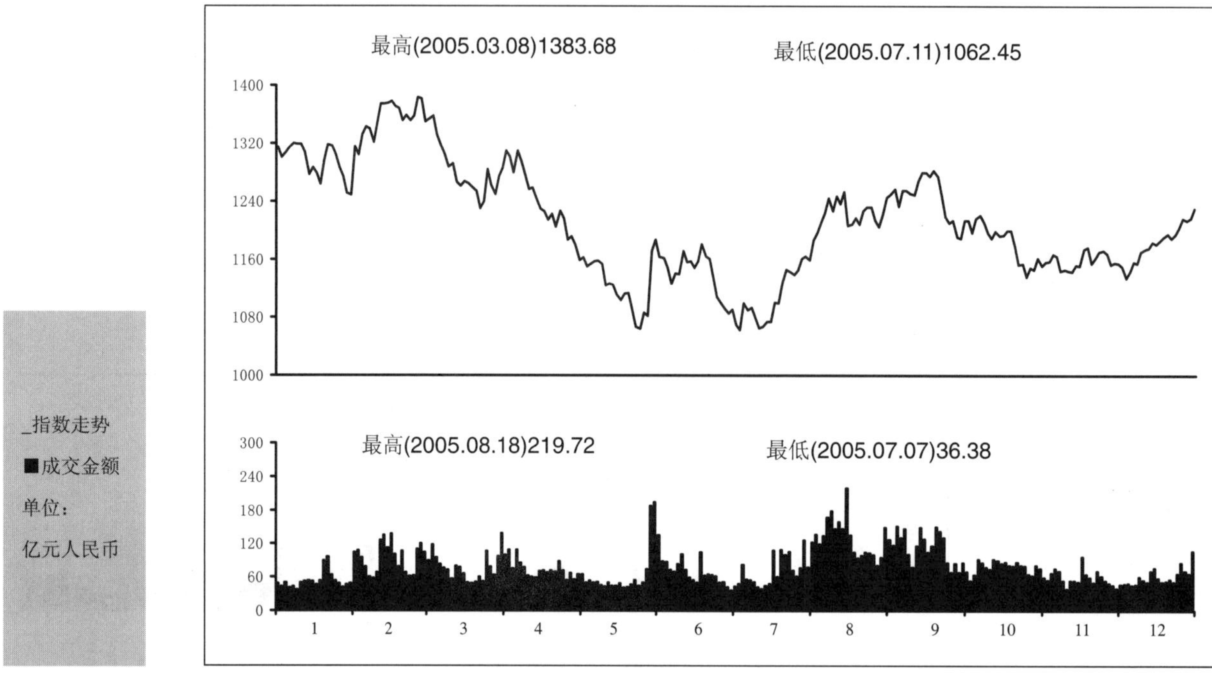

每日收盘指数 Daily Index

日期 Date	1月 Jan	2月 Feb	3月 Mar	4月 Apr	5月 May	6月 Jun	7月 Jul	8月 Aug	9月 Sep	10月 Oct	11月 Nov	12月 Dec
1	---	1248.43	1368.17	1283.71	---	1090.64	1108.46	1144.83	1245.21	---	1145.91	1154.95
2	---	1315.22	1351.30	---	---	1066.54	---	1160.46	1249.30	---	1161.49	1150.47
3	---	1304.41	1358.36	---	---	1063.96	---	1164.06	---	---	1151.42	---
4	1305.05	1332.44	1351.45	1261.93	---	---	1099.83	1158.81	---	---	1156.45	---
5	1314.38	---	---	1250.09	---	---	1091.08	1186.07	1257.00	---	---	1134.56
6	1300.88	---	---	1274.30	---	1085.77	1085.35	---	1232.95	---	---	1143.64
7	1306.48	---	1357.86	1285.28	---	1082.06	1090.67	---	1255.00	---	1157.09	1156.16
8	---	---	1383.68	1309.54	---	1171.02	1069.13	1196.73	1255.16	---	1166.97	1154.85
9	---	---	1381.92	---	1186.90	1187.39	---	1211.02	1250.16	---	1164.81	1170.81
10	1314.63	---	1349.81	---	1191.90	1163.43	---	1224.58	---	1196.96	1143.92	---
11	1320.04	---	1353.69	1301.65	1180.10	---	1062.45	1244.00	---	1216.02	1145.87	---
12	1319.50	---	---	1279.24	1158.73	---	1098.99	1227.12	1248.71	1220.81	---	1173.83
13	1318.79	---	---	1309.35	1162.54	1161.41	1089.82	---	1268.55	1211.08	---	1175.49
14	1307.56	---	1357.48	1294.79	---	1147.98	1093.26	---	1279.23	1197.30	1144.24	1183.39
15	---	---	1331.82	1276.47	---	1126.34	1078.84	1247.12	1279.25	---	1143.06	1181.51
16	---	1342.98	1317.50	---	1149.91	1140.33	---	1236.88	1274.61	---	1151.97	1185.70
17	1276.99	1340.03	1304.68	---	1154.13	1140.18	---	1253.37	---	1188.72	1151.32	---
18	1286.26	1321.87	1287.86	1256.31	1157.67	---	1064.78	1206.29	---	1199.08	1174.08	---
19	1278.56	---	---	1258.62	1158.17	---	1066.92	1208.56	1282.59	1192.34	---	1190.38
20	1264.05	---	---	1242.03	1153.78	1171.68	1073.97	---	1274.24	1193.83	---	1195.25
21	1295.84	1348.79	1291.74	1229.82	---	1156.71	1073.86	---	1248.25	1199.54	1177.08	1189.30
22	---	1374.55	1266.42	1226.33	---	1157.35	1100.42	1217.56	1218.73	---	1154.60	1194.00
23	---	1374.75	1260.75	---	1124.04	1148.60	---	1208.53	1210.29	---	1162.13	1204.06
24	1318.13	1375.26	1267.59	---	1127.00	1157.19	---	1226.56	---	1199.57	1170.27	---
25	1316.61	1377.60	1265.03	1214.65	1125.27	---	1099.45	1232.14	---	1179.48	1172.00	---
26	1303.77	---	---	1222.36	1111.28	---	1128.12	1231.76	1213.51	1153.38	---	1216.61
27	1286.84	---	---	1205.09	1104.03	1181.08	1145.84	---	1190.51	1154.10	---	1213.89
28	1273.98	1370.97	1259.22	1226.54	---	1164.28	1142.45	---	1188.97	1136.27	1167.70	1216.80
29	---	---	1253.75	1216.20	---	1160.49	1138.69	1213.55	1213.86	---	1153.07	1230.34
30	---	---	1230.13	---	1112.75	1135.12	---	1205.08	1214.01	---	1155.49	1220.93
31	1251.14	---	1239.27	---	1113.29	---	---	1222.16	---	1148.88	---	---
最高 high	1320.04	1377.60	H1383.68	1309.54	1191.90	1187.39	1145.84	1253.37	1282.59	1220.81	1177.08	1230.34
最低 low	1251.14	1248.43	1230.13	1205.09	1104.03	1063.96	L1062.45	1144.83	1188.97	1136.27	1143.06	1134.56

分类指数数据及图表
Data and Chart of Sector Indices

上证 B 股指数　SSE B Share Index

_指数走势
■成交金额
单位：
亿元人民币

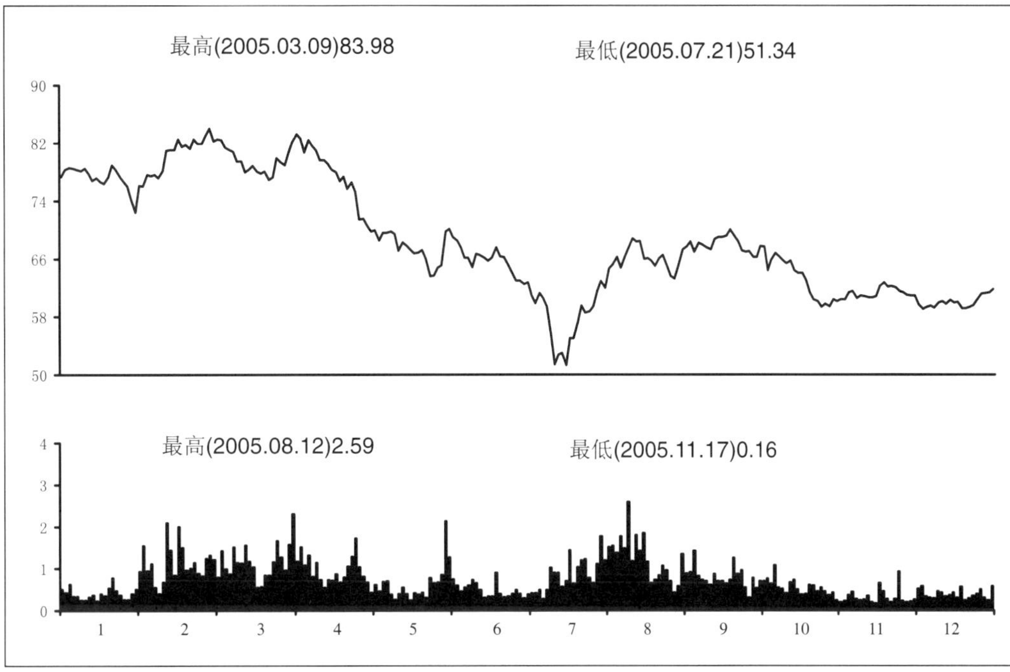

每日收盘指数 Daily Index

日期 Date	1 月 Jan	2 月 Feb	3 月 Mar	4 月 Apr	5 月 May	6 月 Jun	7 月 Jul	8 月 Aug	9 月 Sep	10 月 Oct	11 月 Nov	12 月 Dec
1	- - -	72.42	81.71	79.86	- - -	65.99	64.04	59.42	67.35	- - -	59.41	60.90
2	- - -	76.12	81.25	- - -	- - -	63.67	- - -	61.45	67.68	- - -	60.35	59.67
3	- - -	76.02	82.53	- - -	- - -	63.70	- - -	62.93	- - -	- - -	60.13	- - -
4	75.29	77.64	81.91	79.35	- - -	- - -	62.98	62.00	- - -	- - -	60.33	- - -
5	77.30	- - -	- - -	78.95	- - -	- - -	63.04	64.65	68.38	- - -	- - -	59.07
6	78.33	- - -	- - -	80.71	- - -	64.78	62.49	- - -	67.01	- - -	- - -	59.34
7	78.55	- - -	81.89	82.18	- - -	65.11	62.71	- - -	68.20	- - -	60.35	59.53
8	- - -	- - -	83.08	83.24	- - -	69.81	60.94	65.20	67.94	- - -	61.38	59.21
9	- - -	- - -	83.98	- - -	71.46	70.10	- - -	66.25	67.54	- - -	61.56	59.92
10	78.48	- - -	82.25	- - -	71.57	69.02	- - -	64.81	- - -	64.40	60.56	- - -
11	78.32	- - -	82.51	82.58	70.58	- - -	59.88	66.19	- - -	65.95	60.89	- - -
12	78.15	- - -	- - -	80.66	69.76	- - -	61.27	67.43	67.28	66.78	- - -	60.13
13	78.44	- - -	- - -	82.48	69.97	68.54	60.55	- - -	68.71	66.33	- - -	59.73
14	77.79	- - -	82.47	81.60	- - -	67.54	59.43	- - -	68.95	65.84	60.85	60.26
15	- - -	- - -	81.41	80.95	- - -	66.20	55.57	68.80	68.98	- - -	60.67	59.95
16	- - -	77.42	80.99	- - -	68.56	66.21	- - -	68.37	69.15	- - -	60.67	60.00
17	76.80	77.58	80.74	- - -	69.61	64.84	- - -	68.50	- - -	65.36	60.83	- - -
18	77.20	77.19	79.49	79.63	69.57	- - -	51.44	65.99	- - -	65.74	62.21	- - -
19	76.66	- - -	- - -	79.60	69.77	- - -	52.70	66.06	70.03	64.40	- - -	59.14
20	76.37	- - -	- - -	79.12	69.41	66.71	53.02	- - -	69.24	64.07	- - -	59.18
21	77.23	78.12	79.49	78.34	- - -	66.49	51.34	- - -	68.35	64.05	62.77	59.30
22	- - -	80.98	77.96	77.94	- - -	66.21	55.01	65.75	67.14	- - -	62.16	59.59
23	- - -	81.02	78.28	- - -	67.14	65.73	- - -	65.01	66.95	- - -	62.19	60.43
24	78.91	81.01	78.81	- - -	68.27	66.19	- - -	66.11	- - -	63.13	62.01	- - -
25	78.30	82.52	78.03	76.76	67.84	- - -	54.98	66.53	- - -	61.33	61.53	- - -
26	77.31	- - -	- - -	77.32	67.31	- - -	57.24	65.18	67.09	60.36	- - -	61.15
27	76.62	- - -	- - -	75.65	66.82	67.62	59.47	- - -	66.29	60.07	- - -	61.28
28	76.02	81.46	77.78	76.53	- - -	66.39	58.55	- - -	66.25	59.36	61.32	61.31
29	- - -	- - -	78.03	75.26	- - -	66.22	58.69	63.62	67.73	- - -	60.95	61.74
30	- - -	- - -	76.92	- - -	66.86	65.30	- - -	63.29	67.65	- - -	60.93	62.02
31	74.18	- - -	77.22	- - -	67.19	- - -	- - -	65.05	- - -	59.76	- - -	- - -
最高 high	78.91	82.52	H83.98	83.24	71.57	70.10	64.04	68.80	70.03	66.78	62.77	62.02
最低 low	74.18	72.42	76.92	75.26	66.82	63.67	L51.34	59.42	66.25	59.36	59.41	59.07

分类指数数据及图表
Data and Chart of Sector Indices

上证工业类指数 SSE Industrial Index

_指数走势
■成交金额
单位：
亿元人民币

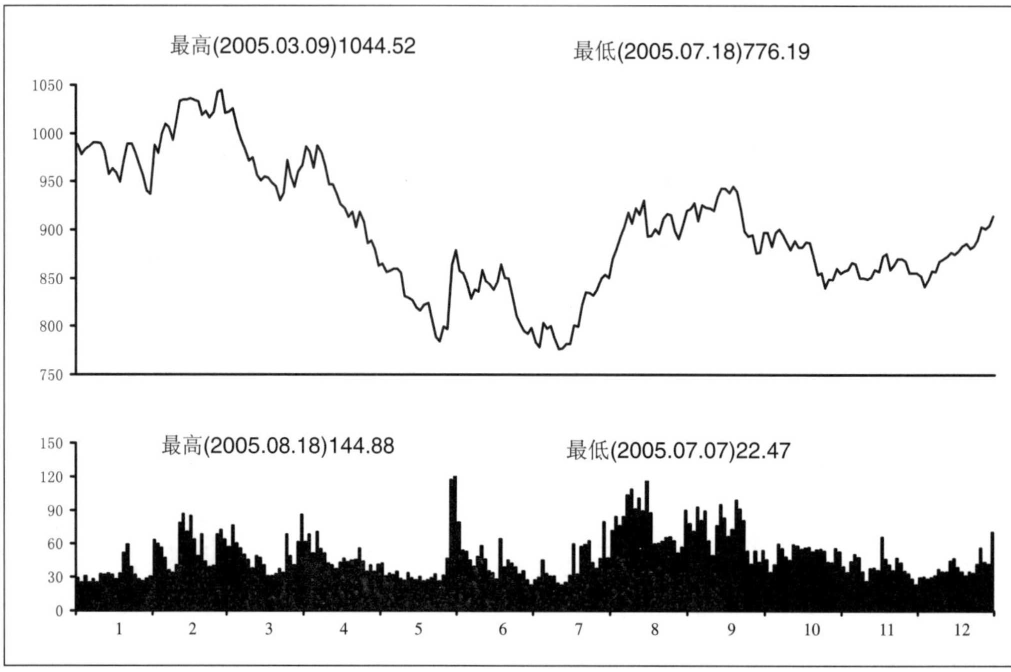

每日收盘指数 Daily Index

日期 Date	1月 Jan	2月 Feb	3月 Mar	4月 Apr	5月 May	6月 Jun	7月 Jul	8月 Aug	9月 Sep	10月 Oct	11月 Nov	12月 Dec
1	---	936.71	1032.60	972.13	---	806.09	810.58	837.89	919.66	---	848.46	855.90
2	---	988.19	1019.09	---	---	789.00	---	849.71	922.13	---	860.64	852.67
3	---	979.29	1022.69	---	---	784.63	---	853.59	---	---	855.10	---
4	982.94	999.84	1016.42	954.79	---	---	802.34	850.21	---	---	857.48	---
5	988.68	---	---	944.27	---	---	795.00	869.96	927.74	---	---	841.36
6	977.83	---	---	960.32	---	799.69	792.49	---	908.98	---	---	847.90
7	983.31	---	1021.95	966.78	---	796.97	798.53	---	925.54	---	858.97	858.03
8	---	---	1042.46	985.62	---	863.96	783.34	880.50	923.42	---	866.26	856.90
9	---	---	1044.52	---	886.15	879.10	---	893.95	922.35	---	865.25	867.41
10	986.47	---	1020.61	---	889.02	857.64	---	903.69	---	882.87	850.68	---
11	990.38	---	1022.19	980.42	879.42	---	778.36	918.17	---	897.66	850.57	---
12	990.83	---	---	964.22	862.68	---	803.71	906.81	919.53	900.44	---	870.51
13	989.65	---	---	986.91	865.29	855.38	797.25	---	934.51	894.95	---	872.66
14	981.08	---	1025.61	979.32	---	845.35	799.90	---	942.75	887.09	849.36	876.72
15	---	---	1005.51	965.41	---	828.55	787.70	922.46	942.79	---	851.04	875.06
16	---	1009.66	993.24	---	856.25	838.16	---	915.62	938.43	---	859.07	878.29
17	957.39	1006.24	983.43	---	857.60	836.06	---	930.35	---	879.47	856.97	---
18	963.28	993.28	971.16	947.14	859.96	---	776.19	893.21	---	888.64	872.95	---
19	958.61	---	---	946.75	859.60	---	776.99	894.23	944.87	881.94	---	883.58
20	949.38	---	---	937.64	855.75	858.70	781.56	---	939.40	882.28	---	885.95
21	971.60	1013.30	974.43	926.62	---	846.97	781.43	---	921.05	887.39	875.49	880.56
22	---	1033.33	955.99	922.16	---	843.85	801.10	900.85	898.74	---	858.88	883.18
23	---	1034.80	951.02	---	831.35	838.04	---	896.16	893.28	---	863.78	890.40
24	989.53	1034.99	954.72	---	829.12	845.75	---	911.72	---	887.09	870.26	---
25	989.39	1036.42	953.44	913.07	826.97	---	799.71	916.48	---	872.11	870.20	---
26	979.00	---	---	918.42	819.30	---	821.81	915.50	894.66	854.04	---	903.04
27	967.57	---	---	902.34	815.76	864.10	835.42	---	876.37	855.52	---	901.41
28	956.41	1034.06	948.43	918.34	---	850.53	834.84	---	876.75	839.74	867.41	904.40
29	---	---	945.13	907.66	---	849.72	832.02	898.99	897.16	---	855.80	914.54
30	---	---	930.09	---	822.31	829.36	---	890.90	897.50	---	855.55	908.63
31	940.38	---	937.43	---	823.69	---	---	903.45	---	849.17	---	---
最高 high	990.83	1036.42	H1044.52	986.91	889.02	879.10	835.42	930.35	944.87	900.44	875.49	914.54
最低 low	940.38	936.71	930.09	902.34	815.76	784.63	L776.19	837.89	876.37	839.74	848.46	841.36

分类指数数据及图表
Data and Chart of Sector Indices

上证商业类指数　SSE Commercial Index

_指数走势
■成交金额
单位:
亿元人民币

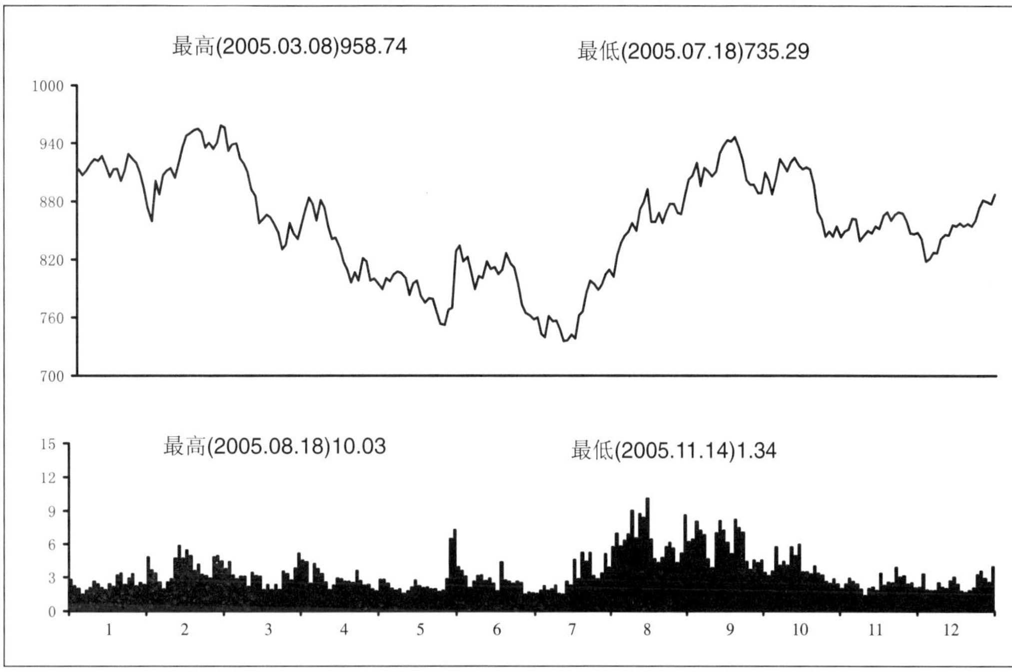

每日收盘指数 Daily Index

日期 Date	1月 Jan	2月 Feb	3月 Mar	4月 Apr	5月 May	6月 Jun	7月 Jul	8月 Aug	9月 Sep	10月 Oct	11月 Nov	12月 Dec
1	- - -	859.64	951.38	857.54	- - -	765.79	773.42	794.37	902.71	- - -	843.86	847.99
2	- - -	900.99	935.50	- - -	- - -	753.10	- - -	804.91	906.06	- - -	854.49	840.99
3	- - -	887.06	940.78	- - -	- - -	751.97	- - -	809.64	- - -	- - -	843.37	- - -
4	902.58	906.82	934.02	847.35	- - -	- - -	764.69	802.18	- - -	- - -	849.20	- - -
5	912.99	- - -	- - -	840.93	- - -	- - -	761.70	824.39	919.39	- - -	- - -	817.73
6	906.84	- - -	- - -	856.25	- - -	767.85	758.10	- - -	896.00	- - -	- - -	820.52
7	911.55	- - -	940.68	871.18	- - -	770.09	759.91	- - -	914.27	- - -	851.02	827.45
8	- - -	- - -	958.74	884.18	- - -	828.75	743.05	837.43	911.29	- - -	862.01	826.66
9	- - -	- - -	956.70	- - -	798.35	834.30	- - -	844.20	905.80	- - -	861.47	840.80
10	918.85	- - -	932.27	- - -	800.35	818.32	- - -	848.65	- - -	886.94	839.40	- - -
11	923.62	- - -	938.78	877.39	795.43	- - -	739.27	857.77	- - -	901.98	845.15	- - -
12	921.72	- - -	- - -	860.44	789.25	- - -	761.13	849.95	910.99	923.75	- - -	845.97
13	927.10	- - -	- - -	881.52	801.06	822.85	755.99	- - -	930.10	917.27	- - -	844.85
14	917.84	- - -	940.15	873.20	- - -	806.74	756.59	- - -	938.12	910.69	849.39	855.74
15	- - -	- - -	923.91	854.55	- - -	789.08	747.41	872.26	943.29	- - -	847.32	854.25
16	- - -	911.49	919.22	- - -	797.48	803.16	- - -	879.35	942.08	- - -	854.58	857.33
17	904.88	914.54	910.53	- - -	804.85	801.11	- - -	892.28	- - -	919.92	851.69	- - -
18	913.18	904.31	892.53	840.97	807.49	- - -	735.29	858.75	- - -	925.06	865.22	- - -
19	913.59	- - -	- - -	842.32	806.15	- - -	736.18	858.93	946.43	916.84	- - -	854.32
20	900.99	- - -	- - -	831.60	800.74	817.91	741.95	- - -	935.02	913.19	- - -	857.19
21	911.82	919.26	885.58	817.13	- - -	809.83	738.08	- - -	921.76	915.03	868.88	854.01
22	- - -	935.28	857.29	809.41	- - -	812.12	762.15	867.84	901.56	- - -	860.43	860.27
23	- - -	948.03	861.57	- - -	783.16	805.09	- - -	857.33	896.82	- - -	866.40	873.33
24	928.92	950.78	865.83	- - -	795.84	809.75	- - -	868.70	- - -	913.12	869.10	- - -
25	923.83	953.68	863.39	796.36	798.20	- - -	765.83	877.47	- - -	897.96	867.27	- - -
26	919.40	- - -	- - -	806.58	782.43	- - -	785.52	877.34	897.13	869.69	- - -	881.01
27	908.69	- - -	- - -	798.16	775.28	826.70	798.28	- - -	888.70	860.96	- - -	879.17
28	893.80	954.91	856.75	821.64	- - -	816.03	793.99	- - -	888.25	843.90	859.69	877.44
29	- - -	- - -	847.96	817.85	- - -	811.68	788.49	867.90	909.79	- - -	846.79	887.41
30	- - -	- - -	830.51	- - -	779.92	794.65	- - -	866.51	901.73	- - -	846.16	879.76
31	873.11	- - -	835.39	- - -	778.80	- - -	- - -	885.96	- - -	848.82	- - -	- - -
最高 high	928.92	954.91	H958.74	884.18	807.49	834.30	798.28	892.28	946.43	925.06	869.10	887.41
最低 low	873.11	859.64	830.51	796.36	775.28	751.97	L735.29	794.37	888.25	843.90	839.40	817.73

分类指数数据及图表
Data and Chart of Sector Indices

上证地产类指数　SSE Real Estate Index

_指数走势
■成交金额
单位：
亿元人民币

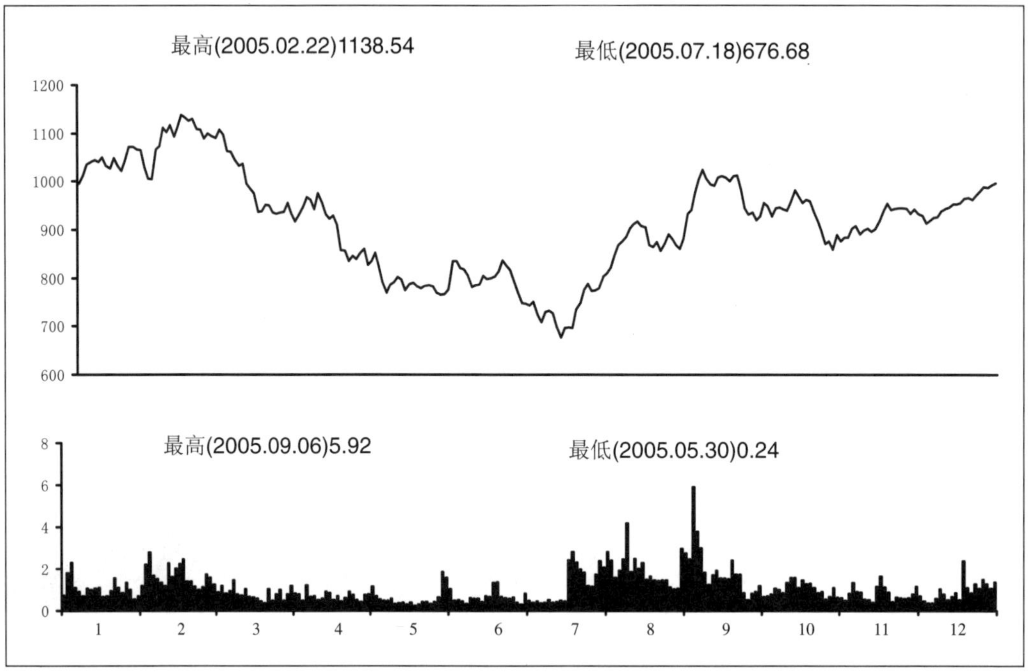

每日收盘指数 Daily Index

日期 Date	1月 Jan	2月 Feb	3月 Mar	4月 Apr	5月 May	6月 Jun	7月 Jul	8月 Aug	9月 Sep	10月 Oct	11月 Nov	12月 Dec
1	- - -	1005.01	1108.07	955.97	- - -	782.07	767.57	778.42	933.69	- - -	859.62	932.66
2	- - -	1066.73	1088.51	- - -	- - -	769.30	- - -	803.48	941.20	- - -	889.48	928.51
3	- - -	1073.20	1100.01	- - -	- - -	765.14	- - -	810.43	- - -	- - -	876.24	- - -
4	975.38	1111.71	1094.26	932.87	- - -	- - -	748.04	822.27	- - -	- - -	884.69	- - -
5	994.66	- - -	- - -	916.75	- - -	- - -	746.17	847.24	976.15	- - -	- - -	913.66
6	1010.67	- - -	- - -	930.36	- - -	766.27	743.19	- - -	1004.05	- - -	- - -	919.06
7	1034.50	- - -	1090.58	947.86	- - -	775.41	751.06	- - -	1024.82	- - -	884.38	924.62
8	- - -	- - -	1107.59	968.00	- - -	834.76	723.49	868.56	1005.08	- - -	902.74	926.43
9	- - -	- - -	1096.45	- - -	827.77	834.87	- - -	876.63	994.21	- - -	908.08	937.70
10	1039.87	- - -	1062.07	- - -	835.44	820.31	- - -	885.94	- - -	928.29	891.15	- - -
11	1044.11	- - -	1061.59	962.03	851.86	- - -	708.64	902.68	- - -	945.35	898.72	- - -
12	1040.27	- - -	- - -	941.80	823.59	- - -	729.24	912.48	990.60	945.64	- - -	943.57
13	1049.32	- - -	- - -	975.21	791.93	817.82	732.60	- - -	1008.73	942.69	- - -	945.71
14	1032.36	- - -	1045.82	955.88	- - -	806.25	727.39	- - -	1010.42	939.89	902.06	952.45
15	- - -	- - -	1031.88	931.75	- - -	781.51	699.60	917.69	1008.90	- - -	895.42	952.71
16	- - -	1102.22	1036.62	- - -	768.74	785.25	- - -	907.99	999.93	- - -	900.88	955.86
17	1027.42	1116.77	995.51	- - -	786.46	785.78	- - -	905.90	- - -	957.44	918.88	- - -
18	1047.92	1093.18	984.83	922.33	792.15	- - -	676.68	867.73	- - -	981.77	938.03	- - -
19	1032.76	- - -	- - -	929.63	801.96	- - -	696.04	863.95	1010.81	968.19	- - -	964.87
20	1021.09	- - -	- - -	910.83	797.05	804.66	697.44	- - -	1012.39	954.90	- - -	965.87
21	1044.07	1114.46	975.40	857.41	- - -	797.97	696.61	- - -	982.97	962.10	954.00	962.46
22	- - -	1138.54	937.55	855.87	- - -	799.89	734.73	874.75	945.22	- - -	940.31	971.11
23	- - -	1132.70	937.86	- - -	774.50	803.24	- - -	855.90	931.91	- - -	943.02	979.58
24	1071.62	1125.89	951.36	- - -	787.96	813.79	- - -	871.93	- - -	959.65	944.38	- - -
25	1071.15	1129.39	950.13	834.95	790.82	- - -	747.54	891.26	- - -	938.49	944.46	- - -
26	1066.54	- - -	- - -	846.37	782.41	- - -	775.54	881.47	936.33	916.55	- - -	988.33
27	1064.70	- - -	- - -	839.50	778.74	835.98	787.62	- - -	919.49	896.53	- - -	987.01
28	1030.07	1108.26	936.14	850.79	- - -	825.42	772.66	- - -	927.27	870.93	943.59	992.57
29	- - -	- - -	932.67	860.35	- - -	816.40	774.43	868.37	956.06	- - -	932.74	996.57
30	- - -	- - -	935.08	- - -	784.32	790.93	- - -	860.67	949.55	- - -	942.72	995.27
31	1006.18	- - -	936.94	- - -	784.41	- - -	- - -	881.95	- - -	875.84	- - -	- - -
最高 high	1071.62	H1138.54	1108.07	975.21	851.86	835.98	787.62	917.69	1024.82	981.77	954.00	996.57
最低 low	975.38	1005.01	932.67	834.95	768.74	765.14	L676.68	778.42	919.49	870.93	859.62	913.66

分类指数数据及图表
Data and Chart of Sector Indices

上证公用事业类指数　SSE Utilities Index

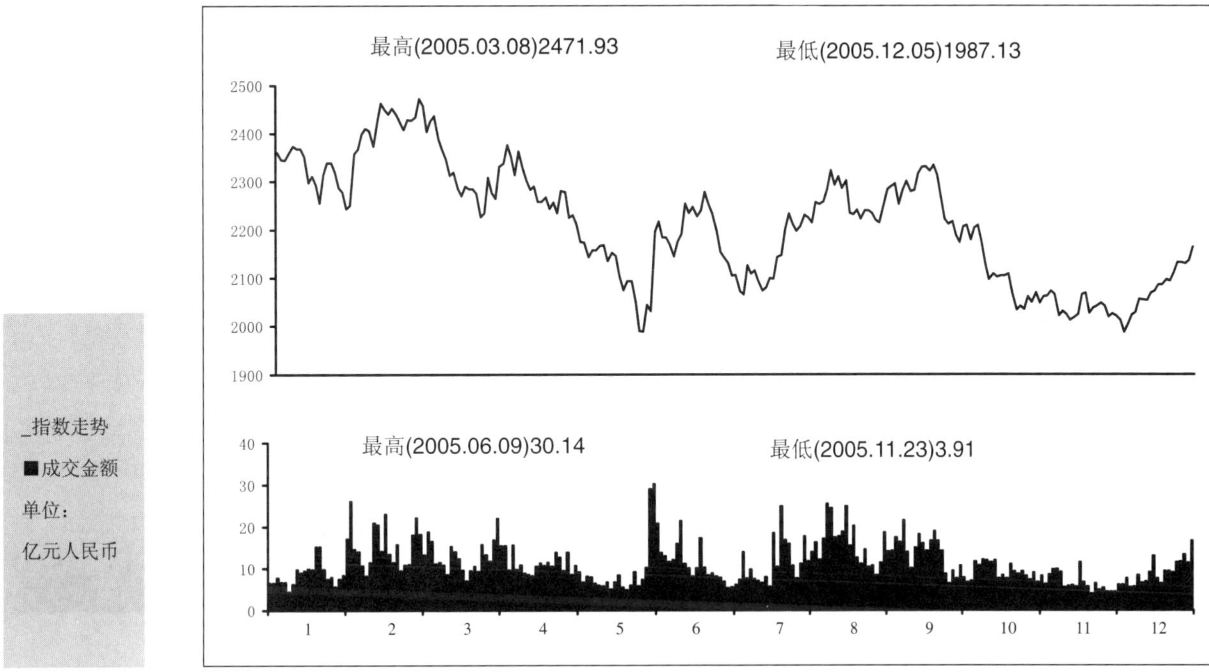

每日收盘指数 Daily Index

日期 Date	1月 Jan	2月 Feb	3月 Mar	4月 Apr	5月 May	6月 Jun	7月 Jul	8月 Aug	9月 Sep	10月 Oct	11月 Nov	12月 Dec
1	---	2250.10	2422.70	2308.23	---	2051.95	2153.91	2207.20	2282.70	---	2048.98	2021.77
2	---	2356.96	2407.02	---	---	1990.47	---	2229.84	2289.88	---	2068.89	2011.96
3	---	2366.99	2428.88	---	---	1988.30	---	2225.33	---	---	2048.36	---
4	2337.09	2398.04	2426.90	2276.78	---	---	2141.42	2215.05	---	---	2061.14	---
5	2359.75	---	---	2265.08	---	---	2130.83	2257.30	2294.67	---	---	1987.13
6	2345.54	---	---	2330.55	---	2044.03	2105.09	---	2253.20	---	---	2002.49
7	2344.68	---	2433.54	2337.98	---	2030.79	2106.31	---	2282.17	---	2062.58	2022.89
8	---	---	2471.93	2375.34	---	2196.58	2072.41	2252.35	2300.00	---	2073.42	2028.45
9	---	---	2457.33	---	2225.41	2217.08	---	2258.11	2278.76	---	2064.72	2056.11
10	2359.98	---	2403.26	---	2230.18	2183.95	---	2283.26	---	2178.55	2021.65	---
11	2372.96	---	2426.41	2352.22	2210.14	---	2065.46	2323.54	---	2203.89	2030.29	---
12	2368.04	---	---	2314.23	2175.14	---	2126.48	2292.66	2282.33	2209.74	---	2054.29
13	2367.74	---	---	2361.90	2173.21	2184.48	2109.24	---	2316.71	2174.34	---	2053.69
14	2352.58	---	2436.39	2327.31	---	2169.19	2115.02	---	2329.30	2130.71	2023.62	2069.70
15	---	---	2387.69	2302.16	---	2144.67	2092.77	2309.58	2330.94	---	2011.77	2073.71
16	---	2410.23	2364.67	---	2143.28	2174.49	---	2286.19	2320.97	---	2017.45	2086.88
17	2297.17	2404.34	2346.03	---	2157.83	2191.19	---	2301.50	---	2096.93	2023.58	---
18	2311.03	2373.60	2311.90	2283.44	2157.77	---	2072.58	2233.89	---	2108.66	2064.81	---
19	2291.96	---	---	2289.76	2167.15	---	2079.28	2231.92	2333.41	2102.54	---	2086.30
20	2254.86	---	---	2257.98	2168.44	2254.61	2100.11	---	2312.00	2104.99	---	2096.66
21	2313.00	2422.08	2318.86	2258.60	---	2234.43	2098.31	---	2266.18	2104.79	2068.69	2094.36
22	---	2462.47	2285.53	2267.33	---	2247.96	2143.32	2241.26	2223.10	---	2026.40	2111.20
23	---	2449.27	2269.59	---	2135.59	2227.86	---	2222.06	2211.32	---	2037.54	2132.25
24	2338.13	2440.43	2290.15	---	2151.92	2239.60	---	2240.05	---	2108.17	2041.54	---
25	2339.10	2452.55	2284.54	2243.88	2145.34	---	2146.52	2239.74	---	2067.69	2048.10	---
26	2318.60	---	---	2256.88	2102.84	---	2201.23	2234.49	2217.45	2033.45	---	2132.14
27	2286.84	---	---	2234.76	2074.71	2277.65	2233.16	---	2187.93	2041.61	---	2129.58
28	2277.76	2438.64	2285.01	2280.26	---	2252.98	2211.60	---	2173.79	2034.87	2041.35	2136.98
29	---	---	2274.78	2277.69	---	2233.28	2197.02	2219.58	2206.14	---	2018.49	2164.92
30	---	---	2226.07	---	2092.77	2196.95	---	2214.55	2209.08	---	2025.17	2138.03
31	2243.16	---	2234.77	---	2092.72	---	---	2246.48	---	2061.14	---	---
最高 high	2372.96	2462.47	H2471.93	2375.34	2230.18	2277.65	2233.16	2323.54	2333.41	2209.74	2073.42	2164.92
最低 low	2243.16	2250.10	2226.07	2234.76	2074.71	1988.30	2065.46	2207.20	2173.79	2033.45	2011.77	L1987.13

分类指数数据及图表
Data and Chart of Sector Indices

上证综合类指数　SSE Conglomerates Index

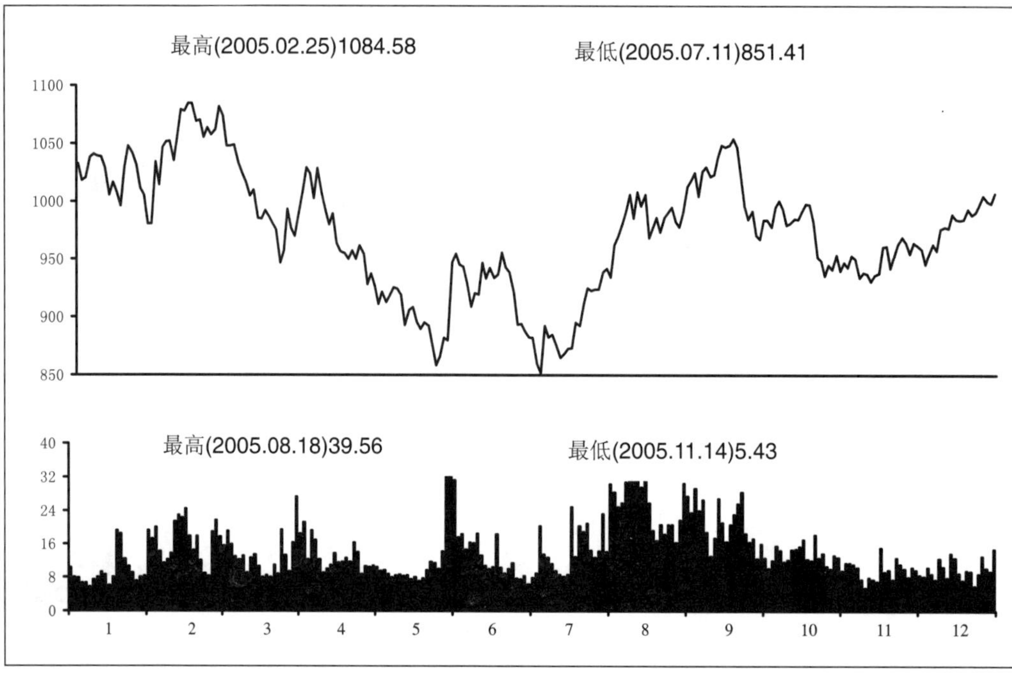

_指数走势
■成交金额
单位：
亿元人民币

每日收盘指数 Daily Index

日期 Date	1月 Jan	2月 Feb	3月 Mar	4月 Apr	5月 May	6月 Jun	7月 Jul	8月 Aug	9月 Sep	10月 Oct	11月 Nov	12月 Dec
1	---	980.49	1070.07	993.09	---	875.08	893.26	923.94	1012.38	---	941.13	961.87
2	---	1033.90	1055.21	---	---	858.41	---	938.42	1017.85	---	953.48	958.63
3	---	1014.24	1063.49	---	---	865.91	---	942.03	---	---	939.88	---
4	1023.27	1046.33	1057.64	976.47	---	---	894.09	934.46	---	---	946.95	---
5	1032.33	---	---	969.86	---	---	887.18	962.54	1024.32	---	---	945.04
6	1018.00	---	---	988.10	---	881.77	882.28	---	1004.23	---	---	954.63
7	1019.99	---	1062.07	1008.70	---	880.00	881.81	---	1025.68	---	942.53	962.65
8	---	---	1081.67	1028.72	---	947.53	859.24	969.36	1029.44	---	952.75	957.62
9	---	---	1074.05	---	928.01	954.68	---	980.36	1021.02	---	950.10	976.26
10	1037.83	---	1047.71	---	937.68	945.52	---	991.58	---	977.71	933.79	---
11	1040.36	---	1047.78	1024.08	927.16	---	851.41	1005.72	---	994.88	938.17	---
12	1038.87	---	---	1002.63	911.25	---	892.48	985.70	1022.95	1000.07	---	977.64
13	1038.46	---	---	1028.20	921.37	943.34	882.23	---	1037.55	993.00	---	976.72
14	1028.98	---	1048.75	1007.21	---	929.60	884.73	---	1048.45	979.49	936.95	988.88
15	---	---	1032.84	992.41	---	909.05	875.96	1008.19	1046.47	---	930.44	984.32
16	---	1051.64	1024.10	---	912.69	920.48	---	995.90	1048.03	---	936.13	984.08
17	1005.06	1052.02	1016.40	---	918.57	919.32	---	1006.04	---	980.80	937.78	---
18	1016.25	1035.09	1004.57	980.04	925.29	---	864.86	968.19	---	984.78	960.91	---
19	1007.59	---	---	989.11	924.15	---	868.03	976.95	1053.50	984.46	---	984.40
20	995.76	---	---	963.73	919.01	946.91	872.74	---	1046.80	991.40	---	993.26
21	1029.17	1057.20	1009.47	956.70	---	933.41	872.93	---	1021.38	997.37	961.33	988.42
22	---	1079.01	985.43	955.05	---	942.32	895.30	985.86	995.85	---	941.96	990.52
23	---	1078.09	985.11	---	892.78	933.48	---	973.15	984.44	---	952.16	997.08
24	1047.91	1084.40	991.80	---	906.10	936.58	---	985.81	---	996.91	962.98	---
25	1041.00	1084.58	986.98	950.44	908.52	---	892.44	990.17	---	983.09	968.85	---
26	1030.91	---	---	957.17	895.50	---	910.88	994.82	991.58	951.79	---	1004.83
27	1011.60	---	---	950.02	889.42	955.61	924.75	---	970.69	948.82	---	999.92
28	1005.16	1068.92	981.32	961.98	---	942.92	922.49	---	967.34	935.33	963.86	997.94
29	---	---	975.50	954.76	---	938.81	924.04	982.61	983.54	---	954.54	1007.09
30	---	---	946.90	---	895.03	920.90	---	977.61	983.96	---	963.85	1000.25
31	980.52	---	956.70	---	892.50	---	---	989.72	---	944.70	---	---
最高 high	1047.91	H1084.58	1081.67	1028.72	937.68	955.61	924.75	1008.19	1053.50	1000.07	968.85	1007.09
最低 low	980.52	980.49	946.90	950.02	889.42	858.41	L851.41	923.94	967.34	935.33	930.44	945.04

分类指数数据及图表
Data and Chart of Sector Indices

上证基金指数　SSE Fund Index

_指数走势
■成交金额
单位:
亿元人民币

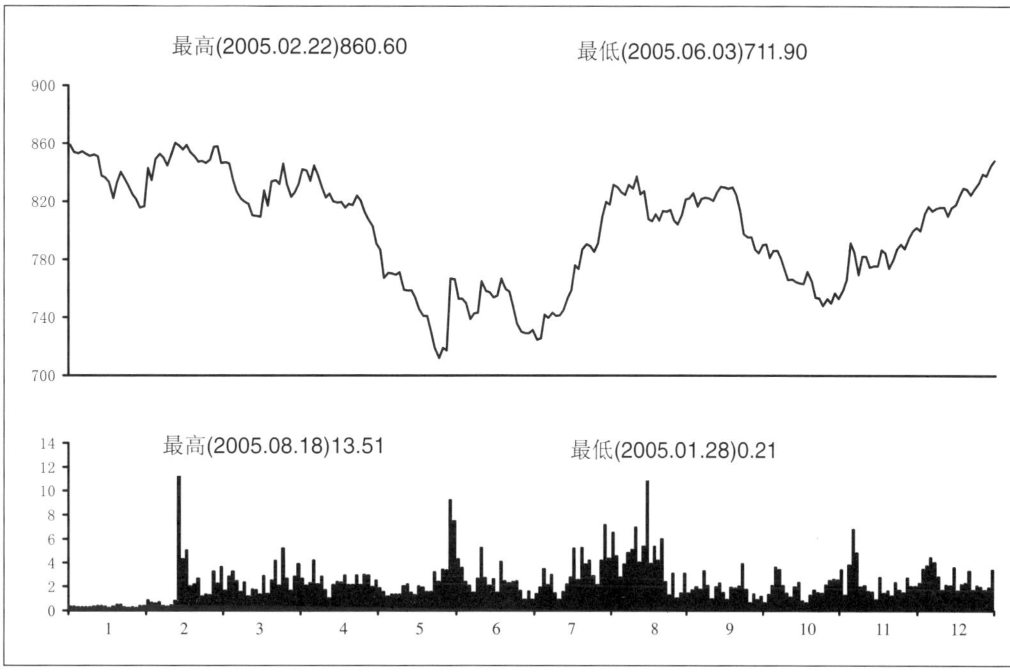

每日收盘指数 Daily Index

日期 Date	1月 Jan	2月 Feb	3月 Mar	4月 Apr	5月 May	6月 Jun	7月 Jul	8月 Aug	9月 Sep	10月 Oct	11月 Nov	12月 Dec
1	---	816.30	850.64	845.82	---	730.52	735.77	791.07	821.19	---	749.48	801.89
2	---	843.00	847.12	---	---	719.08	---	809.32	822.36	---	756.50	799.95
3	---	834.67	847.75	---	---	711.90	---	819.66	---	---	752.77	---
4	855.64	849.21	846.55	831.99	---	---	729.77	817.71	---	---	758.35	---
5	858.51	---	---	823.16	---	---	728.91	831.59	825.60	---	---	811.64
6	853.82	---	---	826.23	---	718.97	728.87	---	816.32	---	---	816.48
7	853.11	---	848.49	831.87	---	717.34	731.24	---	821.91	---	766.14	813.49
8	---	---	857.58	842.13	---	766.64	724.60	829.65	822.74	---	791.29	815.05
9	---	---	857.72	---	812.99	766.53	---	825.99	822.16	---	785.35	816.17
10	854.19	---	846.19	---	807.57	752.88	---	824.57	---	781.39	769.64	---
11	852.45	---	846.64	840.88	802.87	---	725.32	831.55	---	786.25	782.07	---
12	851.04	---	---	833.88	790.77	---	741.66	828.94	820.33	786.22	---	815.89
13	852.19	---	---	844.46	786.51	752.94	739.56	---	826.30	781.00	---	810.08
14	850.56	---	845.94	838.34	---	749.49	743.21	---	829.94	773.49	782.06	815.56
15	---	---	835.08	829.39	---	738.67	741.06	837.06	829.62	---	774.51	817.91
16	---	852.38	826.69	---	767.32	742.50	---	824.64	828.66	---	775.59	823.89
17	837.78	849.79	821.93	---	770.70	743.14	---	826.98	---	766.09	775.80	---
18	836.11	844.40	819.53	822.72	770.12	---	741.11	807.55	---	766.43	786.68	---
19	833.18	---	---	825.22	769.34	---	744.86	806.46	829.78	764.79	---	829.44
20	822.27	---	---	819.79	771.33	765.15	753.18	---	824.49	763.58	---	828.50
21	833.29	851.46	818.36	819.08	---	757.97	758.55	---	814.00	763.20	784.33	824.47
22	---	860.60	810.26	819.43	---	757.30	775.95	811.02	797.70	---	773.76	829.13
23	---	858.16	809.91	---	758.93	753.62	---	806.88	795.20	---	780.07	832.85
24	840.31	855.71	809.65	---	758.42	754.85	---	813.55	---	771.43	787.31	---
25	836.01	858.68	827.51	815.58	758.49	---	773.57	812.90	---	765.17	790.41	---
26	830.00	---	---	818.44	753.77	---	786.87	814.34	795.58	753.79	---	838.97
27	824.68	---	---	817.37	745.70	766.61	790.59	---	786.83	753.38	---	837.41
28	821.15	853.98	817.13	823.94	---	759.16	789.30	---	784.51	747.96	787.47	844.73
29	---	---	833.63	820.38	---	757.48	785.36	806.89	790.07	---	794.88	848.16
30	---	---	834.31	---	741.01	747.05	---	804.15	790.67	---	799.62	840.19
31	815.61	---	831.73	---	740.85	---	---	810.71	---	752.90	---	---
最高 high	858.51	H860.60	857.72	845.82	812.99	766.64	790.59	837.06	829.94	786.25	799.62	848.16
最低 low	815.61	816.30	809.65	815.58	740.85	L711.90	724.60	791.07	784.51	747.96	749.48	799.95

分类指数数据及图表
Data and Chart of Sector Indices

上证国债指数 SSE T-Bond Index

_指数走势
■成交金额
单位：
亿元人民币

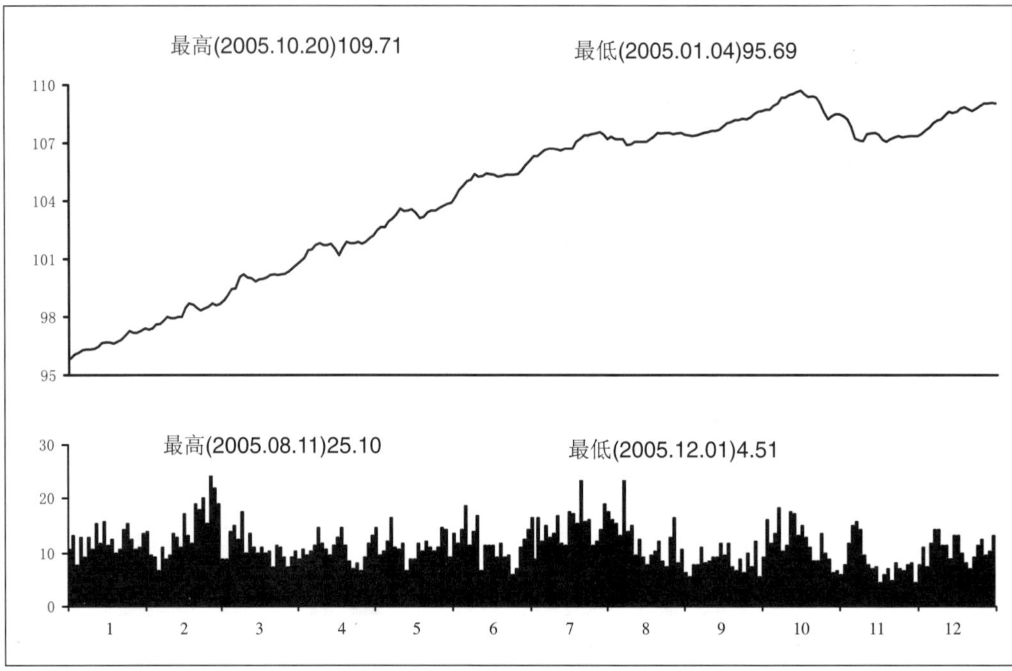

每日收盘指数 Daily Index

日期 Date	1月 Jan	2月 Feb	3月 Mar	4月 Apr	5月 May	6月 Jun	7月 Jul	8月 Aug	9月 Sep	10月 Oct	11月 Nov	12月 Dec
1	---	97.40	98.63	100.21	---	103.40	105.34	107.48	107.42	---	108.39	107.35
2	---	97.33	98.46	---	---	103.50	---	107.55	107.38	---	108.48	107.46
3	---	97.41	98.32	---	---	103.50	---	107.44	---	---	108.49	---
4	95.69	97.60	98.42	100.25	---	---	105.40	107.20	---	---	108.38	---
5	95.85	---	---	100.36	---	---	105.57	107.33	107.35	---	---	107.66
6	96.04	---	---	100.55	---	103.63	105.83	---	107.41	---	---	107.78
7	96.14	---	98.53	100.69	---	103.73	106.06	---	107.47	---	108.22	108.02
8	---	---	98.68	100.88	---	103.82	106.32	107.21	107.53	---	107.81	108.15
9	---	---	98.60	---	101.78	103.91	---	107.21	107.56	---	107.24	108.21
10	96.30	---	98.67	---	101.89	104.19	---	107.20	---	108.71	107.13	---
11	96.33	---	98.85	101.08	102.10	---	106.31	106.89	---	108.91	107.09	---
12	96.32	---	---	101.45	102.21	---	106.47	106.95	107.61	109.05	---	108.41
13	96.34	---	---	101.48	102.47	104.56	106.63	---	107.64	109.33	---	108.61
14	96.45	---	99.12	101.73	---	104.77	106.69	---	107.69	109.35	107.46	108.55
15	---	---	99.45	101.81	---	105.02	106.71	107.08	107.86	---	107.51	108.63
16	---	97.63	99.48	---	102.64	105.10	---	107.07	108.02	---	107.54	108.78
17	96.66	97.80	100.07	---	102.65	105.39	---	107.07	---	109.47	107.43	---
18	96.69	97.99	100.21	101.72	102.95	---	106.67	107.08	---	109.54	107.15	---
19	96.69	---	---	101.74	103.08	---	106.59	107.21	108.10	109.65	---	108.83
20	96.62	---	---	101.79	103.29	105.26	106.70	---	108.19	109.71	---	108.76
21	96.73	97.95	100.03	101.54	---	105.27	106.70	---	108.20	109.52	107.07	108.66
22	---	97.95	100.02	101.19	---	105.43	106.71	107.34	108.25	---	107.20	108.77
23	---	97.99	99.86	---	103.61	105.39	---	107.53	108.23	---	107.29	108.92
24	96.82	98.00	99.94	---	103.48	105.35	---	107.49	---	109.37	107.35	---
25	97.01	98.45	99.97	101.60	103.52	---	107.08	107.53	---	109.42	107.31	---
26	97.29	---	---	101.89	103.57	---	107.20	107.54	108.33	109.35	---	109.05
27	97.17	---	---	101.81	103.41	105.24	107.40	---	108.47	109.06	---	109.03
28	97.18	98.69	100.03	101.82	---	105.28	107.41	---	108.62	108.60	107.33	109.07
29	---	---	100.19	101.88	---	105.36	107.46	107.47	108.65	---	107.36	109.06
30	---	---	100.22	---	103.11	105.35	---	107.50	108.70	---	107.35	109.06
31	97.28	---	100.19	---	103.16	---	---	107.52	---	108.22	---	---
最高 high	97.29	98.69	100.22	101.89	103.61	105.43	107.46	107.55	108.70	H109.71	108.49	109.07
最低 low	L95.69	97.33	98.32	100.21	101.78	103.40	105.34	106.89	107.35	108.22	107.07	107.35

分类指数数据及图表
Data and Chart of Sector Indices

上证企业债指数　SSE C-Bond Index

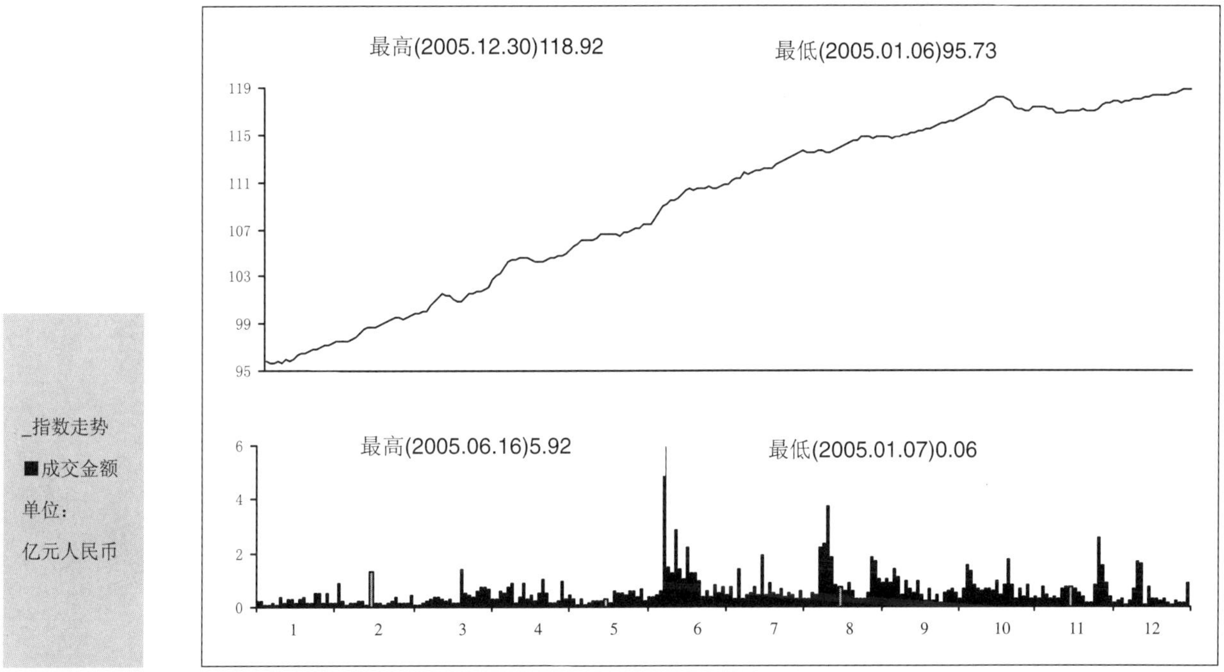

每日收盘指数 Daily Index

日期 Date	1月 Jan	2月 Feb	3月 Mar	4月 Apr	5月 May	6月 Jun	7月 Jul	8月 Aug	9月 Sep	10月 Oct	11月 Nov	12月 Dec
1	---	97.51	99.38	101.68	---	106.77	110.43	113.30	114.87	---	117.06	117.80
2	---	97.53	99.45	---	---	106.85	---	113.45	114.80	---	117.25	117.78
3	---	97.53	99.46	---	---	107.11	---	113.62	---	---	117.29	---
4	95.85	97.74	99.43	101.88	---	---	110.47	113.52	---	---	117.30	---
5	95.76	---	---	102.04	---	---	110.62	113.45	114.69	---	---	117.62
6	95.73	---	---	102.67	---	107.12	110.73	---	114.77	---	---	117.80
7	95.75	---	99.49	103.09	---	107.39	110.85	---	114.88	---	117.39	117.81
8	---	---	99.63	103.21	---	107.44	111.05	113.46	114.96	---	117.20	117.96
9	---	---	99.83	---	104.67	107.48	---	113.68	114.97	---	117.15	117.93
10	95.88	---	99.82	---	104.89	107.85	---	113.64	---	116.76	116.79	---
11	95.73	---	99.99	103.68	105.22	---	111.27	113.43	---	116.94	116.79	---
12	96.01	---	---	104.22	105.61	---	111.28	113.50	115.07	117.10	---	118.07
13	95.82	---	---	104.44	105.82	108.38	111.79	---	115.19	117.34	---	118.21
14	96.00	---	100.11	104.48	---	108.91	111.67	---	115.24	117.52	116.87	118.22
15	---	---	100.54	104.59	---	109.18	111.78	113.67	115.31	---	117.00	118.29
16	---	97.89	100.86	---	106.10	109.44	---	113.81	115.48	---	117.05	118.37
17	96.27	98.14	101.17	---	106.02	109.48	---	113.96	---	117.83	117.05	---
18	96.45	98.45	101.54	104.54	106.15	---	111.90	114.11	---	118.02	117.01	---
19	96.58	---	---	104.51	106.15	---	111.88	114.27	115.54	118.11	---	118.28
20	96.67	---	---	104.38	106.32	109.52	112.08	---	115.60	118.13	---	118.33
21	96.81	98.70	101.43	104.28	---	109.96	112.14	---	115.78	118.13	117.10	118.38
22	---	98.76	101.34	104.16	---	110.29	112.19	114.41	115.92	---	117.03	118.42
23	---	98.68	101.07	---	106.56	110.38	---	114.53	115.97	---	117.01	118.45
24	96.86	98.85	100.91	---	106.56	110.35	---	114.75	---	118.04	116.94	---
25	96.99	98.97	100.94	104.26	106.65	---	112.42	114.84	---	117.82	117.19	---
26	97.14	---	---	104.37	106.65	---	112.62	114.79	116.10	117.37	---	118.73
27	97.17	---	---	104.61	106.59	110.50	112.87	---	116.22	117.15	---	118.76
28	97.40	99.20	101.13	104.59	---	110.47	112.91	---	116.33	117.18	117.48	118.80
29	---	---	101.55	104.66	---	110.47	113.15	114.68	116.49	---	117.61	118.88
30	---	---	101.61	---	106.48	110.53	---	114.76	116.60	---	117.70	118.92
31	97.60	---	101.69	---	106.68	---	---	114.83	---	116.92	---	---
最高 high	97.60	99.20	101.69	104.66	106.68	110.53	113.15	114.84	116.60	118.13	117.70	H118.92
最低 low	L95.73	97.51	99.38	101.68	104.67	106.77	110.43	113.30	114.69	116.76	116.79	117.62

SECURITIES TRADING

证 券 成 交

交易概况

Trading Data

市盈率和换手率

P/E Ratio & Turnover Rate

分类证券成交数据

Data of Securities Transactions

年度排行前十名

Top 10 Securities

年末股价和市价总值分布

Year-end Distribution of Stock Price and Market Capitalization

年末市盈率和换手率分布

Year-end Distribution of P/E Ratio and Turnover

交易概况 Trading Data

市场交易 Market Data	2005 年 2005	2004 年 2004	增减% Change %
交易天数 Trading Days	242	243	-0.41
上市证券数 No. of Securities Traded	1073	996	7.73
股票 Stock	878	881	-0.34
A 股 A Share	824	827	-0.36
B 股 B Share	54	54	0.00
债券 Bond	165	90	83.33
国债现货 T-Bond Spot	43	29	48.28
国债回购 T-Bond Repurchase	54	15	260.00
企业债 Corporate Bond	47	24	95.83
企业债回购 C-Bond Repurchase	3	3	0.00
可转债 Convertible Bond	18	19	-5.26
基金 Fund	26	25	4.00
封闭式基金 Closed-end Fund	25	25	0.00
ETF Exchange-traded Fund	1	0	- - -
权证 Warrant	4	0	- - -
成交金额(亿元) Trading Value (100 Million RMB Yuan)	49775.61	76927.32	-35.30
股票 Stock	19240.21	26470.60	-27.31
A 股 A Share	19061.49	26229.30	-27.33
B 股 B Share	178.72	241.30	-25.93
债券 Bond	28138.41	49997.74	-43.72
国债现货 T-Bond Spot	2772.79	2961.50	-6.37
国债回购 T-Bond Repurchase	23621.17	44086.22	-46.42
企业债 Corporate Bond	124.88	95.88	30.25
企业债回购 C-Bond Repurchase	1297.88	2515.60	-48.41
可转债 Convertible Bond	321.68	338.55	-4.98
基金 Fund	576.78	249.10	131.55
封闭式基金 Closed-end Fund	155.86	249.10	-37.43
ETF Exchange-traded Fund	420.92	- - -	- - -
权证 Warrant	1763.07	- - -	- - -
成交数量(亿) Trading Volume (100 Million)			
股票 Stock	3986.59	3607.74	10.50
A 股 A Share	3926.89	3550.88	10.59
B 股 B Share	59.69	56.86	4.98
债券 Bond	28.16	50.13	-43.83
国债现货 T-Bond Spot	2.81	3.13	-10.22
国债回购 T-Bond Repurchase	23.62	44.09	-46.43
企业债 Corporate Bond	0.12	0.10	20.00
企业债回购 C-Bond Repurchase	1.30	2.52	-48.41
可转债 Convertible Bond	0.30	0.30	0.00
基金 Fund	778.73	297.78	161.51
封闭式基金 Closed-end Fund	253.72	297.78	-14.80
ETF Exchange-traded Fund	525.01	- - -	- - -
权证 Warrant	1274.79	- - -	- - -

市盈率和换手率　P/E Ratio & Turnover Rate

	2005 年 2005	2004 年 2004	增减% Change %
市盈率 P/E Ratio	16.33	24.23	-32.60
A 股 A Share	16.38	24.29	-32.56
B 股 B Share	12.40	20.15	-38.46
换手率 Turnover Rate	274.37	288.71	-4.97
A 股 A Share	290.70	308.31	-5.71
B 股 B Share	58.49	58.29	0.34

分类证券成交数据
Data of Securities Transactions

股票成交 Share Trading

上市品种 No. of Stocks Traded	878	新上市品种 No. of New Listings	3
发行数量（亿股）Issued Shares	5023.05	市价总值（亿元）Total Market Capitalization	23096.13
流通数量（亿股）Negotiable Shares	1561.21	流通市值（亿元）Market Capitalization of Negotiable Shares	6754.61
成交数量（亿股）Trading Volume	3986.59	日均成交金额（亿元）Daily Average Trading Value	79.50
成交笔数（百万）No. of Transactions	210.14	日最高成交金额（亿元）Record Highday Turnover	221.57
成交金额（亿元）Trading Value	19240.21	日最低成交金额（亿元）Record Lowday Turnover	36.75

十大涨 Top 10 Most Advanced		十大跌 Top 10 Most Declined		十大成交数量（万股）Top 10 Most Active by Vol. (10000 Shares)		十大成交金额（万元）Top 10 Most Active by Val. (10000 Yuan)	
名称(name)	涨幅(up)%	名称(name)	跌幅(down)%	名称(name)	成交股数(vol.)	名称(name)	成交金额(val.)
洪都航空	110.28	*ST 云大	-75.37	中国联通	1517560.75	中国联通	4271419.58
G 天 威	96.65	波导股份	-73.56	G 武 钢	1091788.91	G 武 钢	3917252.12
银座股份	72.65	*ST 金荔	-72.24	G 宝 钢	811151.73	招商银行	3879654.84
ST 屯 河	63.31	G 长 力	-66.23	中国石化	715954.18	G 宝 钢	3874233.82
大商股份	62.18	香江控股	-66.12	招商银行	538078.30	G 长 电	3427663.25
G 宝 钛	61.75	华源制药	-66.03	G 民 生	461658.18	中国石化	2921055.97
兰太实业	61.16	海欣股份	-65.96	华电国际	447291.80	G 民 生	2248770.57
伊利股份	60.92	昆明制药	-64.47	G 长 电	432898.87	振华港机	1543577.09
ST 丰 华	56.18	G 申 龙	-63.47	南方航空	424689.95	G 中 信	1518391.34
平高电气	54.06	南钢股份	-62.57	G 上 汽	311085.63	齐鲁石化	1488431.95

2005 年股票每月成交数量、成交金额图 Chart of Monthly share Trading Volume and Value

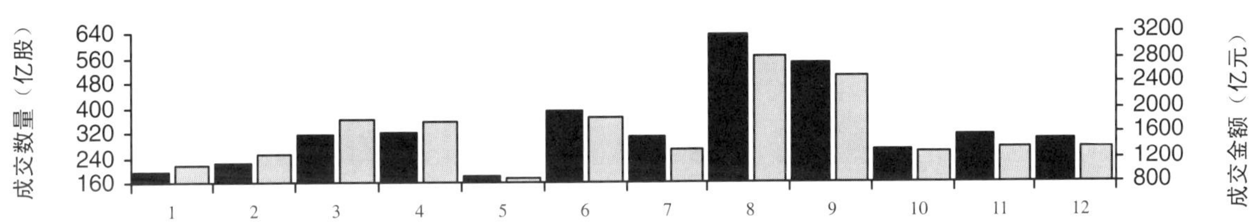

每日成交(单位：亿元) Daily Trading Value

日期 Date	1月 Jan	2月 Feb	3月 Mar	4月 Apr	5月 May	6月 Jun	7月 Jul	8月 Aug	9月 Sep	10月 Oct	11月 Nov	12月 Dec
1	---	49.88	79.81	107.92	---	46.96	61.38	61.57	150.62	---	63.26	40.50
2	---	105.23	107.49	---	---	55.58	---	76.93	128.60	---	81.58	46.73
3	---	108.97	69.81	---	---	45.02	---	127.76	---	---	75.28	---
4	44.20	96.64	62.69	79.47	---	---	50.92	78.69	---	---	59.51	---
5	49.18	---	---	64.49	---	---	51.47	124.21	117.49	---	---	48.18
6	43.83	---	---	99.20	---	50.57	42.60	---	153.05	---	---	48.77
7	50.42	---	62.83	141.25	---	74.66	36.75	---	131.96	---	54.65	45.94
8	---	---	111.60	100.85	---	190.12	43.40	138.03	146.88	---	67.23	46.72
9	---	---	122.25	---	55.51	195.95	---	120.46	101.46	---	75.04	60.91
10	41.20	---	105.37	---	67.68	136.13	---	135.34	---	54.61	71.12	---
11	43.68	---	90.39	110.32	56.33	---	47.84	168.87	---	63.99	53.78	---
12	38.00	---	---	76.01	65.06	---	81.83	180.50	77.41	93.39	---	54.62
13	50.04	---	---	110.64	65.68	89.43	56.23	---	117.18	86.00	---	51.93
14	52.72	---	119.68	86.14	---	87.45	55.51	---	149.82	77.41	38.95	70.31
15	---	---	96.78	78.01	---	73.54	52.38	147.89	128.97	---	53.52	76.07
16	---	79.80	83.31	---	50.58	70.28	---	160.76	104.63	---	53.63	58.28
17	54.35	61.03	78.14	---	53.54	84.21	---	148.15	---	74.22	51.35	---
18	52.94	57.86	73.42	62.96	50.61	---	42.64	221.57	---	92.65	97.61	---
19	46.78	---	---	61.09	51.20	---	39.87	136.43	116.36	90.88	---	52.15
20	53.84	---	---	59.39	45.20	101.49	44.44	---	151.30	84.99	---	52.84
21	90.09	69.31	58.15	70.70	---	73.36	48.29	---	142.57	86.54	64.96	56.04
22	---	127.74	81.48	72.67	---	59.02	109.88	105.42	131.85	---	59.59	51.88
23	---	136.99	78.51	---	43.06	54.73	---	95.42	85.82	---	49.89	66.20
24	97.87	113.56	67.00	---	50.65	50.85	---	99.88	---	81.19	70.54	---
25	64.39	139.79	50.76	69.09	44.89	---	61.34	105.24	---	80.50	62.48	---
26	53.52	---	---	72.07	44.55	---	109.89	104.36	68.63	87.06	---	85.83
27	49.55	---	---	70.83	49.03	105.30	101.51	---	85.31	80.82	---	71.16
28	42.00	102.45	49.10	90.44	---	63.12	106.45	---	68.31	80.19	54.11	65.85
29	---	---	51.92	73.77	---	65.42	72.15	100.39	86.34	---	48.50	107.05
30	---	---	61.54	---	40.83	64.07	---	81.44	69.60	---	46.18	101.97
31	46.68	---	53.72	---	42.42	---	---	96.03	---	65.16	---	---
最高 high	97.87	139.79	122.25	141.25	H67.68	195.95	109.89	221.57	153.05	93.39	97.61	107.05
最低 low	38.00	49.88	49.10	59.39	40.83	45.02	L36.75	61.57	68.31	54.61	38.95	40.50

分类证券成交数据
Data of Securities Transactions

A股成交 A Share Trading

上市品种 No. of Stocks Traded	824	新上市品种 No. of New Listings	3
发行数量（亿股）Issued Shares	4919.54	市价总值（亿元）Total Market Capitalization	22856.07
流通数量（亿股）Negotiable Shares	1457.70	流通市值（亿元）Market Capitalization of Negotiable Shares	6514.55
成交数量（亿股）Trading Volume	3926.89	日均成交金额（亿元）Daily Average Trading Value	78.77
成交笔数（百万）No. of Transactions	207.90	日最高成交金额（亿元）Record Highday Turnover	219.72
成交金额（亿元）Trading Value	19061.49	日最低成交金额（亿元）Record Lowday Turnover	36.38

十大涨 Top 10 Most Advanced		十大跌 Top 10 Most Declined		十大成交数量（万股）Top 10 Most Active by Vol. (10000 Shares)		十大成交金额（万元）Top 10 Most Active by Val. (10000 Yuan)	
名称(name)	涨幅(up)%	名称(name)	跌幅(down)%	名称(name)	成交股数(vol.)	名称(name)	成交金额(val.)
洪都航空	110.28	*ST 云大	-75.37	中国联通	1517560.75	中国联通	4271419.58
G 天 威	96.65	波导股份	-73.56	G 武 钢	1091788.91	G 武 钢	3917252.12
银座股份	72.65	*ST 金荔	-72.24	G 宝 钢	811151.73	招商银行	3879654.84
ST 屯 河	63.31	G 长 力	-66.23	中国石化	715954.18	G 宝 钢	3874233.82
大商股份	62.18	香江控股	-66.12	招商银行	538078.30	G 长 电	3427663.25
G 宝 钛	61.75	华源制药	-66.03	G 民 生	461658.18	中国石化	2921055.97
兰太实业	61.16	海欣股份	-65.96	华电国际	447291.80	G 民 生	2248770.57
伊利股份	60.92	昆明制药	-64.47	G 长 电	432898.87	振华港机	1543577.09
ST 丰 华	56.18	G 申 龙	-63.47	南方航空	424689.95	G 中 信	1518391.34
平高电气	54.06	南钢股份	-62.57	G 上 汽	311085.63	齐鲁石化	1488431.95

2005年A股每月成交数量、成交金额图 Chart of Monthly A Share Trading Volume and Value

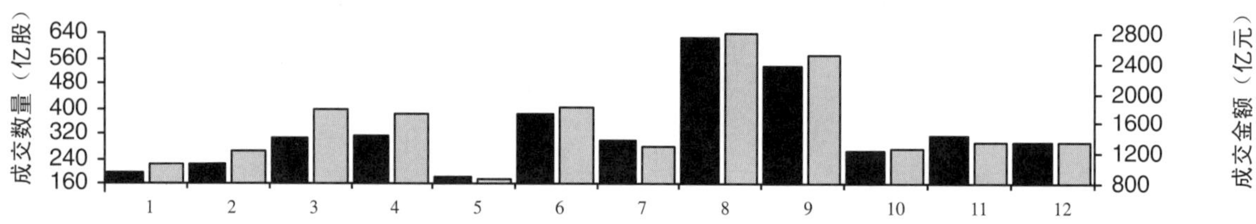

每日成交（单位：亿元）Daily Trading Value

日期 Date	1月 Jan	2月 Feb	3月 Mar	4月 Apr	5月 May	6月 Jun	7月 Jul	8月 Aug	9月 Sep	10月 Oct	11月 Nov	12月 Dec
1	---	49.38	78.85	106.26	---	46.66	60.99	60.93	149.27	---	62.89	40.24
2	---	104.30	106.49	---	---	54.80	---	75.83	127.71	---	81.15	46.22
3	---	107.43	68.67	---	---	44.37	---	125.99	---	---	75.03	---
4	43.89	95.70	61.81	78.20	---	---	50.44	77.49	---	---	59.31	---
5	48.68	---	---	63.54	---	---	51.08	122.69	116.57	---	---	47.61
6	43.41	---	---	97.63	---	49.90	42.30	---	151.63	---	---	48.44
7	49.79	---	62.01	138.94	---	73.81	36.38	---	131.14	---	54.43	45.64
8	---	---	110.35	99.68	---	187.99	42.98	136.48	146.15	---	66.88	46.42
9	---	---	120.93	---	54.48	194.67	---	119.08	100.75	---	74.60	60.46
10	40.87	---	104.16	---	66.89	135.38	---	133.56	---	53.85	70.85	---
11	43.34	---	89.60	108.81	55.67	---	47.43	167.38	---	63.35	53.54	---
12	37.76	---	---	74.93	64.64	---	81.34	177.92	76.81	92.32	---	54.19
13	49.80	---	---	109.33	65.07	88.84	55.95	---	116.31	85.47	---	51.60
14	52.41	---	118.25	85.33	---	86.99	55.02	---	149.13	76.88	38.69	69.95
15	---	---	95.79	76.87	---	73.00	51.38	146.72	128.28	---	53.17	75.64
16	---	78.70	82.45	---	50.13	69.70	---	158.97	104.00	---	53.43	57.98
17	53.97	60.49	76.62	---	52.86	83.48	---	146.73	---	73.81	51.19	---
18	52.71	57.47	72.27	62.25	49.91	---	41.75	219.72	---	91.98	96.96	---
19	46.39	---	---	60.55	50.82	---	38.99	135.28	115.62	90.16	---	51.59
20	53.49	---	---	58.66	44.94	100.84	43.88	---	150.04	84.49	---	52.60
21	89.56	68.64	57.03	69.99	---	72.87	47.59	---	141.71	86.15	64.50	55.74
22	---	125.65	79.92	71.79	---	58.71	108.45	104.77	130.89	---	59.32	51.53
23	---	135.55	77.34	---	42.65	54.39	---	94.70	85.28	---	49.70	65.80
24	97.09	112.73	65.97	---	50.10	50.51	---	99.04	---	80.79	70.27	---
25	63.92	137.79	50.21	68.42	44.49	---	60.70	104.18	---	79.91	61.56	---
26	53.15	---	---	71.29	44.30	---	108.86	103.41	68.32	86.47	---	85.33
27	49.29	---	---	69.79	48.62	104.41	100.32	---	84.54	80.37	---	70.87
28	41.74	100.95	48.54	89.16	---	62.73	105.22	---	67.78	79.65	53.88	65.61
29	---	---	51.08	72.04	---	65.11	71.36	99.68	85.64	---	48.31	106.47
30	---	---	60.70	---	40.46	63.74	---	81.02	68.91	---	45.97	101.28
31	46.29	---	52.56	---	41.99	---	---	95.46	---	64.71	---	---
最高 high	97.09	137.79	120.93	138.94	H66.89	194.67	108.86	219.72	151.63	92.32	96.96	106.47
最低 low	37.76	49.38	48.54	58.66	40.46	44.37	L36.38	60.93	67.78	53.85	38.69	40.24

分类证券成交数据 Data of Securities Transactions

B 股成交 B Share Trading

上市品种 No. of Stocks Traded	54	新上市品种 No. of New Listings	0
发行数量（亿股）Issued Shares	103.51	市价总值（亿元）Total Market Capitalization	240.06
流通数量（亿股）Negotiable Shares	103.51	流通市值（亿元）Market Capitalization of Negotiable Shares	240.06
成交数量（亿股）Trading Volume	59.69	日均成交金额（亿元）Daily Average Trading Value	0.74
成交笔数（百万）No. of Transactions	2.24	日最高成交金额（亿元）Record Highday Turnover	2.59
成交金额（亿元）Trading Value	178.72	日最低成交金额（亿元）Record Lowday Turnover	0.16

十大涨 Top 10 Most Advanced		十大跌 Top 10 Most Declined		十大成交数量（万股）Top 10 Most Active by Vol. (10000 Shares)		十大成交金额（万元）Top 10 Most Active by Val. (10000 Yuan)	
名称(name)	涨幅(up)%	名称(name)	跌幅(down)%	名称(name)	成交股数(vol.)	名称(name)	成交金额(val.)
新城 B 股	45.15	海欣 B 股	-55.19	东电 B 股	39895.58	伊泰 B 股	243600.07
锦投 B 股	29.75	上柴 B 股	-51.87	振华 B 股	32133.53	振华 B 股	235132.56
锦江 B 股	27.23	上电 B 股	-51.39	ST 大江 B	30078.27	东电 B 股	151644.03
黄山 B 股	25.63	开开 B 股	-50.31	伊泰 B 股	28761.10	海立 B 股	71534.80
伊泰 B 股	19.84	凌云 B 股	-49.59	鄂绒 B 股	21253.19	黄山 B 股	53865.21
金桥 B 股	8.54	东信 B 股	-47.53	ST 轻骑 B	20110.42	陆家 B 股	52167.12
振华 B 股	2.57	氯碱 B 股	-45.73	海立 B 股	20028.36	锦江 B 股	52026.94
永久 B 股	1.62	二纺 B 股	-42.67	上电 B 股	18674.37	鄂绒 B 股	48893.67
陆家 B 股	0.97	汇丽 B 股	-41.76	氯碱 B 股	17309.35	锦投 B 股	46956.27
		三毛 B 股	-40.26	陆家 B 股	16054.75	上柴 B 股	46039.12

2005 年 B 股每月成交数量、成交金额图 Chart of Monthly B Share Trading Volume and Value

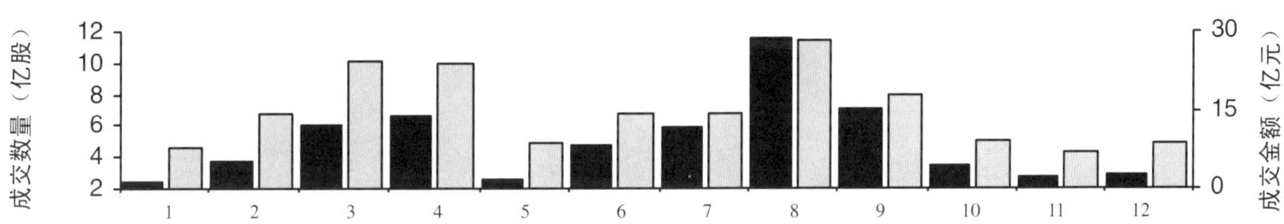

每日成交（单位：亿元）Daily Trading Value

日期 Date	1 月 Jan	2 月 Feb	3 月 Mar	4 月 Apr	5 月 May	6 月 Jun	7 月 Jul	8 月 Aug	9 月 Sep	10 月 Oct	11 月 Nov	12 月 Dec
1	---	0.50	0.96	1.66	---	0.30	0.39	0.65	1.35	---	0.37	0.26
2	---	0.93	1.00	---	---	0.78	---	1.10	0.88	---	0.43	0.51
3	---	1.54	1.14	---	---	0.65	---	1.77	---	---	0.24	---
4	0.31	0.94	0.88	1.28	---	---	0.48	1.19	---	---	0.20	---
5	0.50	---	---	0.95	---	---	0.39	1.52	0.91	---	---	0.57
6	0.42	---	---	1.57	---	0.66	0.29	---	1.42	---	---	0.33
7	0.62	---	0.82	2.31	---	0.85	0.38	---	0.82	---	0.22	0.30
8	---	---	1.24	1.17	---	2.13	0.41	1.55	0.73	---	0.36	0.29
9	---	---	1.32	---	1.03	1.28	---	1.38	0.70	---	0.44	0.45
10	0.33	---	1.21	---	0.80	0.75	---	1.78	---	0.76	0.27	---
11	0.34	---	0.79	1.52	0.66	---	0.41	1.49	---	0.64	0.24	---
12	0.24	---	---	1.08	0.42	---	0.49	2.59	0.60	1.07	---	0.43
13	0.24	---	---	1.32	0.61	0.59	0.28	---	0.87	0.54	---	0.33
14	0.32	---	1.43	0.81	---	0.46	0.49	---	0.69	0.52	0.26	0.36
15	---	---	0.99	1.14	---	0.54	1.01	1.18	0.69	---	0.35	0.42
16	---	1.10	0.86	---	0.46	0.59	---	1.80	0.63	---	0.20	0.31
17	0.37	0.54	1.52	---	0.68	0.73	---	1.42	---	0.41	0.16	---
18	0.23	0.39	1.14	0.72	0.70	---	0.89	1.85	---	0.67	0.65	---
19	0.39	---	---	0.54	0.38	---	0.89	1.16	0.73	0.72	---	0.56
20	0.35	---	---	0.73	0.26	0.65	0.56	---	1.26	0.50	---	0.24
21	0.53	0.67	1.12	0.71	---	0.49	0.70	---	0.86	0.38	0.46	0.29
22	---	2.09	1.56	0.87	---	0.31	1.44	0.65	0.95	---	0.27	0.35
23	---	1.44	1.17	---	0.40	0.33	---	0.72	0.55	---	0.19	0.40
24	0.78	0.83	1.03	---	0.55	0.34	---	0.84	---	0.40	0.27	---
25	0.47	2.00	0.55	0.67	0.40	---	0.63	1.06	---	0.60	0.92	---
26	0.36	---	---	0.79	0.25	---	1.03	0.95	0.31	0.59	---	0.50
27	0.26	---	---	1.04	0.41	0.89	1.19	---	0.77	0.45	---	0.30
28	0.26	1.50	0.56	1.29	---	0.39	1.23	---	0.53	0.54	0.23	0.24
29	---	---	0.84	1.73	---	0.32	0.78	0.70	0.70	---	0.19	0.58
30	---	---	0.84	---	0.38	0.33	---	0.42	0.69	---	0.21	0.68
31	0.39	---	1.15	---	0.43	---	---	0.57	---	0.46	---	---
最高 high	0.78	2.09	1.56	2.31	1.03	2.13	1.44	2.59	1.42	1.07	0.92	H0.68
最低 low	0.23	0.39	0.55	0.54	0.25	0.30	0.28	0.42	0.31	0.38	L0.16	0.24

分类证券成交数据
Data of Securities Transactions

基金成交（不含ETF） Funds Trading (Not Including ETF)

上市品种 No. of Stocks Traded	25	新上市品种 No. of New Listings	0
发行数量（亿份）Issued Shares	398.00	市价总值（亿元）Total Market Capitalization	260.96
流通数量（亿份）Negotiable Shares	394.40	流通市值（亿元）Market Capitalization of Negotiable Shares	258.56
成交数量（亿份）Trading Volume	253.72	日均成交金额（亿元）Daily Average Trading Value	0.64
成交笔数（百万）No. of Transactions	1.57	日最高成交金额（亿元）Record Highday Turnover	3.17
成交金额（亿元）Trading Value	155.86	日最低成交金额（亿元）Record Lowday Turnover	0.14

十大涨 Top 10 Most Advanced		十大跌 Top 10 Most Declined		十大成交数量（万份）Top 10 Most Active by Vol. (10000 Shares)		十大成交金额（万元）Top 10 Most Active by Val. (10000 Yuan)	
名称(name)	涨幅(up)%	名称(name)	跌幅(down)%	名称(name)	成交份数(vol.)	名称(name)	成交金额(val.)
基金景阳	23.56	基金兴华	-30.57	基金汉兴	386293.88	基金汉兴	192765.04
基金景业	16.01	基金通乾	-18.70	基金兴和	305961.75	基金科瑞	187598.79
基金金元	14.53	基金兴和	-14.86	基金银丰	264951.98	基金兴和	156554.21
基金普润	12.68	基金银丰	-14.86	基金科瑞	260879.18	基金银丰	148826.68
基金金鼎	12.27	基金汉兴	-12.82	基金金鑫	155341.84	基金兴华	89711.53
基金同德	11.15	基金金鑫	-12.38	基金兴华	132732.36	基金金鑫	81664.87
基金汉博	9.92	基金金泰	-7.16	基金安顺	126901.72	基金安顺	81077.59
基金裕元	8.34	基金裕阳	-4.51	基金裕阳	91680.81	基金裕元	69560.01
基金兴业	8.01	基金科瑞	-4.40	基金通乾	88387.72	基金景阳	60909.10
基金科讯	7.90	基金汉盛	-3.70	基金裕元	81370.90	基金裕阳	54811.76

2005年基金每月成交数量、成交金额图 Chart of Monthly Funds Trading Volume and Value

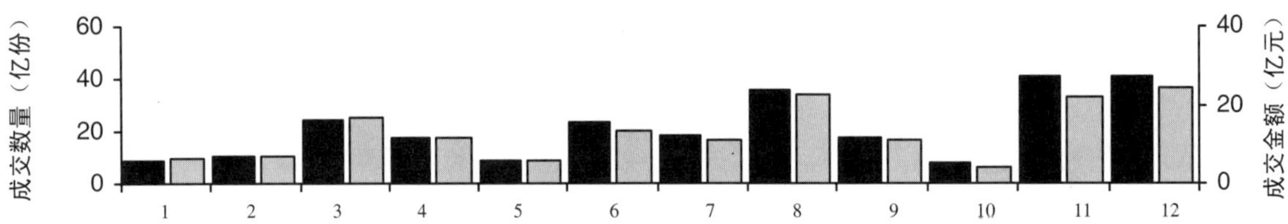

每日成交(单位：亿元) Daily Trading Value

日期 Date	1月 Jan	2月 Feb	3月 Mar	4月 Apr	5月 May	6月 Jun	7月 Jul	8月 Aug	9月 Sep	10月 Oct	11月 Nov	12月 Dec
1	---	0.39	0.35	1.11	---	0.43	0.37	0.72	0.74	---	0.18	1.29
2	---	0.86	0.47	---	---	0.59	---	1.44	0.57	---	0.32	1.08
3	---	0.62	0.32	---	---	0.41	---	2.84	---	---	0.30	---
4	0.39	0.58	0.23	0.77	---	---	0.33	1.22	---	---	0.25	---
5	0.34	---	---	0.63	---	---	0.14	1.36	0.68	---	---	2.30
6	0.30	---	---	0.66	---	0.36	0.21	---	0.70	---	---	1.39
7	0.27	---	0.28	0.83	---	0.75	0.20	---	0.53	---	0.40	1.42
8	---	---	0.63	0.64	---	1.88	0.23	1.54	0.61	---	3.17	0.89
9	---	---	0.50	---	0.35	1.70	---	0.90	0.59	---	2.62	0.84
10	0.27	---	0.76	---	0.47	0.75	---	0.89	---	0.23	1.27	---
11	0.24	---	0.52	0.69	0.31	---	0.22	1.38	---	0.19	1.43	---
12	0.26	---	---	0.56	0.41	---	0.39	1.41	0.34	0.35	---	0.97
13	0.33	---	---	0.79	0.37	0.45	0.28	---	0.41	0.26	---	1.06
14	0.37	---	0.80	0.44	---	0.46	0.29	---	0.69	0.28	1.67	0.73
15	---	---	0.84	0.53	---	0.39	0.33	0.92	0.41	---	0.84	0.82
16	---	0.71	0.59	---	0.45	0.25	---	0.98	0.38	---	0.78	0.78
17	0.35	0.36	0.45	---	0.27	0.43	---	0.98	---	0.28	0.50	---
18	0.33	0.33	0.43	0.35	0.26	---	0.29	0.83	---	0.26	1.19	---
19	0.23	---	---	0.35	0.22	---	0.38	0.74	0.53	0.23	---	1.17
20	0.32	---	---	0.37	0.21	0.71	0.77	---	0.50	0.21	---	0.88
21	0.50	0.45	0.33	0.50	---	0.49	0.91	---	0.65	0.24	0.64	1.09
22	---	0.78	0.45	0.35	---	0.27	1.46	0.43	0.66	---	0.64	0.87
23	---	0.43	0.53	---	0.17	0.42	---	0.70	0.33	---	0.59	0.71
24	0.48	0.34	0.38	---	0.35	0.26	---	1.19	---	0.34	0.93	---
25	0.25	0.57	2.01	0.41	0.32	---	0.73	0.64	---	0.35	0.62	---
26	0.23	---	---	0.33	0.37	---	1.27	0.45	0.26	0.38	---	1.01
27	0.27	---	---	0.35	0.56	1.06	0.90	---	0.36	0.24	---	0.87
28	0.21	0.34	0.82	0.47	---	0.43	0.90	---	0.23	0.26	0.46	1.19
29	---	---	1.31	0.31	---	0.35	0.70	0.46	0.34	---	1.88	1.72
30	---	---	2.59	---	0.29	0.44	---	0.40	0.26	---	1.30	1.45
31	0.36	---	1.05	---	0.26	---	---	0.45	---	0.17	---	---
最高 high	0.50	0.86	2.59	1.11	0.56	1.88	1.46	2.84	0.74	H0.38	3.17	2.30
最低 low	0.21	0.33	0.23	0.31	0.17	0.25	L0.14	0.40	0.23	0.17	0.18	0.71

分类证券成交数据
Data of Securities Transactions

国债现货成交 T-Bond Spots Trading

上市品种 No. of Stocks Traded	43	新上市品种 No. of New Listings	15
发行数量（亿手）Issued Shares	12948.07	市价总值（亿元）Total Market Capitalization	13287.45
流通数量（亿手）Negotiable Shares	12948.07	流通市值（亿元）Market Capitalization of Negotiable Shares	13287.45
成交数量（亿手）Trading Volume	2.81	日均成交金额（亿元）Daily Average Trading Value	11.46
成交笔数（百万）No. of Transactions	1.73	日最高成交金额（亿元）Record Highday Turnover	25.10
成交金额（亿元）Trading Value	2772.79	日最低成交金额（亿元）Record Lowday Turnover	4.51

十大涨 Top 10 Most Advanced		十大跌 Top 10 Most Declined		十大成交数量（万手） Top 10 Most Active by Vol. (10000 Lots)		十大成交金额（万元） Top 10 Most Active by Val. (10000 Yuan)	
名称(name)	涨幅(up)%	名称(name)	跌幅(down)%	名称(name)	成交手数(vol.)	名称(name)	成交金额(val.)
03 国债(3)	23.25	96 国债(6)	-6.35	04 国债(5)	3236.91	04 国债(5)	3173862.61
02 国债(13)	20.39	97 国债(4)	-2.46	02 国债(14)	2331.45	02 国债(14)	2328849.41
21 国债(7)	20.13			20 国债(10)	1694.51	20 国债(10)	1690549.30
03 国债(8)	16.06			20 国债(4)	1665.08	20 国债(4)	1630339.61
02 国债(3)	15.19			21 国债(15)	1490.74	21 国债(15)	1482674.91
21 国债(10)	13.32			03 国债(3)	1448.52	03 国债(3)	1357812.22
21 国债(12)	13.19			03 国债(1)	1295.62	03 国债(1)	1269752.46
03 国债(7)	12.37			04 国债(1)	1270.42	04 国债(1)	1267782.32
03 国债(11)	11.73			02 国债(10)	1267.92	02 国债(10)	1211732.21
04 国债(7)	11.25			02 国债(13)	1144.87	21 国债(10)	1108612.96

2005 年国债现货每月成交数量、成交金额图 Chart of Monthly T-Bond Spots Trading Volume and Value

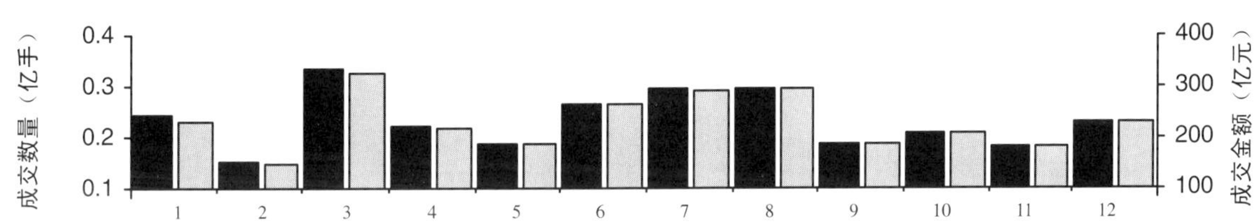

每日成交（单位：亿元）Daily Trading Value

日期 Date	1月 Jan	2月 Feb	3月 Mar	4月 Apr	5月 May	6月 Jun	7月 Jul	8月 Aug	9月 Sep	10月 Oct	11月 Nov	12月 Dec
1	---	13.46	11.82	10.91	---	12.25	5.74	11.46	10.43	---	8.66	4.51
2	---	14.00	18.96	---	---	11.04	---	11.90	6.37	---	6.14	7.51
3	---	9.33	17.78	---	---	10.76	---	14.30	---	---	6.51	---
4	5.56	9.29	20.06	9.06	---	---	6.85	19.06	---	---	5.90	---
5	10.56	---	---	7.25	---	---	11.08	17.44	5.55	---	---	10.92
6	13.23	---	---	9.01	---	10.93	12.39	---	7.52	---	---	7.22
7	7.53	---	15.25	10.23	---	14.64	14.13	---	7.86	---	7.76	11.60
8	---	---	24.95	8.89	---	14.24	16.45	16.10	10.82	---	11.64	14.28
9	---	---	21.83	---	6.75	9.02	---	15.31	8.08	---	14.93	14.29
10	12.84	---	19.08	---	10.42	13.63	---	13.15	---	16.21	15.60	---
11	9.20	---	10.16	10.66	11.78	---	8.91	25.10	---	11.71	14.09	---
12	12.71	---	---	9.69	13.12	---	16.36	13.93	8.27	13.39	---	11.16
13	10.55	---	---	10.29	14.50	11.53	12.23	---	9.07	18.28	---	11.50
14	15.22	---	8.61	11.40	---	14.43	14.96	---	9.05	10.37	9.33	8.94
15	---	---	13.90	14.72	---	18.50	12.93	14.84	11.72	---	7.65	13.00
16	---	6.49	15.03	---	9.68	11.45	---	9.36	9.46	---	7.07	13.01
17	11.74	11.02	12.52	---	10.16	13.91	---	12.38	---	11.29	7.43	---
18	15.67	8.64	17.74	11.57	12.08	---	13.52	9.25	---	17.54	4.57	---
19	11.25	---	---	10.79	16.42	---	16.70	7.69	11.89	17.11	---	9.74
20	12.37	---	---	9.34	11.12	16.86	11.82	---	7.49	13.16	---	8.16
21	9.81	9.42	12.87	11.25	---	6.66	11.39	---	6.59	15.01	5.72	7.13
22	---	13.71	13.64	12.95	---	12.04	17.49	9.51	8.93	---	7.06	9.14
23	---	12.63	11.07	---	10.68	11.32	---	10.24	6.11	---	4.90	11.49
24	10.75	10.91	10.05	---	11.60	11.24	---	11.93	---	12.83	8.18	---
25	14.13	17.02	10.83	14.48	7.12	---	17.07	8.60	---	10.81	6.78	---
26	15.33	---	---	11.34	8.71	---	15.74	7.25	9.76	8.51	---	12.80
27	12.40	---	---	8.36	8.83	9.00	24.13	---	7.15	8.50	---	9.65
28	10.73	13.12	9.88	6.96	---	11.60	15.83	---	12.04	13.56	6.65	10.27
29	---	---	10.32	8.17	---	9.28	16.19	12.67	5.63	---	7.81	13.00
30	---	---	7.43	---	11.87	9.56	---	16.39	9.08	---	8.04	13.23
31	10.82	---	11.42	---	10.19	---	---	8.10	---	9.95	---	---
最高 high	15.67	17.02	24.95	14.72	16.42	18.50	24.13	25.10	H12.04	18.28	15.60	14.29
最低 low	5.56	6.49	7.43	6.96	6.75	6.66	5.74	7.25	5.55	8.50	4.57	L4.51

分类证券成交数据
Data of Securities Transactions

国债回购成交 T-Bond Repurchase Trading

上市品种 No. of Stocks Traded	54	新上市品种 No. of New Listings	39
发行数量（亿手）Issued Shares	--	市价总值（亿元）Total Market Capitalization	--
流通数量（亿手）Negotiable Shares	--	流通市值（亿元）Market Capitalization of Negotiable Shares	--
成交数量（亿手）Trading Volume	23.62	日均成交金额（亿元）Daily Average Trading Value	97.61
成交笔数（百万）No. of Transactions	0.97	日最高成交金额（亿元）Record Highday Turnover	283.77
成交金额（亿元）Trading Value	23621.17	日最低成交金额（亿元）Record Lowday Turnover	28.34

十大涨 Top 10 Most Advanced		十大跌 Top 10 Most Declined		十大成交数量（万手）Top 10 Most Active by Vol. (10000 Lots)		十大成交金额（万元）Top 10 Most Active by Val. (10000 Yuan)	
名称(name)	涨幅(up)%	名称(name)	跌幅(down)%	名称(name)	成交手数(vol.)	名称(name)	成交金额(val.)
R003	1508.57	R182	-38.46	R007	87098.22	R007	87098220.00
R004	125.70	R028	-35.80	R001	70266.34	R001	70266340.00
R001	44.89	R014	-25.88	R028	29173.49	R028	29173490.00
R002	20.26	R091	-23.40	R014	25703.26	R014	25703260.00
		R007	-0.50	R003	11249.78	R003	11249780.00
				R004	5500.54	R004	5500540.00
				R091	3311.75	R091	3311750.00
				R002	2623.28	R002	2623280.00
				R182	1284.97	R182	1284970.00
				0502R007	0.10	0502R007	100.00

2005 年国债回购每月成交数量、成交金额图 Chart of Monthly T-Bond Repurchase Trading Volume and Value

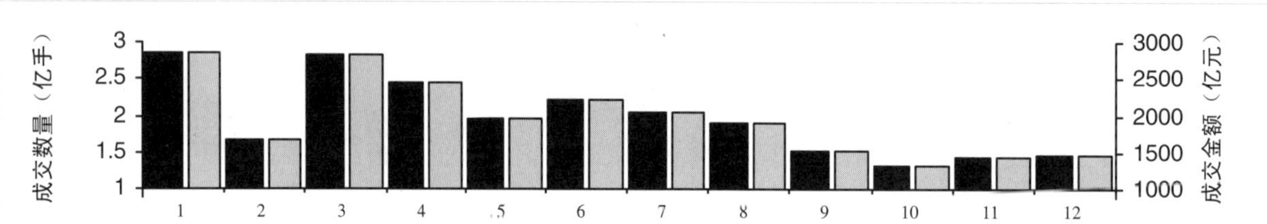

每日成交(单位：亿元) Daily Trading Value

日期 Date	1月 Jan	2月 Feb	3月 Mar	4月 Apr	5月 May	6月 Jun	7月 Jul	8月 Aug	9月 Sep	10月 Oct	11月 Nov	12月 Dec
1	---	142.52	102.04	100.58	---	83.20	70.64	112.39	81.18	---	81.16	60.66
2	---	115.63	167.80	---	---	109.69	---	94.19	58.00	---	52.55	52.44
3	---	115.08	140.59	---	---	66.89	---	107.92	---	---	50.70	---
4	197.32	55.64	108.57	115.75	---	---	133.62	96.41	---	---	38.38	---
5	126.42	---	---	76.39	---	---	97.96	73.36	94.24	---	---	118.74
6	163.79	---	---	116.26	---	155.61	125.25	---	64.36	---	---	74.16
7	151.75	---	115.82	108.14	---	93.02	107.94	---	57.47	---	109.11	63.63
8	---	---	86.28	100.97	---	105.32	82.08	107.81	73.35	---	63.21	67.60
9	---	---	148.71	---	252.04	109.41	---	78.11	52.99	---	55.85	56.68
10	129.83	---	121.88	---	88.31	72.17	---	86.95	---	169.16	62.11	---
11	142.58	---	97.20	110.01	99.83	---	132.67	96.18	---	65.11	40.24	---
12	88.53	---	---	96.57	108.48	---	75.75	76.47	94.35	55.49	---	112.33
13	148.54	---	---	134.06	69.52	127.58	75.80	---	67.07	70.96	---	60.06
14	137.64	---	104.65	114.22	---	81.22	86.82	---	70.12	58.32	88.48	54.47
15	---	---	71.25	112.37	---	81.89	82.20	93.56	77.77	---	60.01	72.49
16	---	283.76	173.03	---	146.06	108.39	---	75.25	43.32	---	50.78	44.68
17	133.09	140.48	119.64	---	90.13	76.53	---	74.90	---	110.93	63.24	---
18	158.22	88.60	97.99	135.31	93.21	---	133.85	88.10	---	65.16	41.83	---
19	124.46	---	---	100.55	110.28	---	101.24	58.83	91.54	63.06	---	90.32
20	188.10	---	---	197.28	92.50	144.72	110.78	---	56.70	78.12	---	46.45
21	135.93	119.39	129.18	121.84	---	97.19	105.44	---	52.33	75.78	103.46	54.13
22	---	66.67	104.05	133.30	---	90.29	79.16	81.90	77.86	---	67.93	67.70
23	---	158.47	138.83	---	168.58	112.24	---	60.31	47.00	---	64.02	46.04
24	150.37	144.79	136.23	---	90.13	72.06	---	60.38	---	132.07	64.73	---
25	133.73	114.16	120.85	144.41	103.95	---	111.15	73.91	---	75.96	45.92	---
26	105.26	---	---	105.92	121.41	---	79.28	55.16	92.72	78.32	---	94.14
27	156.60	---	---	139.81	89.92	128.69	95.02	---	81.09	74.40	---	72.08
28	132.26	121.28	143.00	128.54	---	86.85	91.93	---	75.63	53.29	102.79	65.13
29	---	---	123.81	59.21	---	89.81	67.27	97.06	77.46	---	63.54	71.27
30	---	---	150.05	---	147.96	113.65	---	71.42	34.71	---	52.25	28.34
31	140.80	---	121.68	---	78.97	---	---	74.06	---	93.60	---	---
最高 high	197.32	283.76	173.03	197.28	252.04	155.61	133.85	112.39	H94.35	169.16	109.11	118.74
最低 low	88.53	55.64	71.25	59.21	69.52	66.89	67.27	55.16	34.71	53.29	38.38	L28.34

分类证券成交数据
Data of Securities Transactions

企业债成交 Corporate Bond Trading

上市品种 No. of Stocks Traded	68	新上市品种 No. of New Listings	25
发行数量（亿手）Issued Shares	1262.20	市价总值（亿元）Total Market Capitalization	1367.13
流通数量（亿手）Negotiable Shares	1173.78	流通市值（亿元）Market Capitalization of Negotiable Shares	1367.13
成交数量（亿手）Trading Volume	1.72	日均成交金额（亿元）Daily Average Trading Value	309.63
成交笔数（百万）No. of Transactions	0.49	日最高成交金额（亿元）Record Highday Turnover	8.92
成交金额（亿元）Trading Value	1744.45	日最低成交金额（亿元）Record Lowday Turnover	0.37

十大涨 Top 10 Most Advanced		十大跌 Top 10 Most Declined		十大成交数量（万手）Top 10 Most Active by Vol. (10000 Lots)		十大成交金额（万元）Top 10 Most Active by Val. (10000 Yuan)	
名称(name)	涨幅(up)%	名称(name)	跌幅(down)%	名称(name)	成交手数(vol.)	名称(name)	成交金额(val.)
03 三峡债	36.37	RC007	-49.62	RC007	7347.41	RC007	7347410.00
02 三峡债	30.68	云化转债	-13.70	RC001	4881.10	RC001	4881100.00
03 中电投	25.67	水运转债	-3.31	招行转债	1125.62	招行转债	1186076.04
02 苏交通	24.35	江淮转债	-2.23	RC003	750.31	RC003	750310.00
02 中移(15)	23.98	民生转债	-1.62	包钢转债	273.91	包钢转债	287405.05
03 沪轨道	23.71	雅戈转债	-1.48	邯钢转债	237.05	国电转债	255223.02
01 三峡债	20.34	营港转债	-1.19	国电转债	236.82	邯钢转债	244126.31
RC001	17.98	98 中信(7)	-0.88	歌华转债	176.64	歌华转债	190753.56
03 苏园建	17.75	98 三峡(8)	-0.53	南山转债	161.56	南山转债	162787.07
02 渝城投	15.43	阳光转债	-0.29	03 沪轨道	143.88	03 沪轨道	146266.87

2005 年企业债每月成交数量、成交金额图 Chart of Monthly Corporate Bond Trading Volume and Value

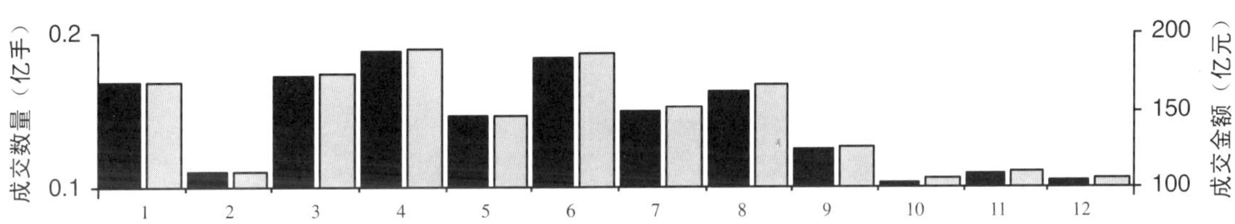

每日成交(单位：亿元) Daily Trading Value

日期 Date	1 月 Jan	2 月 Feb	3 月 Mar	4 月 Apr	5 月 May	6 月 Jun	7 月 Jul	8 月 Aug	9 月 Sep	10 月 Oct	11 月 Nov	12 月 Dec
1	---	6.42	4.73	7.42	---	4.67	4.42	12.21	5.72	---	8.46	5.41
2	---	9.25	11.97	---	---	7.47	---	8.97	4.46	---	4.77	1.83
3	---	8.25	8.63	---	---	5.07	---	4.52	---	---	7.84	---
4	13.63	7.10	3.89	7.14	---	---	10.76	5.33	---	---	1.64	---
5	9.85	---	---	5.78	---	---	9.87	6.03	8.11	---	---	5.40
6	10.62	---	---	13.51	---	13.39	4.62	---	7.58	---	---	7.64
7	9.90	---	3.75	15.14	---	12.19	6.28	---	5.14	---	6.37	5.79
8	---	---	6.49	7.43	---	10.98	3.65	12.68	7.52	---	7.11	5.18
9	---	---	14.14	---	17.56	10.52	---	9.18	3.68	---	4.71	3.73
10	5.39	---	7.45	---	12.29	4.20	---	3.92	---	13.73	5.12	---
11	10.05	---	3.56	11.66	7.65	---	11.71	11.65	---	9.32	1.51	---
12	7.87	---	---	8.80	7.23	---	9.91	10.92	10.00	6.92	---	4.84
13	7.23	---	---	12.97	4.75	11.88	3.66	---	5.58	7.51	---	6.51
14	6.44	---	4.28	7.90	---	10.35	6.16	---	3.26	2.45	4.63	4.69
15	---	---	4.97	9.87	---	4.36	4.17	13.71	8.02	---	5.39	6.19
16	---	21.90	13.82	---	13.14	11.52	---	14.11	3.05	---	3.41	5.62
17	5.01	6.05	9.40	---	9.26	5.84	---	2.43	---	7.94	7.75	---
18	8.93	3.89	3.64	6.49	4.69	---	10.03	3.44	---	5.34	1.57	---
19	6.63	---	---	6.70	6.72	---	10.14	4.31	8.06	6.09	---	6.66
20	7.86	---	---	10.31	5.24	15.66	2.95	---	4.97	6.63	---	2.75
21	7.14	4.36	5.94	13.74	---	11.70	5.38	---	3.34	2.96	5.26	2.24
22	---	6.48	8.11	5.28	---	4.58	7.16	8.93	8.38	---	4.85	6.18
23	---	17.06	15.20	---	13.15	6.64	---	7.02	4.01	---	2.94	4.35
24	6.73	9.88	7.77	---	8.87	4.80	---	2.08	---	7.55	9.86	---
25	7.93	5.85	4.89	9.40	3.89	---	13.40	2.99	---	5.10	2.45	---
26	7.42	---	---	6.44	6.51	---	12.76	3.20	8.85	5.30	---	6.57
27	14.18	---	---	10.06	4.37	12.60	3.48	---	5.89	5.56	---	4.79
28	6.38	3.93	6.17	10.55	---	9.63	5.76	---	3.54	1.57	6.09	3.99
29	---	---	4.71	3.84	---	2.64	6.27	8.07	6.01	---	5.09	3.43
30	---	---	12.70	---	12.53	5.93	---	8.42	1.62	---	3.82	2.13
31	8.71	---	7.60	---	9.26	---	---	2.86	---	11.49	---	---
最高 high	14.18	21.90	15.20	15.14	17.56	15.66	13.40	14.11	10.00	13.73	9.86	H7.64
最低 low	5.01	3.89	3.56	3.84	3.89	2.64	2.95	2.08	1.62	1.57	L1.51	1.83

分类证券成交数据
Data of Securities Transactions

ETF 成交 ETF Trading

上市品种 No. of Stocks Traded	1	新上市品种 No. of New Listings	1
发行数量（亿手）Issued Shares	69.15	市价总值（亿元）Total Market Capitalization	56.15
流通数量（亿手）Negotiable Shares	69.15	流通市值（亿元）Market Capitalization of Negotiable Shares	56.15
成交数量（亿手）Trading Volume	525.01	日均成交金额（亿元）Daily Average Trading Value	1.98
成交笔数（百万）No. of Transactions	0.94	日最高成交金额（亿元）Record Highday Turnover	12.68
成交金额（亿元）Trading Value	420.92	日最低成交金额（亿元）Record Lowday Turnover	0.31

十大涨 Top 10 Most Advanced		十大跌 Top 10 Most Declined		十大成交数量（万手）Top 10 Most Active by Vol. (10000 Lots)		十大成交金额（万元）Top 10 Most Active by Val. (10000 Yuan)	
名称(name)	涨幅(up)%	名称(name)	跌幅(down)%	名称(name)	成交手数(vol.)	名称(name)	成交金额(val.)
				50　ETF	5250065.65	50　ETF	4209179.08

2005 年 ETF 每月成交数量、成交金额图 Chart of Monthly ETF Trading Volume and Value

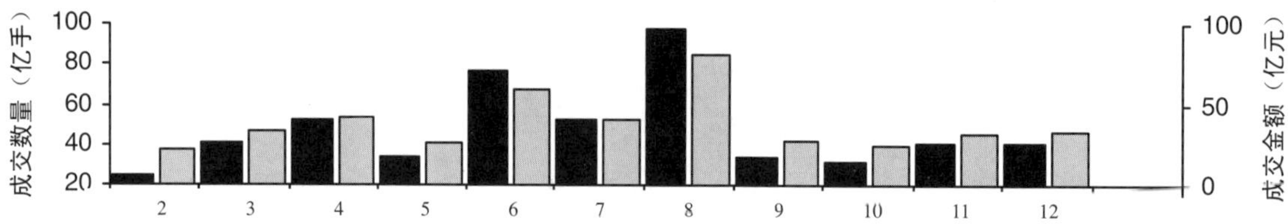

每日成交(单位：亿元) Daily Trading Value

日期 Date	1月 Jan	2月 Feb	3月 Mar	4月 Apr	5月 May	6月 Jun	7月 Jul	8月 Aug	9月 Sep	10月 Oct	11月 Nov	12月 Dec
1	---	---	1.81	4.10	---	1.14	2.07	1.41	2.36	---	2.32	0.73
2	---	---	2.16	---	---	2.58	---	2.76	0.87	---	2.30	1.19
3	---	---	0.86	---	---	1.97	---	4.35	---	---	2.26	---
4	---	---	1.12	1.89	---	---	1.32	3.11	---	---	3.13	---
5	---	---	---	1.05	---	---	0.76	5.14	1.03	---	---	1.17
6	---	---	---	2.12	---	3.04	1.39	---	1.27	---	---	2.39
7	---	---	1.01	3.02	---	2.58	0.70	---	1.20	---	0.89	3.04
8	---	---	2.59	2.01	---	7.38	1.16	3.02	2.70	---	0.67	3.14
9	---	---	1.75	---	2.63	5.79	---	1.88	1.47	---	4.15	1.96
10	---	---	2.87	---	2.45	3.55	---	2.97	---	1.07	3.58	---
11	---	---	1.13	1.36	1.66	---	1.68	3.43	---	1.88	0.54	---
12	---	---	---	1.74	2.07	---	3.08	3.70	0.62	3.28	---	0.75
13	---	---	---	3.38	1.50	3.08	1.84	---	1.56	3.16	---	1.06
14	---	---	2.00	1.73	---	1.91	2.70	---	1.57	1.80	0.42	1.34
15	---	---	2.40	2.30	---	1.67	1.13	6.01	1.05	---	0.78	2.78
16	---	---	1.84	---	1.11	1.21	---	3.07	0.52	---	0.76	0.84
17	---	---	1.08	---	0.89	2.24	---	4.36	---	1.14	0.39	---
18	---	---	1.88	1.34	1.09	---	0.62	12.68	---	0.86	1.55	---
19	---	---	---	0.66	1.13	---	1.18	3.15	1.36	1.71	---	1.00
20	---	---	---	1.75	1.12	4.53	1.42	---	1.36	2.13	---	1.37
21	---	---	0.85	1.90	---	2.23	1.84	---	1.34	0.55	0.79	2.19
22	---	---	1.32	1.97	---	1.81	3.74	4.91	3.25	---	1.01	0.83
23	---	11.12	1.17	---	1.85	2.16	---	3.47	1.43	---	0.63	1.36
24	---	3.94	0.95	---	1.81	1.25	---	4.80	---	0.31	1.42	---
25	---	4.47	0.87	2.50	1.16	---	1.81	1.72	---	0.93	1.10	---
26	---	---	---	1.80	0.92	---	3.97	0.81	0.36	1.30	---	0.96
27	---	---	---	1.77	1.43	3.02	2.99	---	1.00	1.26	---	0.81
28	---	1.64	0.57	2.45	---	2.02	3.29	---	0.65	1.18	1.05	0.74
29	---	---	1.16	1.79	---	1.91	2.19	2.60	0.82	---	0.80	1.65
30	---	---	1.53	---	1.61	1.94	---	0.63	0.37	---	0.74	1.38
31	---	---	1.02	---	1.26	---	---	0.97	---	1.96	---	---
最高 high	---	11.12	2.87	4.10	H2.63	7.38	3.97	12.68	3.25	3.28	4.15	3.14
最低 low	---	1.64	0.57	0.66	0.89	1.14	0.62	0.63	0.36	L0.31	0.39	0.73

分类证券成交数据
Data of Securities Transactions

权证成交 Warrant Trading

上市品种 No. of Stocks Traded	4	新上市品种 No. of New Listings	4
发行数量（亿手）Issued Shares	- - -	市价总值（亿元）Total Market Capitalization	- - -
流通数量（亿手）Negotiable Shares	32.61	流通市值（亿元）Market Capitalization of Negotiable Shares	37.11
成交数量（亿手）Trading Volume	1274.79	日均成交金额（亿元）Daily Average Trading Value	19.59
成交笔数（百万）No. of Transactions	12.69	日最高成交金额（亿元）Record Highday Turnover	74.17
成交金额（亿元）Trading Value	1763.07	日最低成交金额（亿元）Record Lowday Turnover	1.37

十大涨 Top 10 Most Advanced		十大跌 Top 10 Most Declined		十大成交数量（万手）Top 10 Most Active by Vol. (10000 Lots)		十大成交金额（万元）Top 10 Most Active by Val. (10000 Yuan)	
名称(name)	涨幅(up)%	名称(name)	跌幅(down)%	名称(name)	成交手数(vol.)	名称(name)	成交金额(val.)
				宝钢 JTB1	6598424.66	宝钢 JTB1	10292669.84
				武钢 JTB1	3496755.01	武钢 JTB1	4176478.60
				武钢 JTP1	2483712.38	武钢 JTP1	2815585.17
				机场 JTP1	169042.67	机场 JTP1	345954.54

2005 年权证每月成交数量、成交金额图 Chart of Monthly Warrant Trading Volume and Value

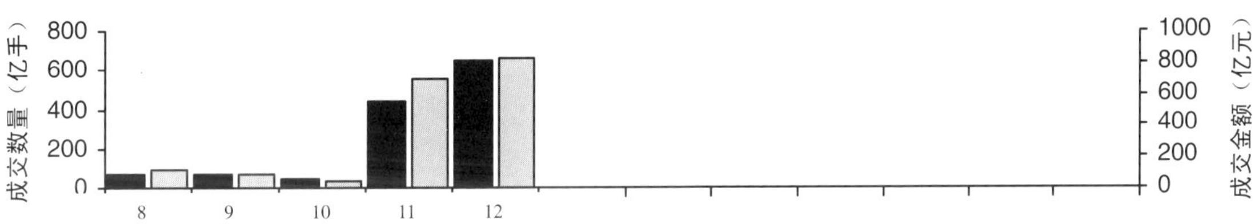

每日成交(单位：亿元) Daily Trading Value

日期 Date	1月 Jan	2月 Feb	3月 Mar	4月 Apr	5月 May	6月 Jun	7月 Jul	8月 Aug	9月 Sep	10月 Oct	11月 Nov	12月 Dec
1	---	---	---	---	---	---	---	---	6.95	---	20.61	62.22
2	---	---	---	---	---	---	---	---	6.41	---	12.88	58.12
3	---	---	---	---	---	---	---	---	---	---	20.48	---
4	---	---	---	---	---	---	---	---	---	---	27.39	---
5	---	---	---	---	---	---	---	---	6.63	---	---	70.27
6	---	---	---	---	---	---	---	---	3.51	---	---	73.67
7	---	---	---	---	---	---	---	---	3.04	---	24.25	49.43
8	---	---	---	---	---	---	---	---	2.15	---	24.67	37.67
9	---	---	---	---	---	---	---	---	5.65	---	16.25	31.10
10	---	---	---	---	---	---	---	---	---	1.57	29.32	---
11	---	---	---	---	---	---	---	---	---	1.92	33.00	---
12	---	---	---	---	---	---	---	---	4.10	2.09	---	28.51
13	---	---	---	---	---	---	---	---	2.75	2.56	---	25.49
14	---	---	---	---	---	---	---	---	2.69	1.87	32.51	22.70
15	---	---	---	---	---	---	---	---	1.54	---	37.75	20.00
16	---	---	---	---	---	---	---	---	2.57	---	41.71	16.65
17	---	---	---	---	---	---	---	---	---	1.66	31.52	---
18	---	---	---	---	---	---	---	---	---	1.87	25.73	---
19	---	---	---	---	---	---	---	---	2.31	2.22	---	36.97
20	---	---	---	---	---	---	---	---	4.35	2.04	---	48.54
21	---	---	---	---	---	---	---	---	2.78	2.01	25.62	43.43
22	---	---	---	---	---	---	---	1.76	2.87	---	31.48	55.11
23	---	---	---	---	---	---	---	21.12	4.71	---	26.30	28.32
24	---	---	---	---	---	---	---	30.48	---	1.40	22.35	---
25	---	---	---	---	---	---	---	19.92	---	1.37	44.20	---
26	---	---	---	---	---	---	---	14.74	5.13	2.61	---	31.81
27	---	---	---	---	---	---	---	---	4.04	1.94	---	23.50
28	---	---	---	---	---	---	---	---	3.05	3.61	47.36	18.27
29	---	---	---	---	---	---	---	9.28	2.67	---	40.68	17.10
30	---	---	---	---	---	---	---	10.92	3.71	---	74.17	22.55
31	---	---	---	---	---	---	---	12.26	---	16.58	---	---
最高 high	---	---	---	---	---	---	---	30.48	H6.95	16.58	74.17	73.67
最低 low	---	---	---	---	---	---	---	1.76	1.54	L1.37	12.88	16.65

年度排行前十名
Top 10 Securities

A股十种发行股本最大股票 Top 10 Shocks By Total Number of A Shares

代码 Code		股票名称 Name of Stock	发行股数（股） Issued Volume	百分比 %
600028	中国石化	China Petroleum & Chemical Corporation	69921951000	14.21
600050	中国联通	China United Telecommunications Corporation Limited	21196596395	4.31
600019	G 宝 钢	Baoshan Iron & Steel Co., Ltd.	17512000000	3.56
600036	招商银行	China Merchants Bank Co.,Limited	10305887828	2.10
600011	华能国际	Huaneng Power International, Inc.	9000000000	1.83
600900	G 长 电	China Yangtze Power Co.,Ltd.	8186737600	1.66
600005	G 武 钢	Wuhan Iron And Steel Company Limited	7838000000	1.59
600016	G 民 生	China Minsheng Banking Corp.,Ltd.	7258592412	1.48
600688	上海石化	Shanghai Petrochemical Co.,Ltd.	4870000000	0.99
600808	马钢股份	Maanshan Iron & Steel Company Limited(Mas C.L.)	4722370000	0.96
	总 计	Total	160812135235	32.69
	市场总计	Market Total	491953949063	100.00

A股十种流通股数最大股票 Top 10 Stocks By Number of Negotiable Shares

代码 Code		股票名称 Name of Stock	流通股数（股） Negotiable Volume	百分比 %
600050	中国联通	China United Telecommunications Corporation Limited	6500000000	4.46
600019	G 宝 钢	Baoshan Iron & Steel Co., Ltd.	4729940000	3.25
600016	G 民 生	China Minsheng Banking Corp.,Ltd.	2912921807	2.00
600028	中国石化	China Petroleum & Chemical Corporation	2800000000	1.92
600036	招商银行	China Merchants Bank Co.,Limited	2733615374	1.88
600900	G 长 电	China Yangtze Power Co.,Ltd.	2714802600	1.86
600005	G 武 钢	Wuhan Iron And Steel Company Limited	2370000000	1.63
600653	申华控股	Shanghai Shenhua Holdings Co.,Ltd.	1455316931	1.00
600104	G 上 汽	Shanghai Automotive Co.,Ltd.	1316951634	0.90
600015	华夏银行	Hua Xia Bank Co.,Limited	1200000000	0.82
	总 计	Total	28733548346	19.71
	市场总计	Market Total	145769882859	100.00

年度排行前十名
Top 10 Securities

A 股十种市价总值最大股票 Top 10 A Shares By Market Capitalization

代码 Code	股票名称 Name of Stock		市价总值（元） Market Capitalization	百分比 %
600028	中国石化	China Petroleum & Chemical Corporation	325836291660.00	14.26
600019	G 宝 钢	Baoshan Iron & Steel Co., Ltd.	72149440000.00	3.16
600036	招商银行	China Merchants Bank Co.,Limited	67812741908.24	2.97
600050	中国联通	China United Telecommunications Corporation Limited	59350469906.00	2.60
600900	G 长 电	China Yangtze Power Co.,Ltd.	56652224192.00	2.48
600011	华能国际	Huaneng Power International, Inc.	51660000000.00	2.26
600000	浦发银行	Shanghai Pudong Development Bank Co., Ltd.	38171250000.00	1.67
600016	G 民 生	China Minsheng Banking Corp.,Ltd.	29469885192.72	1.29
600009	上海机场	Shanghai International Airport Co., Ltd.	27786740820.16	1.22
600377	宁沪高速	Jiangsu Expressway Company Limited	24344469050.00	1.07
	总　计	Total	753233512729.12	32.96
	市场总计	Market Total	2285607075817.01	100.00

A 股十种流通市值最大股票 Top 10 A Shares By Negotiable Market Capitalization

代码 Code	股票名称 Name of Stock		流通市值（元） Negotiable Market Capitalization	百分比 %
600019	G 宝 钢	Baoshan Iron & Steel Co., Ltd.	19487352800.00	2.99
600900	G 长 电	China Yangtze Power Co.,Ltd.	18786433992.00	2.88
600050	中国联通	China United Telecommunications Corporation Limited	18200000000.00	2.79
600036	招商银行	China Merchants Bank Co.,Limited	17987189160.92	2.76
600028	中国石化	China Petroleum & Chemical Corporation	13048000000.00	2.00
600016	G 民 生	China Minsheng Banking Corp.,Ltd.	11826462536.42	1.82
600009	上海机场	Shanghai International Airport Co., Ltd.	10915340820.16	1.68
600000	浦发银行	Shanghai Pudong Development Bank Co., Ltd.	8775000000.00	1.35
600005	G 武 钢	Wuhan Iron And Steel Company Limited	6422700000.00	0.99
600519	贵州茅台	Kweichow Moutai Co.,Ltd.	6157030308.00	0.95
	总　计	Total	131605509617.50	20.20
	市场总计	Market Total	651454763483.68	100.00

年度排行前十名
Top 10 Securities

A 股十种成交金额最大股票 10 Most Active A Shares By Trading Value

代码 Code		股票名称 Name of Stock	成交金额（万元） Trading Value (10000 Yuan)	百分比 %
600050	中国联通	China United Telecommunications Corporation Limited	4271419.58	2.24
600005	G 武 钢	Wuhan Iron And Steel Company Limited	3917252.12	2.06
600036	G 招 行	China Merchants Bank Co.,Limited	3879654.84	2.04
600019	G 宝 钢	Baoshan Iron & Steel Co., Ltd.	3874233.82	2.03
600900	G 长 电	China Yangtze Power Co.,Ltd.	3427663.24	1.80
600028	中国石化	China Petroleum & Chemical Corporation	2921055.97	1.53
600016	G 民 生	China Minsheng Banking Corp.,Ltd.	2248770.57	1.18
600320	振华港机	Shanghai Zhenhua Port Machinery Co.,Ltd.	1543577.09	0.81
600030	G 中 信	Citic Securities Co., Ltd.	1518391.34	0.80
600002	齐鲁石化	Qilu Petrochemical Company Ltd.	1488431.95	0.78
	总　计	Total	29090450.53	15.26
	市场总计	Market Total	190614861.98	100.00

A 股十种成交股数最大股票 10 Most Active A Shares By Trading Volume

代码 Code		股票名称 Name of Stock	成交股数（万股） Trading Volume (10000 Shares)	百分比 %
600050	中国联通	China United Telecommunications Corporation Limited	1517560.75	3.87
600005	G 武 钢	Wuhan Iron And Steel Company Limited	1091788.91	2.78
600019	G 宝 钢	Baoshan Iron & Steel Co., Ltd.	811151.73	2.07
600028	中国石化	China Petroleum & Chemical Corporation	715954.18	1.82
600036	G 招 行	China Merchants Bank Co.,Limited	538078.30	1.37
600016	G 民 生	China Minsheng Banking Corp.,Ltd.	461658.18	1.18
600027	华电国际	Huadian Power International Corporation Limited	447291.79	1.14
600900	G 长 电	China Yangtze Power Co.,Ltd.	432898.87	1.10
600029	南方航空	China Southern Airlines Company Limited	424689.95	1.08
600104	G 上 汽	Shanghai Automotive Co.,Ltd.	311085.63	0.79
	总　计	Total	6752158.29	17.20
	市场总计	Market Total	39268932.10	100.00

年度排行前十名
Top 10 Securities

A 股十种涨幅最大股票 10 Most Advanced A Shares

代码 Code		股票名称 Name of Stock	上年收盘(元) Last Year Close	本年收盘(元) Close	涨幅% Change%
600316	洪都航空	Jiangxi Hongdu Aviation Industry Co., Ltd.	4.57	9.61	110.28
600550	G 天 威	Baoding Tianwei Baobian Electric Co.,Ltd.	6.26	12.31	96.65
600858	银座股份	Yinzuo Group Co.,Ltd.	4.46	7.70	72.65
600737	ST 屯 河	Xinjiang Tunhe Investment Co.,Ltd.	1.69	2.76	63.31
600694	大商股份	Dashang Group Co.,Ltd.	10.63	17.24	62.18
600456	G 宝 钛	Baoji Titanium Industry Co.,Ltd.	8.00	12.94	61.75
600328	兰太实业	Inner Mongolia Lantai Industrial Co.,Ltd.	3.81	6.14	61.16
600887	伊利股份	Inner Mongolia Yili Industrial Group Co.,Ltd.	9.16	14.74	60.92
600615	ST 丰 华	Shanghai Fenghwa Ball Pen Co.,Ltd.	2.83	4.42	56.18
600312	平高电气	Henan Pinggao Electric Co.,Ltd.	4.31	6.64	54.06

A 股十种跌幅最大股票 10 Most Declined A shares

代码 Code		股票名称 Name of Stock	上年收盘(元) Last Year Close	本年收盘(元) Close	跌幅% Change%
600181	*ST 云大	Unida Co.,Ltd.	4.79	1.18	-75.37
600130	波导股份	Ningbo Bird Co.,Ltd.	12.82	3.39	-73.56
600762	*ST 金荔	Hunan Hengyang Jinli Technology Agricultural Co.,Ltd.	5.26	1.46	-72.24
600507	G 长 力	Jiangxi Changli Automobile Spring Co.,Ltd.	6.90	2.33	-66.23
600162	香江控股	Shandong Heungkong Holding Co., Ltd.	8.47	2.87	-66.12
600656	华源制药	Shanghai Worldbest Pharmaceutical Co.,Ltd.	7.36	2.50	-66.03
600851	海欣股份	Shanghai Haixin Group Co.,Ltd.	9.90	3.37	-65.96
600422	昆明制药	Kunming Pharmaceutical Corp.	12.30	4.37	-64.47
600401	G 申 龙	Jiangsu Shenlong Hi-Tech Group Co.,Ltd.	7.09	2.59	-63.47
600282	南钢股份	Nanjing Iron&Steel Co.,Ltd.	7.48	2.80	-62.57

A 股十种流通股换手率最大股票 Top 10 Shares by Turnover Rate for Negotiable Shares

代码 Code	股票名称 Name of Stock		成交股数(股) Trading Volume	流通股数(股) Negotiable Volume	换手率 % Turnover Rate
600136	道博股份	Wuhan Double Co.,Ltd.	601775399	40924000	1470.47
600339	天利高新	Xinjiang Dushanzi Tianli High&Newtech Co.,Ltd.,P.R.C.	2079591821	151200000	1429.58
600633	白猫股份	Shanghai Whitecat Shareholding Co.,Ltd.	172317473	13200000	1305.44
600831	广电网络	Shanxi Broadcast & Tv Network Intermediary Co.Ltd.	661582221	56079988	1179.71
600885	力诺太阳	Wuhan Linuo Solar Energy Group Co.,Ltd.	572249938	49868000	1147.53
600251	冠农股份	Xingjiang Guannong Fruit & Antler Co.,Ltd.	682445100	60000000	1137.41
600403	欣网视讯	Nanjing Xwtec Co.,Ltd.	608669561	54000000	1127.17
600762	*ST 金荔	Hunan Hengyang Jinli Technology Agricultural Co.,Ltd.	466075752	43264000	1077.28
600659	*ST 花雕	Fujian Minyue Huadiao Wine Co.,Ltd.	471530195	44570064	1057.95
600399	抚顺特钢	Fushun Special Steel Co.,Ltd.	1261691480	120000000	1051.41

B 股十种换手率最大股票 Top 10 B Shares by Turnover Rate

代码 Code	股票名称 Name of Stock		成交股数(股) Trading Volume	流通股数(股) Negotiable Volume	换手率 % Turnover Rate
900948	伊泰 B 股	Inner Mongolia Yitai Coal Company Limited	287610991	166000000	173.26
900947	振华 B 股	Shanghai Zhenhua Port Machinery Co.,Ltd.	321335333	330000000	118.29
900943	开开 B 股	Shanghai Kai Kai Industrial Co.,Ltd.	93086881	80000000	116.36
900942	黄山 B 股	Huangshan Tourism Development Co.,Ltd.	115760716	104000000	111.31
900950	新城 B 股	Jiangsu Xincheng Real Estate Co.,Ltd.	141068181	133914000	105.34
900910	海立 B 股	Shanghai Highly(Group) Co.,Ltd.	200283639	215280006	93.03
900946	ST 轻骑 B	Jinan Qingqi Motorcycle Co.,Ltd.	201104235	230000000	87.44
900919	ST 大江 B	Shanghai Dajiang (Group) Stock Co.,Ltd.	300782679	346732848	86.75
900951	大化 B 股	Dahua Group Dalian Chemical Industry Co.,Ltd.	81706244	100000000	81.71
900907	发展 B 股	Shanghai Sanjiu Technology Development Co.,Ltd.	33978804	41745000	81.40

B 股十种发行股数最大股票 Top 10 B Shares by Issued Volume of B Shares

代码 Code		股票名称 Name of Stock	发行股数（股） Issued Volume	百分比 %
900949	东电 B 股	Zhejiang Southeast Electric Power Company Limited	690000000	6.67
900932	陆家 B 股	Shanghai Lujiazui Finance & Trade Zone Development Co.,Ltd.	509600000	4.92
900937	华电 B 股	Huadian Energy Company Limited	432000002	4.17
900936	鄂绒 B 股	Inner Mongolia Eerduosi Cashmere Products Co.,Ltd.	420000000	4.06
900908	氯碱 B 股	Shanghai Chlor-Alkali Chemical Co.,Ltd.	406560000	3.93
900917	海欣 B 股	Shanghai Haixin Group Co.,Ltd.	402657070	3.89
900919	ST 大江 B	Shanghai Dajiang (Group) Stock Co.,Ltd.	346732848	3.35
900947	振华 B 股	Shanghai Zhenhua Port Machinery Co.,Ltd.	330000000	3.19
900911	金桥 B 股	Shanghi Jinqiao Export Processing Zone Development Co.,Ltd.	247432900	2.39
900924	上工 B 股	Sgsb Group Co.,Ltd.	243943750	2.36
	总　计	Total	4028926570	38.92
	市场总计	Market Total	10350646168	100.00

B 股十种市价总值最大股票 Top 10 B Shares by Market Capitalization

代码 Code		股票名称 Name of Stock	市价总值（元） Market Capitalization	百分比 %
900947	振华 B 股	Shanghai Zhenhua Port Machinery Co.,Ltd.	2124463275.00	8.85
900949	东电 B 股	Zhejiang Southeast Electric Power Company Limited	2051038800.00	8.54
900932	陆家 B 股	Shanghai Lujiazui Finance & Trade Zone Development Co.,Ltd.	1708262010.00	7.12
900948	伊泰 B 股	Inner Mongolia Yitai Coal Company Limited	1385113545.00	5.77
900936	鄂绒 B 股	Inner Mongolia Eerduosi Cashmere Products Co.,Ltd.	983839500.00	4.10
900911	金桥 B 股	Shanghi Jinqiao Export Processing Zone Development Co.,Ltd.	787463864.40	3.28
900937	华电 B 股	Huadian Energy Company Limited	725811843.36	3.02
900934	锦江 B 股	Shanghai Jinjiang International Hotels Development Co.,Ltd.	700610040.00	2.92
900903	大众 B 股	Dazhong Transportation（Group）Co.,Ltd.	691285374.00	2.88
900914	锦投 B 股	Shanghai Jin Jiang International Industrial Investment Co.,Ltd.	675157567.78	2.81
	总　计	Total	11833045819.54	49.29
	市场总计	Market Total	24006100738.43	100.00

年度排行前十名
Top 10 Securities

B 股十种成交金额最大股票 Top 10 B Shares by Trading Value

代码 Code		股票名称 Name of Stock	成交金额（元） Turnover in Value (Yuan)	百分比 %
900948	伊泰 B 股	Inner Mongolia Yitai Coal Company Limited	2436000649.00	13.63
900947	振华 B 股	Shanghai Zhenhua Port Machinery Co.,Ltd.	2351325632.00	13.16
900949	东电 B 股	Zhejiang Southeast Electric Power Company Limited	1516440341.00	8.49
900910	海立 B 股	Shanghai Highly(Group) Co.,Ltd.	715347970.00	4.00
900942	黄山 B 股	Huangshan Tourism Development Co.,Ltd.	538652137.00	3.01
900932	陆家 B 股	Shanghai Lujiazui Finance & Trade Zone Development Co.,Ltd.	521671146.00	2.92
900934	锦江 B 股	Shanghai Jinjiang International Hotels Development Co.,Ltd.	520269427.00	2.91
900936	鄂绒 B 股	Inner Mongolia Eerduosi Cashmere Products Co.,Ltd.	488936662.00	2.74
900914	锦投 B 股	Shanghai Jin Jiang International Industrial Investment Co.,Ltd.	469562733.00	2.63
900920	上柴 B 股	Shanghai Diesel Engine Company Limited	460391198.00	2.58
	总　计	Total	10018597895.00	56.06
	市场总计	Market Total	17872217099.00	100.00

B 股十种成交股数最大股票 Top 10 B Shares by Trading Volume

代码 Code		股票名称 Name of Stock	成交股数（股） Turnover in Volume	百分比 %
900949	东电 B 股	Zhejiang Southeast Electric Power Company Limited	398955811	6.68
900947	振华 B 股	Shanghai Zhenhua Port Machinery Co.,Ltd.	321335333	5.38
900919	ST 大江 B	Shanghai Dajiang (Group) Stock Co.,Ltd.	300782679	5.04
900948	伊泰 B 股	Inner Mongolia Yitai Coal Company Limited	287610991	4.82
900936	鄂绒 B 股	Inner Mongolia Eerduosi Cashmere Products Co.,Ltd.	212531875	3.56
900946	ST 轻骑 B	Jinan Qingqi Motorcycle Co.,Ltd.	201104235	3.37
900910	海立 B 股	Shanghai Highly(Group) Co.,Ltd	200283639	3.36
900901	上电 B 股	Svaelectron Co.,Ltd.	186743722	3.13
900908	氯碱 B 股	Shanghai Chlor-Alkali Chemical Co.,Ltd.	173093515	2.90
900932	陆家 B 股	Shanghai Lujiazui Finance & Trade Zone Development Co.,Ltd.	160547535	2.69
	总　计	Total	2442989335	40.93
	市场总计	Market Total	5969482283	100.00

B 股十种涨幅最大股票 10 Most Advanced B Shares

代码 Code		股票名称 Name of Stock	上年收盘(美元) Last Year Close (US$)	本年收盘(美元) Close (US$)	涨幅% Change %
900950	新城 B 股	Jiangsu Xincheng Real Estate Co.,Ltd.	0.30	0.43	45.15
900914	锦投 B 股	Shanghai Jin Jiang International Industrial Investment Co.,Ltd.	0.40	0.52	29.75
900934	锦江 B 股	Shanghai Jinjiang International Hotels Development Co.,Ltd.	0.44	0.56	27.23
900942	黄山 B 股	Huangshan Tourism Development Co.,Ltd.	0.44	0.55	25.63
900948	伊泰 B 股	Inner Mongolia Yitai Coal Company Limited	0.86	1.03	19.84
900911	金桥 B 股	Shanghi Jinqiao Export Processing Zone Development Co.,Ltd.	0.36	0.39	8.54
900947	振华 B 股	Shanghai Zhenhua Port Machinery Co.,Ltd.	0.78	0.80	2.57
900915	永久 B 股	Shanghai Forever Co,.Ltd.	0.25	0.25	1.62
900932	陆家 B 股	Shanghai Lujiazui Finance & Trade Zone Development Co.,Ltd.	0.41	0.42	0.97

B 股十种跌幅最大股票 10 Most Declined B Shares

代码 Code		股票名称 Name of Stock	上年收盘(美元) Last Year Close (US$)	本年收盘(美元) Close (US$)	跌幅% Change %
900917	海欣 B 股	Shanghai Haixin Group Co.,Ltd.	0.34	0.15	-55.19
900920	上柴 B 股	Shanghai Diesel Engine Company Limited	0.53	0.26	-51.87
900901	上电 B 股	Svaelectron Co.,Ltd.	0.43	0.21	-51.39
900943	开开 B 股	Shanghai Kai Kai Industrial Co.,Ltd.	0.32	0.16	-50.31
900957	凌云 B 股	Shanghai Lingyun Industries Development Co.,Ltd.	0.24	0.12	-49.59
900941	东信 B 股	Eastern Communications Co.,Ltd.	0.32	0.17	-47.53
900908	氯碱 B 股	Shanghai Chlor-Alkali Chemical Co.,Ltd.	0.29	0.16	-45.73
900902	二纺 B 股	Shanghai Erfangji Co.,Ltd.	0.23	0.13	-42.67
900939	汇丽 B 股	Shanghai Huili Building Materials Co.,Ltd.	0.26	0.15	-41.76
900922	三毛 B 股	Shanghai Sanmao Enterprise（Group）Co.,Ltd.	0.31	0.18	-40.26

年末股价和市价总值分布
Year-end Distribution of Stock Price and Market Capitalization

年末股价分布 Distribution of Stock Price at Year-end

单位：元	0-5	5-10	10-15	15-20	20-25	25-30	≥30
家数：个	589	240	34	7	2	1	2
比例：%	67.31	27.43	3.89	0.80	0.23	0.11	0.23

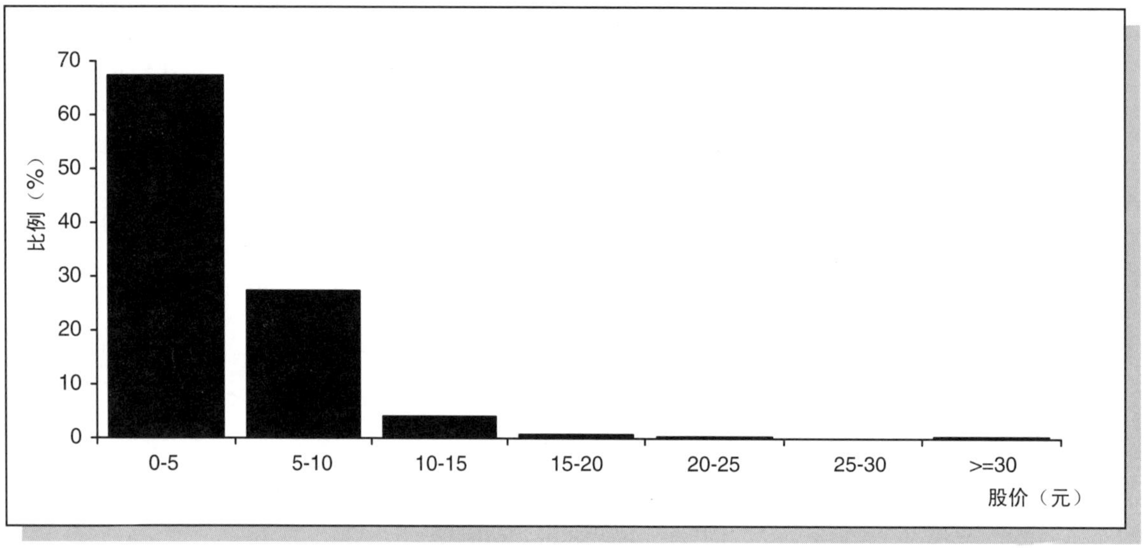

年末市价总值分布 Distribution of Market Capitalization at Year-end

单位：亿元	0-10	10-20	20-30	30-40	40-50	50-60	≥60
家数：个	425	248	75	44	13	17	53
比例：%	48.57	28.34	8.57	5.03	1.49	1.94	6.06

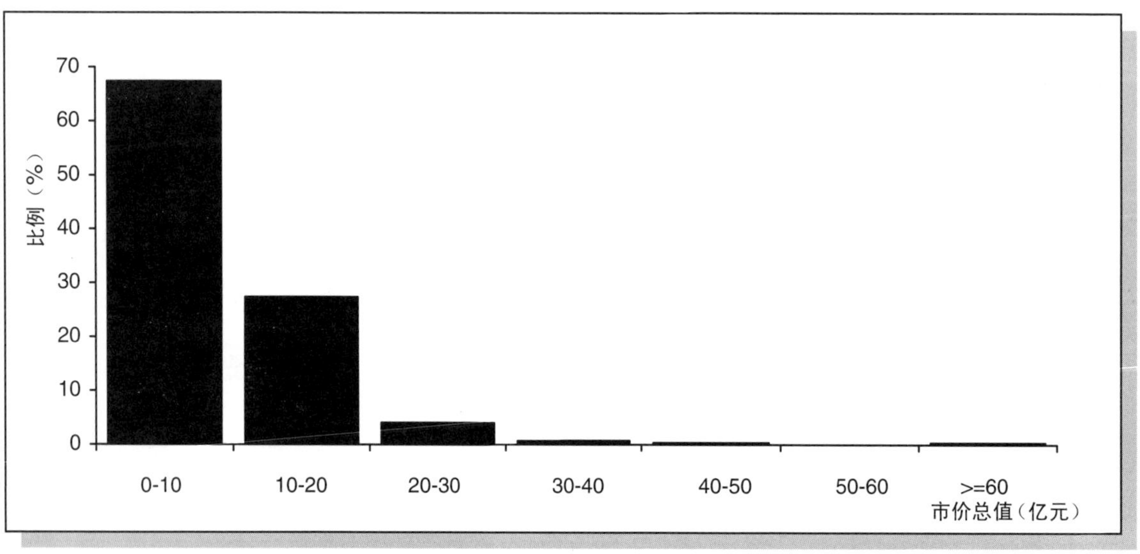

年末市盈率和换手率分布
Year-end Distribution of P/E Ratio and Turnover

年末市盈率分布 Distribution of P/E Ratio at Year-end

单位：倍	0-20	20-40	40-60	60-80	80-100	100-120	120-140	140-160	160-180	180-200	200-220	≥220
家数：个	273	283	73	38	23	24	10	10	13	4	4	35
比例：%	34.56	35.82	9.24	4.81	2.91	3.04	1.27	1.27	1.65	0.51	0.51	4.43

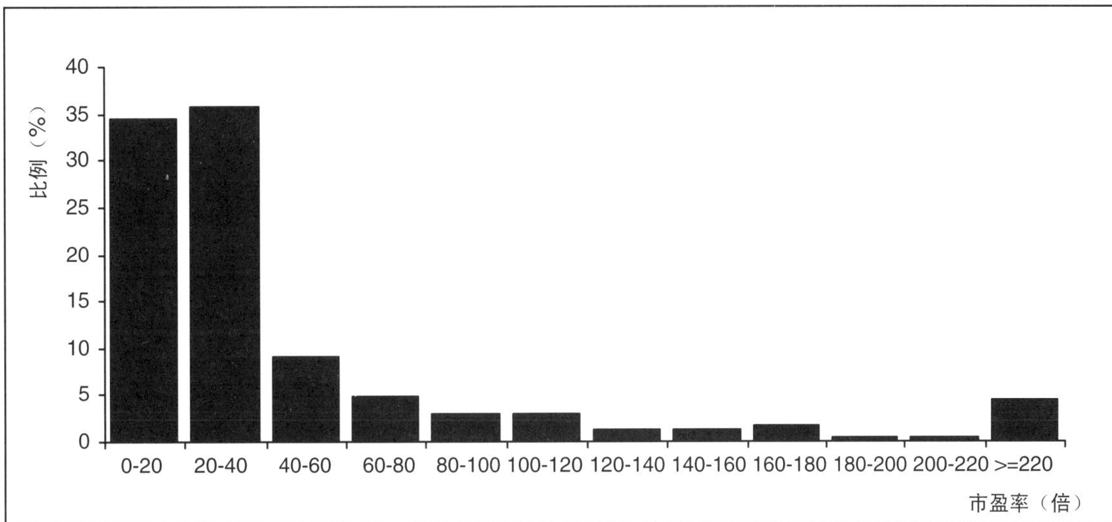

年度换手率分布 Distribution of Turnover in Year

单位：%	0-100	100-200	200-300	300-400	400-500	500-600	600-700	700-800	≥800
家数：个	65	172	223	170	97	59	39	21	30
比例：%	7.42	19.63	25.46	19.41	11.07	6.74	4.45	2.40	3.42

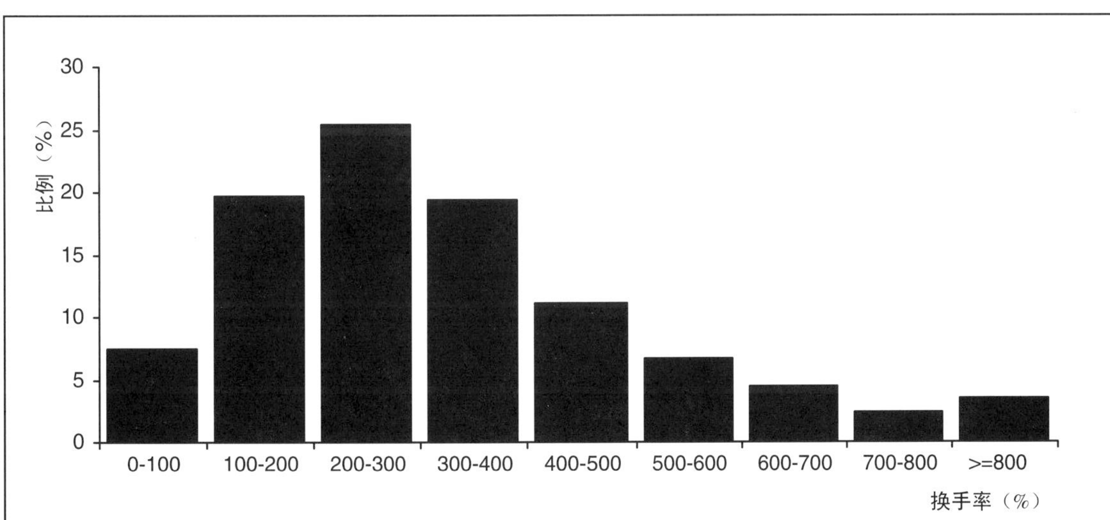

MARKET DATA

证 券 行 情

国债回购、企业债回购

T-Bond Repurchase, C-Bond Repurchase

A股

A Share

B股

B Share

基金、国债现货、可转债和企业债、权证

Fund,T-Bond Spot, CB and Corporate Bond, Warrant

国债回购、企业债回购
T-Bond Repurchase, C-Bond Repurchase

债券代码 Code	债券简称 Name	本年开盘 Open	本年最高 High	本年最低 Low	年成交数量（单位:万手） Trading Volume (10000 Lots)	年成交金额（单位:万元） Trading Value (10000 Yuan)	上年收盘 Last Year Close	本年收盘 Close	涨跌% Change%
201000	R003	2.34	9.80	0.18	11249.78	11249780.00	0.18	2.82	1508.57
201001	R007	2.14	6.80	0.06	87098.22	87098220.00	1.01	1.00	-0.50
201002	R014	2.13	4.10	0.50	25703.26	25703260.00	1.99	1.48	-25.88
201003	R028	2.20	4.10	1.00	29173.49	29173490.00	2.50	1.61	-35.80
201004	R091	2.60	3.10	1.00	3311.75	3311750.00	2.35	1.80	-23.40
201005	R182	2.60	2.90	1.65	1284.97	1284970.00	2.93	1.80	-38.46
201008	R001	1.98	20.34	0.48	70266.34	70266340.00	1.62	2.34	44.89
201009	R002	2.25	13.50	0.18	2623.28	2623280.00	3.51	4.22	20.26
201010	R004	2.92	16.00	0.18	5500.54	5500540.00	0.90	2.02	125.70
202001	RC001	1.98	20.00	1.26	4881.10	4881100.00	1.98	2.33	17.98
202003	RC003	2.58	9.42	0.50	750.31	750310.00	2.00	2.10	5.00
202007	RC007	2.24	7.10	0.25	7347.41	7347410.00	1.99	1.00	-49.62
203001	0410R007	0.00	0.00	0.00	0.00	0.00	100.00	100.00	0.00
203002	0410R028	0.00	0.00	0.00	0.00	0.00	100.00	100.00	0.00
203003	0410R091	0.00	0.00	0.00	0.00	0.00	100.00	100.00	0.00
203004	0411R007	0.00	0.00	0.00	0.00	0.00	100.00	100.00	0.00
203005	0411R028	0.00	0.00	0.00	0.00	0.00	100.00	100.00	0.00
203006	0411R091	0.00	0.00	0.00	0.00	0.00	100.00	100.00	0.00
203007	0501R007	0.00	0.00	0.00	0.00	0.00	100.00	100.00	0.00
203008	0501R028	0.00	0.00	0.00	0.00	0.00	100.00	100.00	0.00
203009	0501R091	0.00	0.00	0.00	0.00	0.00	100.00	100.00	0.00
203010	0502R007	99.99	99.99	99.99	0.10	100.00	97.93	99.99	2.10
203011	0502R028	0.00	0.00	0.00	0.00	0.00	97.93	97.93	0.00
203012	0502R091	0.00	0.00	0.00	0.00	0.00	97.93	97.93	0.00
203013	0503R007	0.00	0.00	0.00	0.00	0.00	100.00	100.00	0.00
203014	0503R028	0.00	0.00	0.00	0.00	0.00	100.00	100.00	0.00
203015	0503R091	0.00	0.00	0.00	0.00	0.00	100.00	100.00	0.00
203016	0504R007	0.00	0.00	0.00	0.00	0.00	100.00	100.00	0.00
203017	0504R028	0.00	0.00	0.00	0.00	0.00	100.00	100.00	0.00
203018	0504R091	0.00	0.00	0.00	0.00	0.00	100.00	100.00	0.00
203019	0505R007	0.00	0.00	0.00	0.00	0.00	100.00	100.00	0.00
203020	0505R028	0.00	0.00	0.00	0.00	0.00	100.00	100.00	0.00
203021	0505R091	0.00	0.00	0.00	0.00	0.00	100.00	100.00	0.00
203022	0506R007	0.00	0.00	0.00	0.00	0.00	98.62	100.00	0.00
203023	0506R028	0.00	0.00	0.00	0.00	0.00	98.62	100.00	0.00
203024	0506R091	0.00	0.00	0.00	0.00	0.00	98.62	100.00	0.00
203025	0507R007	0.00	0.00	0.00	0.00	0.00	100.00	100.00	0.00
203026	0507R028	0.00	0.00	0.00	0.00	0.00	100.00	100.00	0.00
203027	0507R091	0.00	0.00	0.00	0.00	0.00	100.00	100.00	0.00
203028	0508R007	0.00	0.00	0.00	0.00	0.00	100.00	100.00	0.00
203029	0508R028	0.00	0.00	0.00	0.00	0.00	100.00	100.00	0.00
203030	0508R091	0.00	0.00	0.00	0.00	0.00	100.00	100.00	0.00
203031	0509R007	0.00	0.00	0.00	0.00	0.00	100.00	100.00	0.00
203032	0509R028	0.00	0.00	0.00	0.00	0.00	100.00	100.00	0.00
203033	0509R091	0.00	0.00	0.00	0.00	0.00	100.00	100.00	0.00
203034	0510R007	0.00	0.00	0.00	0.00	0.00	98.87	100.00	0.00
203035	0510R028	0.00	0.00	0.00	0.00	0.00	98.87	100.00	0.00
203036	0510R091	0.00	0.00	0.00	0.00	0.00	98.87	100.00	0.00
203037	0511R007	0.00	0.00	0.00	0.00	0.00	100.00	100.00	0.00
203038	0511R028	0.00	0.00	0.00	0.00	0.00	100.00	100.00	0.00
203039	0511R091	0.00	0.00	0.00	0.00	0.00	100.00	100.00	0.00
203040	0512R007	0.00	0.00	0.00	0.00	0.00	100.00	100.00	0.00
203041	0512R028	0.00	0.00	0.00	0.00	0.00	100.00	100.00	0.00
203042	0512R091	0.00	0.00	0.00	0.00	0.00	100.00	100.00	0.00
203043	0513R007	0.00	0.00	0.00	0.00	0.00	100.00	100.00	0.00
203044	0513R028	0.00	0.00	0.00	0.00	0.00	100.00	100.00	0.00
203045	0513R091	0.00	0.00	0.00	0.00	0.00	100.00	100.00	0.00
203046	0514R007	0.00	0.00	0.00	0.00	0.00	100.00	100.00	0.00
203047	0514R028	0.00	0.00	0.00	0.00	0.00	100.00	100.00	0.00
203048	0514R091	0.00	0.00	0.00	0.00	0.00	100.00	100.00	0.00

A 股
A Share

股票代码 Code	名称 Name	发行股本 Issued Volume	流通股本 Negotiable Volume	上年收盘 Last Year Close	本年收盘 Close	涨跌% Change%	本年开盘 Open	本年最高 High	本年最低 Low
600000	浦发银行	3915000000	900000000	7.000	9.750	39.29	6.980	10.030	6.410
600001	邯郸钢铁	2259927723	765098073	4.600	3.100	-32.61	4.640	5.590	2.680
600002	齐鲁石化	1950000000	350000000	7.070	8.780	24.19	6.500	8.890	5.340
600003	东北高速	1213200000	300000000	3.380	2.650	-21.60	3.310	3.420	2.300
600004	G 穗机场	1000000000	476000000	8.660	6.760	-21.94	8.560	9.100	6.450
600005	G 武钢	7838000000	2370000000	4.050	2.710	-33.09	4.050	4.920	2.460
600006	东风汽车	2000000000	600000000	3.350	2.800	-16.42	3.330	3.530	2.470
600007	中国国贸	800000000	160000000	5.410	4.850	-10.35	5.400	5.650	3.880
600008	首创股份	2200000000	600000000	8.260	5.590	-32.32	8.200	9.360	4.000
600009	上海机场	1926958448	756958448	15.220	14.420	-5.26	15.250	18.110	12.590
600010	包钢股份	2856459668	1056459668	4.220	2.210	-47.63	4.200	4.880	1.870
600011	华能国际	9000000000	500000000	7.260	5.740	-20.94	7.330	7.830	5.220
600012	皖通高速	1165600000	250000000	6.190	6.000	-3.07	6.190	8.260	5.160
600015	华夏银行	4200000000	1200000000	4.150	4.740	14.22	4.140	4.840	3.530
600016	G 民生	7258592412	2912921807	5.440	4.060	-25.37	5.420	6.220	3.480
600018	G 上港	1804400000	512400000	15.240	11.310	-25.79	15.200	18.850	9.800
600019	G 宝钢	17512000000	4729940000	6.000	4.120	-31.33	5.990	6.660	3.760
600020	中原高速	1050000000	280000000	7.390	6.110	-17.32	7.330	8.920	5.680
600021	G 上电	1563505000	316800000	7.030	3.920	-44.24	7.020	7.240	3.800
600022	济南钢铁	940000000	220000000	6.130	4.630	-24.47	6.000	6.310	4.300
600026	G 中海	2030000000	451500000	9.190	5.500	-40.15	9.020	12.080	5.480
600027	华电国际	4590056200	569000000	2.520	2.790	- - -	3.700	5.350	2.520
600028	中国石化	69921951000	2800000000	4.360	4.660	6.88	4.350	4.750	3.200
600029	南方航空	3200000000	1000000000	5.330	2.650	-50.28	5.250	5.300	2.230
600030	G 中信	2481500000	540000000	5.910	5.160	-12.69	5.890	6.560	4.170
600031	G 三一	480000000	162000000	17.200	6.640	-61.40	17.240	23.820	5.410
600033	福建高速	986400000	288000000	7.380	7.320	-0.81	7.260	9.330	6.590
600035	楚天高速	931652495	280000000	4.010	3.400	-15.21	4.020	4.520	2.470
600036	G 招行	10305887828	2733615374	8.350	6.580	-21.20	8.290	9.510	5.860
600037	歌华有线	562349109	167149109	21.080	15.030	-28.70	21.000	22.050	12.480
600038	哈飞股份	337350000	148200000	7.450	6.070	-18.52	7.450	8.280	4.730
600039	四川路桥	300000000	120000000	3.330	2.480	-25.53	3.330	3.550	1.910
600050	中国联通	21196596395	6500000000	3.060	2.800	-8.50	3.050	3.310	2.430
600051	宁波联合	302400000	85397860	3.860	3.680	-4.66	3.850	4.350	3.000
600052	浙江广厦	483633492	255528000	3.340	2.720	-18.56	3.330	3.930	2.470
600053	ST 江纸	161070000	76050000	4.070	2.670	-34.40	3.870	4.810	1.510
600054	G 黄山	198900000	52000000	7.530	9.200	22.18	7.530	10.820	6.480
600055	万东医疗	144300000	50700000	5.500	5.000	-9.09	5.410	6.530	4.280
600056	中技贸易	208560000	62400000	4.960	6.670	34.48	4.910	7.370	4.190
600057	夏新电子	429840000	172800000	7.540	3.330	-55.84	7.540	7.540	2.950
600058	五矿发展	826972985	234000000	6.050	5.700	-5.79	6.010	8.790	5.200
600059	古越龙山	232800000	106470000	5.860	6.380	8.87	5.800	8.170	5.200
600060	海信电器	493767810	203840000	6.120	6.630	8.33	6.120	6.700	4.220
600061	中纺投资	373115600	121680000	3.080	2.340	-24.03	3.050	3.340	1.810
600062	双鹤药业	441075700	185866200	4.190	5.340	27.45	4.190	6.630	3.700
600063	皖维高新	252900000	99000000	4.160	3.230	-22.36	4.150	4.550	2.980
600064	南京高科	344145888	155487600	4.860	4.130	-15.02	4.820	5.410	3.450
600065	*ST 联谊	192000000	60000000	3.670	1.850	-49.59	3.660	3.950	1.260
600066	宇通客车	266611140	182760126	9.480	7.250	-23.52	9.420	10.530	6.000
600067	G 冠城	322595814	208663352	6.010	4.510	-24.96	6.000	6.520	4.170
600068	葛洲坝	705800000	345800000	3.980	3.100	-22.11	3.960	4.040	2.580
600069	G 银鸽	371600000	203840000	3.860	3.130	-18.91	3.830	4.630	2.700
600070	浙江富润	102711602	48672002	5.090	3.770	-25.93	5.060	5.250	3.050
600071	凤凰光学	237472456	107450200	5.090	3.160	-37.92	5.080	5.550	2.380
600072	江南重工	362446656	164736000	4.170	2.900	-30.46	4.170	4.600	2.410
600073	G 梅林	324000000	159600000	11.250	5.670	-49.60	11.200	12.320	5.210
600074	中达股份	375408000	192456000	4.750	2.870	-39.58	4.740	4.940	2.310
600075	新疆天业	226800000	97200000	7.990	8.110	1.50	7.890	9.650	5.740
600076	青鸟华光	253216000	124800000	3.670	2.390	-34.88	3.600	4.440	2.060
600077	国能集团	126819142	46540742	4.450	3.870	-13.03	4.400	5.050	2.930
600078	澄星股份	399889968	172319472	5.650	4.650	-17.70	5.670	6.330	3.420
600079	G 人福	203330400	140256480	4.260	3.070	-27.93	4.200	4.400	2.810
600080	金花股份	230835200	99840000	4.080	2.840	-30.39	4.050	4.370	2.450
600081	东风科技	313560000	78390000	6.050	2.490	-58.84	6.040	6.120	2.120
600082	海泰发展	268165413	142538764	4.190	3.140	-25.06	4.190	4.850	2.780

A 股
A Share

年末市盈率 P/E Ratio	换手率 Turnover Rate	年成交数量（万股） Trading Volume (10000 Shares)	年成交金额（万元） Trading Value (10000 Yuan)	股权登记日 Record Day
19.78	198.07	178260.15	1412586.45	05-05-11
7.75	184.21	108043.16	446305.30	05-08-11
13.28	615.22	215328.21	1488431.95	05-06-23
- - -	152.63	45789.43	126948.99	
23.84	224.03	91806.33	711926.17	05-07-14
6.63	546.77	1091788.91	3917252.12	05-05-20
12.02	122.78	73670.97	213537.76	05-06-27
18.35	122.88	19660.52	94228.94	05-06-15
25.40	146.96	68490.02	410863.12	05-06-16
21.51	112.74	85338.46	1338523.79	05-05-20
6.59	328.31	149362.73	555645.64	05-11-11
12.84	231.14	115568.97	735192.94	05-06-21
24.61	268.30	67074.00	452585.47	05-07-14
19.58	244.46	293352.01	1221989.18	05-06-01
14.51	227.14	461658.18	2248770.57	05-04-15 05-10-24
17.66	189.13	86632.50	1211325.71	05-06-10
7.68	235.92	811151.73	3874233.82	05-06-10
12.39	301.77	84495.01	625335.27	05-07-26
15.45	204.39	50713.61	278602.76	05-05-16
5.42	329.17	72417.92	400757.26	05-05-26
9.67	462.88	163596.55	1283635.88	05-06-20
16.09	977.19	447291.79	1425954.25	05-06-23
12.52	255.70	715954.18	2921055.97	05-06-03 05-09-20
112.53	424.69	424689.95	1336279.38	
77.28	622.94	287788.81	1518391.34	05-07-14
9.86	629.26	75286.91	721049.15	05-06-29
18.28	146.17	42097.70	338375.00	05-06-15
27.37	241.62	67653.02	238270.41	05-06-15
21.77	230.02	538078.30	3879654.84	05-06-17
41.36	193.27	23594.63	382812.17	05-07-01 05-09-29
26.30	49.19	7289.95	48549.57	05-07-05
- - -	261.88	31426.16	81529.97	
24.02	233.47	1517560.75	4271419.58	05-06-23
27.32	174.70	14918.92	57031.70	05-06-08
89.01	175.72	44900.17	137007.29	
4.09	825.89	62808.75	192869.99	
41.60	229.52	11934.88	105363.30	05-06-22
22.42	340.84	17280.80	91588.23	05-06-10
212.35	296.26	18486.45	109043.89	
90.29	238.82	41268.31	164137.64	
7.88	636.61	148966.00	1021016.03	05-06-23
28.95	369.27	39316.05	263207.79	05-06-24
56.04	330.09	67285.72	389221.90	05-07-14
164.91	155.64	18938.44	46244.60	
500.47	521.95	97011.92	495885.86	
33.94	183.44	18160.62	64438.69	05-06-27
17.06	139.71	21723.46	95634.96	05-06-16
- - -	353.96	21237.62	44337.70	
14.14	134.65	22374.60	181798.38	05-04-18
22.91	224.62	43662.26	221472.41	05-07-19
42.21	76.56	26475.04	85435.38	05-08-04
25.68	210.87	37565.80	123073.23	
24.13	202.11	9837.18	40109.78	05-07-07
19.86	397.66	42728.41	151180.62	
139.09	202.48	33355.59	111843.22	
273.91	490.20	59916.07	504549.28	
13.52	331.68	61701.56	200373.84	05-06-28
24.59	235.64	22904.28	175349.37	
- - -	502.78	62747.08	185631.88	
130.61	426.54	19851.45	78508.48	
18.58	232.40	40047.25	194557.35	
15.52	202.70	26301.79	87997.46	05-05-20
72.54	168.46	16819.12	55738.40	
66.45	712.26	55834.06	184609.59	05-05-30
16.73	312.30	44514.29	157296.73	05-08-01

A 股
A Share

股票代码 Code	名称 Name	发行股本 Issued Volume	流通股本 Negotiable Volume	上年收盘 Last Year Close	本年收盘 Close	涨跌% Change%	本年开盘 Open	本年最高 High	本年最低 Low
600083	ST 博讯	230000000	135730600	2.560	1.700	-33.59	2.540	3.110	1.430
600084	新天国际	470360800	178464000	3.050	1.970	-35.41	3.020	4.250	1.880
600085	G 同仁堂	434021898	194252385	21.090	13.910	-34.04	20.980	25.160	13.360
600086	*ST 多佳	352281672	128220120	2.780	1.680	-39.57	2.780	3.090	1.040
600087	G 水运	515729479	238350575	4.400	3.510	-20.23	4.400	5.400	3.140
600088	中视传媒	236730000	78000000	11.540	9.220	-20.10	11.500	12.870	7.000
600089	特变电工	388199469	220403040	12.150	7.270	-40.16	12.130	12.140	5.490
600090	G*ST 酒花	367916646	174120960	3.330	3.060	-8.11	3.330	4.140	2.260
600091	明天科技	336526000	206200000	5.300	3.970	-25.09	5.200	5.480	3.740
600092	*ST 精密	261196200	133099200	2.750	1.470	-46.55	2.740	3.040	1.110
600093	禾嘉股份	286875000	114750000	3.280	1.980	-39.63	3.260	3.540	1.760
600094	华源股份	284754000	110400000	3.720	2.720	-26.88	3.730	4.150	2.400
600095	哈高科	261560000	151066007	3.410	2.660	-21.99	3.410	3.930	2.210
600096	云天化	525758842	177122502	10.480	8.600	-17.94	10.360	11.230	7.650
600097	华立科技	115449889	35000000	5.700	4.300	-24.56	5.710	6.380	3.250
600098	G 广控	2059200000	679680000	8.440	4.110	-51.30	8.300	9.290	3.790
600099	林海股份	219120000	91200000	3.090	2.410	-22.01	3.100	4.800	2.100
600100	G 同方	574612295	273030533	14.780	9.560	-35.32	14.750	15.200	8.210
600101	明星电力	264896450	148206318	7.610	3.660	-51.91	7.600	7.960	3.430
600102	莱钢股份	922273092	202800000	5.990	4.450	-25.71	5.990	6.000	3.830
600103	青山纸业	706300000	446420000	2.880	1.930	-32.99	2.880	3.090	1.680
600104	G 上汽	3275999090	1316951634	4.750	3.310	-30.32	4.710	5.970	2.930
600105	G 永鼎	272110462	131625000	5.630	3.370	-40.14	5.680	6.760	2.840
600106	G 渝路桥	310000000	124200000	6.230	3.650	-41.41	6.280	6.980	3.210
600107	美尔雅	360000000	133200000	2.660	2.170	-18.42	2.650	2.830	1.720
600108	亚盛集团	937567800	493747800	2.940	1.700	-42.18	2.910	3.080	1.510
600109	成都建投	70982700	27500000	6.200	4.820	-22.26	6.130	6.430	3.250
600110	中科英华	334123794	137676350	6.800	4.820	-29.12	6.800	7.260	4.360
600111	稀土高科	403674000	145600000	6.170	4.570	-25.93	6.120	6.800	3.200
600112	G 长征	172000000	52000000	7.130	5.770	-19.07	7.110	7.140	4.800
600113	G 东日	118000000	40000000	5.540	4.780	-13.72	5.530	6.160	3.680
600114	G 东睦	195500000	76500000	9.940	5.450	-45.17	9.890	13.170	3.120
600115	东方航空	3300000000	300000000	4.430	2.410	-45.60	4.440	4.560	2.110
600116	三峡水利	174768000	57992000	4.950	4.260	-13.94	4.960	5.340	2.990
600117	西宁特钢	630137319	207917319	4.110	2.880	-29.93	4.090	4.340	2.170
600118	中国卫星	227404800	86400000	6.850	6.780	-1.02	6.710	8.340	3.960
600119	G 长投	257400000	82368000	3.860	3.050	-20.98	3.660	4.520	2.450
600120	G 浙东方	505473454	209881083	3.660	2.580	-29.51	3.600	3.980	2.070
600121	G 郑煤电	629140000	298080000	5.230	2.860	-45.32	5.200	5.200	2.550
600122	宏图高科	319200000	144000000	5.040	4.090	-18.85	5.000	5.920	3.360
600123	G 兰花	371250000	144000000	11.000	11.280	2.55	10.930	13.100	7.030
600125	铁龙物流	459698304	245458304	8.100	6.740	-16.79	8.190	11.080	4.300
600126	G 杭钢	645337500	165750000	6.840	4.070	-40.50	6.790	7.350	3.640
600127	金健米业	432500065	191434455	3.590	2.230	-37.88	3.580	3.850	1.560
600128	弘业股份	199447500	74123100	4.050	3.390	-16.30	4.000	4.470	2.840
600129	G 太极	252600000	75000000	6.400	4.800	-25.00	6.350	6.980	3.700
600130	波导股份	384000000	144000000	12.820	3.390	-73.56	12.710	14.450	2.750
600131	岷江水电	504125155	169915015	4.090	3.450	-15.65	4.080	4.430	2.840
600132	重庆啤酒	256308000	78000000	10.280	10.460	1.75	10.000	12.300	6.450
600133	东湖高新	275592200	83200000	5.410	3.640	-32.72	5.450	6.280	2.910
600135	乐凯胶片	342000000	126000000	7.490	3.510	-53.14	7.450	7.680	2.790
600136	道博股份	104444000	40924000	6.450	3.380	-47.60	6.430	9.900	2.670
600137	*ST 长控	60711288	17400000	3.160	3.090	-2.22	3.080	3.900	2.010
600138	G 中青旅	267000000	117000000	7.550	5.580	-26.09	7.560	7.800	4.450
600139	绵阳高新	76010200	29400000	4.890	3.940	-19.43	5.000	6.300	2.640
600141	兴发集团	160000000	40000000	5.310	4.700	-11.49	5.320	5.950	3.640
600143	G 金发	227500000	76050000	12.990	10.850	-16.47	12.890	15.400	10.010
600145	四维瓷业	346500000	124740000	3.150	2.280	-27.62	3.130	3.460	1.860
600146	G*ST 大元	200000000	60000000	3.230	3.030	-6.19	3.230	3.650	2.100
600148	长春一东	141516450	42000000	4.660	3.200	-31.33	4.520	5.490	2.380
600149	华夏建通	305640000	124200000	4.410	2.980	-32.43	4.400	5.320	2.000
600150	G 重机	241493120	101640000	7.490	8.350	11.48	7.490	11.850	7.180
600151	航天机电	467840000	141440000	4.740	6.480	36.71	4.750	7.660	2.420
600152	维科精华	293494200	110975000	4.360	3.180	-27.06	4.360	4.770	2.590
600153	建发股份	617600000	272000000	5.440	4.160	-23.53	5.400	5.900	3.190

A 股
A Share

年末市盈率 P/E Ratio	换手率 Turnover Rate	年成交数量（万股） Trading Volume (10000 Shares)	年成交金额（万元） Trading Value (10000 Yuan)	股权登记日 Record Day
153.71	120.38	16339.06	34905.09	
119.76	431.76	77054.04	231028.10	
21.29	112.39	17030.06	326793.69	05-07-06
- - -	954.43	122377.47	208393.49	
10.42	297.94	55706.07	244198.09	05-05-20
181.96	778.86	60751.29	595561.49	05-07-28
30.03	424.96	81985.18	623797.77	05-07-22
- - -	259.55	45192.43	148734.19	
18.48	171.43	35349.40	158728.83	
- - -	343.54	45724.39	82653.96	
115.86	313.07	35924.75	83779.38	
41.33	174.16	19227.74	59077.81	
183.83	115.24	17409.48	51549.14	
8.99	322.38	54273.35	510115.85	05-06-17
47.54	289.68	10138.88	45159.84	
11.05	248.21	130812.41	713946.43	05-05-10
77.47	808.29	73715.68	240211.56	05-08-02
47.39	293.68	80183.25	865787.71	05-06-02
11.58	203.15	27270.37	141710.95	05-07-15
5.54	113.34	22984.52	109776.00	05-06-15
130.94	103.66	46275.73	102923.25	05-06-09
5.48	295.21	311085.63	1401090.73	05-06-21
22.37	262.00	26423.26	126907.78	05-07-01
17.40	222.82	21516.52	106548.55	05-06-21
- - -	223.02	29706.98	65895.98	
32.09	181.24	89488.46	186635.28	
25.80	367.57	10108.11	47942.11	05-05-27
31.52	591.84	81482.57	467795.63	05-05-19
84.32	167.22	24347.32	117406.01	
44.18	175.57	9129.56	54067.53	
52.18	148.07	5922.59	28281.02	05-06-08
12.61	643.05	41707.06	274144.12	05-04-08
21.87	312.92	93876.58	280497.61	05-07-28
72.24	299.80	17386.14	71063.99	
16.14	309.36	64321.75	201452.10	
459.04	321.94	27815.64	178268.47	
38.37	242.47	19971.51	67922.52	
12.78	200.18	42014.75	117741.27	05-07-11
14.64	187.32	47597.25	167621.49	05-06-14
132.15	505.21	72750.24	327912.60	
14.86	230.02	33122.86	344661.99	05-04-27
32.47	217.60	45200.03	320535.26	05-05-20
3.93	160.48	26599.36	139679.19	05-04-18
- - -	260.46	49861.31	122131.21	
32.54	164.96	12227.17	45315.90	05-06-22
18.09	639.02	47926.15	258801.30	
6.50	570.70	72334.17	346266.39	05-06-02
38.97	170.21	28922.14	105057.22	
40.65	287.25	22405.52	219848.29	05-06-22
21.11	253.11	21058.96	90750.46	05-06-29
15.38	528.04	66533.40	282586.12	05-06-16
- - -	1470.47	60177.54	328248.82	
- - -	229.94	4000.91	11503.81	
20.65	530.47	62064.66	374032.89	05-06-17
25.19	794.54	23359.37	100172.45	
25.21	293.09	11723.52	56904.14	05-07-06
23.91	413.57	23604.90	286987.02	05-06-14 05-08-08
41.96	225.53	28132.96	67335.31	
- - -	389.79	23387.22	66000.27	
27.57	310.98	13061.33	46631.65	05-06-22
80.35	609.40	75687.46	241534.59	
25.42	301.22	23886.48	222770.46	05-05-20
29.83	635.66	89908.39	462001.84	05-04-18
18.53	183.30	20341.96	75338.00	05-04-21
8.30	198.88	54095.60	250556.51	05-07-08

A 股
A Share

股票代码 Code	名称 Name	发行股本 Issued Volume	流通股本 Negotiable Volume	上年收盘 Last Year Close	本年收盘 Close	涨跌% Change%	本年开盘 Open	本年最高 High	本年最低 Low
600155	宝硕股份	412500000	120000000	4.010	2.720	-32.17	4.000	4.100	2.430
600156	华升股份	438900000	136000000	2.490	1.880	-24.50	2.500	2.950	1.560
600157	鲁润股份	170446162	63558432	5.410	4.000	-26.06	5.310	5.850	3.100
600158	中体产业	253648200	76050000	7.810	7.020	-10.12	7.790	8.650	5.150
600159	GST 宁窖	305001616	88007680	2.620	2.840	8.40	2.620	3.130	1.870
600160	G 巨化	556800000	171600000	4.200	5.170	23.10	4.200	5.380	2.510
600161	天坛生物	325500000	109500000	7.670	5.710	-25.55	7.650	8.100	3.720
600162	香江控股	351780000	215040000	8.470	2.870	-66.12	8.440	10.290	2.000
600163	福建南纸	305946640	91000000	3.600	2.900	-19.44	3.530	4.060	2.350
600165	G 宁恒力	251200000	101440000	3.840	2.440	-36.46	3.840	3.960	1.980
600166	福田汽车	456699000	156000000	6.730	2.840	-57.80	6.650	7.140	2.700
600167	沈阳新开	190000000	70000000	4.320	2.920	-32.41	4.310	4.950	2.560
600168	武汉控股	441150000	127500000	4.170	3.590	-13.91	4.160	4.650	2.610
600169	太原重工	372172425	144000000	6.800	4.150	-38.97	6.610	8.890	3.110
600170	G 建工	719298000	313560000	5.230	3.690	-29.45	5.230	5.380	3.220
600171	G 贝岭	612552521	249585960	8.470	5.750	-32.11	8.400	9.980	4.910
600172	G 旋风	268000000	135200000	5.410	3.600	-33.46	5.430	5.610	3.200
600173	牡丹江	230000000	101515500	2.910	1.920	-34.02	2.860	3.500	1.510
600175	G 美都	128016000	48816000	4.610	4.300	-6.72	4.580	5.380	3.190
600176	中国玻纤	427392000	142464000	3.660	4.680	27.87	3.660	5.430	3.510
600177	雅戈尔	1644406830	769735170	5.270	3.410	-35.29	5.250	6.650	3.060
600178	东安动力	462080000	138580000	3.820	3.960	3.66	3.800	4.530	3.320
600179	黑化股份	330000000	100000000	4.330	2.750	-36.49	4.320	4.870	2.260
600180	G 九发	250990080	79872000	6.530	4.640	-28.94	6.530	6.540	3.150
600181	*ST 云大	348136224	168000000	4.790	1.180	-75.37	4.790	4.960	1.020
600182	佳通轮胎	340000000	170000000	5.440	3.130	-42.46	5.360	6.580	2.930
600183	生益科技	638015625	193689844	8.330	7.120	-14.53	8.300	8.530	3.400
600184	新华光	70000000	30000000	7.530	5.910	-21.51	7.500	7.740	3.500
600185	海星科技	217800000	74800000	4.800	3.400	-29.17	4.750	5.430	2.910
600186	莲花味精	884000000	364000000	2.330	1.940	-16.74	2.330	2.990	1.640
600187	*ST 黑龙	327225000	97500000	2.800	1.350	-51.79	2.770	3.160	1.060
600188	兖州煤业	2960000000	288000000	12.440	5.920	-52.41	12.440	14.090	4.920
600189	G 森工	310500000	152490000	5.700	3.900	-31.58	5.650	5.980	3.660
600190	锦州港	780000000	228000000	5.550	3.550	-36.04	5.540	5.990	3.300
600191	华资实业	303082500	104650000	5.610	4.060	-27.63	5.550	6.230	3.240
600192	长城电工	320500000	110500000	4.320	3.970	-8.10	4.200	5.070	2.870
600193	G 创兴	167800000	46000000	4.510	3.660	-18.85	4.520	5.070	2.900
600195	中牧股份	390000000	120000000	5.660	4.390	-22.44	5.650	6.100	3.060
600196	复星医药	831960417	360684417	4.880	4.740	-2.87	4.860	6.000	4.250
600197	伊力特	441000000	150000000	3.640	3.170	-12.91	3.620	3.960	2.850
600198	大唐电信	438986400	165373750	10.660	7.920	-25.70	10.600	12.010	4.580
600199	*ST 金牛	346400000	130000000	3.260	1.830	-43.87	2.930	2.970	1.360
600200	G 吴中	415800000	281475000	10.030	9.030	-9.97	10.000	13.000	7.680
600201	金宇集团	218426500	100626500	5.710	3.760	-34.15	5.660	6.030	3.210
600202	哈空调	245731200	100777600	7.020	7.550	7.55	6.990	9.010	5.630
600203	ST 福日	256400000	70000000	3.220	3.900	21.12	3.210	4.570	3.020
600205	山东铝业	672000000	192000000	10.510	11.000	4.66	10.410	12.290	6.960
600206	有研硅股	145000000	65000000	6.470	4.430	-31.53	6.360	7.440	3.370
600207	安彩高科	440000000	180000000	7.790	3.470	-55.46	7.760	8.180	3.030
600208	G 中宝	250840293	103200000	3.580	2.690	-24.86	3.510	4.170	1.940
600209	罗顿发展	439011169	165750000	3.520	1.990	-43.47	3.500	3.880	1.550
600210	G 紫江	1436736158	775613858	3.550	2.160	-39.15	3.540	3.630	2.020
600211	西藏药业	122600000	45000000	5.640	7.240	28.37	5.600	8.100	4.150
600212	江泉实业	319900866	191796347	3.650	2.840	-22.19	3.650	3.900	2.450
600213	*ST 亚星	190000000	60000000	3.910	2.450	-37.34	3.900	4.880	1.710
600215	长春经开	357717600	214968000	4.160	3.620	-12.98	4.170	4.670	3.050
600216	浙江医药	450060000	132147200	3.250	4.670	43.69	3.230	5.640	2.750
600217	秦岭水泥	660800000	224000000	3.260	1.700	-47.85	3.250	3.630	1.330
600218	全柴动力	283400000	101400000	3.480	2.550	-26.72	3.470	3.700	2.100
600219	南山实业	257001391	135001391	6.870	5.830	-15.14	6.850	7.070	5.030
600220	江苏阳光	954087751	489971787	3.150	2.070	-34.29	3.140	3.430	1.580
600221	海南航空	545529600	371957765	3.840	2.460	-35.94	3.840	4.030	2.010
600222	竹林众生	136145240	35000000	12.700	8.370	-34.09	12.890	12.890	6.940
600223	G 万杰	536250000	211315000	4.230	2.810	-33.57	4.160	4.450	2.450
600225	天香集团	221100001	95148075	3.450	2.500	-27.54	3.400	3.830	1.750

A 股
A Share

年末市盈率 P/E Ratio	换手率 Turnover Rate	年成交数量（万股） Trading Volume (10000 Shares)	年成交金额（万元） Trading Value (10000 Yuan)	股权登记日 Record Day
18.10	147.30	17675.41	55517.90	05-03-24
101.18	235.16	31982.45	67131.06	
54.86	248.69	15806.29	69357.50	
84.95	279.17	21230.61	144285.01	05-08-29
---	136.77	12036.40	32670.55	
19.52	221.33	37980.75	155766.72	05-05-20
39.10	631.43	69141.41	410440.19	05-04-19
11.64	325.78	61547.90	233948.62	05-03-23
77.40	236.58	21528.82	67500.68	
105.35	276.63	28061.74	77309.39	
5.97	377.67	58916.56	235543.11	05-07-15
9.86	372.04	26042.47	96607.88	
44.44	131.97	16826.25	59654.55	05-06-21
84.69	463.25	66708.43	325331.40	
12.74	133.84	33301.13	148854.90	05-07-22
80.03	233.28	58224.44	409252.08	05-06-23
16.06	193.39	21171.31	89355.07	05-06-24
---	318.64	32346.56	71684.74	
143.43	251.58	11487.58	51184.01	05-07-25
21.78	561.96	80058.62	363800.71	05-06-01
10.27	247.52	173524.89	705069.49	05-04-28
19.25	76.17	10555.85	42653.35	05-05-30
33.77	185.80	18580.04	63142.05	
17.32	621.46	49637.56	230545.74	05-07-05
---	494.33	83046.75	194865.92	
14.77	402.01	68341.43	293874.78	
21.41	533.93	103416.25	554329.60	05-06-27
46.51	708.19	21245.68	124287.88	
60.38	190.84	14274.94	54041.85	
372.36	379.56	138159.27	316326.16	
---	636.78	62085.67	99641.48	
11.04	453.98	110882.71	859672.89	05-07-26
12.05	201.89	23355.72	109512.37	05-06-02
28.16	169.56	38660.71	170522.17	
17.50	278.97	29193.78	135278.00	
73.14	239.86	26504.22	108398.40	
62.46	211.90	9747.62	37425.55	
27.61	534.06	64087.74	301745.61	05-06-08
18.19	188.37	67436.06	343430.85	05-06-20
17.15	153.73	23059.39	77939.89	05-08-25
175.38	548.29	90671.98	706394.14	
---	356.51	46346.32	93790.36	
68.80	49.20	9712.43	98979.33	05-05-19
18.58	505.62	50878.37	227577.46	05-06-22
169.32	303.62	30598.02	234017.38	
114.04	403.52	28246.70	107642.06	
8.93	437.48	83995.19	789944.91	05-05-19
275.16	361.87	23521.57	119614.36	
6.54	384.31	69176.39	334599.46	05-05-11
131.99	241.00	24871.47	76741.72	
---	344.62	57120.38	133386.06	
14.38	428.93	301967.54	816955.43	05-05-30
145.97	308.55	13884.59	85103.13	
49.69	188.64	36180.01	109789.31	
---	383.58	23014.84	64383.38	
32.38	224.55	48270.70	185352.91	
164.90	708.24	93591.62	412590.99	
20.04	587.77	131660.06	288426.95	
---	209.63	21256.65	59302.61	
11.18	170.72	23046.87	136497.46	05-06-10
36.17	209.03	101005.98	226668.65	
19.82	205.92	76593.56	207380.70	
70.14	39.47	1381.61	12874.53	
70.01	153.88	32516.24	103645.55	
66.17	469.97	44716.84	120250.98	

A 股
A Share

股票代码 Code	名称 Name	发行股本 Issued Volume	流通股本 Negotiable Volume	上年收盘 Last Year Close	本年收盘 Close	涨跌% Change%	本年开盘 Open	本年最高 High	本年最低 Low
600226	G 拜克	270366165	97440000	5.480	4.520	-17.52	5.410	5.580	3.120
600227	G 赤天化	170000000	70000000	7.430	9.650	29.88	7.350	10.780	6.600
600228	昌九生化	288000000	96000000	4.030	2.570	-36.23	4.000	4.700	2.000
600229	青岛碱业	295126210	124445373	4.010	3.200	-20.20	4.010	4.140	2.700
600230	沧州大化	259331620	80000000	5.160	4.490	-12.98	5.160	5.470	3.200
600231	G 凌钢	523900000	213785000	6.210	4.260	-31.40	6.150	6.620	3.900
600232	G 金鹰	218851880	58500000	10.800	6.360	-41.11	10.800	10.850	4.560
600233	G 大杨	165000000	99000000	4.160	2.900	-30.29	4.150	4.590	2.680
600234	ST 天龙	93860000	43000000	2.480	1.810	-27.02	2.410	3.200	1.240
600235	民丰特纸	263400000	88400000	6.400	4.130	-35.47	6.420	6.650	4.010
600236	桂冠电力	1350727174	286667774	9.890	4.000	-59.56	9.810	10.370	3.490
600237	G 铜峰	200000000	105600000	7.650	3.500	-54.25	7.600	7.660	2.800
600238	G 椰岛	166000000	74000000	4.260	3.750	-11.97	4.210	4.550	2.820
600239	红河光明	177338160	94530240	3.860	2.320	-39.90	3.830	4.520	2.170
600240	G 华业	175000000	86250000	4.070	4.610	13.27	4.070	5.490	3.480
600241	辽宁时代	106000000	30000000	6.550	5.060	-22.75	6.500	6.880	4.020
600242	华龙集团	174029825	87959800	3.050	1.820	-40.33	3.010	3.470	1.530
600243	青海华鼎	156600000	55000000	4.050	3.210	-20.74	4.020	4.480	2.530
600246	先锋股份	92000000	30000000	9.770	7.940	-18.73	9.700	12.160	5.480
600247	G 物华	285120000	182736000	3.520	2.670	-24.15	3.500	5.230	2.300
600248	秦丰农业	128820000	48000000	3.740	3.370	-9.89	3.700	4.500	2.220
600249	两面针	150000000	60000000	7.500	5.660	-24.53	7.500	10.690	5.200
600250	南纺股份	258692460	111036120	6.230	3.320	-46.71	6.190	7.270	2.400
600251	冠农股份	180000000	60000000	5.130	4.730	-7.80	5.060	6.350	3.700
600252	中恒集团	217447402	97785402	3.730	2.950	-20.91	3.700	4.300	2.410
600253	天方药业	420000000	120000000	4.170	3.350	-19.66	4.180	4.640	2.520
600255	鑫科材料	95000000	30000000	8.730	7.520	-13.86	8.610	9.990	5.130
600256	广汇股份	866061245	244800000	5.810	3.870	-33.39	5.820	5.850	3.410
600257	洞庭水殖	219000000	120000000	4.800	2.570	-46.46	4.780	5.220	2.170
600258	首旅股份	231400000	70000000	6.600	6.900	4.55	6.580	7.550	4.920
600259	兴业聚酯	213400000	94600000	3.190	1.910	-40.13	3.150	3.500	1.490
600260	G 凯乐	263820000	166269600	4.890	3.390	-30.67	4.880	5.350	2.910
600261	G 浙阳光	123160000	52000000	9.150	10.800	18.03	9.150	14.290	7.800
600262	北方股份	170000000	55000000	4.580	3.310	-27.73	4.560	4.930	2.520
600263	路桥建设	408133010	115000000	5.350	4.300	-19.63	5.300	5.790	3.660
600265	景谷林业	105000000	40000000	4.610	4.380	-4.99	4.680	5.280	3.230
600266	G 城建	600000000	150000000	5.170	5.540	7.16	5.170	6.960	4.470
600267	G 海正	449280000	115200000	10.880	7.090	-34.83	10.600	11.390	5.970
600268	国电南自	118000000	40000000	10.650	9.920	-6.85	10.400	10.800	5.450
600269	赣粤高速	778444986	312000000	6.860	9.000	31.20	6.830	10.150	6.680
600270	外运发展	905481720	228690000	7.280	7.680	5.49	7.100	8.360	5.800
600271	航天信息	307800000	79800000	26.220	18.020	-31.27	25.910	31.540	12.400
600272	开开实业	163000000	60000000	4.170	2.760	-33.81	3.790	4.160	1.780
600273	G 华芳	215000000	119700000	3.780	2.410	-36.24	3.780	3.870	2.100
600275	武昌鱼	445137238	127400000	2.900	1.970	-32.07	2.900	3.150	1.840
600276	恒瑞医药	255072000	76800000	12.470	14.750	18.28	12.470	16.300	11.300
600277	亿利科技	173800000	63800000	5.730	5.000	-12.74	5.680	6.440	4.060
600278	G 东创	320000000	108000000	5.290	3.030	-42.72	5.200	5.230	2.660
600279	G 重庆港	228390960	113520000	5.480	3.680	-32.85	5.400	6.280	3.310
600280	南京中商	143541859	94427559	7.940	7.610	-4.16	7.930	9.250	6.900
600281	太化股份	358906000	105000000	4.610	3.750	-18.66	4.560	4.760	2.830
600282	南钢股份	936000000	396000000	7.480	2.800	-62.57	7.460	7.860	2.530
600283	钱江水利	285330000	85000000	4.190	3.400	-18.85	4.160	4.380	3.040
600284	G 浦建	226000000	105600000	5.660	4.110	-27.39	5.610	6.240	3.920
600285	羚锐股份	100360000	40000000	6.630	5.280	-20.36	6.550	6.760	3.850
600286	*ST 国瓷	114000000	75120000	2.460	1.130	-54.07	2.430	2.890	0.870
600287	江苏舜天	436796074	122459902	3.720	2.570	-30.91	3.680	4.120	2.380
600288	大恒科技	210000000	75000000	6.970	5.060	-27.40	6.970	7.580	3.620
600289	亿阳信通	211780000	80000000	14.000	8.900	-36.43	13.720	15.600	6.520
600290	苏福马	174300000	63000000	6.150	4.660	-24.23	5.930	6.400	4.580
600291	西水股份	160000000	60000000	6.180	3.900	-36.89	6.160	6.400	3.480
600292	G 九电	334500000	120000000	5.500	4.010	-27.09	5.420	6.290	3.000
600293	三峡新材	274300000	108004000	3.520	2.350	-33.24	3.510	3.800	2.180
600295	G 鄂绒	612000000	160000000	4.490	4.480	-0.22	4.420	4.560	2.540
600296	兰州铝业	542326578	301820754	4.540	4.900	7.93	4.530	5.460	3.240

A 股
A Share

年末市盈率 P/E Ratio	换手率 Turnover Rate	年成交数量（万股） Trading Volume (10000 Shares)	年成交金额（万元） Trading Value (10000 Yuan)	股权登记日 Record Day
20.30	344.98	33615.17	149335.81	05-04-22
15.53	331.81	23226.33	203471.10	05-05-25
103.76	468.77	45001.83	137077.45	
30.89	117.13	14576.30	49080.84	
13.69	220.98	17678.29	77376.71	05-05-30
4.88	351.14	75069.15	397676.29	05-05-20
9.27	331.60	19398.84	135191.38	05-06-13
17.99	159.34	12646.72	43014.71	05-07-14
---	582.68	25055.32	50280.69	
28.26	139.77	12355.27	62207.56	05-05-23
23.24	117.67	26496.95	151737.90	05-06-21
15.28	459.56	38546.65	172842.07	05-05-18
22.69	218.03	16133.85	58481.26	05-07-15
797.25	273.21	25826.83	80500.81	
64.59	56.91	4292.61	20042.50	
21.14	274.60	8238.09	43495.75	05-07-07
---	399.71	35158.81	76654.43	
49.08	204.10	11225.65	38884.97	
21.29	313.77	9413.20	77669.17	05-05-16
25.42	715.34	100131.59	321461.86	05-07-14
---	623.35	29920.73	103180.13	
20.91	465.84	27950.49	189466.24	05-08-12
12.78	169.38	18807.19	71822.33	05-06-24
66.77	1137.41	68244.51	335480.56	05-07-07
306.33	278.55	27238.33	90924.56	
29.79	215.34	25840.36	92298.51	05-06-01
44.84	271.74	8152.23	61301.16	05-07-08
14.85	303.04	74185.09	330267.64	
15.07	215.78	23379.99	74174.81	05-07-14
26.40	325.62	22793.57	144512.17	05-06-03
---	253.26	23958.81	53516.12	
14.75	276.61	34597.79	136447.54	
22.94	213.30	9121.09	93005.15	05-03-30
35.94	317.49	17461.80	60735.02	05-06-16
28.16	162.44	18680.68	87259.87	
84.75	250.98	10039.13	42200.59	
37.76	243.90	36585.25	220311.93	
14.66	222.50	25631.97	219016.24	05-06-16
28.84	136.06	5442.34	43601.50	05-05-18
19.00	193.93	60506.32	529980.74	05-06-20
17.96	176.08	38707.44	274717.71	05-06-13
25.66	231.57	14729.48	280952.99	05-06-16
---	603.80	36228.16	111567.40	
35.65	314.13	29345.25	81499.33	05-06-24
---	269.62	34349.53	79281.45	
30.68	138.89	10666.88	150573.13	05-06-15
23.02	145.91	9308.81	47827.48	
13.15	176.08	14710.80	58366.45	05-06-23
28.40	261.97	23007.93	110813.88	05-07-12
21.77	180.32	17026.78	141217.07	05-06-09
27.49	278.10	29200.52	114180.30	05-08-16
5.29	332.91	108028.99	483618.47	05-05-26
58.70	119.96	10196.44	36372.42	05-07-21
20.07	435.48	35551.81	179039.48	05-07-05
34.55	173.42	6936.90	36461.15	05-08-03
---	612.22	45989.90	69606.21	
11.25	169.67	20777.61	62009.84	05-05-30
28.74	271.61	20370.70	108075.63	05-08-16
17.87	503.10	40248.12	363841.37	05-07-19
572.48	70.94	4469.41	25651.26	
13.43	226.73	13603.78	61982.23	
28.79	271.99	32639.31	142093.73	05-06-16
36.53	226.64	24478.06	69540.16	
28.37	237.41	37985.02	138166.15	05-06-09
24.70	257.95	77856.01	339931.67	

A 股
A Share

股票代码 Code	名称 Name	发行股本 Issued Volume	流通股本 Negotiable Volume	上年收盘 Last Year Close	本年收盘 Close	涨跌% Change%	本年开盘 Open	本年最高 High	本年最低 Low
600297	美罗药业	115000000	40000000	6.640	5.630	-15.21	6.600	7.200	4.350
600298	安琪酵母	135700000	35000000	8.680	9.310	7.26	8.580	10.200	7.450
600299	星新材料	240000000	80000000	8.520	13.070	53.40	8.430	13.420	6.520
600300	G 维维	660000000	200000000	6.520	3.090	-52.61	6.500	7.060	2.550
600301	G 南化	185148140	102046483	7.900	3.510	-55.57	7.820	8.500	3.150
600302	标准股份	346009804	117000000	5.250	4.430	-15.62	5.280	6.240	3.250
600303	G 曙光	162000000	115312500	6.450	4.030	-37.52	6.450	6.670	3.820
600305	恒顺醋业	127150000	40000000	7.560	8.350	10.45	7.500	9.250	5.050
600306	商业城	178138918	63445235	5.480	4.400	-19.71	5.340	5.950	3.820
600307	酒钢宏兴	728000000	200000000	6.410	4.250	-33.70	6.410	6.720	3.980
600308	G 华泰	300258361	216496800	11.910	8.780	-26.28	11.900	12.300	7.480
600309	烟台万华	848640000	282880000	12.790	14.050	9.85	12.750	19.180	9.580
600310	桂东电力	156750000	45000000	7.100	6.950	-2.11	7.060	8.300	6.030
600311	荣华实业	260000000	104000000	6.680	3.580	-46.41	6.620	7.070	2.710
600312	平高电气	311950000	102000000	4.310	6.640	54.06	4.350	6.780	3.350
600313	中农资源	252200000	80000000	2.870	2.230	-22.30	2.850	3.860	1.670
600315	上海家化	270000000	80000000	6.670	6.390	-4.20	6.570	6.930	4.280
600316	洪都航空	252000000	108000000	4.570	9.610	110.28	4.610	10.950	4.320
600317	G 营口港	250865844	100865844	9.390	9.570	1.92	9.380	11.010	7.880
600318	巢东股份	200000000	80000000	5.590	3.140	-43.83	5.490	6.850	2.060
600319	亚星化学	315594000	80000000	4.690	4.960	5.76	4.610	5.870	3.960
600320	振华港机	1210920000	435420000	9.180	8.480	-7.63	9.180	14.100	5.280
600321	国栋建设	227760000	107250000	4.430	3.720	-16.03	4.430	5.040	3.220
600322	天房发展	423707417	194781500	3.800	3.550	-6.58	3.710	4.440	2.510
600323	南海发展	208514168	132419660	7.450	8.840	18.66	7.390	8.960	6.960
600325	G 华发	260000000	101400000	7.020	6.120	-12.82	6.950	9.710	4.700
600326	西藏天路	180000000	72000000	3.710	3.040	-18.06	3.710	4.920	2.470
600327	大厦股份	217379922	80000000	6.060	6.060	0.00	6.000	6.440	3.600
600328	兰太实业	359118030	124800000	3.810	6.140	61.15	3.790	6.960	3.700
600329	中新药业	269654360	62950000	6.560	4.980	-24.09	6.610	8.390	4.100
600330	天通股份	439152000	168000000	6.210	3.200	-48.47	6.140	8.410	2.520
600331	G 宏达	416000000	208000000	4.230	6.500	53.66	4.220	7.550	3.800
600332	广州药业	591000000	78000000	4.390	6.260	42.60	4.390	7.170	4.000
600333	长春燃气	406531200	161731200	7.610	4.530	-40.47	7.620	7.620	3.620
600335	ST 盛工	116628600	35000000	3.770	4.000	6.10	3.760	4.640	3.000
600336	G 澳柯玛	341036000	127800000	4.500	3.180	-29.33	4.450	5.150	2.770
600337	美克股份	198892800	86400000	4.830	5.190	7.45	4.920	7.150	4.290
600338	ST 珠峰	158333333	50000000	3.860	2.870	-25.65	4.050	5.090	2.200
600339	天利高新	428400000	151200000	7.180	3.210	-55.29	7.210	7.680	2.180
600340	国祥股份	100000000	40000000	5.450	3.880	-28.81	5.390	5.590	3.330
600343	航天动力	185000000	65000000	4.750	3.970	-16.42	4.720	5.580	2.830
600345	长江通信	198000000	54000000	9.180	6.240	-32.03	9.180	10.190	4.520
600346	冰山橡塑	105000000	38500000	5.070	3.990	-21.30	5.070	5.230	3.020
600348	G 国阳	481000000	195000000	13.570	9.120	-32.79	13.450	13.450	7.500
600350	山东基建	3363800000	505000000	4.000	3.890	-2.75	4.000	4.930	3.670
600351	G 亚宝	172500000	60000000	7.090	4.300	-39.35	6.680	7.050	2.810
600352	G 龙盛	590200000	207480000	7.540	3.620	-51.99	7.400	8.630	3.140
600353	旭光股份	94990568	42441587	7.580	4.460	-41.16	7.400	8.170	3.330
600354	敦煌种业	185966400	75000000	4.850	2.750	-43.30	4.950	5.210	2.320
600355	精伦电子	246044600	62000000	4.520	2.760	-38.94	4.500	5.000	2.340
600356	G 恒丰	140000000	79800000	9.090	5.430	-40.26	9.000	9.360	5.030
600357	G 承钒钛	760667040	278200000	3.820	2.350	-38.48	3.700	4.250	2.200
600358	国旅联合	432000000	135000000	3.230	2.000	-38.08	3.230	3.780	1.780
600359	新农开发	321000000	117000000	4.810	3.580	-25.57	4.700	5.480	2.810
600360	华微电子	236000000	100000000	10.500	8.310	-20.86	10.300	17.700	6.160
600361	G 综超	251145800	123000000	7.600	9.390	23.55	7.600	10.900	6.810
600362	江西铜业	1507556200	230000000	5.700	5.080	-10.88	5.620	6.220	4.010
600363	联创光电	247204500	90000000	6.010	4.980	-17.14	5.970	6.700	2.910
600365	通葡股份	140000000	60000000	4.010	5.300	32.17	3.910	6.060	3.100
600366	G 韵升	285975000	109830600	5.000	4.000	-20.00	4.810	4.960	3.350
600367	G 红星	291200000	121430400	6.290	4.420	-29.73	6.300	7.560	3.960
600368	五洲交通	442000000	102000000	4.240	3.210	-24.29	4.200	4.550	2.790
600369	*ST 长运	172300000	72557500	2.580	2.510	-2.71	2.570	3.250	1.210
600370	三房巷	158260000	55000000	7.660	5.740	-25.07	7.670	7.970	4.860
600371	华冠科技	155000000	62000000	4.240	3.350	-20.99	4.250	4.800	2.450

A 股
A Share

年末市盈率 P/E Ratio	换手率 Turnover Rate	年成交数量（万股） Trading Volume (10000 Shares)	年成交金额（万元） Trading Value (10000 Yuan)	股权登记日 Record Day
53.25	158.30	6331.93	37156.27	
23.54	206.49	7227.14	63699.51	05-04-19
34.85	345.65	27651.65	272016.70	05-04-25
23.49	196.66	29583.78	123602.97	05-07-08
7.41	277.71	22544.87	114033.42	05-04-20 05-09-22
12.22	481.53	54623.97	259489.94	05-01-04 05-05-17
5.86	264.26	25090.17	127662.77	05-04-20
112.11	363.08	14523.05	101968.02	
42.51	258.89	16425.37	76885.34	05-07-18
4.04	227.10	45420.02	236468.02	05-06-08
9.73	177.61	33160.15	331309.23	05-07-26
29.89	262.32	70734.20	917872.71	05-03-31
20.93	197.29	8877.88	64010.39	05-05-30
18.55	274.31	26534.04	113553.98	05-06-22
39.48	389.01	39679.44	191285.86	05-06-22
162.77	505.60	40448.09	109778.22	
36.46	192.33	15386.63	88142.92	05-08-19
71.22	330.92	35738.80	276462.30	05-08-10
26.53	290.74	29123.93	280510.94	05-05-11
36.89	560.41	44833.08	174057.50	
39.44	295.54	23643.50	117821.89	05-06-15
28.97	502.41	172613.32	1543577.09	05-07-04
28.82	161.19	17287.79	68848.62	
95.69	230.67	44930.71	149550.14	05-06-27
25.77	161.41	21374.09	175500.47	05-07-15
18.56	402.61	29199.32	203159.23	05-04-15 05-10-27
19.17	371.99	26783.50	97160.85	
18.41	362.34	28987.40	149067.49	05-06-29
48.09	762.40	95146.90	473677.25	
28.75	298.53	18792.78	112312.46	05-06-28
22.31	635.17	85471.14	388662.97	05-06-16
27.95	834.53	140033.65	827599.74	05-07-05
91.80	233.49	18211.80	101061.24	05-07-18
8.63	370.76	59962.75	327099.29	05-08-25
123.50	326.59	11430.59	45362.47	
45.38	207.51	20064.10	77288.20	05-08-18
35.17	281.38	24310.87	142455.76	05-06-23
116.34	175.07	8753.37	33859.06	
21.66	1429.58	207959.18	854593.47	05-05-31
34.48	240.30	9611.80	41332.48	05-06-28
35.90	650.29	42268.93	172640.17	05-06-27
67.64	397.62	21471.55	145880.59	05-07-13
86.72	320.53	12340.55	50635.32	
12.61	241.61	36903.03	381181.70	05-06-22
21.08	197.61	99794.45	436339.62	05-07-04
23.74	604.16	36249.40	149505.20	05-07-28
13.81	470.56	84970.10	389792.07	05-04-27
22.01	539.20	19024.16	98765.70	05-07-08
16.91	523.20	39239.75	135420.89	05-08-09
120.42	384.80	23857.57	76874.72	
10.19	194.12	12029.47	84160.70	05-04-25
6.45	244.67	52639.41	169841.73	05-05-27
230.15	717.68	96887.50	244702.22	
11.05	221.64	25931.60	103244.85	05-08-24
44.90	496.06	31666.24	317244.37	05-07-08 05-10-27
24.25	252.75	27372.65	234327.66	05-06-03
11.84	468.59	107776.32	550417.89	05-06-02
32.14	449.46	40451.75	197563.74	05-08-17
---	344.07	20644.18	96226.94	
19.50	248.65	21923.47	90494.41	05-05-10
10.57	340.69	31898.37	190240.43	05-06-13
15.01	81.57	8320.24	29023.44	05-06-23
---	505.24	36658.74	73208.94	
12.67	238.86	13137.10	79747.38	05-04-01
109.09	719.58	44614.14	167425.00	

A 股
A Share

股票代码 Code	名称 Name	发行股本 Issued Volume	流通股本 Negotiable Volume	上年收盘 Last Year Close	本年收盘 Close	涨跌% Change%	本年开盘 Open	本年最高 High	本年最低 Low
600372	昌河股份	410000000	110000000	4.050	2.330	-42.47	3.910	3.920	2.150
600373	G 鑫新	125000000	45000000	4.650	3.630	-21.94	4.550	5.040	2.590
600375	G 星马	124987500	45000000	5.170	4.080	-21.08	5.150	5.290	2.960
600376	G 天鸿宝	173200000	64000000	5.550	5.970	7.57	5.500	6.580	4.900
600377	宁沪高速	3815747500	150000000	5.510	6.380	15.79	5.450	7.500	5.120
600378	天科股份	195573391	76050000	3.950	4.270	8.10	3.920	5.300	2.710
600379	宝光股份	158000000	50000000	4.580	3.410	-25.55	4.540	4.910	2.520
600380	健康元	609930000	157500000	7.780	6.330	-18.64	7.580	8.150	6.240
600381	贤成实业	286000000	91000000	4.440	2.120	-52.25	4.250	4.520	1.880
600382	广东明珠	170873300	60000000	5.020	3.880	-22.71	5.000	5.260	2.820
600383	金地集团	666000000	342000000	9.880	6.830	-30.87	9.700	12.990	3.700
600385	ST 金泰	141323648	67835000	1.680	1.530	-8.93	1.680	2.290	1.220
600386	北京巴士	403200000	128000000	9.850	3.820	-61.22	9.750	10.430	2.990
600387	海越股份	198000000	60000000	5.740	3.850	-32.93	5.580	5.880	2.970
600388	龙净环保	167000000	65000000	8.060	6.340	-21.34	7.900	8.460	4.410
600389	江山股份	198000000	52800000	6.490	4.220	-34.98	6.330	6.470	3.510
600390	金瑞科技	106700000	40000000	8.390	4.530	-46.01	8.170	8.550	3.830
600391	成发科技	140000000	50000000	5.640	6.210	10.11	5.620	6.390	3.630
600392	G 天成	108000000	47992500	10.950	6.300	-42.47	10.960	12.030	5.900
600393	G 东华	300000000	107764410	6.720	2.560	-61.90	6.630	6.730	1.990
600395	盘江股份	371300000	120000000	6.090	3.730	-38.75	6.040	6.060	3.050
600396	G 金山	221000000	105570000	4.910	5.490	11.81	4.910	7.080	4.020
600397	安源股份	220000000	80000000	5.170	3.820	-26.11	5.160	5.480	3.700
600398	G 凯诺	236658834	159120000	6.730	4.320	-35.81	6.680	6.860	4.020
600399	抚顺特钢	520000000	120000000	6.130	3.150	-48.61	6.100	9.200	2.800
600400	G 红豆	301452200	120120000	7.080	3.360	-52.54	7.050	8.440	2.570
600401	G 申龙	258047644	156600000	7.090	2.590	-63.47	7.050	8.000	2.300
600403	欣网视讯	127467000	54000000	9.530	6.340	-33.47	9.490	15.070	5.760
600405	G 动力源	104343600	36000000	8.800	6.050	-31.25	8.610	9.480	4.050
600406	国电南瑞	212550000	78000000	13.390	15.340	14.56	13.000	15.810	9.730
600408	G 安泰	391000000	154700000	7.010	4.360	-37.80	7.080	8.350	3.790
600409	G 唐三友	420000000	160800000	5.400	3.220	-40.37	5.310	6.330	2.910
600410	华胜天成	122200000	31200000	19.300	24.740	28.19	19.150	25.260	12.490
600415	小商品城	124968637	52913127	30.000	31.950	6.50	29.600	34.900	20.820
600416	G 湘电	195000000	98250000	6.420	6.110	-4.83	6.350	7.880	3.920
600418	G 江汽	909892506	654292506	5.630	3.450	-38.72	5.600	7.980	3.250
600419	新疆天宏	80160000	30000000	5.800	4.410	-23.97	5.800	6.220	3.210
600420	现代制药	130787910	49500000	11.730	11.480	-2.13	11.650	14.300	6.500
600421	春天股份	163200000	54000000	7.080	3.760	-46.89	7.000	7.580	3.150
600422	昆明制药	314176000	128000000	12.300	4.370	-64.47	11.910	14.860	3.460
600423	G 柳化	190821800	101400000	7.170	5.660	-21.06	7.100	8.570	5.040
600425	G 青松	184927500	60000000	4.940	3.440	-30.36	4.850	5.280	2.700
600426	G 恒升	250500000	90000000	12.990	7.220	-44.42	12.990	15.400	5.530
600428	G 中远	655200000	307580000	11.310	6.550	-42.09	11.180	16.680	5.680
600429	三元股份	635000000	150000000	2.990	2.280	-23.75	2.910	3.290	1.800
600432	吉恩镍业	190000000	60000000	10.780	10.110	-6.22	10.680	12.300	8.620
600433	冠豪高新	160000000	60000000	4.720	3.930	-16.74	4.680	5.250	3.190
600435	北方天鸟	90000000	40000000	6.500	5.740	-11.69	6.450	6.770	4.220
600436	片仔癀	140000000	40000000	11.180	16.910	51.25	11.160	18.300	10.950
600438	通威股份	171880000	60000000	7.890	11.270	42.84	7.780	11.480	6.680
600439	G 瑞贝卡	128700000	46332000	13.900	8.790	-36.76	13.800	15.750	8.010
600444	G 国通	70000000	39600000	8.280	5.540	-33.09	8.280	8.610	5.050
600446	金证科技	68720000	18000000	9.670	9.690	0.21	9.650	11.200	6.800
600448	华纺股份	245000000	93500000	3.180	2.380	-25.16	3.080	3.300	2.060
600449	赛马实业	123000000	48000000	6.800	4.870	-28.38	6.760	7.430	3.680
600452	G 涪电力	160000000	52000000	6.550	4.230	-35.42	6.520	6.520	3.420
600455	交大博通	62458000	22000000	11.750	6.610	-43.74	11.600	12.360	5.400
600456	G 宝钛	200080000	75600000	8.000	12.940	61.75	8.030	16.500	6.900
600458	时代新材	170296000	70000000	5.460	4.630	-15.20	5.460	5.750	2.560
600459	贵研铂业	85950000	40000000	7.580	6.130	-19.13	7.580	9.490	4.900
600460	G 士兰微	202040000	70720000	11.900	14.770	24.12	11.800	18.470	9.980
600461	洪城水业	140000000	50000000	6.490	5.640	-13.10	6.490	6.650	4.470
600462	石岘纸业	170300000	50000000	5.740	3.200	-44.25	5.720	5.870	2.820
600463	G 空港	140000000	40000000	6.780	6.230	-8.11	6.740	7.270	3.860
600466	迪康药业	127400000	50000000	5.590	3.870	-30.77	5.510	6.200	3.220

A 股
A Share

年末市盈率 P/E Ratio	换手率 Turnover Rate	年成交数量（万股）Trading Volume (10000 Shares)	年成交金额（万元）Trading Value (10000 Yuan)	股权登记日 Record Day
- - -	271.46	29860.13	83284.21	
36.18	298.16	13416.99	49079.94	05-08-18
39.14	403.62	18162.97	73633.89	05-06-22
22.02	118.67	7595.01	44079.23	05-06-15
38.88	186.06	27909.54	175654.90	05-06-02
- - -	385.67	29330.54	120425.09	
28.30	277.84	13891.91	50004.93	
39.69	58.20	9166.45	64126.24	05-05-31
32.18	603.08	53760.96	143063.94	05-05-11
15.00	184.64	11078.40	44943.16	05-06-16
19.29	354.35	100400.62	649067.62	05-05-27
71.50	420.65	28535.03	49733.66	
45.17	392.00	42897.45	186896.43	05-08-11
25.40	391.92	23515.16	100944.98	05-06-24
22.26	255.25	16591.44	104555.08	05-07-19
13.20	258.27	13636.61	64670.21	05-06-09
23.43	357.71	14308.34	79934.12	
41.99	319.16	15957.84	85660.29	05-04-22
18.90	421.43	14856.44	122093.97	05-07-15
22.21	299.89	24471.30	76944.16	05-06-15
17.82	184.16	22098.59	94053.10	05-06-16
23.81	256.76	22968.73	123521.17	05-05-24
15.10	247.03	19762.32	85726.64	05-07-04
9.81	355.85	51303.13	254827.04	05-05-23
143.77	1051.41	126169.15	549457.09	
11.62	431.13	48157.59	199997.22	05-05-26
26.89	184.97	19767.12	75776.49	05-06-21
96.21	1127.17	60866.96	543645.73	
43.17	686.85	22995.71	141730.15	05-07-13
38.48	173.89	13563.26	177731.36	05-05-18
8.51	596.46	72974.47	467628.69	05-05-31
12.43	330.25	37150.29	174813.14	05-06-30
37.76	381.72	10861.53	202146.26	05-05-17
38.66	154.71	8041.36	230740.49	05-06-28
22.92	425.04	33658.35	199802.38	05-04-21
7.13	383.57	89840.90	519607.34	05-05-26 05-12-12
- - -	368.57	11056.99	49754.09	
41.56	460.97	19120.69	200966.93	05-06-14
22.51	573.89	28937.33	139373.01	05-07-19
15.11	316.63	34398.74	224729.50	05-04-15
15.71	242.79	19884.70	138542.16	05-04-11
12.13	582.68	34960.98	142079.36	05-06-22
14.43	615.03	52607.83	447948.65	05-03-21
11.71	558.25	123689.47	1165780.64	05-05-13 05-09-30
- - -	275.32	41297.46	99729.87	
13.66	434.05	26043.25	270685.26	05-06-27
36.48	302.47	18148.50	74822.03	05-07-06
34.08	210.41	8416.52	46774.63	05-07-14
56.67	362.34	14493.44	219030.15	05-05-27
27.77	424.49	25469.41	233708.21	05-07-07
16.89	309.59	10191.63	115337.84	05-05-19
13.91	438.13	13356.08	93589.53	
168.70	393.58	7084.48	63669.42	05-06-24
- - -	273.18	25542.81	65519.45	
10.83	465.47	22342.54	116836.62	05-05-20
26.64	393.34	20453.60	96807.07	05-05-24
191.32	617.23	13579.09	101902.43	
38.05	508.13	30678.03	323803.53	05-05-24
333.33	776.14	54329.49	218513.37	
17.72	314.18	12567.17	88679.50	05-05-25
42.91	354.72	19473.08	270526.59	05-06-02
30.96	385.57	19278.30	103817.02	05-07-04
30.45	555.27	27763.62	109908.48	05-07-18
26.25	299.75	11989.95	65756.18	05-05-24
66.13	268.10	13404.99	59190.79	

A 股
A Share

股票代码 Code	名称 Name	发行股本 Issued Volume	流通股本 Negotiable Volume	上年收盘 Last Year Close	本年收盘 Close	涨跌% Change%	本年开盘 Open	本年最高 High	本年最低 Low
600467	好当家	180000000	60000000	7.410	6.850	-7.56	7.280	8.880	6.300
600468	G 百利	176000000	66240000	4.860	3.530	-27.37	4.780	5.980	2.700
600469	G 风神	255000000	106500000	5.840	5.040	-13.70	5.840	7.690	4.520
600470	六国化工	188000000	80000000	5.730	5.580	-2.62	5.720	7.570	5.070
600472	包头股份	431000000	140000000	3.500	3.740	- -	3.610	4.290	3.090
600475	华光股份	256000000	96000000	9.670	6.660	-31.13	9.410	10.600	4.980
600476	湘邮科技	103250000	35000000	8.520	6.070	-28.76	8.450	9.380	4.600
600477	G 杭萧	247573834	80000000	7.490	3.810	-49.13	7.510	9.870	3.210
600478	力元新材	123697530	40000000	6.120	3.880	-36.60	6.030	6.780	2.670
600479	G 千金	84000000	27000000	20.550	14.140	-31.19	20.300	24.650	8.780
600480	凌云股份	312000000	88400000	6.300	3.470	-44.92	6.250	6.260	2.700
600481	G 双良	306000000	80000000	6.130	3.960	-35.40	6.100	6.500	3.180
600482	G 风帆	218000000	80000000	5.100	6.870	34.71	5.010	7.860	4.290
600483	福建南纺	192322475	80000000	3.790	2.930	-22.69	3.760	3.930	2.140
600485	中创信测	136632000	36000000	8.990	4.950	-44.94	8.500	10.100	4.380
600486	扬农化工	100000000	30000000	7.980	6.760	-15.29	7.950	8.270	5.400
600487	G 亨通	126120000	50750000	8.260	7.150	-13.44	8.360	9.000	5.700
600488	G 天药	251825012	104949000	7.000	4.530	-35.29	7.100	8.600	3.950
600489	中金黄金	280000000	100000000	7.150	7.570	5.87	7.070	7.670	5.680
600490	中科合臣	76000000	30000000	8.810	4.950	-43.81	8.710	9.600	3.730
600491	G 龙元	243000000	78750000	10.700	5.660	-47.10	10.580	12.500	5.150
600493	G 凤竹	170000000	60000000	5.500	4.130	-24.91	5.450	5.550	3.120
600495	G 晋西	102910000	53600000	6.040	6.820	12.91	6.020	8.550	4.780
600496	G 精工钢	110000000	49200000	6.150	6.800	10.57	6.040	9.350	5.650
600497	驰宏锌锗	160000000	70000000	10.770	11.870	10.21	10.720	12.400	8.140
600498	烽火通信	410000000	88000000	8.780	7.640	-12.98	8.720	10.460	5.150
600499	科达机电	99540000	36000000	11.140	7.070	-36.54	11.140	11.900	6.500
600500	G 中化	1257693750	475875000	9.250	4.000	-56.76	9.240	11.360	3.680
600501	G 晨光	299703000	115200000	7.870	5.680	-27.83	7.850	8.180	3.430
600502	安徽水利	156000000	75400000	4.630	3.430	-25.92	4.640	4.820	2.860
600503	*ST 新智	110000000	40000000	3.020	2.730	-9.60	2.940	4.460	1.670
600505	西昌电力	297000000	103950000	4.420	2.790	-36.88	4.400	4.510	2.030
600506	香梨股份	160500000	50000000	4.110	2.870	-30.17	4.080	4.390	2.170
600507	G 长力	325000000	175500000	6.900	2.330	-66.23	6.900	9.830	2.150
600508	G 上能	401510000	110000000	12.650	9.690	-23.40	12.450	12.950	8.170
600509	天富热电	253627500	90000000	4.890	4.120	-15.75	4.870	5.340	3.130
600510	黑牡丹	438370800	146400000	8.930	4.030	-54.87	9.050	9.620	2.910
600511	国药股份	133000000	53000000	6.290	6.270	-0.32	6.320	7.230	5.180
600512	腾达建设	159735164	60000000	5.650	4.780	-15.40	5.530	6.120	3.990
600513	联环药业	60000000	20000000	9.790	8.000	-18.28	9.790	10.480	6.400
600515	ST 一投	243572800	129967917	2.950	1.440	-51.19	2.880	3.450	1.040
600516	海龙科技	200000000	80000000	5.430	3.280	-39.59	5.360	6.360	2.860
600517	置信电气	159660000	50000000	8.590	4.950	-42.37	8.470	9.880	2.920
600518	G 康美	106200000	33750000	11.700	10.090	-13.76	11.300	12.800	7.730
600519	贵州茅台	471900000	134963400	36.640	45.620	24.51	36.400	55.800	36.000
600520	三佳科技	113040000	45000000	5.880	4.160	-29.25	5.810	6.360	3.270
600521	G 华海	234000000	102375000	18.990	9.760	-48.60	18.790	19.900	8.500
600522	中天科技	208310000	70000000	5.880	4.270	-27.38	5.880	6.700	3.300
600523	贵航股份	220000000	70000000	3.380	2.360	-30.18	3.330	4.100	1.930
600525	G 长园	99540000	33250000	12.620	9.770	-22.58	12.420	13.870	8.660
600526	菲达环保	140000000	56000000	8.160	6.360	-22.06	8.100	10.100	4.450
600527	G 高纤	144000000	70200000	8.300	3.370	-59.40	8.270	11.580	2.630
600528	G 中铁	410000000	151800000	5.280	3.810	-27.84	5.280	5.680	2.980
600529	G 药玻	222500111	122752158	9.370	6.370	-32.02	9.270	9.600	4.900
600530	G 昂立	240000000	60000000	6.610	5.980	-9.53	6.600	8.330	4.080
600531	G 豫光	228269160	109350000	6.450	3.610	-44.03	6.440	6.990	3.430
600532	华阳科技	117000000	52000000	5.040	3.800	-24.60	5.010	5.870	3.150
600533	G 栖霞	210000000	60000000	9.700	8.510	-12.27	9.520	12.930	4.530
600535	G 天士力	285000000	96750000	11.830	9.860	-16.65	11.760	14.960	9.700
600536	中国软件	151511084	54000000	13.900	9.290	-33.17	13.800	15.000	7.600
600537	G 海通	230034000	91000000	4.420	2.630	-40.50	4.380	4.460	2.530
600538	G 国发	199440000	104688000	7.360	3.070	-58.29	7.400	8.450	2.600
600539	狮头股份	230000000	88000000	4.050	2.940	-27.41	4.020	4.480	2.310
600540	新赛股份	180000000	60000000	5.160	5.100	-1.16	5.150	6.160	3.800
600543	莫高股份	138400000	56000000	5.560	4.460	-19.78	5.510	5.690	3.600

A 股
A Share

年末市盈率 P/E Ratio	换手率 Turnover Rate	年成交数量（万股） Trading Volume (10000 Shares)	年成交金额（万元） Trading Value (10000 Yuan)	股权登记日 Record Day
19.62	375.23	22513.66	175342.09	05-04-11
37.97	624.25	30957.41	132337.31	
16.77	479.69	44583.35	258248.22	
19.03	464.65	37172.20	232161.89	05-05-18
17.99	686.08	85052.49	313499.06	
23.13	518.88	43118.49	308644.37	05-07-04 05-10-18
32.01	456.56	15979.68	107018.24	05-06-23
12.03	579.90	39966.96	212171.41	05-04-14
24.43	486.27	19450.55	84737.91	05-06-09
26.87	328.86	7935.73	107287.62	05-04-25
23.06	430.06	36192.66	141606.14	05-06-16
12.96	374.16	29932.79	142668.60	05-05-19
30.48	987.47	78997.82	469222.45	05-05-25
36.36	326.44	26115.30	75139.68	05-07-19
55.33	997.07	35894.46	225401.29	
20.06	295.75	8872.43	62293.52	05-06-21
22.35	493.40	23284.75	153946.01	05-05-16
11.31	295.61	25205.83	154357.81	05-05-12
54.57	397.91	39790.57	271196.13	05-06-02
18.86	431.35	12940.44	73097.67	05-06-29
13.56	291.70	17196.77	138692.14	05-05-17
18.89	403.78	24226.87	99528.15	05-05-31
32.83	494.85	20125.27	133754.86	05-08-10
37.47	557.36	22877.56	173800.12	05-05-23
32.23	634.05	44383.29	450566.57	05-06-22
89.09	434.51	38236.97	283377.39	05-07-15
13.91	467.19	16818.77	138608.42	05-05-11
6.48	436.02	152676.90	1072245.24	05-04-29
49.16	116.57	13107.84	62671.26	05-06-29
17.74	243.68	18373.34	69010.23	
- - -	481.34	19253.73	58127.62	
25.05	343.22	35376.73	105730.38	05-08-09
572.85	382.74	19137.27	59508.00	
10.58	475.20	49086.00	199315.41	05-05-27 05-09-27
10.70	350.50	38555.44	404297.26	05-05-20
17.35	469.95	42295.56	186544.34	05-06-21
19.03	269.17	31784.64	157418.80	05-05-19
23.80	346.42	18360.51	115289.43	05-06-23
13.03	155.08	9304.80	46238.20	05-05-17
66.14	442.67	8853.33	75261.89	05-07-14
- - -	628.22	67065.25	121590.85	
- - -	382.01	30560.58	126004.19	
53.66	697.33	31604.57	168405.42	05-06-09
15.05	187.96	5480.97	57463.08	05-05-25
26.48	122.13	14783.03	689470.24	05-08-04
24.29	347.18	15623.11	71615.65	05-06-22
19.48	178.18	16154.78	195487.98	05-04-21 05-08-12
55.86	427.79	29945.35	144905.36	
308.09	381.87	26730.92	72856.70	
20.39	324.56	8297.77	90173.34	05-04-28
19.21	370.19	20730.42	138023.87	
22.48	285.85	13877.35	71121.57	05-04-08
22.27	175.20	21096.12	88121.04	05-06-21
18.99	249.85	26379.65	174710.47	05-06-06
46.19	390.34	23420.58	149235.70	05-05-17
8.51	369.52	30719.29	148736.88	05-05-20
24.10	365.13	18986.83	82404.69	
17.77	356.82	19618.85	140168.94	05-04-25
16.41	196.00	14897.92	194202.65	05-05-18
30.72	237.84	11340.37	120571.12	05-07-01
14.59	221.89	16160.51	54307.99	05-05-23
37.79	287.17	19554.02	84258.63	05-05-26
27.36	227.04	19979.73	65029.21	05-05-31
74.93	733.04	43982.13	214063.96	05-06-27
33.00	384.12	21510.65	99769.87	05-08-03

A 股
A Share

股票代码 Code	名称 Name	发行股本 Issued Volume	流通股本 Negotiable Volume	上年收盘 Last Year Close	本年收盘 Close	涨跌% Change%	本年开盘 Open	本年最高 High	本年最低 Low
600545	新疆城建	160541029	60000000	4.720	3.700	-21.61	4.720	4.970	2.690
600546	中油化建	110000000	40000000	7.940	6.960	-12.34	7.880	8.780	6.010
600547	山东黄金	160000000	60000000	12.380	12.120	-2.10	12.260	12.450	6.770
600548	G 深高速	1433200000	165000000	4.560	3.860	-15.35	4.510	5.490	3.490
600549	厦门钨业	240000000	60000000	9.570	13.500	41.07	9.500	13.720	7.700
600550	G 天威	330000000	126000000	6.260	12.310	96.65	6.250	13.880	5.370
600551	科大创新	75000000	25000000	7.200	5.500	-23.61	7.180	8.000	4.110
600552	方兴科技	117000000	52000000	5.860	3.050	-47.95	5.900	6.390	2.650
600553	太行水泥	380000000	140000000	3.050	1.970	-35.41	3.030	3.110	1.360
600555	G 茉织华	324500000	81000000	4.640	3.890	-16.16	4.640	4.800	2.450
600556	北生药业	172746000	95350500	7.210	6.630	-8.04	7.220	7.830	4.440
600557	G 康缘	156060000	85680000	11.450	5.460	-52.31	11.380	11.990	3.540
600558	大西洋	120000000	45000000	6.400	4.960	-22.50	6.370	6.540	4.050
600559	裕丰股份	140000000	40000000	4.930	3.870	-21.50	4.910	5.230	3.150
600560	金自天正	99398000	39000000	5.800	5.330	-8.10	5.600	6.500	4.480
600561	江西长运	185724000	84840000	8.700	3.750	-56.90	8.500	8.800	3.220
600562	高淳陶瓷	84089294	30000000	6.380	4.890	-23.35	6.350	6.700	3.660
600563	法拉电子	225000000	75000000	14.310	8.170	-42.91	13.800	15.280	5.250
600565	G 迪马	80000000	20000000	10.280	8.220	-20.04	10.260	10.550	6.500
600566	洪城股份	106308000	44000000	5.300	4.420	-16.60	5.260	6.120	3.460
600567	山鹰纸业	267784448	167284448	4.070	3.270	-19.66	4.050	4.480	2.790
600568	潜江制药	109290000	53922000	4.740	3.870	-18.35	4.740	5.200	3.210
600569	安阳钢铁	2018235389	712500000	3.570	2.100	-41.18	3.560	3.830	2.000
600570	G 恒生	102000000	35700000	10.450	5.190	-50.33	10.450	11.040	4.550
600571	G 信雅达	149657600	63590400	10.470	4.350	-58.45	10.410	11.460	3.850
600572	G 康恩贝	137200000	52800000	7.350	5.620	-23.54	7.300	7.640	4.910
600573	惠泉啤酒	250000000	63000000	7.220	5.020	-30.47	7.140	7.210	4.600
600575	芜湖港	118600000	45000000	8.290	6.830	-17.61	8.120	9.300	6.360
600576	庆丰股份	194093090	60000000	3.970	2.900	-26.95	3.950	4.270	2.310
600577	精达股份	108000000	36000000	7.120	6.120	-14.04	7.120	8.180	4.670
600578	京能热电	573360000	100000000	6.480	5.130	-20.83	6.350	6.890	4.070
600579	黄海股份	216000000	72000000	3.820	2.610	-31.68	3.860	4.320	2.120
600580	G 卧龙	174566818	75600000	5.650	6.160	9.03	5.610	6.890	4.320
600581	G 八一	589576104	187200000	5.560	3.170	-42.99	5.610	5.610	3.020
600582	天地科技	202800000	67600000	9.520	7.000	-26.47	9.480	11.580	5.600
600583	G 海工	396000000	126720000	19.550	25.720	31.56	18.820	29.790	18.230
600584	G 苏长电	292592000	116160000	6.050	5.810	-3.97	6.000	6.980	3.820
600585	海螺水泥	822480000	200000000	8.180	9.580	17.11	8.010	10.080	5.420
600586	G 金晶	188857500	68250000	11.000	5.330	-51.55	10.900	11.880	4.870
600587	新华医疗	85820000	40320000	8.030	5.400	-32.75	8.000	8.900	3.770
600588	G 用友	172800000	43200000	20.560	18.800	-8.56	20.560	22.440	12.780
600589	G 榕泰	192000000	64800000	6.200	4.190	-32.42	6.180	6.580	3.820
600590	G 泰豪	150730407	60000000	7.490	5.720	-23.63	7.340	7.650	4.690
600591	G 上航	1081500000	300000000	6.730	3.460	-48.59	6.700	6.740	2.940
600592	G 龙溪	150000000	50000000	5.930	8.910	50.25	5.910	9.120	5.210
600593	大连圣亚	92000000	32000000	6.450	4.930	-23.57	6.630	7.090	3.650
600594	G 益佰	80400000	31200000	23.170	13.220	-42.94	23.280	23.600	10.100
600595	G 中孚	228627797	119978001	5.080	3.430	-32.48	5.000	5.180	3.020
600596	新安股份	227987617	103156000	7.390	10.730	45.20	7.050	10.850	7.030
600597	光明乳业	1041892560	240000000	6.830	4.410	-35.43	6.830	7.090	3.580
600598	G 北大荒	1763952000	360000000	6.080	4.090	-32.73	6.110	6.600	3.530
600599	浏阳花炮	126000000	39600000	7.810	4.290	-45.07	7.510	7.980	3.080
600600	青岛啤酒	653150000	200000000	9.680	8.320	-14.05	9.750	10.180	7.450
600601	方正科技	970447028	970447028	5.120	3.200	-37.50	5.110	5.750	2.960
600602	G 电子	695314322	349972019	8.090	3.770	-53.40	8.050	8.600	2.930
600603	ST 兴业	194641920	194641920	2.810	2.040	-27.40	2.810	3.290	1.570
600604	二纺机	333524190	71181880	4.010	3.490	-12.97	3.980	4.350	2.080
600605	轻工机械	210192000	24000000	6.480	5.610	-13.43	6.450	7.730	4.520
600606	金丰投资	280436801	124939759	4.890	3.840	-21.47	4.900	5.900	3.460
600607	上实联合	306512351	132932010	6.220	6.330	1.77	6.200	7.020	4.850
600608	上海科技	252524332	169638021	6.380	3.460	-45.77	6.370	7.000	3.110
600609	金杯汽车	1092667132	364000000	2.850	1.570	-44.91	2.850	3.010	1.340
600610	中国纺机	236971535	25740000	5.040	4.180	-17.06	5.040	6.500	2.680
600611	大众交通	395901580	142323400	6.710	5.520	-17.73	6.700	6.800	4.670
600612	G 中铅	131728035	29087916	6.230	5.960	-4.33	6.200	7.230	4.450

A 股
A Share

年末市盈率 P/E Ratio	换手率 Turnover Rate	年成交数量（万股） Trading Volume (10000 Shares)	年成交金额（万元） Trading Value (10000 Yuan)	股权登记日 Record Day
25.53	277.02	16620.95	60828.37	05-06-23
17.39	345.00	13799.77	101460.52	05-06-24
33.38	464.60	27876.21	267648.58	05-05-18
17.37	228.88	37765.28	167599.89	05-04-21
29.29	419.56	25173.84	271563.03	05-06-16
79.51	947.48	103133.61	1022761.43	05-07-25
170.33	573.87	14346.85	86618.44	
12.50	494.41	25709.02	100627.57	05-06-21
29.18	342.03	41762.02	86430.70	05-06-08
---	351.27	28452.52	98727.72	
14.64	330.14	31479.00	193796.41	05-07-01
18.04	474.33	33767.26	190975.23	05-05-24
18.22	207.74	9348.15	49403.10	05-06-16
34.85	292.28	11691.23	48520.42	05-06-22
43.30	373.68	14573.65	82007.87	05-06-10
20.61	944.28	67792.24	323040.40	05-05-23
21.20	304.53	9135.97	47153.67	05-06-23
24.55	588.85	39620.36	329234.76	05-05-25
40.59	229.03	4580.49	38207.27	05-07-06
63.26	216.05	9506.02	43761.51	05-05-26
18.04	370.53	61484.46	221272.33	05-04-01
48.30	213.75	11525.99	48050.35	
5.79	122.66	87397.23	238225.87	05-07-18
24.20	801.42	24858.08	158292.87	05-05-31
28.97	356.01	14962.19	93021.37	05-06-08
26.94	279.60	11317.40	72168.29	05-06-16
86.21	129.34	8148.31	46614.56	
18.76	311.00	13995.12	106679.39	05-05-30
---	550.53	33031.47	110377.00	
17.69	258.64	9311.03	58207.82	05-09-16
19.52	273.43	27343.35	149261.45	05-08-12
37.63	380.66	27407.49	86088.73	05-07-18
17.76	508.75	36507.70	202732.16	05-03-23
4.28	227.64	42613.80	175602.36	05-07-15
23.57	590.59	34278.33	272190.10	05-08-22
27.96	194.05	22690.00	541554.60	05-05-11
34.82	501.24	44523.79	243288.81	05-05-25
11.24	337.33	67465.88	502561.85	05-06-06
14.54	764.84	45605.47	323384.11	05-06-28
---	857.49	27114.06	159144.91	
47.63	216.75	8828.71	156329.52	05-05-20
14.78	166.52	8634.01	43571.36	05-06-21
20.16	447.23	26833.52	157567.81	05-04-15
14.20	334.08	100225.05	413243.55	05-06-29
26.46	256.40	12820.00	96655.69	05-06-20
111.29	516.30	16521.64	81579.72	
19.04	265.70	6062.11	90793.12	05-06-08
9.71	348.99	34847.33	141799.86	05-05-23
17.82	494.49	51009.41	446564.90	05-07-06
14.45	406.80	97632.69	485379.04	05-05-26
16.32	157.00	52303.26	252096.76	05-06-22
254.30	540.95	21421.45	102521.37	
31.53	140.78	28155.12	244270.81	05-07-22
19.43	208.21	202059.16	800415.38	05-06-06
27.96	267.62	93658.49	449966.80	05-06-08
86.51	166.43	32394.42	77445.30	
177.25	361.73	25748.27	83988.29	
281.06	496.74	11921.70	76191.83	
12.70	305.79	36127.56	165801.97	05-07-28
18.50	180.15	23947.19	146247.26	05-07-13
47.74	369.41	62665.18	282606.35	
---	228.54	83190.01	158188.79	
230.05	804.69	20712.81	96932.29	
14.30	166.72	23728.05	139342.63	05-05-11
113.01	522.28	15192.10	90382.27	

A 股
A Share

股票代码 Code	名称 Name	发行股本 Issued Volume	流通股本 Negotiable Volume	上年收盘 Last Year Close	本年收盘 Close	涨跌% Change%	本年开盘 Open	本年最高 High	本年最低 Low
600613	永生数据	102278357	9125250	6.180	6.420	3.88	6.150	8.300	5.090
600614	三九发展	73388378	8349000	7.290	6.690	-8.23	7.300	9.080	3.770
600615	ST 丰华	150416406	46500480	2.830	4.420	56.18	2.820	7.110	1.910
600616	G 食品	304632981	147919076	8.580	9.000	4.90	8.570	12.580	7.620
600617	*ST 联华	102636360	9000000	3.810	4.630	21.52	3.860	7.600	2.440
600618	G 氯碱	757923067	27832420	7.370	5.120	-30.53	7.220	8.210	3.010
600619	G 海立	241344323	32854036	8.320	7.100	-14.66	8.320	12.000	6.380
600620	天宸股份	320129190	96558584	3.450	2.600	-24.64	3.450	4.330	2.060
600621	G 金陵	524082351	293937500	4.900	2.920	-40.41	4.910	5.350	2.660
600622	G 嘉宝	333688309	115199136	3.970	3.450	-13.10	3.950	4.570	2.460
600623	轮胎橡胶	646367722	22880000	6.680	7.890	18.11	6.680	10.360	3.350
600624	复旦复华	263477126	161721918	6.480	4.160	-35.80	6.480	7.740	3.460
600626	G 申达	473495211	196674240	4.750	3.130	-34.11	4.750	5.480	2.170
600627	上电股份	517965500	51000000	6.970	10.110	45.05	6.850	11.950	6.240
600628	新世界	462434148	226478520	5.700	6.410	12.46	5.680	8.240	5.500
600629	*ST 棱光	151377598	57760548	1.620	1.570	-3.09	1.620	2.070	0.880
600630	G 龙头	424861597	191100000	3.780	2.810	-25.66	3.850	4.300	2.080
600631	百联股份	1101027295	326969710	6.480	5.380	-16.98	6.310	7.120	4.380
600633	白猫股份	152050800	13200000	6.650	6.610	-0.60	6.520	9.200	4.570
600634	海鸟发展	87207283	39809737	4.120	4.750	15.29	4.100	6.770	3.380
600635	大众公用	710036166	428088105	5.080	2.940	-42.13	5.050	5.120	2.630
600636	三爱富	242816638	107083714	8.160	10.290	26.10	8.140	11.270	6.600
600637	广电信息	901793733	224185677	6.910	3.970	-42.55	6.900	7.270	3.380
600638	新黄浦	561163988	170152172	4.900	4.170	-14.90	4.910	6.150	3.260
600639	G 金桥	596953500	141751500	5.800	6.150	6.03	5.800	7.110	3.730
600640	中卫国脉	401371188	60869348	5.890	4.290	-27.16	5.900	6.750	2.910
600641	中远发展	447865971	179066240	4.030	4.130	2.48	4.010	4.740	3.020
600642	G 申能	2689631654	813764160	6.700	5.540	-17.31	6.650	8.000	4.740
600643	爱建股份	460687964	308352666	6.640	3.560	-46.39	6.610	7.800	3.410
600644	乐山电力	249336499	128761571	4.390	3.600	-18.00	4.380	4.700	2.780
600645	望春花	250027992	98155360	3.900	2.920	-25.13	3.850	4.800	2.100
600647	同达创业	53516750	21000000	10.030	8.490	-15.35	9.600	11.600	7.180
600648	G 外高桥	544500000	54450000	7.080	6.360	-10.17	7.080	8.200	4.120
600649	原水股份	1884395014	560851462	6.040	5.310	-12.09	6.040	6.220	4.450
600650	G 锦投	390560075	41817600	7.820	8.480	8.44	7.800	10.000	6.670
600651	飞乐音响	508998148	508998148	9.110	5.960	-34.58	9.110	9.600	3.850
600652	爱使股份	389512282	389512282	5.260	3.250	-38.21	5.220	5.660	2.840
600653	申华控股	1455316931	1455316931	2.680	1.480	-44.78	2.670	2.890	1.350
600654	G 飞乐	755043154	662891069	3.520	2.100	-40.34	3.520	4.240	1.960
600655	豫园商城	465333455	149079457	4.990	5.450	9.22	4.950	5.630	4.030
600656	华源制药	150081697	82045583	7.360	2.500	-66.03	7.380	8.060	1.900
600657	青鸟天桥	304432315	175093292	3.170	2.200	-30.60	3.150	3.700	1.760
600658	兆维科技	167023116	95069976	6.310	3.320	-47.39	6.250	7.250	2.270
600659	*ST 花雕	173421772	44570064	2.070	1.410	-31.88	2.040	3.100	1.260
600660	福耀玻璃	1001493166	385684110	6.720	5.270	-21.58	6.720	9.010	4.400
600661	G 南洋	173676825	30546450	7.090	8.370	18.05	6.880	11.700	6.000
600662	强生控股	625799244	334877720	5.770	3.930	-31.89	5.760	6.530	3.560
600663	G 陆家嘴	1358084000	160524000	6.890	6.180	-10.30	6.890	7.990	4.110
600664	哈药集团	1242005473	810299607	5.120	4.790	-6.45	5.100	5.340	3.800
600665	天地源	720102101	147000000	3.720	2.580	-30.65	3.690	4.450	2.170
600666	西南药业	148792973	63193793	4.560	3.920	-14.04	4.540	4.680	3.120
600667	太极实业	368817381	189640000	3.140	1.940	-38.22	3.100	3.490	1.610
600668	尖峰集团	344083828	188289463	3.790	2.250	-40.63	3.790	3.880	1.840
600671	天目药业	121778628	63415428	4.190	3.460	-17.42	4.180	5.050	2.900
600673	G 阳之光	110794400	45540000	6.130	4.260	-30.51	6.020	7.490	3.830
600674	川投能源	386208464	154740608	4.780	3.670	-23.22	4.770	4.950	2.360
600675	G 中企	697455097	414128159	4.470	4.120	-7.83	4.480	5.430	3.480
600676	G 交运	337923712	198180000	4.150	2.550	-38.55	4.150	5.300	2.440
600677	航天通信	326172356	170745684	3.900	3.160	-18.97	3.910	4.630	2.200
600678	四川金顶	232660000	96000000	3.600	2.360	-34.44	3.630	3.700	1.800
600679	G 凤凰	432019662	34320017	4.800	3.900	-18.75	4.750	5.500	2.640
600680	上海邮通	180125337	27040000	7.170	6.670	-6.97	7.170	8.190	3.800
600681	ST 万鸿	208068030	108523800	1.470	1.290	-12.24	1.460	2.430	0.890
600682	南京新百	230208211	152880000	7.110	7.290	2.53	7.100	8.480	5.350
600683	银泰股份	199253729	89890449	5.000	3.740	-25.20	4.950	6.100	3.300

A 股
A Share

年末市盈率 P/E Ratio	换手率 Turnover Rate	年成交数量（万股） Trading Volume (10000 Shares)	年成交金额（万元） Trading Value (10000 Yuan)	股权登记日 Record Day
62.90	422.98	3859.78	26802.74	
- - -	984.13	8216.49	57187.04	
135.88	681.76	31702.19	146304.51	
24.22	207.34	23582.29	239772.86	05-04-25
- - -	236.11	2125.01	9798.10	
110.85	614.91	17114.41	105533.17	
15.02	360.12	8999.37	80717.16	05-07-19
38.78	341.73	32997.42	101777.62	05-06-14
21.06	126.07	29604.69	109437.46	05-06-16
31.23	192.08	22127.81	76183.89	05-06-21
61.80	839.99	19218.94	140933.70	
65.99	239.97	38808.14	210768.22	
18.51	247.91	42774.11	154931.56	05-06-13
38.69	652.26	33265.48	298352.62	05-08-03
30.67	199.07	38903.02	263214.03	05-08-08
- - -	363.49	20995.58	31682.17	
- - -	218.80	41812.58	121416.41	
42.41	296.84	97057.38	569343.91	05-08-11
321.19	1305.44	17231.75	118862.86	
693.43	681.20	27118.45	141342.18	
- - -	113.93	42438.90	151270.21	05-08-25
26.74	258.87	27720.25	247007.50	05-07-15
31.54	247.60	54238.99	252284.05	05-06-06
29.25	154.65	26314.07	121797.60	05-07-28
29.78	224.36	30320.84	176999.81	05-07-08
- - -	325.20	19794.72	90047.54	
45.15	201.19	36026.74	140500.31	05-08-10
12.85	193.48	136982.48	864076.87	05-04-11
160.43	294.52	90815.02	487537.59	
28.32	180.29	23214.96	88382.04	05-08-08
- - -	739.87	72622.15	243990.54	
8.30	32.22	676.52	6557.86	
61.96	251.72	13705.99	87361.13	
23.09	121.56	68174.82	355349.39	05-08-05
24.55	233.32	9756.86	81744.27	05-06-24
63.78	199.37	97079.56	625524.33	05-07-15
21.66	211.82	82506.86	328246.65	
461.06	120.74	175718.40	327957.41	
47.88	151.81	78568.93	232210.72	05-08-15
35.12	115.21	17174.74	86661.53	05-06-08
37.03	1009.46	82822.08	317420.89	
- - -	448.62	78550.16	197924.46	
85.66	555.76	52835.95	225094.38	
51.46	1057.95	47153.02	98875.85	
13.38	289.48	111649.29	734378.08	
96.66	777.90	23762.08	203460.37	05-07-05
19.74	102.16	29336.46	145615.99	05-07-04
21.53	195.15	31326.96	199642.13	05-07-08
22.62	20.91	16942.75	80210.38	
30.48	194.47	28587.26	87207.72	05-06-15
40.65	176.07	11126.75	44792.39	
42.66	169.33	32112.39	76315.79	
31.80	192.04	36159.92	92548.77	
61.03	204.95	12996.71	50554.84	05-08-23
19.93	372.14	16947.29	94800.83	05-07-05 05-12-29
27.10	457.86	70849.83	257601.68	05-05-16
13.29	199.97	65770.46	285205.79	05-06-15
10.62	313.39	47110.22	171137.90	05-06-10
100.38	363.07	61992.61	206708.58	
39.52	185.08	17767.72	47059.47	
503.88	847.13	29073.52	123177.38	
312.12	491.60	13292.90	84987.77	
27.41	575.63	62469.31	98427.62	
41.68	64.79	9905.52	71163.66	05-07-18
8.43	382.30	34365.49	153140.55	05-07-04

A 股
A Share

股票代码 Code	名称 Name	发行股本 Issued Volume	流通股本 Negotiable Volume	上年收盘 Last Year Close	本年收盘 Close	涨跌% Change%	本年开盘 Open	本年最高 High	本年最低 Low
600684	珠江实业	187039400	100035000	3.470	3.030	-12.68	3.430	4.150	2.710
600685	广船国际	337279600	126479500	5.040	3.770	-25.20	5.000	5.370	2.210
600686	金龙汽车	151517520	57600000	7.450	8.750	17.45	7.350	9.300	6.260
600687	华盛达	109999979	42221459	5.610	4.790	-14.62	5.600	6.460	4.000
600688	上海石化	4870000000	720000000	5.020	4.180	-16.73	4.520	5.070	3.110
600689	上海三毛	152204143	68544000	4.030	3.290	-18.36	4.020	4.500	2.290
600690	青岛海尔	1196472423	674845611	5.150	4.100	-20.39	5.150	5.490	3.710
600691	ST 东碳	77274499	33216000	2.330	2.350	0.86	2.450	3.280	1.660
600692	G 亚通	240259589	134791116	4.570	2.770	-39.39	4.400	5.380	2.260
600693	东百集团	132008690	72300998	4.460	4.210	-5.61	4.400	4.600	3.370
600694	大商股份	293718653	171788518	10.630	17.240	62.18	10.650	17.500	10.000
600695	ST 大江	329572848	25740000	3.410	3.020	-11.44	3.410	3.740	1.830
600696	利嘉股份	340565767	116547947	2.940	2.000	-31.97	2.650	3.120	1.700
600697	欧亚集团	142210877	84385989	5.560	5.830	4.86	5.550	6.400	4.220
600698	ST 轻骑	741817440	306710040	1.840	1.530	-16.85	1.880	2.120	1.110
600699	辽源得亨	185723709	94459510	3.890	2.170	-44.22	3.800	4.360	1.910
600701	工大高新	324090968	174690968	4.210	2.670	-36.58	4.200	4.460	2.190
600702	沱牌曲酒	337300000	148618600	3.860	3.850	-0.26	3.810	4.830	3.110
600703	天颐科技	119516464	58615464	4.130	2.390	-42.13	4.100	4.640	1.910
600704	G 中大	374752068	166899038	4.950	3.230	-34.75	4.950	5.150	2.700
600705	北亚集团	979706160	538372800	2.950	1.830	-37.97	2.950	3.100	1.750
600706	长安信息	87333441	37500021	7.880	4.440	-43.65	7.850	9.280	3.360
600707	彩虹股份	421148800	143644800	5.850	2.660	-54.53	5.800	6.880	2.410
600708	G 海博	356902274	175348803	4.800	3.640	-24.17	4.720	5.340	3.210
600710	常林股份	329999998	148799998	4.340	2.150	-50.46	4.250	4.360	1.750
600711	雄震集团	60360000	15120000	9.310	6.760	-27.39	9.440	10.420	4.800
600712	南宁百货	144672000	63264000	4.330	3.240	-25.17	4.280	4.450	2.710
600713	南京医药	194260716	83097396	4.420	4.160	-5.88	4.400	4.700	3.140
600714	金瑞矿业	150937500	40250000	5.420	4.770	-11.99	5.300	7.940	3.220
600715	ST 松辽	224256000	101376000	1.650	1.470	-10.91	1.600	2.100	1.020
600716	耀华玻璃	557280001	168480001	2.970	1.960	-34.01	2.980	3.440	1.570
600717	G 天津港	1448840442	663097153	6.700	4.970	-25.82	6.520	7.830	4.770
600718	东软股份	281451690	113258293	11.130	7.830	-29.65	11.030	12.180	5.330
600719	大连热电	202299800	76050000	5.260	3.640	-30.80	5.180	5.360	3.400
600720	祁连山	395902332	212108346	3.200	1.910	-40.31	3.200	3.240	1.600
600721	百花村	94800750	46500000	4.580	2.580	-43.67	4.580	5.470	2.060
600722	沧州化工	421420000	115000000	4.210	2.480	-41.09	4.230	4.660	2.070
600723	西单商场	409718038	185919370	3.370	2.970	-11.87	3.370	3.660	2.650
600724	宁波富达	364368861	157475767	7.310	7.170	-1.92	7.280	8.100	6.850
600725	G 云维	165000000	56250000	6.560	4.420	-32.62	6.500	8.260	3.030
600726	华电能源	694498503	194566876	4.690	3.130	-33.26	4.610	4.800	2.600
600727	鲁北化工	379300000	152100000	4.950	3.890	-21.41	4.900	5.520	3.010
600728	新太科技	208180180	81120000	6.030	2.740	-54.56	5.980	6.290	2.010
600729	重庆百货	204000000	51000000	5.670	6.800	19.93	5.650	8.440	4.420
600730	中国高科	244440001	76440001	5.350	3.930	-26.54	5.320	6.120	3.210
600731	湖南海利	256314098	97035997	4.030	2.830	-29.78	4.050	4.740	2.610
600732	G 新梅	247990600	105334411	3.780	3.690	-2.38	3.800	5.450	3.130
600733	前锋股份	197586000	75600000	5.800	3.400	-41.38	5.760	6.770	2.560
600734	实达集团	351558394	132732144	3.380	2.090	-38.17	3.380	3.890	1.600
600735	ST 陈香	154812936	83461530	2.530	2.930	15.81	2.550	3.780	2.240
600736	苏州高新	457470000	150930000	5.040	5.100	1.19	5.000	6.340	3.560
600737	ST 屯河	805604226	406285026	1.690	2.760	63.31	1.670	3.120	1.580
600738	兰州民百	234397120	131256000	2.690	2.220	-17.47	2.680	2.940	1.980
600739	G 成大	498448080	228880080	3.490	3.500	0.29	3.430	4.500	3.060
600740	山西焦化	202850000	84500000	13.380	6.360	-52.47	13.280	13.300	5.760
600741	巴士股份	726115600	336000000	4.340	3.400	-21.66	4.350	4.480	2.910
600742	一汽四环	211523400	103194000	4.510	2.980	-33.92	4.480	4.670	2.800
600743	ST 幸福	312800000	78200000	2.180	1.780	-18.35	2.140	2.280	1.310
600744	华银电力	711648000	288288000	4.860	2.500	-48.56	4.820	4.880	2.110
600745	天华股份	121744896	46759440	3.720	1.860	-50.00	3.700	4.060	1.620
600746	江苏索普	306421452	88026750	3.100	2.300	-25.81	3.030	3.590	1.710
600747	大显股份	777393630	358668461	4.220	1.990	-52.84	4.190	4.550	1.800
600748	G 实发展	587541643	207200427	4.440	3.640	-18.02	4.400	4.930	3.380
600749	G 圣地	80000000	24000000	6.800	7.200	5.88	6.790	8.660	5.100
600750	江中药业	146112000	62400000	6.450	6.090	-5.58	6.340	6.650	3.910

A 股
A Share

年末市盈率 P/E Ratio	换手率 Turnover Rate	年成交数量（万股） Trading Volume (10000 Shares)	年成交金额（万元） Trading Value (10000 Yuan)	股权登记日 Record Day
35.03	158.08	15813.72	52551.56	
55.38	303.87	38433.24	141237.44	
17.49	91.07	5245.46	41684.67	05-06-01
66.48	493.87	20851.88	105827.29	
7.58	381.06	274363.22	1090579.97	05-07-14
---	408.26	27983.70	94817.39	
13.28	69.78	47087.67	212555.51	05-07-13
64.49	300.87	9993.68	25382.49	
24.41	264.31	26566.41	95411.62	05-06-20
18.65	177.29	12818.47	52851.91	05-08-17
36.20	185.95	30415.89	405247.72	05-07-05
---	301.93	7771.73	22346.52	
112.49	369.90	43110.70	102727.89	
20.58	132.44	11176.31	59989.26	05-07-11
144.61	230.44	70677.28	117525.47	
30.47	291.08	27495.57	75792.69	
47.75	104.35	18229.36	57077.81	
94.32	262.61	39028.04	149983.59	
1143.54	335.88	19687.59	56121.07	
30.14	162.93	25154.50	90803.12	05-07-08
---	314.79	169476.58	367885.36	
20.55	821.85	30819.56	172324.20	
5.35	349.26	50169.46	204143.55	05-07-18
10.06	212.76	28267.74	127116.47	05-05-30
21.45	398.19	59250.40	158585.88	05-06-29
33.77	713.17	10783.08	82968.83	
115.22	146.83	9289.31	32550.77	05-07-14
336.57	151.61	12598.81	51437.90	
103.22	453.91	18269.75	96278.22	
---	539.97	54739.71	84778.88	
21.05	333.86	56248.19	136248.74	05-08-19
24.58	269.88	152950.36	1029590.82	
8.13	299.38	33907.70	277327.29	05-06-06
38.48	196.54	14946.92	63996.96	05-06-28
27.67	183.64	38950.74	87110.61	
---	545.42	25362.11	81757.74	
19.70	203.82	23439.49	70171.87	
291.18	106.59	19817.20	61357.42	
33.61	196.08	30878.22	227178.99	05-06-02
48.76	443.37	22855.53	112278.29	05-03-25
16.95	187.30	36441.79	131138.91	05-06-17
68.14	263.41	40064.27	162552.01	
---	930.89	75513.66	240808.55	
18.65	229.29	11693.68	73874.26	05-05-19
25.40	256.22	19585.34	90042.02	
95.67	267.39	25945.91	88153.97	05-07-21
17.80	476.39	40103.43	188988.34	
342.40	448.60	33913.96	141168.82	
---	277.70	36859.33	87075.93	
210.19	304.86	25444.01	82139.51	
17.97	167.29	25249.11	128156.95	05-06-29
---	292.69	118913.36	273614.67	
102.07	301.99	39637.78	94704.16	
28.95	427.78	97911.41	360822.44	05-07-07
6.54	555.57	46945.26	408902.66	05-04-19
15.37	130.42	43820.83	160581.58	05-07-20
21.42	228.45	23574.59	80676.53	
392.94	296.96	23221.94	41942.66	
34.93	138.44	39909.85	124225.31	05-06-22
---	946.20	44244.02	104078.42	
294.12	480.67	42312.02	109298.00	
21.77	270.74	93526.40	241153.12	05-07-29
26.34	208.05	33278.24	140031.84	05-08-08
54.50	645.30	15487.28	109949.10	
20.64	427.92	26702.36	142476.90	05-07-07

A 股
A Share

股票代码 Code	名称 Name	发行股本 Issued Volume	流通股本 Negotiable Volume	上年收盘 Last Year Close	本年收盘 Close	涨跌% Change%	本年开盘 Open	本年最高 High	本年最低 Low
600751	*ST 天海	312648820	103689300	2.600	2.310	-11.15	2.550	3.850	1.350
600753	ST 冰熊	128000000	32000000	3.050	3.130	2.62	3.050	4.710	2.090
600754	G 锦江	447240740	98360000	7.110	7.900	11.11	7.020	9.230	6.320
600755	厦门国贸	356615998	228599998	4.260	4.200	-1.41	4.230	4.880	2.790
600756	浪潮软件	185831520	89313120	11.000	7.730	-29.73	10.970	12.580	5.170
600757	华源发展	472144227	140400000	3.720	2.330	-37.37	3.680	4.200	1.810
600758	ST 金帝	159755200	61595200	2.780	2.910	4.68	2.780	3.550	2.150
600759	ST 琼华侨	208551974	69159974	1.670	1.320	-20.96	1.630	2.060	0.980
600760	ST 黑豹	272999973	131585987	2.020	1.830	-9.41	2.020	2.660	1.580
600761	G 合力	306954477	178076401	5.770	5.510	-4.51	5.700	6.760	4.380
600762	*ST 金荔	105664000	43264000	5.260	1.460	-72.24	5.260	5.450	1.050
600763	*ST 中燕	160320000	40320000	3.720	3.070	-17.47	3.720	4.160	1.560
600764	中电广通	329726984	106174134	5.240	3.970	-24.24	5.200	6.340	2.610
600765	力源液压	111032000	34500000	4.960	4.380	-11.69	4.870	5.970	3.680
600766	ST 烟发	171165513	60213240	3.360	2.120	-36.90	3.280	3.530	1.320
600767	*ST 运盛	341010182	96744557	2.800	2.050	-26.79	2.790	3.050	1.110
600768	宁波富邦	133747200	38568960	14.540	5.970	-58.94	14.500	14.500	5.640
600769	祥龙电业	348816000	87360000	4.340	2.860	-34.10	4.300	4.540	2.260
600770	G 综艺	270000000	133650000	13.710	8.820	-35.67	13.600	14.780	6.920
600771	东盛科技	186886960	49500000	6.100	4.930	-19.18	6.010	6.490	3.470
600772	ST 龙昌	287539200	90979200	3.680	2.150	-41.58	3.670	4.240	1.250
600773	西藏金珠	180330058	69333264	3.090	2.000	-35.28	3.050	3.590	1.750
600774	汉商集团	109109616	39975936	4.720	5.110	8.26	4.620	5.850	3.670
600775	南京熊猫	413015000	58000000	5.060	4.980	-1.58	5.050	5.510	2.600
600776	东方通信	478000000	118000000	4.410	2.880	-34.69	4.190	5.080	2.320
600777	新潮实业	344330350	204801125	3.940	2.890	-26.65	3.880	4.370	2.640
600778	友好集团	311491352	171312867	4.050	2.560	-36.79	4.000	4.440	2.070
600779	G 全兴	488545698	191312880	7.000	4.120	-41.14	6.910	6.930	3.390
600780	G 通宝	872940978	618001838	4.730	2.330	-50.74	4.700	4.710	2.160
600781	*ST 民丰	177592864	50625000	2.180	2.950	35.32	2.210	3.750	2.110
600782	新华股份	193220374	56160000	3.900	3.500	-10.26	3.920	4.380	3.000
600783	鲁信高新	202278900	64896000	4.340	3.340	-23.04	4.280	5.510	2.560
600784	鲁银投资	248306873	189010822	3.700	2.330	-37.03	3.680	4.110	1.970
600785	新华百货	102892500	64642500	7.330	7.440	1.50	7.280	8.840	5.900
600786	东方锅炉	401415244	102600000	13.320	13.180	-1.05	13.300	15.860	9.300
600787	G 中储	620677782	252329972	3.990	3.760	-5.76	3.960	4.430	2.500
600789	鲁抗医药	411754215	205097945	3.080	2.600	-15.58	3.130	3.410	2.070
600790	轻纺城	371860686	252233280	4.260	2.750	-35.45	4.170	4.240	2.420
600791	G 天创	128700000	42900000	4.920	4.410	-10.37	4.880	5.940	3.110
600792	马龙产业	126225000	37125000	9.190	4.830	-47.44	9.110	9.380	4.560
600793	宜宾纸业	105300000	33540000	5.710	4.200	-26.44	5.750	5.780	3.190
600794	保税科技	119239680	50119680	5.040	3.290	-34.72	4.970	5.410	2.340
600795	国电电力	2269436255	588884647	6.230	6.230	0.00	6.100	7.340	4.980
600796	钱江生化	210770730	76026600	6.800	7.610	11.91	6.940	8.090	6.620
600797	G 网新	813043495	506206851	4.050	2.530	-37.53	4.080	4.870	2.250
600798	宁波海运	511875000	141450000	4.550	3.430	-24.62	4.550	5.180	3.120
600799	*ST 龙科	389844000	178500000	1.250	0.540	-56.80	1.210	1.310	0.520
600800	天津磁卡	551659203	261739128	4.160	2.910	-30.05	4.100	4.580	2.630
600801	G 华新	164400000	62400000	7.110	4.750	-33.19	7.080	7.420	2.750
600802	福建水泥	301294031	134299391	4.060	2.310	-43.10	4.060	4.350	1.680
600803	威远生化	118221713	66096000	5.640	4.100	-27.30	5.630	6.080	3.160
600804	鹏博士	116611200	71956800	5.060	2.700	-46.64	4.970	5.850	2.020
600805	悦达投资	545445188	309490514	3.310	2.330	-29.61	3.600	3.600	2.120
600806	交大科技	180007400	60000000	4.890	3.650	-25.36	4.850	5.250	2.770
600807	ST 济百	107920800	64350000	3.020	1.890	-37.42	3.020	3.090	1.450
600808	马钢股份	4722370000	600000000	3.960	2.730	-31.06	3.960	4.240	2.530
600809	山西汾酒	432924133	76684133	6.000	8.030	33.83	5.980	8.660	5.460
600810	神马实业	566280000	141570000	4.720	4.180	-11.44	4.710	5.180	3.330
600811	东方集团	757794510	530371903	3.780	3.710	-1.85	3.790	4.680	3.110
600812	华北制药	761909244	469268566	3.980	2.130	-46.48	3.980	4.140	1.850
600814	杭州解百	237370419	101397592	3.770	4.030	6.90	3.700	4.450	3.050
600815	厦工股份	449413799	119700149	3.820	2.480	-35.08	3.810	4.080	1.970
600816	*ST 安信	454109778	266674747	3.370	2.450	-27.30	3.380	3.980	1.860
600817	G 宏盛	99021589	20235615	10.650	9.190	-13.71	10.580	13.250	8.340
600818	G 永久	196659430	22425141	4.960	5.760	16.13	4.970	8.760	4.820

A 股
A Share

年末市盈率 P/E Ratio	换手率 Turnover Rate	年成交数量（万股） Trading Volume (10000 Shares)	年成交金额（万元） Trading Value (10000 Yuan)	股权登记日 Record Day
---	312.78	32431.56	80406.53	
364.80	363.81	11641.82	36627.76	
32.81	173.77	17091.60	133017.62	05-07-04
12.26	130.90	29923.77	117651.15	05-07-11
29.21	749.68	66955.93	565204.64	
35.82	340.02	47738.90	128298.13	
---	174.94	10775.49	31383.42	
---	350.93	24270.60	37398.80	
---	270.75	35626.68	71885.34	
13.70	197.99	29606.90	164357.43	05-05-18
---	1077.28	46607.58	107397.50	
---	625.28	25211.21	71383.10	
37.45	441.26	46850.05	200409.88	05-08-18
43.15	341.31	11775.32	54630.27	05-07-07
---	463.90	27932.90	60010.58	
---	279.29	27019.92	52497.22	
39.55	105.31	3767.62	30441.82	05-08-17
157.75	215.46	18822.54	61990.87	
216.81	604.95	64972.94	622367.76	
30.60	223.99	11087.41	54390.63	
---	384.53	34984.17	82294.89	
---	587.37	40724.50	103103.88	
---	288.29	11524.69	58034.80	
62.29	718.01	41644.31	175718.14	
31.95	320.19	37782.45	132490.67	05-06-23
25.85	231.09	47327.53	158159.70	
46.95	155.14	26576.75	78894.27	05-08-22
28.58	413.75	79156.58	367626.71	05-05-18
8.48	354.27	187468.05	609342.76	05-07-08 05-10-27
---	587.36	29734.83	90236.63	
23.75	351.22	19724.69	73146.71	05-05-31
114.31	409.96	26604.62	99520.67	
18.87	247.17	46718.41	133127.80	
18.22	411.40	26594.01	200783.30	05-05-30
12.80	396.89	40720.86	524710.31	05-06-07
45.79	222.52	56147.32	195750.09	05-08-12
---	282.91	58023.40	161050.68	
47.59	121.40	30621.48	96876.32	
19.83	157.63	6762.35	30212.79	05-05-13
9.10	581.83	20789.79	135672.95	05-07-22
45.59	243.47	8165.94	35857.60	
34.40	427.43	21422.81	75139.30	
16.89	149.88	88261.70	541677.53	05-07-07
52.94	164.12	12477.57	92445.47	05-06-21
25.36	512.92	209023.19	766494.78	05-08-02
20.55	115.83	16383.98	65820.31	05-04-13
---	135.67	24216.27	21923.20	
43.23	219.72	57508.04	206805.80	
10.50	372.48	18122.72	83839.28	05-06-15
16.46	262.04	35191.92	90637.56	05-08-23
25.68	357.08	23601.76	109414.54	
134.60	434.84	31289.76	111970.18	
31.92	131.16	40592.73	111240.79	
---	424.81	25488.60	99450.29	
---	302.60	19472.58	41509.52	
4.93	207.60	124562.80	399107.10	05-07-04
39.07	269.28	20649.31	143682.27	05-07-15
78.34	152.05	21525.43	91870.97	05-07-20
24.78	264.98	140538.05	549801.12	
27.44	229.19	107552.16	282569.28	05-08-16
106.00	246.66	25010.23	94984.42	05-07-13
19.90	270.50	32378.69	94448.84	
146.27	451.41	120380.42	338999.89	
23.29	600.18	10486.93	108585.77	05-06-01
30.17	634.47	9798.99	65199.23	

A 股
A Share

股票代码 Code	名称 Name	发行股本 Issued Volume	流通股本 Negotiable Volume	上年收盘 Last Year Close	本年收盘 Close	涨跌% Change%	本年开盘 Open	本年最高 High	本年最低 Low
600819	G 耀皮	543750080	46875078	5.800	3.630	-37.41	5.600	6.250	3.050
600820	G 隧道	591128735	266473435	4.080	3.630	-11.03	4.060	4.160	2.740
600821	津劝业	292520958	145585019	3.230	2.690	-16.72	3.140	3.410	2.220
600822	G 物贸	186170298	13310000	7.950	8.300	4.40	7.900	9.500	4.950
600823	世茂股份	354667166	169738541	6.130	3.690	-39.80	6.100	7.350	2.880
600824	G 益民	387298184	237244898	6.340	3.650	-42.43	6.210	10.430	3.230
600825	华联超市	262628232	123780732	8.120	4.270	-47.41	8.030	8.030	3.360
600826	G 兰生	280428192	95140000	4.580	3.800	-17.03	4.520	5.310	2.770
600827	友谊股份	265816586	107666614	7.220	6.780	-6.09	7.300	7.580	4.900
600828	成商集团	203148026	51084026	4.150	3.700	-10.84	4.120	4.660	2.810
600829	三精制药	386592398	97329495	6.400	6.100	-4.69	6.300	6.880	5.430
600830	大红鹰	262720222	153943220	4.540	3.300	-27.31	4.430	5.200	3.170
600831	G 广电	134658961	56079988	8.240	7.920	-3.88	8.180	9.350	5.080
600832	G 明珠	963240198	307498080	14.990	12.340	-17.68	15.000	16.200	10.610
600833	第一医药	159347391	47979256	4.500	3.750	-16.67	4.470	4.830	2.810
600834	G 申地铁	477381905	125902920	5.330	5.380	0.94	5.300	8.250	4.410
600835	上海机电	672086917	269153280	5.800	3.720	-35.86	5.740	5.780	3.410
600836	G 界龙	111693750	53727957	5.850	3.930	-32.82	5.850	6.920	3.450
600837	G 都市	275594546	89945861	7.250	5.840	-19.45	7.200	8.320	4.810
600838	上海九百	400881981	196862757	3.950	2.450	-37.97	3.950	4.160	2.020
600839	四川长虹	2164211422	951402345	3.540	3.790	7.06	3.520	4.580	3.270
600840	新湖创业	139751403	64420251	5.350	4.060	-24.11	5.300	7.100	3.060
600841	上柴股份	263309280	21600000	10.230	6.960	-31.96	10.100	10.790	4.860
600842	GST 中西	215594628	84225521	2.380	3.220	35.29	2.300	3.680	1.600
600843	上工申贝	204943027	20631002	6.160	4.520	-26.62	6.070	7.090	3.420
600844	*ST 大盈	207667805	27684336	2.770	1.230	-55.60	2.790	3.370	1.230
600845	宝信软件	174244070	13200000	12.100	10.890	-10.00	11.890	13.440	8.300
600846	同济科技	278089731	134336648	4.200	3.500	-16.67	4.150	4.980	2.810
600847	ST 渝万里	88660000	39897000	2.860	2.250	-21.33	2.840	3.150	1.580
600848	ST 自仪	292141390	33674300	2.940	3.010	2.38	2.850	3.690	2.030
600849	上海医药	474310737	286062603	4.890	3.910	-20.04	4.930	5.040	3.270
600850	华东电脑	171031500	48600000	5.170	3.860	-25.34	5.150	6.020	2.980
600851	G 海欣	804399622	367357872	9.900	3.370	-65.96	9.900	10.970	3.050
600853	龙建股份	532400000	164560000	3.080	2.130	-30.84	3.080	3.580	1.710
600854	春兰股份	519458538	198241871	4.110	3.830	-6.81	4.110	5.480	3.150
600855	航天长峰	225080000	117989000	4.900	5.910	20.61	4.920	6.250	3.630
600856	长百集团	182737712	85914832	3.300	2.670	-19.09	3.280	3.940	2.350
600857	工大首创	192291840	91508797	4.450	3.010	-32.36	4.350	4.920	2.800
600858	银座股份	121346720	67953600	4.460	7.700	72.65	4.260	8.480	3.980
600859	王府井	392973026	198378626	4.940	5.710	15.59	4.910	6.500	4.300
600860	北人股份	322000000	72000000	5.400	3.600	-33.33	5.330	5.580	3.150
600861	北京城乡	405738946	167310000	4.290	3.780	-11.89	4.290	4.900	3.400
600862	ST 纵横	238444764	122367840	3.030	1.740	-42.57	3.010	3.290	1.450
600863	内蒙华电	1981220026	395460026	4.350	2.990	-31.26	4.340	4.340	2.750
600864	岁宝热电	136594549	45375000	5.360	6.290	17.35	5.370	9.250	4.250
600865	百大集团	269706320	135339938	4.220	5.660	34.12	4.200	5.750	3.630
600866	G 星湖	521102529	419861780	3.700	1.870	-49.46	3.700	4.230	1.730
600867	通化东宝	324493036	157697280	4.480	3.470	-22.54	4.600	4.890	2.950
600868	梅雁股份	1273925288	976819015	3.070	1.820	-40.72	3.040	3.220	1.550
600869	G 三普	120000000	30000000	3.730	4.130	10.72	3.550	5.200	3.150
600870	厦华电子	370818715	151513539	4.410	4.020	-8.84	4.300	4.640	3.180
600871	仪征化纤	2600000000	200000000	4.280	2.680	-37.38	4.180	4.370	1.820
600872	中炬高新	450055950	249236074	3.510	2.510	-28.49	3.510	3.830	2.160
600873	五洲明珠	108236603	52136603	3.990	3.160	-20.80	3.920	4.830	2.350
600874	创业环保	990000000	112495000	6.000	3.710	-38.17	6.000	6.130	3.140
600875	东方电机	280000000	60000000	12.220	12.410	1.55	12.010	13.770	8.560
600876	洛阳玻璃	450000000	50000000	3.730	2.580	-30.83	3.750	4.060	2.090
600877	中国嘉陵	473870840	219600000	3.130	2.360	-24.60	3.140	3.250	2.030
600879	G 火箭	351499796	205711853	9.950	10.940	9.95	9.900	11.820	6.530
600880	G 博瑞	182252070	58628430	10.200	12.060	18.24	10.180	13.300	8.800
600881	亚泰集团	836641430	537255459	4.020	2.400	-40.30	4.020	4.720	2.020
600882	大成股份	185849063	96829622	3.540	2.620	-25.99	3.500	3.950	2.100
600883	博闻科技	198180000	63180000	4.430	4.230	-4.51	4.380	6.300	3.010
600884	杉杉股份	410858247	227984820	5.010	3.600	-28.14	5.020	5.340	2.680
600885	力诺太阳	129807132	49868000	4.000	6.130	53.25	4.000	7.650	3.610

A 股
A Share

年末市盈率 P/E Ratio	换手率 Turnover Rate	年成交数量（万股）Trading Volume (10000 Shares)	年成交金额（万元）Trading Value (10000 Yuan)	股权登记日 Record Day
13.76	427.83	20054.72	92003.64	05-07-05
22.39	81.17	21628.59	77131.10	
107.21	182.37	26551.03	76883.15	
576.79	415.82	5534.61	41995.53	
7.93	404.88	68723.01	325682.75	05-08-12
22.38	235.81	24184.15	172755.00	05-05-23 05-12-07
33.38	751.44	84954.07	420313.48	05-07-15
38.52	415.78	39557.43	157365.44	
22.10	272.60	29350.06	185427.42	05-07-08
71.31	315.98	16141.59	60038.43	
88.34	134.37	13077.82	79841.71	05-06-03
30.23	293.90	45244.30	179431.25	05-06-22
62.62	1179.71	66158.22	476767.45	
37.50	336.96	89864.92	1151437.36	05-08-19
45.50	332.98	15976.10	63386.32	
36.07	261.44	25691.04	153990.63	05-07-21
10.79	281.10	75659.67	347606.30	05-05-20
30.87	315.47	13922.69	68789.45	
9.68	438.57	30945.26	202719.79	05-06-06
321.52	168.39	33149.18	93605.10	
- - -	158.13	150443.46	594521.63	
28.81	291.26	18763.16	89437.25	
15.80	711.80	15374.89	115314.71	05-08-09
- - -	159.11	13401.30	38667.76	
538.74	580.08	11967.54	61336.43	
- - -	180.48	4996.40	11840.32	
52.74	339.45	4480.74	50507.38	05-11-01
44.00	190.30	25564.31	99431.97	05-08-18
166.91	324.81	12959.06	31462.36	
149.98	251.58	8471.84	25292.13	
19.91	234.44	67065.57	272047.75	05-08-18
190.81	396.97	19292.96	84354.24	
25.35	296.70	98803.22	431787.95	05-06-07
64.04	312.82	51478.10	132712.81	
250.00	399.68	79234.08	336790.02	05-07-07
57.65	640.46	73900.75	374360.65	
120.92	283.41	24349.10	73992.89	
262.88	136.86	12523.64	43632.47	
42.05	217.97	14811.50	90432.13	
167.65	210.97	41851.01	229333.03	05-07-29
15.84	310.20	22334.33	90322.47	05-07-22
39.84	96.11	16079.82	64834.80	05-07-05
103.20	308.06	37696.52	80996.31	
20.43	256.73	101526.73	345944.92	05-07-08
50.17	762.71	34607.89	233725.74	05-08-15
57.92	110.44	14947.55	68747.83	05-06-10
24.97	162.22	52409.25	141680.32	05-05-23
- - -	111.14	17526.62	67094.03	
24.10	111.28	108699.61	235500.74	
28.35	244.50	7335.10	32212.01	
58.70	218.95	33174.22	127110.02	
46.36	389.92	77984.77	213842.86	05-07-18
51.51	102.39	25519.22	72931.43	
41.27	373.50	19473.09	66903.84	
15.27	525.99	59171.68	239701.18	05-07-27
21.10	490.81	29448.61	345744.22	05-05-27
39.17	319.19	15959.76	47152.32	
88.39	103.74	22780.10	58567.46	
27.59	194.02	39911.20	372373.14	05-06-08
32.69	480.64	28178.96	313614.22	
19.00	168.13	76229.24	232524.95	05-07-19
204.21	147.02	14235.54	41268.56	
244.51	601.86	38025.34	177165.64	
16.39	252.58	57585.21	228105.45	05-05-20
346.33	1147.53	57224.99	322443.59	

A 股
A Share

股票代码 Code	名称 Name	发行股本 Issued Volume	流通股本 Negotiable Volume	上年收盘 Last Year Close	本年收盘 Close	涨跌% Change%	本年开盘 Open	本年最高 High	本年最低 Low
600886	G 华靖	563491652	270438802	7.420	5.550	-25.20	7.360	8.260	4.830
600887	伊利股份	391264988	257710710	9.160	14.740	60.92	9.060	15.150	8.880
600888	新疆众和	103389000	29250000	9.030	8.730	-3.32	9.000	10.900	7.040
600889	南京化纤	193856871	80182253	4.710	2.900	-38.43	4.970	5.090	2.020
600890	中房股份	484850997	205095495	2.750	2.030	-26.18	2.770	3.290	1.530
600891	ST 秋林	243564134	129419334	2.580	1.770	-31.40	2.600	2.790	1.250
600892	*ST 湖科	50500000	15309700	3.010	3.420	13.62	3.000	5.700	1.960
600893	华润生化	234910865	115316885	4.010	4.970	23.94	3.900	5.410	2.840
600894	广钢股份	1029270000	242535398	3.570	1.810	-49.30	3.550	3.810	1.600
600895	G 张江	1215669000	582485588	6.480	3.140	-51.54	6.350	6.420	2.850
600896	中海海盛	317282550	156078000	5.280	4.130	-21.78	5.200	5.350	3.630
600897	厦门空港	270000000	67500000	7.180	8.250	14.90	7.190	9.500	6.600
600898	三联商社	217217833	117686622	4.800	3.030	-36.88	4.800	5.120	2.580
600900	G 长电	8186737600	2714802600	8.790	6.920	-21.27	8.750	9.050	6.860
600960	滨州活塞	108549000	40000000	8.230	5.500	-33.17	8.200	8.490	5.070
600961	G 株冶	427457914	162000000	4.720	2.670	-43.43	4.720	5.380	2.320
600962	国投中鲁	165000000	65000000	5.070	4.340	-14.40	5.050	5.390	3.580
600963	G 岳纸	269800073	156000000	7.110	3.830	-46.13	7.000	7.350	3.390
600965	福成五丰	279403237	88000000	3.870	2.420	-37.47	3.900	4.150	1.870
600966	G 博汇	216000000	109200000	10.990	5.260	-52.14	11.000	11.520	4.690
600967	北方创业	130000000	50000000	5.760	5.550	-3.65	5.660	5.830	3.180
600969	郴电国际	210267720	70000000	6.480	5.130	-20.83	6.480	6.630	3.890
600970	中材国际	168000000	58000000	7.530	15.480	- - -	16.010	20.850	12.600
600971	G 恒源	188400000	66000000	24.500	9.590	-60.86	24.270	24.270	7.060
600973	G 宝胜	120000000	60750000	7.260	6.390	-11.98	7.230	7.760	4.790
600975	新五丰	100153900	35000000	8.200	5.720	-30.24	8.180	8.400	4.330
600976	武汉健民	76699300	35000000	9.980	11.210	12.32	9.990	11.310	7.450
600978	G 宜华	301594911	104520000	5.900	5.000	-15.25	5.800	6.550	4.400
600979	广安爱众	165170884	65000000	5.180	4.480	-13.51	5.170	5.350	3.910
600980	北矿磁材	130000000	45500000	9.960	5.500	-44.78	9.900	10.430	3.910
600981	江苏纺织	181090000	50000000	5.730	3.850	-32.81	5.720	5.860	3.280
600982	宁波热电	168000000	50000000	5.920	3.920	-33.78	5.860	6.000	3.300
600983	合肥三洋	333000000	85000000	3.740	2.770	-25.94	3.720	4.020	2.420
600984	建设机械	141556000	40000000	5.760	2.920	-49.31	5.700	5.880	2.350
600985	G 雷鸣	90000000	40000000	7.800	5.370	-31.15	7.740	8.480	3.780
600986	科达股份	139695712	39000000	7.080	4.640	-34.46	7.010	7.170	3.870
600987	航民股份	285000000	85000000	5.550	3.570	-35.68	5.480	5.580	2.840
600988	东方宝龙	90579800	25000000	9.160	4.250	-53.60	9.160	14.530	3.500
600990	四创电子	58800000	20000000	12.100	8.380	-30.74	12.010	12.790	5.750
600991	长丰汽车	400670300	78000000	8.280	4.130	-50.12	8.280	8.440	3.880
600992	贵绳股份	164370000	70000000	5.910	4.170	-29.44	5.750	5.850	3.550
600993	马应龙	51169740	18000000	22.550	24.060	6.70	22.400	29.050	19.460
600995	文山电力	175140000	72000000	10.810	6.650	-38.48	10.810	15.490	4.920
600997	G 开滦	488000000	150000000	9.460	6.880	-27.27	9.380	9.620	5.810

A 股
A Share

年末市盈率 P/E Ratio	换手率 Turnover Rate	年成交数量（万股） Trading Volume (10000 Shares)	年成交金额（万元） Trading Value (10000 Yuan)	股权登记日 Record Day
9.52	236.43	57103.97	380858.38	05-04-18 05-11-03
24.12	257.55	66373.46	858617.03	05-07-06
15.77	301.61	8822.07	79152.57	05-05-23
13.68	366.03	29349.24	98539.19	05-06-23
- - -	370.13	75912.79	176268.30	
55.63	260.37	33696.77	65487.07	
- - -	350.47	5365.59	17055.32	
108.44	525.51	60599.77	250732.13	
7.84	313.35	75998.98	172317.71	05-07-04
21.47	168.45	76522.89	351532.89	05-07-01
39.05	111.72	17437.09	76670.52	05-06-21
29.00	193.08	13032.93	104648.28	05-05-09
18.48	176.89	20817.67	75059.71	
19.02	186.02	432898.87	3427663.24	05-05-23 05-08-11
14.92	358.75	14349.98	97807.83	05-06-27
15.76	461.09	58734.14	206133.23	05-04-29
28.49	600.68	39044.41	174280.87	05-06-09
18.92	430.87	46105.89	243165.46	05-07-19
22.16	457.20	39261.32	110627.46	05-06-02
16.31	553.51	43561.52	325349.81	05-07-08
29.00	438.93	21946.53	105002.70	05-07-01
30.43	349.27	24448.69	124756.05	05-06-03
35.16	457.24	23507.79	380469.36	05-06-23
11.65	822.78	47944.89	556384.23	05-06-10
19.40	598.43	33588.69	191160.88	05-07-11
22.37	419.20	14671.87	90055.49	05-06-03
30.70	262.35	9182.38	84662.12	
19.87	338.55	25471.02	142912.21	05-07-06
30.50	450.60	29289.13	135161.31	05-06-22
34.37	547.63	22837.20	147037.81	05-06-30
17.92	324.73	16236.34	68288.75	05-06-08
25.07	331.38	16569.05	72673.16	05-06-20
28.71	386.35	32839.31	100085.39	05-04-25
22.68	501.35	20053.87	69281.98	05-06-15
49.47	587.05	23481.81	131945.00	05-07-13
22.91	526.00	20514.01	107542.28	
25.73	426.57	36258.08	134815.71	05-05-31
24.65	777.24	19431.10	127725.15	05-07-28
27.85	664.68	13293.54	114931.99	05-07-11
11.65	233.07	18179.34	95085.12	05-06-20
15.86	252.52	17676.65	78889.82	05-05-25
23.39	531.94	9574.95	232592.69	05-07-29
30.69	1045.90	62340.75	484984.68	05-04-07
12.76	342.37	51355.76	388761.33	05-06-16

B 股
B Share

股票代码 Code	名称 Name	发行股本 Issued Volume	流通股本 Negotiable Volume	上年收盘 Last Year Close	本年收盘 Close	涨跌% Change%	本年开盘 Open	本年最高 High	本年最低 Low
900901	上电 B 股	231913411	231913411	0.432	0.210	-51.39	0.411	0.470	0.154
900902	二纺 B 股	232925000	232925000	0.232	0.133	-42.67	0.232	0.243	0.101
900903	大众 B 股	202800000	202800000	0.542	0.422	-22.14	0.550	0.630	0.396
900904	永生 B 股	45626250	45626250	0.288	0.211	-26.74	0.283	0.360	0.183
900905	中铅 B 股	120051360	120051360	0.273	0.253	-7.33	0.268	0.286	0.170
900906	中纺 B 股	120120000	120120000	0.236	0.141	-40.25	0.230	0.259	0.104
900907	发展 B 股	41745000	41745000	0.387	0.263	-32.04	0.387	0.425	0.188
900908	氯碱 B 股	406560000	406560000	0.293	0.159	-45.73	0.292	0.318	0.113
900909	轮胎 B 股	243100000	243100000	0.271	0.213	-21.40	0.270	0.291	0.129
900910	海立 B 股	215280006	215280006	0.417	0.386	-7.43	0.413	0.498	0.323
900911	金桥 B 股	247432900	247432900	0.363	0.394	8.54	0.363	0.476	0.250
900912	外高 B 股	200557500	200557500	0.347	0.265	-23.63	0.346	0.422	0.178
900913	*ST 联华 B	64558440	64558440	0.143	0.140	-2.10	0.144	0.158	0.109
900914	锦投 B 股	161050032	161050032	0.400	0.519	29.75	0.397	0.592	0.396
900915	永久 B 股	69000000	69000000	0.247	0.251	1.62	0.240	0.313	0.190
900916	凤凰 B 股	171600000	171600000	0.209	0.151	-27.75	0.205	0.225	0.104
900917	海欣 B 股	402657070	402657070	0.337	0.151	-55.19	0.336	0.530	0.133
900918	耀皮 B 股	187500002	187500002	0.394	0.335	-14.97	0.395	0.434	0.287
900919	ST 大江 B	346732848	346732848	0.144	0.096	-33.33	0.144	0.152	0.078
900920	上柴 B 股	217000000	217000000	0.534	0.257	-51.87	0.531	0.593	0.221
900921	*ST 大盈 B	96896677	96896677	0.150	0.072	-52.00	0.145	0.167	0.068
900922	三毛 B 股	48787200	48787200	0.308	0.184	-40.26	0.317	0.318	0.146
900923	友谊 B 股	163380179	163380179	0.563	0.483	-14.21	0.568	0.645	0.440
900924	上工 B 股	243943750	243943750	0.239	0.144	-39.75	0.239	0.259	0.106
900925	机电 B 股	180195840	180195840	0.492	0.298	-39.43	0.492	0.524	0.291
900926	宝信 B 股	88000000	88000000	0.485	0.350	-27.84	0.483	0.530	0.269
900927	物贸 B 股	66550000	66550000	0.296	0.266	-10.14	0.300	0.392	0.189
900928	ST 自仪 B	107145500	107145500	0.168	0.144	-14.29	0.166	0.188	0.102
900929	锦旅 B 股	66000000	66000000	0.500	0.384	-23.20	0.497	0.590	0.346
900930	邮通 B 股	124800000	124800000	0.330	0.238	-27.88	0.329	0.340	0.160
900932	陆家 B 股	509600000	509600000	0.411	0.415	0.97	0.411	0.515	0.258
900933	华新 B 股	164000000	164000000	0.556	0.334	-39.93	0.556	0.595	0.182
900934	锦江 B 股	156000000	156000000	0.437	0.556	27.23	0.438	0.670	0.433
900935	阳晨 B 股	96000000	96000000	0.302	0.254	-15.89	0.296	0.414	0.230
900936	鄂绒 B 股	420000000	420000000	0.291	0.290	-0.34	0.295	0.325	0.224
900937	华电 B 股	432000002	432000002	0.342	0.208	-39.18	0.341	0.408	0.181
900938	*ST 天海 B	180000000	180000000	0.179	0.117	-34.64	0.178	0.190	0.084
900939	汇丽 B 股	88000000	88000000	0.261	0.152	-41.76	0.262	0.282	0.122
900940	华源 B 股	207000000	207000000	0.257	0.165	-35.80	0.254	0.289	0.141
900941	东信 B 股	150000000	150000000	0.324	0.170	-47.53	0.316	0.340	0.146
900942	黄山 B 股	104000000	104000000	0.437	0.549	25.63	0.430	0.698	0.425
900943	开开 B 股	80000000	80000000	0.320	0.159	-50.31	0.320	0.323	0.101
900945	海航 B 股	184723201	184723201	0.403	0.258	-35.98	0.403	0.434	0.172
900946	ST 轻骑 B	230000000	230000000	0.143	0.105	-26.57	0.145	0.151	0.071
900947	振华 B 股	330000000	330000000	0.777	0.797	2.57	0.775	1.297	0.575
900948	伊泰 B 股	166000000	166000000	0.862	1.033	19.84	0.861	1.266	0.780
900949	东电 B 股	690000000	690000000	0.530	0.368	-30.57	0.525	0.581	0.355
900950	新城 B 股	133914000	133914000	0.299	0.434	45.15	0.296	0.444	0.278
900951	大化 B 股	100000000	100000000	0.218	0.209	-4.13	0.215	0.271	0.189
900952	锦港 B 股	166500000	166500000	0.461	0.282	-38.83	0.453	0.535	0.257
900953	凯马 B 股	240000000	240000000	0.204	0.135	-33.82	0.202	0.224	0.113
900955	茉织华 B	110000000	110000000	0.460	0.308	-33.04	0.450	0.478	0.267
900956	东贝 B 股	115000000	115000000	0.209	0.144	-31.10	0.205	0.224	0.116
900957	凌云 B 股	184000000	184000000	0.242	0.122	-49.59	0.242	0.274	0.101

B 股
B Share

年末市盈率 P/E Ratio	换手率 Turnover Rate	年成交数量（万股）Trading Volume (10000 Shares)	年成交金额（万元）Trading Value (10000 Yuan)	股权登记日 Record Day
12.89	80.52	18674.37	41966.26	05-06-13
55.88	55.10	12833.35	16841.50	
9.05	44.68	9060.25	37905.39	05-05-16
17.11	63.83	2912.51	6320.96	
39.72	51.28	6155.77	12239.11	
64.38	76.42	9179.82	12567.30	
---	81.40	3397.88	8312.94	
28.50	42.58	17309.35	28331.75	
13.81	58.38	14192.57	26656.68	
6.76	93.03	20028.36	71534.80	05-07-22
15.87	55.40	13165.46	40998.99	05-07-13
21.37	38.70	7761.93	18538.95	
---	49.37	3187.40	3490.21	
12.44	68.65	11055.52	46956.27	05-06-29
10.89	75.34	5198.42	11376.39	
160.64	45.12	7742.85	10576.94	
4.65	57.17	15994.31	38526.52	05-06-10
10.51	28.72	5384.70	16316.22	05-07-08
---	86.75	30078.27	27193.55	
4.83	65.73	14262.44	46039.12	05-08-12
---	32.06	3106.71	2798.28	
---	63.48	3096.97	5353.15	
13.03	45.19	7383.70	33078.97	05-07-13
142.57	56.90	13880.59	19916.98	
7.16	45.12	8129.96	26630.60	05-05-25
14.03	67.98	5982.63	19894.44	05-11-04
152.87	50.62	3368.70	8248.16	
59.50	56.98	6105.05	7758.42	
9.58	29.75	1963.79	7657.11	05-06-21
92.25	42.33	5282.25	11241.59	
11.97	31.50	16054.75	52167.11	05-07-13
6.11	34.72	5693.64	15897.63	05-06-20
19.12	73.82	11515.97	52026.94	05-07-07
16.11	59.93	5753.72	15468.20	05-06-16
15.21	50.60	21253.19	48893.67	05-06-14
9.32	34.04	14703.52	33715.16	05-06-22
---	58.23	10481.81	10931.03	
237.50	28.03	2466.23	3781.44	
20.76	42.28	8751.38	15047.45	
15.61	53.43	8014.17	15603.75	05-06-28
20.55	111.31	11576.07	53865.21	05-06-27
---	116.36	9308.69	13929.28	
17.20	27.17	5019.46	11720.37	
82.03	87.44	20110.42	18766.81	
22.58	118.29	32133.53	235132.56	05-07-07
8.98	173.26	28761.10	243600.06	05-07-08
8.98	57.82	39895.58	151644.03	05-06-15
10.37	105.34	14106.82	41129.19	05-05-23
32.56	81.71	8170.62	15800.68	
18.52	72.04	11994.82	38038.57	
111.57	51.07	12256.79	15624.67	
---	9.79	1076.65	3184.92	
163.64	37.63	4327.60	6006.63	
28.05	41.55	7645.78	9978.76	

基金
Fund

基金代码 Code	基金简称 Name	发行数量（份） Issued Volume	市价总值（万元） Market Capitalization	上年收盘 Last Year Close	本年收盘 Close	涨跌% Change%
500001	基金金泰	2000000000	124400	0.670	0.622	-7.16
500002	基金泰和	2000000000	124800	0.621	0.624	0.48
500003	基金安信	2000000000	131600	0.680	0.658	-3.24
500005	基金汉盛	2000000000	119800	0.622	0.599	-3.70
500006	基金裕阳	2000000000	135400	0.709	0.677	-4.51
500007	基金景阳	1000000000	88100	0.713	0.881	23.56
500008	基金兴华	2000000000	124000	0.893	0.620	-30.57
500009	基金安顺	3000000000	209700	0.670	0.699	4.33
500010	基金金元	500000000	43750	0.764	0.875	14.53
500011	基金金鑫	3000000000	161400	0.614	0.538	-12.38
500013	基金安瑞	500000000	38500	0.725	0.770	6.21
500015	基金汉兴	3000000000	153000	0.585	0.510	-12.82
500016	基金裕元	1500000000	140250	0.863	0.935	8.34
500017	基金景业	500000000	38400	0.662	0.768	16.01
500018	基金兴和	3000000000	158100	0.619	0.527	-14.86
500019	基金普润	500000000	40000	0.710	0.800	12.68
500021	基金金鼎	500000000	42100	0.750	0.842	12.27
500025	基金汉鼎	500000000	34050	0.689	0.681	-1.16
500028	基金兴业	500000000	38450	0.712	0.769	8.01
500029	基金科讯	800000000	75440	0.874	0.943	7.90
500035	基金汉博	500000000	39900	0.726	0.798	9.92
500038	基金通乾	2000000000	107800	0.663	0.539	-18.70
500039	基金同德	500000000	47350	0.852	0.947	11.15
500056	基金科瑞	3000000000	221400	0.772	0.738	-4.40
500058	基金银丰	3000000000	171900	0.673	0.573	-14.86
510050	50ETF	6914566757	561463	0.887	0.812	-8.46

基金
Fund

本年开盘 Open	本年最高 High	本年最低 Low	年成交数量（万份） Trading Volume (10000 Shares)	年成交金额（万元） Trading Value (10000 Yuan)
0.671	0.671	0.495	72253.72	41434.61
0.622	0.647	0.491	70172.66	40755.35
0.669	0.692	0.595	77734.29	50178.85
0.623	0.627	0.498	72766.10	41476.89
0.710	0.718	0.496	91680.81	54811.76
0.710	0.889	0.680	77140.29	60909.10
0.893	0.893	0.534	132732.35	89711.53
0.650	0.720	0.538	126901.72	81077.59
0.775	0.881	0.705	21795.43	17785.70
0.615	0.615	0.465	155341.84	81664.87
0.725	0.787	0.608	18666.33	13566.60
0.570	0.570	0.419	386293.88	192765.04
0.858	0.940	0.726	81370.90	69560.01
0.660	0.776	0.630	35229.25	24881.53
0.620	0.620	0.451	305961.75	156554.21
0.708	0.821	0.640	29038.01	21664.97
0.730	0.861	0.700	19941.68	15863.28
0.674	0.704	0.582	28176.80	18809.21
0.711	0.780	0.680	26801.40	19890.07
0.874	0.990	0.790	46888.01	43137.24
0.721	0.818	0.625	18122.28	13638.34
0.654	0.654	0.466	88387.72	47357.21
0.849	0.952	0.740	27961.06	24716.77
0.769	0.777	0.603	260879.18	187598.79
0.672	0.672	0.479	264951.98	148826.68
0.881	0.887	0.700	5250065.65	4209179.08

国债现货
T-Bond Spot

证券代码 Code	证券简称 Name	发行数量（份） Issued Volume	到期日期 Expiration Date	票面利率 Coupon Rate	上年收盘 (面值 100 元) Last Year close	本年收盘 Close	涨跌% Change%
000696	96 国债(6)	25530000000	2006.06.14	11.83	112.48	105.34	-6.35
009704	97 国债(4)	13000000000	2007.09.05	9.78	115.85	113.00	-2.46
009905	99 国债(5)	16000000000	2007.08.20	3.28	98.82	102.03	3.25
009908	99 国债(8)	20000000000	2009.09.23	3.30	94.37	102.06	8.15
010004	20 国债(4)	14000000000	2010.05.23	2.60	93.04	100.80	8.34
010010	20 国债(10)	12000000000	2007.11.14	2.36	96.87	100.64	3.89
010103	21 国债(3)	12000000000	2008.04.24	3.27	97.08	102.26	5.34
010107	21 国债(7)	23960000000	2021.07.31	4.26	91.16	109.51	20.13
010110	21 国债(10)	20000000000	2011.09.25	2.95	87.97	99.69	13.32
010112	21 国债(12)	20000000000	2011.10.30	3.05	88.39	100.05	13.19
010115	21 国债(15)	20000000000	2008.12.18	3.00	94.59	101.72	7.54
010203	02 国债(3)	20000000000	2012.04.18	2.54	84.32	97.13	15.19
010210	02 国债(10)	20000000000	2009.08.16	2.39	90.77	99.19	9.28
010213	02 国债(13)	24000000000	2017.09.20	2.60	77.06	92.77	20.39
010214	02 国债(14)	22400000000	2007.10.24	2.65	96.56	100.84	4.43
010215	02 国债(15)	60000000000	2009.12.06	2.93	92.01	102.00	10.86
010301	03 国债(1)	32427000000	2010.02.19	2.66	90.80	100.85	11.07
010303	03 国债(3)	26000000000	2023.04.17	3.40	80.05	98.66	23.25
010307	03 国债(7)	46000000000	2010.08.20	2.66	89.67	100.76	12.37
010308	03 国债(8)	16380000000	2013.09.17	3.02	85.63	99.38	16.06
010311	03 国债(11)	36000000000	2010.11.19	3.50	93.39	104.34	11.73
010401	04 国债(1)	36000000000	2005.03.15	---	99.52	99.97	0.45
010403	04 国债(3)	64160000000	2009.04.20	4.42	100.10	106.89	6.78
010404	04 国债(4)	36750000000	2011.05.25	4.89	100.63	111.73	11.03
010405	04 国债(5)	63530000000	2006.06.15	---	95.73	99.34	3.77
010407	04 国债(7)	31290000000	2011.08.25	4.71	99.60	110.80	11.25
010408	04 国债(8)	33610000000	2009.10.20	4.30	99.05	106.96	7.99
010410	04 国债(10)	35910000000	2011.11.25	4.86	100.55	111.85	11.24
010411	04 国债(11)	25660000000	2006.12.15	2.98	99.50	101.32	1.83
010501	05 国债(1)	30000000000	2015.02.28	4.44	---	110.64	---
010502	05 国债(2)	30000000000	2006.03.15	---	---	99.65	---
010503	05 国债(3)	33390000000	2010.04.26	3.30	---	103.05	---
010504	05 国债(4)	33920000000	2025.05.15	4.11	---	108.63	---
010505	05 国债(5)	33780000000	2012.05.25	3.37	---	103.70	---
010506	05 国债(6)	35380000000	2006.06.15	---	---	99.33	---
010507	05 国债(7)	35080000000	2007.07.15	1.58	---	99.59	---
010508	05 国债(8)	32450000000	2008.08.15	1.93	---	99.10	---
010509	05 国债(9)	31940000000	2012.08.25	2.83	---	100.10	---
010510	05 国债(10)	33170000000	2006.09.15	---	---	98.90	---
010511	05 国债(11)	33350000000	2010.10.20	2.14	---	98.30	---
010512	05 国债(12)	34410000000	2020.11.15	3.65	---	102.55	---
010513	05 国债(13)	32840000000	2012.11.25	3.01	---	101.33	---
010514	05 国债(14)	33390000000	2007.12.15	1.75	---	99.75	---
010515	05 国债(15)	41100000000	2006.03.26	---	---	99.75	---

国债现货
T-Bond Spot

本年开盘 Open	本年最高 High	本年最低 Low	年成交数量（万手） Trading Volume (10000 Lots)	年成交金额（万元） Trading Value (10000 Yuan)
112.33	118.38	103.50	70.68	78227.65
115.43	118.72	110.08	32.94	38524.50
98.75	103.35	98.75	165.98	168857.87
94.30	103.38	94.23	1030.82	1037305.81
92.89	101.72	92.72	1665.08	1630339.61
96.80	101.16	96.77	1694.51	1690549.30
97.07	103.05	96.70	1041.02	1050919.65
91.16	110.35	90.88	664.66	686607.36
87.97	101.00	87.80	1142.83	1108612.95
88.39	101.60	88.30	712.48	699624.78
94.59	102.51	94.51	1490.74	1482674.91
84.31	100.53	84.26	785.53	734057.60
90.62	100.01	90.11	1267.92	1211732.20
77.01	93.14	76.62	1144.87	1030214.76
96.21	104.00	96.21	2331.45	2328849.41
92.28	103.10	92.20	471.01	463660.71
90.70	102.11	90.70	1295.62	1269752.46
80.05	99.48	79.91	1448.52	1357812.22
89.79	102.50	89.67	717.54	702447.20
85.63	100.15	81.00	787.59	760465.08
93.40	107.00	91.19	475.09	479654.39
99.53	99.97	99.48	1270.42	1267782.32
100.01	108.58	100.01	665.22	692330.84
100.55	113.76	100.52	323.44	345208.02
95.73	99.91	95.69	3236.91	3173862.61
99.55	113.34	99.40	187.70	201359.03
99.08	108.96	99.05	241.84	250654.19
100.55	114.20	99.73	107.71	116848.12
99.53	102.98	99.47	476.87	480613.87
99.93	112.20	99.81	103.75	108745.91
98.09	99.95	97.95	581.98	574908.72
99.95	104.58	99.35	110.47	111806.60
100.50	110.05	100.26	106.82	113415.23
99.81	105.20	99.19	111.82	113732.75
98.75	107.16	95.06	45.16	44602.35
100.00	100.20	95.80	20.28	20215.39
100.00	100.49	97.18	22.49	22424.14
99.80	103.10	97.51	37.82	37741.52
98.88	99.83	95.01	4.13	4083.87
99.82	100.02	95.00	7.37	7216.91
100.39	102.67	100.00	13.46	13561.96
100.15	101.58	100.00	9.25	9276.78
100.00	100.00	99.70	6.66	6648.28
99.90	99.90	99.75	0.01	11.39

可转债和企业债
CB and Corporate Bond

证券代码 Code	证券简称 Name	发行数量（份） Issued Volume	到期日期 Expiration Date	上年收盘(面值 100 元) Last Year Close	本年收盘 Close	涨跌% Change%
100016	民生转债	4000000000	2008.02.27	103.35	101.68	-1.62
100087	水运转债	320000000	2007.08.12	101.38	98.02	-3.31
100096	云化转债	410000000	2006.09.09	146.00	126.00	-13.70
100117	西钢转债	490000000	2008.08.10	96.31	100.76	4.62
100177	雅戈转债	1190000000	2006.04.03	109.57	107.95	-1.48
100196	复星转债	950000000	2008.10.27	104.08	105.93	1.78
100220	阳光转债	830000000	2005.04.18	102.29	101.99	-0.29
100236	桂冠转债	771018000	2008.06.29	103.82	105.55	1.67
100567	山鹰转债	250000000	2008.06.15	104.30	105.50	1.15
100726	华电转债	800000000	2008.06.02	104.96	107.37	2.30
100795	国电转债	2000000000	2008.07.17	108.51	109.44	0.86
110001	邯钢转债	2000000000	2008.11.25	100.08	104.76	4.68
110010	钢联转债	1800000000	2009.11.09	99.19	112.87	13.79
110036	招行转债	6500000000	2009.11.10	100.27	106.84	6.55
110037	歌华转债	1250000000	2009.05.11	105.40	121.29	15.08
110219	南山转债	883000000	2009.10.19	99.40	102.92	3.54
110317	营港转债	700000000	2009.05.19	106.97	105.70	-1.19
110418	江淮转债	880000000	2009.04.14	105.88	103.52	-2.23
110874	创业转债	376098000	2009.06.30	99.67	103.93	4.27
120001	99 宝钢债	2000000000	2005.08.09	101.98	103.94	1.92
120101	01 中移动	5000000000	2011.06.17	97.97	105.50	7.69
120102	01 三峡债	3000000000	2016.11.08	93.50	112.52	20.34
120201	02 三峡债	5000000000	2022.09.20	85.47	111.69	30.68
120202	02 中移(5)	3000000000	2007.10.28	97.18	102.41	5.38
120203	02 中移(15)	5000000000	2017.10.27	86.10	106.75	23.98
120204	02 苏交通	1500000000	2017.12.11	85.47	106.28	24.35
120205	02 渝城投	1500000000	2012.12.08	90.10	104.00	15.43
120206	02 武钢(3)	500000000	2005.11.04	108.25	110.45	2.03
120207	02 武钢(7)	1500000000	2009.11.04	97.45	102.81	5.50
120288	02 金茂债	1000000000	2012.04.28	92.10	105.67	14.73
120301	03 沪轨道	4000000000	2018.02.19	88.88	109.95	23.71
120302	03 苏园建	1000000000	2013.07.17	89.00	104.80	17.75
120303	03 三峡债	3000000000	2033.07.31	81.77	111.51	36.37
120304	03 电网(1)	3000000000	2013.12.31	92.65	105.96	14.37
120305	03 电网(2)	2000000000	2013.12.31	96.23	101.62	5.60
120306	03 中电投	3000000000	2018.12.07	89.00	111.85	25.67
120307	03 浦发债	1500000000	2013.01.12	100.00	107.01	7.01
120308	03 沪杭甬	1000000000	2013.01.23	100.00	107.06	7.06
120309	03 苏交通	1800000000	2013.11.20	100.00	105.52	5.52
120482	04 通用债	1000000000	2014.03.30	92.00	104.46	13.54
120483	04 中石化	3500000000	2014.02.23	100.00	109.20	9.20
120485	04 国电(1)	2444000000	2014.09.21	100.00	112.20	12.20
120486	04 国电(2)	1556000000	2019.09.21	100.00	116.66	16.66
120488	04 京地铁	2000000000	2014.12.14	100.00	110.50	10.50
120489	04 南网(1)	1000000000	2014.09.16	100.00	112.00	12.00
120490	04 南网(2)	2000000000	2019.09.16	100.00	100.00	0.00
120501	05 申能债	1000000000	2015.02.01	100.00	114.00	14.00
120502	05 苏建园	1200000000	2015.05.18	100.00	112.17	12.17
120503	05 渝水务	1700000000	2015.04.25	100.00	112.00	12.00
120505	05 华电债	2000000000	2015.06.29	100.00	111.15	11.15
120506	05 大唐债	3000000000	2020.04.28	100.00	116.00	16.00
120508	05 铁道债	5000000000	2020.07.28	100.00	111.00	11.00
120509	05 国网(1)	3000000000	2015.07.07	100.00	111.68	11.68
120510	05 国网(2)	1000000000	2015.07.07	100.00	107.92	7.92
120511	05 沪建(1)	2000000000	2015.07.26	100.00	110.85	10.85
120512	05 沪建(2)	1000000000	2020.07.26	100.00	114.94	14.94
120516	05 中电投	2000000000	2015.07.11	100.00	111.20	11.20
120517	05 京能(1)	1500000000	2010.07.05	100.00	107.40	7.40
120518	05 京能(2)	500000000	2012.07.05	100.00	107.51	7.51
120519	05 华能债	2000000000	2015.07.04	100.00	111.00	11.00
120520	05 杭城建	1000000000	2015.06.19	100.00	111.30	11.30
120521	05 国航债	3000000000	2015.09.06	100.00	106.02	6.02
120522	05 铁通债	1000000000	2015.08.17	100.00	107.80	7.80
129805	98 三峡(8)	1000000000	2007.01.17	110.08	109.50	-0.53
129902	98 中铁(3)	2400000000	2009.10.12	96.31	104.66	8.67
129903	99 三峡债	3000000000	2010.07.25	97.54	104.49	7.13
129904	98 中信(7)	700000000	2006.06.15	105.18	104.26	-0.88
129905	98 石油债	1350000000	2007.09.08	100.60	104.26	3.64

可转债和企业债

CB and Corporate Bond

本年开盘 Open	本年最高 High	本年最低 Low	年成交数量（万手） Trading Volume (10000 Lots)	年成交金额（万元） Trading Value (10000 Yuan)
103.48	135.00	101.00	40.43	45666.76
98.37	102.50	97.22	16.71	16561.63
144.52	158.10	110.12	15.77	22090.43
95.88	115.00	88.80	42.10	41716.42
107.55	130.00	102.50	72.91	83072.59
104.08	119.90	100.96	75.36	82098.30
101.51	103.00	100.70	16.68	16993.70
103.00	108.50	101.55	112.03	116630.95
104.38	120.00	102.02	26.27	27977.54
104.70	108.58	101.00	87.86	91888.66
106.21	114.00	102.40	236.82	255223.02
99.68	111.99	98.20	237.05	244126.31
98.91	116.10	98.75	273.91	287405.05
100.01	114.20	98.65	1125.62	1186076.04
105.40	123.00	100.60	176.64	190753.56
99.35	106.57	97.98	161.56	162787.07
105.32	120.00	103.62	95.21	102090.29
104.01	198.88	102.52	109.62	129418.63
99.12	104.88	98.62	112.87	114225.03
101.98	103.94	100.94	18.41	18993.85
94.21	105.50	94.00	41.62	42450.40
93.50	117.60	93.00	40.43	44316.80
85.05	111.90	85.05	128.36	136618.22
97.18	105.97	97.08	55.11	57015.27
86.18	110.80	85.62	136.24	141139.66
85.25	109.70	84.92	26.42	26315.46
90.10	107.15	89.11	15.59	15775.90
108.00	110.50	105.01	15.55	17051.28
94.88	106.98	94.88	29.07	30003.78
92.00	105.67	91.61	9.63	9695.79
88.95	109.96	87.58	143.88	146266.87
88.90	110.00	88.03	15.19	15191.47
81.77	111.51	81.43	115.37	117652.57
92.65	115.00	90.50	16.99	17717.50
92.00	107.28	90.05	26.14	26561.14
88.80	116.05	88.40	40.69	43341.96
100.50	107.03	100.12	34.80	35598.55
102.12	130.71	101.57	7.58	7882.35
108.50	108.99	103.65	11.46	12363.94
94.90	108.88	88.12	6.87	6554.26
95.00	113.10	94.28	48.99	50079.49
113.10	114.18	105.01	1.90	2115.29
118.01	129.90	111.00	0.24	278.73
112.00	116.95	103.99	0.29	323.50
112.00	112.50	108.00	0.29	323.10
---	0.00	---	0.00	0.00
108.02	119.05	105.00	0.08	86.18
105.18	112.17	104.20	8.16	8748.41
107.50	112.00	104.35	1.63	1761.21
107.90	111.34	106.51	4.85	5259.48
107.51	117.68	107.51	3.03	3420.77
109.00	111.10	107.00	3.87	4236.04
108.00	111.68	100.10	7.17	7829.31
107.00	108.00	102.58	1.24	1334.07
108.00	111.09	100.50	4.40	4809.72
112.10	114.94	111.00	2.65	3000.10
108.50	114.30	107.00	1.73	1878.20
106.80	107.50	105.00	8.69	9201.85
107.80	107.80	107.51	0.02	21.53
109.50	115.00	109.50	9.41	10384.87
111.50	112.50	110.91	0.46	510.45
105.01	106.60	105.01	1.07	1133.18
106.30	107.87	106.30	0.47	501.28
109.80	110.20	100.55	25.79	27912.00
96.06	107.99	92.00	32.19	33408.75
95.28	104.86	95.28	36.48	37356.67
104.82	108.38	102.60	21.22	22303.70
100.40	107.84	100.36	40.30	42119.36

权证
Warrant

权证代码 Code	权证简称 Name	年末流通数量 Year-end Volume	本年开盘 Open	本年最高 High
580000	宝钢 JTB1	387700000	1.26	2.11
580001	武钢 JTB1	1520896679	0.82	1.84
580998	机场 JTP1	286000000	1.85	2.33
580999	武钢 JTP1	1066426580	1.16	1.86

权证
Warrant

本年最低 Open	本年收盘 Close	年成交金额(万元) Trading Value (10000 Yuan)	年成交数量(万份) Trading Volume (10000 Units)	年度流通换手率(%) Turnover Rate
0.68	1.48	10292669.84	6598424.66	17019.41
0.82	1.00	4176478.60	3496755.01	3070.85
1.85	1.90	345954.54	169042.67	688.54
0.93	1.01	2815585.17	2483712.38	1918.96

FUND

基　金

基金一览表
List of Funds

基金单位净值
Net Asset Value

基金一览表
List of Funds

基金代码 Code	基金简称 Name	发行时间 Issue Date	上市日 Listing Date	发行方式 Issue Meth	发行价格 Issue Price	基金管理人 Administrant	托管人 Trustee	总份额(亿份) Total	流通量 Negotiable
500001	基金金泰	1998.03.23	1998.04.07	上网发行	1.010	国泰基金管理有限公司	中国工商银行	20.00	19.70
500002	基金泰和	1999.04.02	1999.04.20	上网发行	1.010	嘉实基金管理有限公司	中国建设银行	20.00	19.70
500003	基金安信	1998.06.16	1998.06.26	上网发行	1.010	华安基金管理有限公司	中国工商银行	20.00	19.70
500005	基金汉盛	1999.04.30	1999.05.18	上网发行	1.010	富国基金管理有限公司	中国农业银行	20.00	19.70
500006	基金裕阳	1998.07.17	1998.07.30	上网发行	1.010	博时基金管理有限公司	中国农业银行	20.00	19.70
500007	基金景阳	..	1999.10.22		---	大成基金管理有限公司	中国农业银行	10.00	9.90
500008	基金兴华	1998.04.22	1998.05.08	上网发行	1.010	华夏基金管理有限公司	中国建设银行	20.00	19.70
500009	基金安顺	1999.06.09	1999.06.22	上网发行	1.010	华安基金管理有限公司	交通银行	30.00	29.85
500010	基金金元	..	2000.07.11		---	南方基金管理有限公司	中国工商银行	5.00	4.98
500011	基金金鑫	1999.10.15	1999.11.26	上网发行	1.010	国泰基金管理有限公司	中国建设银行	30.00	29.85
500013	基金安瑞	..	2001.08.30		---	华安基金管理有限公司	中国工商银行	5.00	4.98
500015	基金汉兴	1999.12.24	2000.01.10	上网发行	1.010	富国基金管理有限公司	交通银行	30.00	29.85
500016	基金裕元	..	1999.10.28		---	博时基金管理有限公司	中国工商银行	15.00	14.70
500017	基金景业	..	2001.12.19		---	大成基金管理有限公司	中国农业银行	5.00	4.95
500018	基金兴和	1999.07.08	1999.07.30	上网发行	1.010	华夏基金管理有限公司	中国建设银行	30.00	29.85
500019	基金普润	..	2001.09.04		---	鹏华基金管理公司	中国工商银行	5.00	4.95
500021	基金金鼎	..	2000.08.04		---	国泰基金管理有限公司	中国建设银行	5.00	4.98
500025	基金汉鼎	..	2000.08.17		---	富国基金管理有限公司	中国工商银行	5.00	4.98
500028	基金兴业	..	2001.07.27		---	华夏基金管理有限公司	中国农业银行	5.00	4.98
500029	基金科讯	..	2001.06.20		---	易方达基金管理有限公司	交通银行	8.00	7.96
500035	基金汉博	..	2000.10.17		---	富国基金管理有限公司	中国建设银行	5.00	4.98
500038	基金通乾	2001.08.23	2001.09.21	上网发行	1.010	融通基金管理有限公司	中国建设银行	20.00	19.80
500039	基金同德	..	2001.08.01		1.010	长盛基金管理有限公司	中国农业银行	5.00	4.99
500056	基金科瑞	2002.02.28	2002.03.20	上网发行	1.010	易方达基金管理有限公司	交通银行	30.00	29.85
500058	基金银丰	2002.08.08	2002.09.10	上网发行	1.010	银河基金管理有限公司	中国建设银行	30.00	29.85
510050	50ETF	2004.12.24	2005.02.23	上网发行	1.000	华夏基金管理有限公司	中国工商银行	81.12	81.12

基金单位净值
Net Asset Value

截止日	基金金泰 500001	基金泰和 500002	基金安信 500003	基金汉盛 500005	基金裕阳 500006	基金景阳 500007	基金兴华 500008	基金安顺 500009
2005.01.07	1.015	0.958	1.007	0.973	1.036	0.962	1.123	0.999
2005.01.14	1.028	0.967	1.017	0.981	1.044	0.967	1.132	1.006
2005.01.21	1.008	0.950	0.996	0.964	1.019	0.941	1.115	0.992
2005.01.28	1.016	0.961	1.009	0.970	1.024	0.952	1.124	1.011
2005.02.04	1.054	1.003	1.046	1.018	1.053	0.980	1.171	1.050
2005.02.18	1.051	1.008	1.048	1.017	1.055	0.984	1.169	1.049
2005.02.25	1.074	1.029	1.073	1.044	1.086	1.018	1.191	1.073
2005.03.04	1.054	1.011	1.064	1.024	1.072	1.006	1.171	1.065
2005.03.11	1.053	1.013	1.082	1.027	1.071	1.031	1.168	1.082
2005.03.18	1.035	0.982	1.073	1.011	1.044	1.031	1.139	1.063
2005.03.25	1.025	0.978	1.065	1.008	1.037	1.031	1.136	1.057
2005.04.01	1.035	0.992	1.080	1.020	1.039	1.044	1.147	1.072
2005.04.08	1.024	1.011	1.115	1.042	1.010	1.085	1.026	1.102
2005.04.15	1.016	1.002	1.105	1.030	0.999	1.065	1.022	1.101
2005.04.22	1.009	0.986	1.097	1.018	0.987	1.072	1.005	1.093
2005.04.29	1.009	0.991	1.097	1.024	0.993	1.079	1.021	1.092
2005.05.13	0.958	0.945	1.041	0.971	0.944	1.007	0.972	1.026
2005.05.20	0.953	0.946	1.029	0.970	0.942	1.002	0.970	1.016
2005.05.27	0.916	0.908	0.990	0.928	0.915	0.951	0.929	0.973
2005.06.03	0.879	0.872	0.940	0.885	0.882	0.903	0.889	0.934
2005.06.10	0.946	0.945	1.024	0.958	0.940	0.991	0.948	1.010
2005.06.17	0.934	0.939	0.991	0.948	0.931	0.967	0.949	0.998
2005.06.24	0.956	0.956	1.022	0.973	0.939	0.992	0.963	1.023
2005.07.01	0.940	0.935	1.007	0.959	0.929	0.976	0.948	1.006
2005.07.08	0.926	0.915	0.983	0.940	0.916	0.962	0.931	0.984
2005.07.15	0.942	0.941	1.001	0.960	0.928	0.974	0.946	0.998
2005.07.22	0.956	0.956	0.994	0.964	0.944	0.988	0.964	1.007
2005.07.29	0.975	0.982	1.014	0.989	0.972	1.011	0.988	1.030
2005.08.05	0.991	1.006	1.043	1.008	0.991	1.029	1.001	1.057
2005.08.12	1.008	1.025	1.071	1.022	1.008	1.049	1.016	1.077
2005.08.19	0.992	1.010	1.051	1.004	0.996	1.028	0.994	1.063
2005.08.26	0.995	1.009	1.051	1.006	1.001	1.030	0.998	1.066
2005.09.02	1.005	1.031	1.065	1.017	1.015	1.053	1.006	1.079
2005.09.09	1.007	1.036	1.072	1.024	1.019	1.065	1.011	1.093
2005.09.16	1.014	1.043	1.088	1.035	1.026	1.081	1.012	1.119
2005.09.23	0.979	1.016	1.047	0.992	0.997	1.047	0.986	1.084
2005.09.30	0.984	1.028	1.053	0.992	1.003	1.060	0.990	1.095
2005.10.14	0.974	1.022	1.049	0.986	0.996	1.062	0.985	1.094
2005.10.21	0.974	1.013	1.047	0.981	0.987	1.056	0.983	1.092
2005.10.28	0.946	0.986	1.013	0.950	0.962	1.026	0.967	1.060
2005.11.04	0.947	0.985	1.014	0.951	0.969	1.022	0.965	1.055
2005.11.11	0.939	0.981	1.010	0.935	0.963	1.010	0.964	1.051
2005.11.18	0.946	0.984	1.016	0.945	0.975	1.018	0.964	1.060
2005.11.25	0.950	0.987	1.018	0.947	0.977	1.015	0.967	1.069
2005.12.02	0.951	0.978	1.005	0.935	0.971	1.002	0.956	1.058
2005.12.09	0.938	0.996	1.017	0.949	0.995	1.015	0.966	1.074
2005.12.16	0.951	1.008	1.029	0.960	1.012	1.024	0.981	1.083
2005.12.23	0.965	1.025	1.047	0.979	1.023	1.047	0.996	1.099
2005.12.30	0.979	1.053	1.064	0.999	1.055	1.083	1.021	1.128

基金单位净值
Net Asset Value

基金金元 500010	基金金鑫 500011	基金安瑞 500013	基金汉兴 500015	基金裕元 500016	基金景业 500017	基金兴和 500018	基金普润 500019	基金金鼎 500021
0.938	0.972	0.885	0.867	1.096	0.843	0.946	0.880	0.926
0.944	0.982	0.891	0.870	1.103	0.850	0.950	0.891	0.934
0.931	0.956	0.871	0.850	1.079	0.836	0.934	0.873	0.910
0.946	0.953	0.876	0.860	1.083	0.844	0.936	0.884	0.919
0.985	0.981	0.904	0.892	1.126	0.875	0.971	0.919	0.953
0.981	0.984	0.907	0.889	1.116	0.871	0.973	0.916	0.949
1.008	1.011	0.937	0.908	1.139	0.896	0.995	0.938	0.972
0.995	0.992	0.914	0.892	1.122	0.883	0.979	0.924	0.955
1.012	0.989	0.920	0.895	1.140	0.891	0.974	0.936	0.967
1.002	0.968	0.891	0.873	1.118	0.883	0.947	0.923	0.958
0.992	0.945	0.902	0.872	1.125	0.880	0.938	0.912	0.949
1.005	0.945	0.895	0.880	1.127	0.881	0.950	0.925	0.961
1.031	0.971	0.924	0.898	1.069	0.912	0.965	0.952	0.993
1.011	0.961	0.930	0.886	1.062	0.897	0.961	0.936	0.980
1.011	0.949	0.920	0.875	1.042	0.891	0.938	0.935	0.986
1.017	0.947	0.910	0.877	1.051	0.891	0.942	0.937	0.994
0.958	0.908	0.859	0.832	1.002	0.837	0.902	0.881	0.940
0.953	0.903	0.845	0.822	1.006	0.833	0.897	0.875	0.939
0.912	0.871	0.807	0.793	0.970	0.800	0.863	0.841	0.896
0.883	0.840	0.764	0.761	0.927	0.771	0.829	0.807	0.859
0.946	0.910	0.829	0.820	1.000	0.818	0.897	0.874	0.928
0.933	0.906	0.812	0.821	0.999	0.813	0.892	0.871	0.928
0.949	0.922	0.835	0.836	1.021	0.816	0.902	0.895	0.945
0.934	0.911	0.830	0.824	1.003	0.804	0.887	0.877	0.927
0.920	0.892	0.809	0.809	0.989	0.796	0.864	0.861	0.911
0.943	0.910	0.816	0.826	1.007	0.820	0.875	0.880	0.934
0.944	0.919	0.815	0.835	1.022	0.829	0.883	0.891	0.938
0.973	0.932	0.838	0.853	1.051	0.839	0.904	0.913	0.955
0.993	0.955	0.864	0.861	1.068	0.848	0.924	0.929	0.971
1.025	0.976	0.901	0.876	1.084	0.857	0.951	0.944	1.002
1.011	0.964	0.895	0.864	1.074	0.840	0.944	0.932	0.996
1.012	0.963	0.896	0.865	1.075	0.848	0.952	0.937	1.002
1.014	0.971	0.912	0.873	1.086	0.860	0.964	0.950	1.015
1.014	0.975	0.920	0.872	1.095	0.860	0.969	0.954	1.021
1.018	0.985	0.933	0.876	1.099	0.873	0.976	0.961	1.034
0.987	0.960	0.901	0.847	1.067	0.845	0.948	0.938	1.000
0.986	0.963	0.905	0.849	1.066	0.855	0.947	0.946	1.004
0.983	0.958	0.905	0.840	1.049	0.864	0.939	0.945	1.000
0.977	0.963	0.906	0.836	1.036	0.859	0.932	0.936	1.009
0.962	0.935	0.869	0.823	1.018	0.830	0.903	0.915	0.980
0.976	0.929	0.875	0.824	1.032	0.823	0.905	0.910	0.972
0.957	0.923	0.867	0.812	1.011	0.838	0.894	0.905	0.964
0.962	0.932	0.873	0.818	1.026	0.846	0.907	0.901	0.969
0.977	0.928	0.878	0.821	1.028	0.846	0.905	0.902	0.969
0.974	0.937	0.871	0.816	1.022	0.844	0.896	0.890	0.956
0.986	0.918	0.877	0.820	1.041	0.860	0.908	0.905	0.955
1.003	0.927	0.890	0.829	1.055	0.875	0.917	0.914	0.973
1.010	0.940	0.898	0.837	1.066	0.886	0.928	0.929	0.987
1.019	0.951	0.927	0.856	1.086	0.906	0.944	0.955	1.008

基金单位净值

Net Asset Value

截止日	基金汉鼎 500025	基金兴业 500028	基金科讯 500029	基金汉博 500035	基金通乾 500038	基金同德 500039	基金科瑞 500056	基金银丰 500058
2005.01.07	0.873	0.839	1.119	0.896	1.003	1.064	1.116	0.989
2005.01.14	0.883	0.842	1.132	0.903	1.007	1.074	1.126	0.997
2005.01.21	0.872	0.827	1.111	0.893	0.986	1.050	1.105	0.984
2005.01.28	0.876	0.833	1.131	0.896	0.995	1.066	1.124	0.990
2005.02.04	0.919	0.864	1.183	0.933	1.038	1.105	1.162	1.032
2005.02.18	0.917	0.861	1.177	0.928	1.035	1.112	1.156	1.028
2005.02.25	0.937	0.881	1.209	0.947	1.055	1.154	1.182	1.054
2005.03.04	0.916	0.868	1.195	0.926	1.030	1.132	1.172	1.030
2005.03.11	0.916	0.870	1.213	0.922	1.031	1.155	1.186	1.029
2005.03.18	0.900	0.863	1.202	0.906	1.010	1.138	1.181	1.005
2005.03.25	0.896	0.858	1.197	0.906	1.006	1.131	1.177	0.999
2005.04.01	0.909	0.872	1.215	0.913	1.023	1.135	1.194	0.996
2005.04.08	0.930	0.896	1.256	0.932	1.035	1.166	1.215	1.011
2005.04.15	0.925	0.888	1.240	0.929	1.026	1.173	1.198	1.007
2005.04.22	0.915	0.883	1.236	0.927	1.017	1.097	1.193	1.000
2005.04.29	0.919	0.893	1.202	0.931	1.008	1.093	1.208	0.992
2005.05.13	0.876	0.845	1.134	0.883	0.948	1.025	1.144	0.940
2005.05.20	0.869	0.845	1.123	0.884	0.933	1.023	1.137	0.943
2005.05.27	0.833	0.804	1.072	0.845	0.895	0.988	1.092	0.913
2005.06.03	0.803	0.761	1.023	0.810	0.858	0.952	1.053	0.877
2005.06.10	0.861	0.825	1.104	0.876	0.911	1.028	1.129	0.940
2005.06.17	0.847	0.807	1.090	0.867	0.895	1.018	1.131	0.925
2005.06.24	0.866	0.825	1.114	0.885	0.908	1.034	1.152	0.942
2005.07.01	0.854	0.810	1.099	0.869	0.900	1.020	1.135	0.928
2005.07.08	0.837	0.794	1.079	0.850	0.889	0.997	1.115	0.910
2005.07.15	0.857	0.806	1.103	0.866	0.905	1.024	1.140	0.926
2005.07.22	0.864	0.807	1.111	0.876	0.906	1.033	1.157	0.936
2005.07.29	0.885	0.828	1.129	0.895	0.924	1.052	1.179	0.960
2005.08.05	0.903	0.843	1.152	0.909	0.936	1.065	1.198	0.980
2005.08.12	0.917	0.865	1.167	0.932	0.944	1.094	1.206	0.997
2005.08.19	0.900	0.844	1.146	0.921	0.935	1.080	1.192	0.986
2005.08.26	0.907	0.849	1.150	0.933	0.934	1.083	1.196	0.986
2005.09.02	0.915	0.859	1.162	0.943	0.951	1.096	1.212	1.002
2005.09.09	0.921	0.862	1.167	0.960	0.958	1.099	1.217	1.011
2005.09.16	0.928	0.869	1.173	0.973	0.973	1.112	1.223	1.019
2005.09.23	0.888	0.848	1.137	0.935	0.940	1.082	1.188	0.981
2005.09.30	0.886	0.852	1.139	0.942	0.950	1.090	1.192	0.977
2005.10.14	0.881	0.853	1.128	0.958	0.949	1.094	1.177	0.971
2005.10.21	0.882	0.853	1.126	0.961	0.960	1.091	1.168	0.960
2005.10.28	0.856	0.831	1.103	0.942	0.925	1.065	1.154	0.939
2005.11.04	0.857	0.830	1.099	0.920	0.919	1.060	1.145	0.941
2005.11.11	0.854	0.831	1.087	0.918	0.925	1.057	1.134	0.927
2005.11.18	0.864	0.821	1.094	0.911	0.932	1.061	1.144	0.933
2005.11.25	0.865	0.823	1.097	0.914	0.927	1.067	1.149	0.939
2005.12.02	0.863	0.813	1.082	0.900	0.919	1.059	1.133	0.935
2005.12.09	0.867	0.819	1.087	0.904	0.917	1.073	1.150	0.951
2005.12.16	0.880	0.835	1.103	0.921	0.935	1.081	1.164	0.969
2005.12.23	0.893	0.848	1.123	0.935	0.950	1.096	1.181	0.984
2005.12.30	0.915	0.873	1.144	0.955	0.979	1.132	1.202	1.006

BOND

债　券

债券一览表

List of Bonds

可债转

Convertible Bond

债券一览表
List of Bonds

债券代码 Code	债券简称 Securities	发行数量（亿元） Issued Volume	年限 Terms	到期日 Expiration Date	票面利率（%） Coupon Rate	付息方式 Way of Interest
000696	96 国债(6)	255.3000	10	2006.06.14	11.8300	按年付息
009704	97 国债(4)	130.0000	10	2007.09.05	9.7800	按年付息
009905	99 国债(5)	160.0000	8	2007.08.20	3.2800	按年付息
009908	99 国债(8)	200.0000	10	2009.09.23	3.3000	按年付息
010004	20 国债(4)	140.0000	10	2010.05.23	2.6000	按年付息
010010	20 国债(10)	120.0000	7	2007.11.14	2.3600	按年付息
010103	21 国债(3)	120.0000	7	2008.04.24	3.2700	按年付息
010107	21 国债(7)	239.6000	20	2021.07.31	4.2600	按半年付息
010110	21 国债(10)	200.0000	10	2011.09.25	2.9500	按年付息
010112	21 国债(12)	200.0000	10	2011.10.30	3.0500	按年付息
010115	21 国债(15)	200.0000	7	2008.12.18	3.0000	按年付息
010203	02 国债(3)	200.0000	10	2012.04.18	2.5400	按年付息
010210	02 国债(10)	200.0000	7	2009.08.16	2.3900	按年付息
010213	02 国债(13)	240.0000	15	2017.09.20	2.6000	按半年付息
010214	02 国债(14)	224.0000	5	2007.10.24	2.6500	按年付息
010215	02 国债(15)	600.0000	7	2009.12.06	2.9300	按年付息
010301	03 国债(1)	191.5500	7	2010.02.19	2.6600	按年付息
010303	03 国债(3)	260.0000	20	2023.04.17	3.4000	按半年付息
010307	03 国债(7)	460.0000	7	2010.08.20	2.6600	按年付息
010308	03 国债(8)	163.8000	10	2013.09.17	3.0200	按年付息
010311	03 国债(11)	360.0000	7	2010.11.19	3.5000	按年付息
010401	04 国债(1)	360.0000	1	2005.03.15	- - -	其他
010403	04 国债(3)	304.6000	5	2009.04.20	4.4200	按年付息
010404	04 国债(4)	367.5000	7	2011.05.25	4.8900	按年付息
010405	04 国债(5)	332.3000	2	2006.06.15	- - -	其他
010407	04 国债(7)	312.9000	7	2011.08.25	4.7100	按年付息
010408	04 国债(8)	336.1000	5	2009.10.20	4.3000	按年付息
010410	04 国债(10)	359.1000	7	2011.11.25	4.8600	按年付息
010411	04 国债(11)	256.6000	2	2006.12.15	2.9800	按年付息
010501	05 国债(1)	300.0000	10	2015.02.28	4.4400	按半年付息
010502	05 国债(2)	300.0000	1	2006.03.15	- - -	其他
010503	05 国债(3)	333.9000	5	2010.04.26	3.3000	按年付息
010504	05 国债(4)	339.2000	20	2025.05.15	4.1100	按半年付息
010505	05 国债(5)	337.8000	7	2012.05.25	3.3700	按年付息
010506	05 国债(6)	353.8000	1	2006.06.15	- - -	其他
010507	05 国债(7)	350.8000	2	2007.07.15	1.5800	按年付息
010508	05 国债(8)	324.5000	3	2008.08.15	1.9300	按年付息
010509	05 国债(9)	319.4000	7	2012.08.25	2.8300	按年付息
010510	05 国债(10)	331.7000	1	2006.09.15	- - -	其他
010511	05 国债(11)	333.5000	5	2010.10.20	2.1400	按年付息
010512	05 国债(12)	344.1000	15	2020.11.15	3.6500	按半年付息
010513	05 国债(13)	328.4000	7	2012.11.25	3.0100	按年付息
010514	05 国债(14)	333.9000	2	2007.12.15	1.7500	按年付息
010515	05 国债(15)	411.0000	25	2006.03.26	- - -	其他
100009	虹桥转债	13.5000	5	2005.02.24	0.8000	到期一次付息
100016	民生转债	40.0000	5	2008.02.27	1.5000	按年付息
100087	水运转债	3.2000	5	2007.08.12	0.9000	按年付息
100096	云化转债	4.1000	3	2006.09.09	2.2000	按年付息
100117	西钢转债	4.9000	5	2008.08.10	1.8000	按年付息
100177	雅戈转债	11.9000	3	2006.04.03	2.5000	按年付息
100196	复星转债	9.5000	5	2008.10.27	2.0000	按年付息
100220	阳光转债	8.3000	3	2005.04.18	1.0000	按年付息
100236	桂冠转债	7.7102	5	2008.06.29	1.7000	按年付息
100567	山鹰转债	2.5000	5	2008.06.15	2.0000	按年付息
100726	华电转债	8.0000	5	2008.06.02	1.5000	按年付息
100795	国电转债	20.0000	5	2008.07.17	1.8000	按年付息
110001	邯钢转债	20.0000	5	2008.11.25	1.7000	按年付息
110010	钢联转债	18.0000	5	2009.11.09	1.5000	按年付息
110036	招行转债	65.0000	5	2009.11.10	1.3750	按年付息
110037	歌华转债	12.5000	5	2009.05.11	1.6000	按年付息
110219	南山转债	8.8300	5	2009.10.19	1.8000	按年付息
110317	营港转债	7.0000	5	2009.05.19	2.1000	按年付息
110418	江淮转债	8.8000	5	2009.04.14	1.5000	按年付息
110874	创业转债	3.7610	5	2009.06.30	1.9000	按年付息
120001	99 宝钢债	20.0000	5	2005.08.09	4.0000	按年付息

债券一览表
List of Bonds

债券代码 Code	债券简称 Securities	发行数量（亿元） Issued Volume	年限 Terms	到期日 Expiration Date	票面利率（%） Coupon Rate	付息方式 Way of Interest
120101	01 中移动	50.0000	10	2011.06.17	3.7300	按年付息
120102	01 三峡债	30.0000	15	2016.11.08	5.2100	按年付息
120201	02 三峡债	50.0000	20	2022.09.20	4.7600	按年付息
120202	02 中移(5)	30.0000	5	2007.10.28	3.5000	按年付息
120203	02 中移(15)	50.0000	15	2017.10.27	4.5000	按年付息
120204	02 苏交通	15.0000	15	2017.12.11	4.5100	按年付息
120205	02 渝城投	15.0000	10	2012.12.08	4.3200	按年付息
120206	02 武钢(3)	5.0000	3	2005.11.04	3.5000	到期一次付息
120207	02 武钢(7)	15.0000	7	2009.11.04	4.0200	按年付息
120288	02 金茂债	10.0000	10	2012.04.28	4.2200	按年付息
120301	03 沪轨道	40.0000	15	2018.02.19	4.5100	按年付息
120302	03 苏园建	10.0000	10	2013.07.17	4.3000	按年付息
120303	03 三峡债	30.0000	30	2033.07.31	4.8600	按年付息
120304	03 电网(1)	30.0000	10	2013.12.31	4.6100	按年付息
120305	03 电网(2)	20.0000	10	2013.12.31	4.0000	按年付息
120306	03 中电投	30.0000	15	2018.12.07	5.0200	按年付息
120307	03 浦发债	15.0000	10	2013.01.12	4.2900	按年付息
120308	03 沪杭甬	10.0000	10	2013.01.23	4.2900	按年付息
120309	03 苏交通	18.0000	10	2013.11.20	4.6100	按年付息
120482	04 通用债	10.0000	10	2014.03.30	3.7300	按年付息
120483	04 中石化	35.0000	10	2014.02.23	4.6100	按年付息
120485	04 国电(1)	24.4400	10	2014.09.21	5.3000	按年付息
120486	04 国电(2)	15.5600	15	2019.09.21	5.6000	按年付息
120488	04 京地铁	20.0000	10	2014.12.14	5.0500	按年付息
120489	04 南网(1)	10.0000	10	2014.09.16	5.3000	按年付息
120490	04 南网(2)	20.0000	15	2019.09.16	5.6000	按年付息
120501	05 申能债	10.0000	10	2015.02.01	5.0500	按年付息
120502	05 苏建园	12.0000	10	2015.05.18	5.0500	按年付息
120503	05 渝水务	17.0000	10	2015.04.25	5.0500	按年付息
120505	05 华电债	20.0000	10	2015.06.29	4.9800	按年付息
120506	05 大唐债	30.0000	15	2020.04.28	5.2800	按年付息
120508	05 铁道债	50.0000	15	2020.07.28	4.8500	按年付息
120509	05 国网(1)	30.0000	10	2015.07.07	4.9800	按年付息
120510	05 国网(2)	10.0000	10	2015.07.07	4.5000	按年付息
120511	05 沪建(1)	20.0000	10	2015.07.26	4.9800	按年付息
120512	05 沪建(2)	10.0000	15	2020.07.26	5.1800	按年付息
120516	05 中电投	20.0000	10	2015.07.11	4.9800	按年付息
120517	05 京能(1)	15.0000	5	2010.07.05	4.8000	按年付息
120518	05 京能(2)	5.0000	7	2012.07.05	4.9500	按年付息
120519	05 华能债	20.0000	10	2015.07.04	5.0200	按年付息
120520	05 杭城建	10.0000	10	2015.06.19	5.0200	按年付息
120521	05 国航债	30.0000	10	2015.09.06	4.5000	按年付息
120522	05 铁通债	10.0000	10	2015.08.17	4.6000	按年付息
120523	05 闽高速	20.0000	10	2015.06.09	5.0500	按年付息
120525	05 中核(1)	10.0000	10	2015.07.21	4.9800	按年付息
120528	05 世博债	15.0000	7	2012.12.27	4.0000	按年付息
129805	98 三峡(8)	10.0000	8	2007.01.17	6.2000	按年付息
129902	98 中铁(3)	24.0000	10	2009.10.12	4.5000	按年付息
129903	99 三峡债	30.0000	10	2010.07.25	3.7300	按年付息
129904	98 中信(7)	7.0000	7	2006.06.15	5.4800	按年付息
129905	98 石油债	13.5000	8	2007.09.08	4.5000	按年付息

可转债
Convertible Bond

转债名称 Name	转股起始日 Starting Date	转股终止日 Ending Date	转股价 Converting Price	累计转股数量（股） Total Converting Volume	累计转股比例（%） Total Converting Percentage
南化转债	2000.07.12	2003.08.02	4.56	32890345	99.99
虹桥转债	2000.08.25	2005.02.24	7.69	149627098	97.97
民生转债	2003.08.27	2008.02.27	4.02	542870366	99.62
水运转债	2003.08.13	2007.08.12	5.56	37083425	69.65
云化转债	2004.03.10	2006.09.09	6.80	45061693	87.11
西钢转债	2004.02.11	2008.08.10	5.34	47917319	52.22
雅戈转债	2003.10.08	2006.04.03	3.35	99014916	59.80
复星转债	2004.04.28	2008.10.27	5.03	41160882	36.10
阳光转债	2003.04.18	2005.04.18	3.80	126442946	96.73
桂冠转债	2004.06.30	2008.06.29	12.58	554	0.00
山鹰转债	2003.12.16	2008.06.15	3.32	10012599	21.72
华电转债	2003.12.03	2008.06.02	4.41	5233578	4.25
国电转债	2004.01.18	2008.07.17	6.59	23375691	8.71
邯钢转债	2004.05.26	2008.11.25	3.36	22148428	5.63
钢联转债	2005.05.10	2009.11.09	1.98	182163158	41.52
招行转债	2004.05.10	2009.11.10	6.23	102036848	9.78
歌华转债	2004.11.12	2009.05.11	12.35	26840142	26.80
南山转债	2005.04.19	2009.10.19	6.50	17850	0.01
营港转债	2004.11.20	2009.05.19	10.25	964648	1.41
江淮转债	2004.10.15	2009.04.14	3.50	153446893	98.31
创业转债	2005.07.01	2009.06.30	6.08	658058	1.06

WARRANT

权 证

权证一览表
List of Warrants

权证代码 Code	权证简称 Name	权证类别 Type	行权方式 Exercising Method	年末行权价格 Year-end Exercising Price	年末行权比例 Year-end Exercising Percentage	上市日 Listing Date	到期日 Expiration Date	年末流通数量 Year-end Volume
580000	宝钢 JTB1	认购	欧式	4.50	1.00	2005-08-22	2006-08-30	387700000
580001	武钢 JTB1	认购	欧式	2.90	1.00	2005-11-23	2006-11-22	1520896679
580998	机场 JTP1	认沽	美式	7.00	1.00	2005-12-23	2006-12-22	286000000
580999	武钢 JTP1	认沽	欧式	3.13	1.00	2005-11-23	2006-11-22	1066426580

LISTED COMPANIES

上市公司

2005 年末上市公司地区、行业分布
Area and Sectors Distributions at the End of 2005

地区 Area	仅发 A 股 A Share	A、H 股 A&H Share	A、B 股 A&B Share	仅发 B 股 B Share	合计 Total	工业类 Industrial	商业类 Commercial	地产类 Real Estate	公用事业类 Utilities	综合 Conglomerates	合计 Total
上　海	102	3	35	5	145	78	15	8	17	27	145
江　苏	59	3		1	63	46	6	2	3	6	63
浙　江	59		1	1	61	37	7		5	12	61
北　京	57	3			60	30	7	2	4	17	60
山　东	45	3	1		49	34	3		3	9	49
四　川	33	1			34	25	2		5	2	34
湖　北	32		1	1	34	25	1		3	5	34
广　东	28	4			32	18		4	5	5	32
福　建	28				28	18	1		2	7	28
安　徽	23	3	1		27	22			2	3	27
辽　宁	23		1	1	25	12	2		6	5	25
黑龙江	22		1		23	14	1		2	6	23
新　疆	21				21	14	1		1	5	21
湖　南	20				20	14			2	4	20
吉　林	19				19	11	3		2	3	19
河　南	18	1			19	17			1	1	19
河　北	18				18	16	1			1	18
内蒙古	15		1	1	17	15			2		17
江　西	15	1			16	13			3		16
天　津	13	2	1		16	9	2	1	2	2	16
陕　西	14				14	10				4	14
重　庆	14				14	7	1		6		14
山　西	13				13	12				1	13
云　南	12	1			13	10			1	2	13
甘　肃	11				11	9	1			1	11
广　西	10				10	6	1		3		10
贵　州	9				9	9					9
海　南	6		1		7	2	1		2	2	7
青　海	6				6	6					6
西　藏	6				6	2	1		1	2	6
宁　夏	4				4	3	1				4
合计	755	25	44	10	834	544	58	17	83	132	834

2005 年度发行
Issuance in 2005

证券代码 Code	证券简称 Name	招股说明书刊登日 Prospectus Announced Date	所属行业 Sector	注册地 Area	发行数量(股) Issue Vol. (Share)	发行方式 Issue Method
600019	G 宝 钢	2005.04.15	工业	上海	5000000000	网上、网下询价发行
600027	华电国际	2005.01.17	公用事业	山东	765000000	网下询价、网上定价
600282	南钢股份	2005.01.15	工业	江苏	120000000	网上、网下询价发行
600330	天通股份	2005.01.07	工业	浙江	45000000	网上、网下询价发行
600472	包头股份	2005.03.30	工业	内蒙古	140000000	网上、网下询价发行
600855	航天长峰	2004.12.30	工业	北京	65000000	网上、网下询价发行
600970	中材国际	2005.03.11	工业	江苏	58000000	网下询价、网上定价

注:发行数量指同一股票不同发行方式的发行总量。

2005 年度发行
Issuance in 2005

发行价 Issue Price	发行日期 Issue Date	中签率 Lot Rate%	筹资金额(元) (Yuan)	发行市盈率 Issue P/E Ratio	主承销商 Lead Underwriter
5.120	2005.04.21	- - -	25600000000	- - -	中国国际金融有限公司
2.520	2005.01.24	0.3783	1927800000	- - -	中国国际金融有限公司
6.550	2005.01.20	- - -	786000000	- - -	西南证券有限责任公司
6.280	2005.01.12	- - -	282600000	- - -	山西证券有限责任公司
3.500	2005.04.19	0.1723	490000000	- - -	南方证券股份有限公司
4.790	2005.01.05	- - -	311350000	- - -	金信证券有限责任公司
7.530	2005.03.29	0.0820	436740000	26.86	中国银河证券有限责任公司

2005 年度上市公司送股
Bonus Shares in 2005

股票代码 Code	股票简称 Name	股权登记日 Registration Date	除净日 Ex-Date	送股上市 Bonus Share Listing	收盘价 Close Price	除净价 Ex-Price	送股比例 Bonus Share Ratio
600001	邯郸钢铁	2005.08.11	2005.08.12	2005.08.15	5.29	3.43	0.50
600008	首创股份	2005.06.16	2005.06.17	2005.06.20	8.67	4.28	1.00
600010	包钢股份	2005.11.11	2005.11.14	2005.11.15	4.19	2.00	1.00
600016	G 民生	2005.04.15	2005.04.18	2005.04.19	5.81	4.78	0.20
600016	G 民生	2005.10.24	2005.10.25	2005.10.26	5.56	4.81	0.16
600031	G 三一	2005.06.29	2005.06.30	2005.07.01	15.67	7.74	1.00
600036	G 招行	2005.06.17	2005.06.20	2005.06.21	8.90	5.86	0.50
600037	歌华有线	2005.09.29	2005.09.30	2005.10.10	20.60	12.88	0.60
600066	宇通客车	2005.04.18	2005.04.19	2005.04.20	10.21	7.47	0.30
600067	G 冠城	2005.07.19	2005.07.20	2005.07.21	5.14	4.24	0.20
600074	中达股份	2005.06.28	2005.06.29	2005.06.30	3.51	3.15	0.10
600085	G 同仁堂	2005.07.06	2005.07.07	2005.07.08	22.28	18.36	0.20
600089	特变电工	2005.07.22	2005.07.25	2005.07.26	7.48	5.68	0.30
600098	G 广控	2005.05.10	2005.05.11	2005.05.12	8.71	5.67	0.50
600101	明星电力	2005.07.15	2005.07.18	2005.07.19	5.33	4.08	0.30
600114	G 东睦	2005.04.08	2005.04.11	2005.04.12	11.78	6.78	0.70
600125	铁龙物流	2005.05.20	2005.05.23	2005.05.24	10.04	6.26	0.60
600130	波导股份	2005.06.02	2005.06.03	2005.06.06	8.27	3.99	1.00
600143	G 金发	2005.06.14	2005.06.15	2005.06.16	14.59	11.07	0.30
600162	香江控股	2005.03.23	2005.03.24	2005.03.25	8.85	4.43	1.00
600175	G 美都	2005.07.25	2005.07.26	2005.07.27	4.11	3.43	0.20
600177	雅戈尔	2005.04.28	2005.04.29	2005.05.09	6.25	4.00	0.50
600188	兖州煤业	2005.07.26	2005.07.27	2005.07.28	9.99	6.08	0.60
600236	桂冠电力	2005.06.21	2005.06.22	2005.06.23	9.90	4.84	1.00
600247	G 物华	2005.07.14	2005.07.15	2005.07.18	3.58	2.98	0.20
600257	洞庭水殖	2005.07.14	2005.07.15	2005.07.18	3.83	2.54	0.50
600270	外运发展	2005.06.13	2005.06.14	2005.06.15	6.84	6.04	0.10
600271	航天信息	2005.06.16	2005.06.17	2005.06.20	24.55	12.68	0.90
600282	南钢股份	2005.05.26	2005.05.27	2005.05.30	5.72	3.61	0.50
600300	G 维维	2005.07.08	2005.07.11	2005.07.12	6.15	2.95	1.00
600309	烟台万华	2005.03.31	2005.04.01	2005.04.04	17.91	13.62	0.30
600311	荣华实业	2005.06.22	2005.06.23	2005.06.24	4.95	3.81	0.30
600320	振华港机	2005.07.04	2005.07.05	2005.07.06	9.07	5.97	0.50
600325	G 华发	2005.10.27	2005.10.28	2005.10.31	7.27	5.59	0.30
600330	天通股份	2005.06.16	2005.06.17	2005.06.20	5.80	3.56	0.60
600339	天利高新	2005.05.31	2005.06.01	2005.06.02	5.19	4.24	0.20
600352	G 龙盛	2005.04.27	2005.04.28	2005.04.29	7.67	5.82	0.30
600360	华微电子	2005.10.27	2005.10.28	2005.10.31	15.07	7.54	1.00
600381	贤成实业	2005.05.11	2005.05.12	2005.05.13	3.76	2.89	0.30
600383	金地集团	2005.05.27	2005.05.30	2005.05.31	7.63	4.06	0.80
600386	北京巴士	2005.08.11	2005.08.12	2005.08.15	5.72	3.54	0.60
600392	G 天成	2005.07.15	2005.07.18	2005.07.19	9.94	6.59	0.50
600393	G 东华	2005.06.15	2005.06.16	2005.06.17	4.65	3.03	0.50
600400	G 红豆	2005.05.26	2005.05.27	2005.05.30	5.05	3.53	0.40
600401	G 申龙	2005.06.21	2005.06.22	2005.06.23	6.73	3.74	0.80
600405	G 动力源	2005.07.13	2005.07.14	2005.07.15	6.10	4.96	0.20
600409	G 唐三友	2005.06.30	2005.07.01	2005.07.04	5.36	4.34	0.20
600410	华胜天成	2005.05.17	2005.05.18	2005.05.19	19.91	14.93	0.30
600418	G 江汽	2005.12.12	2005.12.13	2005.12.14	7.41	4.62	0.60
600420	现代制药	2005.06.14	2005.06.15	2005.06.16	10.75	7.03	0.50
600421	春天股份	2005.07.19	2005.07.20	2005.07.21	3.95	3.29	0.20
600422	昆明制药	2005.04.15	2005.04.18	2005.04.19	14.44	7.15	1.00
600426	G 恒升	2005.03.21	2005.03.22	2005.03.23	14.63	9.69	0.50
600428	G 中远	2005.05.13	2005.05.16	2005.05.17	13.43	9.38	0.40
600439	G 瑞贝卡	2005.05.19	2005.05.20	2005.05.23	13.28	10.06	0.30
600475	华光股份	2005.07.04	2005.07.05	2005.07.06	8.60	5.25	0.60
600477	G 杭萧	2005.04.14	2005.04.15	2005.04.18	8.73	5.39	0.60
600479	G 千金	2005.04.25	2005.04.26	2005.04.27	19.08	12.39	0.50
600480	凌云股份	2005.06.16	2005.06.17	2005.06.20	4.92	3.63	0.30
600491	G 龙元	2005.05.17	2005.05.18	2005.05.19	11.26	7.31	0.50
600500	G 中化	2005.04.29	2005.05.09	2005.05.10	9.31	6.04	0.50
600501	G 晨光	2005.06.29	2005.06.30	2005.07.01	6.75	4.19	0.60
600507	G 长力	2005.09.27	2005.09.28	2005.09.29	3.35	2.58	0.30
600507	G 长力	2005.05.27	2005.05.30	2005.05.31	7.91	3.76	1.00
600510	黑牡丹	2005.05.19	2005.05.20	2005.05.23	6.05	3.87	0.50

2005 年度上市公司送股
Bonus Shares in 2005

股票代码 Code	股票简称 Name	股权登记日 Registration Date	除净日 Ex-Date	送股上市 Bonus Share Listing	收盘价 Close Price	除净价 Ex-Price	送股比例 Bonus Share Ratio
600517	置信电气	2005.06.09	2005.06.10	2005.06.13	9.09	4.52	1.00
600519	贵州茅台	2005.08.04	2005.08.05	2005.08.08	55.51	45.84	0.20
600521	G 华海	2005.04.21	2005.04.22	2005.04.25	19.10	14.46	0.30
600527	G 高纤	2005.04.08	2005.04.11	2005.04.12	9.89	5.38	0.80
600529	G 药玻	2005.06.06	2005.06.07	2005.06.08	7.09	5.83	0.20
600533	G 栖霞	2005.04.25	2005.04.26	2005.04.27	10.36	6.57	0.50
600536	中国软件	2005.07.01	2005.07.04	2005.07.05	12.26	8.01	0.50
600538	G 国发	2005.05.26	2005.05.27	2005.05.30	6.14	3.41	0.80
600563	法拉电子	2005.05.25	2005.05.26	2005.05.27	11.27	7.25	0.50
600570	G 恒生	2005.05.31	2005.06.01	2005.06.02	8.83	5.75	0.50
600571	G 信雅达	2005.06.08	2005.06.09	2005.06.10	9.09	5.56	0.60
600582	天地科技	2005.08.22	2005.08.23	2005.08.24	8.14	6.18	0.30
600583	G 海工	2005.05.11	2005.05.12	2005.05.13	26.64	22.12	0.20
600586	G 金晶	2005.06.28	2005.06.29	2005.06.30	8.35	5.50	0.50
600588	G 用友	2005.05.20	2005.05.23	2005.05.24	18.19	14.89	0.20
600594	G 益佰	2005.06.08	2005.06.09	2005.06.10	14.24	11.76	0.20
600598	G 北大荒	2005.06.22	2005.06.23	2005.06.24	4.98	4.11	0.20
600606	金丰投资	2005.07.28	2005.07.29	2005.08.01	4.10	3.64	0.10
600626	G 申达	2005.06.13	2005.06.14	2005.06.15	4.46	3.11	0.40
600628	新世界	2005.08.08	2005.08.09	2005.08.10	8.00	6.15	0.30
600635	大众公用	2005.08.25	2005.08.26	2005.08.29	3.86	2.97	0.30
600637	广电信息	2005.06.06	2005.06.07	2005.06.08	4.67	4.25	0.10
600639	G 金桥	2005.07.08	2005.07.11	2005.07.12	4.47	4.02	0.10
600651	飞乐音响	2005.07.15	2005.07.18	2005.07.19	6.65	5.46	0.20
600654	G 飞乐	2005.08.15	2005.08.16	2005.08.17	2.91	2.43	0.20
600662	强生控股	2005.07.04	2005.07.05	2005.07.06	6.17	4.11	0.50
600673	G 阳之光	2005.12.29	2005.12.30	2006.01.04	4.87	4.26	0.14
600692	G 亚通	2005.06.20	2005.06.21	2005.06.22	3.86	3.22	0.20
600694	大商股份	2005.07.05	2005.07.06	2005.07.07	12.44	11.22	0.10
600704	G 中大	2005.07.08	2005.07.11	2005.07.12	3.70	2.85	0.30
600725	G 云维	2005.03.25	2005.03.28	2005.03.29	7.07	4.68	0.50
600747	大显股份	2005.07.29	2005.08.01	2005.08.02	2.25	1.86	0.10
600768	宁波富邦	2005.08.17	2005.08.18	2005.08.19	9.38	7.79	0.20
600792	马龙产业	2005.07.22	2005.07.25	2005.07.26	6.32	5.56	0.10
600824	G 益民	2005.12.07	2005.12.08	2005.12.09	6.90	3.45	1.00
600825	华联超市	2005.07.15	2005.07.18	2005.07.19	4.91	3.97	0.20
600834	G 申地铁	2005.07.21	2005.07.22	2005.07.25	4.90	4.41	0.10
600837	G 都市	2005.06.06	2005.06.07	2005.06.08	5.30	4.82	0.10
600851	G 海欣	2005.06.07	2005.06.08	2005.06.09	9.28	4.59	1.00
600881	亚泰集团	2005.07.19	2005.07.20	2005.07.21	3.17	2.11	0.50
600900	G 长电	2005.08.11	2005.08.12	2005.08.15	8.74	8.22	0.04
600963	G 岳纸	2005.07.19	2005.07.20	2005.07.21	6.69	4.39	0.50
600965	福成五丰	2005.06.02	2005.06.03	2005.06.06	3.08	2.75	0.10
600966	G 博汇	2005.07.08	2005.07.11	2005.07.12	7.55	6.21	0.20
600971	G 恒源	2005.06.10	2005.06.13	2005.06.14	15.86	10.51	0.50
600978	G 宜华	2005.07.06	2005.07.07	2005.07.08	5.99	4.91	0.20
600980	北矿磁材	2005.06.30	2005.07.01	2005.07.04	7.66	5.82	0.30
600995	文山电力	2005.04.07	2005.04.08	2005.04.11	13.91	6.71	1.00
900911	金桥 B 股	2005.07.13	2005.07.11	2005.07.15	0.36	0.32	0.10
900917	海欣 B 股	2005.06.10	2005.06.08	2005.06.14	0.41	0.20	1.00
900947	振华 B 股	2005.07.07	2005.07.05	2005.07.11	1.00	0.66	0.50

2005 年度上市公司配股
Rights Issues in 2005

股票代码 Code	股票简称 Name	股权登记日 Registration Date	除净日 Ex-Date	配股上市 Right Issue Listing	收盘价 Close Price	配股价 Right Issue Price	除净价 Ex-Price	配股比例 Right Issue Ratio
600302	标准股份	2005.01.04	2005.01.05	2005.02.01	5.280	5.260	5.280	0.3000

股票筹资
Capital Raised

<table>
<tr><th rowspan="2">股票类型
Type of Securities</th><th rowspan="2" colspan="2">筹资方式
Form of Capital Raising</th><th colspan="2">筹资额(亿元)Capital Collection Val.</th></tr>
<tr><th>2004 年</th><th>2005 年</th></tr>
<tr><td rowspan="10">A 股</td><td rowspan="4">首次发行</td><td>上网定价</td><td>237.24</td><td>28.55</td></tr>
<tr><td>全额预缴，比例配售，作额即退</td><td>0.00</td><td>0.00</td></tr>
<tr><td>全额预缴，比例配售，作额转存</td><td>0.00</td><td>0.00</td></tr>
<tr><td>A 股首次发行小计</td><td>237.24</td><td>28.55</td></tr>
<tr><td rowspan="4">再次发行</td><td>A 股增发</td><td>150.64</td><td>269.80</td></tr>
<tr><td>配股 A</td><td>69.02</td><td>1.42</td></tr>
<tr><td>配售 A</td><td>0.00</td><td>0.00</td></tr>
<tr><td>A 股再次发行小计</td><td>219.66</td><td>271.22</td></tr>
<tr><td colspan="2">A 股其他</td><td>0.00</td><td>0.00</td></tr>
<tr><td colspan="2">A 股筹资合计</td><td>456.90</td><td>299.77</td></tr>
<tr><td rowspan="6">B 股（美元计）</td><td rowspan="2">首次发行</td><td>私募</td><td>0.00</td><td>0.00</td></tr>
<tr><td>超额配售</td><td>0.00</td><td>0.00</td></tr>
<tr><td rowspan="2">再次发行</td><td>B 股增发</td><td>0.00</td><td>0.00</td></tr>
<tr><td>配股 B</td><td>0.00</td><td>0.00</td></tr>
<tr><td colspan="2">B 股其他</td><td>0.00</td><td>0.00</td></tr>
<tr><td colspan="2">B 股筹资合计</td><td>0.00</td><td>0.00</td></tr>
<tr><td colspan="3">股票筹资合计（美元汇率 1:8.0775）</td><td>456.90</td><td>299.77</td></tr>
</table>

2005 年末上市公司股本结构一览
Capital Structure of Listed Companies at the End of 2005

股票代码 Code	股票简称 Name	总股本 Total	A 股流通股 A Negotiable	B 股 B Shares	H 股 H Shares	国家股 State Owned Shares	国有法人股 State Legal Person Shares	境内发起法人股 Domestic Promoter Legal Person Shares
600000	G 浦发	3915000000	900000000			388110000	1959840000	
600001	G 邯钢	2259927723	765098073			1458184650		
600002	齐鲁石化	1950000000	350000000			1600000000		
600003	东北高速	1213200000	300000000			913200000		
600004	G 穗机场	1000000000	476000000				524000000	
600005	G 武钢	7838000000	2370000000				5468000000	
600006	东风汽车	2000000000	600000000				1400000000	
600007	G 国贸	800000000	160000000					640000000
600008	G 首创	2200000000	600000000				1600000000	
600009	G 沪机场	1926958448	756958448				1170000000	
600010	G 包钢	2856459668	1056459668				1775560000	24440000
600011	G 华能	12055383440	500000000		3055383440		8462000000	
600012	G 皖通	1658610000	250000000		493010000	538740000	376860000	
600015	G 华夏	4200000000	1200000000				2647200000	27600000
600016	G 民生	7258592412	2912921807					3995055649
600018	G 上港	1804400000	512400000			1266242100		25757900
600019	G 宝钢	17512000000	4729940000			12782060000		
600020	G 中原	1050000000	280000000			233897419	536102581	
600021	G 上电	1563505000	316800000				1246705000	
600022	G 济钢	940000000	220000000				720000000	
600026	G 中海	3326000000	451500000		1296000000		1578500000	
600027	华电国际	6021084200	569000000		1431028000	3011075430	923443970	86536800
600028	中国石化	86702439000	2800000000		16780488000	67121951000		
600029	南方航空	4374178000	1000000000		1174178000	2200000000		
600030	G 中信	2481500000	540000000					1941500000
600031	G 三一	480000000	162000000				7488546	310511454
600033	G 闽高速	986400000	288000000			696047458	2352542	
600035	楚天高速	931652495	280000000			650677495	975000	
600036	G 招行	10305887828	2733615374			182141550	3837403789	
600037	G 歌华	562349109	167149109				395200000	
600038	哈飞股份	337350000	148200000				188838000	312000
600039	四川路桥	300000000	120000000				176809440	3190560
600050	G 联通	21196596395	6500000000				14696596395	
600051	G 联合	302400000	85397860			108501070		108501070
600052	浙江广厦	483633492	255528000					86424450
600053	ST 江纸	161070000	76050000				85020000	
600054	G 黄山	302900000	52000000	104000000			146900000	
600055	G 万东	144300000	50700000				93600000	
600056	G 中技	208560000	62400000				146160000	
600057	G 夏新	429840000	172800000					257040000
600058	G 五矿	826972985	234000000			592972985		
600059	G 龙山	232800000	106470000				126330000	
600060	G 海信	493767810	203840000				289927810	
600061	中纺投资	373115600	121680000				211140800	
600062	G 双鹤	441075700	185866200				239239000	15970500
600063	G 皖维	252900000	99000000				153900000	
600064	G 宁高科	344145888	155487600				150304680	38353608
600065	*ST 联谊	192000000	60000000					123600000
600066	G 宇通	266611140	182760126					
600067	G 冠城	322595814	208663352			84775495		
600068	G 葛洲坝	705800000	345800000				360000000	
600069	G 银鸽	371600000	203840000			108292800		59467200
600070	G 富润	102711602	48672002					36074160
600071	G 光学	237472456	107450200				130022256	
600072	G 江南	362446656	164736000				197710656	
600073	G 梅林	324000000	159600000				164400000	
600074	G 中达	375408000	192456000					
600075	G 天业	226800000	97200000				129600000	
600076	*ST 华光	253216000	124800000				64416000	
600077	国能集团	126819142	46540742			6592000	67904000	2080000
600078	G 澄星	399889968	172319472					23100000
600079	G 人福	203330400	140256480			4923341		58150579
600080	G 金花	230835200	99840000					118753027
600081	东风科技	313560000	78390000				235170000	
600082	G 海泰	268165413	142538764				59905409	

2005 年末上市公司股本结构一览
Capital Structure of Listed Companies at the End of 2005

境外发起法人股 Overseas Legal Person Shares	个人发起人股 Personal Legal Shares	社会法人股 Social Legal Person Shares	职工股 Staff Shares	法人配售 Legal Person Allotment	战略投资者配售 Strategic Investment Allotment	其他股本 Other Shares
		667050000				
		36645000				
		38000000				
		325200000				
350614956						
		3552727115				
		141681042				
40294800						
		8400000				
		83851014				
		29156966				
		17965440				
		182952000				
		64000000				
		3702400				
		204470496				
12242173						
		65721240				

2005 年末上市公司股本结构一览
Capital Structure of Listed Companies at the End of 2005

股票代码 Code	股票简称 Name	总股本 Total	A 股流通股 A Negotiable	B 股 B Shares	H 股 H Shares	国家股 State Owned Shares	国有法人股 State Legal Person Shares	境内发起法人股 Domestic Promoter Legal Person Shares
600083	ST 博讯	230000000	135730600			79618194		2400000
600084	G 新天	470360800	178464000				236600000	55296800
600085	G 同仁堂	434021898	194252385				239769513	
600086	G 多佳	352281672	128220120					224061552
600087	G 水运	515729479	238350575				165044585	
600088	G 中视	236730000	78000000					158730000
600089	G 特变	388199469	220403040					128219853
600090	GST 酒花	367916646	174120960				72613888	
600091	G 明天	336526000	206200000				130326000	
600092	*ST 精密	261196200	133099200				76653000	
600093	*ST 禾嘉	286875000	114750000					172125000
600094	华源股份	491754000	110400000	207000000			154932000	19422000
600095	哈高科	261560000	151066007					110493993
600096	G 云天化	525758842	177122502			348636340		
600097	G 浙华立	115449889	35000000					80449889
600098	G 广控	2059200000	679680000				1379520000	
600099	林海股份	219120000	91200000			7073280	120846720	
600100	G 同方	574612295	273030533			14891031	274734213	
600101	明星电力	264896450	148206318			21176074	95514058	
600102	莱钢股份	922273092	202800000				719473092	
600103	青山纸业	706300000	446420000					255820000
600104	G 上汽	3275999090	1316951634			1959047456		
600105	G 永鼎	272110462	131625000					140485462
600106	G 渝路桥	310000000	124200000			185800000		
600107	美尔雅	360000000	133200000				87728738	70875000
600108	G 亚盛	937567800	493747800			211084380		
600109	成都建投	70982700	27500000			33482700		
600110	中科英华	334123794	137676350				111478826	
600111	G 稀土	403674000	145600000				191705740	17368260
600112	G 长征	172000000	52000000			120000000		
600113	G 东日	118000000	40000000					78000000
600114	G 东睦	195500000	76500000					
600115	东方航空	4866950000	300000000		1566950000			3000000000
600116	三峡水利	174768000	57992000			69718000		1760000
600117	G 西钢	630137319	207917319				408320000	13900000
600118	G 卫星	227404800	86400000				128908800	12096000
600119	G 长投	257400000	82368000				175032000	
600120	G 浙东方	505473454	209881083			219015982		
600121	G 郑煤电	629140000	298080000				331060000	
600122	宏图高科	319200000	144000000				174686948	513052
600123	G 兰花	371250000	144000000				227250000	
600125	G 铁龙	459698304	245458304				211669120	
600126	G 杭钢	645337500	165750000				479587500	
600127	金健米业	432500065	191434455				241065610	
600128	G 弘业	199447500	74123100			103405265		
600129	G 太极	252600000	75000000				147789600	13255320
600130	G 波导	384000000	144000000					240000000
600131	岷江水电	504125155	169915015			245213100		38204100
600132	重庆啤酒	256308000	78000000			138547500		
600133	东湖高新	275592200	83200000					118152200
600135	乐凯胶片	342000000	126000000				216000000	
600136	*ST 道博	104444000	40924000					
600137	*ST 长控	60711288	17400000			34671288		
600138	G 中青旅	267000000	117000000				150000000	
600139	绵阳高新	76010200	29400000			46610200		
600141	G 兴发	160000000	40000000			48780000		
600143	G 金发	227500000	76050000					
600145	四维瓷业	346500000	124740000			195857285	931752	24970963
600146	G 大元	200000000	60000000				140000000	
600148	G 一东	141516450	42000000			99516450		
600149	华夏建通	305640000	124200000			175680000		
600150	G 重机	241493120	101640000				139853120	
600151	G 航天	467840000	141440000					326400000
600152	G 维科	293494200	110975000			14100000	87169200	
600153	G 建发	617600000	272000000				345600000	

2005 年末上市公司股本结构一览
Capital Structure of Listed Companies at the End of 2005

境外发起法人股 Overseas Legal Person Shares	个人发起人股 Personal Legal Shares	社会法人股 Social Legal Person Shares	职工股 Staff Shares	法人配售 Legal Person Allotment	战略投资者配售 Strategic Investment Allotment	其他股本 Other Shares
		12251206				
		112334319				
		39576576				
		121181798				
		51444000				
		11956518				
		4060000				
		68196262				
		232735620				
		10000000				
		84968618				
49000000						
71400000		47600000				
		45298000				
		76576389				
		2570880				
		21919135				
		16555080				
		50792940				
		39760500				
		74240000				
		63520000				
		8640000				
		71220000				
	151450000					
		5760000				
		81250000				

2005 年末上市公司股本结构一览
Capital Structure of Listed Companies at the End of 2005

股票代码 Code	股票简称 Name	总股本 Total	A 股流通股 A Negotiable	B 股 B Shares	H 股 H Shares	国家股 State Owned Shares	国有法人股 State Legal Person Shares	境内发起法人股 Domestic Promoter Legal Person Shares
600155	G 宝硕	412500000	120000000			292500000		
600156	G 华升	438900000	136000000				291200000	11700000
600157	鲁润股份	170446162	63558432			11016000		95871730
600158	中体产业	253648200	76050000				177598200	
600159	G 大龙	305001616	88007680			216993936		
600160	G 巨化	556800000	171600000				385200000	
600161	G 天坛	325500000	109500000				216000000	
600162	香江控股	351780000	215040000					
600163	G 南纸	305946640	91000000			214946640		
600165	G 宁恒力	251200000	101440000			132000000		
600166	G 福田	456699000	156000000			19125000	224874000	540000
600167	沈阳新开	190000000	70000000			120000000		
600168	G 武控	441150000	127500000				313650000	
600169	G 太重	372172425	144000000			11700000	216472425	
600170	G 建工	719298000	313560000			405738000		
600171	G 贝岭	612552521	249585960			218180881		144785680
600172	G 旋风	268000000	135200000				9296000	90304000
600173	*ST 丹江	230000000	101515500				122109500	2800000
600175	G 美都	128016000	48816000					43848000
600176	中国玻纤	427392000	142464000				189782400	95145600
600177	G 雅戈尔	1644406830	769735170					731029742
600178	G 东安	462080000	138580000				323500000	
600179	G 黑化	330000000	100000000				230000000	
600180	G 九发	250990080	79872000				171118080	
600181	*ST 云大	348136224	168000000					180136224
600182	佳通轮胎	340000000	170000000				151070000	1000000
600183	G 生益	638015625	193689844				253571297	
600184	新华光	70000000	30000000				32700000	7300000
600185	G 海星	217800000	74800000					143000000
600186	莲花味精	884000000	364000000			520000000		
600187	*ST 黑龙	327225000	97500000			229725000		
600188	G 兖煤	4184000000	288000000		1224000000		2672000000	
600189	G 森工	310500000	152490000				158010000	
600190	G 锦州港	946500000	228000000	166500000		157500000		
600191	G 华资	303082500	104650000				114827285	83605215
600192	长城电工	320500000	110500000				210000000	
600193	G 创兴	167800000	46000000			38574060		83225940
600195	G 中牧	390000000	120000000				270000000	
600196	G 复星	831960417	360684417					471276000
600197	伊力特	441000000	150000000			4000000	265000000	22000000
600198	G 大唐	438986400	165373750				214447011	25505720
600199	GST 金牛	346400000	130000000				216400000	
600200	G 吴中	415800000	281475000					134325000
600201	G 金宇	218426500	100626500			41200000	5000000	34000000
600202	哈空调	245731200	100777600			144953600		
600203	福日股份	256400000	70000000			186400000		
600205	山东铝业	672000000	192000000				480000000	
600206	G 有研	145000000	65000000				80000000	
600207	G 安彩	440000000	180000000				259160000	840000
600208	G 中宝	250840293	103200000			17207713	27600000	
600209	*ST 罗顿	439011169	165750000					
600210	G 紫江	1436736158	775613858					420323551
600211	西藏药业	122600000	45000000				77600000	
600212	G 江泉	319900866	191796347					76919092
600213	*ST 亚星	190000000	60000000			128572500	1427500	
600215	长春经开	357717600	214968000			142749600		
600216	G 浙医药	450060000	132147200			11849923	144568444	99853499
600217	G 秦岭	660800000	224000000			256000000		180800000
600218	G 全柴	283400000	101400000			182000000		
600219	G 南山	257001391	135001391					122000000
600220	G 苏阳光	954087751	489971787					464115964
600221	海南航空	730252801	371957765	184723201		17289355		117547200
600222	太龙药业	136145240	35000000				99955240	
600223	G 万杰	536250000	211315000					324935000
600225	*ST 天香	221100001	95148075			19470000	46412405	60069521

2005 年末上市公司股本结构一览
Capital Structure of Listed Companies at the End of 2005

境外发起法人股 Overseas Legal Person Shares	个人发起人股 Personal Legal Shares	社会法人股 Social Legal Person Shares	职工股 Staff Shares	法人配售 Legal Person Allotment	战略投资者配售 Strategic Investment Allotment	其他股本 Other Shares
		136740000				
		17760000				
		56160000				
33200000						
		3575000				
		35352000				
		143641918				
		17930000				
165305053		25449431				
		394500000				
33659919						
		37600000				
		102832580				
		273261169				
240798749						
		51185427				
		61640934				
		38735280				
		1190000				

2005 年末上市公司股本结构一览
Capital Structure of Listed Companies at the End of 2005

股票代码 Code	股票简称 Name	总股本 Total	A 股流通股 A Negotiable	B 股 B Shares	H 股 H Shares	国家股 State Owned Shares	国有法人股 State Legal Person Shares	境内发起法人股 Domestic Promoter Legal Person Shares
600226	G 拜克	270366165	97440000					154171375
600227	G 赤天化	170000000	70000000			97081200		2918800
600228	ST 昌九	288000000	96000000				192000000	
600229	青岛碱业	295126210	124445373			141745756		
600230	G 沧大	259331620	80000000			178031620		1300000
600231	G 凌钢	523900000	213785000			301665000		
600232	G 金鹰	218851880	58500000				864500	159487380
600233	G 大杨	165000000	99000000					66000000
600234	*ST 天龙	93860000	43000000			33860000		
600235	G 特纸	263400000	88400000				173460000	1540000
600236	G 桂冠	1350727174	286667774			262531334	725074600	
600237	G 铜峰	200000000	105600000			23600000	58367520	12432480
600238	G 椰岛	166000000	74000000			46390000		12600000
600239	红河光明	177338160	94530240			32114880		
600240	G 华业	175000000	86250000				768942	87981058
600241	G 辽时代	106000000	30000000				70000000	
600242	*ST 华龙	174029825	87959800				30817344	10052481
600243	青海华鼎	156600000	55000000			50000000	680000	50920000
600246	先锋股份	92000000	30000000				33530000	28470000
600247	G 物华	285120000	182736000					102384000
600248	*ST 秦丰	128820000	48000000				72570000	8250000
600249	G 两面针	150000000	60000000			36280000		
600250	南纺股份	258692460	111036120			121607460		
600251	G 冠农	180000000	60000000				120000000	
600252	中恒集团	217447402	97785402			85594080	26314860	
600253	G 天方	420000000	120000000				299698614	301386
600255	G 鑫科	95000000	30000000				57439548	7560452
600256	G 广汇	866061245	244800000				51316180	402825793
600257	G 水殖	219000000	120000000			47718000	23166000	28116000
600258	首旅股份	231400000	70000000				160000000	1400000
600259	*ST 聚酯	213400000	94600000			83360000	34000000	1440000
600260	G 凯乐	263820000	166269600			15131287		82419113
600261	G 浙阳光	123160000	52000000					55405196
600262	G 北重	170000000	55000000				71070000	1150000
600263	G 路桥	408133010	115000000				293133010	
600265	景谷林业	105000000	40000000			61320000		3680000
600266	G 城建	600000000	150000000			450000000		
600267	G 海正	449280000	115200000			249614208	80145792	
600268	G 南自	118000000	40000000				78000000	
600269	G 赣粤	778444986	312000000			463528066	2916920	
600270	外运发展	905481720	228690000				675158220	1633500
600271	G 航信	307800000	79800000			120840000	107160000	
600272	开开实业	243000000	60000000	80000000		35090200		
600273	G 华芳	215000000	119700000					95300000
600275	武昌鱼	445137238	127400000				314433210	3304028
600276	G 恒瑞	255072000	76800000			158524800	18691200	1056000
600277	G 亿利	173800000	63800000				107108100	2891900
600278	G 东创	320000000	108000000			209253275		2746725
600279	G 重庆港	228390960	113520000				114870960	
600280	南京中商	143541859	94427559			33114300		
600281	太化股份	358906000	105000000			248376000		5530000
600282	南钢股份	936000000	396000000			536400000	3600000	
600283	钱江水利	285330000	85000000			60330000	139670000	
600284	G 浦建	226000000	105600000			78342466	2886301	
600285	G 羚锐	100360000	40000000				40743000	6036000
600286	*ST 国瓷	114000000	75120000			3600000		
600287	G 舜天	436796074	122459902			263766074		
600288	G 大恒	210000000	75000000				135000000	
600289	G 信通	211780000	80000000					131780000
600290	苏福马	174300000	63000000				104838720	6461280
600291	G 西水	160000000	60000000			53260000		46740000
600292	G 九电	334500000	120000000				156582000	
600293	G 三峡	274300000	108004000			90009400		30876300
600295	G 鄂绒	1032000000	160000000	420000000			452000000	
600296	兰州铝业	542326578	301820754				240046729	459095

2005 年末上市公司股本结构一览
Capital Structure of Listed Companies at the End of 2005

境外发起法人股 Overseas Legal Person Shares	个人发起人股 Personal Legal Shares	社会法人股 Social Legal Person Shares	职工股 Staff Shares	法人配售 Legal Person Allotment	战略投资者配售 Strategic Investment Allotment	其他股本 Other Shares
18754790						
		28935081				
		8450000				
		17000000				
		76453466				
		33010000				
		50693040				
6000000						
		45200200				
		51470536	2249464			
		26048880				
		7753060				
167119272						
	15754804					
42780000						
4320000						
		67909800				
		16000000				
	330000					
		39171233				
12494520	1086480					
		35280000				
		50570098				
		57918000				
		45410300				

2005 年末上市公司股本结构一览
Capital Structure of Listed Companies at the End of 2005

股票代码 Code	股票简称 Name	总股本 Total	A 股流通股 A Negotiable	B 股 B Shares	H 股 H Shares	国家股 State Owned Shares	国有法人股 State Legal Person Shares	境内发起法人股 Domestic Promoter Legal Person Shares
600297	美罗药业	115000000	40000000				72900000	2100000
600298	G 安琪	135700000	35000000				79700000	21000000
600299	星新材料	240000000	80000000					160000000
600300	G 维维	660000000	200000000					
600301	G 南化	185148140	102046483				82536068	565589
600302	G 标准	346009804	117000000			196062700	4200000	28747104
600303	G 曙光	162000000	115312500					46687500
600305	G 恒顺	127150000	40000000				82792500	
600306	G 商业城	178138918	63445235			15957500	97067003	432997
600307	G 酒钢	728000000	200000000				527500000	500000
600308	G 华泰	300258361	216496800					83761561
600309	G 万华	848640000	282880000				551616000	14144000
600310	桂东电力	156750000	45000000			110750000	1000000	
600311	荣华实业	260000000	104000000					93600000
600312	G 平高	311950000	102000000				82930250	127019750
600313	ST 中农	252200000	80000000				171500000	350000
600315	上海家化	270000000	80000000				89965000	24035000
600316	洪都航空	252000000	108000000				140653800	3346200
600317	G 营口港	250865844	100865844				150000000	
600318	巢东股份	200000000	80000000				107735000	12265000
600319	G 亚星	315594000	80000000				153607288	235594
600320	G 振华	1540920000	435420000	330000000		481668000		
600321	G 国栋	227760000	107250000					120510000
600322	G 天房	423707417	194781500			178457417		
600323	G 南海	208514168	132419660				76094508	
600325	G 华发	260000000	101400000					78112342
600326	G 藏天路	180000000	72000000				108000000	
600327	大厦股份	217379922	80000000				137379922	
600328	G 兰太	359118030	124800000				212686030	21632000
600329	中新药业	369654360	62950000		100000000	194654360		
600330	G 天通	439152000	168000000					107761843
600331	G 宏达	416000000	208000000					208000000
600332	G 广药	810900000	78000000		219900000	513000000		
600333	长春燃气	406531200	161731200				244800000	
600335	鼎盛天工	116628600	35000000				78545600	3083000
600336	G 澳柯玛	341036000	127800000			210475373		2760627
600337	G 美克	198892800	86400000				19123776	65245824
600338	ST 珠峰	158333333	50000000				42250000	66083333
600339	G 天利	428400000	151200000				251507088	25692912
600340	G 国祥	100000000	40000000					33000000
600343	G 航动力	185000000	65000000				110000000	10000000
600345	长江通信	198000000	54000000				126000000	18000000
600346	G 大橡塑	105000000	38500000				63830000	2670000
600348	G 国阳	481000000	195000000				280607648	5392352
600350	G 鲁高速	3363800000	505000000			2858800000		
600351	G 亚宝	172500000	60000000			104280000	8220000	
600352	G 龙盛	590200000	207480000					42649588
600353	旭光股份	94990568	42441587			20519825		
600354	敦煌种业	185966400	75000000				54816250	56150150
600355	G 精伦	246044600	62000000					
600356	G 恒丰	140000000	79800000				60200000	
600357	G 承钒钛	760667040	278200000			396445019		
600358	G 国旅	432000000	135000000				196775190	46224810
600359	G 新农	321000000	117000000				204000000	
600360	G 华微	236000000	100000000				132000000	4000000
600361	G 综超	251145800	123000000					128145800
600362	G 江铜	2895038200	230000000		1387482000		1275556200	2000000
600363	G 联创	247204500	90000000				155206500	1998000
600365	G 通葡酒	140000000	60000000					80000000
600366	G 韵升	285975000	109830600				9468758	166675642
600367	G 红星	291200000	121430400				166374208	3395392
600368	G 交通	442000000	102000000			24800000	315200000	
600369	ST 长运	172300000	72557500			28888046	7750000	
600370	三房巷	158260000	55000000					80678500
600371	华冠科技	155000000	62000000					

2005 年末上市公司股本结构一览
Capital Structure of Listed Companies at the End of 2005

境外发起法人股 Overseas Legal Person Shares	个人发起人股 Personal Legal Shares	社会法人股 Social Legal Person Shares	职工股 Staff Shares	法人配售 Legal Person Allotment	战略投资者配售 Strategic Investment Allotment	其他股本 Other Shares
165600000		294400000				
		4357500				
		1236183				
		62400000				
350000						
76000000						
81751118						
293832000						
		50468500				
			80487658			
		12050000				
	163390157					
28123200						
						27000000
	340070412					
		32029156				
	184044600					
		86022021				
		31594961				22405039
		63104454				
		20000000	2581500			
		93000000				

2005 年末上市公司股本结构一览
Capital Structure of Listed Companies at the End of 2005

股票代码 Code	股票简称 Name	总股本 Total	A 股流通股 A Negotiable	B 股 B Shares	H 股 H Shares	国家股 State Owned Shares	国有法人股 State Legal Person Shares	境内发起法人股 Domestic Promoter Legal Person Shares
600372	昌河股份	410000000	110000000				263859271	36140729
600373	G 鑫新	125000000	45000000				79626197	373803
600375	G 星马	124987500	45000000				79987500	
600376	G 天鸿宝	173200000	64000000				74128000	
600377	G 宁沪	5037747500	150000000		1222000000	2778663600	600471000	
600378	天科股份	195573391	76050000			108648241	2509650	8365500
600379	宝光股份	158000000	50000000				80000000	
600380	健康元	609930000	157500000					339322500
600381	贤成实业	286000000	91000000				192374000	2626000
600382	G 粤明珠	170873300	60000000			24053100	247000	21195200
600383	金地集团	666000000	342000000			19800000		15840000
600385	ST 金泰	141323648	67835000					38138982
600386	G 北巴	403200000	128000000				274512000	688000
600387	海越股份	198000000	60000000				61930000	10000000
600388	G 龙净	167000000	65000000			22465798	4547677	22986525
600389	G 江山	198000000	52800000				131340000	13860000
600390	G 金瑞	106700000	40000000				66700000	
600391	成发科技	140000000	50000000				90000000	
600392	G 天成	108000000	47992500				30963870	29043630
600393	G 东华	300000000	107764410					192235590
600395	盘江股份	371300000	120000000				251300000	
600396	G 金山	221000000	105570000			289000		115141000
600397	安源股份	220000000	80000000				139646906	353094
600398	G 凯诺	236658834	159120000					77538834
600399	G 抚钢	520000000	120000000				396724500	3275500
600400	G 红豆	301452200	120120000					181150868
600401	G 申龙	258047644	156600000					101447644
600403	G 欣网	127467000	54000000				22140000	37467932
600405	G 动力源	104343600	36000000					
600406	国电南瑞	212550000	78000000				106294500	28255500
600408	G 安泰	391000000	154700000					
600409	G 唐三友	420000000	160800000				259200000	
600410	G 华胜	122200000	31200000					11375000
600415	小商品城	124968637	52913127				49811300	15400000
600416	G 湘电	195000000	98250000				93069525	3680475
600418	G 江汽	909892506	654292506				189450000	
600419	G*ST 天宏	80160000	30000000				47520000	2640000
600420	G 现代	130787910	49500000				73058760	8229150
600421	G 国药	163200000	54000000				28392000	80808000
600422	G 昆药	314176000	128000000				68801792	68801792
600423	G 柳化	190821800	101400000				86324504	3097296
600425	G 青松	184927500	60000000				124260800	
600426	G 恒升	250500000	90000000				159525000	975000
600428	G 中远	655200000	307580000				332385175	15234825
600429	G*ST 三元	635000000	150000000				101850000	29100000
600432	G 吉恩	190000000	60000000				122940000	7060000
600433	G 冠豪	160000000	60000000				51000000	
600435	G 天鸟	90000000	40000000				43610390	6389610
600436	G 片仔癀	140000000	40000000			90000000	4000000	
600438	G 通威	171880000	60000000					104909900
600439	G 瑞贝卡	128700000	46332000					81544320
600444	G 国通	70000000	39600000				7998240	22401760
600446	G 金证	68720000	18000000					2434560
600448	G 华纺	245000000	93500000				150115400	1384600
600449	赛马实业	123000000	48000000			69750000	5250000	
600452	G 涪电力	160000000	52000000				102950000	5050000
600455	交大博通	62458000	22000000				11732820	8496180
600456	G 宝钛	200080000	75600000				124480000	
600458	G 时代	170296000	70000000				100296000	
600459	G 贵研	85950000	40000000				45350000	200000
600460	G 士兰微	202040000	70720000					113780325
600461	G 水业	140000000	50000000				88354000	1646000
600462	石岘纸业	170300000	50000000			47400000	70900000	2000000
600463	G 空港	140000000	40000000				95263364	
600466	迪康药业	127400000	50000000					77400000

2005 年末上市公司股本结构一览
Capital Structure of Listed Companies at the End of 2005

境外发起法人股 Overseas Legal Person Shares	个人发起人股 Personal Legal Shares	社会法人股 Social Legal Person Shares	职工股 Staff Shares	法人配售 Legal Person Allotment	战略投资者配售 Strategic Investment Allotment	其他股本 Other Shares
		35072000				
		286612900				
		28000000				
113107500						
		65378000				
19800000		268560000				
		35349666				
		41070000	25000000			
		52000000				
			181332			
	13859068					
	68343600					
	236300000					
	79625000					
		6844210				
66150000						
		48572416				
	666700					
						354050000
		39000000				10000000
						6000000
	6970100					
	823680					
	48285440					
	20229000					
		400000				
	17539675					
		4736636				

2005 年末上市公司股本结构一览
Capital Structure of Listed Companies at the End of 2005

股票代码 Code	股票简称 Name	总股本 Total	A 股流通股 A Negotiable	B 股 B Shares	H 股 H Shares	国家股 State Owned Shares	国有法人股 State Legal Person Shares	境内发起法人股 Domestic Promoter Legal Person Shares
600467	G 好当家	180000000	60000000					
600468	G 百利	176000000	66240000				107419103	2340897
600469	G 风神	255000000	106500000				146332148	2167852
600470	G 六国	188000000	80000000				108000000	
600472	G 包铝	431000000	140000000				287747000	3253000
600475	G 华光	256000000	96000000				143040000	16960000
600476	G 湘邮	103250000	35000000				63050000	5200000
600477	G 杭萧	247573834	80000000				1675738	20108861
600478	力元新材	123697530	40000000				25109260	43522710
600479	G 千金	84000000	27000000			17100000		3450000
600480	G 凌云	312000000	88400000				138632000	
600481	G 双良	306000000	80000000					146900000
600482	G 风帆	218000000	80000000			96877500	3450100	
600483	G 南纺	192322475	80000000			38738199	61755065	
600485	G 中创	136632000	36000000				1006320	99625680
600486	G 扬农	100000000	30000000				70000000	
600487	G 亨通	126120000	50750000					64901860
600488	G 天药	251825012	104949000				141227416	5648596
600489	G 中黄金	280000000	100000000			159353900	19990700	655400
600490	G 中科	76000000	30000000			460000	41630000	
600491	G 龙元	243000000	78750000				1642500	
600493	G 凤竹	170000000	60000000					110000000
600495	G 晋西	102910000	53600000				47953995	509482
600496	G 精工钢	110000000	49200000			5896586		54903414
600497	G 驰宏	160000000	70000000				85400891	4599109
600498	G 烽火	410000000	88000000				308350000	13650000
600499	G 粤科达	99540000	36000000					50832000
600500	G 中化	1257693750	475875000				773989740	7829010
600501	G 晨光	299703000	115200000				183705534	
600502	G 水利	156000000	75400000				80600000	
600503	ST 新智	110000000	40000000					
600505	西昌电力	297000000	103950000			54549720	57910860	
600506	G 香梨	160500000	50000000				74905700	35594300
600507	G 长力	325000000	175500000				145294067	4205933
600508	G 上能	401510000	110000000				290210000	1300000
600509	G 天富	253627500	90000000				160087500	3540000
600510	G 黑牡丹	438370800	146400000			113537400		
600511	国药股份	133000000	53000000				80000000	
600512	G 腾达	159735164	60000000					
600513	G 联环	60000000	20000000				28800000	11200000
600515	*ST 一投	243572800	129967917					58330628
600516	*ST 海龙	200000000	80000000				119000000	1000000
600517	G 置信	159660000	50000000			5483000	2741500	89899268
600518	G 康美	106200000	33750000					64491478
600519	G 茅台	471900000	134963400				334105200	2831400
600520	G 三佳	113040000	45000000				61380000	6660000
600521	G 华海	234000000	102375000					5659875
600522	G 中天	208310000	70000000				10860000	127450000
600523	贵航股份	220000000	70000000			21573100	127085900	1341000
600525	G 长园	99540000	33250000				22508056	41372132
600526	G 菲达	140000000	56000000				77000000	5600000
600527	G 高纤	144000000	70200000					10137906
600528	G 中铁	410000000	151800000				258200000	
600529	G 药玻	222500111	122752158			81323050		
600530	G 昂立	240000000	60000000				72000000	88200000
600531	G 豫光	228269160	109350000				118163344	755816
600532	G 华阳	117000000	52000000				63319490	1680510
600533	G 栖霞	210000000	60000000				106140000	43860000
600535	G 天士力	285000000	96750000					188250000
600536	G 中软	151511084	54000000				63382205	
600537	G 海通	230034000	91000000					32984324
600538	G 国发	199440000	104688000			18000000		55530000
600539	狮头股份	230000000	88000000			37070000	104610000	320000
600540	G 新赛	180000000	60000000				120000000	
600543	G 莫高	138400000	56000000				80000000	

2005 年末上市公司股本结构一览
Capital Structure of Listed Companies at the End of 2005

境外发起法人股 Overseas Legal Person Shares	个人发起人股 Personal Legal Shares	社会法人股 Social Legal Person Shares	职工股 Staff Shares	法人配售 Legal Person Allotment	战略投资者配售 Strategic Investment Allotment	其他股本 Other Shares
		99889000	20111000			
	145789235					
	15065560					
		20059500	9319500			7071000
84968000						
79100000						
		37672400				
		10515212	1313999			
	10468140					
	3910000					
	147239859	15367641				
846523						
	12708000					
	797466					
	46655000	23345000				
		80589420				
	73994100	104439300				
	98140014					1595150
		55274255				
	11536232					
	7958522					
	125965125					
	2409812					
	1400000					
	63662094					
		18424903				
19800000						
	34128879					
19984845	86064831					
		21222000				
		2400000				

2005 年末上市公司股本结构一览
Capital Structure of Listed Companies at the End of 2005

股票代码 Code	股票简称 Name	总股本 Total	A 股流通股 A Negotiable	B 股 B Shares	H 股 H Shares	国家股 State Owned Shares	国有法人股 State Legal Person Shares	境内发起法人股 Domestic Promoter Legal Person Shares
600545	G 新城建	160541029	60000000			84671360	1979136	
600546	中油化建	110000000	40000000				56896600	13103400
600547	G 鲁黄金	160000000	60000000			97000000	2400000	600000
600548	G 深高速	2180700000	165000000		747500000	654780000	613420000	
600549	G 厦钨	240000000	60000000			92664000	1800000	56430000
600550	G 天威	330000000	126000000			176715000	828750	26456250
600551	G 创新	75000000	25000000				45895200	
600552	G 方兴	117000000	52000000				64805000	195000
600553	G 太行	380000000	140000000			193720000		
600555	G 茉织华	434500000	81000000	110000000			133917195	15254049
600556	G 北生	172746000	95350500				7541240	
600557	G 康缘	156060000	85680000					61117992
600558	大西洋	120000000	45000000				71183885	3816115
600559	裕丰股份	140000000	40000000			98798500	353400	848100
600560	G 金自	99398000	39000000				59299500	1098500
600561	G 长运	185724000	84840000			100884000		
600562	G 高陶	84089294	30000000			43271436		
600563	G 法拉	225000000	75000000				45000000	105000000
600565	G 迪马	80000000	20000000				12000000	48000000
600566	G 洪城	106308000	44000000			32720000		618000
600567	G 山鹰	267784448	167284448			93465000	6030000	1005000
600568	潜江制药	109290000	53922000				55368000	
600569	G 安钢	2018235389	712500000			1305735389		
600570	G 恒生	102000000	35700000				7573500	25510200
600571	G 信雅达	149657600	63590400					51640320
600572	G 康恩贝	137200000	52800000					
600573	G 惠泉	250000000	63000000			95370000		8517000
600575	G 芜湖港	118600000	45000000				73600000	
600576	*ST 庆丰	194093090	60000000				123077288	1012482
600577	G 精达	108000000	36000000				63000000	9000000
600578	G 京能	573360000	100000000				473360000	
600579	黄海股份	216000000	72000000				143197440	802560
600580	G 卧龙	174566818	75600000			6677539	4674277	64699196
600581	G 八一	589576104	187200000				383656104	18720000
600582	天地科技	202800000	67600000				132499786	2700214
600583	G 海工	396000000	126720000				269280000	
600584	G 苏长电	292592000	116160000					176432000
600585	G 海螺	1183480000	200000000		361000000	622480000		
600586	G 金晶	188857500	68250000				119886000	721500
600587	G 新华医	85820000	40320000			45500000		
600588	G 用友	172800000	43200000					129600000
600589	G 榕泰	192000000	64800000				3392000	123808000
600590	G 泰豪	150730407	60000000					90730407
600591	G 上航	1081500000	300000000			97531200	525480600	
600592	G 龙溪	150000000	50000000			55392000	27251000	
600593	大连圣亚	92000000	32000000				27000000	18000000
600594	G 益佰	80400000	31200000					2460000
600595.	G 中孚	228627797	119978001				107267708	1382088
600596	G 新安	227987617	103156000			67881000	22161880	34788737
600597	光明乳业	1041892560	240000000			40094627	320757026	80189254
600598	G 北大荒	1763952000	360000000			1403952000		
600599	浏阳花炮	126000000	39600000			55678320		27000000
600600	青岛啤酒	1308219178	200000000		655069178	399820000		
600601	方正科技	970447028	970447028					
600602	G 电子	927227733	349972019	231913411		345342303		
600603	ST 兴业	194641920	194641920					
600604	G 二纺机	566449190	71181880	232925000		262342310		
600605	轻工机械	210192000	24000000			186192000		
600606	G 金丰	280436801	124939759			155497042		
600607	G 上实联	306512351	132932010			68472000	27688500	8551008
600608	上海科技	252524332	169638021					
600609	*ST 金杯	1092667132	364000000			110616116	495623779	122427237
600610	中国纺机	357091535	25740000	120120000		188923535		
600611	大众交通	598701580	142323400	202800000		113578180	140000000	
600612	G 中铅	251779395	29087916	120051360		83328128		

2005 年末上市公司股本结构一览
Capital Structure of Listed Companies at the End of 2005

境外发起法人股 Overseas Legal Person Shares	个人发起人股 Personal Legal Shares	社会法人股 Social Legal Person Shares	职工股 Staff Shares	法人配售 Legal Person Allotment	战略投资者配售 Strategic Investment Allotment	其他股本 Other Shares
		11047680	2842853			
29106000						
4104800						
		46280000				
94328756						
		69854260				
	9262008					
		8500000	1352232			965626
		28970000				
	33216300					
	34426880					
		75400000	9000000			
35411000		44606000				3096000
		10003320				
	22915806					
158488200						
		17357000				
15000000						
	46740000					
360851653						
	3721680					
		53330000				
68868833						
		82886311				
		22308000				
		19311991				

2005 年末上市公司股本结构一览
Capital Structure of Listed Companies at the End of 2005

股票代码 Code	股票简称 Name	总股本 Total	A 股流通股 A Negotiable	B 股 B Shares	H 股 H Shares	国家股 State Owned Shares	国有法人股 State Legal Person Shares	境内发起法人股 Domestic Promoter Legal Person Shares
600613	永生数据	147904607	9125250	45626250		38964331		54188776
600614	G*ST 鼎立	115133378	8349000	41745000		56690378		
600615	ST 丰华	150416406	46500480				79186360	
600616	G 食品	304632981	147919076			96654583		
600617	*ST 联华	167194800	9000000	64558440				66636360
600618	G 氯碱	1164483067	27832420	406560000		611510647		
600619	G 海立	456624329	32854036	215280006		135482287		73008000
600620	G 天宸	320129190	96558584					
600621	G 金陵	524082351	293937500			90576302		139568549
600622	G 嘉宝	333688309	115199136					60730802
600623	G 轮胎	889467722	22880000	243100000		617767722		
600624	G 复华	263477126	161721918			15503523	86251685	
600626	G 申达	473495211	196674240			212030840		
600627	上电股份	517965500	51000000			433807200		
600628	G 新世界	462434148	226478520			183510525		
600629	*ST 棱光	151377598	57760548			25140864		
600630	G 龙头	424861597	191100000			190874197		
600631	G 百联	1101027295	326969710			551203626		
600633	G 白猫	152050800	13200000					83016208
600634	海鸟发展	87207283	39809737					25120700
600635	G 大众	710036166	428088105				84335875	
600636	G 三爱富	242816638	107083714			63157426	43382633	
600637	G 上广电	901793733	224185677			576627439		
600638	G 新黄浦	561163988	170152172			197621636		40994553
600639	G 金桥	844386400	141751500	247432900		415272000		
600640	G 国脉	401371188	60869348				236337765	
600641	万业企业	447865971	179066240				268799731	
600642	G 申能	2689631654	813764160			1472368890		
600643	爱建股份	460687964	308352666					108492078
600644	乐山电力	249336499	128761571			73153822		20180810
600645	*ST 春花	250027992	98155360					
600647	G 同达	53516750	21000000					25040000
600648	G 外高桥	745057500	54450000	200557500		435600000		
600649	G 原水	1884395014	560851462			987762727		
600650	G 锦投	551610107	41817600	161050032				223289675
600651	飞乐音响	508998148	508998148					
600652	爱使股份	389512282	389512282					
600653	申华控股	1455316931	1455316931					
600654	G 飞乐	755043154	662891069			92152085		
600655	G 豫园	465333455	149079457			57566683		97569151
600656	*ST 源药	150081697	82045583			6366674		61669440
600657	*ST 天桥	304432315	175093292			32247378	7226406	
600658	G 兆维	167023116	95069976			5974800		56272740
600659	*ST 花雕	173421772	44570064					128851708
600660	G 福耀	1001493166	385684110					
600661	G 南洋	173676825	30546450			12961278		75903083
600662	强生控股	625799244	334877720					290921525
600663	G 陆家嘴	1867684000	160524000	509600000		1121120000		58800000
600664	哈药集团	1242005473	810299607			431705866		
600665	G 天地源	720102101	147000000			323427000		173441420
600666	G 西药	148792973	63193793				83949180	
600667	太极实业	368817381	189640000			71128776		93528605
600668	尖峰集团	344083828	188289463			94999999		
600671	天目药业	121778628	63415428					47728911
600673	G 阳之光	110794400	45540000			47104400		
600674	G 川投	386208464	154740608				209532976	
600675	G 中企	697455097	414128159			252253392		
600676	G 交运	337923712	198180000			89290860		
600677	G 航通	326172356	170745684			101220320		7687680
600678	四川金顶	232660000	96000000			131160000		
600679	G 凤凰	603619662	34320017	171600000		380539645		
600680	上海邮通	304925337	27040000	124800000		128749337		
600681	ST 万鸿	208068030	108523800			14678862		
600682	南京新百	230208211	152880000			56382626		
600683	G 银泰	199253729	89890449			42655600		14872000

2005 年末上市公司股本结构一览
Capital Structure of Listed Companies at the End of 2005

境外发起法人股 Overseas Legal Person Shares	个人发起人股 Personal Legal Shares	社会法人股 Social Legal Person Shares	职工股 Staff Shares	法人配售 Legal Person Allotment	战略投资者配售 Strategic Investment Allotment	其他股本 Other Shares
		8349000				
		24729566				
		60059322				
		27000000				
		118580000				
		223570606				
		157758371				
		5720000				
		64790131				
		33158300				
		52445103				
		68476186				
		42887400				
		222853959				
		55834592				
22276846						
		197612186				
		29192865				
		100980617				
		152395627				
		39930000				
		104164075				
		403498604				
		43843220				
		27240296				
		151872632				
		7476750				
		54450000				
		335780825				
		125452800				
		161118164				
		89865239				
		9705600				
381512144		234296912				
		54266014				
		17640000				
		76233681				
		1650000				
		14520000				
		60794366				
		10634289				
		18150000				
		21934880				
		31073546				
		50452852				
		46518672				
		5500000				
		17160000				
		24336000				
		84865368				
		20945585				
		51835680				

2005 年末上市公司股本结构一览
Capital Structure of Listed Companies at the End of 2005

股票代码 Code	股票简称 Name	总股本 Total	A 股流通股 A Negotiable	B 股 B Shares	H 股 H Shares	国家股 State Owned Shares	国有法人股 State Legal Person Shares	境内发起法人股 Domestic Promoter Legal Person Shares
600684	G 穗珠江	187039400	100035000			12903400		74101000
600685	G 广船	494677600	126479500		157398000	210800100		
600686	G 金龙	151517520	57600000			44975520		
600687	G 华盛达	109999979	42221459					42979174
600688	上海石化	7200000000	720000000		2330000000	4000000000		
600689	上海三毛	200991343	68544000	48787200		72572143		
600690	G 海尔	1196472423	674845611					
600691	ST 东碳	77274499	33216000			22082299		
600692	G 亚通	240259589	134791116			32479326	45617627	27371520
600693	东百集团	132008690	72300998			51971920		
600694	大商股份	293718653	171788518			109425800		
600695	*ST 大江	676305696	25740000	346732848				286672848
600696	G 多伦	340565767	116547947					77007216
600697	欧亚集团	142210877	84385989			43072428		
600698	ST 轻骑	971817440	306710040	230000000		397488000		
600699	辽源得亨	185723709	94459510			51970950		
600701	工大高新	324090968	174690968				113400000	
600702	G 沱牌	337300000	148618600				155081400	10000000
600703	*ST 天颐	119516464	58615464			54297000		
600704	G 中大	374752068	166899038			130954780		
600705	*ST 北亚	979706160	538372800					175232304
600706	G 长信	87333441	37500021			14049750		
600707	彩虹股份	421148800	143644800				240160000	
600708	G 海博	356902274	175348803			124773409		56780062
600710	G 常林	329999998	148799998				181200000	
600711	*ST 雄震	60360000	15120000					12864000
600712	南宁百货	144672000	63264000			35616000		
600713	G 南药	194260716	83097396			52663320		900000
600714	金瑞矿业	150937500	40250000				97807500	
600715	*ST 松辽	224256000	101376000				119040000	
600716	耀华玻璃	557280001	168480001			386496000		2304000
600717	G 天津港	1448840442	663097153			725583833		
600718	G 东软	281451690	113258293				11430619	86273959
600719	G 大热电	202299800	76050000			81249800		
600720	祁连山	395902332	212108346				147984970	
600721	*ST 百花	94800750	46500000			41423750		
600722	沧州化工	421420000	115000000			306420000		
600723	西单商场	409718038	185919370				186079557	27404111
600724	宁波富达	364368861	157475767					193215014
600725	G 云维	165000000	56250000				108750000	
600726	华电能源	1126498505	194566876	432000002				47677680
600727	鲁北化工	379300000	152100000				227200000	
600728	*ST 新太	208180180	81120000				61411586	
600729	G 重百	204000000	51000000			71400000		
600730	G 高科	244440001	76440001					104580000
600731	G 海利	256314098	97035997				117054016	
600732	G 新梅	247990600	105334411					142656189
600733	前锋股份	197586000	75600000			36270000		
600734	*ST 实达	351558394	132732144					149762500
600735	ST 陈香	154812936	83461530			71351406		
600736	G 苏高新	457470000	150930000				222300000	38880000
600737	*ST 屯河	805604226	406285026					399319200
600738	G 民百	234397120	131256000				79108000	11980800
600739	G 成大	498448080	228880080			92477376		
600740	G 山焦	202850000	84500000				118350000	
600741	G 沪巴士	726115600	336000000				303648800	
600742	G 四环	211523400	103194000				66776400	27945000
600743	ST 幸福	312800000	78200000					233613922
600744	G 华银	711648000	288288000					396891272
600745	*ST 天华	121744896	46759440					65049456
600746	江苏索普	306421452	88026750					218394702
600747	G 大显	777393630	358668461			393204673		
600748	G 实发展	587541643	207200427				380341216	
600749	G 圣地	80000000	24000000			56000000		
600750	G 江中	146112000	62400000				83712000	

2005 年末上市公司股本结构一览
Capital Structure of Listed Companies at the End of 2005

境外发起法人股 Overseas Legal Person Shares	个人发起人股 Personal Legal Shares	社会法人股 Social Legal Person Shares	职工股 Staff Shares	法人配售 Legal Person Allotment	战略投资者配售 Strategic Investment Allotment	其他股本 Other Shares
		48942000				
		24799346				
		150000000				
		11088000				
		521626812				
		21976200				
		7735772				
		12504335				
		17160000				
147010604						
		14752460				
		37619400				
		39293249				
		36000000				
		23600000				
		6604000				
		76898250				
		266101056				
		35783670				
		37344000				
		32376000				
		45792000				
		57600000				
		12880000				
		3840000				
		60159456				
70488819						
		45000000				
		35809016				
		6877000				
		10315000				
		13678080				
		452253947				
		65648594				
		81600000				
		63420000				
		42224085				
		85716000				
		69063750				
		45360000				
		12052320				
		177090624				
		86466800				
		13608000				
		986078				
		26468728				
		9936000				
		25520496				

2005 年末上市公司股本结构一览
Capital Structure of Listed Companies at the End of 2005

股票代码 Code	股票简称 Name	总股本 Total	A 股流通股 A Negotiable	B 股 B Shares	H 股 H Shares	国家股 State Owned Shares	国有法人股 State Legal Person Shares	境内发起法人股 Domestic Promoter Legal Person Shares
600751	*ST 天海	492648820	103689300	180000000			184088520	
600753	GST 冰熊	128000000	32000000			96000000		
600754	G 锦江	603240740	98360000	156000000		255280740		
600755	G 厦国贸	356615998	228599998			128016000		
600756	G 鲁浪潮	185831520	89313120			22770000		
600757	华源发展	472144227	140400000				230960427	58181700
600758	ST 金帝	159755200	61595200			33150000		65010000
600759	*ST 华侨	208551974	69159974					93984000
600760	GST 黑豹	272999973	131585987					136499986
600761	G 合力	306954477	178076401				128878076	
600762	*ST 金荔	105664000	43264000					23795200
600763	ST 中燕	160320000	40320000			99600000		20400000
600764	G 中广通	329726984	106174134			170122009		53430842
600765	G 力源	111032000	34500000			76532000		
600766	*ST 烟发	171165513	60213240			32358182		
600767	ST 运盛	341010182	96744557					86850000
600768	宁波富邦	133747200	38568960					88853760
600769	祥龙电业	348816000	87360000					255056000
600770	G 综艺	270000000	133650000					136350000
600771	G 东盛	186886960	49500000					
600772	*ST 龙昌	287539200	90979200				30074015	
600773	*ST 金珠	180330058	69333264				110996794	
600774	G 汉商	109109616	39975936			36960000		
600775	南京熊猫	655015000	58000000		242000000	355015000		
600776	东方通信	628000000	118000000	150000000				360000000
600777	G 新潮	344330350	204801125					102695892
600778	G 友好	311491352	171312867			66378485	17250750	10147500
600779	G 全兴	488545698	191312880			236644818		
600780	G 通宝	872940978	618001838				254939140	
600781	G*ST 民丰	177592864	50625000					55973362
600782	新华股份	193220374	56160000					104681550
600783	G 鲁信	202278900	64896000			59052900		
600784	G 鲁银	248306873	189010822				18315619	
600785	新华百货	102892500	64642500			28500000	9750000	
600786	东方锅炉	401415244	102600000			298815244		
600787	G 中储	620677782	252329972				368347810	
600789	鲁抗医药	411754215	205097945			142997400		
600790	轻纺城	371860686	252233280					56507329
600791	G 天创	128700000	42900000			10		54641470
600792	G 马龙	126225000	37125000			89100000		
600793	宜宾纸业	105300000	33540000			71760000		
600794	保税科技	119239680	50119680				16420000	37340000
600795	国电电力	2269436255	588884647				1680551608	
600796	G 生化	210770730	76026600			101563200		4633200
600797	G 网新	813043495	506206851					
600798	G 海运	511875000	141450000					370425000
600799	*ST 龙科	389844000	178500000					
600800	*ST 磁卡	551659203	261739128			220057575		
600801	G 华新	328400000	62400000	164000000		79250648		
600802	福建水泥	301294031	134299391			121527000	42095040	
600803	G 威远	118221713	66096000			52125713		
600804	G 鹏博士	116611200	71956800					43214400
600805	悦达投资	545445188	309490514			32988148	200378486	
600806	交大科技	245007400	60000000		65000000	102397700		
600807	*ST 济百	107920800	64350000			36270000		
600808	G 马钢	6455300000	600000000		1732930000	4034560000		
600809	G 汾酒	432924133	76684133				328240000	
600810	G 神马	566280000	141570000			424710000		
600811	东方集团	757794510	530371903					227422607
600812	华北制药	761909244	469268566			292640678		
600814	G 解百	237370419	101397592			83085074		
600815	G 厦工	449413799	119700149			329713650		
600816	G 安信	454109778	266674747			111726046		
600817	G 宏盛	99021589	20235615					78785974
600818	G 永久	265659430	22425141	69000000		25402594		

2005 年末上市公司股本结构一览
Capital Structure of Listed Companies at the End of 2005

境外发起法人股 Overseas Legal Person Shares	个人发起人股 Personal Legal Shares	社会法人股 Social Legal Person Shares	职工股 Staff Shares	法人配售 Legal Person Allotment	战略投资者配售 Strategic Investment Allotment	其他股本 Other Shares
		24871000				
		93600000				
		73748400				
25552800		17049300				
6336000		32736000	6336000			
		4914000				
		38604800				
		78594091				
157415625						
		6324480				
		6400000				
		137386960				
		166485985				
		32173680				
		36833333				
		46401750				
		60588000				
53849502		17145000				
32378824						
		78330000				
		40980432				
63658870						
		63120077				
		31158520				
		15360000				
		28547730				
		306836644				
		211344000				
		69862500				
		22749352				
		3372600				
		1440000				
		2588040				
		17609700				
		7300800				
		87810000				
		28000000				
		52887753				
		75708985				
		148831695				

2005 年末上市公司股本结构一览
Capital Structure of Listed Companies at the End of 2005

股票代码 Code	股票简称 Name	总股本 Total	A 股流通股 A Negotiable	B 股 B Shares	H 股 H Shares	国家股 State Owned Shares	国有法人股 State Legal Person Shares	境内发起法人股 Domestic Promoter Legal Person Shares
600819	G 耀皮	731250082	46875078	187500002		122098641	122098641	130579079
600820	G 隧道	591128735	266473435			296183459		
600821	津劝业	292520958	145585019			97023592		49912347
600822	G 物贸	252720298	13310000	66550000		144381298		
600823	世茂股份	354667166	169738541			150987375		
600824	G 益民	387298184	237244898			150053286		
600825	华联超市	262628232	123780732			18697982	92565148	
600826	G 兰生	280428192	95140000			185288192		
600827	G 友谊	429196765	107666614	163380179		137852027		
600828	G 成商	203148026	51084026			132828880		
600829	三精制药	386592398	97329495			289262903		
600830	大红鹰	262720222	153943220					1769625
600831	G 广电	134658961	56079988					71628370
600832	G 明珠	963240198	307498080				618914811	
600833	G 一医	159347391	47979256					77887176
600834	G 申地铁	477381905	125902920			278943799		46305411
600835	上海机电	852282757	269153280	180195840		402933637		
600836	G 界龙	111693750	53727957				57965793	
600837	G 都市	275594546	89945861			185648685		
600838	G 九百	400881981	196862757			165383820		
600839	G 长虹	2164211422	951402345			1160343392		
600840	新湖创业	139751403	64420251			7183614		
600841	G 上柴	480309280	21600000	217000000		241709280		
600842	G 中西	215594628	84225521			56939896		
600843	G 上工	448886777	20631002	243943750		167119525		
600844	ST 大盈	304564482	27684336	96896677		161157847		
600845	G 宝信	262244070	13200000	88000000		150044070		
600846	G 同科	278089731	134336648					125592283
600847	GST 万里	88660000	39897000			48763000		
600848	ST 自仪	399286890	33674300	107145500		243160590		15306500
600849	G 上药	474310737	286062603			188248134		
600850	G 华电脑	171031500	48600000			4088880		94042620
600851	G 海欣	1207056692	367357872	402657070			132819308	238028930
600853	龙建股份	532400000	164560000			342430000		
600854	G 春兰	519458538	198241871					
600855	G 长峰	225080000	117989000			2099000		
600856	长百集团	182737712	85914832			56872480		
600857	工大首创	192291840	91508797				51240869	34560000
600858	G 银座	121346720	67953600			17600000		35793120
600859	王府井	392973026	198378626			194594400		
600860	G 北人	422000000	72000000		100000000		250000000	
600861	G 京城乡	405738946	167310000					214200000
600862	ST 纵横	238444764	122367840			48876924	67200000	
600863	G 蒙电	1981220026	395460026			149000000		1436760000
600864	G 岁宝	136594549	45375000				45351789	45867760
600865	百大集团	269706320	135339938			80730000		
600866	G 星湖	521102529	419861780			101240749		
600867	G 东宝	324493036	157697280					166795756
600868	梅雁股份	1273925288	976819015					240668383
600869	G 三普	120000000	30000000			36000000		54000000
600870	厦华电子	370818715	151513539					219305176
600871	仪征化纤	4000000000	200000000		1400000000			2400000000
600872	G 中炬	450055950	249236074					173570302
600873	G 五洲	108236603	52136603					56100000
600874	G 创业	1330000000	112495000		340000000	839020000		
600875	G 东电	450000000	60000000		170000000	220000000		
600876	G 洛玻	700000000	50000000		250000000	400000000		
600877	中国嘉陵	473870840	219600000			254270840		
600879	G 火箭	351499796	205711853			39152893		
600880	G 博瑞	182252070	58628430				25564568	50400000
600881	亚泰集团	836641430	537255459			299385971		
600882	G 大成	185849063	96829622			87739146		
600883	G 博闻	198180000	63180000				27000000	
600884	G 杉杉	410858247	227984820					
600885	力诺太阳	129807132	49868000			4245332		24482640

2005 年末上市公司股本结构一览
Capital Structure of Listed Companies at the End of 2005

境外发起法人股 Overseas Legal Person Shares	个人发起人股 Personal Legal Shares	社会法人股 Social Legal Person Shares	职工股 Staff Shares	法人配售 Legal Person Allotment	战略投资者配售 Strategic Investment Allotment	其他股本 Other Shares
122098641						
		28471841				
		28479000				
		33941250				
		27584370				
		20297945				
		19235120				
		107007377				
		6950603				
		36827307				
		33480959				
		26229775				
		38635404				
		52465685				
		68147538				
		74429211				
		17192500				
		18825622				
		11000000				
		18160800				
		24300000				
66193512						
		25410000				
94904924		226311743				
		104992000				
		39950400				
		14982174				
		24228946				
		53636382				
		56437890				
		27249574				
		38485000				
		106635050				
		47659072				
		1280295				
		108000000				
		182873427				
		51211160				

2005 年末上市公司股本结构一览
Capital Structure of Listed Companies at the End of 2005

股票代码 Code	股票简称 Name	总股本 Total	A 股流通股 A Negotiable	B 股 B Shares	H 股 H Shares	国家股 State Owned Shares	国有法人股 State Legal Person Shares	境内发起法人股 Domestic Promoter Legal Person Shares
600886	G 华靖	563491652	270438802			287266685		
600887	G 伊利	391264988	257710710			66057486		19420440
600888	G 众和	103389000	29250000			64506000		9633000
600889	南京化纤	193856871	80182253			106186618		
600890	*ST 中房	484850997	205095495			251054232		
600891	ST 秋林	243564134	129419334			59913695		9350000
600892	ST 湖科	50500000	15309700					19927000
600893	华润生化	234910865	115316885				87189290	17361080
600894	G 广钢	1029270000	242535398				529454602	
600895	G 张江	1215669000	582485588			633183412		
600896	G 海盛	317282550	156078000				149925000	
600897	G 厦空港	270000000	67500000			202500000		
600898	三联商社	217217833	117686622			31765656		
600900	G 长电	8186737600	2714802600			5247970000	223965000	
600960	G 活塞	108549000	40000000			66599000	1300000	
600961	G 株冶	427457914	162000000				233484808	31973106
600962	G 中鲁	165000000	65000000			69000000	19000000	9000000
600963	G 岳纸	269800073	156000000				113503797	
600965	G 福成	279403237	88000000				1914032	101443716
600966	G 博汇	216000000	109200000					
600967	G 北创	130000000	50000000				39087700	40912300
600969	G 郴电	210267720	70000000			48781910	81227900	10257910
600970	G 中材	168000000	58000000				103154600	6845400
600971	G 恒源	188400000	66000000				122400000	
600973	G 宝胜	120000000	60750000				58065000	1185000
600975	新五丰	100153900	35000000				51853900	
600976	G 健民	76699300	35000000			17029300		2800000
600978	G 宜华	301594911	104520000					108596947
600979	广安爱众	165170884	65000000				89352427	
600980	G 北矿	130000000	45500000				83387980	1112020
600981	G 苏纺织	181090000	50000000				127812750	
600982	G 宁热电	168000000	50000000				97479800	20520200
600983	G 合三洋	333000000	85000000					160257600
600984	建设机械	141556000	40000000			58532500	41528500	325000
600985	G 雷鸣	90000000	40000000				50000000	
600986	G 科达	139695712	39000000					62732800
600987	G 航民	285000000	85000000				28000000	172000000
600988	东方宝龙	90579800	25000000					39347880
600990	G 四创	58800000	20000000				36524400	1009800
600991	长丰汽车	400670300	78000000				220046600	
600992	G 贵绳	164370000	70000000				93390000	980000
600993	马应龙	51169740	18000000			9000000		
600995	文山电力	175140000	72000000				74520000	
600997	G 开滦	488000000	150000000				338000000	
900929	锦旅 B 股	132556570		66000000		66556570		
900935	阳晨 B 股	222360000		96000000		126360000		
900939	汇丽 B 股	181500000		88000000		6969600	86530400	
900948	伊泰 B 股	366000000		166000000		200000000		
900949	东电 B 股	2010000000		690000000				1320000000
900950	新城 B 股	331914000		133914000		195360000		2640000
900951	大化 B 股	275000000		100000000		175000000		
900953	凯马 B 股	640000000		240000000		378294668		21705332
900956	东贝 B 股	235000000		115000000		117600000		2400000
900957	凌云 B 股	349000000		184000000				165000000

2005 年末上市公司股本结构一览
Capital Structure of Listed Companies at the End of 2005

境外发起法人股 Overseas Legal Person Shares	个人发起人股 Personal Legal Shares	社会法人股 Social Legal Person Shares	职工股 Staff Shares	法人配售 Legal Person Allotment	战略投资者配售 Strategic Investment Allotment	其他股本 Other Shares
		5786165				
		48076352				
		7488000				
		28701270				
		44881105				
		15263300				
		15043610				
257280000						
		11279550				
		67765555				
	650000					
	3000000					
	296276					
		19140323				68905166
		106800000				
						13300000
		17870000	4000000			
88477964						
		10818457				
			3277250			
						87742400
	1170000					
			23404160			14558752
	26231920					
	1265800					
		22157300				80466400
		23578880				590860
		28620000				

2005 年度上市公司股份变动
Change of Capital in 2005

股票代码 Code	股票简称 Name	股份增加 Share Add 总股本 Total	A 股流通股 A Share	B 股 B share	变动原因 Reason	变动日期 Change Date
600001	邯郸钢铁	3269667	3269667	0	债转股	2005.01.06
600001	邯郸钢铁	18737481	18737481	0	债转股	2005.07.05
600001	邯郸钢铁	754346154	256069604	0	送股	2005.08.15
600001	邯郸钢铁	8329	8329	0	债转股	2005.10.12
600004	G 穗机场	0	76000000	0	股权分置	2005.12.20
600005	G 武钢	0	474000000	0	股权分置	2005.11.21
600008	首创股份	1100000000	300000000	0	送股	2005.06.20
600010	包钢股份	2525	2525	0	债转股	2005.07.05
600010	包钢股份	1428229834	528229834	0	送股	2005.11.15
600010	包钢股份	167658216	167658216	0	债转股	2005.10.12
600016	G 民生	1239	1239	0	债转股	2005.01.06
600016	G 民生	274644	274644	0	债转股	2005.04.05
600016	G 民生	366809	366809	0	债转股	2005.07.05
600016	G 民生	1036944687	312666253	0	送股	2005.04.19
600016	G 民生	0	673578944	0	股权分置	2005.10.26
600016	G 民生	974096817	300517873	0	送股	2005.10.26
600016	G 民生	62460665	62460665	0	债转股	2005.10.12
600018	G 上港	0	92400000	0	股权分置	2005.08.22
600019	G 宝钢	0	7986000	0	一般法人配售上市	2005.06.09
600019	G 宝钢	0	852940000	0	股权分置	2005.08.18
600019	G 宝钢	5000000000	1649857731	0	A 股增发上市	2005.05.09
600019	G 宝钢	0	43120000	0	一般法人配售上市	2005.08.09
600019	G 宝钢	0	299036269	0	一般法人配售上市	2005.07.11
600021	G 上电	0	76800000	0	股权分置	2005.11.25
600026	G 中海	0	101500000	0	股权分置	2005.12.30
600027	华电国际	0	284500000	0	一般法人配售上市	2005.05.09
600027	华电国际	6021084200	284500000	0	A 股新上市	2005.02.03
600030	G 中信	0	140000000	0	股权分置	2005.08.15
600031	G 三一	240000000	81000000	0	送股	2005.07.01
600031	G 三一	0	21000000	0	股权分置	2005.06.17
600036	G 招行	8182	8182	0	债转股	2005.07.05
600036	G 招行	3424122708	900031890	0	送股	2005.06.21
600036	G 招行	33511523	33511523	0	债转股	2005.10.12
600037	歌华有线	888	888	0	债转股	2005.01.06
600037	歌华有线	135	135	0	债转股	2005.04.05
600037	歌华有线	1151	1151	0	债转股	2005.07.05
600037	歌华有线	210880916	62680916	0	送股	2005.10.10
600066	宇通客车	61525648	42175414	0	送股	2005.04.20
600067	G 冠城	53765969	34777225	0	送股	2005.07.21
600069	G 银鸽	0	58240000	0	股权分置	2005.08.23
600073	G 梅林	0	39600000	0	股权分置	2005.12.15
600074	中达股份	34128000	17496000	0	送股	2005.06.30
600079	G 人福	0	23376080	0	股权分置	2005.08.19
600085	G 同仁堂	72336983	25900318	0	送股	2005.07.08
600085	G 同仁堂	0	38850477	0	股权分置	2005.11.30
600087	G 水运	0	0	0	债转股	2005.04.05
600087	G 水运	0	55003979	0	股权分置	2005.12.20
600089	特变电工	89584493	50862240	0	送股	2005.07.26
600096	云天化	3767043	3767043	0	债转股	2005.01.07
600096	云天化	7684284	7684284	0	债转股	2005.04.05
600096	云天化	3181469	3181469	0	债转股	2005.07.29
600096	云天化	6995947	6995947	0	债转股	2005.07.05
600096	云天化	3816605	3816605	0	债转股	2005.10.12
600098	G 广控	686400000	177000000	0	送股	2005.05.12
600098	G 广控	0	148680000	0	股权分置	2005.08.22
600101	明星电力	61129950	34201458	0	送股	2005.07.19
600104	G 上汽	0	334151907	0	股权分置	2005.10.24
600105	G 永鼎	0	34125000	0	股权分置	2005.11.23
600106	G 渝路桥	0	34200000	0	股权分置	2005.10.24
600114	G 东睦	80500000	31500000	0	送股	2005.04.12
600117	西宁特钢	187	187	0	债转股	2005.01.06
600117	西宁特钢	0	0	0	债转股	2005.04.05
600121	G 郑煤电	-180860000	0	0	其他股本变动	2005.12.30
600121	G 郑煤电	0	82080000	0	股权分置	2005.08.22
600125	铁龙物流	172386864	92046864	0	送股	2005.05.24

2005 年度上市公司股份变动
Change of Capital in 2005

股票代码 Code	股票简称 Name	股份增加 Share Add 总股本 Total	A 股流通股 A Share	B 股 B share	变动原因 Reason	变动日期 Change Date
600130	波导股份	192000000	72000000	0	送股	2005.06.06
600143	G 金发	52500000	13500000	0	送股	2005.06.16
600143	G 金发	0	17550000	0	股权分置	2005.08.09
600150	G 重机	0	24640000	0	股权分置	2005.11.30
600162	香江控股	175890000	107520000	0	送股	2005.03.25
600170	G 建工	0	79560000	0	股权分置	2005.11.08
600172	G 旋风	0	31200000	0	股权分置	2005.11.18
600175	G 美都	21336000	8136000	0	送股	2005.07.27
600177	雅戈尔	1991473	1991473	0	债转股	2005.01.06
600177	雅戈尔	3620578	3620578	0	债转股	2005.10.12
600177	雅戈尔	543446175	251888955	0	送股	2005.05.09
600177	雅戈尔	10447728	10447728	0	债转股	2005.07.07
600177	雅戈尔	7506423	7506423	0	债转股	2005.04.05
600188	兖州煤业	1110000000	108000000	0	送股	2005.07.28
600189	G 森工	0	41990000	0	股权分置	2005.12.19
600196	复星医药	795	795	0	债转股	2005.01.06
600196	复星医药	11329	11329	0	债转股	2005.10.12
600196	复星医药	5486271	5486271	0	债转股	2005.07.05
600196	复星医药	1390	1390	0	债转股	2005.04.06
600200	G 吴中	0	93825000	0	股权分置	2005.12.01
600210	G 紫江	0	178987813	0	股权分置	2005.07.29
600219	南山实业	1084	1084	0	债转股	2005.07.05
600219	南山实业	307	307	0	债转股	2005.10.12
600220	江苏阳光	4967624	4967624	0	债转股	2005.01.06
600220	江苏阳光	31937090	31937090	0	债转股	2005.04.05
600233	G 大杨	0	24000000	0	股权分置	2005.11.15
600236	桂冠电力	675363587	143333887	0	送股	2005.06.23
600237	G 铜峰	0	25600000	0	股权分置	2005.12.07
600240	G 华业	0	11250000	0	股权分置	2005.12.26
600247	G 物华	47520000	20304000	0	送股	2005.07.18
600247	G 物华	0	60912000	0	股权分置	2005.08.17
600257	洞庭水殖	73000000	40000000	0	送股	2005.07.18
600260	G 凯乐	0	47505600	0	股权分置	2005.12.22
600261	G 浙阳光	0	12000000	0	股权分置	2005.11.09
600270	外运发展	82316520	20790000	0	送股	2005.06.15
600271	航天信息	145800000	37800000	0	送股	2005.06.20
600273	G 华芳	0	29700000	0	股权分置	2005.12.12
600278	G 东创	0	28000000	0	股权分置	2005.11.23
600279	G 重庆港	0	27520000	0	股权分置	2005.12.09
600282	南钢股份	312000000	132000000	0	送股	2005.05.30
600282	南钢股份	120000000	120000000	0	A 股增发上市	2005.02.04
600284	G 浦建	0	25600000	0	股权分置	2005.12.21
600300	G 维维	330000000	100000000	0	送股	2005.07.12
600301	G 南化	0	29156138	0	股权分置	2005.10.25
600302	标准股份	27000000	27000000	0	配股上市	2005.02.01
600303	G 曙光	0	23062500	0	股权分置	2005.12.13
600308	G 华泰	0	36082800	0	股权分置	2005.11.14
600309	烟台万华	195840000	65280000	0	送股	2005.04.04
600311	荣华实业	60000000	24000000	0	送股	2005.06.24
600317	G 营口港	195796	195796	0	债转股	2005.07.05
600317	G 营口港	670048	670048	0	债转股	2005.10.12
600320	振华港机	0	13392300	0	一般法人配售上市	2005.01.31
600320	振华港机	0	66701081	0	一般法人配售上市	2005.03.31
600320	振华港机	403640000	145140000	0	送股	2005.07.06
600325	G 华发	60000000	23400000	0	送股	2005.10.31
600325	G 华发	0	18000000	0	股权分置	2005.08.23
600330	天通股份	164682000	63000000	0	送股	2005.06.20
600330	天通股份	45000000	45000000	0	A 股增发上市	2005.01.27
600331	G 宏达	0	41600000	0	股权分置	2005.12.27
600336	G 澳柯玛	0	37800000	0	股权分置	2005.12.12
600339	天利高新	71400000	25200000	0	送股	2005.06.02
600348	G 国阳	0	45000000	0	股权分置	2005.12.29
600352	G 龙盛	136200000	34200000	0	送股	2005.04.29
600352	G 龙盛	0	59280000	0	股权分置	2005.08.05
600353	旭光股份	0	7941587	0	职工股上市	2005.11.07

2005 年度上市公司股份变动 Change of Capital in 2005

股票代码 Code	股票简称 Name	股份增加 Share Add 总股本 Total	A 股流通股 A Share	B 股 B share	变动原因 Reason	变动日期 Change Date
600356	G 恒丰	0	19800000	0	股权分置	2005.11.29
600357	G 承钒钛	0	14000000	0	职工股上市	2005.08.22
600357	G 承钒钛	0	64200000	0	股权分置	2005.11.03
600360	华微电子	118000000	50000000	0	送股	2005.10.31
600361	G 综超	0	23000000	0	股权分置	2005.08.29
600362	江西铜业	231000000	0	0	其他股本变动	2005.07.28
600366	G 韵升	0	26625600	0	股权分置	2005.12.06
600367	G 红星	0	34070400	0	股权分置	2005.12.02
600381	贤成实业	66000000	21000000	0	送股	2005.05.13
600383	金地集团	296000000	152000000	0	送股	2005.05.31
600383	金地集团	100000000	100000000	0	A 股增发上市	2005.01.06
600386	北京巴士	151200000	48000000	0	送股	2005.08.15
600392	G 天成	36000000	11850000	0	送股	2005.07.19
600392	G 天成	0	12442500	0	股权分置	2005.11.10
600393	G 东华	100000000	27631900	0	送股	2005.06.17
600393	G 东华	0	24868710	0	股权分置	2005.11.07
600396	G 金山	0	29070000	0	股权分置	2005.10.31
600398	G 凯诺	0	36720000	0	股权分置	2005.08.05
600400	G 红豆	86129200	34320000	0	送股	2005.05.30
600401	G 申龙	114687842	48000000	0	送股	2005.06.23
600401	G 申龙	0	48600000	0	股权分置	2005.11.24
600405	G 动力源	17390600	6000000	0	送股	2005.07.15
600408	G 安泰	0	35700000	0	股权分置	2005.11.01
600409	G 唐三友	70000000	20000000	0	送股	2005.07.04
600409	G 唐三友	0	40800000	0	股权分置	2005.12.07
600410	华胜天成	28200000	7200000	0	送股	2005.05.19
600415	小商品城	0	2822400	0	职工股上市	2005.05.10
600416	G 湘电	0	23250000	0	股权分置	2005.12.08
600418	G 江汽	719998	719998	0	债转股	2005.04.05
600418	G 江汽	342722523	188271111	0	送股	2005.12.14
600418	G 江汽	88563663	88563663	0	债转股	2005.10.12
600418	G 江汽	2123	154453535	0	股权分置	2005.12.14
600418	G 江汽	63881283	63881283	0	债转股	2005.07.05
600420	现代制药	43595970	16500000	0	送股	2005.06.16
600421	春天股份	27200000	9000000	0	送股	2005.07.21
600422	昆明制药	157088000	64000000	0	送股	2005.04.19
600423	G 柳化	0	23400000	0	股权分置	2005.11.03
600426	G 恒升	83500000	30000000	0	送股	2005.03.23
600428	G 中远	187200000	67600000	0	送股	2005.05.17
600428	G 中远	0	70980000	0	股权分置	2005.12.09
600439	G 瑞贝卡	29700000	7920000	0	送股	2005.05.23
600439	G 瑞贝卡	0	12012000	0	股权分置	2005.11.08
600444	G 国通	0	9600000	0	股权分置	2005.12.26
600456	G 宝钛	0	15600000	0	股权分置	2005.12.30
600460	G 士兰微	0	18720000	0	股权分置	2005.11.02
600468	G 百利	0	18240000	0	股权分置	2005.12.08
600469	G 风神	0	31500000	0	股权分置	2005.08.16
600472	包头股份	0	28000000	0	一般法人配售上市	2005.08.09
600472	包头股份	431000000	112000000	0	A 股新上市	2005.05.09
600475	华光股份	96000000	36000000	0	送股	2005.07.06
600477	G 杭萧	92840188	30000000	0	送股	2005.04.18
600479	G 千金	28000000	9000000	0	送股	2005.04.27
600480	凌云股份	72000000	20400000	0	送股	2005.06.20
600487	G 亨通	0	15750000	0	股权分置	2005.08.08
600488	G 天药	0	28899000	0	股权分置	2005.10.24
600491	G 龙元	81000000	21000000	0	送股	2005.05.19
600491	G 龙元	0	15750000	0	股权分置	2005.11.15
600495	G 晋西	0	13600000	0	股权分置	2005.12.29
600496	G 精工钢	0	9200000	0	股权分置	2005.11.10
600500	G 中化	419231250	135000000	0	送股	2005.05.10
600500	G 中化	0	70875000	0	股权分置	2005.08.12
600501	G 晨光	112388625	43200000	0	送股	2005.07.01
600505	西昌电力	0	4950000	0	职工股上市	2005.05.30
600507	G 长力	125000000	50000000	0	送股	2005.05.31
600507	G 长力	75000000	40500000	0	送股	2005.09.29

2005 年度上市公司股份变动
Change of Capital in 2005

股票代码 Code	股票简称 Name	股份增加 Share Add 总股本 Total	A 股流通股 A Share	B 股 B share	变动原因 Reason	变动日期 Change Date
600507	G 长力	0	35000000	0	股权分置	2005.08.19
600510	黑牡丹	0	32400000	0	职工股上市	2005.06.03
600510	黑牡丹	146123600	38000000	0	送股	2005.05.23
600515	ST 一投	0	50967917	0	职工股上市	2005.08.08
600517	置信电气	79830000	25000000	0	送股	2005.06.13
600518	G 康美	0	6750000	0	股权分置	2005.10.25
600519	贵州茅台	78650000	22493900	0	送股	2005.08.08
600521	G 华海	54000000	18900000	0	送股	2005.04.25
600521	G 华海	0	20475000	0	股权分置	2005.08.16
600525	G 长园	0	8250000	0	股权分置	2005.12.23
600527	G 高纤	64000000	24000000	0	送股	2005.04.12
600527	G 高纤	0	16200000	0	股权分置	2005.11.03
600528	G 中铁	0	41800000	0	股权分置	2005.12.05
600529	G 药玻	0	30293465	0	职工股上市	2005.05.17
600529	G 药玻	37083352	20458693	0	送股	2005.06.08
600531	G 豫光	0	28350000	0	股权分置	2005.12.21
600533	G 栖霞	70000000	20000000	0	送股	2005.04.27
600535	G 天士力	0	21750000	0	股权分置	2005.12.30
600536	中国软件	50503695	18000000	0	送股	2005.07.05
600537	G 海通	0	21000000	0	股权分置	2005.12.15
600538	G 国发	0	23688000	0	职工股上市	2005.12.27
600538	G 国发	88640000	36000000	0	送股	2005.05.30
600550	G 天威	0	36000000	0	股权分置	2005.08.19
600553	太行水泥	0	40000000	0	职工股上市	2005.08.08
600557	G 康缘	0	17680000	0	股权分置	2005.11.16
600561	江西长运	0	24840000	0	职工股上市	2005.07.18
600563	法拉电子	75000000	25000000	0	送股	2005.05.27
600567	山鹰纸业	2096620	2096620	0	债转股	2005.04.06
600567	山鹰纸业	0	0	0	债转股	2005.07.05
600567	山鹰纸业	753609	753609	0	债转股	2005.10.12
600570	G 恒生	34000000	8500000	0	送股	2005.06.02
600570	G 恒生	0	10200000	0	股权分置	2005.08.09
600571	G 信雅达	56121600	17280000	0	送股	2005.06.10
600571	G 信雅达	0	17510400	0	股权分置	2005.11.30
600572	G 康恩贝	0	12800000	0	股权分置	2005.12.27
600580	G 卧龙	0	19600000	0	股权分置	2005.08.08
600582	天地科技	46800000	15600000	0	送股	2005.08.24
600583	G 海工	66000000	21120000	0	送股	2005.05.13
600584	G 苏长电	0	28160000	0	股权分置	2005.12.29
600586	G 金晶	62952500	22750000	0	送股	2005.06.30
600587	新华医疗	0	10920000	0	职工股上市	2005.09.12
600588	G 用友	28800000	7200000	0	送股	2005.05.24
600589	G 榕泰	0	16800000	0	股权分置	2005.11.02
600590	G 泰豪	48854835	0	0	股权分置	2005.10.25
600594	G 益佰	13400000	4000000	0	送股	2005.06.10
600594	G 益佰	0	7200000	0	股权分置	2005.12.05
600595	G 中孚	0	24570910	0	职工股上市	2005.06.20
600595	G 中孚	0	10907091	0	股权分置	2005.08.29
600598	G 北大荒	293992000	60000000	0	送股	2005.06.24
600600	青岛啤酒	248219178	0	0	其他股本变动	2005.04.13
600606	金丰投资	25494255	11358160	0	送股	2005.08.01
600616	G 食品	0	38349390	0	股权分置	2005.11.24
600619	G 海立	0	8517713	0	股权分置	2005.12.21
600621	G 金陵	0	83982143	0	股权分置	2005.10.21
600626	G 申达	135284346	56192640	0	送股	2005.06.15
600628	新世界	106715573	52264274	0	送股	2005.08.10
600635	大众公用	163854500	98789563	0	送股	2005.08.29
600637	广电信息	81981248	20380516	0	送股	2005.06.08
600639	G 金桥	54268500	12886500	0	送股	2005.07.12
600642	G 申能	0	197276160	0	股权分置	2005.08.17
600651	飞乐音响	84833025	84833025	0	送股	2005.07.19
600654	G 飞乐	125840526	95242970	0	送股	2005.08.17
600654	G 飞乐	0	91433251	0	股权分置	2005.12.13
600662	强生控股	208599748	111625907	0	送股	2005.07.06
600675	G 中企	0	95568037	0	股权分置	2005.12.19

2005 年度上市公司股份变动
Change of Capital in 2005

股票代码 Code	股票简称 Name	股份增加 Share Add 总股本 Total	A 股流通股 A Share	B 股 B share	变动原因 Reason	变动日期 Change Date
600676	G 交运	0	51380000	0	股权分置	2005.12.27
600692	G 亚通	40043265	16765064	0	送股	2005.06.22
600692	G 亚通	0	34200731	0	股权分置	2005.12.07
600694	大商股份	26701696	15617138	0	送股	2005.07.07
600704	G 中大	86481247	38515163	0	送股	2005.07.12
600708	G 海博	0	45460801	0	股权分置	2005.12.22
600717	G 天津港	0	103521497	0	股权分置	2005.12.27
600725	G 云维	55000000	18750000	0	送股	2005.03.29
600726	华电能源	311	311	0	债转股	2005.01.06
600732	G 新梅	0	22394411	0	股权分置	2005.11.29
600747	大显股份	70672148	32606224	0	送股	2005.08.02
600748	G 实发展	0	50230406	0	股权分置	2005.12.26
600761	G 合力	0	36745924	0	股权分置	2005.10.28
600768	宁波富邦	22291200	6428160	0	送股	2005.08.19
600770	G 综艺	0	34650000	0	股权分置	2005.10.24
600780	G 通宝	0	111442955	0	股权分置	2005.10.31
600792	马龙产业	11475000	3375000	0	送股	2005.07.26
600795	国电电力	910924	910924	0	债转股	2005.01.06
600795	国电电力	9858	9858	0	债转股	2005.07.05
600797	G 网新	0	110732760	0	股权分置	2005.10.31
600801	G 华新	0	14400000	0	股权分置	2005.12.29
600802	福建水泥	18477040	0	0	其他股本变动	2005.05.23
600817	G 宏盛	0	6745205	0	股权分置	2005.08.17
600818	G 永久	0	7475141	0	股权分置	2005.12.13
600824	G 益民	193649092	118622449	0	送股	2005.12.09
600824	G 益民	0	28756957	0	股权分置	2005.12.01
600825	华联超市	43771372	20630122	0	送股	2005.07.19
600832	G 明珠	0	87856594	0	股权分置	2005.08.05
600834	G 申地铁	43398355	8804400	0	送股	2005.07.25
600834	G 申地铁	0	29054520	0	股权分置	2005.11.09
600836	G 界龙	0	12399832	0	股权分置	2005.11.02
600837	G 都市	25054050	6289920	0	送股	2005.06.08
600837	G 都市	0	20756737	0	股权分置	2005.11.08
600851	G 海欣	402199811	183678936	0	送股	2005.06.09
600855	航天长峰	65000000	65000000	0	A 股增发上市	2005.01.21
600866	G 星湖	0	108853054	0	股权分置	2005.11.28
600881	亚泰集团	278880477	179085153	0	送股	2005.07.21
600886	G 华靖	0	55804832	0	股权分置	2005.08.09
600895	G 张江	0	151014782	0	股权分置	2005.10.24
600900	G 长电	0	400000000	0	战略投资人配售上市	2005.05.18
600900	G 长电	330737600	97924600	0	送股	2005.08.15
600900	G 长电	0	290878000	0	股权分置	2005.08.15
600961	G 株冶	0	42000000	0	股权分置	2005.11.02
600963	G 岳纸	89933358	40000000	0	送股	2005.07.21
600963	G 岳纸	0	36000000	0	股权分置	2005.12.06
600965	福成五丰	25400294	8000000	0	送股	2005.06.06
600966	G 博汇	36000000	14000000	0	送股	2005.07.12
600966	G 博汇	0	25200000	0	股权分置	2005.11.07
600970	中材国际	0	11600000	0	一般法人配售上市	2005.07.12
600970	中材国际	168000000	46400000	0	A 股新上市	2005.04.12
600971	G 恒源	62800000	22000000	0	送股	2005.06.14
600973	G 宝胜	0	15750000	0	股权分置	2005.08.11
600978	G 宜华	50265819	13400000	0	送股	2005.07.08
600978	G 宜华	0	24120000	0	股权分置	2005.12.21
600980	北矿磁材	30000000	10500000	0	送股	2005.07.04
600995	文山电力	87570000	36000000	0	送股	2005.04.11
900911	金桥 B 股	22493900	0	22493900	送股	2005.07.15
900917	海欣 B 股	201328535	0	201328535	送股	2005.06.14
900947	振华 B 股	110000000	0	110000000	送股	2005.07.11

2005 年度上市公司派发现金红利
Dividends in 2005

单位：元人民币
(Unit: Yuan RMB)

红利代码 Code	红利简称 Name	发放日期 Date	每股红利(含税) Dividend (Pre-Tax)	每股红利（除税） Dividend (After-Tax)	代发总股本 Negotiable Share	代发红利总额 Cash
600010	包钢红利	2005.11.17	0.200	0.130	528229834	68669878.42
600028	中石化利	2005.09.30	0.040	0.036	2800000000	100800000.00
600301	南化红利	2005.09.29	0.150	0.135	72890345	9840196.58
600428	中远红利	2005.10.14	0.350	0.315	236600000	74529000.00
600475	华光红利	2005.10.25	0.219	0.197	96000000	18900480.00
600577	精达红利	2005.09.23	0.100	0.090	36000000	3240000.00
600845	宝信红利	2005.11.08	0.200	0.180	24200004	4356000.72
600886	华靖红利	2005.11.10	0.500	0.450	270438802	121697460.90
609033	丽江红利	2005.11.15	0.130	0.117	1642911	192220.59
609040	南京港利	2005.10.18	0.400	0.360	2503053	901099.08
609041	登海红利	2005.11.25	0.125	0.113	994810	111916.13
609044	三友红利	2005.12.20	0.200	0.180	4293015	772742.70
720000	浦发红利	2005.05.16	0.120	0.096	900000000	86400000.00
720002	齐鲁红利	2005.06.29	0.180	0.162	350000000	56700000.00
720004	白云红利	2005.07.21	0.250	0.225	400000000	90000000.00
720005	武钢红利	2005.05.27	0.250	0.200	1896000000	379200000.00
720006	东风红利	2005.07.01	0.075	0.068	600000000	40500000.00
720007	国贸红利	2005.06.22	0.195	0.176	160000000	28080000.00
720008	首创红利	2005.06.24	0.120	0.108	300000000	32400000.00
720009	上机红利	2005.05.27	0.100	0.080	756958448	60556675.84
720011	华能红利	2005.06.28	0.250	0.225	500000000	112500000.00
720012	皖通红利	2005.07.20	0.100	0.090	250000000	22500000.00
720015	华夏红利	2005.06.08	0.100	0.080	1200000000	96000000.00
720016	民生红利	2005.04.22	0.070	0.016	1563331263	25013300.21
720018	上港红利	2005.06.17	0.300	0.240	420000000	100800000.00
720019	宝钢红利	2005.06.16	0.320	0.256	3877000000	992512000.00
720020	中原红利	2005.08.02	0.100	0.090	280000000	25200000.00
720021	电力红利	2005.05.20	0.210	0.168	240000000	40320000.00
720022	济钢红利	2005.06.02	0.500	0.400	220000000	88000000.00
720026	中海红利	2005.06.28	0.150	0.135	350000000	47250000.00
720027	华电红利	2005.06.29	0.035	0.032	569000000	17923500.00
720030	中信红利	2005.07.21	0.050	0.045	400000000	18000000.00
720031	三一红利	2005.07.05	0.200	0.180	81000000	14580000.00
720033	福高红利	2005.06.22	0.350	0.315	288000000	90720000.00
720035	楚天红利	2005.06.22	0.065	0.059	280000000	16380000.00
720036	招商红利	2005.06.24	0.110	0.099	1800063779	178206314.10
720038	哈飞红利	2005.07.12	0.100	0.090	148200000	13338000.00
720050	联通红利	2005.06.30	0.033	0.029	6500000000	190125000.00
720051	联合红利	2005.06.15	0.100	0.080	85397858	6831828.64
720054	黄山红利	2005.06.29	0.100	0.090	52000000	4680000.00
720055	万东红利	2005.06.17	0.080	0.064	50700000	3244800.00
720058	五矿红利	2005.06.30	0.200	0.180	234000000	42120000.00
720059	古越红利	2005.07.01	0.200	0.180	106469998	19164599.64
720060	海信红利	2005.07.21	0.100	0.090	203840000	18345600.00
720063	皖维红利	2005.07.06	0.080	0.072	99000000	7128000.00
720064	南科红利	2005.06.24	0.200	0.180	155487600	27987768.00
720066	宇通红利	2005.04.26	0.500	0.400	140584712	56233884.80
720067	冠城红利	2005.07.26	0.050	0.035	173886127	6086014.45
720068	葛洲坝利	2005.08.11	0.030	0.027	345800029	9336600.78
720070	富润红利	2005.07.13	0.100	0.090	48672002	4380480.18
720074	中达红利	2005.07.05	0.050	0.035	174960000	6123600.00
720079	人福红利	2005.05.27	0.020	0.016	116880400	1870086.40
720081	东风红利	2005.06.03	0.150	0.120	78390000	9406800.00
720082	海泰红利	2005.08.08	0.025	0.023	142538764	3207122.19
720085	同仁堂利	2005.07.14	0.250	0.225	129501590	29137857.75

2005 年度上市公司派发现金红利
Dividends in 2005

单位：元人民币
(Unit: Yuan RMB)

红利代码 Code	红利简称 Name	发放日期 Date	每股红利(含税) Dividend (Pre-Tax)	每股红利（除税） Dividend (After-Tax)	代发总股本 Negotiable Share	代发红利总额 Cash
720087	南运红利	2005.05.27	0.200	0.160	183314585	29330333.60
720088	中视红利	2005.08.04	0.050	0.045	78000000	3510000.00
720089	特变红利	2005.07.29	0.100	0.090	169540800	15258672.00
720098	广控红利	2005.05.19	0.200	0.080	354000000	28320000.00
720099	林海红利	2005.08.10	0.050	0.045	91200000	4104000.00
720100	同方红利	2005.06.08	0.100	0.080	273030533	21842442.64
720101	明星红利	2005.07.22	0.020	0.008	114004860	912038.88
720102	莱钢红利	2005.06.21	0.400	0.360	202800000	73008000.00
720103	青山红利	2005.06.17	0.010	0.008	446420000	3571360.00
720104	上汽红利	2005.06.27	0.250	0.225	982799727	221129938.60
720105	永鼎红利	2005.07.08	0.100	0.090	97500000	8775000.00
720106	路桥红利	2005.06.27	0.100	0.090	90000000	8100000.00
720109	成建红利	2005.06.03	0.050	0.040	27500000	1100000.00
720110	中科红利	2005.05.27	0.020	0.016	137676350	2202821.60
720113	东日红利	2005.06.15	0.100	0.080	40000000	3200000.00
720114	东睦红利	2005.04.15	0.250	0.200	45000000	9000000.00
720115	东航红利	2005.08.04	0.020	0.018	300000000	5400000.00
720120	浙东红利	2005.07.20	0.100	0.090	209881083	18889297.47
720121	郑煤红利	2005.06.21	0.100	0.090	216000000	19440000.00
720123	兰花红利	2005.05.12	0.200	0.160	144000000	23040000.00
720125	铁龙红利	2005.05.27	0.030	0.004	153411440	613645.76
720126	杭钢红利	2005.04.25	0.300	0.240	165750000	39780000.00
720128	弘业红利	2005.06.29	0.100	0.090	74123100	6671079.00
720130	波导红利	2005.06.16	0.300	0.240	72000000	17280000.00
720132	重啤红利	2005.06.28	0.200	0.180	78000000	14040000.00
720133	东湖红利	2005.07.06	0.050	0.045	83200000	3744000.00
720135	乐凯红利	2005.06.29	0.220	0.198	126000000	24948000.00
720138	中青旅利	2005.06.24	0.180	0.162	117000000	18954000.00
720141	兴发红利	2005.07.14	0.050	0.045	40000000	1800000.00
720143	金发红利	2005.06.21	0.200	0.180	45000000	8100000.00
720148	一东红利	2005.06.28	0.037	0.033	42000000	1398600.00
720150	沪东红利	2005.05.27	0.120	0.096	77000000	7392000.00
720151	航机红利	2005.04.27	0.150	0.120	141440000	16972800.00
720152	维科红利	2005.04.27	0.060	0.048	110975000	5326800.00
720153	建发红利	2005.07.15	0.350	0.315	272000000	85680000.00
720155	宝硕红利	2005.03.30	0.030	0.024	120000000	2880000.00
720158	中体红利	2005.09.02	0.013	0.012	76050000	889785.00
720160	巨化红利	2005.05.26	0.150	0.120	171600000	20592000.00
720168	武控红利	2005.06.27	0.060	0.054	127500000	6885000.00
720170	建工红利	2005.07.29	0.175	0.158	234000000	36855000.00
720171	贝岭红利	2005.06.30	0.040	0.036	249585960	8985094.56
720172	旋风红利	2005.06.30	0.060	0.054	104000000	5616000.00
720176	玻纤红利	2005.06.08	0.050	0.040	142464000	5698560.00
720177	雅戈尔利	2005.05.12	0.250	0.200	503777909	100755581.80
720178	东安红利	2005.06.03	0.100	0.080	138580000	11086400.00
720180	九发红利	2005.07.11	0.200	0.180	79872000	14376960.00
720183	生益红利	2005.07.04	0.190	0.171	193689844	33120963.32
720188	兖煤红利	2005.08.02	0.260	0.234	180000000	42120000.00
720189	森工红利	2005.06.08	0.300	0.240	110500000	26520000.00
720195	中牧红利	2005.06.16	0.100	0.080	120000000	9600000.00
720196	复星红利	2005.06.24	0.150	0.135	360673088	48690866.88
720197	伊力特利	2005.08.31	0.140	0.126	150000000	18900000.00
720200	吴中红利	2005.05.27	0.060	0.048	187650000	9007200.00
720201	金宇红利	2005.06.28	0.200	0.180	100626500	18112770.00
720205	山铝红利	2005.05.26	0.420	0.336	192000000	64512000.00

2005 年度上市公司派发现金红利
Dividends in 2005

单位：元人民币
(Unit: Yuan RMB)

红利代码 Code	红利简称 Name	发放日期 Date	每股红利(含税) Dividend (Pre-Tax)	每股红利（除税） Dividend (After-Tax)	代发总股本 Negotiable Share	代发红利总额 Cash
720207	安彩红利	2005.05.19	0.300	0.240	180000000	43200000.00
720210	紫江红利	2005.06.17	0.075	0.060	596626045	35797562.70
720219	南山红利	2005.06.17	0.120	0.096	135001084	12960104.06
720226	拜克红利	2005.04.28	0.120	0.096	97440000	9354240.00
720227	赤天化利	2005.06.01	0.200	0.160	70000000	11200000.00
720230	沧化红利	2005.06.10	0.100	0.080	80000000	6400000.00
720231	凌钢红利	2005.05.27	0.250	0.200	213785000	42757000.00
720232	金鹰红利	2005.06.22	0.100	0.090	58500000	5265000.00
720233	创世红利	2005.07.21	0.100	0.090	75000000	6750000.00
720235	民丰红利	2005.05.30	0.120	0.096	88400000	8486400.00
720236	桂冠红利	2005.06.28	0.220	0.198	143333887	28380109.63
720237	铜峰红利	2005.05.25	0.100	0.080	80000000	6400000.00
720238	椰岛红利	2005.07.22	0.050	0.045	74000000	3330000.00
720241	辽宁红利	2005.07.15	0.050	0.045	30000000	1350000.00
720246	先锋红利	2005.05.25	0.150	0.120	30000000	3600000.00
720247	物华红利	2005.07.21	0.005	0.005	101520000	456840.00
720249	两面针利	2005.08.18	0.180	0.162	62249464	10084413.17
720250	南纺红利	2005.07.01	0.050	0.045	111036120	4996625.40
720251	冠农红利	2005.07.14	0.030	0.027	60000000	1620000.00
720253	天方红利	2005.06.08	0.050	0.040	120000000	4800000.00
720255	鑫科红利	2005.07.15	0.050	0.045	30000000	1350000.00
720257	洞庭红利	2005.07.21	0.020	0.018	80000000	1440000.00
720258	首旅红利	2005.06.10	0.160	0.128	70000000	8960000.00
720261	阳光红利	2005.04.05	0.350	0.280	40000000	11200000.00
720262	北方红利	2005.06.23	0.080	0.072	55000000	3960000.00
720267	海正红利	2005.06.23	0.150	0.135	115200000	15552000.00
720268	国电红利	2005.05.26	0.150	0.120	40000000	4800000.00
720269	赣粤红利	2005.06.24	0.200	0.180	312000000	56160000.00
720270	外运红利	2005.06.20	0.200	0.170	207900000	35343000.00
720271	航天红利	2005.06.23	0.450	0.405	42000000	17010000.00
720273	华芳红利	2005.07.01	0.050	0.045	90000000	4050000.00
720276	恒瑞红利	2005.06.22	0.200	0.180	76800000	13824000.00
720278	创业红利	2005.06.30	0.100	0.090	80000000	7200000.00
720279	港九红利	2005.07.19	0.100	0.090	86000000	7740000.00
720280	中商红利	2005.06.16	0.200	0.160	94427559	15108409.44
720281	太化红利	2005.08.29	0.020	0.018	105000000	1890000.00
720282	南钢红利	2005.06.02	0.300	0.240	264000000	63360000.00
720283	钱江红利	2005.07.28	0.050	0.045	85000000	3825000.00
720284	浦建红利	2005.07.12	0.105	0.095	80000000	7560000.00
720285	羚锐红利	2005.08.12	0.050	0.045	40000000	1800000.00
720287	舜天红利	2005.06.06	0.130	0.104	122459902	12735829.81
720288	大恒红利	2005.08.23	0.050	0.045	75000000	3375000.00
720289	亿阳红利	2005.07.25	0.100	0.090	80000000	7200000.00
720292	九龙红利	2005.06.23	0.125	0.113	120000000	13500000.00
720295	鄂尔红利	2005.06.16	0.120	0.096	160000000	15360000.00
720298	安琪红利	2005.04.26	0.250	0.200	35000000	7000000.00
720299	星新红利	2005.04.29	0.220	0.176	80000000	14080000.00
720300	维维红利	2005.07.15	0.250	0.225	100000000	22500000.00
720302	标准红利	2005.05.25	0.100	0.080	117000000	9360000.00
720303	曙光红利	2005.04.27	0.200	0.160	92250000	14760000.00
720306	商业城利	2005.07.22	0.020	0.018	63445235	1142014.23
720307	酒钢红利	2005.06.15	0.240	0.192	200000000	38400000.00
720308	华泰红利	2005.08.08	0.200	0.180	180414000	32474520.00
720309	万华红利	2005.04.07	0.200	0.100	217600000	21760000.00
720310	桂东红利	2005.06.10	0.300	0.240	45000000	10800000.00

2005 年度上市公司派发现金红利
Dividends in 2005

单位：元人民币
(Unit: Yuan RMB)

红利代码 Code	红利简称 Name	发放日期 Date	每股红利(含税) Dividend (Pre-Tax)	每股红利（除税） Dividend (After-Tax)	代发总股本 Negotiable Share	代发红利总额 Cash
720312	平高红利	2005.06.28	0.100	0.090	102000000	9180000.00
720315	家化红利	2005.08.26	0.160	0.144	80000000	11520000.00
720316	洪都红利	2005.08.17	0.020	0.018	108000000	1944000.00
720317	营口港利	2005.05.20	0.100	0.080	100000675	8000054.00
720319	亚星红利	2005.06.23	0.100	0.090	80000000	7200000.00
720320	振华红利	2005.07.08	0.120	0.108	290280000	31350240.00
720322	天房红利	2005.07.04	0.040	0.036	194781500	7012134.00
720323	南海红利	2005.07.26	0.250	0.225	132419660	29794423.50
720325	华发红利	2005.04.22	0.100	0.080	118080500	9446440.00
720327	大厦红利	2005.07.06	0.350	0.315	80000000	25200000.00
720329	中新红利	2005.07.05	0.150	0.135	62950000	8498250.00
720330	天通红利	2005.06.24	0.100	0.090	105000000	9450000.00
720331	宏达红利	2005.07.11	0.050	0.045	166400000	7488000.00
720332	广药红利	2005.07.26	0.025	0.023	78000000	1755000.00
720333	燃气红利	2005.08.31	0.150	0.135	161731200	21833712.00
720336	澳柯玛利	2005.08.29	0.050	0.045	90000000	4050000.00
720337	美克红利	2005.06.30	0.050	0.045	86400000	3888000.00
720339	天利红利	2005.06.07	0.100	0.080	126000000	10080000.00
720340	国祥红利	2005.07.04	0.200	0.180	40000000	7200000.00
720343	航天红利	2005.07.04	0.100	0.090	65000000	5850000.00
720345	长江红利	2005.07.20	0.050	0.045	54000000	2430000.00
720348	国阳红利	2005.06.29	0.320	0.288	150000000	43200000.00
720350	基建红利	2005.07.11	0.100	0.090	505000000	45450000.00
720351	亚宝红利	2005.08.04	0.020	0.018	60000000	1080000.00
720352	龙盛红利	2005.05.10	0.100	0.080	114000000	9120000.00
720353	旭光红利	2005.07.15	0.120	0.108	42441587	4583691.40
720354	敦煌红利	2005.08.16	0.040	0.036	75000000	2700000.00
720356	恒丰红利	2005.04.29	0.100	0.080	60000000	4800000.00
720357	承德红利	2005.06.03	0.200	0.160	214000000	34240000.00
720359	新农红利	2005.08.30	0.200	0.180	117000000	21060000.00
720360	华微红利	2005.07.15	0.050	0.045	50000000	2250000.00
720361	华联红利	2005.06.10	0.200	0.160	100000000	16000000.00
720362	江铜红利	2005.06.09	0.120	0.096	230000000	22080000.00
720363	联创红利	2005.08.24	0.050	0.045	90000000	4050000.00
720366	韵升红利	2005.05.16	0.200	0.160	83205000	13312800.00
720367	红星红利	2005.06.20	0.100	0.090	87360000	7862400.00
720368	五洲红利	2005.06.30	0.080	0.072	102000000	7344000.00
720370	三房巷利	2005.04.08	0.180	0.144	55000000	7920000.00
720373	鑫新红利	2005.08.26	0.012	0.011	45000000	486000.00
720375	星马红利	2005.06.29	0.200	0.180	45000000	8100000.00
720376	天鸿红利	2005.06.22	0.100	0.090	64000000	5760000.00
720377	宁高红利	2005.06.10	0.145	0.116	150000000	17400000.00
720380	健康元利	2005.06.07	0.110	0.088	157500000	13860000.00
720382	明珠红利	2005.06.22	0.050	0.045	60000000	2700000.00
720383	金地红利	2005.06.02	0.330	0.264	190000000	50160000.00
720386	京巴红利	2005.08.18	0.060	0.054	80000000	4320000.00
720387	海越红利	2005.06.30	0.100	0.090	60000000	5400000.00
720388	龙净红利	2005.07.26	0.120	0.108	65000000	7020000.00
720389	江山红利	2005.06.16	0.100	0.080	52800000	4224000.00
720391	成发红利	2005.04.28	0.050	0.040	50000000	2000000.00
720392	太工红利	2005.07.22	0.050	0.025	23700000	592500.00
720393	东华红利	2005.06.21	0.100	0.060	55263800	3315828.00
720395	盘江红利	2005.06.23	0.100	0.090	120000000	10800000.00
720396	金山红利	2005.05.31	0.025	0.020	76500000	1530000.00
720397	安源红利	2005.07.11	0.050	0.045	80000000	3600000.00

2005 年度上市公司派发现金红利
Dividends in 2005

单位：元人民币
(Unit: Yuan RMB)

红利代码 Code	红利简称 Name	发放日期 Date	每股红利(含税) Dividend (Pre-Tax)	每股红利（除税） Dividend (After-Tax)	代发总股本 Negotiable Share	代发红利总额 Cash
720398	凯诺红利	2005.05.27	0.100	0.080	122400000	9792000.00
720400	红豆红利	2005.06.01	0.110	0.088	85800000	7550400.00
720405	动力源利	2005.07.19	0.150	0.135	30000000	4050000.00
720406	国电红利	2005.05.25	0.200	0.160	78000000	12480000.00
720408	安泰红利	2005.06.06	0.125	0.100	119000000	11900000.00
720409	三友红利	2005.07.07	0.150	0.135	100000000	13500000.00
720410	华胜红利	2005.05.23	0.500	0.400	24000000	9600000.00
720415	小商红利	2005.07.07	0.300	0.270	52913127	14286544.29
720416	湘电红利	2005.04.28	0.190	0.152	75000000	11400000.00
720418	江淮红利	2005.06.02	0.280	0.224	170375778	38164174.27
720420	现代红利	2005.06.21	0.200	0.180	87191940	15694549.20
720422	昆药红利	2005.04.22	0.150	0.020	64000000	1280000.00
720423	柳化红利	2005.04.15	0.150	0.120	78000000	9360000.00
720425	青松红利	2005.06.28	0.130	0.117	60000000	7020000.00
720426	华鲁红利	2005.03.28	0.100	0.080	60000000	4800000.00
720428	中远红利	2005.05.20	0.300	0.240	169000000	40560000.00
720432	吉恩红利	2005.07.05	0.300	0.270	60000000	16200000.00
720433	冠豪红利	2005.07.12	0.100	0.090	60000000	5400000.00
720435	天鸟红利	2005.07.21	0.050	0.045	40000000	1800000.00
720436	片仔癀利	2005.06.06	0.260	0.208	40000000	8320000.00
720438	通威红利	2005.07.13	0.350	0.315	60000000	18900000.00
720439	瑞贝卡利	2005.05.26	0.200	0.160	26400000	4224000.00
720446	金证红利	2005.06.30	0.250	0.225	18000000	4050000.00
720449	赛马红利	2005.05.30	0.150	0.120	48000000	5760000.00
720452	涪陵红利	2005.05.30	0.200	0.160	52000000	8320000.00
720456	宝钛红利	2005.05.31	0.200	0.160	60000000	9600000.00
720459	贵研红利	2005.06.03	0.200	0.160	40000000	6400000.00
720460	士兰微利	2005.06.10	0.100	0.080	52000000	4160000.00
720461	洪城红利	2005.07.11	0.100	0.090	50000000	4500000.00
720462	石岘红利	2005.07.22	0.040	0.036	50000000	1800000.00
720463	空港红利	2005.05.30	0.200	0.160	40000000	6400000.00
720467	好当家利	2005.04.18	0.100	0.080	80111000	6408880.00
720470	六国红利	2005.05.25	0.220	0.176	80000000	14080000.00
720476	湘邮红利	2005.07.01	0.050	0.045	35000000	1575000.00
720477	杭构红利	2005.04.22	0.100	0.080	50000000	4000000.00
720478	力元红利	2005.06.15	0.120	0.096	40000000	3840000.00
720479	千金红利	2005.04.29	0.500	0.400	24213000	9685200.00
720480	凌云红利	2005.06.23	0.200	0.180	68000000	12240000.00
720481	双良红利	2005.05.25	0.260	0.208	80000000	16640000.00
720482	风帆红利	2005.05.31	0.125	0.100	80000000	8000000.00
720483	南纺红利	2005.07.25	0.050	0.045	81313999	3659129.96
720486	扬农红利	2005.06.28	0.230	0.207	30000000	6210000.00
720487	亨通红利	2005.05.20	0.100	0.080	35000000	2800000.00
720488	天药红利	2005.05.20	0.100	0.080	76050000	6084000.00
720489	中金红利	2005.06.09	0.150	0.120	100000000	12000000.00
720490	中科红利	2005.07.05	0.150	0.135	30000000	4050000.00
720491	龙元红利	2005.05.24	0.300	0.240	42000000	10080000.00
720493	凤竹红利	2005.06.06	0.200	0.160	60000000	9600000.00
720495	晋西红利	2005.08.16	0.080	0.072	40000000	2880000.00
720496	长精红利	2005.05.30	0.050	0.040	40000000	1600000.00
720497	驰宏红利	2005.06.29	0.300	0.270	70000000	18900000.00
720498	烽火红利	2005.07.22	0.120	0.108	88000000	9504000.00
720499	科达红利	2005.05.18	0.300	0.240	36000000	8640000.00
720500	中化红利	2005.05.13	0.250	0.160	270000000	43200000.00
720501	航天红利	2005.07.06	0.050	0.025	72000000	1800000.00

2005 年度上市公司派发现金红利
Dividends in 2005

单位：元人民币
(Unit: Yuan RMB)

红利代码 Code	红利简称 Name	发放日期 Date	每股红利(含税) Dividend (Pre-Tax)	每股红利（除税） Dividend (After-Tax)	代发总股本 Negotiable Share	代发红利总额 Cash
720505	西昌红利	2005.08.16	0.100	0.090	103950000	9355500.00
720507	长力红利	2005.06.03	0.400	0.320	50000000	16000000.00
720508	上能红利	2005.05.27	0.600	0.480	110000000	52800000.00
720509	天富红利	2005.06.28	0.200	0.180	90000000	16200000.00
720510	黑牡丹利	2005.05.26	0.250	0.200	97600000	19520000.00
720511	国药红利	2005.06.29	0.100	0.090	53000000	4770000.00
720512	腾达红利	2005.05.25	0.100	0.080	60000000	4800000.00
720513	联环红利	2005.07.22	0.050	0.045	20000000	900000.00
720517	置信红利	2005.06.16	0.050	0.040	25000000	1000000.00
720518	康美红利	2005.05.31	0.150	0.120	27000000	3240000.00
720519	茅台红利	2005.08.11	0.500	0.450	112469500	50611275.00
720520	三佳红利	2005.06.30	0.050	0.045	45000000	2025000.00
720521	华海红利	2005.04.27	0.300	0.240	63000000	15120000.00
720525	新材红利	2005.05.13	0.120	0.096	25000000	2400000.00
720527	高纤红利	2005.04.15	0.200	0.080	30000000	2400000.00
720528	中铁红利	2005.06.27	0.150	0.135	110000000	14850000.00
720529	药玻红利	2005.06.10	0.100	0.080	102293465	8183477.20
720530	昂立红利	2005.05.23	0.100	0.080	60000000	4800000.00
720531	豫光红利	2005.05.26	0.150	0.120	81000000	9720000.00
720533	栖霞红利	2005.04.29	0.500	0.400	40000000	16000000.00
720535	大士力利	2005.05.25	0.300	0.240	75000000	18000000.00
720536	中软红利	2005.07.08	0.250	0.225	36000000	8100000.00
720537	海通红利	2005.05.27	0.125	0.100	70000000	7000000.00
720539	狮头红利	2005.06.06	0.020	0.016	88000000	1408000.00
720540	新赛红利	2005.07.01	0.120	0.108	60000000	6480000.00
720543	莫高红利	2005.08.10	0.060	0.054	56000000	3024000.00
720545	城建红利	2005.06.30	0.080	0.072	62842853	4524685.42
720546	化建红利	2005.07.01	0.130	0.117	40000000	4680000.00
720547	山黄红利	2005.05.25	0.300	0.240	60000000	14400000.00
720548	深高速利	2005.04.28	0.110	0.088	165000000	14520000.00
720549	厦钨红利	2005.06.22	0.200	0.180	60000000	10800000.00
720550	天威红利	2005.07.29	0.200	0.180	90000000	16200000.00
720552	方兴红利	2005.06.27	0.100	0.090	52000000	4680000.00
720553	太行红利	2005.06.16	0.040	0.032	100000000	3200000.00
720556	北生红利	2005.07.08	0.100	0.090	95350500	8581545.00
720557	康缘红利	2005.05.31	0.100	0.080	68000000	5440000.00
720558	大西洋利	2005.06.23	0.120	0.108	45000000	4860000.00
720559	裕丰红利	2005.06.28	0.150	0.135	40000000	5400000.00
720560	金自红利	2005.06.17	0.100	0.080	39000000	3120000.00
720561	长运红利	2005.05.30	0.075	0.060	60000000	3600000.00
720562	高淳红利	2005.06.30	0.100	0.090	31352232	2821700.88
720563	法拉红利	2005.05.31	0.400	0.320	50000000	16000000.00
720565	迪马红利	2005.07.13	0.150	0.135	20000000	2700000.00
720566	洪城红利	2005.06.03	0.020	0.016	44000000	704000.00
720567	山鹰红利	2005.04.08	0.100	0.080	166530839	13322467.12
720569	安阳红利	2005.07.22	0.100	0.090	712500000	64125000.00
720570	恒生红利	2005.06.07	0.200	0.160	17000000	2720000.00
720571	信雅达利	2005.06.15	0.200	0.160	28800000	4608000.00
720572	康恩贝利	2005.06.22	0.200	0.180	40000000	7200000.00
720575	芜湖港利	2005.06.03	0.400	0.320	45000000	14400000.00
720578	京能红利	2005.08.19	0.200	0.180	100000000	18000000.00
720579	黄海红利	2005.07.25	0.020	0.018	72000000	1296000.00
720580	卧龙红利	2005.03.29	0.120	0.096	56000000	5376000.00
720581	八一红利	2005.07.22	0.300	0.270	187200000	50544000.00
720582	天地红利	2005.08.26	0.100	0.090	52000000	4680000.00

2005 年度上市公司派发现金红利
Dividends in 2005

单位：元人民币
(Unit: Yuan RMB)

红利代码 Code	红利简称 Name	发放日期 Date	每股红利(含税) Dividend (Pre-Tax)	每股红利（除税） Dividend (After-Tax)	代发总股本 Negotiable Share	代发红利总额 Cash
720583	海油红利	2005.05.18	0.100	0.060	105600000	6336000.00
720584	长电红利	2005.05.31	0.050	0.040	88000000	3520000.00
720585	海螺红利	2005.06.15	0.130	0.104	200000000	20800000.00
720586	金晶红利	2005.07.04	0.100	0.090	45500000	4095000.00
720588	用友红利	2005.05.26	0.320	0.256	36000000	9216000.00
720589	榕泰红利	2005.07.08	0.200	0.180	48000000	8640000.00
720590	泰豪红利	2005.04.22	0.050	0.040	60000000	2400000.00
720591	上航红利	2005.07.07	0.060	0.054	300000000	16200000.00
720592	龙溪红利	2005.06.24	0.220	0.198	50000000	9900000.00
720594	益佰红利	2005.06.14	0.125	0.100	20000000	2000000.00
720595	中孚红利	2005.05.30	0.020	0.016	84500000	1352000.00
720596	新安红利	2005.07.13	0.300	0.270	137944737	37245078.99
720597	光明红利	2005.06.02	0.150	0.120	240000000	28800000.00
720598	北大荒利	2005.06.29	0.050	0.045	300000000	13500000.00
720600	青啤红利	2005.07.29	0.150	0.135	200000000	27000000.00
720601	方正红利	2005.06.10	0.020	0.016	970447028	15527152.45
720602	广电红利	2005.06.15	0.050	0.040	349972019	13998880.76
720606	金丰红利	2005.08.05	0.100	0.090	113581599	10222343.91
720607	上实红利	2005.07.20	0.120	0.108	132932010	14356657.08
720611	大众红利	2005.05.23	0.200	0.160	142323426	22771748.16
720616	食品红利	2005.04.29	0.200	0.160	109569686	17531149.76
720619	海立红利	2005.07.26	0.200	0.180	24336323	4380538.14
720620	天宸红利	2005.06.21	0.010	0.009	96558584	869027.26
720621	金陵红利	2005.06.23	0.100	0.090	209955357	18895982.13
720622	嘉宝红利	2005.06.28	0.080	0.072	115200459	8294433.05
720626	申达红利	2005.06.20	0.100	0.090	140481600	12643344.00
720627	上电红利	2005.08.10	0.080	0.072	51000003	3672000.22
720631	百联红利	2005.08.18	0.100	0.090	326969710	29427273.90
720636	三爱富利	2005.07.22	0.050	0.045	107083714	4818767.13
720638	新黄浦利	2005.08.03	0.100	0.090	170152134	15313692.06
720639	金桥红利	2005.07.15	0.050	0.045	128865000	5798925.00
720641	中远红利	2005.08.17	0.220	0.198	179066240	35455115.52
720642	申能红利	2005.04.15	0.200	0.160	616488000	98638080.00
720644	乐山红利	2005.08.12	0.100	0.090	128759452	11588350.68
720649	原水红利	2005.08.12	0.100	0.090	560851462	50476631.58
720650	锦江红利	2005.07.08	0.200	0.180	41817600	7527168.00
720651	飞乐红利	2005.07.21	0.100	0.090	424165123	38174861.07
720655	豫园红利	2005.06.15	0.120	0.096	149079457	14311627.87
720661	南洋红利	2005.07.12	0.050	0.045	30546450	1374590.25
720663	陆家嘴利	2005.07.20	0.050	0.045	160524000	7223580.00
720665	天地源利	2005.06.22	0.050	0.045	147000002	6615000.09
720671	天目红利	2005.08.29	0.180	0.162	63415685	10273340.97
720673	阳之光利	2005.07.13	0.050	0.045	45540005	2049300.23
720674	川投红利	2005.05.24	0.025	0.020	154740608	3094812.16
720675	中华红利	2005.06.22	0.125	0.113	318560122	35838013.73
720676	交运红利	2005.06.17	0.100	0.080	146800000	11744000.00
720682	新百红利	2005.07.26	0.120	0.108	152880000	16511040.00
720683	银泰红利	2005.07.11	0.100	0.090	89890354	8090131.86
720686	金龙红利	2005.06.08	0.150	0.120	57600000	6912000.00
720688	上化红利	2005.07.21	0.200	0.180	720000000	129600000.00
720690	海尔红利	2005.07.22	0.300	0.270	674845611	182208315.00
720693	东百红利	2005.08.25	0.100	0.090	72301032	6507092.88
720694	大商红利	2005.07.11	0.100	0.090	156171380	14055424.20
720697	欧亚红利	2005.07.18	0.200	0.180	84385989	15189478.02
720707	彩虹红利	2005.07.25	0.300	0.270	143644801	38784096.27

2005 年度上市公司派发现金红利
Dividends in 2005

单位：元人民币
(Unit: Yuan RMB)

红利代码 Code	红利简称 Name	发放日期 Date	每股红利(含税) Dividend (Pre-Tax)	每股红利（除税） Dividend (After-Tax)	代发总股本 Negotiable Share	代发红利总额 Cash
720708	海博红利	2005.06.08	0.050	0.040	129888002	5195520.08
720710	常林红利	2005.07.07	0.035	0.032	148799998	4687199.94
720712	南宁红利	2005.07.21	0.020	0.018	63264000	1138752.00
720719	连电红利	2005.07.07	0.100	0.090	76050000	6844500.00
720724	富达红利	2005.06.10	0.200	0.160	157475762	25196121.92
720725	云维红利	2005.04.01	0.050	- - -	37500000	- - -
720726	华电红利	2005.06.29	0.070	0.063	194566876	12257713.19
720729	重百红利	2005.05.26	0.160	0.128	51000003	6528000.38
720731	海利红利	2005.07.28	0.020	0.018	97035997	1746647.95
720736	苏高红利	2005.07.06	0.150	0.135	150930000	20375550.00
720739	成大红利	2005.07.15	0.050	0.045	228880080	10299603.60
720740	焦化红利	2005.04.26	0.200	0.160	84500000	13520000.00
720741	巴士红利	2005.07.27	0.100	0.090	336000000	30240000.00
720744	华银红利	2005.07.04	0.060	0.054	288288000	15567552.00
720747	大显红利	2005.08.08	0.200	0.180	326062237	58691202.66
720748	上实红利	2005.08.15	0.070	0.063	156970021	9889111.32
720750	江中红利	2005.07.13	0.100	0.090	62400000	5616000.00
720754	锦江红利	2005.07.18	0.160	0.144	98360000	14163840.00
720755	厦贸红利	2005.07.18	0.100	0.090	228599998	20573999.82
720761	合力红利	2005.05.24	0.150	0.120	141330477	16959657.24
720764	广通红利	2005.08.25	0.030	0.027	106174134	2866701.62
720765	力源红利	2005.07.14	0.060	0.054	34500000	1863000.00
720768	富邦红利	2005.08.23	0.035	0.019	32140800	594604.80
720776	东方红利	2005.06.29	0.035	0.032	118000024	3717000.76
720778	友好红利	2005.08.26	0.050	0.045	171312867	7709079.02
720779	全兴红利	2005.05.24	0.100	0.080	191312880	15305030.40
720780	通宝红利	2005.07.15	0.050	0.045	506558883	22795149.74
720782	新华红利	2005.06.08	0.100	0.080	56160000	4492800.00
720785	新华红利	2005.06.03	0.250	0.200	64642511	12928502.20
720786	锅炉红利	2005.06.15	0.252	0.202	102600000	20684160.00
720787	中储红利	2005.08.19	0.020	0.018	252329972	4541939.50
720791	天创红利	2005.05.20	0.020	0.016	42900000	686400.00
720792	马龙红利	2005.07.29	0.200	0.170	33750000	5737500.00
720795	国电红利	2005.07.14	0.080	0.072	588884647	42399694.58
720796	钱江红利	2005.06.27	0.100	0.090	76026600	6842394.00
720797	浙大红利	2005.08.09	0.020	0.018	395474091	7118533.64
720798	宁海红利	2005.04.20	0.140	0.112	141449995	15842399.44
720801	华新红利	2005.06.22	0.060	0.054	48000000	2592000.00
720802	闽水泥利	2005.08.26	0.035	0.032	134299391	4230430.82
720808	马钢红利	2005.07.11	0.220	0.198	600000000	118800000.00
720809	汾酒红利	2005.07.22	0.150	0.135	76684133	10352357.96
720810	神马红利	2005.07.26	0.050	0.045	141570000	6370650.00
720812	华药红利	2005.08.23	0.040	0.036	469268566	16893668.38
720814	解百红利	2005.07.21	0.030	0.027	101401272	2737834.34
720817	宏盛红利	2005.06.08	0.050	0.040	13490410	539616.40
720819	耀玻红利	2005.07.12	0.200	0.180	46875078	8437514.04
720824	益民红利	2005.05.27	0.150	0.120	89865492	10783859.04
720825	华联红利	2005.07.22	0.150	0.135	103150610	13925332.35
720827	友谊红利	2005.07.15	0.150	0.135	107666614	14534992.89
720829	三精红利	2005.06.16	0.020	0.016	97329495	1557271.92
720830	大红鹰利	2005.06.29	0.100	0.090	153943220	13854889.80
720832	明珠红利	2005.08.24	0.150	0.135	307498080	41512240.80
720834	申通红利	2005.07.27	0.050	0.045	88044000	3961980.00
720835	上机红利	2005.05.27	0.200	0.160	269153280	43064524.80
720841	上柴红利	2005.08.16	0.160	0.144	21600000	3110400.00

2005 年度上市公司派发现金红利
Dividends in 2005

单位：元人民币
(Unit: Yuan RMB)

红利代码 Code	红利简称 Name	发放日期 Date	每股红利(含税) Dividend (Pre-Tax)	每股红利（除税） Dividend (After-Tax)	代发总股本 Negotiable Share	代发红利总额 Cash
720846	同济红利	2005.08.26	0.060	0.054	134336869	7254190.93
720849	上医红利	2005.08.25	0.080	0.072	286062603	20596507.42
720851	海欣红利	2005.06.14	0.100	0.080	183678936	14694314.88
720854	春兰红利	2005.07.18	0.010	0.009	198241871	1784176.84
720859	王府井利	2005.08.05	0.050	0.045	198378626	8927038.17
720860	北人红利	2005.07.29	0.080	0.072	72000000	5184000.00
720861	城乡红利	2005.07.11	0.070	0.063	167310000	10540530.00
720863	华电红利	2005.07.20	0.120	0.108	395460026	42709682.81
720864	岁宝红利	2005.08.22	0.120	0.108	45375000	4900500.00
720865	百大红利	2005.06.20	0.080	0.064	135340088	8661765.63
720866	星湖红利	2005.05.30	0.050	0.040	311008726	12440349.04
720871	仪征红利	2005.07.25	0.025	0.023	200000000	4500000.00
720874	创业红利	2005.08.03	0.100	0.090	150980000	13588200.00
720875	电机红利	2005.06.03	0.120	0.096	60000000	5760000.00
720879	火箭红利	2005.06.15	0.100	0.080	205711853	16456948.24
720884	杉杉红利	2005.05.30	0.100	0.080	227984820	18238785.60
720886	国投红利	2005.04.25	0.100	0.080	214633970	17170717.60
720887	伊利红利	2005.07.12	0.250	0.225	257710710	57984909.75
720888	众和红利	2005.05.30	0.020	0.016	29250004	468000.06
720889	南化红利	2005.06.29	0.040	0.036	80182253	2886561.11
720894	广钢红利	2005.07.15	0.150	0.135	242535398	32742278.73
720895	张江红利	2005.07.08	0.065	0.059	431470806	25241042.15
720896	海盛红利	2005.06.28	0.060	0.054	156078044	8428214.38
720897	厦机红利	2005.05.16	0.500	0.400	67500000	27000000.00
720900	长电红利	2005.05.31	0.210	0.168	2326000000	390768000.00
720960	活塞红利	2005.07.04	0.150	0.135	40000000	5400000.00
720961	株冶红利	2005.05.13	0.200	0.160	120000000	19200000.00
720962	中鲁红利	2005.06.15	0.050	0.040	65000000	2600000.00
720963	岳阳红利	2005.07.27	0.100	0.090	80000000	7200000.00
720965	五丰红利	2005.06.09	0.050	0.020	80000000	1600000.00
720966	博汇红利	2005.07.15	0.100	0.090	70000000	6300000.00
720967	北创红利	2005.07.08	0.100	0.090	50000000	4500000.00
720969	郴电红利	2005.06.09	0.100	0.080	70000000	5600000.00
720970	中材红利	2005.06.30	0.250	0.225	58000000	13050000.00
720971	恒源红利	2005.06.16	0.100	0.040	44000000	1760000.00
720973	宝胜红利	2005.07.15	0.200	0.180	45000000	8100000.00
720975	新五丰利	2005.06.10	0.070	0.056	35000000	1960000.00
720978	宜华红利	2005.07.12	0.100	0.090	67000000	6030000.00
720979	爱众红利	2005.06.28	0.150	0.135	65000000	8775000.00
720980	北矿红利	2005.07.08	0.100	0.090	35000000	3150000.00
720981	江纺红利	2005.06.15	0.170	0.136	50000000	6800000.00
720982	宁电红利	2005.06.24	0.100	0.090	50000000	4500000.00
720983	三洋红利	2005.04.29	0.090	0.072	85000000	6120000.00
720984	建设红利	2005.06.22	0.200	0.180	40000000	7200000.00
720985	雷鸣红利	2005.07.20	0.080	0.072	40000000	2880000.00
720987	航民红利	2005.06.07	0.100	0.080	85000000	6800000.00
720988	宝龙红利	2005.08.10	0.010	0.009	25000000	225000.00
720990	四创红利	2005.07.15	0.100	0.090	20000000	1800000.00
720991	长丰红利	2005.06.24	0.200	0.180	78000000	14040000.00
720992	贵绳红利	2005.05.31	0.200	0.160	70000000	11200000.00
720993	马应龙利	2005.08.05	0.400	0.360	18000000	6480000.00
720995	文山红利	2005.04.14	0.500	0.400	36000000	14400000.00
720997	开滦红利	2005.06.23	0.250	0.225	150000000	33750000.00
721001	邯钢红利	2005.08.19	0.150	0.085	512139207	43531832.60
721028	石化红利	2005.06.27	0.080	0.064	2800000000	179200000.00

2005 年度上市公司派发现金红利
Dividends in 2005

单位：元人民币
(Unit: Yuan RMB)

红利代码 Code	红利简称 Name	发放日期 Date	每股红利(含税) Dividend (Pre-Tax)	每股红利（除税） Dividend (After-Tax)	代发总股本 Negotiable Share	代发红利总额 Cash
721037	歌华红利	2005.07.08	0.150	0.135	104002174	14040293.49
721096	云天化利	2005.06.24	0.400	0.360	168899140	60803690.40
721161	天坛红利	2005.04.29	0.120	0.096	109500000	10512000.00
721166	福田红利	2005.07.22	0.100	0.090	156000000	14040000.00
721301	南化红利	2005.04.28	0.220	0.176	72890345	12828700.72
721475	华光红利	2005.07.08	0.200	0.180	60000000	10800000.00
721716	耀玻红利	2005.08.26	0.020	0.018	168480001	3032640.02
721718	东软红利	2005.06.16	0.600	0.480	113258293	54363980.64
721823	世茂红利	2005.08.19	0.050	0.045	169738541	7638234.35
722018	上港红利	2005.07.08	0.030	0.030	420000000	12600000.00
722019	宝钢红利	2005.07.08	0.032	0.032	3877000000	124064000.00
722028	石化红利	2005.07.13	0.008	0.008	2800000000	22400000.00
722051	联合红利	2005.07.20	0.010	0.010	170218415	1702184.15
722055	万东红利	2005.07.13	0.008	0.008	50700000	405600.00
722103	青山红利	2005.07.27	0.001	0.001	446420000	446420.00
722113	东日红利	2005.07.27	0.010	0.010	40000000	400000.00
722130	波导红利	2005.07.13	0.030	0.030	144000000	4320000.00
722195	中牧红利	2005.07.27	0.010	0.010	120000000	1200000.00
722210	紫江红利	2005.07.08	0.008	0.008	596626045	4474695.34
722219	南山红利	2005.07.13	0.012	0.012	135001084	1620013.01
722280	中商红利	2005.07.13	0.020	0.020	94427559	1888551.18
722295	鄂尔红利	2005.07.27	0.012	0.012	160000000	1920000.00
722307	酒钢红利	2005.07.27	0.024	0.024	200000000	4800000.00
722389	江山红利	2005.07.20	0.010	0.010	104622529	1046225.29
722478	力元红利	2005.07.20	0.012	0.012	78318984	939827.81
722517	置信红利	2005.07.08	0.005	0.005	50000000	250000.00
722553	太行红利	2005.07.20	0.004	0.004	100000000	400000.00
722560	金自红利	2005.07.20	0.010	0.010	39000000	390000.00
722571	信雅达利	2005.07.20	0.020	0.020	46080000	921600.00
722585	海螺红利	2005.07.13	0.013	0.013	200000000	2600000.00
722594	益佰红利	2005.07.20	0.013	0.013	24000000	300000.00
722602	广电红利	2005.07.08	0.005	0.005	349972019	1749860.10
722655	豫园红利	2005.07.08	0.012	0.012	149079457	1788953.48
722676	交运红利	2005.07.08	0.010	0.010	146800000	1468000.00
722718	东软红利	2005.07.13	0.060	0.060	113258293	6795497.58
722786	锅炉红利	2005.07.27	0.025	0.025	102600000	2585520.00
722829	三精红利	2005.07.13	0.002	0.002	97329495	194658.99
722851	海欣红利	2005.07.08	0.010	0.010	367357872	3673578.72
722865	百大红利	2005.07.13	0.008	0.008	135340088	1082720.70
722879	火箭红利	2005.07.13	0.010	0.010	205711853	2057118.53
722962	中鲁红利	2005.07.20	0.005	0.005	65000000	325000.00
722971	恒源红利	2005.07.20	0.030	0.030	66000000	1980000.00
722981	江纺红利	2005.07.20	0.017	0.017	50000000	850000.00
728011	盾安红利	2005.06.23	0.250	0.225	4117300	926392.50
728023	海特红利	2005.06.02	0.200	0.160	1227306	196368.96
729001	新和成利	2005.05.13	0.300	0.240	2438356	585205.44
729002	琼花红利	2005.07.13	0.300	0.270	1372930	370691.10
729003	伟星红利	2005.04.29	0.200	0.160	1152043	184326.88
729005	德豪红利	2005.05.26	1.000	0.800	2395344	1916275.20
729006	精工红利	2005.06.10	0.250	0.200	1585301	317060.20
729007	华兰红利	2005.05.24	0.400	0.320	1692791	541693.12
729008	大族红利	2005.06.02	0.200	0.160	1119992	179198.72
729009	天奇红利	2005.06.24	0.100	0.090	1245558	112100.22
729010	传化红利	2005.05.20	0.300	0.240	1492208	358129.92
729012	凯恩红利	2005.06.10	0.300	0.240	795646	190955.04

2005 年度上市公司派发现金红利
Dividends in 2005

单位：元人民币
(Unit: Yuan RMB)

红利代码 Code	红利简称 Name	发放日期 Date	每股红利(含税) Dividend (Pre-Tax)	每股红利（除税） Dividend (After-Tax)	代发总股本 Negotiable Share	代发红利总额 Cash
729013	精机红利	2005.04.19	0.200	0.160	1574634	251941.44
729014	永新红利	2005.04.14	0.300	0.240	2348660	563678.40
729015	霞客红利	2005.06.22	0.100	0.090	1033671	93030.39
729016	威尔红利	2005.06.06	0.300	0.240	2333412	560018.88
729017	东信红利	2005.06.02	0.250	0.200	1766059	353211.80
729018	华星红利	2005.06.07	0.100	0.080	1792717	143417.36
729019	鑫富红利	2005.04.08	0.200	0.160	622644	99623.04
729020	京新红利	2005.05.17	0.200	0.160	1919340	307094.40
729021	中捷红利	2005.06.15	0.300	0.270	2096620	566087.40
729022	科华红利	2005.04.07	0.700	0.560	1443772	808512.32
729024	苏宁红利	2005.06.06	0.100	0.080	288685	23094.80
729025	航天红利	2005.04.14	0.100	0.080	974686	77974.88
729026	威达红利	2005.05.31	0.100	0.080	3290661	263252.88
729027	七喜红利	2005.05.12	0.200	0.160	2053346	328535.36
729028	思源红利	2005.04.29	0.400	0.320	525405	168129.60
729029	七匹狼利	2005.05.27	0.150	0.120	1896842	227621.04
729030	达安红利	2005.05.19	0.150	0.120	1278198	153383.76
729031	巨轮红利	2005.06.17	0.150	0.135	2482921	335194.34
729032	苏泊尔利	2005.06.23	0.200	0.180	7309242	1315663.56
729033	丽江红利	2005.04.29	0.200	0.160	1400989	224158.24
729034	美欣达利	2005.06.10	0.200	0.160	2094617	335138.72
729035	华帝红利	2005.06.07	0.400	0.320	2419080	774105.60
729036	宜科红利	2005.04.29	0.150	0.120	2726892	327227.04
729037	久联红利	2005.05.31	0.350	0.280	2910146	814840.88
729038	双鹭红利	2005.04.20	0.200	0.160	1466064	234570.24
729039	黔源红利	2005.06.24	0.125	0.113	3713064	417719.70
729045	国光红利	2005.06.17	0.350	0.315	4396003	1384740.95
820001	金泰红利	2005.04.12	0.035	0.035	2000000000	70000000.00
820006	裕阳红利	2005.04.12	0.049	0.049	2000000000	98000000.00
820008	兴华红利	2005.04.08	0.141	0.141	2000000000	282000000.00
820011	金鑫红利	2005.01.05	0.030	0.030	3000000000	90000000.00
820016	裕元红利	2005.04.12	0.080	0.080	1500000000	120000000.00
820029	科讯红利	2005.04.29	0.035	0.035	800000000	28000000.00
820038	通乾红利	2005.04.11	0.023	0.023	2000000000	46000000.00
820039	同德红利	2005.04.28	0.061	0.061	500000000	30500000.00
821003	安信红利	2005.04.29	0.006	0.006	2000000000	12000000.00
821009	安顺红利	2005.04.29	0.010	0.010	3000000000	30000000.00
821056	科瑞红利	2005.01.19	0.060	0.060	3000000000	180000000.00
821058	银丰红利	2005.01.06	0.010	0.010	3000000000	30000000.00
822058	银丰红利	2005.04.29	0.010	0.010	3000000000	30000000.00

ST、*ST 公司概况
ST, *ST Overview

单位：元人民币 (Unit: Yuan RMB)

股票代码 Code	股票简称 Name	接受时间 Accepted Date	每股收益 EPS	开盘价 Open Price	最高价 High Price	最低价 Low Price	收盘价 Close Price	成交数量 Turnover Vol.	成交金额 Turnover Val.
600053	ST 江纸	2003.04.30	0.6521	3.870	4.810	1.510	2.670	628087525	1928699873.00
600065	*ST 联谊	2005.04.01	-0.9980	3.660	3.950	1.260	1.850	212376196	443376986.00
600083	ST 博讯	2002.05.22	0.0111	2.540	3.110	1.430	1.700	163390577	349050912.00
600086	*ST 多佳	2005.03.29	-0.5585	2.780	3.090	1.040	1.680	1223774680	2083934907.00
600090	*ST 酒花	2003.11.25	-0.5629	3.330	4.140	2.260	3.060	451924266	1487341911.00
600092	*ST 精密	2005.05.09	-1.7714	2.740	3.040	1.110	1.470	457243909	826539621.00
600137	ST 长控	2002.07.16	-0.5174	3.080	3.900	2.010	3.090	40009054	115038066.00
600146	*ST 大元	2005.02.24	-0.1846	3.230	3.650	2.100	3.030	233872175	660002668.00
600159	ST 宁窖	2003.07.01	-0.2947	2.620	3.130	1.870	2.840	120363974	326705459.00
600181	*ST 云大	2005.05.10	-1.5822	4.790	4.960	1.020	1.180	830467541	1948659234.00
600187	*ST 黑龙	2005.04.21	-2.4767	2.770	3.160	1.060	1.350	620856658	996414791.00
600199	*ST 金牛	2005.04.20	-0.5385	2.930	2.970	1.360	1.830	463463210	937903633.00
600203	ST 福日	2004.04.27	0.0342	3.210	4.570	3.020	3.900	282466976	1076420552.00
600213	*ST 亚星	2005.04.27	-0.3645	3.900	4.880	1.710	2.450	230148420	643833758.00
600234	ST 天龙	2003.04.17	-2.2313	2.410	3.200	1.240	1.810	250553173	502806858.00
600286	*ST 国瓷	2005.05.10	-2.2565	2.430	2.890	0.870	1.130	459898992	696062132.00
600335	ST 盛工	2004.03.18	0.0324	3.760	4.640	3.000	4.000	114305856	453624659.00
600338	ST 珠峰	2003.08.29	0.0247	4.050	5.090	2.200	2.870	87533651	338590620.00
600369	*ST 长运	2005.05.10	-0.6488	2.570	3.250	1.210	2.510	366587394	732089355.00
600385	ST 金泰	2003.04.09	0.0214	1.680	2.290	1.220	1.530	285350349	497336596.00
600503	*ST 新智	2004.02.05	-1.5107	2.940	4.460	1.670	2.730	192537262	581276176.00
600515	ST 一投	2005.05.10	-1.4642	2.880	3.450	1.040	1.440	670652454	1215908523.00
600603	ST 兴业	2002.03.26	0.0236	2.810	3.290	1.570	2.040	323944151	774452976.00
600613	*ST 永生	2003.05.12	0.1021	6.150	8.300	5.090	6.420	38597844	268027446.00
600615	ST 丰华	2003.05.12	0.0325	2.820	7.110	1.910	4.420	317021941	1463045062.00
600617	*ST 联华	2003.05.12	-0.2489	3.860	7.600	2.440	4.630	21250147	97981035.00
600629	*ST 棱光	2002.05.13	-0.9541	1.620	2.070	0.880	1.570	209955796	316821692.00
600659	*ST 花雕	2004.12.08	0.0274	2.040	3.100	1.260	1.410	471530195	988758469.00
600672	*ST 华圣	2003.04.30	-0.6798	1.150	1.450	0.660	0.700	245091266	281009007.00
600681	ST 万鸿	2004.04.26	0.0471	1.460	2.430	0.890	1.290	624693114	984276249.00
600691	ST 东碳	2004.04.21	0.0364	2.450	3.280	1.660	2.350	99936847	253824864.00
600695	ST 大江	2003.04.29	-0.3195	3.410	3.740	1.830	3.020	77717260	223465159.00
600698	ST 轻骑	2002.04.29	0.0106	1.880	2.120	1.110	1.530	706772765	1175254665.00
600700	*ST 数码	2004.04.28	-0.6259	1.020	1.210	0.640	0.640	206050602	200035125.00
600715	ST 松辽	2002.04.23	-0.4099	1.600	2.100	1.020	1.470	547397079	847788750.00
600735	ST 陈香	2004.04.23	0.0139	2.550	3.780	2.240	2.930	254440055	821395129.00
600737	ST 屯河	2004.07.26	-0.8267	1.670	3.120	1.580	2.760	1189133643	2736146737.00
600743	ST 幸福	2002.04.30	0.0045	2.140	2.280	1.310	1.780	232219387	419426628.00
600751	*ST 天海	2003.06.30	-0.0416	2.550	3.850	1.350	2.310	324315601	804065290.00
600752	*ST 哈慈	2004.05.10	-0.8452	1.490	1.730	0.750	0.840	184813486	220473519.00
600753	ST 冰熊	2001.04.24	0.0086	3.050	4.710	2.090	3.130	116418246	366277576.00
600758	ST 金帝	2003.04.29	-0.0726	2.780	3.550	2.150	2.910	107754913	313834168.00
600759	ST 琼华侨	2003.01.07	-0.0218	1.630	2.060	0.980	1.320	242706025	373988020.00
600760	ST 黑豹	2003.03.14	-0.1856	2.020	2.660	1.580	1.830	356266770	718853367.00
600762	*ST 金荔	2005.03.30	0.0000	5.260	5.450	1.050	1.460	466075752	1073975021.00
600763	*ST 中燕	2001.06.26	-0.0583	3.720	4.160	1.560	3.070	252112109	713831010.00
600766	ST 烟发	2003.04.29	-0.1305	3.280	3.530	1.320	2.120	279328980	600105849.00
600767	*ST 运盛	2005.04.26	-0.2389	2.790	3.050	1.110	2.050	270199230	524972160.00
600772	ST 龙昌	2005.05.10	-0.4813	3.670	4.240	1.250	2.150	349841680	822948855.00
600781	ST 民丰	2003.04.30	-0.2666	2.210	3.750	2.110	2.950	297348305	902366259.00
600788	*ST 达曼	2004.05.10	0.0000	0.000	0.000	0.000	0.910	0	0.00
600799	*ST 龙科	2002.05.08	-1.8026	1.210	1.310	0.520	0.540	242162706	219231964.00
600807	ST 济百	2003.03.07	-0.3719	3.020	3.090	1.450	1.890	194725773	415095176.00
600816	*ST 安信	2005.07.11	0.0167	3.380	3.980	1.860	2.450	1203804155	3389998889.00
600842	ST 中西	2002.04.25	-0.3562	2.300	3.680	1.600	3.220	134013044	386677555.00
600844	*ST 大盈	2004.05.10	-1.2914	2.790	3.370	1.230	1.230	49963950	118403199.00
600847	ST 渝万里	2003.05.16	0.0135	2.840	3.150	1.580	2.250	129590569	314623551.00
600848	ST 自仪	2001.05.08	0.0201	2.850	3.690	2.030	3.010	84718363	252921337.00
600852	*ST 中川	2004.04.27	-2.8350	1.290	1.490	0.720	0.720	69728555	76076316.00
600862	ST 纵横	2002.07.19	0.0169	3.010	3.290	1.450	1.740	376965230	809963088.00
600891	ST 秋林	2003.05.12	0.0318	2.600	2.790	1.250	1.770	336967697	654870679.00
600892	*ST 湖科	2004.04.23	-0.4761	3.000	5.700	1.960	3.420	53655856	170553198.00
600899	*ST 信联	2003.09.19	-0.8807	1.310	1.370	1.120	1.130	27453587	34186548.00
900904	*ST 永生 B	2003.05.12	0.1021	0.283	0.360	0.183	0.211	29125136	63209561.00
900913	*ST 联华 B	2003.05.12	-0.2489	0.144	0.158	0.109	0.140	31873993	34902062.00

ST、*ST 公司概况
ST, *ST Overview

单位：元人民币 (Unit: Yuan RMB)

股票代码 Code	股票简称 Name	接受时间 Accepted Date	每股收益 EPS	开盘价 Open Price	最高价 High Price	最低价 Low Price	收盘价 Close Price	成交数量 Turnover Vol.	成交金额 Turnover Val.
900919	ST 大江 B	2003.04.29	-0.3195	0.144	0.152	0.078	0.096	300782679	271935469.00
900921	*ST 大盈 B	2004.05.10	-1.2914	0.145	0.167	0.068	0.072	31067085	27982801.00
900928	ST 自仪 B	2001.05.08	0.0201	0.166	0.188	0.102	0.144	61050477	77584238.00
900938	*ST 天海 B	2003.06.30	-0.0416	0.178	0.190	0.084	0.117	104818136	109310288.00
900946	ST 轻骑 B	2002.04.29	0.0106	0.145	0.151	0.071	0.105	201104235	187668070.00

上市公司通讯录
Contact Information of Listed Companies

A 股代码 A Code	A 股简称 A Name	B 股代码 B Code	B 股简称 B Abbr.	行业分类代码 Sector Code	行业分类名称 Sector Name	电话 Telephone
600000	浦发银行			I01	银行业	021-63611226
600001	邯郸钢铁			C65	黑色金属冶炼及压延加工业	0310-6075599
600002	齐鲁石化			C41	石油加工及炼焦业	0533-3583728
600003	东北高速			F11	交通运输辅助业	0431-4622168
600004	G 穗机场			F11	交通运输辅助业	020-36063431
600005	G 武钢			C65	黑色金属冶炼及压延加工业	027-86891186
600006	东风汽车			C75	交通运输设备制造业	027-84287977
600007	中国国贸			K39	租赁服务业	010-65052288
600008	首创股份			K01	公共设施服务业	010-64689035
600009	上海机场			F11	交通运输辅助业	021-68341609
600010	包钢股份			C65	黑色金属冶炼及压延加工业	0472-2189515
600011	华能国际			D01	电力、蒸汽、热水的生产和供应业	010-66491009
600012	皖通高速			F11	交通运输辅助业	0551-5338681
600015	华夏银行			I01	银行业	010-85238888
600016	G 民生			I01	银行业	010-58560807
600018	G 上港			F11	交通运输辅助业	021-56441469
600019	G 宝钢			C65	黑色金属冶炼及压延加工业	021-68403333
600020	中原高速			F11	交通运输辅助业	0371-67717696
600021	G 上电			D01	电力、蒸汽、热水的生产和供应业	021-51171078
600022	济南钢铁			C67	有色金属冶炼及压延加工业	0531-88865480
600026	G 中海			F07	水上运输业	021-65967160
600027	华电国际			D01	电力、蒸汽、热水的生产和供应业	0531-82366808
600028	中国石化			B03	石油和天然气开采业	010-64990482
600029	南方航空			F09	航空运输业	020-86124738
600030	G 中信			I21	证券、期货业	010-84588581
600031	G 三一			C75	交通运输设备制造业	0731-4031555
600033	福建高速			F03	公路运输业	0591-87077366
600035	楚天高速			F11	交通运输辅助业	027-84863942
600036	G 招行			I01	银行业	0755-83195105
600037	歌华有线			L20	信息传播服务业	010-62035573
600038	哈飞股份			C75	交通运输设备制造业	0451-86528350
600039	四川路桥			E01	土木工程建筑业	028-85126086
600050	中国联通			G85	通信服务业	021-50473188
600051	宁波联合			M	综合类	0574-86222320
600052	浙江广厦			J01	房地产开发与经营业	0571-87969988*1221
600053	ST 江纸			C31	造纸及纸制品业	0791-8164127
600054	G 黄山	900942	黄山 B 股	K34	旅游业	0559-5561113
600055	万东医疗			C73	专用设备制造业	010-85892598
600056	中技贸易			H21	商业经纪与代理业	010-67121157
600057	夏新电子			C55	日用电子器具制造业	0592-5058123*3557
600058	五矿发展			H21	商业经纪与代理业	010-68494208
600059	古越龙山			C05	饮料制造业	0575-5158435
600060	海信电器			C55	日用电子器具制造业	0532-83889556
600061	中纺投资			C47	化学纤维制造业	021-62838888
600062	双鹤药业			C81	医药制造业	010-64742227*681
600063	皖维高新			C47	化学纤维制造业	0565-2317280
600064	南京高科			J01	房地产开发与经营业	025-85800728
600065	*ST 联谊			C41	石油加工及炼焦业	0459-6717944
600066	宇通客车			C75	交通运输设备制造业	0371-66806316
600067	G 冠城			C76	电器机械及器材制造业	0591-83350029
600068	葛洲坝			E01	土木工程建筑业	027-83777626*1517
600069	G 银鸽			C31	造纸及纸制品业	0395-2355611
600070	浙江富润			C11	纺织业	0575-7016551
600071	凤凰光学			C78	仪器仪表及文化、办公用机械制造业	0793-8259547
600072	江南重工			C73	专用设备制造业	021-53023456*672
600073	G 梅林			C03	食品制造业	021-65411993
600074	中达股份			C49	塑料制造业	0510-6684039
600075	新疆天业			A01	农业	0993-2623118
600076	青鸟华光			G81	通信及相关设备制造业	0536-2991601
600077	国能集团			G81	通信及相关设备制造业	024-83601013
600078	澄星股份			C43	化学原料及化学制品制造业	0510-86281316*431
600079	G 人福			M	综合类	027-87597232
600080	金花股份			C81	医药制造业	029-88404118
600081	东风科技			C75	交通运输设备制造业	021-62033003*52
600082	海泰发展			J01	房地产开发与经营业	022-85689897

上市公司通讯录
Contact Information of Listed Companies

公司全称 Name	通讯地址 Address	邮编 Zip
上海浦东发展银行股份有限公司	上海市中山东一路 12 号	200002
邯郸钢铁股份有限公司	河北省邯郸市复兴路 232 号	056015
中国石化齐鲁股份有限公司	山东省淄博高新技术产业开发区	255086
东北高速公路股份有限公司	吉林省长春市经济开发区浦东路 3499 号	130033
广州白云国际机场股份有限公司	广州白云国际机场南工作区机场综合办公楼南楼	510470
武汉钢铁股份有限公司	武汉市青山区沿港路 3 号	430080
东风汽车股份有限公司	湖北省武汉市汉阳经济技术开发区创业路 136 号	430056
中国国际贸易中心股份有限公司	北京市建国门外大街 1 号	100004
北京首创股份有限公司	北京市朝阳区北三环东路 8 号静安中心 7 层	100028
上海国际机场股份有限公司	上海市浦东新区启航路 900 号	201202
内蒙古包钢钢联股份有限公司	内蒙古包头市昆区包钢信息大楼东副楼	014010
华能国际电力股份有限公司	北京市西城区复兴门南大街丙 2 号天银大厦 C 段西区	100031
安徽皖通高速公路股份有限公司	安徽省合肥市长江西路 669 号	230088
华夏银行股份有限公司	北京市东城区建国门内大街 22 号	100005
中国民生银行股份有限公司	北京市西城区复兴门内大街 2 号	100031
上海港集装箱股份有限公司	上海市军工路 4049 号吉发大厦	200438
宝山钢铁股份有限公司	上海市宝山区富锦路果园	200122
河南中原高速公路股份有限公司	郑州市中原路 93 号	450052
上海电力股份有限公司	上海市中山南路 268 号 1 号楼 36 层	200010
济南钢铁股份有限公司	济南市工业北路 21 号	250101
中海发展股份有限公司	上海市东大名路 700 号海运大楼	200080
华电国际电力股份有限公司	山东省济南市经三路 14 号	250001
中国石油化工股份有限公司	北京市朝阳区惠新东街甲 6 号	100029
中国南方航空股份有限公司	广东省广州市机场路 278 号	510405
中信证券股份有限公司	北京市朝阳区新源南路 6 号京城大厦 3 层	518001
三一重工股份有限公司	湖南长沙经济技术开发区	410100
福建发展高速公路股份有限公司	福州市东水路 18 号福建交通综合大楼 26 层	350001
湖北楚天高速公路股份有限公司	武汉市汉阳区龙阳大道 9 号	430051
招商银行股份有限公司	深圳市福田区深南大道 7088 号招商银行大厦	518040
北京歌华有线电视网络股份有限公司	北京市海淀区花园北路 35 号东门	100083
哈飞航空工业股份有限公司	哈尔滨市平房区友协大街 15 号	150066
四川路桥建设股份有限公司	成都市高新区九兴大道 12 号	610041
中国联合通信股份有限公司	上海市世纪大道 88 号金茂大厦 40 楼	200121
宁波联合集团股份有限公司	宁波市开发区东海路 1 号联合大厦	315803
浙江广厦股份有限公司	浙江省杭州市玉古路 166 号	310013
江西纸业股份有限公司	江西省南昌市董家窑 112 号	330006
黄山旅游发展股份有限公司	安徽省黄山市黄山风景区温泉	245800
北京万东医疗装备股份有限公司	北京市朝阳区建国门外郎家园 6 号	100022
中技贸易股份有限公司	北京市崇文区光明中街 18 号美康大厦;海淀区西三环北路 21 号久凌	100061
夏新电子股份有限公司	厦门市体育路 45 号	361012
五矿发展股份有限公司	北京市海淀区三里河路 5 号 B 座	100044
浙江古越龙山绍兴酒股份有限公司	浙江省绍兴市北海桥	312000
青岛海信电器股份有限公司	山东青岛经济技术开发区团结路 18 号	266555
中纺投资发展股份有限公司	上海市延安西路 1228 号嘉利大厦 33 层	200052
北京双鹤药业股份有限公司	北京市朝阳区望京利泽东二路 1 号	100102
安徽皖维高新材料股份有限公司	安徽省巢湖市皖维路 56 号	238002
南京新港高科技股份有限公司	南京市经济技术开发区新港大道 100 号	210038
大庆联谊石化股份有限公司	黑龙江省大庆市大同区林源南街 5 号	163852
郑州宇通客车股份有限公司	郑州市宇通工业园	450016
冠城大通股份有限公司	福建省福州市鼓楼区五一中路 32 号元洪大厦 26 层	350005
葛洲坝股份有限公司	湖北省武汉市解放大道 558 号葛洲坝大酒店 15 层	430033
河南银鸽实业投资股份有限公司	河南省漯河市人民东路 95 号	462000
浙江富润股份有限公司	浙江省诸暨市陶朱南路 12 号	311800
凤凰光学股份有限公司	江西省上饶市光学路 1 号	334000
江南重工股份有限公司	上海市鲁班路 600 号江南造船大厦 11-13 楼	200023
上海梅林正广和股份有限公司	上海市通北路 400 号	200082
江苏中达新材料集团股份有限公司	江苏省江阴市申港镇镇澄路 999 号	214443
新疆天业股份有限公司	新疆石河子市经济技术开发区北三东路 36 号	832000
潍坊北大青鸟华光科技股份有限公司	山东省潍坊市高新技术产业开发区北宫东街 6 号	261061
辽宁国能集团（控股）股份有限公司	辽宁省沈阳市沈河区青年大街 108 号	110014
江苏澄星磷化工股份有限公司	江苏省江阴市花山路 208 号	214432
武汉人福高科技产业股份有限公司	武汉市洪山区关山街鲁磨路 369 号	430074
金花企业(集团)股份有限公司	西安市振兴路 1 号	710068
东风电子科技股份有限公司	上海市中山北路 2000 号 22 楼	200063
天津海泰科技发展股份有限公司	天津市华苑产业区海泰发展六道 6 号海泰绿色产业基地 G 座 11 层	300384

上市公司通讯录
Contact Information of Listed Companies

A 股代码 A Code	A 股简称 A Name	B 股代码 B Code	B 股简称 B Abbr.	行业分类代码 Sector Code	行业分类名称 Sector Name	电话 Telephone
600083	ST 博讯			C51	电子元器件制造业	0769-22906116
600084	新天国际			H21	商业经纪与代理业	0991-8871867
600085	G 同仁堂			C81	医药制造业	010-67054601
600086	*ST 多佳			C13	服装及其他纤维制品制造业	027-87592157
600087	G 水运			F07	水上运输业	025-83283904
600088	中视传媒			L10	广播电影电视业	021-68765168
600089	特变电工			C76	电器机械及器材制造业	0994-2724766
600090	G*ST 酒花			C01	食品加工业	0991-3687326
600091	明天科技			C43	化学原料及化学制品制造业	0472-2207068
600092	*ST 精密			C67	有色金属冶炼及压延加工业	029-84610536
600093	禾嘉股份			A01	农业	028-85150688
600094	华源股份	900940	华源 B 股	C47	化学纤维制造业	021-58787570
600095	哈高科			C01	食品加工业	0451-84348141
600096	云天化			C43	化学原料及化学制品制造业	0870-8662000
600097	华立科技			C76	电器机械及器材制造业	0571-88471777
600098	G 广控			D01	电力、蒸汽、热水的生产和供应业	020-83606539
600099	林海股份			C75	交通运输设备制造业	0523-6551888
600100	G 同方			G87	计算机应用服务业	010-82399888
600101	明星电力			D01	电力、蒸汽、热水的生产和供应业	0825-2210076
600102	莱钢股份			C65	黑色金属冶炼及压延加工业	0634-6820601
600103	青山纸业			C31	造纸及纸制品业	0598-5658918
600104	G 上汽			C75	交通运输设备制造业	021-50803808*207
600105	G 永鼎			G81	通信及相关设备制造业	0512-63272395
600106	G 渝路桥			F11	交通运输辅助业	023-62803632
600107	美尔雅			C13	服装及其他纤维制品制造业	0714-6360299
600108	亚盛集团			A01	农业	0931-8856389
600109	成都建投			M	综合类	028-86139010
600110	中科英华			C99	其他制造业	0431-5161088
600111	稀土高科			C67	有色金属冶炼及压延加工业	0472-2207525
600112	G 长征			C76	电器机械及器材制造业	0852-8634986
600113	G 东日			C99	其他制造业	0577-88852188
600114	G 东睦			C69	金属制品业	0574-87841061
600115	东方航空			F09	航空运输业	021-62686268*30920
600116	三峡水利			D01	电力、蒸汽、热水的生产和供应业	023-63801161
600117	西宁特钢			C65	黑色金属冶炼及压延加工业	0971-5299089
600118	中国卫星			C99	其他制造业	010-68768897
600119	G 长投			M	综合类	021-68407009
600120	G 浙东方			H21	商业经纪与代理业	0571-87600383
600121	G 郑煤电			D01	电力、蒸汽、热水的生产和供应业	0371-66591159
600122	宏图高科			G81	通信及相关设备制造业	025-83274691
600123	G 兰花			B01	煤炭采选业	0356-2040123
600125	铁龙物流			F01	铁路运输业	0411-82810881
600126	G 杭钢			C65	黑色金属冶炼及压延加工业	0571-88132917
600127	金健米业			C01	食品加工业	0736-7308643
600128	弘业股份			H21	商业经纪与代理业	025-52308738
600129	G 太极			C81	医药制造业	023-89886719
600130	波导股份			G81	通信及相关设备制造业	0574-88918855
600131	岷江水电			D01	电力、蒸汽、热水的生产和供应业	028-87292621
600132	重庆啤酒			C05	饮料制造业	023-89069086
600133	东湖高新			M	综合类	027-87172003
600135	乐凯胶片			C43	化学原料及化学制品制造业	0312-3302661
600136	道博股份			M	综合类	027-81732221
600137	*ST 长控			C31	造纸及纸制品业	0831-7115019
600138	G 中青旅			K34	旅游业	010-58158777
600139	绵阳高新			G83	计算机制造业	0816-8090030
600141	兴发集团			C43	化学原料及化学制品制造业	0717-2587999
600143	G 金发			C49	塑料制造业	020-87011288
600145	四维瓷业			E05	装修装饰业	023-61088555
600146	G*ST 大元			C41	石油加工及炼焦业	010-82332716
600148	长春一东			C75	交通运输设备制造业	0431-5173591*6224
600149	华夏建通			C71	普通机械制造业	010-85910660
600150	G 重机			C73	专用设备制造业	021-58461891
600151	航天机电			C75	交通运输设备制造业	021-64827176
600152	维科精华			C11	纺织业	0574-87341480
600153	建发股份			H21	商业经纪与代理业	0592-2132319

上市公司通讯录
Contact Information of Listed Companies

公司全称 Name	通讯地址 Address	邮编 Zip
成都博讯数码技术股份有限公司	广东省东莞市南城区莞太大道 255 号彩管厂 5 号楼	523077
新天国际经贸股份有限公司	新疆乌鲁木齐市红山路 40 号	830002
北京同仁堂股份有限公司	北京市崇文区崇外大街 42 号，北京市崇文区东兴隆街 52 号	100062
湖北多佳股份有限公司	武汉市关东科技园高科大厦 18 楼	430074
南京水运实业股份有限公司	南京市进香河路 33 号时代华府 4 楼	210008
中视传媒股份有限公司	上海市浦东新区福山路 450 号新国际大厦 17 层 A 座	200122
特变电工股份有限公司	新疆昌吉市延安南路 52 号	831100
新疆啤酒花股份有限公司	新疆乌鲁木齐市北京南路钻石城 36 号新捷大厦 10 楼	830011
包头明天科技股份有限公司	包头市稀土高新技术产业开发区曙光路 22 号	014030
陕西精密合金股份有限公司	西安市莲湖区枣园东路 2 号	710077
四川禾嘉股份有限公司	四川省成都市高新技术开发区九兴大道 3 号	610041
上海华源股份有限公司	上海市浦东陆家嘴东路 161 号招商局大厦 31 楼	200120
哈尔滨高科技(集团)股份有限公司	哈尔滨市开发区迎宾路集中区天平路 2 号	150078
云南云天化股份有限公司	云南省水富县云富镇	657800
浙江华立科技股份有限公司	浙江省杭州市西斗门路 18 号	310012
广州发展实业控股集团股份有限公司	广州市东风中路 509 号建银大厦 27、29 楼	510045
林海股份有限公司	江苏省泰州市泰九路 14 号	225300
清华同方股份有限公司	北京市海淀区五道口清华同方科技广场	100084
四川明星电力股份有限公司	四川省遂宁市明月路 88 号	629000
莱芜钢铁股份有限公司	山东省莱芜市钢城区	271104
福建省青山纸业股份有限公司	福建省福州市五一北路 171 号新都会花园广场 16 层	350005
上海汽车股份有限公司	上海市张江高科技园区松涛路 563 号 A 幢 5 层	201203
江苏永鼎股份有限公司	江苏省吴江市芦墟镇汾湖经济技术开发区	215211
重庆路桥股份有限公司	重庆市南坪经济技术开发区丹龙路 11 号	400060
湖北美尔雅股份有限公司	湖北省黄石市团城山开发区美尔雅工业园	435003
甘肃亚盛实业(集团)股份有限公司	甘肃省兰州市秦安路 81 号	730030
成都城建投资发展股份有限公司	成都市青羊区小河街 12 号天纬商务楼 8 楼	610015
中科英华高技术股份有限公司	吉林省长春市高新技术开发区火炬路 286 号	130022
内蒙古包钢稀土高科技股份有限公司	内蒙古包头市稀土高新技术产业开发区青工南路	014030
贵州长征电器股份有限公司	贵州省遵义市上海路 100 号	563002
浙江东日股份有限公司	浙江省温州市矮凳桥 92 号	325003
宁波东睦新材料集团股份有限公司	宁波市江东区江东南路 147 号	315041
中国东方航空股份有限公司	上海市虹桥路 2550 号	200335
重庆三峡水利电力(集团)股份有限公司	重庆市渝中区八一路 183 号谊德大厦 12 层	400010
西宁特殊钢股份有限公司	青海省西宁市柴达木西路 52 号	810005
中国天地卫星股份有限公司	北京市海淀区阜成路 16 号航天科技大厦 15 楼	100037
长发集团长江投资实业股份有限公司	上海市浦东新区世纪大道 1500 号 9 楼	200122
浙江东方集团股份有限公司	杭州市西湖大道 12 号	310009
郑州煤电股份有限公司	郑州市二七区大学路 30 号	450052
江苏宏图高科技股份有限公司	南京市中山北路 219 号 20/21 层	210009
山西兰花科技创业股份有限公司	山西省晋城市泽州路 181 号	048000
中铁铁龙集装箱物流股份有限公司	辽宁省大连市中山区新安街 1 号	116001
杭州钢铁股份有限公司	浙江省杭州市半山路 178 号	310022
湖南金健米业股份有限公司	湖南省常德市德山经济开发区金健米业总部办公大楼	415001
江苏弘业股份有限公司	江苏省南京市中华路 50 号弘业大厦	210001
重庆太极实业（集团）股份有限公司	重庆市涪陵区太极大道 1 号	408000
宁波波导股份有限公司	浙江省奉化市金钟路 588 号	315500
四川岷江水利电力股份有限公司	四川省都江堰市奎光路 301 号	623007
重庆啤酒股份有限公司	重庆市九龙坡区石桥铺石杨路 16 号	400039
武汉东湖高新集团股份有限公司	武汉市洪山区华光大道 1 号东湖高新大楼	430074
乐凯胶片股份有限公司	河北省保定市乐凯南大街 6 号	071054
武汉道博股份有限公司	武汉市洪山区东湖钓鱼台	430205
四川长江包装控股股份有限公司	四川省宜宾市马鞍石	644004
中青旅控股股份有限公司	北京市东城区东直门南大街 5 号中青旅大厦证券部	100007
绵阳高新发展（集团）股份有限公司	四川省绵阳高新区火炬大厦 B 区 5 楼	621000
湖北兴发化工集团股份有限公司	湖北省宜昌市兴山县古夫镇昭君路昭君山庄	443711
广州金发科技股份有限公司	广州市天河区柯木塱高唐工业区	510520
重庆四维瓷业(集团)股份有限公司	重庆市江津油溪镇	402285
宁夏大元化工股份有限公司	北京市海淀区知春路 13 号 2 楼	100083
长春一东离合器股份有限公司	吉林省长春市繁荣路 17-1 号	130012
华夏建通科技开发股份有限公司	河北省邢台市新兴西路 1 号	054025
沪东重机股份有限公司	上海市浦东大道 2851 号	200129
上海航天汽车机电股份有限公司	上海市漕溪路 222 号航天大厦南楼 8 楼	200235
宁波维科精华集团股份有限公司	宁波市体育场路 2 号	315016
厦门建发股份有限公司	厦门市鹭江道 52 号海滨大厦 7 楼	361001

上市公司通讯录
Contact Information of Listed Companies

A 股代码 A Code	A 股简称 A Name	B 股代码 B Code	B 股简称 B Abbr.	行业分类代码 Sector Code	行业分类名称 Sector Name	电话 Telephone
600155	宝硕股份			C49	塑料制造业	0312-3109607
600156	华升股份			C11	纺织业	0731-5237877
600157	鲁润股份			M	综合类	0538-6265679
600158	中体产业			K99	其他社会服务业	010-65536158*121
600159	GST 宁窖			C05	饮料制造业	010-69446339
600160	G 巨化			C43	化学原料及化学制品制造业	0570-3091704
600161	天坛生物			C85	生物制品业	010-65762911
600162	香江控股			C73	专用设备制造业	0539-8785596
600163	福建南纸			C31	造纸及纸制品业	0599-8808806
600165	G 宁恒力			C69	金属制品业	0952-3671240
600166	福田汽车			C75	交通运输设备制造业	010-80716459
600167	沈阳新开			J01	房地产开发与经营业	024-83782067
600168	武汉控股			D05	自来水的生产和供应业	027-85725739
600169	太原重工			C73	专用设备制造业	0351-6361155
600170	G 建工			E01	土木工程建筑业	021-68872178
600171	G 贝岭			C51	电子元器件制造业	021-64853333
600172	G 旋风			C61	非金属矿物制品业	0374-6108532
600173	牡丹江			C61	非金属矿物制品业	0453-6497427
600175	G 美都			K32	旅馆业	0571-88301608
600176	中国玻纤			C43	化学原料及化学制品制造业	010-88412266
600177	雅戈尔			C13	服装及其他纤维制品制造业	0574-87425136
600178	东安动力			C75	交通运输设备制造业	0451-86528173
600179	黑化股份			C41	石油加工及炼焦业	0452-8927411
600180	G 九发			A01	农业	0535-6623880
600181	*ST 云大			C43	化学原料及化学制品制造业	0871-8350069
600182	佳通轮胎			C48	橡胶制造业	021-51535308
600183	生益科技			C76	电器机械及器材制造业	0769-22271828*8183
600184	新华光			C61	非金属矿物制品业	0710-3349838
600185	海星科技			K10	邮政服务业	029-82307605
600186	莲花味精			C03	食品制造业	0394-4298666
600187	*ST 黑龙			C31	造纸及纸制品业	0452-5982436
600188	兖州煤业			B01	煤炭采选业	0537-5382319
600189	G 森工			A03	林业	0431-8912969
600190	锦州港	900952	锦港 B 股	F11	交通运输辅助业	0416-3586462
600191	华资实业			C01	食品加工业	0472-6957544
600192	长城电工			C76	电器机械及器材制造业	0931-8415912
600193	G 创兴			M	综合类	0592-5311857
600195	中牧股份			C01	食品加工业	010-63702799
600196	复星医药			C81	医药制造业	021-63325070
600197	伊力特			C05	饮料制造业	0991-3667490
600198	大唐电信			G81	通信及相关设备制造业	010-62302130
600199	*ST 金牛			C05	饮料制造业	0558-2210568
600200	G 吴中			M	综合类	0512-65626898
600201	金宇集团			C81	医药制造业	0471-3336211
600202	哈空调			C76	电器机械及器材制造业	0451-84682337
600203	ST 福日			C55	日用电子器具制造业	0591-83315984
600205	山东铝业			C67	有色金属冶炼及压延加工业	0533-2930136
600206	有研硅股			C99	其他制造业	010-62355380
600207	安彩高科			C51	电子元器件制造业	0372-3932916*2533
600208	G 中宝			C99	其他制造业	021-68765150
600209	罗顿发展			M	综合类	0898-66266364
600210	G 紫江			C99	其他制造业	021-62377118*810
600211	西藏药业			C81	医药制造业	028-86653915
600212	江泉实业			C61	非金属矿物制品业	0539-7100683
600213	*ST 亚星			C75	交通运输设备制造业	0514-5118880
600215	长春经开			J01	房地产开发与经营业	0431-4644225
600216	浙江医药			C81	医药制造业	0571-87213883
600217	秦岭水泥			C61	非金属矿物制品业	0919-6233649
600218	全柴动力			C71	普通机械制造业	0550-5011156
600219	南山实业			C67	有色金属冶炼及压延加工业	0535-8616188
600220	江苏阳光			C11	纺织业	0510-86121688
600221	海南航空	900945	海航 B 股	F09	航空运输业	0898-66739996
600222	竹林众生			C81	医药制造业	0371-67982194
600223	G 万杰			M	综合类	0533-3585809
600225	天香集团			A01	农业	021-63372066

上市公司通讯录
Contact Information of Listed Companies

公司全称 Name	通讯地址 Address	邮编 Zip
河北宝硕股份有限公司	河北省保定国家高新技术产业开发区朝阳北路 175 号	071051
湖南华升益鑫泰股份有限公司	湖南省长沙市芙蓉中路三段 420 号	410015
泰安鲁润股份有限公司	山东省泰安市环山路 36 号	271000
中体产业集团股份有限公司	北京市朝阳区朝外大街 225 号	100020
北京市大龙伟业房地产开发股份有限公司	北京市顺义区仓上街 11 号	101300
浙江巨化股份有限公司	浙江省衢州市柯城区	324004
北京天坛生物制品股份有限公司	北京市朝阳区三间房南里 4 号	100024
山东香江控股股份有限公司	山东省临沂市临沂经济开发区北横路	276023
福建省南纸股份有限公司	福建省南平市滨江北路 177 号	353000
宁夏恒力钢丝绳股份有限公司	宁夏石嘴山市区河滨街	753202
北汽福田汽车股份有限公司	北京市昌平区沙河镇沙阳路	102206
沈阳新区开发建设股份有限公司	沈阳市高新区浑南产业区新竹路 50 号	110179
武汉三镇实业控股股份有限公司	武汉市江汉区天门墩路 68 号	430015
太原重工股份有限公司	太原市万柏林区玉河街 53 号	030024
上海建工股份有限公司	上海市浦东新区福山路 33 号	200120
上海贝岭股份有限公司	上海市漕河泾开发区宜山路 810 号	200233
河南黄河旋风股份有限公司	河南省长葛市人民路 200 号	461500
黑龙江省牡丹江新材料科技股份有限公司	黑龙江省牡丹江市温春镇公司大楼	157041
美都控股股份有限公司	杭州市拱墅区密渡桥路 70 号美都恒升名楼 4F	310005
中国玻纤股份有限公司	北京市海淀区紫竹院南路 2 号	100044
雅戈尔集团股份有限公司	浙江省宁波市鄞县大道西段 2 号	315153
哈尔滨东安汽车动力股份有限公司	哈尔滨市平房区保国街 51 号	150066
黑龙江黑化股份有限公司	黑龙江省齐齐哈尔市富拉基尔区向阳大街 2 号	161041
山东九发食用菌股份有限公司	山东省烟台市南大街 9 号金都大厦 28 楼	264001
云大科技股份有限公司	昆明市国家高新技术产业开发区科医路 59 号	650106
佳通轮胎股份有限公司	上海市淮海中路 300 号香港新世界大厦 21 楼	200021
广东生益科技股份有限公司	广东省东莞市万江区莞穗大道 411 号	523039
湖北新华光信息材料股份有限公司	湖北省襄樊市长虹北路 67 号	441057
西安海星现代科技股份有限公司	西安市高新技术产业开发区科技二路 62 号	710075
河南莲花味精股份有限公司	河南省项城市莲花大道 18 号	466200
黑龙江黑龙股份有限公司	黑龙江省齐齐哈尔市龙沙区长青路 27 号	161005
兖州煤业股份有限公司	山东省邹城市凫山南路 298 号	273500
吉林森林工业股份有限公司	吉林省长春市人民大街 4036 号	130021
锦州港股份有限公司	锦州市经济技术开发区锦港大街一段 1 号	121007
包头华资实业股份有限公司	包头市东河区	014045
兰州长城电工股份有限公司	兰州市城关区农民巷 125 号	730000
厦门创兴科技股份有限公司	厦门市建业路 18 号阳明楼 9 楼(厂址：杏林区苑亭路 89 号)	361012
中牧实业股份有限公司	北京市丰台区南四环西路 188 号总部基地八区 16 号楼	100070
上海复星实业股份有限公司	上海市复兴东路 2 号	200010
新疆伊力特实业股份有限公司	新疆新源县肖尔布拉克	835811
大唐电信科技股份有限公司	北京市海淀区学院路 40 号	100083
安徽金牛实业股份有限公司	安徽省阜阳市莲花路 259 号	236023
江苏吴中实业股份有限公司	江苏省苏州市吴中区宝带东路 388 号	215128
内蒙古金宇集团股份有限公司	内蒙古呼和浩特市鄂尔多斯大街 26 号	010020
哈尔滨空调股份有限公司	哈尔滨市道里区买卖街 25 号	150010
福建福日电子股份有限公司	福州市五一北路 169 号福日大厦	350005
山东铝业股份有限公司	山东省淄博市淄博高新技术产业开发区柳泉路北首	255086
有研半导体材料股份有限公司	北京市新街口外大街 2 号	100088
河南安彩高科股份有限公司	河南省安阳市中州路南段	455000
中宝科控投资股份有限公司	上海市浦东东方路 818 号众城大厦 22 层	200122
罗顿发展股份有限公司	海南省海口市人民大道 68 号	570208
上海紫江企业集团股份有限公司	上海市虹桥路 2272 号上海虹桥商务大厦 7 楼 C 座	200336
西藏诺迪康药业股份有限公司	拉萨市北京中路 93 号(成都市中新街 49 号锦贸大厦 18 楼)	850000
山东江泉实业股份有限公司	山东省临沂市罗庄双月门北江泉商务楼	276017
扬州亚星客车股份有限公司	扬州市经济开发区扬子江中路 188 号	225009
长春经开(集团)股份有限公司	吉林省长春市昆山路 1451 号	130033
浙江医药股份有限公司	浙江省杭州市中河路司马渡巷 60 号	310003
陕西秦岭水泥(集团)股份有限公司	陕西省耀县县城东郊	727100
安徽全柴动力股份有限公司	安徽省全椒县襄河镇建设东路 70 号	239500
山东南山实业股份有限公司	山东省龙口市东江镇南山村	265718
江苏阳光股份有限公司	江苏省江阴市新桥镇马嘶桥	214426
海南航空股份有限公司	海南省海口市海秀路 29 号海航发展大厦	570206
河南竹林众生制药股份有限公司	郑州市高新技术产业开发区金梭路 8 号	450001
山东万杰高科技股份有限公司	山东省淄博市高新技术产业开发区	255086
华通天香集团股份有限公司	上海市黄浦区宁波路 1 号申华金融大厦 17 楼	200002

上市公司通讯录
Contact Information of Listed Companies

A 股代码 A Code	A 股简称 A Name	B 股代码 B Code	B 股简称 B Abbr.	行业分类代码 Sector Code	行业分类名称 Sector Name	电话 Telephone
600226	G 拜克			C43	化学原料及化学制品制造业	0572-8402738
600227	G 赤天化			C43	化学原料及化学制品制造业	0852-2878518
600228	昌九生化			C43	化学原料及化学制品制造业	0791-8504560
600229	青岛碱业			C43	化学原料及化学制品制造业	0532-4822574
600230	沧州大化			C43	化学原料及化学制品制造业	0317-3556808
600231	G 凌钢			C65	黑色金属冶炼及压延加工业	0421-6838259
600232	G 金鹰			C11	纺织业	0580-8021228
600233	G 大杨			C13	服装及其他纤维制品制造业	0411-87610778
600234	ST 天龙			H21	商业经纪与代理业	0351-4040922
600235	民丰特纸			C31	造纸及纸制品业	0573-2812992
600236	桂冠电力			K01	公共设施服务业	0771-5697128
600237	G 铜峰			C76	电器机械及器材制造业	0562-2819178
600238	G 椰岛			C01	食品加工业	0898-66532989
600239	红河光明			C05	饮料制造业	0873-7123420
600240	G 华业			C11	纺织业	0471-5920636
600241	辽宁时代			C13	服装及其他纤维制品制造业	0411-82798317
600242	华龙集团			A07	渔业	020-85170736
600243	青海华鼎			C71	普通机械制造业	0971-6249618
600246	先锋股份			J01	房地产开发与经营业	010-51737536
600247	G 物华			H21	商业经纪与代理业	0432-2491247
600248	秦丰农业			A01	农业	029-86522223*8607
600249	两面针			C43	化学原料及化学制品制造业	0772-2506005
600250	南纺股份			H21	商业经纪与代理业	025-83331629
600251	冠农股份			A09	农、林、牧、渔服务业	0996-2113816
600252	中恒集团			M	综合类	0774-5830828
600253	天方药业			C81	医药制造业	0396-3823517
600255	鑫科材料			C99	其他制造业	0553-5847323
600256	广汇股份			J01	房地产开发与经营业	0991-3762327
600257	洞庭水殖			A09	农、林、牧、渔服务业	0736-7252796
600258	首旅股份			K32	旅馆业	010-66014466*446
600259	兴业聚酯			C13	服装及其他纤维制品制造业	0898-68669470
600260	G 凯乐			C49	塑料制造业	027-87312527
600261	G 浙阳光			C55	日用电子器具制造业	0575-2027721
600262	北方股份			C73	专用设备制造业	0472-2207888
600263	路桥建设			E01	土木工程建筑业	010-64181166
600265	景谷林业			A03	林业	0879-5224784
600266	G 城建			E01	土木工程建筑业	010-82275516
600267	G 海正			C81	医药制造业	0571-85278141
600268	国电南自			C73	专用设备制造业	025-83410173
600269	赣粤高速			F03	公路运输业	0791-6504265
600270	外运发展			F09	航空运输业	010-80418885
600271	航天信息			G83	计算机制造业	021-82513232*421
600272	开开实业	900943	开开 B 股	C13	服装及其他纤维制品制造业	021-52138586
600273	G 华芳			C11	纺织业	0512-58438202
600275	武昌鱼			A07	渔业	0711-3200330
600276	恒瑞医药			C81	医药制造业	0518-5465745
600277	亿利科技			C43	化学原料及化学制品制造业	0477-8372708
600278	G 东创			H21	商业经纪与代理业	021-62785489
600279	G 重庆港			F11	交通运输辅助业	023-63100830
600280	南京中商			H11	零售业	025-84728470
600281	太化股份			C43	化学原料及化学制品制造业	0351-5638038
600282	南钢股份			C65	黑色金属冶炼及压延加工业	025-57052160
600283	钱江水利			D01	电力、蒸汽、热水的生产和供应业	0571-87974399
600284	G 浦建			E01	土木工程建筑业	021-58206677*208
600285	羚锐股份			C81	医药制造业	0397-2989188
600286	*ST 国瓷			C61	非金属矿物制品业	0731-4331325
600287	江苏舜天			H21	商业经纪与代理业	025-84208688*81424
600288	大恒科技			G81	通信及相关设备制造业	010-82827855
600289	亿阳信通			G87	计算机应用服务业	010-88157899
600290	苏福马			C73	专用设备制造业	0512-66627610
600291	西水股份			C61	非金属矿物制品业	0473-4661666
600292	G 九电			D01	电力、蒸汽、热水的生产和供应业	023-68787928
600293	三峡新材			C99	其他制造业	0717-3280108
600295	G 鄂绒	900936	鄂绒 B 股	C13	服装及其他纤维制品制造业	0477-8543509
600296	兰州铝业			C67	有色金属冶炼及压延加工业	0931-7549414

上市公司通讯录
Contact Information of Listed Companies

公司全称 Name	通讯地址 Address	邮编 Zip
浙江升华拜克生物股份有限公司	浙江省德清县钟管工业区	313220
贵州赤天化股份有限公司	贵州省赤水市化工路	564707
江西昌九生物化工股份有限公司	南昌市洪都北大道 516 号 4 楼	330039
青岛碱业股份有限公司	青岛市四流北路 78 号	266043
河北沧州大化股份有限公司	河北省沧州市北环中路 66 号沧州大化办公楼	061000
凌源钢铁股份有限公司	辽宁省凌源市钢铁路 3 号	122500
浙江金鹰股份有限公司	浙江省舟山市定海区小沙镇	316051
大连大杨创世股份有限公司	大连市经济技术开发区哈尔滨路 23 号	116600
太原天龙集团股份有限公司	太原市迎泽大街 291 号	030001
民丰特种纸股份有限公司	浙江省嘉兴市用里街 70 号	314000
广西桂冠电力股份有限公司	广西南宁市民主北四里 6 号	530023
安徽铜峰电子股份有限公司	安徽省铜陵市石城路 168 号	244000
海南椰岛股份有限公司	海南省海口市龙昆北路东 12 号椰岛办公大楼	570135
云南红河光明股份有限公司	云南省开远市市西南路 120 号	661600
内蒙古华业地产股份有限公司	呼和浩特市鄂尔多斯大街 54 号	010020
辽宁时代服装进出口股份有限公司	大连市中山区港湾街 7 号时代大厦	116001
广东华龙集团股份有限公司	广州市永福路 35 号之 2 广州南方永福国际汽车用品广场 302 室	510770
青海华鼎实业股份有限公司	青海省西宁市昆仑路 1 号昆仑壹号大厦 A 楼 8 层	810000
北京万通先锋置业股份有限公司	北京市朝阳区辛店路 162 号亚运新新家园院内	100012
吉林物华集团股份有限公司	吉林省吉林市怀德街 29 号	132001
杨凌秦丰农业科技股份有限公司	西安市经济技术开发区凤城二路 6 号	710016
柳州两面针股份有限公司	广西柳州市柳北区长风路 2 号	545001
南京纺织品进出口股份有限公司	南京市鼓楼区云南北路 77 号	210009
新疆冠农果茸股份有限公司	新疆库尔勒市团结南路 48 号小区	841000
广西梧州中恒集团股份有限公司	广西梧州市蝶山一路 3 号	543002
河南天方药业股份有限公司	河南省驻马店市光明路 2 号	463003
安徽鑫科新材料股份有限公司	安徽省芜湖市经济技术开发区珠江路 23 号	241009
新疆广汇实业股份有限公司	新疆乌鲁木齐经济技术开发区上海路 6 号	830026
湖南洞庭水殖股份有限公司	湖南省常德市建设东路 348 号桃林酒店 3 号楼	415000
北京首都旅游股份有限公司	北京市西城区复兴门内大街 51 号（民族饭店 4 层）	100031
海南兴业聚酯股份有限公司	海南省海口市港澳工业区兴业路 19 号	570314
湖北凯乐新材料科技股份有限公司	湖北省武汉市武昌紫阳东路 77 号伟鹏大厦 1702 室	434300
浙江阳光集团股份有限公司	浙江省上虞市凤山路 485 号阳光大厦	312300
内蒙古北方重型汽车股份有限公司	包头市稀土高新技术产业开发区	014030
路桥集团国际建设股份有限公司	北京市东城区东中街 9 号东环广场 A 座写字楼 8 层	100027
云南景谷林业股份有限公司	云南省景谷傣族彝族自治县威远路 47 号	666400
北京城建投资发展股份有限公司	北京市朝阳区北土城西路 11 号城建开发大厦	100029
浙江海正药业股份有限公司	浙江省台州市椒江区外沙路 46 号	318000
国电南京自动化股份有限公司	江苏省南京市新模范马路 38 号	210003
江西赣粤高速公路股份有限公司	南昌市洪城路 508 号方兴大厦	330025
中外运空运发展股份有限公司	北京市顺义区天竺空港工业区 A 区天柱路 20 号	101312
航天信息股份有限公司	北京市海淀区中关村南大街 2 号北京科技会展中心写字楼 30 层	100086
上海开开实业股份有限公司	上海市南京西路 819 号 7 楼	200040
华芳纺织股份有限公司	张家港市塘桥镇人民南路 1 号	215611
湖北武昌鱼股份有限公司	湖北省鄂州市鄂城区南浦南路特 1 号	436000
江苏恒瑞医药股份有限公司	连云港市新浦区人民东路 145 号	222002
内蒙古亿利科技实业股份有限公司	内蒙古鄂尔多斯市东胜区鄂尔多斯西街亿利科技大厦	017000
东方国际创业股份有限公司	上海市娄山关路 85 号 A 座	200336
重庆港九股份有限公司	重庆市渝中区信义街 18 号重庆朝天门大酒店 1504	400011
南京中央商场股份有限公司	江苏省南京市中山南路 79 号	210005
太原化工股份有限公司	山西省太原市晋源区义井街 20 号主楼 5 层	030021
南京钢铁股份有限公司	江苏省南京市六合区卸甲甸	210035
钱江水利开发股份有限公司	浙江省杭州市赤山埠路 47 号（更名三台山路 3 号）	310013
上海浦东路桥建设股份有限公司	上海市浦东新区东方路 971 号钱江大厦 24 楼	200122
河南羚锐制药股份有限公司	河南省新县向阳路 232 号	465550
湖南国光瓷业集团股份有限公司	长沙市芙蓉中路松桂园海东青大厦 B 座 8 楼	410005
江苏舜天股份有限公司	南京市建邺路 98 号舜天大厦	210004
大恒新纪元科技股份有限公司	北京市海淀区苏州街 3 号大恒科技大厦 15 层	100080
亿阳信通股份有限公司	北京市海淀区亮甲店 130 号亿阳大厦、哈尔滨南岗区高新技术产业	100036
苏福马股份有限公司	江苏省苏州市新区何山路 378 号	215011
内蒙古西水创业股份有限公司	内蒙古乌海市海南区	016032
重庆九龙电力股份有限公司	重庆市九龙坡区杨家坪前进支路 8 号	400045
湖北三峡新型建材股份有限公司	湖北省当阳市经济技术开发区	444105
内蒙古鄂尔多斯羊绒制品股份有限公司	内蒙古鄂尔多斯市东胜区达拉特南路 102 号	017000
兰州铝业股份有限公司	兰州市西固区山丹街 981 号	730060

上市公司通讯录
Contact Information of Listed Companies

A 股代码 A Code	A 股简称 A Name	B 股代码 B Code	B 股简称 B Abbr.	行业分类代码 Sector Code	行业分类名称 Sector Name	电话 Telephone
600297	美罗药业			C81	医药制造业	0411-84821377
600298	安琪酵母			C01	食品加工业	0717-6369865
600299	星新材料			C43	化学原料及化学制品制造业	010-64421553
600300	G 维维			C05	饮料制造业	0516-83290169
600301	G 南化			C43	化学原料及化学制品制造业	0771-4835135
600302	标准股份			C73	专用设备制造业	029-88279352
600303	G 曙光			C75	交通运输设备制造业	0415-4146825
600305	恒顺醋业			C03	食品制造业	0511-5233758
600306	商业城			H11	零售业	024-24865838
600307	酒钢宏兴			C65	黑色金属冶炼及压延加工业	0937-6715370
600308	G 华泰			C31	造纸及纸制品业	0546-6871957
600309	烟台万华			C43	化学原料及化学制品制造业	0535-6837888*8537
600310	桂东电力			D01	电力、蒸汽、热水的生产和供应业	0774-5297796
600311	荣华实业			C01	食品加工业	0935-6151222
600312	平高电气			C73	专用设备制造业	0375-3804031
600313	中农资源			A01	农业	010-83607371
600315	上海家化			C43	化学原料及化学制品制造业	021-65123206
600316	洪都航空			C75	交通运输设备制造业	0791-8467456
600317	G 营口港			F11	交通运输辅助业	0417-6268507
600318	巢东股份			C61	非金属矿物制品业	0565-2389232
600319	亚星化学			C43	化学原料及化学制品制造业	0536-8677319
600320	振华港机	900947	振华 B 股	C73	专用设备制造业	021-58395000
600321	国栋建设			C61	非金属矿物制品业	028-85805811
600322	天房发展			J01	房地产开发与经营业	022-23317192
600323	南海发展			D05	自来水的生产和供应业	0757-86324868
600325	G 华发			J01	房地产开发与经营业	0756-8282111
600326	西藏天路			F03	公路运输业	0891-6902700
600327	大厦股份			H11	零售业	0510-2702093
600328	兰太实业			C43	化学原料及化学制品制造业	0473-3443696
600329	中新药业			C81	医药制造业	022-27020892
600330	天通股份			C51	电子元器件制造业	0573-7230878
600331	G 宏达			C43	化学原料及化学制品制造业	028-86141081
600332	广州药业			C81	医药制造业	020-81218084
600333	长春燃气			D03	煤气生产和供应业	0431-5954615
600335	ST 盛工			C71	普通机械制造业	022-24935580
600336	G 澳柯玛			C76	电器机械及器材制造业	0532-86765129
600337	美克股份			C25	家具制造业	0991-3836028
600338	ST 珠峰			C75	交通运输设备制造业	028-85885216
600339	天利高新			C41	石油加工及炼焦业	0992-3655959
600340	国祥股份			C55	日用电子器具制造业	0575-2158191
600343	航天动力			C71	普通机械制造业	029-85208628
600345	长江通信			G81	通信及相关设备制造业	027-67880329
600346	冰山橡塑			C73	专用设备制造业	0411-86641378
600348	G 国阳			B01	煤炭采选业	03537078728
600350	山东基建			K01	公共设施服务业	0531-89260022
600351	G 亚宝			C81	医药制造业	0359-3088178
600352	G 龙盛			C43	化学原料及化学制品制造业	0575-2040698
600353	旭光股份			C51	电子元器件制造业	028-83967182
600354	敦煌种业			A01	农业	0937-2663938
600355	精伦电子			C57	其他电子设备制造业	027-87921111*3226
600356	G 恒丰			C31	造纸及纸制品业	0453-6331111*6280
600357	G 承钒钛			C65	黑色金属冶炼及压延加工业	0314-4073574
600358	国旅联合			K34	旅游业	025-84700026
600359	新农开发			A01	农业	0997-2134018
600360	华微电子			C51	电子元器件制造业	0432-4678411
600361	G 综超			H11	零售业	010-88363718
600362	江西铜业			C67	有色金属冶炼及压延加工业	0701-3777735
600363	联创光电			C51	电子元器件制造业	0791-8161878
600365	通葡股份			C03	食品制造业	0435-3530506
600366	G 韵升			C78	仪器仪表及文化、办公用机械制造业	0574-87776804
600367	G 红星			C43	化学原料及化学制品制造业	0853-6780066
600368	五洲交通			F03	公路运输业	0771-5522858
600369	*ST 长运			F07	水上运输业	023-63819926
600370	三房巷			C11	纺织业	0510-86229867
600371	华冠科技			C01	食品加工业	0451-82368408*8807

上市公司通讯录
Contact Information of Listed Companies

公司全称 Name	通讯地址 Address	邮编 Zip
大连美罗药业股份有限公司	大连市高新技术产业园区七贤岭敬贤街 18 号	116001
安琪酵母股份有限公司	湖北省宜昌市中南路 24 号	443003
蓝星化工新材料股份有限公司	北京市朝阳区北三环东路 19 号	100029
维维食品饮料股份有限公司	江苏省徐州市维维大道 300 号	221111
南宁化工股份有限公司	广西南宁市亭洪路 80 号	530031
西安标准工业股份有限公司	西安市太白南路 335 号	710068
辽宁曙光汽车集团股份有限公司	丹东市振安区曙光路 50 号	118001
江苏恒顺醋业股份有限公司	镇江市中山西路 84 号	212004
沈阳商业城股份有限公司	沈阳市沈河区中街路 212 号	110011
甘肃酒钢集团宏兴钢铁股份有限公司	甘肃省嘉峪关市雄关东路 12 号	735100
山东华泰纸业股份有限公司	山东省东营市广饶县大王镇	257335
烟台万华聚氨酯股份有限公司	烟台市幸福南路 7 号	264002
广西桂东电力股份有限公司	广西贺州市平安西路 12 号	542800
甘肃荣华实业（集团）股份有限公司	甘肃省武威市东关街荣华路 1 号	733000
河南平高电气股份有限公司	河南省平顶山市南环东路 22 号	467001
中垦农业资源开发股份有限公司	北京市丰台区桥南科学城星火路 1 号昌宁大厦 11 层 A 室	100070
上海家化联合股份有限公司	上海市保定路 527 号	200082
江西洪都航空工业股份有限公司	南昌市新溪桥	330024
营口港务股份有限公司	辽宁省营口市鲅鱼圈区新港大路 1 号	115007
安徽巢东水泥股份有限公司	巢湖市长江西路 269 号	238001
潍坊亚星化学股份有限公司	山东省潍坊市奎文区鸢飞路 899 号	261031
上海振华港口机械（集团）股份有限公司	上海市浦东南路 3470 号	200125
四川国栋建设股份有限公司	四川省成都市双流板桥	610206
天津市房地产发展（集团）股份有限公司	天津市和平区常德道 80 号	300050
南海发展股份有限公司	广东省佛山市南海区桂城南海大道建行大厦 22 楼	528200
珠海华发实业股份有限公司	广东省珠海市拱北丽景花园华发楼	519020
西藏天路交通股份有限公司	西藏拉萨市夺底路 14 号	850000
无锡商业大厦股份有限公司	江苏省无锡市中山路 343 号	214001
内蒙古兰太实业股份有限公司	内蒙古阿拉善左旗乌斯太开发区	016041
天津中新药业集团股份有限公司	天津市南开区白堤路 17 号	300193
天通控股股份有限公司	浙江省海宁市龙祥写字楼 18 层	314400
四川宏达股份有限公司	成都市锦里东路 2 号宏大大厦	610041
广州药业股份有限公司	广东省广州市沙面北街 45 号 2 号	510130
长春燃气股份有限公司	长春市朝阳区延安大街 421 号	130021
鼎盛天工工程机械股份有限公司	天津市河东区津塘路 156 号	300180
青岛澳柯玛股份有限公司	青岛市经济技术开发区前湾港路 315 号	266510
美克国际家具股份有限公司	新疆乌鲁木齐经济技术开发区迎宾南路 15 号	830014
西藏珠峰工业股份有限公司	四川省成都市西南航空港锦华路一段 2 号	610225
新疆独山子天利高新技术股份有限公司	新疆独山子区大庆东路 2 号	833600
浙江国祥制冷工业股份有限公司	浙江省上虞市百官镇中塘	312300
陕西航天动力高科技股份有限公司	西安市高新技术产业开发区高新一路 17 号	710075
武汉长江通信产业集团股份有限公司	武昌市珞瑜路 546 号东湖新技术开发区管理大楼 16-17 层	430079
大连冰山橡塑股份有限公司	辽宁省大连市甘井子区周水子广场 1 号	116033
山西国阳新能股份有限公司	山西省阳泉市北大街 5 号	045000
山东基建股份有限公司	济南市文化东路 29 号	250014
山西亚宝药业集团股份有限公司	山西省芮城县富民路 43 号	044600
浙江龙盛集团股份有限公司	浙江省上虞市道墟镇	312368
成都旭光电子股份有限公司	成都市新都区电子路 172 号	610500
甘肃省敦煌种业股份有限公司	甘肃省酒泉市盘旋东路 16 号	735000
武汉精伦电子股份有限公司	湖北省武汉市东湖开发区庙山小区	430223
牡丹江恒丰纸业股份有限公司	黑龙江省牡丹江市阳明区造纸路 11 号	157013
承德新新钒钛股份有限公司	承德市双滦区	067002
国旅联合股份有限公司	南京市汉中路 89 号金鹰国际商城 18 层 A 座	210029
新疆塔里木农业综合开发股份有限公司	新疆阿克苏市南大街新农大厦 19 楼	843000
吉林华微电子股份有限公司	吉林省吉林市高新区深圳街 99 号	132013
北京华联综合超市股份有限公司	北京市西城区阜外大街 1 号	100037
江西铜业股份有限公司	江西省贵溪市冶金大道 15 号	335424
江西联创光电科技股份有限公司	南昌市国家高新京东大道 168 号	330029
通化葡萄酒股份有限公司	通化市前兴路 28 号	134002
宁波韵升股份有限公司	浙江省宁波市江东民安路 348 号	315040
贵州红星发展股份有限公司	贵州省安顺市镇宁县丁旗镇	561206
广西五洲交通股份有限公司	广西南宁市金湖路 53 号	530028
重庆长江水运股份有限公司	重庆市渝中区陕西路 1 号三峡宾馆 18 楼	400011
江苏三房巷实业股份有限公司	江苏省江阴市周庄镇三房巷	214423
黑龙江华冠科技股份有限公司	哈尔滨市南岗区玉山路 18 号	150090

上市公司通讯录
Contact Information of Listed Companies

A 股代码 A Code	A 股简称 A Name	B 股代码 B Code	B 股简称 B Abbr.	行业分类代码 Sector Code	行业分类名称 Sector Name	电话 Telephone
600372	昌河股份			C75	交通运输设备制造业	0798-8462778,8448974
600373	G 鑫新			C69	金属制品业	0793-8231052
600375	G 星马			C75	交通运输设备制造业	0555-8323012
600376	G 天鸿宝			J01	房地产开发与经营业	010-64401653
600377	宁沪高速			F11	交通运输辅助业	025-84469332
600378	天科股份			C43	化学原料及化学制品制造业	028-85963417
600379	宝光股份			C76	电器机械及器材制造业	0917-3561507
600380	健康元			C81	医药制造业	0755-82478586
600381	贤成实业			C13	服装及其他纤维制品制造业	0971-8018897
600382	广东明珠			C73	专用设备制造业	0753-3338549
600383	金地集团			J01	房地产开发与经营业	0755-83844359
600385	ST 金泰			C81	医药制造业	0531-8902341
600386	北京巴士			F19	其他交通运输业	010-68477383
600387	海越股份			F11	交通运输辅助业	05757016161
600388	龙净环保			C73	专用设备制造业	0597-2210288
600389	江山股份			C43	化学原料及化学制品制造业	0513-83517961
600390	金瑞科技			C99	其他制造业	0731-8657400
600391	成发科技			C75	交通运输设备制造业	028-84509005
600392	G 天成			G87	计算机应用服务业	0351-3182809
600393	G 东华			J01	房地产开发与经营业	020-87393488
600395	盘江股份			B01	煤炭采选业	0858-3703046
600396	G 金山			D01	电力、蒸汽、热水的生产和供应业	024-23229022
600397	安源股份			C75	交通运输设备制造业	0799-6776665
600398	G 凯诺			C11	纺织业	0510-6121388
600399	抚顺特钢			C65	黑色金属冶炼及压延加工业	0413-6678441
600400	G 红豆			C13	服装及其他纤维制品制造业	0510-88358422
600401	G 申龙			C49	塑料制造业	0510-6620263
600403	欣网视讯			G87	计算机应用服务业	025-84669999
600405	G 动力源			C57	其他电子设备制造业	010-83681321
600406	国电南瑞			G87	计算机应用服务业	025-83092089
600408	G 安泰			C41	石油加工及炼焦业	0354-7531034
600409	G 唐三友			C43	化学原料及化学制品制造业	03158517040
600410	华胜天成			G87	计算机应用服务业	010-82733615
600415	小商品城			H01	食品、饮料、烟草和家庭用品批发业	0579-5198800
600416	G 湘电			C71	普通机械制造业	0732-8595089
600418	G 江汽			C75	交通运输设备制造业	0551-2296835
600419	新疆天宏			C31	造纸及纸制品业	0993-7526008
600420	现代制药			C81	医药制造业	021-62899111
600421	春天股份			C81	医药制造业	027-87654767
600422	昆明制药			C81	医药制造业	0871-8321828
600423	G 柳化			C43	化学原料及化学制品制造业	0772-2516580
600425	G 青松			C61	非金属矿物制品业	0997-2811282
600426	G 恒升			C43	化学原料及化学制品制造业	0534-2465426
600428	G 中远			F07	水上运输业	020-62621007
600429	三元股份			C03	食品制造业	010-82410501
600432	吉恩镍业			C67	有色金属冶炼及压延加工业	0432-5610629
600433	冠豪高新			C31	造纸及纸制品业	0759-3632168
600435	北方天鸟			C73	专用设备制造业	010-83682722
600436	片仔癀			C81	医药制造业	0596-2305239
600438	通威股份			A09	农、林、牧、渔服务业	028-85171943
600439	G 瑞贝卡			C14	皮革、毛皮、羽绒及制品制造业	0374-5136699
600444	G 国通			C49	塑料制造业	0551-3817860
600446	金证科技			G87	计算机应用服务业	0755-82955524
600448	华纺股份			C11	纺织业	0543-3288255
600449	赛马实业			C61	非金属矿物制品业	0951-2085256
600452	G 涪电力			D01	电力、蒸汽、热水的生产和供应业	023-72286349
600455	交大博通			G87	计算机应用服务业	029-82666819
600456	G 宝钛			C67	有色金属冶炼及压延加工业	0917-3382636
600458	时代新材			C48	橡胶制造业	0733-2837718
600459	贵研铂业			C67	有色金属冶炼及压延加工业	0871-5133611
600460	G 士兰微			C51	电子元器件制造业	0571-88212980
600461	洪城水业			D05	自来水的生产和供应业	0791-5210336
600462	石岘纸业			C31	造纸及纸制品业	0433-3810015
600463	G 空港			J01	房地产开发与经营业	010-80489306
600466	迪康药业			C81	医药制造业	028-85123856

上市公司通讯录
Contact Information of Listed Companies

公司全称 Name	通讯地址 Address	邮编 Zip
江西昌河汽车股份有限公司	江西省景德镇市东郊	333002
江西鑫新实业股份有限公司	江西省上饶市南环路 2 号	334000
安徽星马汽车股份有限公司	安徽省马鞍市山经济技术开发区	243041
北京天鸿宝业房地产股份有限公司	北京市东城区安定门外大街 183 号京宝花园 2 层	100011
江苏宁沪高速公路股份有限公司	江苏省南京市石鼓路 69 号江苏交通大厦	210004
四川天一科技股份有限公司	四川省成都市机场路 445 信箱	610225
陕西宝光真空电器股份有限公司	陕西省宝鸡市高新技术开发区英达路 5 号	721006
健康元药业集团股份有限公司	深圳市罗湖区深南东路 5002 号地王商业大厦 23 层	518008
青海贤成实业股份有限公司	青海省西宁市团结桥路 53 号	810015
广东明珠集团股份有限公司	广东省兴宁市兴城镇赤巷口	514500
金地（集团）股份有限公司	深圳市福田区福强路金地商业大楼 5-6 楼	518048
山东金泰集团股份有限公司	山东省济南市洪楼西路 29 号	250100
北京巴士股份有限公司	北京市海淀区紫竹院路 32 号	100044
浙江海越股份有限公司	浙江省诸暨市西施大街 59 号	311800
福建龙净环保股份有限公司	福建省龙岩市新罗区陵园路 81 号	364000
南通江山农药化工股份有限公司	江苏省南通市姚港路 35 号	226006
金瑞新材料科技股份有限公司	湖南省长沙市岳麓区麓山南路 966 号	410012
四川成发航空科技股份有限公司	成都市双桥子	610067
太原理工天成科技股份有限公司	山西省太原市平民路 5（北）号	030009
广州东华实业股份有限公司	广州市东山区寺右新马路 170 号第四层	510600
贵州盘江精煤股份有限公司	贵州省六盘水市红果经济开发区干沟桥	553536
沈阳金山热电股份有限公司	沈阳市和平区南五马路 185 巷 1 号	110006
安源实业股份有限公司	江西省萍乡市跃进北路 165 号	337000
凯诺科技股份有限公司	江苏省江阴市新桥镇	214426
抚顺特殊钢股份有限公司	辽宁省抚顺市望花区鞍山路东段 8 号	113001
江苏红豆实业股份有限公司	江苏省无锡市锡山区港下镇	214199
江苏申龙高科集团股份有限公司	江苏省江阴市申港镇申圩路	214443
南京欣网视讯科技股份有限公司	南京市龙蟠中路 168 号江苏软件园 53 号楼 1 楼	210002
北京动力源科技股份有限公司	北京市丰台科学城星火路 8 号	100070
国电南瑞科技股份有限公司	南京市南瑞路 8 号	210003
山西安泰集团股份有限公司	山西省介休市安泰工业区安泰集团公司	032002
唐山三友化工股份有限公司	河北省唐山市南堡开发区	063305
北京华胜天成科技股份有限公司	北京市海淀区学清路 8 号科技财富中心 A 座 10-11 层	100029
浙江中国小商品城集团股份有限公司	浙江省义乌市福田路 105 号海洋商务写字楼	322000
湘潭电机股份有限公司	湖南省湘潭市下摄司街 302 号	411101
安徽江淮汽车股份有限公司	安徽省合肥市东流路 176 号	230022
新疆天宏纸业股份有限公司	新疆石河子市西三路（公司办公楼）	832009
上海现代制药股份有限公司	上海市北京西路 1316 号	200040
武汉春天生物工程股份有限公司	武汉市武昌武珞路 628 号亚洲贸易广场 B 座	430070
昆明制药集团股份有限公司	云南省昆明市国家高新技术开发区科医路 166 号	650106
柳州化工股份有限公司	广西柳州市北雀路 67 号	545002
新疆青松建材化工（集团）股份有限公司	新疆阿克苏市林园	843005
山东华鲁恒升化工股份有限公司	山东省德州市德城区天衢西路 24 号	253024
中远航运股份有限公司	广州市五羊新城江月路颐景轩 2-3 楼	510600
北京三元食品股份有限公司	北京市海淀区西二旗中路 29 号	100085
吉林吉恩镍业股份有限公司	吉林省磐石市红旗岭镇	132311
广东冠豪高新技术股份有限公司	广东省湛江市经济技术开发区高新技术区昌平路	524022
北京北方天鸟智能科技股份有限公司	北京市丰台区科学城星火路 7 号	100070
漳州片仔癀药业股份有限公司	福建省漳州市芗城区上街	363000
通威股份有限公司	四川省成都市高新区创业路 2 号奇力新峰大楼 10 楼	610041
河南瑞贝卡发制品股份有限公司	河南省许昌市文峰南路 288 号	461100
安徽国通高新管业股份有限公司	安徽省合肥市经济技术开发区繁华大道国通工业园	230601
深圳市金证科技股份有限公司	深圳市福田区福华路 322 号文蔚大厦 20-22 楼	518026
华纺股份有限公司	山东省滨州市黄河二路 819 号	256617
宁夏赛马实业股份有限公司	宁夏银川市西夏区新小线二公里处	750021
重庆涪陵电力实业股份有限公司	重庆市涪陵区望州路 20 号	408000
西安交大博通资讯股份有限公司	西安市兴庆南路 6 号	710048
宝鸡钛业股份有限公司	宝鸡市钛城路 1 号	721014
株洲时代新材料科技股份有限公司	株洲市天元区珠江南路 21 号	412007
贵研铂业股份有限公司	昆明市二环北路核桃箐	650221
杭州士兰微电子股份有限公司	浙江省杭州市黄姑山路 4 号	310012
江西洪城水业股份有限公司	江西省南昌市沿江南路 292 号	330001
延边石岘白麓纸业股份有限公司	吉林省图们市石岘镇	133101
北京空港科技园区股份有限公司	北京市天竺空港工业区 B 区裕民大街甲 6 号 5 层	101300
四川迪康科技药业股份有限公司	成都市二环路南四段 11 号	610041

上市公司通讯录
Contact Information of Listed Companies

A 股代码 A Code	A 股简称 A Name	B 股代码 B Code	B 股简称 B Abbr.	行业分类代码 Sector Code	行业分类名称 Sector Name	电话 Telephone
600467	好当家			A07	渔业	0631-7438073
600468	G 百利			C71	普通机械制造业	022-83962538
600469	G 风神			C75	交通运输设备制造业	0391-3999006
600470	六国化工			C43	化学原料及化学制品制造业	0562-3801728
600472	包头股份			B07	有色金属矿采选业	0472-6935506
600475	华光股份			C73	专用设备制造业	0510-85215556
600476	湘邮科技			G87	计算机应用服务业	0731-899 8688
600477	G 杭萧			E01	土木工程建筑业	0571-87246788*8013
600478	力元新材			C51	电子元器件制造业	0731-4019421
600479	G 千金			C81	医药制造业	0733-2493417
600480	凌云股份			C49	塑料制造业	0312-3951002
600481	G 双良			C76	电器机械及器材制造业	0510-6632358
600482	G 风帆			C76	电器机械及器材制造业	0312-3208588
600483	福建南纺			C11	纺织业	0599-8813015
600485	中创信测			G81	通信及相关设备制造业	010-62125566*8364
600486	扬农化工			C43	化学原料及化学制品制造业	0514-5870486
600487	G 亨通			G81	通信及相关设备制造业	0512-63802858
600488	G 天药			C81	医药制造业	022-24160861
600489	中金黄金			B07	有色金属矿采选业	022-66293576
600490	中科合臣			C43	化学原料及化学制品制造业	021-52587776
600491	G 龙元			E01	土木工程建筑业	021-65615689
600493	G 凤竹			C11	纺织业	0595-85656506
600495	G 晋西			C75	交通运输设备制造业	0351-6629027
600496	G 精工钢			E01	土木工程建筑业	0564-3630909
600497	驰宏锌锗			B07	有色金属矿采选业	0874-8966699
600498	烽火通信			G81	通信及相关设备制造业	027-87693931
600499	科达机电			C73	专用设备制造业	0757-23833869
600500	G 中化			H21	商业经纪与代理业	021-50495988
600501	G 晨光			C75	交通运输设备制造业	025-52441167
600502	安徽水利			E01	土木工程建筑业	0552-3950270
600503	*ST 新智			G87	计算机应用服务业	0591-83335855
600505	西昌电力			D01	电力、蒸汽、热水的生产和供应业	0834-3830505
600506	香梨股份			A01	农业	0996-8851716
600507	G 长力			C75	交通运输设备制造业	0791-8394025
600508	G 上能			B01	煤炭采选业	021-68865597
600509	天富热电			D01	电力、蒸汽、热水的生产和供应业	0993-2902860
600510	黑牡丹			C13	服装及其他纤维制品制造业	0519-8166510
600511	国药股份			H01	食品、饮料、烟草和家庭用品批发业	010-67262920
600512	腾达建设			E01	土木工程建筑业	021-68406906
600513	联环药业			C81	医药制造业	0514-7813082
600515	ST 一投			H11	零售业	0898-68530096
600516	海龙科技			C61	非金属矿物制品业	0931-6239218
600517	置信电气			C76	电器机械及器材制造业	021-62623388
600518	G 康美			C81	医药制造业	0663-2913819
600519	贵州茅台			C05	饮料制造业	0852-2386002
600520	三佳科技			C76	电器机械及器材制造业	0562-2627520
600521	G 华海			C81	医药制造业	0576-5016009
600522	中天科技			G81	通信及相关设备制造业	0513-83599505
600523	贵航股份			C75	交通运输设备制造业	0851-8317556
600525	G 长园			C99	其他制造业	0755-26717828
600526	菲达环保			C73	专用设备制造业	0575-7385602
600527	G 高纤			C47	化学纤维制造业	0512-65481181
600528	G 中铁			E01	土木工程建筑业	028-87684612
600529	G 药玻			C61	非金属矿物制品业	0533-3242312*2028
600530	G 昂立			C85	生物制品业	021-62810808*111
600531	G 豫光			C67	有色金属冶炼及压延加工业	0391-6665836
600532	华阳科技			C43	化学原料及化学制品制造业	0538-5826209
600533	G 栖霞			J01	房地产开发与经营业	025-85633668*2101
600535	G 天士力			C81	医药制造业	022-26736699
600536	中国软件			G87	计算机应用服务业	010-51508699
600537	G 海通			C01	食品加工业	057463039922
600538	G 国发			C85	生物制品业	0779-3200619
600539	狮头股份			C61	非金属矿物制品业	0351-2857002
600540	新赛股份			A01	农业	0909-2268156
600543	莫高股份			C01	食品加工业	0931-8433356

上市公司通讯录
Contact Information of Listed Companies

公司全称 Name	通讯地址 Address	邮编 Zip
山东好当家海洋发展股份有限公司	山东省荣成市虎山镇沙咀子	264305
天津百利特精电气股份有限公司	天津市西青经济开发区民和道 12 号	300385
风神轮胎股份有限公司	河南省焦作市焦东南路 48 号	454003
安徽六国化工股份有限公司	安徽省铜陵市铜港路	244023
包头铝业股份有限公司	内蒙古包头市东河区毛其来	014046
无锡华光锅炉股份有限公司	无锡市城南路 3 号	214028
湖南湘邮科技股份有限公司	长沙市国家高新区麓谷基地玉兰路 2 号湘邮科技园	410205
浙江杭萧钢构股份有限公司	杭州市中河中路 258 号瑞丰国际商务大厦 3 楼	310003
长沙力元新材料股份有限公司	长沙市经济技术开发区星沙南路 6 号	410100
株洲千金药业股份有限公司	株洲市荷塘区金钩山路 15 号	412003
凌云工业股份有限公司	河北省涿州市松林店镇	072761
江苏双良空调设备股份有限公司	江苏省江阴市利港双良工业区	214444
风帆股份有限公司	河北省保定市富昌路 8 号	071057
福建南纺股份有限公司	福建省南平市安丰路 63 号	353000
北京中创信测科技股份有限公司	北京市海淀区学院南路四道口 1 号中创信测大厦	100081
江苏扬农化工股份有限公司	江苏省扬州市文峰路 39 号	225009
江苏亨通光电股份有限公司	江苏省吴江市七都镇	215234
天津天药药业股份有限公司	天津市河东区八纬路 109 号	300171
中金黄金股份有限公司	天津市开发区洞庭路 27 号九州大厦 13 楼	300457
上海中科合臣股份有限公司	上海市法华镇路 455-3 号	200120
龙元建设集团股份有限公司	上海市逸仙路 768 号	200434
福建凤竹纺织科技股份有限公司	福建省晋江市青阳凤竹工业区	362200
晋西车轴股份有限公司	山西省太原市和平北路北巷 5 号	030027
长江精工钢结构（集团）股份有限公司	安徽省六安市经济技术开发区长江精工工业园	237161
云南驰宏锌锗股份有限公司	云南省曲靖市经济技术开发区翠峰路延长线	655000
烽火通信科技股份有限公司	武汉市洪山区邮科院路 88 号	430074
广东科达机电股份有限公司	广东省佛山市顺德区陈村镇广隆工业园环镇西路 1 号	528313
中化国际（控股）股份有限公司	上海市浦东新区世纪大道 88 号金茂大厦三区 18 层	200121
航天晨光股份有限公司	南京市秦淮区正学路 1 号	210006
安徽水利开发股份有限公司	安徽省蚌埠市东海大道张公山南侧	233010
新智科技股份有限公司	福州市五一中路 88 号平安大厦 27 层 C	350005
四川西昌电力股份有限公司	四川省西昌市老西门街 13 号	615000
新疆库尔勒香梨股份有限公司	新疆库尔勒市圣果路圣果名苑	841000
江西长力汽车弹簧股份有限公司	南昌市青山湖区南钢路	330012
上海大屯能源股份有限公司	上海市浦东新区浦东南路 256 华夏银行大厦 12 层	200120
新疆天富热电股份有限公司	新疆石河子市红星路 54 号	832000
黑牡丹（集团）股份有限公司	江苏省常州市和平南路 47 号	213001
国药集团药业股份有限公司	北京市崇文区永外三元西巷甲 12 号	100077
腾达建设集团股份有限公司	浙江省台州市路桥区路桥大道东 1 号	318050
江苏联环药业股份有限公司	江苏省扬州市文峰路 21 号	225009
第一投资招商股份有限公司	海南省海口市滨海大道南洋大厦 15 层	570105
兰州海龙新材料科技股份有限公司	兰州市红古区海石湾 2 号街坊 354 号	730084
上海置信电气股份有限公司	上海市虹桥路 2239 号	200336
广东康美药业股份有限公司	广东省普宁市长春路中段	515300
贵州茅台酒股份有限公司	贵州省仁怀市茅台镇	564501
铜陵三佳科技股份有限公司	安徽省铜陵市石城路电子工业区	244000
浙江华海药业股份有限公司	浙江省临海市汛桥镇利庄	317024
江苏中天科技股份有限公司	江苏省南通市经济技术开发区中天路西	226009
贵州贵航汽车零部件股份有限公司	贵阳市小河经济技术开发区锦江路 110 号	550009
深圳市长园新材料股份有限公司	深圳市南山区高新区科苑中路长园新材料港 F 栋 5 楼	518057
浙江菲达环保科技股份有限公司	浙江省诸暨市	311800
江苏江南高纤股份有限公司	江苏省苏州市相城区黄埭镇	215140
中铁二局股份有限公司	成都市通锦路 16 号中铁二局大厦	610032
山东省药用玻璃股份有限公司	山东省淄博市沂源县城药玻路	256100
上海交大昂立股份有限公司	上海市虹桥路 811 号	200030
河南豫光金铅股份有限公司	河南省济源市济水大街中段 525 号	454650
山东华阳科技股份有限公司	山东省宁阳县磁窑镇	271411
南京栖霞建设股份有限公司	南京市龙蟠路 9 号兴隆大厦	210037
天津天士力制药股份有限公司	天津市北辰科技园区	300402
中国软件与技术服务股份有限公司	北京市昌平区昌盛路 18 号	102200
海通食品集团股份有限公司	浙江省慈溪市海通路 528 号	315300
北海国发海洋生物产业股份有限公司	广西北海市北京路西侧 9 号	536000
太原狮头水泥股份有限公司	山西省太原市万柏林区开城街 1 号	030056
新疆赛里木现代农业股份有限公司	新疆博乐市红星路 158 号	833400
甘肃莫高实业发展股份有限公司	兰州市城关区庆阳路 169 号陇鑫大厦 15-16 层	730030

上市公司通讯录
Contact Information of Listed Companies

A 股代码 A Code	A 股简称 A Name	B 股代码 B Code	B 股简称 B Abbr.	行业分类代码 Sector Code	行业分类名称 Sector Name	电话 Telephone
600545	新疆城建			E01	土木工程建筑业	0991-8883975
600546	中油化建			E01	土木工程建筑业	0432-3993300
600547	山东黄金			B07	有色金属矿采选业	0531-88562816
600548	G 深高速			F11	交通运输辅助业	0755-82945889
600549	厦门钨业			C67	有色金属冶炼及压延加工业	0592-5363891
600550	G 天威			C76	电器机械及器材制造业	0312-3308501
600551	科大创新			C57	其他电子设备制造业	0551-5321668
600552	方兴科技			C61	非金属矿物制品业	0552-4077780
600553	太行水泥			C61	非金属矿物制品业	0310-5062986
600555	G 茉织华	900955	茉织华 B	C13	服装及其他纤维制品制造业	021-62883080
600556	北生药业			C85	生物制品业	0779-3226233
600557	G 康缘			C81	医药制造业	0518-5521990
600558	大西洋			C69	金属制品业	0813-5100549
600559	裕丰股份			C05	饮料制造业	0318-2122755
600560	金自天正			C73	专用设备制造业	010-83671666*6104
600561	江西长运			F03	公路运输业	0791-6298107
600562	高淳陶瓷			C61	非金属矿物制品业	025-57377918
600563	法拉电子			C51	电子元器件制造业	0592-5114116
600565	G 迪马			C75	交通运输设备制造业	023-89021877,89021876
600566	洪城股份			C71	普通机械制造业	0716-8221198
600567	山鹰纸业			C31	造纸及纸制品业	0555-2826275
600568	潜江制药			C81	医药制造业	027-59409632
600569	安阳钢铁			C65	黑色金属冶炼及压延加工业	0372-3120175
600570	G 恒生			G87	计算机应用服务业	0571-28829702
600571	G 信雅达			G87	计算机应用服务业	0571-56686501
600572	G 康恩贝			C81	医药制造业	0571-87774710
600573	惠泉啤酒			C05	饮料制造业	0595-87389018
600575	芜湖港			F11	交通运输辅助业	0553-5840528
600576	庆丰股份			C11	纺织业	0510-82353065
600577	精达股份			C76	电器机械及器材制造业	0562-2809086
600578	京能热电			D01	电力、蒸汽、热水的生产和供应业	010-88992758
600579	黄海股份			C48	橡胶制造业	0532-84678085
600580	G 卧龙			C76	电器机械及器材制造业	0575-2129895
600581	G 八一			C65	黑色金属冶炼及压延加工业	0991-3890166
600582	天地科技			C73	专用设备制造业	010-84262803
600583	G 海工			B50	采掘服务业	022-25215068
600584	G 苏长电			C51	电子元器件制造业	0510-6851811
600585	海螺水泥			C61	非金属矿物制品业	0553-3118668*8903
600586	G 金晶			C61	非金属矿物制品业	0533-3586666
600587	新华医疗			C73	专用设备制造业	0533-3587735
600588	G 用友			G87	计算机应用服务业	010-62986688
600589	G 榕泰			C61	非金属矿物制品业	0663-8676616
600590	G 泰豪			C76	电器机械及器材制造业	0791-8110590
600591	G 上航			F09	航空运输业	021-62552072
600592	G 龙溪			C71	普通机械制造业	0596-2072091
600593	大连圣亚			K34	旅游业	0411-84685225
600594	G 益佰			C81	医药制造业	0851-4705590*8223
600595	G 中孚			C67	有色金属冶炼及压延加工业	0371-64569088
600596	新安股份			C43	化学原料及化学制品制造业	0571-64715693
600597	光明乳业			C01	食品加工业	021-64658100
600598	G 北大荒			A01	农业	0451-55195980
600599	浏阳花炮			C43	化学原料及化学制品制造业	0731-3620966
600600	青岛啤酒			C05	饮料制造业	0532-85776071
600601	方正科技			G83	计算机制造业	021-58407668*650
600602	G 电子	900901	上电 B 股	C51	电子元器件制造业	021-62980202*645
600603	ST 兴业			J01	房地产开发与经营业	021-63187549
600604	二纺机	900902	二纺 B 股	C73	专用设备制造业	021-65318888*2673
600605	轻工机械			C71	普通机械制造业	021-62566022
600606	金丰投资			M	综合类	021-62496858
600607	上实联合			M	综合类	021-64331098*22
600608	上海科技			G81	通信及相关设备制造业	021-68865313
600609	金杯汽车			C75	交通运输设备制造业	024-23745246
600610	中国纺机	900906	中纺 B 股	C73	专用设备制造业	021-65432970*512
600611	大众交通	900903	大众 B 股	K01	公共设施服务业	021-64289129
600612	G 中铅	900905	中铅 B 股	C99	其他制造业	021-58543307

上市公司通讯录
Contact Information of Listed Companies

公司全称 Name	通讯地址 Address	邮编 Zip
新疆城建股份有限公司	新疆乌鲁木齐市红山路 51 号	830002
中油吉林化建工程股份有限公司	吉林省吉林市龙潭区遵义东路 31 号	132021
山东黄金矿业股份有限公司	山东省济南市解放路 16 号	250014
深圳高速公路股份有限公司	深圳市滨河路北 5022 号联合广场 A 座 19 楼	518033
厦门钨业股份有限公司	厦门市湖滨南路 619 号 16 层	361004
保定天威保变电气股份有限公司	河北省保定市天威西路 318 号	071056
科大创新股份有限公司	安徽省合肥市长江西路 669 号	230088
安徽方兴科技股份有限公司	安徽省蚌埠市涂山路 767 号	233054
河北太行水泥股份有限公司	河北省邯郸市峰峰矿区建国路 2 号	056200
上海茉织华股份有限公司	上海市静安区南京西路 1266 号恒隆广场 65-66 层	200040
广西北生药业股份有限公司	广西北海市北海大道 168 号	536000
江苏康缘药业股份有限公司	连云港市海昌南路 58 号	222001
四川大西洋焊接材料股份有限公司	四川省自贡市大安区马冲口街 2 号	643010
河北裕丰实业股份有限公司	河北省衡水市人民东路 39 号裕丰股份董秘办	053000
北京金自天正智能控制股份有限公司	北京市丰台区科学城富丰路 6 号	100070
江西长运股份有限公司	江西省南昌市广场南路 118 号	330003
江苏高淳陶瓷股份有限公司	江苏省南京市高淳县固城镇	211304
厦门法拉电子股份有限公司	福建省厦门市金桥路 101 号	361012
重庆市迪马实业股份有限公司	重庆市南岸区南城大道 199 号正联大厦 22 楼	400060
湖北洪城通用机械股份有限公司	湖北省荆州市红门路 3 号	434000
安徽山鹰纸业股份有限公司	安徽省马鞍山市勤俭路 3 号	243021
湖北潜江制药股份有限公司	湖北省武汉经济技术开发区高科技产业园 28 号	430056
安阳钢铁股份有限公司	河南省安阳市殷都区梅元庄	455004
恒生电子股份有限公司	杭州市滨江区江南大道 3588 号恒生大厦	310053
杭州信雅达系统工程股份有限公司	杭州市高新技术产业开发区（滨江）高新软件园二期信雅达科技大	310053
浙江康恩贝制药股份有限公司	浙江省杭州市高新技术开发区滨江科技经济园滨康路 568 号	310052
福建省燕京惠泉啤酒股份有限公司	福建省惠安县螺城镇建设大街 157 号	362100
芜湖港储运股份有限公司	安徽省芜湖市芜湖经济开发区内	241001
无锡庆丰股份有限公司	江苏省无锡市锡沪西路 203 号	214008
铜陵精达特种电磁线股份有限公司	安徽省铜陵市经济技术开发区	244000
北京京能热电股份有限公司	北京市石景山区广宁路 10 号	100041
青岛黄海橡胶股份有限公司	山东省青岛市沧安路 1 号	266041
卧龙电气集团股份有限公司	浙江省上虞市舜江西路 378 号	312300
新疆八一钢铁股份有限公司	新疆乌鲁木齐市头屯河区新钢路	830022
天地科技股份有限公司	北京市和平里青年沟东路 5 号天地大厦	100013
海洋石油工程股份有限公司	天津市塘沽区河北路 4-396 号	300452
江苏长电科技股份有限公司	江苏省江阴市滨江中路 275 号	214431
安徽海螺水泥股份有限公司	安徽省芜湖市人民路 209 号	241000
山东金晶科技股份有限公司	淄博市高新技术开发区宝石镇王庄	255086
山东新华医疗股份有限公司	山东省淄博市高新技术产业开发区新华医疗科技园	255086
用友软件股份有限公司	北京市海淀区上地信息产业基地开拓路 15 号	100085
广东榕泰实业股份有限公司	广东省揭阳市榕城区新兴东二路 1 号	522000
泰豪科技股份有限公司	江西省南昌市高新开发区泰豪大厦	330096
上海航空股份有限公司	上海市江宁路 212 号	200041
福建龙溪轴承（集团）股份有限公司	福建省漳州市延安北路	363000
大连圣亚海洋世界股份有限公司	大连市沙河区中山路 608-6 号	116023
贵州益佰制药股份有限公司	贵州省贵阳市白云大道 220-1 号	550008
河南中孚实业股份有限公司	河南省巩义市新华路 31 号	451200
浙江新安化工集团股份有限公司	浙江省建德市新安江新安东路 555 号	311600
光明乳业股份有限公司	上海市吴中路 578 号	201103
黑龙江北大荒农业股份有限公司	黑龙江省哈尔滨市南岗区汉水路 163 号 150090	150090
湖南浏阳花炮股份有限公司	湖南省浏阳市金沙北路 369 号	410300
青岛啤酒股份有限公司	青岛市香港中路五四广场青啤大厦	266071
方正科技集团股份有限公司	上海市浦东南路 360 号新上海国际大厦 36 楼	200120
上海广电电子股份有限公司	上海市长寿路 97 号世纪商务大厦 26 楼	200060
上海兴业房产股份有限公司	上海市中山南路 1088 号（南浦大厦）18 楼	200011
上海二纺机股份有限公司	上海市场中路 687 号	200434
上海轻工机械股份有限公司	上海市南京西路 1576 号	200040
上海金丰投资股份有限公司	上海市延安西路 129 号华侨大厦 5 楼	200040
上海实业联合集团股份有限公司	上海市桃江路 8 号宝轻大厦 5 楼	200031
上海宽频科技股份有限公司	上海市银城东路 139 号华能大厦 4 楼	200120
金杯汽车股份有限公司	沈阳市高新技术产业开发区浑南产业区世纪路 1 号	110179
中国纺织机械股份有限公司	上海市长阳路 1687 号	200090
大众交通（集团）股份有限公司	上海市中山西路 1515 号大众大厦 11 楼	200235
中国第一铅笔股份有限公司	上海市浦东金桥出口加工区川桥路 1295 号	201206

上市公司通讯录
Contact Information of Listed Companies

A 股代码 A Code	A 股简称 A Name	B 股代码 B Code	B 股简称 B Abbr.	行业分类代码 Sector Code	行业分类名称 Sector Name	电话 Telephone
600613	永生数据	900904	永生 B 股	L20	信息传播服务业	021-68552575
600614	三九发展	900907	发展 B 股	C48	橡胶制造业	021-50303988*201
600615	ST 丰华			C03	食品制造业	021-58736840
600616	G 食品			H11	零售业	021-58352625
600617	*ST 联华	900913	*ST 联华 B	C47	化学纤维制造业	021-63674481
600618	G 氯碱	900908	氯碱 B 股	C43	化学原料及化学制品制造业	021-64340601
600619	G 海立	900910	海立 B 股	C76	电器机械及器材制造业	021-58547777
600620	天宸股份			M	综合类	021-52069061
600621	G 金陵			G85	通信服务业	021-63222658
600622	G 嘉宝			M	综合类	021-59529711
600623	轮胎橡胶	900909	轮胎 B 股	C48	橡胶制造业	021-63390372
600624	复旦复华			M	综合类	021-63872288
600625	PT 水仙	900931	PT 水仙 B	C76	电器机械及器材制造业	021-56651410
600626	G 申达			C11	纺织业	021-62319898
600627	上电股份			C76	电器机械及器材制造业	021-62102651
600628	新世界			H11	零售业	021-63587734
600629	*ST 棱光			C61	非金属矿物制品业	021-51161618
600630	G 龙头			C11	纺织业	021-34061116
600631	百联股份			H11	零售业	021-63229537
600632	华联商厦			H11	零售业	021-63226105
600633	白猫股份			C43	化学原料及化学制品制造业	021-32023251
600634	海鸟发展			J01	房地产开发与经营业	021-62696296
600635	大众公用			M	综合类	021-64288888*5609
600636	三爱富			C43	化学原料及化学制品制造业	021-64823552
600637	广电信息			C55	日用电子器具制造业	021-54424453
600638	新黄浦			J01	房地产开发与经营业	021-63238888
600639	G 金桥	900911	金桥 B 股	J01	房地产开发与经营业	021-50307702
600640	中卫国脉			L20	信息传播服务业	021-62762171
600641	中远发展			J01	房地产开发与经营业	021-50367717
600642	G 申能			D01	电力、蒸汽、热水的生产和供应业	021-63900888
600643	爱建股份			I31	金融信托业	021-64396600
600644	乐山电力			D01	电力、蒸汽、热水的生产和供应业	0833-2445887
600645	望春花			C11	纺织业	021-52171679
600646	ST 国嘉			L20	信息传播服务业	021-54246105
600647	同达创业			M	综合类	021-58545898
600648	G 外高桥	900912	外高 B 股	J01	房地产开发与经营业	021-50580611
600649	原水股份			D05	自来水的生产和供应业	021-63566855
600650	G 锦投	900914	锦投 B 股	K32	旅馆业	021-63218800*705
600651	飞乐音响			M	综合类	021-53020606*5188
600652	爱使股份			M	综合类	021-64710022
600653	申华控股			M	综合类	021-63372010,63372011
600654	G 飞乐			G81	通信及相关设备制造业	021-62512629
600655	豫园商城			H11	零售业	021-63559999
600656	华源制药			C43	化学原料及化学制品制造业	021-52914931
600657	青鸟天桥			G87	计算机应用服务业	010-82615888*3357
600658	兆维科技			G81	通信及相关设备制造业	010-84567922
600659	*ST 花雕			M	综合类	0591-83739283
600660	福耀玻璃			C61	非金属矿物制品业	0591-85381042
600661	G 南洋			M	综合类	021-62800217
600662	强生控股			K01	公共设施服务业	021-62151181
600663	G 陆家嘴	900932	陆家 B 股	J01	房地产开发与经营业	021-58878888*650
600664	哈药集团			C81	医药制造业	0451-84856695
600665	天地源			C65	黑色金属冶炼及压延加工业	021-58367718
600666	西南药业			C81	医药制造业	023-89855125
600667	太极实业			C47	化学纤维制造业	0510-85419120
600668	尖峰集团			C61	非金属矿物制品业	0579-2320582
600669	鞍成暂停			C47	化学纤维制造业	0412-8840881
600670	*ST 斯达			M	综合类	0431-5953832
600671	天目药业			C81	医药制造业	0571-63722229
600672	*ST 华圣			A01	农业	0755-61356921
600673	G 阳之光			C78	仪器仪表及文化、办公用机械制造业	0769-5370219
600674	川投能源			D01	电力、蒸汽、热水的生产和供应业	028-86098648
600675	G 中企			J01	房地产开发与经营业	021-62170088
600676	G 交运			C75	交通运输设备制造业	021-62116002
600677	航天通信			C11	纺织业	0571-87079526

上市公司通讯录
Contact Information of Listed Companies

公司全称 Name	通讯地址 Address	邮编 Zip
上海永生数据科技股份有限公司	上海市浦东大道 1085 号 C 座 407 室	200135
上海三九科技发展股份有限公司	上海市浦东新金桥路 28 号 新金桥大厦 27 楼	201206
上海丰华(集团）股份有限公司	上海市浦东东方路 3601 号	200125
上海市第一食品商店股份有限公司	上海市浦东新区张杨路 579 号（三鑫大厦内）	200120
上海联华合纤股份有限公司	上海市嘉定区沪宜公路 4290 号	201800
上海氯碱化工股份有限公司	上海市龙吴路 4747 号	200241
上海海立(集团)股份有限公司	上海市浦东新区金桥出口加工区宁桥路 888 号	201206
上海市天宸股份有限公司	上海市长宁区古北路 507 号申菱大厦 8 楼	200051
上海金陵股份有限公司	上海市福州路 666 号 26 楼	200001
上海嘉宝实业(集团)股份有限公司	上海市嘉定区清河路 55 号嘉宝商厦 6-7F	201800
上海轮胎橡胶(集团)股份有限公司	上海市四川中路 63 号	200002
上海复旦复华科技股份有限公司	上海市国权路 525 号	200433
上海水仙电器股份有限公司	上海市汶水路 19 号	200072
上海申达股份有限公司	上海市武宁南路 448 号申达大厦	200042
上海输配电股份有限公司	上海市愚园路 1395 号 5 楼	200050
上海新世界股份有限公司	上海市南京西路 2 号-88 号	200003
上海棱光实业股份有限公司	上海市龙吴路 4900 号	200241
上海龙头（集团）股份有限公司	上海市肇嘉浜路 736 号	200030
上海百联集团股份有限公司	上海市南京东路 800 号新一百大厦 18 楼	200001
上海华联商厦股份有限公司	上海市南京东路 635 号	200001
上海白猫股份有限公司	上海市金沙江路 1829 号	200333
上海海鸟企业发展股份有限公司	上海市虹桥路 2451 号 2 楼	200335
上海大众公用事业(集团)股份有限公司	上海市中山西路 1515 号大众大厦 8 楼	200235
上海三爱富新材料股份有限公司	上海市漕溪路 250 号银海大楼 A805 室	200235
上海广电信息产业股份有限公司	上海市金都路 3800 号	201108
上海新黄浦置业股份有限公司	上海市北京东路 668 号西楼 32、33 层	200001
上海金桥出口加工区开发股份有限公司	上海市浦东新金桥路 27 号 1 号楼	201206
中卫国脉通信股份有限公司	上海市江宁路 1207 号国脉大厦	200060
中远发展股份有限公司	上海市浦东大道 720 号	200120
申能股份有限公司	上海市复兴中路 1 号 22 楼	200021
上海爱建股份有限公司	上海市零陵路 599 号（爱建城内）	200030
乐山电力股份有限公司	四川省乐山市市中区嘉定北路 46 号	614000
上海望春花(集团)股份有限公司	上海市北翟路 1168 号	200335
上海国嘉实业股份有限公司	上海市中漕路 94 号上海市化学工业局招待所	200030
上海同达创业投资股份有限公司	上海市浦东新区金新路 58 号银桥大厦 24 楼	201206
上海外高桥保税区开发股份有限公司	上海市浦东东方路 873 弄 49-51 号	200120
上海市原水股份有限公司	上海市四川北路 818 号 5 楼	200085
上海锦江国际实业投资股份有限公司	上海市延安东路 100 号 28 楼	200002
上海飞乐音响股份有限公司	上海市丽园路 478 号	200023
上海爱使股份有限公司	上海市肇嘉浜路 666 号	200031
上海申华控股股份有限公司	上海市宁波路 1 号申华金融大厦上海申华控股股份有限公司	200002
上海飞乐股份有限公司	上海市昭化路 68 号	200050
上海豫园旅游商城股份有限公司	上海市方浜中路 269 号	200010
上海华源制药股份有限公司	上海市中山北路 1958 号华源世界广场 25 层	200063
北京天桥北大青鸟科技股份有限公司	北京市海淀区成府路 207 号（北大青鸟楼）	100871
北京兆维科技股份有限公司	北京市朝阳区酒仙桥路 14 号	100016
福建闽越花雕股份有限公司	福州市工业路 512 号	350002
福耀玻璃工业集团股份有限公司	福建省福清市福耀工业村	350301
上海交大南洋股份有限公司	上海市番禺路 667 号 6 楼	200030
上海强生控股股份有限公司	上海市南京西路 920 号 18 楼	200041
上海陆家嘴金融贸易区开发股份有限公司	上海市浦东大道 981 号	200135
哈药集团股份有限公司	哈尔滨市道里区友谊路 431 号	150018
天地源股份有限公司	上海市浦东张扬路 500 号华润时代广场 10 楼	200122
西南药业股份有限公司	重庆市沙坪坝区天星桥 21 号	400038
无锡市太极实业股份有限公司	无锡市下甸桥南堍	214024
浙江尖峰集团股份有限公司	浙江省金华市婺江东路 88 号	321000
鞍山合成(集团)股份有限公司	辽宁省鞍山市铁西区柳西街 168 号	114012
长春高斯达生物科技集团股份有限公司	长春市红旗街 1768 号长影商务景都 1603 室	130021
杭州天目山药业股份有限公司	浙江省临安市锦城镇安阁弄 3 号	311300
广东华圣科技投资股份有限公司	深圳市福田区滨河大道 5022 号联合广场 A 座 22 楼 2205 室	518030
成都阳之光实业股份有限公司	广东省东莞市长安镇上沙村第五工业区内	610011
四川川投能源股份有限公司	四川省成都市小南街 23 号	610015
中华企业股份有限公司	上海市华山路 2 号中华企业大厦	200040
上海交运股份有限公司	上海市平武路 38 号仁达商务楼 3 楼	200052
航天通信控股集团股份有限公司	浙江省杭州市解放路 138 号	310009

上市公司通讯录
Contact Information of Listed Companies

A 股代码 A Code	A 股简称 A Name	B 股代码 B Code	B 股简称 B Abbr.	行业分类代码 Sector Code	行业分类名称 Sector Name	电话 Telephone
600678	四川金顶			C61	非金属矿物制品业	0833-5578301
600679	G 凤凰	900916	凤凰 B 股	C75	交通运输设备制造业	021-65021787
600680	上海邮通	900930	邮通 B 股	G81	通信及相关设备制造业	021-64832699
600681	ST 万鸿			L99	其他传播、文化产业	027-88066666
600682	南京新百			H11	零售业	025-84717494,84761610
600683	银泰股份			H11	零售业	0574-87092004
600684	珠江实业			J01	房地产开发与经营业	020-83752632
600685	广船国际			C75	交通运输设备制造业	020-81807839
600686	金龙汽车			C75	交通运输设备制造业	0592-2962988
600687	华盛达			G87	计算机应用服务业	0572-8080820
600688	上海石化			C41	石油加工及炼焦业	021-57943143
600689	上海三毛	900922	三毛 B 股	C13	服装及其他纤维制品制造业	021-63059496
600690	青岛海尔			C76	电器机械及器材制造业	0532-88938138
600691	ST 东碳			C65	黑色金属冶炼及压延加工业	0813-2600887
600692	G 亚通			F07	水上运输业	021-69692714
600693	东百集团			H11	零售业	0591-87531724
600694	大商股份			H11	零售业	0411-83643215
600695	ST 大江	900919	ST 大江 B	C01	食品加工业	021-34225027
600696	利嘉股份			C61	非金属矿物制品业	021-56715833
600697	欧亚集团			H11	零售业	0431-5620053
600698	ST 轻骑	900946	ST 轻骑 B	C75	交通运输设备制造业	0531-86599896
600699	辽源得亨			C47	化学纤维制造业	0437-3512077
600700	*ST 数码			M	综合类	029-87215541
600701	工大高新			M	综合类	0451-86269031
600702	沱牌曲酒			C05	饮料制造业	0825-6618268
600703	天颐科技			C43	化学原料及化学制品制造业	0716-8328443
600704	G 中大			H21	商业经纪与代理业	0571-85777029
600705	北亚集团			M	综合类	0451-53600764
600706	长安信息			G85	通信服务业	029-82214266
600707	彩虹股份			C55	日用电子器具制造业	029-88311073
600708	G 海博			M	综合类	021-61132700
600709	ST 生态			A01	农业	0716-2742181
600710	常林股份			C73	专用设备制造业	0519-6752853
600711	雄震集团			M	综合类	0592-5891697
600712	南宁百货			H11	零售业	0771-2610906,2098826
600713	南京医药			C81	医药制造业	025-84552628
600714	金瑞矿业			C65	黑色金属冶炼及压延加工业	0971-5509464,7720083
600715	ST 松辽			C75	交通运输设备制造业	024-31489863
600716	耀华玻璃			C61	非金属矿物制品业	0335-3028173
600717	G 天津港			F21	仓储业	022-25702708
600718	东软股份			G87	计算机应用服务业	024-83665712
600719	大连热电			D01	电力、蒸汽、热水的生产和供应业	0411- 84438755
600720	祁连山			C61	非金属矿物制品业	0931-4900606
600721	百花村			H11	零售业	0991-7792626
600722	沧州化工			C43	化学原料及化学制品制造业	0317-3030719
600723	西单商场			H11	零售业	010-66024984
600724	宁波富达			C76	电器机械及器材制造业	0574-62814275
600725	G 云维			C43	化学原料及化学制品制造业	0874-3068588
600726	华电能源	900937	华电 B 股	D01	电力、蒸汽、热水的生产和供应业	0451-82525998
600727	鲁北化工			C43	化学原料及化学制品制造业	0543-6451265
600728	新太科技			G87	计算机应用服务业	020-85550260
600729	重庆百货			H11	零售业	023-63845001
600730	中国高科			M	综合类	021-52980809
600731	湖南海利			C43	化学原料及化学制品制造业	0731-5357829
600732	G 新梅			C73	专用设备制造业	021-51005380
600733	前锋股份			G81	通信及相关设备制造业	028-86316723
600734	实达集团			G83	计算机制造业	0591-83725878
600735	ST 陈香			C05	饮料制造业	0539-6107519
600736	苏州高新			J01	房地产开发与经营业	0512-68096283
600737	ST 屯河			C01	食品加工业	0991-5571699
600738	兰州民百			H11	零售业	0931-8435839
600739	G 成大			H21	商业经纪与代理业	0411-82512731
600740	山西焦化			C41	石油加工及炼焦业	0357-6626012,6625471
600741	巴士股份			K01	公共设施服务业	021-63848484
600742	一汽四环			C75	交通运输设备制造业	0431-7629105

上市公司通讯录
Contact Information of Listed Companies

公司全称 Name	通讯地址 Address	邮编 Zip
四川金顶(集团)股份有限公司	四川省峨眉山市乐都镇	614224
凤凰股份有限公司	上海市控江路 1690 号	200092
上海邮电通信设备股份有限公司	上海市宜山路 700 号	200233
万鸿集团股份有限公司	武汉市武昌武珞路 28 号长信大厦	430000
南京新街口百货商店股份有限公司	南京市中山南路 3 号	210005
银泰控股股份有限公司	宁波市东渡路 55 号华联大厦 7 楼	315000
广州珠江实业开发股份有限公司	广州市环市东路 362-366 号好世界广场 30 楼	510060
广州广船国际股份有限公司	广州市芳村大道南 40 号	510382
厦门金龙汽车股份有限公司	厦门市厦禾路 820 号帝豪大厦 27-28 层	361004
浙江华盛达实业集团股份有限公司	浙江省德清县武康镇英溪北路 2 号	313200
中国石化上海石油化工股份有限公司	上海市金山区金一路 48 号	200540
上海三毛企业（集团）股份有限公司	上海市斜土路 791 号 B 幢	200023
青岛海尔股份有限公司	青岛市经济技术开发区前湾港路海尔工业园内	266555
东新电碳股份有限公司	四川省自贡自井区东光路桌子山 22 号	643000
上海亚通股份有限公司	上海市崇明县南门路 93 号	202150
福建东百集团股份有限公司	福建省福州市八一七北路 84 号东百大厦 18 层	350001
大商集团股份有限公司	辽宁省大连市中山区青三街 1 号	116001
上海大江(集团)股份有限公司	上海市莲花路 1555 号华一大厦 7 楼	200233
利嘉(上海)股份有限公司	上海市虹口区溧阳路 1300 号	200081
长春欧亚集团股份有限公司	长春市工农大路 1128 号	130021
济南轻骑摩托车股份有限公司	济南市和平路 34 号	250014
辽源得亨股份有限公司	吉林省辽源市福兴路 3 号	136200
陕西煤航数码测绘(集团)股份有限公司	西安市南新街 28 号	710004
哈尔滨工大高新技术产业开发股份有限公司	哈尔滨市南岗区西大直街 118 号	150001
四川沱牌曲酒股份有限公司	四川省射洪县柳树镇中街 149 号	629209
天颐科技股份有限公司	湖北省荆州市沙市区高新技术开发区三湾路 1 号	434000
浙江中大集团股份有限公司	杭州市中大广场 A 座	310003
北亚实业(集团)股份有限公司	哈尔滨市南岗区红军街 16 号	150001
长安信息产业(集团)股份有限公司	陕西省西安市友谊东路 41 号	710054
彩虹显示器件股份有限公司	西安市高新技术开发区西区高新一路 16 号	710075
上海海博股份有限公司	上海市宜山路 829 号	200233
湖北江湖生态农业股份有限公司	湖北省洪湖市瞿家湾开发区	433228
常林股份有限公司	常州市芦墅常林路 10 号	213002
厦门雄震集团股份有限公司	厦门市湖滨南路国贸大厦 29 层 B 座	361003
南宁百货大楼股份有限公司	广西南宁市朝阳路 39-41，45 号	530012
南京医药股份有限公司	江苏省南京市中山东路 486 号南京医药大厦	210002
青海金瑞矿业发展股份有限公司	青海省西宁市朝阳西路 112 号	810028
松辽汽车股份有限公司	辽宁省沈阳市苏家屯区白松路 22 号	110101
秦皇岛耀华玻璃股份有限公司	河北省秦皇岛市西港路	066013
天津港股份有限公司	天津市塘沽区新港二号路 35 号	300456
沈阳东软软件股份有限公司	沈阳市高新技术产业开发区浑南产业区东软软件园	110179
大连热电股份有限公司	大连市西岗区沿海街 90 号	116021
甘肃祁连山水泥集团股份有限公司	兰州市城关区酒泉路力行新村 3 号祁连山大厦	730030
新疆百花村股份有限公司	乌鲁木齐市中山路 141 号	830002
沧州化学工业股份有限公司	河北省沧州市南环中路 18 号	061000
北京市西单商场股份有限公司	北京市西城区西单北大街 120 号	100031
宁波富达股份有限公司	浙江省余姚市阳明西路 355 号	315400
云南云维股份有限公司	云南省曲靖市沾益县花山镇云维股份有限公司	655338
华电能源股份有限公司	哈尔滨市南岗区大成街 209 号	150001
山东鲁北化工股份有限公司	山东省无棣县埕口镇	251909
新太科技股份有限公司	广州市天河高新技术产业开发区工业园建中路 51-53 号	510665
重庆百货大楼股份有限公司	重庆市渝中区民权路 2 号	400010
中国高科集团股份有限公司	上海市成都北路 333 号上海招商局广场南栋第 16、17 层	200041
湖南海利化工股份有限公司	湖南省长沙市芙蓉中路二段 251 号	410007
上海新梅置业股份有限公司	上海市天目中路 585 号 20 楼	200070
成都前锋电子股份有限公司	四川省成都市人民南路四段 1 号	610041
福建实达电脑集团股份有限公司	福州市福二工业区实达科技城	350002
山东兰陵陈香酒业股份有限公司	山东省临沂市郯城县郯东路 219 号	276100
苏州新区高新技术产业股份有限公司	苏州市高新区狮山路 35 号金河大厦 25 层	215011
新疆屯河投资股份有限公司	新疆乌鲁木齐市黄河路 1 号招商银行大厦 20 楼	830000
兰州民百(集团)股份有限公司	兰州市中山路 368 号亚欧商厦 9-10 层	730030
辽宁成大股份有限公司	辽宁省大连市中山区人民路 71 号	116001
山西焦化股份有限公司	山西省洪洞市广胜寺镇	041606
上海巴士实业（集团）股份有限公司	上海市淮海中路 398 号世纪巴士大厦第 25-27 楼	200020
长春一汽四环汽车股份有限公司	吉林省长春市普阳街 3505 号	130011

上市公司通讯录
Contact Information of Listed Companies

A 股代码 A Code	A 股简称 A Name	B 股代码 B Code	B 股简称 B Abbr.	行业分类代码 Sector Code	行业分类名称 Sector Name	电话 Telephone
600743	ST 幸福			M	综合类	0728-6641566
600744	华银电力			D01	电力、蒸汽、热水的生产和供应业	0731-5388088
600745	天华股份			C13	服装及其他纤维制品制造业	0714-6366161
600746	江苏索普			C43	化学原料及化学制品制造业	0511-3366244
600747	大显股份			C55	日用电子器具制造业	0411-86459612
600748	G 实发展			C65	黑色金属冶炼及压延加工业	021-53858859
600749	G 圣地			K34	旅游业	0891-6339150
600750	江中药业			C81	医药制造业	0791-8169323
600751	*ST 天海	900938	*ST 天海 B	F07	水上运输业	022-23281780
600752	*ST 哈慈			C81	医药制造业	0451-55696922
600753	ST 冰熊			C76	电器机械及器材制造业	0370-8585698
600754	G 锦江	900934	锦江 B 股	K32	旅馆业	021-63217132
600755	厦门国贸			H21	商业经纪与代理业	0592-5898578
600756	浪潮软件			G87	计算机应用服务业	0531-85105606
600757	华源发展			C13	服装及其他纤维制品制造业	021-58796556
600758	ST 金帝			E01	土木工程建筑业	024-22870330
600759	ST 琼华侨			M	综合类	0898-66787220
600760	ST 黑豹			C75	交通运输设备制造业	0631-8087751
600761	G 合力			C73	专用设备制造业	0551-3648005*6902
600762	*ST 金荔			A01	农业	0734-8709868
600763	*ST 中燕			C14	皮革、毛皮、羽绒及制品制造业	010-64992893
600764	中电广通			G81	通信及相关设备制造业	010-88578820
600765	力源液压			C71	普通机械制造业	0851-6321009
600766	ST 烟发			H11	零售业	0535-6626431
600767	*ST 运盛			J01	房地产开发与经营业	021-62719804,62870245
600768	宁波富邦			F03	公路运输业	0574-87300929
600769	祥龙电业			D01	电力、蒸汽、热水的生产和供应业	027-87602482
600770	G 综艺			M	综合类	0513-86639987
600771	东盛科技			C81	医药制造业	029-88330836
600772	ST 龙昌			F05	管道运输业	021-63561197
600773	西藏金珠			H21	商业经纪与代理业	028-85128863
600774	汉商集团			H11	零售业	027-84843197
600775	南京熊猫			G81	通信及相关设备制造业	025-84801442
600776	东方通信	900941	东信 B 股	G81	通信及相关设备制造业	0571-86676198
600777	新潮实业			C51	电子元器件制造业	0535-4259777
600778	友好集团			H11	零售业	0991-4541008
600779	G 全兴			C05	饮料制造业	028-86252847
600780	G 通宝			D01	电力、蒸汽、热水的生产和供应业	0351-7032515
600781	*ST 民丰			C11	纺织业	021-62499718
600782	新华股份			C69	金属制品业	0790-6460888
600783	鲁信高新			C61	非金属矿物制品业	0533-2980151*8300
600784	鲁银投资			M	综合类	0531-2024156
600785	新华百货			H11	零售业	0951-4010058
600786	东方锅炉			C71	普通机械制造业	0813-4735000
600787	G 中储			F21	仓储业	022-28010734
600788	*ST 达曼			C99	其他制造业	029-87881851
600789	鲁抗医药			C81	医药制造业	0537-2983174
600790	轻纺城			M	综合类	0575-4116158
600791	G 天创			J01	房地产开发与经营业	010-82273391
600792	马龙产业			C61	非金属矿物制品业	0871-3018339
600793	宜宾纸业			C31	造纸及纸制品业	0831-3560668
600794	保税科技			C31	造纸及纸制品业	0871-3186316
600795	国电电力			D01	电力、蒸汽、热水的生产和供应业	010-58682200
600796	钱江生化			C85	生物制品业	0573-7042800
600797	G 网新			G87	计算机应用服务业	0571-87950500
600798	宁波海运			F07	水上运输业	0574-87352105
600799	*ST 龙科			G87	计算机应用服务业	010-82899729
600800	天津磁卡			C99	其他制造业	022-23264012
600801	G 华新	900933	华新 B 股	C61	非金属矿物制品业	0714-6328280
600802	福建水泥			C61	非金属矿物制品业	0591-87617751
600803	威远生化			C43	化学原料及化学制品制造业	0311-85915898
600804	鹏博士			C65	黑色金属冶炼及压延加工业	028-86755190
600805	悦达投资			M	综合类	0515-8202863
600806	交大科技			C73	专用设备制造业	0871-6166612
600807	ST 济百			H11	零售业	0531-6030094

上市公司通讯录
Contact Information of Listed Companies

公司全称 Name	通讯地址 Address	邮编 Zip
湖北幸福实业股份有限公司	湖北省潜江市张金镇幸福北路 1 号	433140
湖南华银电力股份有限公司	湖南省长沙市芙蓉中路 3 段 255 号	410007
湖北天华股份有限公司	湖北省黄石市团城山 6 号小区	435003
江苏索普化工股份有限公司	江苏省镇江市谏壁越河街 50 号	212006
大连大显股份有限公司	大连市甘井子区革镇堡	116035
上海实业发展股份有限公司	上海市淮海中路 98 号 33 楼	200021
西藏圣地股份有限公司	拉萨市林廓东路 6 号喜马拉雅饭店 3 层	850000
江中药业股份有限公司	江西省南昌市火炬大道 788 号	330096
天津市海运股份有限公司	天津市河西区马场道 207 号	300204
哈慈股份有限公司	哈尔滨市动力区通乡街 169 号	150046
河南冰熊保鲜设备股份有限公司	河南省民权县府后街 22 号	476800
上海锦江国际酒店发展股份有限公司	上海市广东路 51 号 5 楼	200002
厦门国贸集团股份有限公司	厦门市湖滨南路国贸大厦 8-18 层	361004
山东浪潮齐鲁软件产业股份有限公司	山东省济南市山大路 224 号	250013
上海华源企业发展股份有限公司	上海市浦东新区商城路 660 号乐凯大厦 20-21 层	200120
辽宁金帝建设集团股份有限公司	沈阳市沈河区青年大街 118 号	110014
海南华侨投资股份有限公司	海南省海口市南航东路 28 号侨企大楼 B 座 8 楼	570206
东安黑豹股份有限公司	山东省文登市龙山路 107 号	264400
安徽合力股份有限公司	安徽省合肥市望江西路 15 号	230022
衡阳市金荔科技农业股份有限公司	衡阳市沿江北路 168 号	421001
中燕纺织股份有限公司	北京市朝阳区安立路 8 号汇园公寓 Q 座 618 室	100101
中电广通股份有限公司	北京市海淀区中关村南大街 17 号 3 号楼（韦伯时代中心 C 座）21	100081
贵州力源液压股份有限公司	贵阳市 99 号信箱公司办	550018
烟台华联发展集团股份有限公司	山东省烟台市海关大厦 13 层	264001
运盛(上海)实业股份有限公司	上海市延安西路 376 弄 44 号 3 楼	200040
宁波富邦精业集团股份有限公司	宁波市药行街 139 号中国银行大厦 20 层	315010
武汉祥龙电业股份有限公司	武汉市洪山区葛化街化工路 31 号	430078
江苏综艺股份有限公司	江苏省通州市兴东镇综艺数码城	226376
东盛科技股份有限公司	陕西省西安市高新技术开发区唐延路 23 号东盛大厦	710075
中油龙昌(集团)股份有限公司	上海市乍蒲路 307-309 号 3 楼	200080
西藏金珠股份有限公司	西藏拉萨市北京中路 182 号	850000
武汉市汉商集团股份有限公司	湖北省武汉市汉阳大道 134 号	430050
南京熊猫电子股份有限公司	南京市中山东路 301 号	210002
东方通信股份有限公司	浙江省杭州市滨江高新技术开发区东信大道 66 号	310053
烟台新潮实业股份有限公司	山东省烟台市牟平区牟山路 98 号	264100
新疆友好(集团)股份有限公司	乌鲁木齐市友好南路 30 号	830000
四川全兴股份有限公司	四川省成都市金牛区全兴路 9 号	610036
山西通宝能源股份有限公司	太原市高新技术产业开发区学府工业园区 V-6 区	030006
上海民丰实业（集团）股份有限公司	上海市延安西路 300 号（静安大厦）12 楼	200040
新华金属制品股份有限公司	江西省新余市高新技术经济开发区	338004
山东鲁信高新技术产业股份有限公司	山东省淄博市张店区南定车站街 69 号	255055
鲁银投资集团股份有限公司	山东省济南市经十路 128 号	250001
银川新华百货商店股份有限公司	宁夏银川市新华东街 29 号	750004
东方锅炉(集团)股份有限公司	四川省自贡市五星街黄桷坪路 150 号	643001
中储发展股份有限公司	天津市河西区友谊路 19 号	300201
西安达尔曼实业股份有限公司	西安市碑林区西海大厦	710054
山东鲁抗医药股份有限公司	山东省济宁市太白楼西路 173 号	272021
浙江中国轻纺城集团股份有限公司	浙江省绍兴县柯桥街道鉴湖路 1 号中轻大厦	312030
天创置业股份有限公司	北京市西城区德胜门外新风街 2 号天成科技大厦 B 座 9 层	100088
云南马龙产业集团股份有限公司	云南省昆明市人民中路 35 号阳光 A 版大厦 3 楼	650021
宜宾纸业股份有限公司	四川省宜宾市岷江西路 54 号	644007
云南新概念保税科技股份有限公司	云南省昆明市春城路 62 号 证券大厦 15 楼 A1506	650011
国电电力发展股份有限公司	北京市西城区阜城门北大街 6 号国际投资大厦 B 座	100034
浙江钱江生物化学股份有限公司	浙江省海宁市硖石镇西山路 598 号	314400
浙江浙大网新科技股份有限公司	杭州市曙光路 15 号世贸中心写字楼 C 座 12 楼	310007
宁波海运股份有限公司	宁波市中马路 568 号	315020
黑龙江省科利华网络股份有限公司	北京市海淀区上地信息产业基地创业东路 33 号科利华网络大厦	100084
天津环球磁卡股份有限公司	天津市河西区解放南路 325 号	300202
华新水泥股份有限公司	湖北省黄石市黄石大道 897 号	435002
福建水泥股份有限公司	福州市杨桥东路 118 号宏杨新城建福大厦	350001
河北威远生物化工股份有限公司	石家庄市和平东路 393 号	050031
成都鹏博士科技股份有限公司	四川省成都市顺城大街 229 号顺城大厦 5 楼	610015
江苏悦达投资股份有限公司	江苏省盐城市开放大道 78 号	224002
交大昆机科技股份有限公司	云南省昆明市茨坝路 23 号	650203
山东济南百货大楼(集团)股份有限公司	山东省济南市泉城路 180 号齐鲁国际大厦 A 区 3 楼	250011

上市公司通讯录
Contact Information of Listed Companies

A 股代码 A Code	A 股简称 A Name	B 股代码 B Code	B 股简称 B Abbr.	行业分类代码 Sector Code	行业分类名称 Sector Name	电话 Telephone
600808	马钢股份			C65	黑色金属冶炼及压延加工业	0555-2888158
600809	山西汾酒			C05	饮料制造业	0358-7229381
600810	神马实业			C47	化学纤维制造业	0375-3921231
600811	东方集团			M	综合类	0451-53666028
600812	华北制药			C81	医药制造业	0311-86219063
600813	ST 鞍一工			C73	专用设备制造业	0412-6225001
600814	杭州解百			H11	零售业	0571-87016888*5015
600815	厦工股份			C73	专用设备制造业	0592-6389300
600816	*ST 安信			I31	金融信托业	021-63410710
600817	G 宏盛			M	综合类	021-58765800
600818	G 永久	900915	永久 B 股	C75	交通运输设备制造业	021-65136974
600819	G 耀皮	900918	耀皮 B 股	C61	非金属矿物制品业	021-58801177
600820	G 隧道			E01	土木工程建筑业	021-65869999*5072
600821	津劝业			H11	零售业	022-27304989
600822	G 物贸	900927	物贸 B 股	H21	商业经纪与代理业	021-63231818*4021
600823	世茂股份			H11	零售业	021-63526600*160
600824	G 益民			H11	零售业	021-64339888
600825	华联超市			H11	零售业	021-65431486
600826	G 兰生			H21	商业经纪与代理业	021-65446061
600827	友谊股份	900923	友谊 B 股	H11	零售业	021-58792123
600828	成商集团			H11	零售业	028-86665088
600829	三精制药			C61	非金属矿物制品业	0451-84683877
600830	大红鹰			H11	零售业	0574-87315310
600831	G 广电			L10	广播电影电视业	029-87991255
600832	G 明珠			M	综合类	021-58799306
600833	第一医药			H11	零售业	021-63617711*158
600834	G 申地铁			D05	自来水的生产和供应业	021-58308595
600835	上海机电	900925	机电 B 股	C76	电器机械及器材制造业	021-68547507
600836	G 界龙			C35	印刷业	021-63746888
600837	G 都市			H01	食品、饮料、烟草和家庭用品批发业	021-63457858
600838	上海九百			H11	零售业	021-62569867
600839	四川长虹			C55	日用电子器具制造业	0816-2418132
600840	新湖创业			H11	零售业	0571-87055977
600841	上柴股份	900920	上柴 B 股	C71	普通机械制造业	021-65745656*2207
600842	GST 中西			C81	医药制造业	021-56087135
600843	上工申贝	900924	上工 B 股	C73	专用设备制造业	021-68407700*617
600844	*ST 大盈	900921	*ST 大盈 B	C37	文教体育用品制造业	021-63185575
600845	宝信软件	900926	宝信 B 股	G87	计算机应用服务业	021-50801155*1462
600846	同济科技			M	综合类	021-65985432
600847	ST 渝万里			C76	电器机械及器材制造业	023-62597905
600848	ST 自仪	900928	ST 自仪 B	C78	仪器仪表及文化、办公用机械制造业	021-54260980
600849	上海医药			C81	医药制造业	021-52586559
600850	华东电脑			G83	计算机制造业	021-64362789
600851	G 海欣	900917	海欣 B 股	C14	皮革、毛皮、羽绒及制品制造业	63917000*1832
600852	*ST 中川			E01	土木工程建筑业	028-6520852
600853	龙建股份			E01	土木工程建筑业	0451-82281860
600854	春兰股份			C76	电器机械及器材制造业	0523-6217958,6663663
600855	航天长峰			C73	专用设备制造业	010-88219815
600856	长百集团			H11	零售业	0431-8965414
600857	工大首创			G87	计算机应用服务业	0574-87367060
600858	银座股份			M	综合类	0531-86988888
600859	王府井			H11	零售业	010-65125960
600860	北人股份			C73	专用设备制造业	010-67802565
600861	北京城乡			H11	零售业	010-68296595
600862	ST 纵横			C71	普通机械制造业	0513-85529362
600863	内蒙华电			D01	电力、蒸汽、热水的生产和供应业	0471-6228403
600864	岁宝热电			D01	电力、蒸汽、热水的生产和供应业	0451-82332828
600865	百大集团			H11	零售业	0571-85064581
600866	G 星湖			C85	生物制品业	0758-2291130
600867	通化东宝			C81	医药制造业	0435-5088025
600868	梅雁股份			M	综合类	0753-2218286
600869	G 三普			C81	医药制造业	0971-8166017
600870	厦华电子			C55	日用电子器具制造业	0592-5687203
600871	仪征化纤			C47	化学纤维制造业	0514-3232997
600872	中炬高新			M	综合类	0760-5599947

上市公司通讯录
Contact Information of Listed Companies

公司全称 Name	通讯地址 Address	邮编 Zip
马鞍山钢铁股份有限公司	安徽省马鞍山市红旗中路 8 号	243003
山西杏花村汾酒厂股份有限公司	山西省汾阳市杏花村	032205
神马实业股份有限公司	河南省平顶山建设路中段 63 号	467000
东方集团股份有限公司	哈尔滨市南岗区红旗大街 240 号	150001
华北制药股份有限公司	河北省石家庄市和平东路 388 号	050015
鞍山第一工程机械股份有限公司	辽宁省鞍山市立山区红旗路 30 号	114042
杭州解百集团股份有限公司	杭州市上城区解放路 251 号	310001
厦门工程机械股份有限公司	厦门市灌口南路 668 号之八	361023
安信信托投资股份有限公司	上海市广东路 689 号海通证券大厦 29 层	200001
上海宏盛科技发展股份有限公司	上海市浦东新区商城路 618 号	200120
上海永久股份有限公司	上海市辽源西路 209 号	200092
上海耀华皮尔金顿股份有限公司	上海市浦东新区济阳路 100 号	200126
上海隧道工程股份有限公司	上海市大连路 118 号	200082
天津劝业场（集团）股份有限公司	天津市和平区和平路 290 号	300022
上海物资贸易股份有限公司	上海市南苏州路 325 号	200002
上海世茂股份有限公司	上海市九江路 619 号中福大厦 23 层 A001 室	200001
上海益民百货股份有限公司	上海市淮海中路 809 号甲	200020
华联超市股份有限公司	上海市隆昌路 609 号	200090
上海兰生股份有限公司	上海市中山北一路 1230 号	200437
上海友谊集团股份有限公司	上海市商城路 518 号 10 楼	200120
成都人民商场(集团)股份有限公司	成都市东御街 19 号	610011
哈药集团三精制药股份有限公司	哈尔滨市道里区霁虹街 24 号	150010
宁波大红鹰实业投资股份有限公司	宁波市开明街 130 弄 48 号	315000
陕西广电网络传媒股份有限公司	西安市高新区高新一路 15 号	710075
上海东方明珠（集团）股份有限公司	上海市浦东世纪大道 1 号	200120
上海第一医药股份有限公司	上海市南京东路 616 号 5 楼	200001
上海申通地铁股份有限公司	上海市中山南路 28 号久事大厦 31 楼	200010
上海机电股份有限公司	上海市浦东新区民生路 1286 号 9 楼(200135)	200135
上海界龙实业股份有限公司	上海市浦东新区川周公路 7111 号	201205
上海市都市农商社股份有限公司	上海市西藏南路 765 号永惠大厦 8 楼	200011
上海九百股份有限公司	上海市常德路 940 号	200040
四川长虹电器股份有限公司	四川省绵阳市高新区绵兴东路 35 号	621000
浙江新湖创业投资股份有限公司	杭州市体育场路 479 号 7 楼	310007
上海柴油机股份有限公司	上海市军工路 2636 号	200438
上海中西药业股份有限公司	上海市交通路 1515 号	200065
上工申贝（集团）股份有限公司	上海市浦东新区世纪大道 1500 号东方大厦 12 楼	200122
大盈现代农业股份有限公司	上海市中山南路 1088 号 9 楼	200011
上海宝信软件股份有限公司	上海市浦东新区张江高科技园区郭守敬路 515 号	201203
上海同济科技实业股份有限公司	上海市中山北二路 1121 号同济科技大厦 17 楼	200092
重庆万里蓄电池股份有限公司	重庆市巴南区土桥苦竹坝 31 号	400054
上海自动化仪表股份有限公司	上海市虹漕路 41 号	200233
上海市医药股份有限公司	上海市浦东新区金桥路 1399 号	200129
上海华东电脑股份有限公司	上海市桂林路 418 号	200233
上海海欣集团股份有限公司	上海市福州路 666 号金陵海欣大厦 18 楼	200001
中国四川国际合作股份有限公司	成都市永兴巷 15 号	610012
龙建路桥股份有限公司	黑龙江省哈尔滨市南岗区嵩山路 109-1 号	150009
江苏春兰制冷设备股份有限公司	江苏省泰州市春兰工业园区春兰路 1 号	225300
北京航天长峰股份有限公司	北京市海淀区永定路 51 号航天数控大楼	100854
长春百货大楼集团股份有限公司	长春市人民大街 1881 号	130061
哈工大首创科技股份有限公司	宁波市海曙区中山东路 81 号明都大厦 8 层	315000
银座集团股份有限公司	山东省济南市泺源大街 22 号中银大厦 20F	250063
北京王府井百货（集团）股份有限公司	北京市王府井大街 255 号	100006
北人印刷机械股份有限公司	北京市经济技术开发区荣昌东街 6 号	100176
北京城乡贸易中心股份有限公司	北京市海淀区复兴路甲 23 号	100036
南通纵横国际股份有限公司	江苏省南通市任港路 23 号	226006
内蒙古蒙电华能热电股份有限公司	内蒙古呼和浩特市锡林南路 218 号	010020
哈尔滨岁宝热电股份有限公司	哈尔滨市南岗区昆仑商城隆顺街 27 号	150090
百大集团股份有限公司	杭州市延安路 546 号	310006
广东肇庆星湖生物科技股份有限公司	广东省肇庆市工农北路 67 号	526060
通化东宝药业股份有限公司	吉林省通化市东宝新村	134123
广东梅雁企业(集团)股份有限公司	广东省梅州市湾水塘	514011
三普药业股份有限公司	江苏省宜兴市高塍远东路 6 号	214257
厦门华侨电子股份有限公司	厦门市湖里大道 22 号	361006
中国石化仪征化纤股份有限公司	江苏省仪征市胥浦	211900
中炬高新技术实业（集团）股份有限公司	广东省中山市中山火炬高技术产业开发区火炬大厦	528437

上市公司通讯录
Contact Information of Listed Companies

A 股代码 A Code	A 股简称 A Name	B 股代码 B Code	B 股简称 B Abbr.	行业分类代码 Sector Code	行业分类名称 Sector Name	电话 Telephone
600873	五洲明珠			K32	旅馆业	0536-8363802
600874	创业环保			K01	公共设施服务业	022-23930128
600875	东方电机			C76	电器机械及器材制造业	0838-2409358
600876	洛阳玻璃			C61	非金属矿物制品业	0379-63908560
600877	中国嘉陵			C75	交通运输设备制造业	023-65194095
600878	*ST 北科			M	综合类	0411-2643146
600879	G 火箭			C73	专用设备制造业	027-85487719
600880	G 博瑞			L20	信息传播服务业	028-87651183
600881	亚泰集团			M	综合类	0431-4956688
600882	大成股份			C43	化学原料及化学制品制造业	0533-2111919
600883	博闻科技			M	综合类	0871-7197370
600884	杉杉股份			C13	服装及其他纤维制品制造业	0574-88208337
600885	力诺太阳			C43	化学原料及化学制品制造业	027-68850733
600886	G 华靖			D01	电力、蒸汽、热水的生产和供应业	010-68096858
600887	伊利股份			C03	食品制造业	0471-3601621
600888	新疆众和			C67	有色金属冶炼及压延加工业	0991-6689885
600889	南京化纤			C47	化学纤维制造业	025-85561011*3685
600890	中房股份			C75	交通运输设备制造业	010-82608987
600891	ST 秋林			H11	零售业	0451-53644632
600892	*ST 湖科			C73	专用设备制造业	0311-86052380
600893	华润生化			C01	食品加工业	0431- 5883022
600894	广钢股份			C65	黑色金属冶炼及压延加工业	020-81891212*3122
600895	G 张江			M	综合类	021-50800018
600896	中海海盛			F07	水上运输业	0898-68583985
600897	厦门空港			F11	交通运输辅助业	0592-5706005
600898	三联商社			H01	食品、饮料、烟草和家庭用品批发业	0531-83538506
600899	*ST 信联			L20	信息传播服务业	0571-85463080
600900	G 长电			D01	电力、蒸汽、热水的生产和供应业	010-58688890
600960	滨州活塞			C75	交通运输设备制造业	0543-3288868
600961	G 株冶			C67	有色金属冶炼及压延加工业	0733-8392172
600962	国投中鲁			A01	农业	010-68095003
600963	G 岳纸			C31	造纸及纸制品业	0730-8590330
600965	福成五丰			A05	畜牧业	010-61595607
600966	G 博汇			C31	造纸及纸制品业	0533-8538020
600967	北方创业			C75	交通运输设备制造业	0472-3117903
600969	郴电国际			D01	电力、蒸汽、热水的生产和供应业	0735-2339232
600970	中材国际			E01	土木工程建筑业	010-82228889
600971	G 恒源			B01	煤炭采选业	0557-3986204
600973	G 宝胜			G81	通信及相关设备制造业	0514-8248877
600975	新五丰			A05	畜牧业	0731-4449590
600976	武汉健民			C81	医药制造业	027-50537954
600978	G 宜华			C25	家具制造业	0754-5745020
600979	广安爱众			D01	电力、蒸汽、热水的生产和供应业	0826-2983059
600980	北矿磁材			C51	电子元器件制造业	010-67537184
600981	江苏纺织			H21	商业经纪与代理业	025-86648112
600982	宁波热电			D01	电力、蒸汽、热水的生产和供应业	0574-86897102
600983	合肥三洋			C55	日用电子器具制造业	0551-5310502
600984	建设机械			C73	专用设备制造业	029-82592297
600985	G 雷鸣			C43	化学原料及化学制品制造业	0561-4948135
600986	科达股份			E01	土木工程建筑业	0546-8301886
600987	航民股份			C11	纺织业	0571-82575698
600988	东方宝龙			C75	交通运输设备制造业	020-82696008
600990	四创电子			G81	通信及相关设备制造业	0551-5391323
600991	长丰汽车			C75	交通运输设备制造业	0731-2881959
600992	贵绳股份			C69	金属制品业	0852-8419247
600993	马应龙			C81	医药制造业	027-87389583
600995	文山电力			D01	电力、蒸汽、热水的生产和供应业	0876-2123422
600997	G 开滦			B01	煤炭采选业	03153026757
		900929	锦旅 B 股	K34	旅游业	021-63299090
		900935	阳晨 B 股	C73	专用设备制造业	021-63901001
		900939	汇丽 B 股	E05	装修装饰业	021-58705858*2525
		900948	伊泰 B 股	B01	煤炭采选业	0477-8565735
		900949	东电 B 股	D01	电力、蒸汽、热水的生产和供应业	0571-85774569
		900950	新城 B 股	J01	房地产开发与经营业	0519-8127288
		900951	大化 B 股	C43	化学原料及化学制品制造业	0411-86893436

上市公司通讯录
Contact Information of Listed Companies

公司全称 Name	通讯地址 Address	邮编 Zip
五洲明珠股份有限公司	成都市青羊区长顺中街 88 号	610031
天津创业环保股份有限公司	天津市南开区卫津南路 76 号创业环保大厦	300381
东方电机股份有限公司	四川省德阳市黄河西路 188 号	618000
洛阳玻璃股份有限公司	河南省洛阳市西工区唐宫中路 9 号	471009
中国嘉陵工业股份有限公司(集团)	重庆市沙坪坝区双碑	400032
大连北大科技（集团）股份有限公司	大连市中山区民寿街 4 号银河公寓写字间 19F	116001
长征火箭技术股份有限公司	武汉市建设大道 847 号瑞通广场 B 座 21 层	430015
成都博瑞传播股份有限公司	成都市花牌坊街 185 号	610031
吉林亚泰(集团)股份有限公司	长春市吉林大路 1801 号	130031
山东大成农药股份有限公司	山东省淄博市张店区洪沟路 25 号	255009
云南博闻科技实业股份有限公司	云南省保山市隆阳区人民路 78 号	678000
宁波杉杉股份有限公司	宁波市天童北路 1133 号杉杉工业城	315040
武汉力诺太阳能集团股份有限公司	武汉市建设大道 568 号新世界国贸大厦 I 座 16 楼	430015
国投华靖电力控股股份有限公司	北京市西城区阜成门外大街 7 号国投大厦 10 层	100037
内蒙古伊利实业集团股份有限公司	内蒙古呼和浩特市金川开发区金四路 8 号	010080
新疆众和股份有限公司	新疆乌鲁木齐市喀什东路 18 号	830013
南京化纤股份有限公司	南京市中央门外燕子矶伏家场 120 号	210038
中房置业股份有限公司	北京市海淀区苏州街 18 号院长远天地大厦 2 号楼 2201 号	100080
哈尔滨秋林集团股份有限公司	哈尔滨市南岗区东大直街 319 号	150001
河北湖大科技教育发展股份有限公司	石家庄市建设北大街 228 号东海国际 16B3 室	050011
吉林华润生化股份有限公司	长春市经济技术开发区仙台大街 1717 号	130033
广州钢铁股份有限公司	广州市芳村区白鹤洞	510381
上海张江高科技园区开发股份有限公司	上海市浦东松涛路 560 号 A 座 9-10 楼	201203
中海（海南）海盛船务股份有限公司	海南省海口市龙昆北路 2 号珠江广场帝豪大厦 25 层	570125
厦门国际航空港股份有限公司	厦门市高崎国际机场 3#候机楼西侧	361006
三联商社股份有限公司	济南市北园大街 409 号三联家电商务中心 5 层	250033
浙江信联股份有限公司	杭州市上塘路 86 号	310014
中国长江电力股份有限公司	北京市西城区金融大街 19 号富凯大厦 B 座	100032
山东滨州渤海活塞股份有限公司	山东省滨州市渤海二十路 999 号	256602
湖南株冶火炬金属股份有限公司	湖南省株洲市石峰区清水塘	412004
国投中鲁果汁股份有限公司	北京市西城区阜成门外大街 7 号国投大厦 13 层	100037
岳阳纸业股份有限公司	湖南省岳阳市城陵矶洪家洲	414002
河北福成五丰食品股份有限公司	河北省三河市燕郊经济技术开发区	065201
山东博汇纸业股份有限公司	山东省桓台县马桥镇工业路北首	256405
包头北方创业股份有限公司	包头市青山区民主路	014032
湖南郴电国际发展股份有限公司	湖南省郴州市青年大道民生路口万国大厦	423000
中材国际工程股份有限公司	北京市西直门内北顺城街 11 号	100035
安徽恒源煤电股份有限公司	安徽省淮北市濉溪县刘桥镇	235162
宝胜科技创新股份有限公司	江苏省宝应县安宜镇苏中路 1 号	225000
湖南新五丰股份有限公司	长沙市芙蓉区五一西路 2 号第一大道 19、20 楼	410001
武汉健民药业集团股份有限公司	武汉市东湖高新技术开发区庙山小区特 1 号武汉医药产业园	430223
广东省宜华木业股份有限公司	广东省汕头市澄海区莲下槐东工业区	515834
四川广安爱众股份有限公司	四川省广安市广安区渠江北路 86 号	638001
北矿磁材科技股份有限公司	北京市丰台区右安门外草桥 28 号	100067
江苏省纺织品进出口集团股份有限公司	南京市户部街 15 号	210002
宁波热电股份有限公司	宁波市经济技术开发区大港工业城凤洋一路 66 号	315800
合肥荣事达三洋电器股份有限公司	合肥市高新技术产业开发区北区 L-2 号	230088
陕西建设机械股份有限公司	西安市金花北路 48 号	710032
安徽雷鸣科化股份有限公司	安徽省淮北市东山路	235042
科达集团股份有限公司	山东省广饶县大王经济技术开发区	257335
浙江航民股份有限公司	浙江省杭州市萧山区瓜沥镇航民村	311241
广州东方宝龙汽车工业股份有限公司	广州市增城市新塘镇宝龙路 1 号	511340
安徽四创电子股份有限公司	安徽省合肥市高新技术产业开发区香樟大道 199 号	230088
湖南长丰汽车制造股份有限公司	湖南省长沙市芙蓉中路 2 段 111 号华菱大厦 8 层	410011
贵州钢绳股份有限公司	贵州省遵义市桃溪路 47 号	563000
武汉马应龙药业集团股份有限公司	湖北省武汉市武昌南湖周家湾 100 号	430064
云南文山电力股份有限公司	云南省文山县建禾东路 71 号	663000
开滦精煤股份有限公司	河北省唐山市新华东道 70 号东楼	063018
上海锦江国际旅游股份有限公司	上海市延安东路 100 号联谊大厦 28 楼	200002
上海阳晨投资股份有限公司	上海市徐家汇路 555 号 10 楼 C 座	200023
上海汇丽建材股份有限公司	上海市浦东南路 2161 号	200127
内蒙古伊泰煤炭股份有限公司	内蒙古鄂尔多斯市东胜区天骄北路伊泰大厦	017000
浙江东南发电股份有限公司	杭州市延安路 528 号标力大厦	310006
江苏新城房产股份有限公司	江苏省常州市和平南路 150 号国际金融大厦 6 楼	213003
大化集团大连化工股份有限公司	大连市甘井子区工兴路 10 号	116032

上市公司通讯录
Contact Information of Listed Companies

A 股代码 A Code	A 股简称 A Name	B 股代码 B Code	B 股简称 B Abbr.	行业分类代码 Sector Code	行业分类名称 Sector Name	电话 Telephone
		900953	凯马 B 股	C75	交通运输设备制造业	021-62034925
		900956	东贝 B 股	C76	电器机械及器材制造业	0714-5415858
		900957	凌云 B 股	E05	装修装饰业	021-68402166

上市公司通讯录
Contact Information of Listed Companies

公司全称 Name	通讯地址 Address	邮编 Zip
华源凯马股份有限公司	上海市中山北路 1958 号华源世界广场 6 楼	200063
黄石东贝电器股份有限公司	湖北省黄石市铁山区武黄路 5 号	435006
上海凌云实业发展股份有限公司	上海市浦东新区松林路 300 号期货大厦 14 楼	200122

2005 年度上市公司股改情况
Stock Restructure Reform in 2005

2005 年末 A 股上市公司股改情况

上市公司类型	家数	总市值(亿元)	占市场比例%	流通市值(亿元)	占市场比例%	均价	市盈率
G 股	125	4635.43	20.28	1708.64	26.23	4.78	12.80
方案公布未实施	98	2525.83	11.05	741.78	11.39	5.50	21.27
其他	601	15694.81	68.67	4064.13	62.38	4.50	17.22
合计	824	22856.07	100	6514.55	100	4.65	16.38

主要指数成分股公司股改情况

指数成分股公司	G 股公司			方案公布未实施		
	家数	总市值占比%	流通市值占比%	家数	总市值占比%	流通市值占比%
上证 180 指数	40	22.91	32.19	29	10.51	12.60
上证 50 指数	19	27.85	41.97	6	7.92	11.30

沪市 A 股：

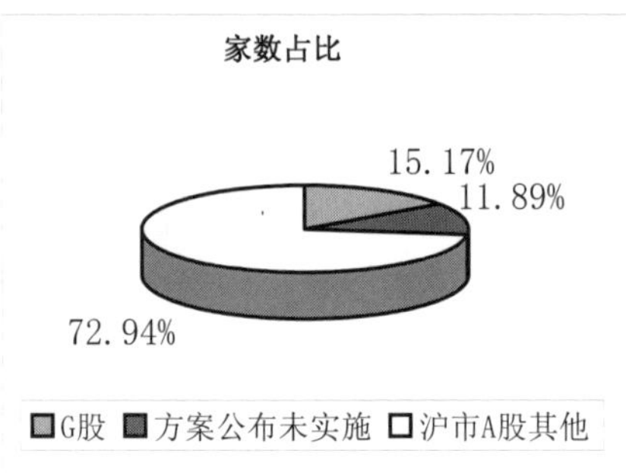

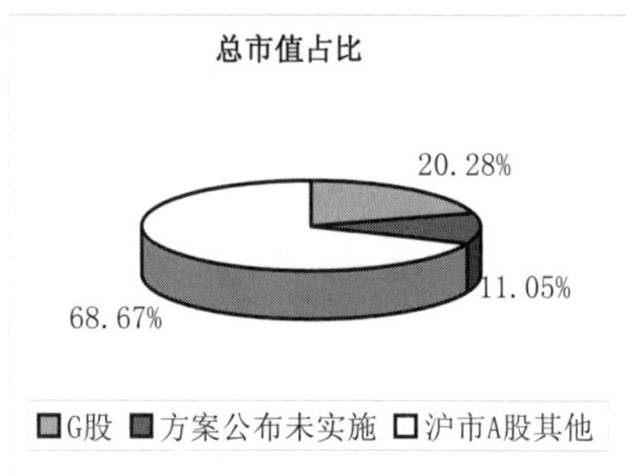

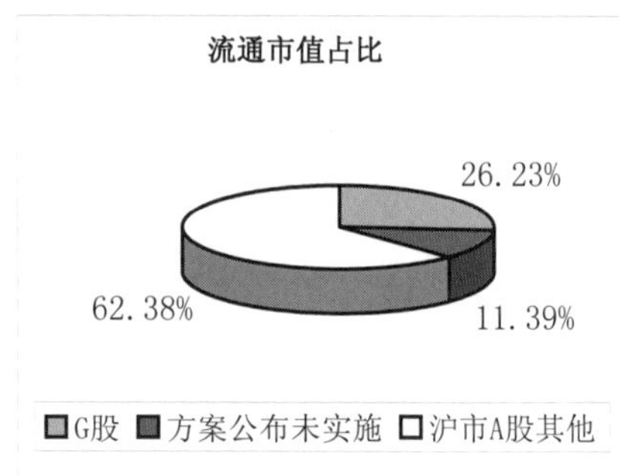

上证 180：

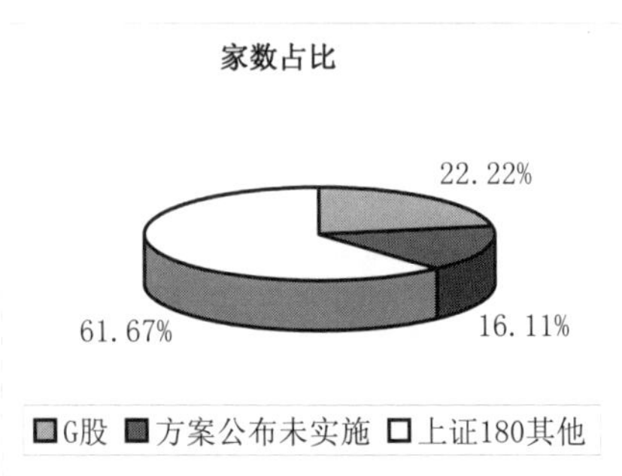

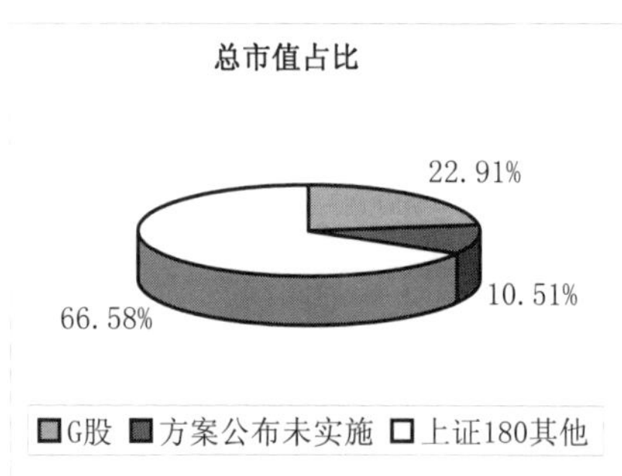

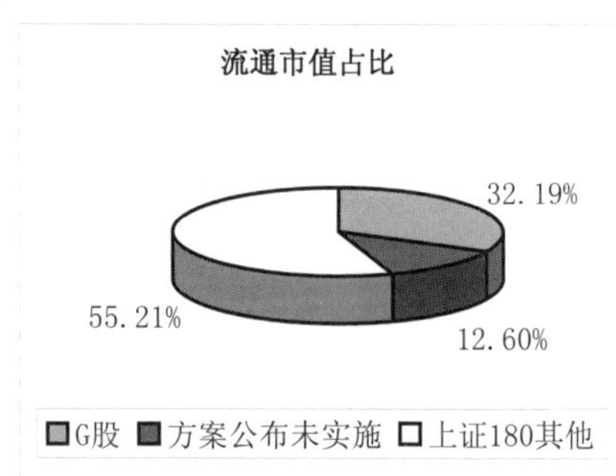

上证 50：

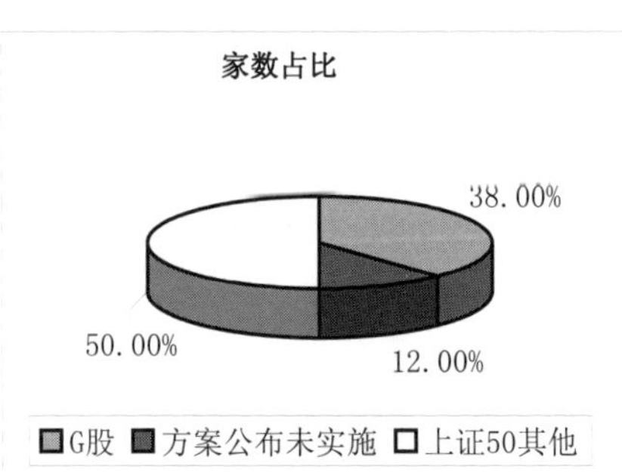

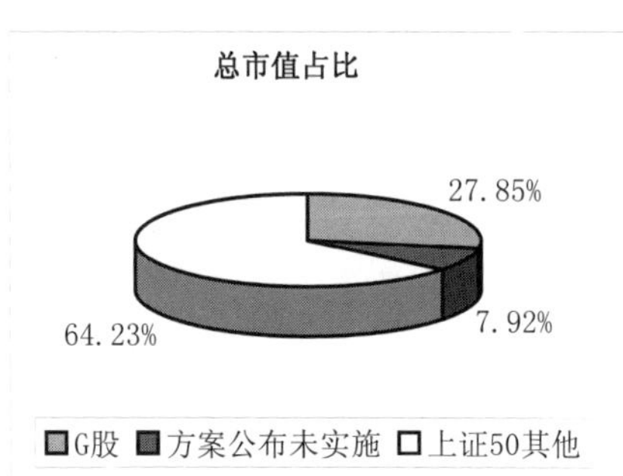

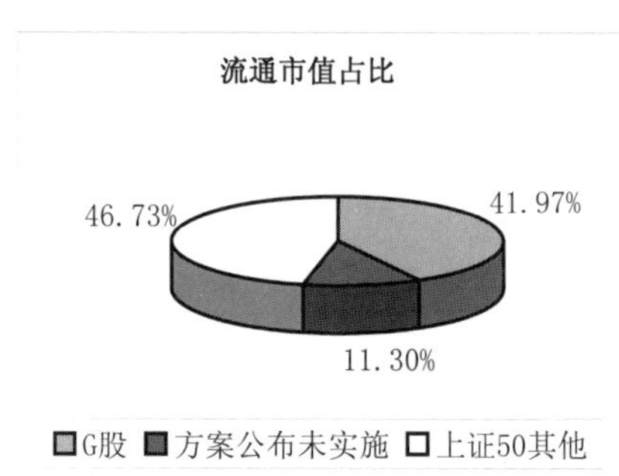

MEMBER COMPANIES

会 员 公 司

会员公司概貌
Member Companies Overview

会员公司 Member Companies	2005 年 2005	2004 年 2004	增减% Change%
会员公司数量 No. of Member Companies	151	161	-6.21
席位数量 No. of Seats	5034	5152	-2.29
A 股 A Share Seat	4783	4887	-2.13
B 股 B Share Seat	251	265	-5.28
B 股证券商 B Share Brokers	131	131	0.00
境内 Domestic	92	92	0.00
境外 Overseas	39	39	0.00
会员公司交易金额 Traded Values			
合计 Total	85597.07	134290.23	-36.26
股票 Stock	38267.77	52635.82	-27.30
基金 Fund	1088.60	447.41	143.31
国债现货 T-Bond Spot	4775.25	5339.37	-10.57
国债回购 T-Bond Repurchase	41465.45	75867.63	-45.35
企业债现货 Corporate Bond Spot	170.03	166.44	2.16
企业债回购 Corporate Bond Repurchase	2299.64	3989.69	-42.36
权证 Warrant	3525.38		

会员公司数量发展 No. of Member Companies

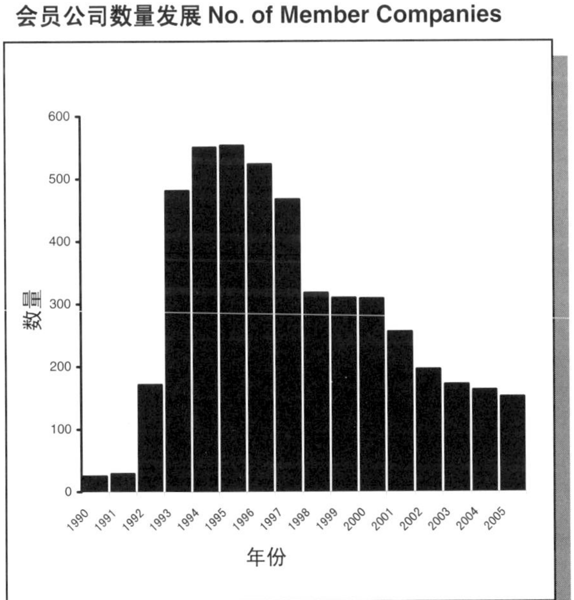

会员公司地区分布 Members Distribution

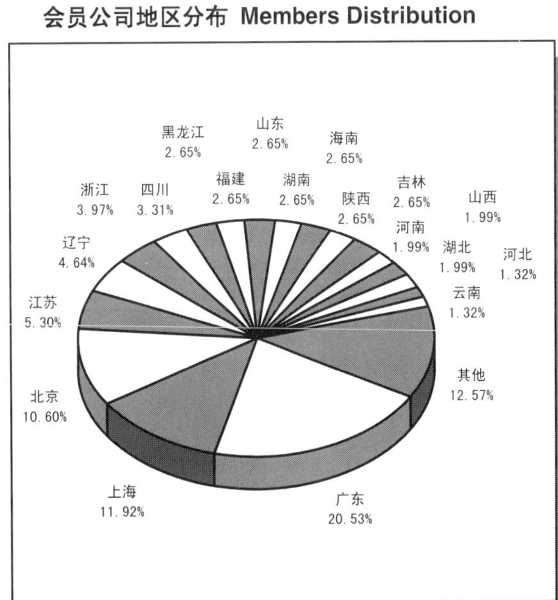

会员公司交易
Trading of Member Companies

单位：百万元（Million Yuan）

会员公司 Company	地址 Address	法人代表 Legal Representative	电话 Tel	传真 Fax	席位数 Seat Number
国泰君安证券股份有限公司	上海市延平路 135 号	祝幼一	021-62580818	62672904	235
中国银河证券有限责任公司	北京市西城区金融大街 35 号国际企业大厦 C 座	朱利	010-66568880	66568532	378
申银万国证券股份有限公司	上海市常熟路 171 号	谢平	021-54031888	54035333	299
海通证券股份有限公司	上海市淮海中路 98 号	王开国	021-53594567	53858500	219
中银国际证券有限责任公司	上海市浦东银城中路 200 号中银大厦 39 楼	平岳	010-66596062	66596200	54
中信证券股份有限公司	深圳市笋岗路 12 号中民时代广场 B 座 32 层　北京朝阳区新源南路	王东明	010-84865028	84868301	69
金信证券有限责任公司	浙江省杭州市黄龙世纪广场 A 座 7 楼	陈唯贤	0571-87901988	87901955	35
光大证券股份有限公司	上海市浦东新区浦东南路 528 号上海证券大厦	王明权	021-68816000	68818550	65
中国国际金融有限公司	北京市建国门外大街 1 号国贸大厦 2 座 28 层	汪建熙	010-65051166	65051156	60
广发证券股份有限公司	广州市天河北路 183 号大都会广场 42 楼	王志伟	020-87555888*128	87553600	81
国信证券有限责任公司	深圳市罗湖区红岭中路 1012 号国信证券大厦	何如	0755-82130629	82130570	46
湘财证券有限责任公司	上海市浦东银城东路 139 号华能联合大厦 18 楼	陈学荣	021-68864652	50543470	46
招商证券股份有限公司	深圳市福田区益田路江苏大厦 38-45 层	宫少林	0755-82943288	82943100	61
天同证券有限责任公司	山东省济南市泉城路 180 号齐鲁国际大厦 5 层	段虎	0531-86028816	86029668	95
北京证券有限责任公司	北京市海淀区车公庄西大街乙 19 号华通大厦 B 座 10-16 层	凌新源	010-88018393	88018394	49
宏源证券股份有限公司	新疆乌鲁木齐市建设路 2 号宏源大厦 8 楼	汤世生	010-62267799	62294199	44
长江证券有限责任公司	武汉市新华下路特 8 号	胡运钊	027-65799981	85481900	41
华泰证券有限责任公司	江苏省南京市中山东路 90 号华泰证券大厦	吴万善	025-84579977	84579929	60
东方证券股份有限公司	上海市浦东大道 720 号国际航运金融大厦 20 层	王益民	021-50367888	50366868	83
世纪证券有限责任公司	深圳市深南大道 7088 号招商银行大厦 41 层	段强	0755-83199506	83199502	20
兴业证券股份有限公司	福建省福州市湖东路 99 号标力大厦	兰荣	021-68419467	87546058	48
山西证券有限责任公司	太原市府西街 69 号山西国贸中心	吴晋安	0351-4036998	4036998	31
华西证券有限责任公司	四川省成都市陕西街 239 号	张慎修	028-86150096	86150615	28
联合证券有限责任公司	深圳市深南东路 5047 号发展银行大厦 10、24、25 层	马国强	021-68404567	82493000	55
中国科技证券有限责任公司	北京市朝阳区安立路 101 号名人大厦 28-30 层	张钢	010-84836188	84973037	36
国元证券有限责任公司	合肥市寿春路 179 号	凤良志	0551-2619188	2654274	68
江南证券有限责任公司	江西省南昌市象山北路 208 号	姚江涛	0791-6776133	6776103	14
天一证券有限责任公司	浙江省宁波市开明街 417-427 号	沈国军	021-68624666	68536451	37
方正证券有限责任公司	杭州市平海路 1 号	乔林	021-64482581	54070173	36
长城证券有限责任公司	深圳市深南大道 6008 号特区报业大厦 14、16、17 楼	魏云鹏	010-62291818		42
平安证券有限责任公司	深圳市福田区八卦岭八卦三路平安大厦 3 楼	叶黎成	0755-82262888	82400862	54
渤海证券有限责任公司	天津市河西区宾水道 3 号	张志军	022-28451888	28451600	57
上海证券有限责任公司	上海市九江路 111 号	蒋元真	021-63231111	63236119	43
金通证券股份有限公司	浙江省杭州市凤起路 108 号	应土歌	0571-85783707	85783707	41
兴安证券有限责任公司	黑龙江省哈尔滨市道里区通江街 188 号	贺朝贤	0451-4680831	4680835	25
西南证券有限责任公司	重庆市渝中区临江支路 2 号合景大厦 22-25 层	蒋辉	023-63786388	63786033	41
恒泰证券有限责任公司	内蒙古呼和浩特市新城区东风路 111 号	李庆阳	0471-4913858	4930707	14
新疆证券有限责任公司	新疆乌鲁木齐市解放北路 1 号	高虎	0991-2812542	2819880	20
广东证券股份有限公司	广州市解放南路 123 号金汇大厦	钟伟华	020-83270519	83270478	46
华鑫证券有限责任公司	深圳市深业大厦 25 层	王文学	021-64376251	82081508	49
东北证券有限责任公司	长春市自由大路 1138 号	李树	0431-5096555	5604083	38
中关村证券股份有限公司	北京市朝阳区裕民路 12 号中国国际科技会展中心 B 座 11 层	段永基	010-82252001	82252298	11
亚洲证券有限责任公司	上海市九江路 399 号	朱洪	021-63518398	63525833	65
天元证券经纪有限责任公司	黑龙江省哈尔滨市珠江路 50 号	刘成	0451-53921066	53921088	14
中国民族证券有限责任公司	北京市朝阳区西坝河南里 22 号	郭玺来	010-64105001	64105088	37
大通证券股份有限公司	大连市中山区人民路 24 号平安大厦 26 层	张凯华	0411-82826389	82826601	23
泰阳证券有限责任公司	湖南省长沙市建湘路 479 号泰阳证券大厦	朱治龙	0731-2882318	2882318	32
华安证券有限责任公司	合肥市阜南路 166 号	汪永平	0551-5161601	5161601	48
东吴证券有限责任公司	江苏省苏州石路爱河桥 28 号	吴永敏	0512-87668888	87668888	36
中信万通证券有限责任公司	青岛市东海西路 28 号	史洁民	0532-85022315	85022301	26
天和证券经纪有限公司	杭州市孝女路 2-2 号	管大源	0571-87925118	87023648	23
武汉证券有限责任公司	武汉市汉口沿江大道 130 号	李永宽	027-82847633	82842601	24
汉唐证券有限责任公司	广东省深圳市南山区汉唐大厦 25 层	吴克龄	0755-6936273	6936236	32
财富证券有限责任公司	长沙市芙蓉中路中路二段 80 号顺天国际财富中心 26 层	蒋永明	0731-4403311	4403330	14
国海证券有限责任公司	南宁市滨湖路 46 号	张雅锋	0771-5539309	5539305	34
国联证券有限责任公司	无锡市县前东街 8 号国联大厦 6、7 楼	范炎	0510-82831058	82833124	29
河北证券有限责任公司	石家庄市裕华东路 81 号冶金大厦 15 层	武铁锁	0311-6081028	6982918	55
辽宁省证券公司	沈阳市沈河区惠工街 56 号	邵荣第	024-22528910	22526310	35
广发华福证券有限责任公司	福州市五四路 157 号新天地大厦 8 层	王比	0591-87873719	87841150	45
国盛证券有限责任公司	江西省南昌市永叔路 15 号信达大厦	管荣升	0791-6283533	6281485	20
北方证券有限责任公司	上海市浦东南路 500 号	路畔生	021-58887333	58889111	29
闽发证券有限责任公司	福州市五四路 158 号环球广场 28-29 层	张富春			58
第一创业证券有限责任公司	深圳市罗湖区笋岗路 12 号中民时代广场 B 座 25、26 层	刘学民	010-84986181	85285004	5
大鹏证券有限责任公司	深圳市深圳南东路 5002 号地王大厦 8 楼	徐卫国	0755-82463388	82462986	45
中原证券股份有限公司	河南省郑州市经三路 15 号广汇国贸 10 楼	张建刚	0371-65585668	65585689	35

会员公司交易
Trading of Member Companies

单位：百万元（Million Yuan）

名次 Rank	交易金额 Trading Value 总计 Total	股票 Stock	基金 Fund	权证 Warrant	国债现货 T-Bond Spot	国债回购 T-Bond Repo	企业债、可转债 C-Bond, Convertible Bond	企业债回购 C-Bond Repo
1	713287.8	250443.0	14086.1	25768.4	39340.6	325624.3	9277.7	48741.0
2	672376.1	243217.7	12734.7	20254.3	43942.8	327200.6	6606.8	18418.4
3	480711.2	195714.2	6816.8	11988.2	32178.6	221471.4	6201.7	6337.4
4	383514.2	135701.9	3662.5	23321.8	30932.3	183779.7	2827.4	3288.1
5	375995.8	46690.8	595.7	2727.1	26680.3	283790.7	1819.9	13691.3
6	331113.7	84764.6	2675.9	5705.9	22695.5	195997.1	4955.3	14319.1
7	289081.4	32918.2	229.7	2055.4	6125.4	231405.3	310.9	16036.4
8	232903.5	95823.9	2189.2	13946.5	5745.1	106404.0	1069.8	7724.7
9	221448.4	62565.6	2593.2	129.7	26021.0	118094.2	5477.7	6567.0
10	198714.8	109271.0	2920.3	9440.3	6345.6	68120.9	1278.5	1338.0
11	191933.4	118635.0	6111.6	14182.5	5679.2	44153.9	2232.9	938.1
12	191040.5	48659.3	1152.2	5578.8	12658.7	118569.8	678.5	3738.0
13	157837.4	95554.0	5480.9	7305.2	9294.0	36900.6	2862.8	439.6
14	135850.1	59749.8	797.9	5881.2	2917.1	63010.7	1204.7	2258.2
15	119299.6	25743.1	1033.6	1851.2	2527.0	87724.2	258.5	161.9
16	112914.8	29434.7	371.0	1898.2	4114.1	75057.9	245.1	1793.8
17	106096.9	30457.4	1573.8	2038.5	5681.4	64329.4	686.7	1329.5
18	105588.2	78910.1	2417.9	6842.8	4869.4	10081.2	2398.1	68.0
19	103435.8	54165.9	1094.7	13917.6	5214.7	25316.4	1474.2	2252.1
20	102840.0	12657.6	161.5	1635.4	3561.1	84418.5	151.8	253.9
21	99042.1	49059.2	1232.8	4612.2	4922.1	36431.2	1706.1	1078.4
22	97984.1	23176.9	789.0	1085.3	6474.8	66126.7	331.4	0.0
23	90610.2	29796.0	330.6	5276.8	6158.9	40601.8	411.6	8034.5
24	87926.5	60496.6	2425.0	4774.1	3995.3	14200.7	1479.7	555.0
25	85867.5	23497.2	315.9	2004.7	7310.7	42845.4	275.7	9617.8
26	82172.6	36870.4	1189.7	2053.9	6146.6	34549.1	761.0	601.9
27	79030.5	18964.5	454.1	3609.4	5809.0	48911.4	83.2	1198.9
28	78769.0	31806.8	405.5	8758.4	777.3	35757.3	436.9	826.7
29	78068.6	28630.8	459.6	5535.9	6299.0	35390.9	365.2	1386.9
30	78052.1	41826.1	720.6	2225.7	3320.3	29140.3	724.7	94.5
31	75142.6	39804.3	4179.1	2020.7	10517.2	15170.4	2620.9	830.1
32	73817.8	36257.7	1108.5	3421.7	4447.2	26738.5	561.5	1282.6
33	68863.8	33430.5	1727.5	2982.6	3275.1	26873.7	518.7	55.6
34	68179.0	41881.8	394.6	3267.7	1789.9	20180.4	159.2	505.2
35	67844.5	14484.4	266.6	1140.6	2133.3	49668.9	36.1	114.3
36	66109.4	27183.2	417.7	3734.2	1110.5	32834.3	106.4	723.0
37	64491.2	22206.2	166.2	2245.3	2641.3	36890.5	268.1	73.6
38	63313.6	21137.8	379.5	3321.3	3973.7	34278.5	220.1	2.8
39	61931.5	39165.7	359.4	2568.7	1249.4	17502.7	307.0	778.4
40	60300.3	14183.2	208.9	626.2	2014.5	42790.0	46.2	431.4
41	56908.5	35736.6	280.8	2624.1	2757.4	14869.3	313.2	327.1
42	56869.2	17736.9	299.8	1221.7	699.1	36419.3	37.9	454.5
43	55384.8	36226.4	657.1	3027.2	3085.2	11779.6	316.0	293.1
44	53953.0	8834.5	83.2	549.5	3505.9	40799.1	41.9	138.8
45	52764.8	32726.4	793.0	2806.6	6559.3	9585.5	205.4	88.6
46	51566.2	18683.0	343.8	1004.0	1545.4	29316.5	78.0	595.3
47	49190.1	37202.3	505.2	8063.5	944.0	2027.1	430.8	17.2
48	49156.4	30803.2	656.8	2543.8	2220.9	12090.7	152.1	688.8
49	49106.8	35009.9	545.6	5334.9	1287.2	6447.4	455.0	26.7
50	47060.3	24366.0	248.2	1831.3	2096.4	16981.3	474.5	1062.6
51	46837.5	19644.9	395.8	2090.0	2014.6	22215.1	45.6	431.5
52	46342.7	9744.2	59.5	3.3	68.0	36448.0	19.6	0.0
53	43068.4	35049.2	437.9	7.5	437.1	6180.6	219.2	736.9
54	41962.0	12228.0	593.8	1591.4	3458.1	22729.3	289.0	1072.4
55	40354.1	27008.8	495.2	2708.1	826.0	9101.3	88.0	126.7
56	39243.0	28120.9	351.4	1397.0	390.8	8712.1	121.5	149.1
57	37979.2	27648.1	265.9	1946.2	696.2	7205.2	97.8	119.7
58	37651.5	25550.3	199.0	2.6	10869.0	786.3	244.2	0.0
59	35566.8	22964.1	248.7	2136.0	509.1	9264.7	101.9	342.3
60	34083.8	13458.9	94.0	1035.8	718.0	18070.2	693.3	13.5
61	33097.7	9744.9	66.9	2.8	260.0	22946.7	50.6	25.8
62	32544.2	31225.6	320.6	568.4	224.3	82.2	122.9	0.0
63	32422.1	8857.1	324.3	353.1	1263.6	14327.5	445.2	6851.2
64	32182.1	21214.0	196.5	1002.6	587.6	7966.0	106.6	1104.1
65	31586.2	24304.6	778.2	2540.1	704.1	3204.4	54.7	0.0

会员公司交易
Trading of Member Companies

单位：百万元（Million Yuan）

会员公司 Company	地址 Address	法人代表 Legal Representative	电话 Tel	传真 Fax	席位数 Seat Number
联讯证券经纪有限责任公司	广东省惠州市下埔路 14 号	徐刚	0752-2119388	2119369	12
齐鲁证券有限公司	济南市经十路 128 号	李玮	0531-82024108	82024199	38
国都证券有限责任公司	深圳市福田区华强北路赛格广场 45 楼	王少华	0755-83462228	83462051	23
南京证券有限责任公司	南京市大钟亭 8 号	张华东	025-83367115	83367377	33
长财证券经纪有限责任公司	长春市宽城区珠江路 439 号	王为民	0431-2951790		10
甘肃证券有限责任公司	兰州市庆阳路 161 号民安大厦 B 塔楼 25 层	李军	0931-8440228	8440269	13
中信建投证券有限责任公司	北京市东城区朝内大街 188 号	黎晓宏	010-65186398	65186588	181
金元证券有限责任公司	深圳市深南大道 4001 号时代金融中心大厦 17 层	郑辉	0898-66538679	66538685	26
新时代证券有限责任公司	北京市西城区月坛大厦 15 层	李文义	010-85787968	85787906	16
西部证券股份有限公司	西安市东新街 232 号陕西信托大厦	刘建武	029-87406097	87406483	32
广州证券有限责任公司	广州市先烈中路 69 号东山广场主楼 5 楼	吴张	020-87322668	87325030	15
西北证券有限责任公司	银川市民族北街 1 号	姜巍	0951-6030244	6030195	12
东莞证券有限责任公司	广东省东莞市莞城区可园南路 1 号金源中心	周建辉	0769-22118918	22116999	8
健桥证券股份有限公司	西安市高新一路 2 号开发银行大厦 16 层、23 层	李晓援	029-88377318	88377319	14
华林证券有限责任公司	广东省江门市港口路 1 号	姚桥盛	0750-3193138	3190998	10
民生证券有限责任公司	北京市朝阳区朝阳门外大街 16 号中国人寿大厦 1901 室	岳献春	010-85252621	85252621	19
蔚深证券有限责任公司	深圳市福田区振华路飞亚达大厦 5、8 楼	赵文安	0755-83239628	83241589	24
华龙证券有限责任公司	兰州市静宁路 308 号	李晓安	0931-4890688	4890515	23
万联证券有限责任公司	广州省东风东路 836 号东峻广场 34、35 层	陆景煒	020-87692563	87692563	22
东海证券有限责任公司	上海市浦东新区东方路 989 号中达广场 13 楼	朱科敏	021-50585606	50585608	19
巨田证券有限责任公司	深圳市福田区滨河路证券大厦 21 层	王一楠		83372057	32
中国旅游国际信托投资有限公司	北京市站东街 6 号金安皇都大酒店 4 层	冯效明	010-65158635	65158642	15
信泰证券有限责任公司	江苏省南京市长江路 88 号	钱凯法	025-84784886	84784830	30
国金证券有限责任公司	四川省成都市东城根上街 95 号	马蓉生	028-86690300	86690365	33
第一证券有限公司	广东市珠海市情侣南路 259 号日华商业广场 A 区 4 楼	蒋会成	021-68881815	68886511	18
广东民安证券经纪有限责任公司	广州市天河区体育东路 118 号财富广场东塔 17-18 楼	孔祥其	020-38911833	85565616	22
中天证券有限责任公司	辽宁省沈阳市和平区北五马路 47 号	王福康	024-22850317	22852154	32
红塔证券股份有限公司	昆明市北京路 155 号附 1 号红塔大厦 7-11 楼	管自和	0871-3577929	3578972	24
中山证券有限责任公司	广东省深圳市福田区益田路江苏大厦 B 座 15 楼	吴泳良	0755-82943769	82940511	19
中富证券有限责任公司	上海市浦东南路 528 号上海证券大厦北塔 10 楼	唐荣汉	021-62476666	62470248	13
河北财达证券经纪有限责任公司	石家庄市裕华西路 158 号 24 层	边志明	0311-87029657	87033236	7
德邦证券有限责任公司	上海市浦东南路 588 号 26 楼	王军	024-22915139	22939011	21
中国建银投资证券有限责任公司	深圳市福华三路深圳国际商会中心 48-50 层	杨小阳	0755-82026888	82026666	82
江海证券经纪有限责任公司	黑龙江省哈尔滨市香坊区赣水路 56 号	孙名扬	0451-82269208	82269290	12
首创证券有限责任公司	北京市朝阳区北辰东路 8 号辰运大厦 3 层	俞昌建	010-64182378	64182425	13
财通证券经纪有限责任公司	浙江省杭州市解放路 111 号	陈海晓	0571-87828066	87828178	18
爱建证券有限责任公司	上海市复兴东路 673 号	徐宜阳	021-63341333	63340100	34
中兴信托投资有限责任公司	北京市亚运村汇园公寓 R 座 1205	梁治萍	010-62510693	62510684	16
和兴证券经纪有限责任公司	成都市人民南路二段 18 号川信大厦 10 楼	王长庚	028-6199836	6199079	40
富成证券经纪有限公司	上海市浦东新区世纪大道 1600 号 12A	孙德明	021-68753053	50818088	9
昆仑证券有限责任公司	深圳市北环大道 7043 号青海大厦 3 楼	谭卫红	0755-83547860	83547479	8
广发北方证券经纪有限责任公司	大连市中山区人民路 71 号 3 楼	林治海	0411-82691336	82827526	9
中期证券经纪有限责任公司	上海市卢湾区徐家汇路 555 号广发银行大厦 4C 座	颜羽	021-63901885	63901299	8
大同证券经纪有限责任公司	山西省太原市青年路 34 号	董祥	0351-4192998	4192803	13
上海远东证券有限公司	上海市浦东南路 256 号华夏银行大厦 5 楼	李刚剑	021-58776966	68865582	12
太平洋证券有限责任公司	昆明市青年路 389 号志远大厦 18 层	王大庆	0871-8898101	8898100	9
航空证券有限责任公司	北京市朝阳区安华里外馆斜街甲 1 号泰利明苑 A 座二区 4 层	池耀宗	010-64094018	85285251	12
众成证券经纪有限公司	深圳市福田区百花四路长怡花园 A 座 2 楼	李兵	0755-83296900	83619500	11
天勤证券经纪有限公司	北京市东直门外大街南二里庄 29 号	赵卫东		84481760	13
德恒证券有限责任公司	上海市浦东陆家嘴东路 166 号中保大厦 7、8 楼	张业光	021-68419596	68419697	20
华创证券经纪有限责任公司	贵州省贵阳市中华北路 216 号华创大厦	陶永泽	0851-6856815	6856537	16
厦门证券有限公司	厦门市莲前西路 2 号莲富大厦 17 楼	李维	0592-5161816	5161102	12
青岛市弘诚信托投资有限公司	青岛市东海路 8 号金都花园	邱法仁	0532-3877001	5830773	6
沈阳诚浩证券经纪有限责任公司	沈阳市沈河区热闹路 51 号	王媖	024-22939909	22958441	8
五洲证券有限公司	深圳市福田区深南大道 7088 号招商银行大厦 34 楼	隋新洛	0379-4326964	4326964	12
万和证券经纪有限责任公司	深圳市笋岗东路 1002 号宝安广场 A 座 27 楼、3 楼 B、C 座	余新胜	0755-5170339	5170340	6
西安华弘证券经纪有限责任公司	陕西省西安市太白北路 3 号	耿乐民	029-88497101	88497466	3
齐齐哈尔市证券有限公司	黑龙江省齐齐哈尔市建华区卜奎大街 92 号				8
中国金谷国际信托投资有限责任公司	北京市西城区金融大街 33 号通泰大厦 C 座 10 层	郭云钊	010-88086816	88086546	13
恒信证券有限责任公司	湖南省长沙市韶山北路 159 号	周兆达	0731-4168888	4130992	8
鞍山市信托投资股份有限公司	辽宁省鞍山市铁东区五道街 55 号	曲玉春	0412-2222176	2214224	8
珠海国际信托投资公司	珠海市吉大路 149 号	阮智宏	0756-3338988*111	3338688	8
川财证券经纪有限责任公司	成都市中新街 49 号锦贸大厦 19 楼	李林禹	028-86583088	86583002	3
四川省天风证券有限责任公司	四川省成都市走马街 55 号友谊广场 B 座 6 楼、19 楼	周汉生	028-86711346	86712441	3
北京高华证券有限责任公司	北京市西城区西直门外大街甲 143 号，凯旋大厦东配楼 5 楼 502	方风雷	010-65353288	65353300	2

会员公司交易
Trading of Member Companies
单位：百万元（Million Yuan）

名次 Rank	交易金额 Trading Value 总计 Total	股票 Stock	基金 Fund	权证 Warrant	国债现货 T-Bond Spot	国债回购 T-Bond Repo	企业债、可转债 C-Bond, Convertible Bond	企业债回购 C-Bond Repo
66	31012.1	9728.9	74.7	744.1	548.8	19879.3	16.2	20.2
67	30914.0	20058.2	192.4	2212.7	3307.7	4982.6	56.9	103.5
68	30421.9	19441.7	347.2	934.1	2141.7	6341.7	319.4	896.1
69	30250.1	24329.9	835.9	1617.1	1274.6	2026.9	162.3	3.3
70	28735.4	8720.9	144.1	754.7	1530.5	17352.1	28.2	204.9
71	27551.6	4167.8	29.4	250.1	156.1	22125.7	21.4	801.0
72	26566.0	7044.7	221.6	5266.3	395.7	10749.0	238.4	2650.4
73	26342.3	19185.4	443.3	1164.0	778.2	3908.3	266.7	596.4
74	25721.3	16619.2	152.4	1165.2	1350.4	6316.9	91.5	25.7
75	24131.8	18257.4	345.5	1239.9	701.1	3090.1	359.1	138.5
76	23130.8	15131.0	156.9	1144.6	223.9	6365.2	85.8	23.2
77	23062.9	13711.9	70.1	1140.7	1109.8	6354.7	222.2	453.5
78	22196.7	14639.3	132.0	1901.7	121.3	5212.4	31.7	158.0
79	22192.8	6847.2	63.0	414.0	1348.5	13496.0	24.2	0.0
80	22181.4	11600.3	112.4	521.0	423.5	9460.7	59.1	4.4
81	20993.2	16735.2	95.5	1681.5	394.3	1925.6	149.2	11.9
82	20915.1	13846.2	367.8	1245.6	363.5	4790.3	91.1	210.6
83	20614.5	12899.9	81.1	1697.4	860.2	4942.5	64.6	68.9
84	20594.2	15490.6	235.8	1043.3	118.8	3550.8	127.1	27.7
85	19785.4	16017.7	136.5	1864.3	257.5	1336.9	172.5	0.0
86	19412.1	13278.7	181.5	1236.9	302.6	4236.4	144.8	31.2
87	18552.9	5472.1	49.7	1.5	153.8	12604.9	24.5	246.4
88	18255.3	14749.3	155.5	941.5	356.0	1748.1	176.9	128.0
89	18035.4	14297.2	124.3	905.8	605.8	1811.8	173.6	116.8
90	17908.3	13901.0	159.8	1303.2	273.1	2008.4	114.0	148.8
91	17516.7	11589.0	162.3	5.1	2249.3	3403.8	70.8	36.3
92	16619.9	8367.3	237.7	583.5	6795.9	554.6	81.0	0.0
93	15898.5	11846.1	280.0	515.7	441.4	2572.1	175.4	67.9
94	15805.4	9273.2	202.5	506.6	464.8	3117.7	868.6	1372.0
95	15236.6	12115.1	134.1	2.2	60.8	2801.1	64.1	59.2
96	14161.9	10960.0	73.0	813.3	418.9	1878.2	18.6	0.0
97	13815.8	7800.9	83.4	640.9	995.4	4096.2	122.7	76.3
98	13739.3	8140.1	195.3	2851.8	102.7	2334.6	24.6	90.3
99	13006.6	9438.0	64.1	2453.5	275.3	604.5	43.3	127.9
100	12482.9	9025.0	105.0	796.7	489.7	2051.6	13.6	1.2
101	12409.2	8707.9	59.3	2515.7	124.9	986.2	15.2	0.0
102	12261.8	11145.2	118.0	457.2	146.9	335.2	51.7	7.0
103	11697.3	7628.7	134.5	1.6	354.7	3151.1	256.3	170.4
104	11261.5	8978.0	69.0	421.1	145.4	1575.5	33.7	38.9
105	10489.5	4359.6	49.7	250.8	193.9	1093.2	12.4	4529.8
106	10353.1	7622.0	124.6	1223.3	54.8	1281.5	46.9	0.0
107	10202.9	8361.1	103.6	1250.6	141.1	292.5	50.4	3.5
108	9839.0	6300.3	92.5	657.8	68.1	1217.7	65.9	1436.8
109	8655.5	6340.6	58.0	438.3	556.6	1162.8	96.6	2.6
110	8554.5	5034.6	71.6	662.6	425.7	2315.6	44.4	0.0
111	8467.3	6819.2	42.5	679.5	82.4	718.1	29.1	96.5
112	8436.0	6160.2	72.1	332.4	437.4	1366.0	67.9	0.0
113	7975.0	4742.7	29.4	1277.8	132.1	1787.6	5.4	0.0
114	7235.1	5601.2	57.3	1053.3	155.9	332.2	5.5	29.7
115	6563.5	5991.9	33.9	1.4	21.8	499.2	15.2	0.0
116	6494.2	4541.9	69.2	462.0	88.6	1284.6	7.6	40.4
117	6456.6	4530.8	42.3	646.4	31.8	1197.6	7.7	0.0
118	6420.0	3921.2	53.4	0.3	33.7	1976.7	29.3	405.3
119	5974.5	2857.0	23.7	519.8	1467.8	1089.8	16.4	0.0
120	5894.2	5539.1	47.5	134.3	147.6	17.2	8.2	0.4
121	4604.9	2617.9	15.8	103.3	58.8	1529.8	3.7	275.6
122	3944.5	2115.7	23.4	1457.6	11.2	334.3	2.2	0.0
123	3663.5	3349.8	15.3	294.1	3.6	0.0	0.7	0.0
124	3299.5	3187.1	32.0	0.6	36.5	37.6	5.7	0.0
125	3187.2	3067.6	18.4	0.4	70.0	2.3	28.5	0.0
126	2904.2	2719.1	21.3	0.8	64.9	96.0	0.9	1.1
127	2878.0	2522.8	22.7	1.2	41.9	279.4	10.1	0.0
128	2818.0	2497.9	17.5	237.1	49.1	6.8	9.6	0.0
129	2813.1	2559.7	18.1	194.3	37.4	1.0	2.6	0.0
130	2781.3	310.7	37.1	0.6	2433.0	0.0	0.0	0.0

会员公司交易
Trading of Member Companies

单位：百万元（Million Yuan）

会员公司 Company	地址 Address	法人代表 Legal Representative	电话 Tel	传真 Fax	席位数 Seat Number
三江源证券经纪有限公司	青海省西宁市长江路 53 号汇通大厦 6 楼	贺年	0971-8251155	8212142	5
焦作市信托投资公司	河南省焦作市东二环路 1 号	严政	0391-3927396	3927340	6
西藏证券经纪有限责任公司	上海市虹口区辉河路 118 号	阿旺	0891-6830209	6811417	8
五矿证券经纪有限责任公司	深圳市福田区华富路海外装饰大厦 B 座 1、4 楼 A 座 11 楼	宋玉芳	0755-83343496	83217469	3
航天证券经纪有限责任公司	上海市普陀区曹杨路 430 号	何国庆	021-58318808	62447572	4
武汉市信托投资公司	湖北省武汉市江岸区兰陵 24 号	李明	027-2814497	2814539	12
吉林泛亚信托投资有限公司	长春市西安大路 35 号金都饭店 7-8 层	杨贡林	0431-8927969	8927987	2
日信证券有限责任公司	内蒙古呼和浩特市锡林南路 18 号	姚育明	010-84534158	88086598	2
镇江市信托投资公司	江苏省镇江市南门大街 293 号	黄可	0511-5022761	4414454	3
陕西开源证券经纪有限责任公司	陕西省西安市南四府街 11 号	高登和	029-87611736	87611406	2
海南省信托投资公司	海口市龙华路 17 号财盛大厦	陈岗	0898-66228338	66211289	1
珠海中业信托投资有限公司	珠海市吉大园林路 1 号综合楼附楼	胥威强	0756-3367111	3367112	6
海际大和证券有限责任公司	上海市浦东新区富城路 99 号震旦国际大楼 15 层	郁忠民	021-68598028	63512684	1
海南省证券公司	海南省海口市龙昆北路 2 号珠江广场帝豪大厦 27 层	文哲	0898-68583355	68582799	17
新华证券有限公司	吉林省长春市西安大路 699 号中银大厦 8 层	张建林	0431-8409488	8409461	38

会员公司交易
Trading of Member Companies

单位：百万元（Million Yuan）

名次 Rank	交易金额 Trading Value 总计 Total	股票 Stock	基金 Fund	权证 Warrant	国债现货 T-Bond Spot	国债回购 T-Bond Repo	企业债、可转债 C-Bond, Convertible Bond	企业债回购 C-Bond Repo
131	2718.8	2312.3	21.2	302.5	74.7	0.0	8.1	0.0
132	2548.2	2503.3	29.3	0.4	10.3	2.4	2.5	0.0
133	2320.4	2079.4	14.5	135.4	17.2	58.4	15.7	0.0
134	1814.4	1553.1	22.6	58.0	97.4	79.0	4.3	0.0
135	1768.1	1415.3	12.0	98.9	35.8	126.6	28.6	50.9
136	1665.2	1636.3	17.3	0.7	4.6	0.0	6.3	0.0
137	1269.5	1016.7	1.4	0.2	214.3	37.0	0.0	0.0
138	912.3	841.0	9.9	57.0	1.7	0.2	2.6	0.0
139	873.0	826.8	38.3	0.1	5.7	0.1	2.0	0.0
140	778.4	699.5	4.0	67.8	4.5	0.0	2.6	0.0
141	111.0	106.6	1.2	0.1	0.0	0.0	3.1	0.0
142	108.2	106.6	0.6	0.0	0.3	0.0	0.6	0.0
143	101.0	0.0	0.0	0.0	101.0	0.0	0.0	0.0
144	23.5	22.8	0.6	0.0	0.2	0.0	0.0	0.0
145	0.3	0.1	0.2	0.0	0.0	0.0	0.0	0.0

证券营业部交易
Trading of Securities Business Outlets

单位：百万元（Million Yuan）

营业部名称 Securities Business Outlet	名次 Rank	交易金额 Trading Value 总计 Total	股票 Stock	基金 Fund	权证 Warrant	国债现货 T-Bond Spot	国债回购 T-Bond Repo	企业债、可转债 Corporate Bond,CB	企业债回购 C-Bond Repo
爱建证券公司嘉兴斜西街证券营业部	1750	1057.0	959.4	23.9	54.5	9.8	5.0	4.4	0.0
爱建证券公司宁波人民路证券营业部	2599	419.3	392.8	2.4	22.5	0.8	0.0	0.8	0.0
爱建证券公司宁波石板巷证券营业部	1960	886.4	774.6	2.9	19.6	3.2	85.3	0.8	0.0
爱建证券公司宁波兴宁路证券营业部	2602	418.2	400.0	3.1	14.9	0.2	0.0	0.0	0.0
爱建证券公司宁波中山西路证券营业部	1902	936.8	887.0	11.6	19.5	15.5	1.6	1.6	0.0
爱建证券公司上海安国路证券营业部	2270	658.1	560.8	9.2	7.5	4.5	70.0	6.1	0.0
爱建证券公司上海复兴东路证券营业部	2329	617.5	592.0	5.4	8.4	9.7	0.0	2.0	0.0
爱建证券公司上海广中路证券营业部	1329	1481.6	1308.2	5.5	68.2	10.7	72.9	9.9	6.2
爱建证券公司上海兰溪路证券营业部	1806	1011.2	937.6	13.1	11.0	40.0	6.0	2.8	0.8
爱建证券公司上海临潼路证券营业部	2476	510.9	465.0	2.4	22.2	15.3	0.0	6.0	0.0
爱建证券公司上海零陵路证券营业部	2080	787.8	656.3	7.1	22.6	17.8	83.1	1.0	0.0
爱建证券公司上海龙水北路证券营业部	1690	1110.7	1078.2	10.3	5.4	7.2	4.4	5.2	0.0
爱建证券公司深圳深南中路证券营业部	2843	163.1	140.0	8.8	0.0	0.7	5.5	8.0	0.0
爱建证券公司厦门湖滨一里证券营业部	914	2055.9	1866.3	12.4	171.7	1.1	1.4	3.1	0.0
爱建证券公司重庆壁山证券营业部	2849	147.5	127.1	0.5	9.3	10.5	0.0	0.0	0.0
鞍山市信托投资公司第二证券营业部	1550	1244.5	1154.0	16.8	0.4	1.6	70.3	0.4	1.1
鞍山市信托投资公司经营一部	1406	1398.4	1326.0	3.8	0.4	41.9	25.7	0.5	0.0
鞍山市信托投资公司天津证券营业部	2769	261.2	239.1	0.7	0.0	21.4	0.0	0.1	0.0
北方证券公司北海北部湾西路证券营业部	2597	422.5	417.9	1.8	0.1	0.7	0.0	2.1	0.0
北方证券公司北京西直门北大街证券营业部	2535	466.8	229.1	6.5	0.1	0.0	231.1	0.0	0.0
北方证券公司长春同志街证券营业部	2305	632.9	126.2	0.3	0.1	0.0	506.3	0.0	0.0
北方证券公司广州黄埔大道证券营业部	2501	492.3	199.0	1.5	0.1	0.1	291.2	0.4	0.0
北方证券公司桂林中山中路证券营业部	1928	914.2	903.2	4.2	0.1	6.4	0.0	0.2	0.0
北方证券公司杭州环城北路证券营业部	2808	216.8	206.8	0.3	0.0	0.2	8.9	0.7	0.0
北方证券公司南京明故宫路证券营业部	2877	87.3	67.6	1.2	0.0	18.5	0.0	0.0	0.0
北方证券公司南宁建政路证券营业部	2269	658.2	643.6	1.7	0.3	0.4	11.8	0.5	0.0
北方证券公司汕头榕江路证券营业部	2601	418.4	345.5	1.5	0.2	21.3	38.4	11.6	0.0
北方证券公司上海赤峰路证券营业部	425	3900.0	654.9	4.9	0.1	73.9	3122.3	18.0	25.8
北方证券公司上海张扬路证券营业部	171	7771.1	1283.3	13.0	0.7	22.9	6449.7	1.6	0.0
北方证券公司深圳红荔西路证券营业部	2750	281.7	239.4	0.4	0.1	1.9	40.0	0.0	0.0
北方证券公司深圳华强北路证券营业部	106	11761.0	145.0	0.9	0.2	0.0	11614.7	0.1	0.0
北方证券公司沈阳白塔街证券营业部	2367	584.1	559.9	3.9	0.1	15.6	3.4	1.2	0.0
北方证券公司沈阳南八中路证券营业部	1856	970.8	911.3	5.7	0.1	52.1	0.0	1.6	0.0
北方证券公司沈阳热闹路证券营业部	2377	578.1	400.5	2.2	0.1	11.2	161.9	2.1	0.0
北方证券公司沈阳太原街证券营业部	1858	969.5	946.2	6.3	0.2	15.3	0.0	1.5	0.0
北方证券公司天津西康路证券营业部	1235	1603.2	1193.3	9.3	0.2	10.1	381.5	8.7	0.0
北方证券公司武汉建设大道证券营业部	2688	336.1	239.3	1.6	0.3	9.3	85.5	0.1	0.0
北京证券公司北京安定门证券营业部	541	3183.2	2177.2	28.6	42.5	219.1	701.3	14.5	0.0
北京证券公司北京北三环东路证券营业部	9	52106.3	2203.7	20.9	99.0	507.2	49258.4	17.2	0.0
北京证券公司北京车公庄西大街证券营业部	660	2741.3	2006.3	26.3	141.1	338.8	216.1	12.8	0.0
北京证券公司北京德胜门东滨河路证券营业部	890	2099.5	1400.4	12.9	181.3	68.1	423.3	13.6	0.0
北京证券公司北京阜成门外大街证券营业部	2024	836.2	737.2	3.5	8.2	14.6	0.0	72.7	0.0
北京证券公司北京潘家园证券营业部	226	6149.5	1353.1	37.4	168.6	119.3	4470.1	1.0	0.0
北京证券公司北京新街口外大街证券营业部	1277	1544.5	1321.7	42.3	95.7	83.3	0.0	1.6	0.0
北京证券公司北京颐和园路证券营业部	806	2304.8	1939.7	55.8	213.1	80.7	10.2	5.4	0.0
北京证券公司北京永内东街证券营业部	1628	1173.0	989.0	5.4	49.7	33.1	60.5	1.0	34.3
北京证券公司北京知春里证券营业部	209	6472.6	1166.4	48.0	41.5	213.8	4945.6	57.3	0.0
北京证券公司成都西一环路证券营业部	2222	690.2	575.7	9.9	28.1	16.2	59.9	0.3	0.0
北京证券公司福州群众东路证券营业部	1086	1800.0	1350.2	10.9	259.9	13.7	161.3	3.9	0.0
北京证券公司桂林西凤路证券营业部	260	5633.5	380.9	23.8	30.7	99.4	5093.0	5.7	0.0
北京证券公司杭州古翠路证券营业部	1608	1188.0	947.0	11.0	61.3	38.9	128.1	1.2	0.5
北京证券公司昆明北京路证券营业部	2913	0.9	0.9	0.0	0.0	0.0	0.0	0.0	0.0
北京证券公司柳州莲塘路证券营业部	136	9562.5	461.9	10.0	65.3	4.0	9021.1	0.3	0.0
北京证券公司南宁古城路证券营业部	2591	426.4	386.7	2.6	32.7	0.4	3.9	0.1	0.0
北京证券公司上海安远路证券营业部	868	2162.1	978.8	31.0	12.1	340.0	665.1	16.8	118.3
北京证券公司上海浦东大道证券营业部	385	4136.7	1068.1	566.2	12.4	168.3	2320.8	0.8	0.0
北京证券公司上海吴中路证券营业部	1561	1235.7	1124.0	22.6	36.4	23.3	0.0	29.5	0.0
北京证券公司深圳宝民一路证券营业部	2724	303.9	260.7	2.4	40.7	0.0	0.0	0.1	0.0
北京证券公司深圳彩田南路证券营业部	530	3283.0	371.5	31.4	31.9	99.9	2739.6	0.0	8.8
北京证券公司苏州干将西路证券营业部	149	8572.2	1140.5	18.7	49.1	39.7	7323.5	0.8	0.0
北京证券公司天津甘肃路证券营业部	2605	415.6	376.3	4.2	33.6	0.6	0.0	0.9	0.0
北京证券公司武汉徐东路证券营业部	2748	282.8	250.5	1.8	29.9	0.6	0.0	0.1	0.0
北京证券公司西安友谊东路证券营业部	2795	234.4	224.4	1.7	5.1	3.2	0.0	0.1	0.0
北京证券公司玉林东校路证券营业部	2273	655.9	445.8	4.6	81.5	0.7	122.4	1.0	0.0
渤海证券公司北京慧忠里证券营业部	338	4537.9	1985.8	45.3	63.3	197.7	2234.5	11.3	0.0

证券营业部交易
Trading of Securities Business Outlets

单位：百万元（Million Yuan）

营业部名称 Securities Business Outlet	名次 Rank	交易金额 Trading Value 总计 Total	股票 Stock	基金 Fund	权证 Warrant	国债现货 T-Bond Spot	国债回购 T-Bond Repo	企业债、可转债 Corporate Bond,CB	企业债回购 C-Bond Repo
渤海证券公司北京西外大街证券营业部	333	4563.4	2739.3	328.3	108.3	826.3	199.3	88.1	273.8
渤海证券公司广州天河北路证券营业部	1664	1141.3	704.1	11.3	234.5	1.9	189.6	0.1	0.0
渤海证券公司上海定西路证券营业部	1011	1915.3	1100.8	10.2	33.1	13.0	755.8	2.5	0.0
渤海证券公司上海昆明路证券营业部	650	2762.6	948.2	7.8	53.7	23.8	1727.6	1.4	0.2
渤海证券公司上海斜土路证券营业部	386	4131.3	1596.0	26.0	87.9	813.6	1349.0	116.5	142.4
渤海证券公司上海延安西路证券营业部	482	3544.2	2421.7	11.7	665.6	7.0	284.0	18.6	135.6
渤海证券公司上海彰武路证券营业部	233	6061.0	2931.4	52.3	878.7	86.8	2105.7	6.1	0.0
渤海证券公司深圳福中路证券营业部	1585	1210.2	597.7	0.3	14.9	5.3	524.2	9.3	58.5
渤海证券公司天津赤峰道证券营业部	208	6483.7	1237.5	20.0	26.1	167.9	4982.3	50.0	0.0
渤海证券公司天津大港证券营业部	1979	872.8	593.5	11.5	55.2	75.5	55.3	1.9	80.0
渤海证券公司天津大沽北路证券营业部	1621	1179.2	1000.1	7.1	114.7	40.3	16.8	0.2	0.0
渤海证券公司天津广东路证券营业部	1780	1033.0	926.1	7.4	74.0	24.7	0.0	0.9	0.0
渤海证券公司天津解放路证券营业部	1033	1873.6	1508.7	27.9	144.6	25.2	157.7	9.4	0.0
渤海证券公司天津开发区第一大街证券营业部	1145	1725.1	1127.8	12.5	47.2	25.8	511.3	0.4	0.0
渤海证券公司天津六纬路证券营业部	1825	995.5	768.4	2.3	129.3	36.5	48.6	0.2	10.1
渤海证券公司天津马场道证券交易营业部	793	2338.3	1471.6	29.1	157.2	263.0	370.0	7.8	39.6
渤海证券公司天津南门外大街证券营业部	1846	974.8	872.2	5.4	61.6	35.1	0.4	0.0	0.0
渤海证券公司天津气象台路证券营业部	1570	1227.3	979.3	18.4	20.9	69.7	138.3	0.7	0.0
渤海证券公司天津万科中心证券营业部	1559	1236.4	1077.8	10.7	55.3	81.0	10.3	1.4	0.0
渤海证券公司天津西康路证券营业部	2479	507.6	224.8	9.1	12.6	250.2	10.9	0.1	0.0
渤海证券公司天津西青道证券营业部	1069	1828.3	1487.4	3.0	48.7	139.6	31.6	109.7	8.4
渤海证券公司天津新港证券营业部	1491	1293.7	1131.9	6.2	71.9	53.2	30.0	0.5	0.0
渤海证券公司天津友谊路证券营业部	317	4715.6	1031.9	82.1	84.7	202.9	2806.8	4.1	503.2
渤海证券公司天津云际道证券营业部	248	5759.1	712.1	8.2	33.3	104.8	4899.8	0.9	0.0
渤海证券公司天津郑州道证券营业部	1016	1910.5	1495.0	10.7	37.6	121.3	169.5	45.6	30.8
渤海证券公司西安太白路证券营业部	1315	1505.9	1411.5	23.4	18.4	13.4	33.7	5.5	0.0
渤海证券公司郑州经三路证券营业部	1921	924.0	829.8	5.6	85.0	3.3	0.0	0.3	0.0
财富证券公司北京阜外大街证券营业部	2637	390.4	390.4	0.0	0.0	0.0	0.0	0.0	0.0
财富证券公司长沙八一路证券营业部	134	9593.1	3586.3	90.6	492.2	598.3	4809.3	16.5	0.0
财富证券公司长沙城南东路证券营业部	92	13886.8	1469.4	54.7	462.8	496.6	10318.1	19.8	1065.4
财富证券公司长沙韶山北路证券营业部	327	4609.3	524.4	392.2	29.0	452.1	3085.1	119.4	7.0
财富证券公司长沙韶山中路证券营业部	830	2231.6	504.4	3.7	56.8	230.3	1435.1	1.3	0.0
财富证券公司郴州八一路证券营业部	1379	1438.7	1090.8	3.8	174.6	119.3	50.0	0.3	0.0
财富证券公司上海仙霞路证券营业部	355	4392.6	1147.1	17.9	104.9	517.5	2489.5	115.8	0.0
财富证券公司邵阳红旗路营业部	1900	938.2	841.1	4.7	92.0	0.4	0.0	0.0	0.0
财富证券公司深圳红桂路证券营业部	2450	532.9	355.1	8.3	4.3	165.3	0.0	0.0	0.0
财富证券公司深圳农林路证券营业部	2106	774.2	598.6	0.8	47.0	127.8	0.0	0.0	0.0
财富证券公司天津烟台道证券营业部	885	2114.9	802.9	11.6	29.0	713.4	542.2	15.8	0.0
财富证券公司湘潭韶山中路证券营业部	1818	1002.2	860.4	5.7	98.8	37.2	0.0	0.1	0.0
财通证券经纪公司富阳市心北路证券营业部	1725	1085.2	864.7	4.3	56.3	1.5	158.3	0.2	0.0
财通证券经纪公司杭州解放路证券营业部	686	2652.0	1921.0	14.7	157.7	11.3	546.0	1.3	0.0
财通证券经纪公司杭州体育场路证券营业部	819	2268.1	920.9	19.0	1289.5	9.9	28.2	0.7	0.0
财通证券经纪公司杭州文二路证券营业部	1663	1141.8	1048.6	2.5	72.9	7.6	8.2	2.0	0.0
财通证券经纪公司杭州西大街证券营业部	1895	940.0	654.2	4.0	61.2	0.2	220.2	0.2	0.0
财通证券经纪公司嘉兴勤俭路证券营业部	1820	998.7	652.7	4.4	253.4	71.5	6.9	9.9	0.0
财通证券经纪公司江山县河东路证券营业部	2315	626.1	530.2	1.6	94.0	0.4	0.0	0.0	0.0
财通证券经纪公司兰溪人民南路证券营业部	2654	368.4	326.3	0.9	19.0	22.1	0.0	0.0	0.0
财通证券经纪公司台州卖芝桥路证券营业部	2243	672.3	490.4	3.0	178.7	0.2	0.0	0.1	0.0
财通证券经纪公司温州人民东路证券营业部	1706	1100.2	870.9	3.7	206.5	0.1	18.4	0.6	0.0
财通证券经纪公司玉环广陵路证券营业部	2416	556.4	428.1	1.4	126.5	0.1	0.0	0.3	0.0
长财证券经纪公司 上海水电路证券营业部	70	16721.6	1374.0	104.7	42.0	890.1	14101.8	4.7	204.4
长财证券经纪公司北京东三环中路证券营业部	2528	474.0	356.4	2.2	112.0	3.4	0.0	0.0	0.0
长财证券经纪公司长春北京大街证券营业部	1775	1037.1	897.0	3.7	112.2	24.2	0.0	0.0	0.0
长财证券经纪公司长春工农大路证券营业部	1744	1063.1	974.7	4.5	59.5	24.1	0.0	0.2	0.0
长财证券经纪公司长春吉林大路证券营业部	2051	812.5	700.8	5.0	58.6	47.0	0.0	1.2	0.0
长财证券经纪公司长春乐园路证券营业部	2425	551.6	475.0	0.9	45.9	29.6	0.0	0.2	0.0
长财证券经纪公司长春迎春南路证券营业部	2174	721.8	601.1	2.0	53.7	64.9	0.0	0.2	0.0
长财证券经纪公司长春重庆路证券营业部	350	4420.8	903.2	9.2	65.3	365.0	3078.0	0.0	0.0
长财证券经纪公司长春珠江路证券营业部	2159	730.6	578.5	1.5	71.6	21.2	47.5	10.3	0.0
长财证券经纪公司吉林中兴街证券营业部	2289	644.5	555.3	2.4	43.5	18.3	23.2	1.3	0.5
长财证券经纪公司吉林珲春街证券营业部	1270	1557.8	1304.9	8.0	90.4	42.7	101.6	10.2	0.0
长城证券公司北京阜成门北大街证券营业部	107	11746.6	2455.3	27.2	169.6	312.4	8690.1	92.1	0.0
长城证券公司北京中关村大街证券营业部	535	3207.0	2808.9	126.8	200.7	44.0	7.2	19.3	0.0
长城证券公司长沙五一中路证券营业部	155	8447.0	1694.4	8.1	159.8	204.1	6377.5	3.0	0.0
长城证券公司成都万和路证券营业部	1149	1717.6	1299.6	16.1	64.0	36.0	290.6	4.2	7.1

证券营业部交易
Trading of Securities Business Outlets

单位：百万元（Million Yuan）

营业部名称 Securities Business Outlet	名次 Rank	交易金额 Trading Value 总计 Total	股票 Stock	基金 Fund	权证 Warrant	国债现货 T-Bond Spot	国债回购 T-Bond Repo	企业债、可转债 Corporate Bond,CB	企业债回购 C-Bond Repo
长城证券公司大连五四路证券营业部	1030	1886.4	1686.3	14.1	106.1	43.7	25.7	10.5	0.0
长城证券公司广州天河北路证券营业部	473	3613.5	2197.7	107.3	94.4	704.1	395.2	56.4	58.4
长城证券公司海口龙昆北路证券营业部	856	2185.0	2035.3	5.4	34.2	0.7	0.0	109.4	0.0
长城证券公司杭州文华路证券营业部	1797	1021.5	951.4	3.3	42.7	15.2	8.1	0.8	0.0
长城证券公司昆明西昌路证券营业部	2401	565.3	470.5	4.3	21.9	1.1	0.0	67.6	0.0
长城证券公司南昌福州路证券营业部	613	2909.1	1615.4	11.8	42.8	307.6	864.6	66.9	0.0
长城证券公司南京华侨路证券营业部	1114	1762.7	864.4	3.4	31.1	1.3	829.3	18.5	14.8
长城证券公司南宁民族大道证券营业部	221	6217.3	610.8	10.3	58.8	48.7	5478.6	8.3	1.8
长城证券公司青岛台东一路证券营业部	1301	1515.8	1238.1	7.8	65.2	140.5	18.6	38.2	7.3
长城证券公司上海东大名路证券营业部	940	2020.3	1440.3	4.8	22.6	39.7	474.0	34.0	4.8
长城证券公司上海宣化路证券营业部	319	4692.9	2399.5	109.4	27.8	176.5	1977.9	1.8	0.0
长城证券公司深圳东园路证券营业部	573	3070.5	2379.2	1.0	37.8	555.2	10.1	87.2	0.0
长城证券公司深圳振华路第二证券营业部	164	8064.2	4151.1	112.2	289.6	217.8	3251.2	42.4	0.0
长城证券公司深圳振华路第一证券营业部	495	3482.3	3038.4	36.0	113.0	99.1	177.4	18.5	0.0
长城证券公司沈阳和平北大街证券营业部	1545	1248.3	1163.3	4.7	62.7	14.9	0.0	2.7	0.0
长城证券公司苏州吴中东路证券营业部	1840	980.1	900.5	5.3	67.6	1.4	2.1	3.0	0.3
长城证券公司武汉江汉北路证券营业部	812	2284.9	1725.8	77.4	405.3	27.6	20.3	28.4	0.0
长城证券公司西安沣镐东路证券营业部	1733	1080.0	786.0	5.7	16.7	30.1	240.0	1.6	0.0
长城证券公司郑州健康路证券营业部	1639	1166.0	1053.4	15.3	51.6	36.5	1.8	7.4	0.0
长城证券公司重庆前进路证券营业部	1940	903.4	800.7	2.9	39.9	57.6	0.0	2.3	0.0
长江证券公司北京展览路营业部	295	5078.2	1846.7	123.1	139.4	40.0	1805.6	38.9	1084.4
长江证券公司成都证券营业部	2348	598.8	554.2	4.6	29.6	10.2	0.0	0.2	0.0
长江证券公司佛山普澜二路证券营业部	2424	551.6	419.5	1.8	63.6	4.9	61.3	0.5	0.0
长江证券公司福州东大路证券营业部	2149	737.1	555.7	13.7	89.4	0.2	78.0	0.2	0.0
长江证券公司哈尔滨龙江街证券营业部	1102	1776.2	1012.7	28.0	37.9	13.1	646.9	1.2	36.5
长江证券公司杭州庆春路证券营业部	781	2373.6	770.7	109.8	108.8	52.1	1332.1	0.1	0.0
长江证券公司黄石武汉路证券营业部	1521	1271.7	801.2	5.1	46.3	392.5	0.0	26.7	0.0
长江证券公司荆门白庙路证券营业部	1061	1836.1	1540.3	5.6	72.2	118.4	0.0	99.6	0.0
长江证券公司荆州屈原路证券营业部	1517	1275.2	1005.3	7.4	65.4	186.4	0.0	10.6	0.0
长江证券公司南京云南北路证券营业部	2825	185.9	158.6	17.5	8.8	0.8	0.0	0.3	0.0
长江证券公司上海东方路证券营业部	21	43473.7	1791.0	403.6	20.9	41.4	41101.9	108.9	6.0
长江证券公司上海番禺路证券营业部	1388	1426.6	1213.3	80.6	32.3	4.5	94.7	1.2	0.0
长江证券公司上海汉口路营业部	522	3321.9	1724.2	30.7	107.5	278.0	1152.3	17.8	11.4
长江证券公司深圳燕南路证券营业部	2406	563.5	325.7	7.8	29.6	22.4	168.7	4.1	5.3
长江证券公司十堰人民路证券营业部	1546	1248.3	1112.3	6.2	103.7	24.9	0.0	1.2	0.0
长江证券公司天津南门外大街证券营业部	1764	1048.9	959.1	11.6	38.1	10.2	24.7	1.1	4.1
长江证券公司武汉利济北路证券营业部	531	3279.5	1226.0	17.5	98.3	112.5	1811.1	14.2	0.0
长江证券公司武汉彭刘杨路证券营业部	1657	1154.3	1041.4	7.0	44.3	33.8	7.0	20.7	0.0
长江证券公司武汉武珞路证券营业部	556	3123.4	2487.6	22.3	230.9	102.7	200.3	52.8	26.9
长江证券公司武汉沿港路证券营业部	1674	1129.0	952.6	57.2	86.1	26.0	0.0	7.1	0.0
长江证券公司武汉自治街证券营业部	572	3072.8	2114.8	29.3	169.8	45.7	585.7	12.8	114.8
长江证券公司西安太白北路证券营业部	2774	255.1	179.8	0.7	13.4	6.2	55.0	0.0	0.0
长江证券公司仙桃仙桃大道证券营业部	2214	693.4	625.7	3.2	62.7	1.7	0.0	0.1	0.0
长江证券公司宜昌夷陵大道证券营业部	246	5836.6	1710.4	140.0	74.6	378.0	3521.1	12.5	0.0
长江证券公司重庆建新北路营业部	2621	403.1	374.7	2.5	22.8	0.2	0.0	2.8	0.0
川财证券经纪公司成都武侯祠大街证券营业部	2296	640.1	596.6	3.3	9.7	22.9	0.0	7.7	0.0
川财证券经纪公司成都中新街证券营业部	2071	796.3	675.5	8.4	95.6	9.1	6.8	0.9	0.0
川财证券经纪公司乐山五通桥文化街证券营业部	2682	342.8	294.7	0.6	46.1	1.4	0.0	0.0	0.0
川财证券经纪公司南充人民北路证券营业部	2755	276.8	253.7	1.8	18.1	2.2	0.0	1.0	0.0
川财证券经纪公司射洪太和大道证券营业部	2728	300.4	264.0	1.9	21.5	12.9	0.0	0.0	0.0
川财证券经纪公司犍为滨江路证券营业部	2545	461.5	413.4	1.5	46.1	0.5	0.0	0.0	0.0
大鹏证券公司北京万泉河路证券营业部	2343	605.4	586.2	2.6	15.8	0.9	0.0	0.0	0.0
大鹏证券公司北京新源西里东街证券营业部	818	2273.6	1554.0	6.2	80.4	300.4	306.0	21.9	0.0
大鹏证券公司成都棉麻证券营业部	920	2048.5	1518.9	7.2	51.2	69.3	389.5	4.5	7.9
大鹏证券公司大连黄河路证券营业部	2277	653.2	611.3	3.7	31.0	7.2	0.0	0.1	0.0
大鹏证券公司福州五一北路证券营业部	2686	339.7	324.2	1.9	13.5	0.0	0.0	0.1	0.0
大鹏证券公司广州天河北路证券营业部	2580	434.3	402.9	2.7	14.6	2.2	1.6	10.4	0.0
大鹏证券公司哈尔滨东大直街证券营业部	2011	845.9	807.5	16.6	14.2	7.1	0.0	0.6	0.0
大鹏证券公司杭州浣纱路证券营业部	202	6641.7	1557.0	32.7	50.3	1.4	4948.7	20.7	30.9
大鹏证券公司南京中山北路证券营业部	2036	824.7	706.2	4.0	107.2	2.1	0.0	5.3	0.0
大鹏证券公司齐齐哈尔卜奎大街证券营业部	2123	759.4	723.9	7.5	25.8	1.9	0.0	0.1	0.0
大鹏证券公司青岛台东一路证券营业部	2114	768.9	745.2	4.4	14.4	0.7	4.2	0.1	0.0
大鹏证券公司上海金陵东路营业部	1189	1664.2	1538.9	18.0	0.1	88.7	17.4	1.2	0.0
大鹏证券公司上海浦东大道营业部	1515	1276.1	958.0	18.0	18.2	20.9	259.0	2.1	0.0
大鹏证券公司上海曲阳路证券营业部	2298	639.7	482.8	6.2	40.0	6.2	104.3	0.2	0.0

证券营业部交易
Trading of Securities Business Outlets

单位：百万元（Million Yuan）

营业部名称 Securities Business Outlet	名次 Rank	交易金额 Trading Value 总计 Total	股票 Stock	基金 Fund	权证 Warrant	国债现货 T-Bond Spot	国债回购 T-Bond Repo	企业债、可转债 Corporate Bond,CB	企业债回购 C-Bond Repo
大鹏证券公司上海天钥桥路证券营业部	361	4357.8	1440.4	13.7	186.3	13.1	1632.2	6.8	1065.3
大鹏证券公司上海愚园路营业部	2284	651.2	567.4	14.4	11.2	11.6	45.9	0.8	0.0
大鹏证券公司深圳宝安南路证券营业部	2745	284.8	262.6	0.1	17.3	2.0	0.0	2.8	0.0
大鹏证券公司深圳东门南路证券营业部	2831	169.9	55.9	0.0	3.8	2.1	108.0	0.0	0.0
大鹏证券公司深圳福虹路证券营业部	2555	455.0	394.7	0.5	4.5	34.1	21.3	0.0	0.0
大鹏证券公司深圳红岭中路证券营业部	2510	484.2	379.8	0.1	47.3	0.5	56.5	0.1	0.0
大鹏证券公司深圳深南中路证券营业部	2527	476.6	440.9	3.5	14.8	3.2	12.4	2.0	0.0
大鹏证券公司深圳天安营业部	2818	205.8	199.2	0.0	6.6	0.0	0.0	0.0	0.0
大鹏证券公司沈阳三好街证券营业部	1765	1047.7	969.4	14.0	46.3	2.9	13.6	1.4	0.0
大鹏证券公司乌鲁木齐解放北路证券营业部	2667	357.3	334.7	0.2	21.9	0.5	0.0	0.1	0.0
大鹏证券公司武汉珞瑜路证券营业部	2104	775.6	726.1	9.9	20.9	3.2	0.0	15.5	0.0
大鹏证券公司西安吉祥路证券营业部	2571	439.7	403.6	2.6	3.0	0.5	25.3	4.7	0.0
大鹏证券公司厦门湖滨东路证券营业部	2139	745.1	642.5	2.3	73.6	2.7	20.1	3.9	0.0
大鹏证券公司厦门鹭江道证券营业部	1867	961.0	906.0	2.1	51.6	0.2	0.0	1.1	0.0
大鹏证券公司郑州红专路证券营业部	2697	331.8	321.7	0.8	6.8	1.9	0.0	0.5	0.0
大鹏证券公司重庆陕西路证券营业部	2653	370.1	358.8	0.8	10.1	0.4	0.0	0.0	0.0
大通证券公司大连解放街证券营业部	1271	1552.1	1395.1	20.5	73.8	58.9	0.0	3.9	0.0
大通证券公司大连武汉街证券营业部	54	20355.5	1552.0	14.3	108.5	672.1	17895.2	24.6	88.8
大通证券公司大连中山路证券营业部	876	2138.9	496.6	3.2	34.2	358.8	1245.5	0.0	0.6
大通证券公司丹东南金桥证券营业部	1508	1278.0	1054.0	9.9	53.5	135.7	21.4	3.5	0.0
大通证券公司福州五四北路证券营业部	1568	1228.1	1126.3	6.7	55.1	20.6	18.8	0.5	0.0
大通证券公司广州体育西路证券营业部	191	6914.0	1238.0	7.0	86.4	17.2	5135.0	2.7	427.8
大通证券公司柳州中山东路证券营业部	1837	982.3	907.0	7.0	67.9	0.2	0.0	0.2	0.0
大通证券公司上海番禺路证券营业部	1460	1323.1	1041.5	30.3	52.0	37.5	151.3	10.4	0.0
大通证券公司上海广中西路证券营业部	774	2396.4	978.1	20.4	14.0	44.8	1305.5	4.7	29.0
大通证券公司上海合肥路证券营业部	2339	609.0	557.9	7.5	28.4	12.3	1.2	1.7	0.0
大通证券公司上海南车站路证券营业部	733	2512.4	1303.4	15.4	16.3	23.3	1147.3	6.7	0.0
大通证券公司上海张杨路证券营业部	569	3079.3	1069.8	21.7	46.1	34.9	1905.1	1.7	0.0
大通证券公司深圳振华路证券营业部	2495	496.1	285.2	0.6	7.4	0.0	163.4	0.0	39.5
大通证券公司沈阳大西路证券营业部	2358	590.6	562.4	2.9	21.0	4.3	0.0	0.0	0.0
大通证券公司天津解放南路证券营业部	1261	1568.6	1414.5	15.4	59.0	75.2	0.9	3.6	0.0
大通证券公司无锡青祁路证券营业部	1944	898.9	441.5	126.1	6.3	4.7	299.6	11.1	9.6
大通证券公司新余劳动路证券营业部	2142	740.4	673.3	5.0	61.9	0.3	0.0	0.0	0.0
大通证券公司徐州淮海西路证券营业部	1063	1833.7	1638.0	20.5	139.4	7.2	26.3	2.3	0.0
大同证券经纪公司大同大北街证券营业部	1394	1419.7	1313.2	19.2	72.7	14.0	0.0	0.5	0.0
大同证券经纪公司大同新建路证券营业部	1986	867.4	812.0	9.6	41.5	4.3	0.0	0.0	0.0
大同证券经纪公司大同新平旺证券营业部	2594	424.4	389.9	2.2	30.2	0.4	0.0	1.7	0.0
大同证券经纪公司大同站北街证券营业部	2553	455.2	429.0	3.7	21.8	0.7	0.0	0.0	0.0
大同证券经纪公司晋城瑞丰路证券营业部	1633	1170.7	1072.1	4.4	87.1	6.0	0.0	1.0	0.0
大同证券经纪公司上海长寿路证券营业部	1879	950.8	873.6	12.5	35.4	17.8	6.8	2.2	2.6
大同证券经纪公司深圳南山南油大道证券营业部	2309	630.4	543.7	1.9	68.5	15.5	0.0	0.7	0.0
大同证券经纪公司太原青年路证券营业部	663	2734.0	904.0	4.4	81.2	498.0	1156.0	90.4	0.0
德邦证券公司北京宣武门西大街证券营业部	2905	16.7	0.7	0.0	16.0	0.1	0.0	0.0	0.0
德邦证券公司丹东七经街营业部	2503	492.0	443.7	5.0	36.0	6.1	0.0	1.3	0.0
德邦证券公司东港黄海大街营业部	2846	155.1	131.3	1.1	18.6	4.1	0.0	0.1	0.0
德邦证券公司抚顺东四路营业部	2013	844.5	763.5	7.4	70.0	3.1	0.0	0.6	0.0
德邦证券公司抚顺新华大街营业部	2419	554.5	514.2	6.7	29.4	3.6	0.0	0.6	0.0
德邦证券公司上海长宁路证券营业部	259	5648.1	888.8	14.0	15.7	906.8	3731.3	91.6	0.0
德邦证券公司上海凉城路营业部	1083	1810.3	1363.9	22.1	102.3	38.9	198.1	9.1	75.9
德邦证券公司上海岳州路营业部	1829	991.7	836.3	3.8	41.3	6.5	102.8	1.0	0.0
德邦证券公司上海志丹路营业部	974	1969.1	1661.4	14.2	195.4	15.6	64.0	18.2	0.4
德邦证券公司沈阳文萃路营业部	2468	519.7	482.4	4.3	30.9	2.0	0.0	0.1	0.0
德邦证券公司沈阳兴顺街营业部	2090	782.3	683.1	5.0	85.4	8.7	0.0	0.1	0.0
德恒证券公司成都八宝街证券营业部	2883	70.9	70.8	0.0	0.0	0.0	0.0	0.0	0.0
德恒证券公司广州林和西路证券营业部	2893	50.9	50.9	0.0	0.0	0.0	0.0	0.0	0.0
德恒证券公司上海华山路证券营业部	2014	844.4	624.9	5.5	0.1	8.1	203.2	2.6	0.0
德恒证券公司上海周家嘴路证券营业部	2331	613.1	598.8	5.0	0.1	4.2	0.0	5.0	0.0
德恒证券公司深圳福明路证券营业部	2908	6.1	6.1	0.0	0.0	0.0	0.0	0.0	0.0
德恒证券公司沈阳中山路证券营业部	2490	502.6	497.6	2.5	0.1	2.4	0.0	0.1	0.0
德恒证券公司太原新建南路证券营业部	2736	292.2	287.1	2.2	0.1	2.5	0.0	0.3	0.0
德恒证券公司天津白堤路证券营业部	2576	436.7	433.4	2.5	0.3	0.5	0.0	0.0	0.0
德恒证券公司乌鲁木齐人民路证券营业部	1393	1421.1	1412.0	7.1	0.3	1.5	0.0	0.3	0.0
德恒证券公司武汉证券营业部	2311	629.4	627.3	1.7	0.2	0.0	0.0	0.1	0.0
德恒证券公司西安长安中路证券营业部	2659	362.6	356.5	4.0	0.1	0.6	0.0	1.4	0.0
德恒证券公司新疆阿克苏证券营业部	2613	410.1	408.9	1.0	0.1	0.1	0.0	0.1	0.0

证券营业部交易
Trading of Securities Business Outlets

单位：百万元（Million Yuan）

营业部名称 Securities Business Outlet	名次 Rank	交易金额 Trading Value 总计 Total	股票 Stock	基金 Fund	权证 Warrant	国债现货 T-Bond Spot	国债回购 T-Bond Repo	企业债、可转债 Corporate Bond,CB	企业债回购 C-Bond Repo
德恒证券公司重庆中山三路证券营业部	2792	236.4	235.7	0.5	0.1	0.1	0.0	0.0	0.0
德恒证券公司重庆中山支路证券营业部	2224	687.0	382.0	2.0	0.0	1.8	296.0	5.2	0.0
第一创业证券公司北京月坛南街证券营业部	690	2642.7	724.3	31.8	12.8	273.9	1542.7	57.3	0.0
第一创业证券公司长沙韶山中路证券营业部	445	3728.5	472.0	2.3	20.6	15.8	3217.0	0.8	0.0
第一创业证券公司佛山季华五路证券营业部	57	19733.9	3838.9	150.6	102.9	863.8	7599.4	354.6	6823.8
第一创业证券公司佛山同济路证券营业部	507	3419.4	1758.0	37.9	137.6	52.0	1382.6	25.0	26.4
第一创业证券公司廊坊建设路证券营业部	1574	1223.8	628.0	4.8	58.8	0.3	528.2	2.7	1.0
第一创业证券公司上海张扬路证券营业部	2794	234.9	150.9	19.0	10.8	0.3	53.9	0.0	0.0
第一创业证券公司深圳深南大道证券营业部	1397	1417.2	1263.6	78.0	9.6	57.6	3.7	4.8	0.0
第一证券有限公司北京中关村东路证券营业部	2067	802.5	701.9	14.5	64.7	17.2	0.0	4.3	0.0
第一证券有限公司福州杨桥东路证券营业部	1688	1112.0	691.0	1.3	267.7	0.0	152.1	0.0	0.0
第一证券有限公司广州华利路证券营业部	1468	1315.8	700.0	6.5	22.1	68.4	518.9	0.0	0.0
第一证券有限公司海口滨海大道证券营业部	2693	334.9	254.5	11.8	0.4	0.1	0.0	68.1	0.0
第一证券有限公司杭州密渡桥路证券营业部	1156	1707.1	1039.6	21.6	11.8	1.7	468.7	21.8	142.0
第一证券有限公司合肥长江中路证券营业部	2797	226.6	217.6	0.4	8.2	0.3	0.0	0.1	0.0
第一证券有限公司济南经七路证券营业部	2412	559.9	445.1	2.1	50.5	3.8	50.6	1.0	6.8
第一证券有限公司南京中山南路证券营业部	2172	723.8	623.9	6.3	56.9	5.5	30.9	0.4	0.0
第一证券有限公司上海控江路证券营业部	759	2433.8	2225.3	10.1	51.1	138.6	2.6	6.2	0.0
第一证券有限公司上海民生路证券营业部	2260	662.1	616.5	15.3	11.9	4.1	9.3	5.0	0.0
第一证券有限公司深圳宝安南路证券营业部	1538	1257.8	545.7	1.1	1.3	0.0	707.9	1.8	0.0
第一证券有限公司苏州干将东路证券营业部	2029	833.3	724.1	1.3	107.9	0.0	0.0	0.0	0.0
第一证券有限公司武汉民权路证券营业部	1146	1723.6	1247.6	4.1	465.2	6.3	0.0	0.4	0.0
第一证券有限公司珠海情侣南路证券营业部	394	4095.6	3751.3	61.4	183.7	27.0	67.4	4.8	0.0
第一证券有限公司珠海迎宾南路证券营业部	2754	276.9	271.5	4.8	0.1	0.5	0.0	0.1	0.0
东北证券公司白城中兴西大路证券营业部	2158	731.2	373.5	2.6	52.1	55.3	247.5	0.3	0.0
东北证券公司白山浑江大街证券营业部	1668	1136.2	1014.9	4.7	116.2	0.2	0.0	0.2	0.0
东北证券公司北京朝外大街证券营业部	2188	710.6	517.9	1.6	172.6	13.7	0.0	4.8	0.0
东北证券公司北京三里河东路证券营业部	1070	1828.2	779.6	7.7	50.6	2.0	987.9	0.4	0.0
东北证券公司长春安达街证券营业部	2839	165.0	164.1	0.9	0.0	0.1	0.0	0.0	0.0
东北证券公司长春东风大街证券营业部	2019	840.6	716.4	4.1	37.7	23.9	0.0	58.6	0.0
东北证券公司长春东民主大街证券营业部	1915	926.3	870.4	5.4	47.9	2.4	0.0	0.2	0.0
东北证券公司长春工农大路证券营业部	1917	925.5	646.2	1.9	46.5	165.4	65.3	0.3	0.0
东北证券公司长春杭州路证券营业部	2753	278.6	242.7	0.2	23.2	12.2	0.0	0.2	0.0
东北证券公司长春建设街证券营业部	911	2062.1	1699.3	4.6	56.0	178.7	20.0	103.6	0.0
东北证券公司长春人民大街证券营业部	236	6037.5	4177.1	15.4	157.8	829.0	820.8	37.5	0.0
东北证券公司长春市解放大路证券营业部	498	3467.0	2406.6	9.9	138.3	141.8	738.3	32.1	0.0
东北证券公司长春同志街第二证券营业部	1471	1311.7	1207.6	67.0	30.2	6.9	0.0	0.0	0.0
东北证券公司长春同志街第三证券营业部	1429	1362.4	1119.5	10.0	196.7	35.0	0.0	1.1	0.0
东北证券公司长春西四马路证券营业部	1094	1785.8	1632.7	8.1	116.9	12.0	16.0	0.1	0.0
东北证券公司大连七七街证券营业部	1505	1282.9	353.0	2.4	17.3	187.9	722.0	0.3	0.0
东北证券公司杭州体育场路证券营业部	2462	521.7	345.5	7.7	87.0	0.8	80.8	0.0	0.0
东北证券公司吉林解放大路证券营业部	2167	727.4	651.6	4.5	43.2	21.6	0.0	6.4	0.0
东北证券公司吉林遵义路证券营业部	1697	1106.1	963.4	5.8	48.3	54.9	30.0	3.8	0.0
东北证券公司江阴朝阳路证券营业部	1475	1310.2	1227.6	6.3	72.7	3.1	0.0	0.4	0.0
东北证券公司辽源北寿大街证券营业部	2098	778.3	717.5	4.2	56.4	0.2	0.0	0.0	0.0
东北证券公司南京瑞金路证券营业部	2465	520.6	432.0	6.8	23.7	16.9	30.2	2.3	8.7
东北证券公司南京中山北路证券营业部	2234	679.5	528.3	6.2	121.9	19.3	1.1	2.8	0.0
东北证券公司上海长寿路证券营业部	2233	679.7	637.8	6.4	9.7	6.2	17.4	1.3	0.9
东北证券公司上海洪山路证券营业部	620	2869.9	1443.7	9.8	121.1	191.5	1056.4	4.8	42.6
东北证券公司上海局门路证券营业部	1075	1824.6	1207.1	26.6	168.4	60.8	349.7	11.9	0.0
东北证券公司上海吴淞路证券营业部	662	2735.3	906.1	5.1	9.4	479.8	1057.4	2.7	274.9
东北证券公司上海永嘉路证券营业部	142	9166.1	1490.7	10.4	54.5	184.8	7421.4	4.2	0.0
东北证券公司上海崂山东路证券营业部	2660	362.6	339.8	3.8	13.6	4.7	0.0	0.8	0.0
东北证券公司深圳百花四路证券营业部	905	2068.0	1616.4	5.0	48.2	2.8	392.3	3.3	0.0
东北证券公司深圳红荔路证券营业部	2860	120.7	112.6	0.3	0.0	0.0	7.0	0.7	0.0
东北证券公司四平英雄人街证券营业部	1646	1163.5	1088.6	4.0	67.5	0.8	0.0	2.5	0.0
东北证券公司松原沿江路证券营业部	968	1975.5	991.7	5.3	123.8	26.7	803.9	24.1	0.0
东北证券公司太原解放路证券营业部	2716	313.2	287.1	1.1	18.7	6.3	0.0	0.0	0.0
东北证券公司通化新华大街证券营业部	2829	176.4	150.3	0.3	20.4	5.3	0.0	0.0	0.0
东北证券公司武汉香港路证券营业部	2757	274.4	258.2	1.1	14.2	1.0	0.0	0.0	0.0
东北证券公司延吉光明街证券营业部	1192	1663.2	1474.2	7.8	178.4	2.5	0.0	0.4	0.0
东北证券公司重庆民权路证券营业部	2912	1.1	1.1	0.0	0.0	0.0	0.0	0.0	0.0
东北证券公司重庆铜梁证券营业部	2852	140.0	131.0	1.5	7.4	0.0	0.0	0.0	0.0
东北证券公司重庆小新街证券营业部	2609	414.2	385.3	2.3	25.6	0.9	0.0	0.1	0.0
东北证券公司重庆渝州路证券营业部	2612	410.4	373.1	2.3	30.2	0.1	3.9	0.8	0.0

证券营业部交易
Trading of Securities Business Outlets

单位：百万元（Million Yuan）

营业部名称 Securities Business Outlet	名次 Rank	交易金额 Trading Value 总计 Total	股票 Stock	基金 Fund	权证 Warrant	国债现货 T-Bond Spot	国债回购 T-Bond Repo	企业债、可转债 Corporate Bond,CB	企业债回购 C-Bond Repo
东方证券公司北京安苑路证券营业部	1478	1308.6	1235.1	11.5	45.1	9.9	0.0	7.2	0.0
东方证券公司长沙劳动西路证券营业部	2111	772.6	707.9	5.2	57.6	0.9	0.0	1.0	0.0
东方证券公司成都天祥寺街证券营业部	1713	1097.6	824.6	2.9	25.4	10.0	217.6	2.8	14.3
东方证券公司抚顺辽中街证券营业部	1590	1203.5	732.9	6.7	40.3	2.1	420.5	1.0	0.0
东方证券公司上海宝庆路证券营业部	1731	1081.2	764.9	8.5	24.0	55.8	226.0	2.0	0.0
东方证券公司抚顺绥化路证券营业部	2713	314.9	307.2	3.9	3.6	0.3	0.0	0.1	0.0
东方证券公司抚顺西七路证券营业部	762	2422.3	2214.2	22.0	156.1	22.8	3.8	0.8	2.6
东方证券公司广州海联路证券营业部	1756	1053.3	669.6	5.6	31.9	3.5	315.2	18.6	8.9
东方证券公司杭州体育场路证券营业部	575	3058.3	1276.8	35.4	251.2	336.0	255.5	868.6	34.7
东方证券公司上海长江西路证券营业部	1121	1753.7	1386.2	12.0	40.0	40.3	186.2	2.3	86.8
东方证券公司上海定西路证券营业部	626	2846.2	1293.3	36.3	1076.0	76.7	319.4	36.4	8.1
东方证券公司上海丰庄路证券营业部	651	2761.7	1985.2	139.4	42.9	11.1	578.6	4.5	0.0
东方证券公司上海凤阳路证券营业部	919	2050.1	1031.5	4.0	17.4	12.7	977.9	6.7	0.0
东方证券公司上海光新路证券营业部	326	4618.4	1845.5	15.9	55.6	309.1	2387.4	4.8	0.0
东方证券公司上海海宁路证券营业部	716	2551.7	1171.4	15.0	39.1	192.5	1132.4	1.3	0.0
东方证券公司上海航北路证券营业部	828	2235.7	818.7	25.0	129.4	435.9	814.3	6.6	6.0
东方证券公司上海鹤庆路证券营业部	369	4270.7	2494.7	47.9	397.2	153.2	1158.6	19.0	0.0
东方证券公司上海鸿兴路证券营业部	1862	965.2	808.5	40.3	34.9	50.5	19.9	2.5	8.7
东方证券公司上海建国东路证券营业部	1350	1466.5	1033.9	10.8	33.2	57.2	241.9	0.2	89.3
东方证券公司上海金口路证券营业部	843	2209.6	1318.8	31.8	158.1	208.2	476.6	16.1	0.0
东方证券公司上海巨鹿路营业部	393	4098.7	1374.7	11.6	169.6	448.5	2093.4	0.6	0.4
东方证券公司上海陆家浜路证券营业部	232	6084.2	4486.6	22.0	40.5	266.6	928.8	167.8	171.8
东方证券公司上海南汇证券营业部	1962	885.2	798.9	6.9	17.3	10.1	51.2	0.8	0.0
东方证券公司上海浦东南路证券营业部	879	2127.4	1297.1	146.9	291.8	17.0	373.3	1.3	0.0
东方证券公司上海山东中路证券营业部	1107	1772.2	619.3	19.9	55.6	15.3	881.0	9.7	171.5
东方证券公司上海四川南路证券营业部	739	2502.2	1299.0	17.1	16.5	133.6	1033.0	3.1	0.0
东方证券公司上海宛平南路证券营业部	279	5316.0	811.0	8.2	3993.5	33.5	449.4	16.2	4.2
东方证券公司上海万航渡路证券营业部	205	6524.8	1141.3	10.1	50.1	699.6	4623.0	0.8	0.0
东方证券公司上海新川路证券营业部	1728	1083.3	883.0	9.8	42.9	139.4	3.8	4.5	0.0
东方证券公司上海许昌路证券营业部	1966	883.2	712.6	10.7	65.2	83.6	0.0	11.1	0.0
东方证券公司上海耀华路证券营业部	1526	1264.2	1120.6	18.7	89.5	13.7	17.7	4.1	0.0
东方证券公司上海真如证券营业部	400	4062.3	956.0	6.9	42.3	20.0	1746.8	3.0	1287.4
东方证券公司上海中原路证券营业部	667	2716.2	1425.0	12.8	33.1	175.7	1060.8	8.9	0.0
东方证券公司上海遵义路证券营业部	154	8460.4	1552.4	14.5	6167.1	149.4	573.5	3.5	0.0
东方证券公司上海秣陵路证券营业部	600	2963.1	760.8	39.5	17.4	266.9	1490.8	30.3	357.4
东方证券公司深圳福强路证券营业部	2657	364.3	356.3	3.5	4.2	0.2	0.0	0.2	0.0
东方证券公司苏州临顿路证券营业部	2220	690.9	671.5	1.1	16.6	0.1	1.0	0.0	0.0
东海证券公司北京慧忠路证券营业部	766	2416.8	2179.4	17.9	139.0	51.8	0.0	28.8	0.0
东海证券公司常州博爱路证券营业部	695	2619.5	2408.7	20.5	171.0	15.4	0.2	3.8	0.0
东海证券公司常州劳动西路证券营业部	1290	1533.1	1360.0	11.3	140.4	18.7	0.0	2.6	0.0
东海证券公司常州戚大街证券营业部	1783	1031.1	958.3	9.4	53.6	8.8	0.0	1.0	0.0
东海证券公司常州延陵东路证券营业部	1319	1501.7	1382.6	13.0	92.5	11.8	0.0	1.7	0.0
东海证券公司长沙韶山北路证券营业部	2851	140.9	137.0	0.0	3.9	0.0	0.0	0.0	0.0
东海证券公司洛阳华山路证券营业部	1832	990.9	917.1	9.6	36.0	27.8	0.0	0.4	0.0
东海证券公司洛阳凯旋西路证券营业部	1299	1516.8	1449.5	15.8	19.8	29.7	0.4	1.7	0.0
东海证券公司洛阳南昌路证券营业部	1477	1308.8	1198.6	11.9	53.4	22.9	16.8	4.8	0.4
东海证券公司洛阳胜利路证券营业部	2756	274.6	263.6	1.0	6.7	3.2	0.0	0.2	0.0
东海证券公司洛阳中州东路证券营业部	2325	619.4	575.2	8.9	18.3	16.3	0.0	0.6	0.0
东海证券公司南京中山南路证券营业部	1178	1673.5	1398.3	9.4	117.8	97.7	0.0	50.3	0.0
东海证券公司上海富民路证券营业部	2886	59.8	54.9	0.3	0.0	4.5	0.0	0.0	0.0
东海证券公司上海水城南路证券营业部	488	3510.4	2641.3	35.3	819.2	2.2	0.0	12.4	0.0
东海证券公司深圳香梅路证券营业部	1899	938.3	858.4	4.4	55.7	19.7	0.0	0.0	0.0
东海证券公司溧阳南大街证券营业部	912	2060.7	1736.2	7.1	107.9	31.4	172.1	6.1	0.0
东吴证券公司北京鼓楼外大街证券营业部	1497	1290.2	1159.1	17.8	29.8	18.5	50.0	14.9	0.0
东吴证券公司常熟颜港证券营业部	276	5358.3	3959.6	39.0	343.1	22.2	991.9	2.4	0.0
东吴证券公司东莞八达路证券营业部	2082	787.3	410.4	3.2	121.2	3.6	235.9	12.2	0.8
东吴证券公司福州湖东路证券营业部	1670	1133.6	746.9	10.6	105.9	4.5	265.7	0.0	0.0
东吴证券公司杭州湖墅南路证券营业部	370	4269.3	1753.9	38.5	2173.7	0.8	202.5	74.1	25.9
东吴证券公司昆山前进中路证券营业部	446	3722.8	2998.7	33.3	369.4	50.7	253.2	17.6	0.0
东吴证券公司上海陆家浜路证券营业部	729	2517.4	1165.4	12.2	393.6	9.2	895.9	41.2	0.0
东吴证券公司沈阳万柳塘路证券营业部	1972	876.0	311.4	4.5	18.1	488.0	53.7	0.4	0.0
东吴证券公司苏州大儒巷证券营业部	1403	1410.5	1008.5	18.3	60.8	12.8	307.3	2.8	0.0
东吴证券公司苏州工业园区现代大道证券营业部	897	2086.3	1653.2	8.1	86.8	146.5	176.1	15.6	0.0
东吴证券公司苏州狮山路证券营业部	449	3719.0	3293.6	50.9	202.6	152.3	4.7	14.9	0.0
东吴证券公司苏州石路证券营业部	1004	1930.3	1629.6	17.6	118.5	17.6	88.0	58.9	0.0

证券营业部交易
Trading of Securities Business Outlets

单位：百万元（Million Yuan）

营业部名称 Securities Business Outlet	名次 Rank	交易金额 Trading Value 总计 Total	股票 Stock	基金 Fund	权证 Warrant	国债现货 T-Bond Spot	国债回购 T-Bond Repo	企业债、可转债 Corporate Bond,CB	企业债回购 C-Bond Repo
东吴证券公司苏州西北街证券营业部	261	5630.6	4556.9	58.5	409.9	26.3	536.4	42.6	0.0
东吴证券公司苏州竹辉路证券营业部	1486	1300.7	1157.0	15.6	111.1	15.7	0.0	1.4	0.0
东吴证券公司苏州胥江路证券营业部	1746	1059.5	839.4	3.8	101.5	2.0	104.3	8.5	0.0
东吴证券公司太仓城厢证券营业部	699	2608.3	2358.5	14.8	163.6	53.8	10.0	7.7	0.0
东吴证券公司吴江中山北路证券营业部	310	4830.8	2318.3	16.1	324.0	27.9	2089.4	55.1	0.0
东吴证券公司张家港杨舍证券营业部	803	2317.3	2102.8	8.5	201.2	3.6	0.0	1.2	0.0
东莞证券公司东莞常平证券营业部	1153	1712.8	1388.2	14.0	173.6	0.0	136.9	0.1	0.0
东莞证券公司东莞长安证券营业部	938	2021.1	1473.4	11.3	126.3	0.5	409.4	0.0	0.0
东莞证券公司东莞厚街证券营业部	787	2349.7	1652.8	14.6	296.4	2.4	360.3	3.8	19.3
东莞证券公司东莞虎门证券营业部	957	1995.2	1496.0	17.1	142.8	2.1	335.8	1.4	0.0
东莞证券公司东莞石龙证券营业部	1238	1600.3	1213.4	6.2	124.3	2.1	218.3	3.0	33.0
东莞证券公司东莞塘厦证券营业部	1207	1638.1	1033.4	8.1	106.0	4.3	485.1	1.2	0.0
东莞证券公司东莞运河西路证券营业部	395	4090.5	1772.9	34.1	473.3	12.7	1716.2	5.4	76.0
东莞证券公司东莞莞太路证券营业部	282	5270.1	3210.5	20.9	433.8	23.2	1542.5	9.5	29.7
东莞证券公司上海仙霞路证券营业部	1969	879.2	834.6	4.7	22.7	13.5	0.0	3.7	0.0
东莞证券公司深圳华强南路证券营业部	2297	639.9	564.1	1.2	2.5	60.6	7.9	3.7	0.0
方正证券公司北京和平里东街证券营业部	192	6853.2	1545.3	16.6	235.7	532.5	4521.8	1.3	0.0
方正证券公司杭州保椒路证券营业部	194	6846.2	2201.9	21.0	242.9	207.9	4074.0	22.0	76.4
方正证券公司杭州劳动路证券营业部	1199	1653.6	1399.3	27.6	99.4	6.0	103.4	3.5	14.5
方正证券公司杭州平海路证券营业部	230	6107.5	4443.0	92.7	1042.6	25.7	451.7	16.5	35.3
方正证券公司杭州延安路证券营业部	352	4414.4	2798.8	17.5	90.1	68.3	1278.0	4.4	157.3
方正证券公司上海昆山路证券营业部	46	22357.9	2568.2	110.4	2467.0	3449.6	12949.4	132.9	680.3
方正证券公司绍兴胜利东路证券营业部	1170	1680.8	1549.6	32.2	87.3	2.8	2.1	6.8	0.0
方正证券公司深圳东门南路证券营业部	411	3982.2	1413.2	9.5	56.4	145.8	2357.2	0.2	0.0
方正证券公司深圳福中路证券营业部	788	2348.8	1629.4	8.4	104.1	1.7	502.9	68.9	33.4
方正证券公司台州解放路证券营业部	288	5195.4	4504.7	66.6	617.5	1.2	0.9	4.5	0.0
方正证券公司天津新华路证券营业部	146	8940.3	970.5	8.4	76.6	628.1	6856.7	10.2	389.7
方正证券公司温州小南路证券营业部	619	2872.7	2537.3	41.6	277.2	3.9	2.1	10.7	0.0
方正证券公司武汉解放大道证券营业部	2100	778.2	171.8	1.4	0.0	47.3	474.3	83.1	0.0
方正证券公司郑州市工人路证券营业部	1685	1114.6	898.0	5.8	139.0	6.0	65.6	0.2	0.0
富成证券经纪有限公司杭州平海路证券营业部	433	3854.3	1052.6	22.8	61.9	55.7	274.4	0.2	2386.7
富成证券经纪有限公司上海常德路证券营业部	563	3106.6	1357.8	9.3	31.5	111.3	346.3	7.3	1243.1
富成证券经纪有限公司舟山解放西路证券营业部	615	2889.1	1792.1	17.6	157.5	19.1	0.0	2.9	900.0
富成证券经纪有限公司舟山沈家门新街证券营业部	2300	639.4	157.1	0.0	0.0	7.9	472.5	2.0	0.0
甘肃证券公司金昌长春路证券营业部	2717	313.1	278.9	0.9	30.1	0.9	0.0	2.3	0.0
甘肃证券公司兰州东岗东路证券营业部	1527	1263.9	819.0	2.3	72.6	1.8	368.1	0.2	0.0
甘肃证券公司兰州和政路证券营业部	53	20365.3	162.0	1.4	0.0	80.7	19646.9	0.3	473.9
甘肃证券公司兰州天水路证券营业部	2625	400.7	354.8	2.9	28.0	6.1	7.5	1.4	0.0
甘肃证券公司兰州武都路证券营业部	2411	560.3	495.6	3.2	53.9	6.7	0.0	0.9	0.0
甘肃证券公司兰州西津西路证券营业部	1159	1701.5	795.3	4.2	65.1	34.8	464.5	10.5	327.1
甘肃证券公司上海天目中路证券营业部	2473	514.9	450.8	3.1	0.2	13.3	46.9	0.6	0.0
甘肃证券公司上海天山西路证券营业部	2027	833.7	714.7	4.4	0.1	11.9	97.3	5.2	0.0
甘肃证券公司深圳深南中路证券营业部	1239	1598.3	96.6	7.0	0.2	0.0	1494.5	0.0	0.0
光大证券公司北京樱花西街证券营业部	537	3201.1	2570.3	70.1	42.7	8.4	495.9	13.6	0.0
光大证券公司北京月坛北街证券营业部	249	5751.3	2322.4	114.1	129.7	1290.8	1803.7	90.7	0.0
光大证券公司长春解放大路证券营业部	1437	1351.6	1234.4	9.4	27.7	79.8	0.0	0.3	0.0
光大证券公司长沙芙蓉中路营业部	1351	1464.6	1011.2	14.0	244.0	192.3	0.0	3.1	0.0
光大证券公司成都玉双路证券营业部	1208	1637.4	1553.7	7.0	45.6	6.1	5.7	19.4	0.0
光大证券公司大庆经六街证券营业部	1810	1007.4	665.2	11.4	125.2	19.0	170.6	16.0	0.0
光大证券公司丹阳中新路证券营业部	746	2467.0	1217.5	11.1	87.6	4.3	1143.4	3.1	0.0
光大证券公司东莞运河东一路证券营业部	166	7987.3	3432.5	64.2	335.5	11.5	3879.3	7.6	256.8
光大证券公司东莞寮步证券营业部	1191	1663.5	733.4	5.9	88.4	0.1	822.0	0.1	13.7
光大证券公司佛山华远东路证券营业部	582	3037.5	679.6	12.7	48.1	19.2	2037.4	0.6	240.0
光大证券公司福州湖东路证券营业部	376	4211.6	2696.6	17.0	109.2	12.8	1372.3	1.1	2.6
光大证券公司北京东中街证券营业部	585	3033.6	2509.5	15.3	74.3	65.7	310.7	58.1	0.0
光大证券公司广州花地大道证券营业部	1046	1856.7	1193.1	8.5	183.6	32.1	412.8	21.0	5.6
光大证券公司广州解放北路证券营业部	1251	1580.9	1287.3	14.4	121.8	2.5	129.3	1.9	23.8
光大证券公司广州天河路证券营业部	270	5537.3	2230.3	23.0	462.0	60.2	2731.3	11.9	18.6
光大证券公司广州中山二路证券营业部	1169	1681.2	1188.0	8.1	156.6	21.1	247.5	0.8	59.1
光大证券公司哈尔滨经纬二道街证券营业部	1137	1735.3	1172.0	42.8	323.0	2.8	148.9	3.6	42.3
光大证券公司海口国贸大道证券营业部	1003	1930.6	1388.1	4.0	73.6	3.6	433.8	27.6	0.0
光大证券公司黑河中央街证券营业部	2119	764.0	485.4	2.2	26.8	121.9	122.9	4.8	0.0
光大证券公司惠州下浦路证券营业部	1355	1462.6	1139.2	10.4	130.3	10.4	168.0	4.3	0.0
光大证券公司江门市东华一路证券营业部	59	18570.7	923.3	12.6	93.6	21.5	17432.5	11.2	76.1
光大证券公司昆明人民中路证券营业部	723	2533.0	1794.4	16.3	129.7	27.1	551.7	4.5	9.3

证券营业部交易
Trading of Securities Business Outlets

单位：百万元（Million Yuan）

营业部名称 Securities Business Outlet	名次 Rank	交易金额 Trading Value 总计 Total	股票 Stock	基金 Fund	权证 Warrant	国债现货 T-Bond Spot	国债回购 T-Bond Repo	企业债、可转债 Corporate Bond,CB	企业债回购 C-Bond Repo
光大证券公司南京中山路证券营业部	11	50627.7	1557.7	52.9	141.9	654.6	41707.9	173.9	6338.9
光大证券公司南宁桃源路证券营业部	2862	111.6	107.7	2.4	1.4	0.1	0.0	0.0	0.0
光大证券公司内江叠象街证券营业部	2198	702.5	615.9	7.9	76.9	1.8	0.0	0.0	0.0
光大证券公司齐齐哈尔龙华路证券营业部	2085	785.3	679.3	5.5	59.5	0.3	40.7	0.2	0.0
光大证券公司上海河南南路证券营业部	471	3618.3	1671.7	179.5	36.2	1.7	1678.8	45.5	4.8
光大证券公司上海斜土路证券营业部	269	5540.1	2097.9	21.4	57.2	15.7	3020.3	10.9	316.7
光大证券公司上海延安西路证券营业部	561	3116.6	1823.9	13.0	86.6	61.5	1085.5	46.1	0.0
光大证券公司上海张杨路证券营业部	12	49891.1	35111.7	760.0	5626.6	2078.6	6119.6	194.5	0.0
光大证券公司上海中兴路证券营业部	998	1937.7	1297.0	46.5	70.0	50.6	460.2	12.3	1.1
光大证券公司深圳华强南路营业部	159	8335.8	1809.3	87.8	2858.6	5.2	3402.7	142.9	29.4
光大证券公司深圳新园路营业部	801	2320.0	1202.3	9.1	128.1	0.3	821.1	3.2	155.9
光大证券公司沈阳和平北大街证券营业部	2585	431.8	306.3	4.8	16.8	104.0	0.0	0.1	0.0
光大证券公司石龙证券营业部	982	1956.1	680.4	32.4	31.0	56.4	1154.9	0.3	0.7
光大证券公司顺德大良证券营业部	1859	966.3	737.5	6.7	23.3	10.6	137.3	8.6	42.4
光大证券公司太原东缉虎营证券营业部	1875	953.6	833.3	9.6	73.0	37.5	0.0	0.3	0.0
光大证券公司天津友谊路证券营业部	1509	1277.9	942.8	0.4	0.1	38.8	289.9	6.0	0.0
光大证券公司乌鲁木齐解放北路证券营业部	1464	1319.4	862.1	9.3	142.7	55.7	239.1	8.7	1.9
光大证券公司武汉香港路证券营业部	144	8985.9	609.6	47.7	34.9	0.5	8276.1	4.1	13.0
光大证券公司西安咸宁路证券营业部	1187	1667.9	1537.2	9.2	66.7	4.3	50.1	0.4	0.0
光大证券公司湛江人民大道证券营业部	866	2165.4	992.0	5.8	652.6	3.6	434.1	30.1	47.2
光大证券公司重庆大坪正街证券营业部	715	2552.7	1495.9	14.4	78.3	354.2	583.7	1.3	24.8
光大证券公司重庆新华路证券营业部	780	2374.3	1727.9	11.5	120.4	243.1	245.8	25.7	0.0
光大证券公司遵义新华路证券营业部	2664	359.3	294.3	4.8	33.4	3.9	22.9	0.0	0.0
广东民安证券经纪公司北京慧忠路证券营业部	805	2313.1	1786.4	52.1	0.4	404.1	68.7	1.5	0.0
广东民安证券经纪公司佛山市东下路证券营业部	769	2405.1	1445.6	10.3	0.7	143.7	793.5	9.0	2.2
广东民安证券经纪公司广州东湖路证券营业部	1283	1539.5	1050.7	18.0	0.2	280.0	181.8	1.2	7.7
广东民安证券经纪公司广州法政路营业部	2182	714.2	518.9	5.2	0.1	91.0	98.4	0.6	0.0
广东民安证券经纪公司广州环市东证券营业部	1305	1513.0	888.2	6.2	0.9	227.0	389.6	1.1	0.0
广东民安证券经纪公司广州惠福西路证券营业部	1382	1437.3	668.7	0.9	0.1	20.7	746.7	0.2	0.0
广东民安证券经纪公司惠阳开城大道证券营业部	2205	698.0	678.2	2.5	0.2	9.1	7.9	0.0	0.0
广东民安证券经纪公司南海大沥证券营业部	1893	942.7	532.8	11.6	0.2	217.0	180.8	0.3	0.0
广东民安证券经纪公司南海黄岐证券营业部	1600	1194.2	889.9	6.3	0.4	141.9	147.6	8.2	0.1
广东民安证券经纪公司南海九江证券营业部	1358	1460.6	582.2	14.5	0.2	375.6	465.1	1.5	21.5
广东民安证券经纪公司上海淮海西路证券营业部	1607	1188.7	850.2	6.6	1.3	94.4	190.4	45.8	0.0
广东民安证券经纪公司上海南山路证券营业部	1520	1272.0	1022.3	26.3	0.1	159.7	61.9	1.4	0.3
广东民安证券经纪公司深圳福民路证券营业部	2706	321.4	250.8	1.4	0.2	59.6	9.6	0.0	0.0
广东民安证券经纪公司肇庆西江北路证券营业部	2519	480.0	387.3	0.5	0.1	25.8	61.0	0.0	4.5
广东证券公司北京长春桥路证券营业部	1634	1169.9	730.9	11.5	140.5	1.0	286.0	0.1	0.0
广东证券公司潮州城新西路证券营业部	1025	1896.7	1641.3	8.2	163.7	27.4	43.3	1.8	11.0
广东证券公司潮州饶平证券营业部	2689	335.8	299.0	2.7	30.5	2.8	0.0	0.8	0.0
广东证券公司佛山北窖证券营业部	811	2290.5	1120.1	28.1	62.6	35.5	1012.6	8.5	23.1
广东证券公司佛山乐从证券营业部	1789	1027.4	834.7	8.8	59.7	18.6	92.4	1.3	11.8
广东证券公司佛山市南海证券营业部	1232	1605.5	1266.7	15.4	55.5	22.3	225.0	3.5	17.1
广东证券公司佛山顺德区凤山西政通证券营业部	633	2824.0	1407.4	14.4	82.3	87.4	889.3	36.5	306.6
广东证券公司佛山顺德区容奇大道证券营业部	1050	1853.6	947.4	8.2	82.3	86.6	550.6	66.9	111.6
广东证券公司佛山顺德区新宁路证券营业部	2696	331.8	265.4	1.4	25.3	6.8	14.9	15.5	2.5
广东证券公司广州滨江中路证券营业部	2073	793.3	690.8	9.6	47.5	12.2	30.9	2.3	0.1
广东证券公司广州东风东路第二证券营业部	1953	891.2	535.5	3.0	13.5	11.3	326.2	1.9	0.0
广东证券公司广州东风东路证券营业部	2227	685.5	521.7	2.7	37.9	5.0	97.7	11.5	9.1
广东证券公司广州吉祥路证券营业部	2160	730.5	683.1	5.3	18.3	21.0	0.0	2.8	0.0
广东证券公司广州解放南路证券营业部	2263	661.6	544.5	5.0	24.6	13.1	73.9	0.6	0.0
广东证券公司广州天河北路证券营业部	2615	409.9	341.1	4.1	15.7	3.9	44.5	0.2	0.4
广东证券公司广州天河东路第二证券营业部	2113	770.8	630.0	8.0	25.2	18.8	88.5	0.4	0.0
广东证券公司广州天河东路证券营业部	2645	378.2	294.5	3.1	19.4	0.8	46.5	0.0	13.9
广东证券公司广州天河南一路证券营业部	492	3491.7	1786.5	15.2	51.9	249.5	1240.8	63.9	83.9
广东证券公司广州同福东路证券营业部	2896	42.8	39.8	0.2	0.0	0.4	2.3	0.1	0.0
广东证券公司广州万福路证券营业部	2525	476.8	399.1	0.8	4.5	67.5	4.4	0.4	0.2
广东证券公司广州西华路证券营业部	119	10503.8	557.8	3.9	21.6	125.6	9788.9	6.0	0.0
广东证券公司广州晓港中马路证券营业部	2575	437.0	392.7	2.5	16.1	18.8	5.8	0.7	0.4
广东证券公司河源长塘路证券营业部	2574	437.8	402.6	2.1	24.2	0.2	0.0	8.6	0.0
广东证券公司河源龙川证券营业部	2880	85.4	79.8	0.0	5.5	0.0	0.0	0.0	0.0
广东证券公司揭阳市沿江路证券营业部	1632	1171.3	1089.1	5.6	68.7	7.6	0.0	0.3	0.0
广东证券公司昆明春城路证券营业部	2678	346.2	324.5	1.1	15.0	3.3	0.0	2.4	0.0
广东证券公司乐昌乐城证券营业部	2708	319.1	295.9	1.6	21.4	0.2	0.0	0.0	0.0
广东证券公司茂名红旗中路证券营业部	2670	355.5	313.9	1.7	29.9	3.4	5.9	0.6	0.0

证券营业部交易
Trading of Securities Business Outlets

单位：百万元（Million Yuan）

营业部名称 Securities Business Outlet	名次 Rank	交易金额 Trading Value 总计 Total	股票 Stock	基金 Fund	权证 Warrant	国债现货 T-Bond Spot	国债回购 T-Bond Repo	企业债、可转债 Corporate Bond,CB	企业债回购 C-Bond Repo
广东证券公司茂名人民南路证券营业部	2147	739.4	674.3	6.1	49.8	2.7	5.1	0.5	0.9
广东证券公司茂名市文明中路证券营业部	595	2992.6	2284.3	22.0	269.3	7.6	401.8	7.0	0.7
广东证券公司梅州新中路证券营业部	1018	1906.4	1730.0	10.1	116.1	49.7	0.0	0.6	0.0
广东证券公司梅州兴宁证券营业部	1991	862.0	768.7	7.8	80.8	3.9	0.0	0.8	0.0
广东证券公司清远市先锋中路证券营业部	2383	575.9	517.3	5.9	41.2	0.8	1.7	9.1	0.0
广东证券公司三水西南第二证券营业部	1525	1266.1	1118.3	7.0	28.6	24.0	84.8	3.3	0.0
广东证券公司三水西南证券营业部	1532	1262.1	884.4	11.8	45.4	7.8	307.7	4.0	1.1
广东证券公司汕头迎宾路证券营业部	2508	485.5	456.8	7.5	12.4	0.1	8.0	0.2	0.5
广东证券公司汕尾德政街证券营业部	2719	309.6	254.7	0.4	54.3	0.1	0.0	0.1	0.0
广东证券公司汕尾海丰证券营业部	2807	217.3	212.5	0.2	4.6	0.0	0.0	0.0	0.0
广东证券公司汕尾陆丰证券营业部	2811	213.6	208.2	0.5	3.5	1.4	0.0	0.0	0.0
广东证券公司上海江宁路证券营业部	341	4503.4	3771.9	52.6	150.3	63.8	412.6	15.4	36.8
广东证券公司上海南丹路证券营业部	2726	301.7	257.3	1.1	0.0	3.9	32.5	1.0	5.9
广东证券公司韶关风采路证券营业部	2484	505.5	449.8	3.6	35.9	12.8	0.0	3.5	0.0
广东证券公司韶关惠民南路证券营业部	1709	1099.2	898.6	4.5	80.5	113.2	0.0	2.5	0.0
广东证券公司深圳福华一路证券营业部	1647	1163.4	932.8	2.1	57.5	15.9	150.3	4.9	0.0
广东证券公司深圳华强路证券营业部	2212	694.9	633.2	0.6	48.3	0.5	11.7	0.6	0.0
广东证券公司顺德环市北路证券营业部	1692	1109.8	420.4	5.1	27.9	19.9	545.0	10.4	81.1
广东证券公司四会龙凤路证券营业部	2117	765.7	547.5	6.2	34.9	13.7	102.7	1.1	59.7
广东证券公司武汉东湖路证券营业部	2410	561.0	524.7	3.1	29.1	1.7	2.0	0.3	0.0
广东证券公司五华水寨证券营业部	2712	315.0	282.7	1.0	25.2	6.1	0.0	0.0	0.0
广东证券公司新兴建设路证券营业部	2506	488.4	431.5	1.0	36.1	3.1	16.6	0.2	0.0
广东证券公司阳江西平路证券营业部	1710	1098.6	1020.3	7.4	69.0	1.7	0.0	0.3	0.0
广东证券公司肇庆端州四路证券营业部	1956	890.4	672.9	2.9	81.0	14.0	117.7	1.9	0.0
广东证券公司中山石岐路证券营业部	1812	1005.8	519.7	8.0	15.5	28.8	432.1	1.7	0.0
广东证券公司重庆民生路证券营业部	2759	273.5	257.1	7.0	8.6	0.4	0.0	0.4	0.0
广发北方证券经纪公司锦州解放路证券营业部	929	2034.2	1730.8	12.4	278.6	11.6	0.0	0.9	0.0
广发北方证券经纪公司锦州山西街证券营业部	1236	1601.8	1438.1	10.8	94.0	51.6	5.8	1.5	0.0
广发北方证券经纪公司辽阳民主路证券营业部	1057	1847.0	1317.9	13.2	467.9	24.7	5.4	17.9	0.0
广发北方证券经纪公司上海玉兰路证券交易营业部	849	2200.3	1922.5	37.5	149.4	27.3	40.8	19.4	3.5
广发北方证券经纪公司天津体院北环湖中路证券营业部	1293	1523.5	1119.6	22.7	113.0	17.6	240.5	10.1	0.0
广发北方证券经纪公司温州人民西路证券营业部	1822	996.2	832.3	7.2	147.8	8.3	0.0	0.7	0.0
广发华福证券公司福清向高街证券营业部	1054	1849.1	1446.4	9.6	99.6	0.4	292.6	0.5	0.0
广发华福证券公司福州达道路证券营业部	1043	1859.7	1197.0	19.5	61.6	6.5	569.2	5.8	0.0
广发华福证券公司福州东大路证券营业部	1439	1349.4	864.0	13.9	52.4	11.4	403.4	4.3	0.0
广发华福证券公司福州鼓屏路证券营业部	2272	657.5	580.7	2.7	51.9	3.5	16.2	2.4	0.0
广发华福证券公司福州广达路证券营业部	1316	1505.6	843.8	9.7	51.2	49.1	532.0	9.5	10.3
广发华福证券公司福州下藤路证券营业部	794	2337.5	1455.4	15.2	189.3	14.2	657.1	6.2	0.0
广发华福证券公司福州杨桥路证券营业部	679	2670.1	1438.8	14.0	136.9	9.7	1070.5	0.3	0.0
广发华福证券公司龙岩九一路证券营业部	1463	1320.8	1132.5	8.4	152.2	1.9	25.7	0.1	0.0
广发华福证券公司南平滨江中路证券营业部	2773	256.9	158.3	6.2	91.9	0.5	0.0	0.0	0.0
广发华福证券公司宁德蕉城南路证券营业部	1229	1611.0	1436.3	12.2	162.1	0.3	0.0	0.1	0.0
广发华福证券公司莆田涵梧路证券营业部	1224	1622.5	1208.7	13.2	144.2	3.3	248.5	4.6	0.0
广发华福证券公司泉州九一路证券营业部	772	2398.3	1052.3	16.8	79.4	2.4	1246.7	0.8	0.0
广发华福证券公司泉州田安路证券营业部	1085	1805.2	1143.2	10.7	145.3	0.6	504.6	0.7	0.0
广发华福证券公司上海宛平南路证券营业部	1416	1379.3	1067.6	12.2	146.4	35.3	91.0	14.6	12.1
广发华福证券公司上海遵义路证券营业部	730	2514.9	1159.3	19.6	49.7	20.9	993.5	2.1	269.9
广发华福证券公司厦门湖滨南路证券营业部	898	2081.6	1720.0	30.1	201.6	12.1	112.9	4.9	0.0
广发华福证券公司永安燕江路证券营业部	632	2824.9	891.2	8.6	111.6	5.4	1807.8	0.3	0.0
广发华福证券公司漳州延安北路证券营业部	758	2433.9	2000.5	21.5	199.0	32.0	180.2	0.8	0.0
广发证券公司北京朝阳门北大街证券营业部	560	3117.3	2808.3	55.6	114.7	66.1	61.9	10.7	0.0
广发证券公司北京阜成门南大街证券营业部	311	4829.1	3495.0	570.9	215.6	209.8	301.4	32.9	3.6
广发证券公司北京建华南路证券营业部	657	2746.7	1664.7	175.4	102.3	78.5	587.6	11.8	126.4
广发证券公司长春民康路证券营业部	1461	1321.2	1148.3	2.1	21.9	32.3	82.0	34.5	0.0
广发证券公司潮州枫春路证券营业部	2732	295.0	261.1	2.5	28.6	2.4	0.0	0.3	0.0
广发证券公司成都新光路证券营业部	1112	1764.3	1642.2	7.9	21.8	5.2	52.2	35.1	0.0
广发证券公司大连成仁街证券营业部	565	3092.6	2525.4	24.5	179.0	29.2	323.7	4.9	5.9
广发证券公司德庆东豪东路证券营业部	2876	90.5	78.7	0.2	11.4	0.2	0.0	0.0	0.0
广发证券公司东莞长安证券营业部	2866	104.6	96.0	2.0	6.6	0.0	0.0	0.0	0.0
广发证券公司东莞东城证券营业部	764	2421.5	184.3	7.9	7.4	0.4	2216.6	4.9	0.0
广发证券公司东莞虎门证券营业部	1259	1572.3	1341.1	15.7	167.8	9.9	35.3	2.5	0.1
广发证券公司东莞中堂证券营业部	2190	707.5	421.0	3.7	215.5	0.1	57.9	3.3	6.0
广发证券公司佛山汾江南路证券营业部	419	3949.5	1576.8	23.5	100.2	30.1	2195.4	4.3	19.2
广发证券公司佛山季华路证券营业部	398	4073.4	1381.1	11.2	103.1	23.2	2443.0	6.3	105.6
广发证券公司佛山同济西路证券营业部	272	5483.3	2141.1	25.4	163.1	31.3	3067.7	15.4	39.3

证券营业部交易
Trading of Securities Business Outlets

单位：百万元（Million Yuan）

营业部名称 Securities Business Outlet	名次 Rank	交易金额 Trading Value 总计 Total	股票 Stock	基金 Fund	权证 Warrant	国债现货 T-Bond Spot	国债回购 T-Bond Repo	企业债、可转债 Corporate Bond,CB	企业债回购 C-Bond Repo
广发证券公司福州古田路证券营业部	709	2581.2	1347.2	17.5	140.0	38.4	980.0	3.9	54.1
广发证券公司高明文昌路证券营业部	2154	733.7	515.7	3.0	28.1	1.3	162.9	1.8	20.9
广发证券公司广州番禺环城东路证券营业部	1447	1341.7	804.6	9.7	83.1	10.7	425.0	8.4	0.1
广发证券公司广州环市东路证券营业部	47	22303.3	10268.0	488.5	1839.8	2561.9	6745.4	325.7	74.1
广发证券公司广州黄埔大道证券营业部	782	2368.8	1983.4	13.6	93.1	72.6	186.3	13.6	6.2
广发证券公司广州江南西路证券营业部	1971	876.3	618.3	24.4	45.6	18.5	141.8	18.1	9.5
广发证券公司广州江湾证券营业部	747	2466.3	1798.7	26.9	120.2	31.3	468.9	14.2	6.1
广发证券公司广州洛溪新城证券营业部	1161	1698.5	1489.1	16.9	80.1	44.6	52.8	15.1	0.0
广发证券公司广州农林下路证券营业部	293	5114.5	1538.7	67.8	62.9	27.1	2934.6	12.8	470.7
广发证券公司海口和平大道证券营业部	2249	669.0	549.8	22.9	24.0	12.6	56.4	3.2	0.0
广发证券公司海口义龙路证券营业部	1998	858.2	368.9	15.0	37.7	0.6	435.1	0.7	0.0
广发证券公司杭州凤起路证券营业部	700	2607.0	1532.3	12.4	65.6	26.8	960.1	7.4	2.4
广发证券公司惠州下埔路证券营业部	1166	1684.2	1414.3	14.8	125.1	4.7	121.0	4.3	0.0
广发证券公司济南泺源大街证券营业部	1215	1632.5	937.2	9.9	30.6	48.3	604.0	2.5	0.0
广发证券公司江门胜利路证券营业部	581	3039.6	1398.0	8.4	448.0	36.5	1141.7	4.9	2.1
广发证券公司开平曙光西路证券营业部	1727	1084.6	844.6	6.9	43.8	20.3	159.8	3.5	5.7
广发证券公司昆明东风西路证券营业部	415	3963.5	1059.4	445.1	123.3	13.4	2316.9	4.9	0.5
广发证券公司兰州酒泉路证券营业部	357	4374.7	1339.2	8.8	81.1	67.7	2827.1	50.8	0.0
广发证券公司罗定大岗东路证券营业部	2423	552.1	410.5	2.3	25.5	21.2	89.3	1.8	1.5
广发证券公司梅州梅江二路证券营业部	789	2348.4	1732.9	11.4	150.7	81.7	368.8	2.5	0.3
广发证券公司南海南兴三路证券营业部	599	2968.5	2009.4	17.9	107.0	54.3	760.9	3.5	15.5
广发证券公司南京洪武路证券营业部	1339	1476.4	718.5	6.6	54.9	67.2	616.6	9.2	3.4
广发证券公司南宁星湖路证券营业部	1739	1071.2	826.6	12.0	78.6	51.6	81.6	0.4	20.5
广发证券公司南通城山路证券营业部	2177	718.3	612.3	22.0	46.0	8.5	20.8	8.7	0.0
广发证券公司普宁流沙证券营业部	557	3120.4	2026.8	13.4	86.8	13.8	966.8	13.0	0.0
广发证券公司青岛香港中路证券营业部	2403	564.9	474.9	45.2	28.3	0.1	15.1	1.0	0.3
广发证券公司清远新城中心市场证券营业部	1842	979.5	897.0	15.9	63.4	1.4	0.3	1.5	0.0
广发证券公司泉州温陵路证券营业部	693	2626.1	1666.9	13.1	460.6	130.5	311.5	9.9	33.6
广发证券公司汕头海滨路证券营业部	1297	1518.7	1239.3	12.2	86.6	19.4	159.2	2.0	0.0
广发证券公司汕头梅溪东路证券营业部	1044	1857.8	1645.1	28.2	136.2	24.3	6.3	17.7	0.0
广发证券公司汕头珠池路证券营业部	1289	1533.4	1020.6	13.9	53.3	50.5	280.1	102.1	12.9
广发证券公司上海复兴中路证券营业部	287	5215.4	3722.0	17.6	91.9	391.0	901.5	76.9	14.5
广发证券公司上海石泉路证券营业部	418	3951.9	3007.5	17.0	71.1	397.8	406.4	52.2	0.0
广发证券公司上海水清南路证券营业部	1266	1564.7	1340.3	10.8	36.7	78.8	85.0	13.1	0.0
广发证券公司上海吴兴路证券营业部	50	21438.1	2990.1	45.1	120.8	226.3	17961.4	92.0	2.4
广发证券公司上海中山北二路证券营业部	786	2352.3	1735.0	25.6	52.7	12.5	509.8	12.4	4.3
广发证券公司韶关文化街证券营业部	955	1999.0	1716.6	15.7	141.0	124.7	0.0	1.0	0.0
广发证券公司绍兴解放北路证券营业部	2399	566.5	529.6	6.4	28.6	0.7	0.0	1.3	0.0
广发证券公司深圳彩田路证券营业部	1776	1035.9	746.3	18.6	11.9	16.1	240.4	0.1	2.6
广发证券公司深圳华强北路证券营业部	635	2818.5	1756.3	2.3	24.9	204.4	818.1	12.6	0.0
广发证券公司深圳蛇口兴华路证券营业部	631	2827.9	2616.9	46.0	70.0	1.0	86.8	7.1	0.0
广发证券公司深圳深南东路证券营业部	199	6715.2	2048.0	84.5	229.4	7.5	4236.5	11.5	97.7
广发证券公司沈阳小西路证券营业部	1066	1831.7	1674.7	19.5	121.7	6.9	1.9	7.0	0.0
广发证券公司顺德容桂证券营业部	2438	540.2	218.4	3.0	25.1	7.1	207.2	12.7	66.7
广发证券公司台山桥湖路证券营业部	2656	366.2	332.7	2.9	29.9	0.1	0.0	0.5	0.0
广发证券公司太原新建北路证券营业部	1560	1236.4	1071.2	13.1	131.2	4.1	13.2	2.8	0.8
广发证券公司天津湖北路证券营业部	1933	909.3	494.9	24.1	42.5	75.8	257.2	0.5	14.4
广发证券公司武汉京汉大道证券营业部	2037	824.2	604.5	6.4	70.1	66.3	71.3	5.7	0.0
广发证券公司西安南广济街证券营业部	622	2867.7	1755.7	38.5	260.6	4.7	803.4	4.7	0.0
广发证券公司厦门湖滨南路证券营业部	1336	1479.0	1133.4	33.5	298.9	1.2	10.0	1.9	0.0
广发证券公司新会知政中路证券营业部	864	2172.8	1206.6	13.7	83.8	14.7	843.5	8.9	1.6
广发证券公司烟台大海阳路证券营业部	2032	829.0	699.5	6.6	98.8	6.5	3.0	14.3	0.3
广发证券公司云浮星岩路证券营业部	2370	580.7	472.0	1.8	46.9	7.9	51.9	0.3	0.0
广发证券公司湛江解放东路证券营业部	1597	1197.7	854.6	8.2	90.8	61.7	167.8	12.8	1.8
广发证券公司肇庆端州三路证券营业部	1029	1888.5	1405.1	2.2	7.5	171.3	236.2	35.2	31.0
广发证券公司肇庆端州五路证券营业部	760	2431.3	1798.1	14.9	163.0	46.4	393.5	8.3	7.1
广发证券公司肇庆黄塘路证券营业部	2631	397.5	186.2	1.1	1.6	3.0	160.4	0.7	44.6
广发证券公司郑州花园路证券营业部	1012	1914.0	853.5	5.3	23.0	225.3	803.0	3.9	0.0
广发证券公司中山市中山三路证券营业部	702	2599.4	1241.4	10.5	287.4	17.3	1041.5	1.4	0.0
广发证券公司中山市中山四路证券营业部	661	2740.2	1433.6	15.0	136.9	32.4	1113.8	8.5	0.0
广发证券公司中山小榄证券营业部	1258	1574.9	1195.2	6.6	170.3	8.6	193.5	0.7	0.0
广发证券公司重庆科园一路证券营业部	1603	1191.4	1057.8	9.7	87.5	7.9	25.5	2.9	0.0
广发证券公司珠海凤凰北路证券营业部	852	2197.7	1365.5	36.7	74.8	34.9	655.4	28.8	1.7
广州证券公司北京三里河东路证券营业部	1945	898.8	807.4	16.3	72.7	1.2	0.0	1.2	0.0
广州证券公司番禺富华西路营业部	437	3798.4	2245.5	28.2	75.1	8.5	1431.1	7.6	2.4

证券营业部交易
Trading of Securities Business Outlets

单位：百万元（Million Yuan）

营业部名称 Securities Business Outlet	名次 Rank	交易金额 Trading Value 总计 Total	股票 Stock	基金 Fund	权证 Warrant	国债现货 T-Bond Spot	国债回购 T-Bond Repo	企业债、可转债 Corporate Bond,CB	企业债回购 C-Bond Repo
广州证券公司广州东园横路证券营业部	1737	1076.6	860.0	8.7	56.8	14.0	135.9	1.3	0.0
广州证券公司广州丰乐中路证券营业部	2056	809.7	686.5	6.1	82.2	4.6	29.7	0.6	0.0
广州证券公司广州环市中路证券营业部	1760	1051.3	925.0	4.0	45.3	10.1	66.6	0.3	0.0
广州证券公司广州江南大道证券营业部	1605	1190.9	1054.5	5.4	66.2	5.2	58.9	0.6	0.0
广州证券公司广州先烈中路证券营业部	389	4111.1	3336.7	27.1	124.9	68.6	552.3	0.1	1.3
广州证券公司广州中山八路证券营业部	629	2840.9	2545.1	28.5	134.8	19.2	100.5	11.6	1.2
广州证券公司杭州中山北路证券营业部	1826	995.3	692.8	5.3	50.7	1.8	226.7	2.0	16.0
广州证券公司花都建设路营业部	1389	1426.2	1001.1	20.1	345.5	52.8	3.9	0.5	2.3
广州证券公司增城荔城镇证券营业部	1802	1014.8	847.5	7.4	90.4	7.7	2.0	59.9	0.0
国都证券公司北京安苑里证券营业部	696	2619.1	2089.6	72.8	15.4	22.0	357.3	29.4	32.6
国都证券公司北京复兴路证券营业部	1222	1623.7	1390.8	7.6	94.6	20.6	105.9	0.4	3.7
国都证券公司北京阜外大街证券营业部	174	7740.4	4678.2	19.6	148.7	1112.7	1757.1	24.2	0.0
国都证券公司北京新中街证券营业部	168	7949.9	2513.9	123.7	124.2	850.2	3413.3	190.7	733.9
国都证券公司北京中关村南大街证券营业部	741	2495.3	2211.1	16.8	61.9	17.5	181.1	7.0	0.0
国都证券公司长春自由大路证券营业部	2891	52.6	45.4	0.9	6.1	0.3	0.0	0.0	0.0
国都证券公司成都总府路证券营业部	2853	138.1	85.7	0.8	23.5	0.2	28.0	0.0	0.0
国都证券公司杭州延安路证券营业部	2780	249.6	234.9	0.9	13.2	0.0	0.6	0.0	0.0
国都证券公司开封新宋路证券营业部	1978	873.0	779.2	8.3	80.7	4.7	0.0	0.2	0.0
国都证券公司南京丹凤街证券营业部	2840	164.6	52.3	0.5	8.1	12.8	57.6	13.8	19.6
国都证券公司上海长阳路证券营业部	1809	1008.3	865.0	15.6	35.1	15.9	52.2	4.3	20.1
国都证券公司上海通北路证券营业部	978	1962.5	1554.1	18.3	41.4	65.9	185.6	11.0	86.2
国都证券公司上海中山北路证券营业部	1544	1249.9	1109.7	57.0	13.8	11.3	21.3	36.8	0.0
国都证券公司深圳福田证券营业部	1672	1131.7	933.5	1.2	14.9	0.0	181.1	1.0	0.0
国都证券公司天津永安道证券营业部	2822	192.7	122.1	1.0	62.1	7.4	0.0	0.2	0.0
国都证券公司武汉解放大道证券营业部	2855	135.7	127.4	0.6	7.5	0.0	0.0	0.3	0.0
国都证券公司西安长安北路证券营业部	2832	169.9	156.3	0.1	13.6	0.0	0.0	0.0	0.0
国都证券公司郑州黄河路证券营业部	2258	664.7	492.9	1.6	169.3	0.2	0.6	0.2	0.0
国海证券公司北海贵州路证券营业部	2504	491.8	465.3	3.9	22.5	0.0	0.0	0.1	0.0
国海证券公司北京和平街证券营业部	609	2922.2	919.5	8.3	30.0	7.8	1955.5	0.7	0.3
国海证券公司广州寺右新马路证券营业部	1988	863.6	777.2	4.3	80.2	0.9	0.0	1.0	0.0
国海证券公司桂林中山中路证券营业部	571	3076.4	2554.1	20.2	485.7	14.7	0.0	1.8	0.0
国海证券公司贵港中山路证券营业部	1263	1567.2	879.3	9.8	142.4	0.2	535.3	0.2	0.0
国海证券公司柳州北站路证券营业部	1883	949.9	867.0	5.6	73.3	3.9	0.0	0.2	0.0
国海证券公司柳州驾鹤路证券营业部	1255	1578.7	1341.6	8.9	224.0	1.3	0.0	2.8	0.0
国海证券公司柳州屏山大道证券营业部	1375	1440.5	1283.7	9.3	140.0	6.5	0.1	0.9	0.0
国海证券公司南宁滨湖路证券营业部	1828	993.6	829.8	19.2	98.5	0.3	44.1	1.8	0.0
国海证券公司南宁公园路证券营业部	2118	765.3	659.7	5.8	94.8	3.4	0.0	1.6	0.0
国海证券公司南宁教育路证券营业部	176	7676.8	2987.2	43.1	287.7	288.1	3966.1	37.3	67.3
国海证券公司南宁民族大道科技馆证券营业部	1223	1623.2	1330.7	7.4	146.2	10.6	126.1	2.2	0.0
国海证券公司南宁民族大道证券营业部	1963	884.9	756.1	3.9	60.5	31.3	33.0	0.2	0.0
国海证券公司南宁友爱路证券营业部	1531	1262.5	1133.9	10.7	114.1	3.5	0.0	0.3	0.0
国海证券公司上海宝源路证券营业部	1612	1185.1	884.0	7.8	40.7	14.9	235.1	2.8	0.0
国海证券公司上海北京东路证券营业部	1610	1186.4	976.0	35.2	19.4	45.1	106.5	3.1	1.1
国海证券公司上海南泉路证券营业部	2006	851.3	773.3	37.3	21.5	4.1	5.0	10.0	0.0
国海证券公司上海四平路证券营业部	641	2791.1	1231.8	209.3	115.3	22.6	1197.5	5.4	9.1
国海证券公司深圳翠竹路证券营业部	2276	654.2	578.4	1.1	20.7	32.9	21.0	0.1	0.0
国海证券公司深圳深南大道证券营业部	1274	1549.6	1182.3	3.0	57.2	6.1	262.6	14.2	24.1
国海证券公司梧州蝶山一路证券营业部	2063	804.5	684.3	5.5	112.4	1.8	0.0	0.6	0.0
国海证券公司梧州桂江二路证券营业部	1318	1502.3	901.8	3.2	102.5	146.8	347.6	0.5	0.0
国海证券公司玉林人民东路证券营业部	724	2528.1	2183.1	17.4	194.9	14.7	117.6	0.3	0.0
国金证券公司北京金融街证券营业部	2352	595.4	499.8	0.0	1.2	94.3	0.0	0.0	0.0
国金证券公司成都东城根街证券营业部	328	4600.6	2977.5	14.2	298.2	134.1	1045.4	24.5	106.7
国金证券公司成都抚琴东路证券营业部	1322	1489.0	1200.5	5.1	31.1	6.8	139.7	105.8	0.0
国金证券公司成都槐树街证券营业部	2806	217.3	203.7	1.0	12.1	0.4	0.0	0.2	0.0
国金证券公司成都宁夏街证券营业部	1999	857.2	724.1	2.0	70.5	27.6	10.3	12.7	9.3
国金证券公司成都青白江玉带街证券营业部	2481	507.1	475.4	4.8	13.9	12.4	0.0	0.7	0.0
国金证券公司成都人民东路证券营业部	2675	349.0	327.0	2.2	13.7	5.3	0.8	0.1	0.0
国金证券公司成都人民南路证券营业部	1343	1472.8	1332.4	8.6	106.0	23.6	0.0	2.1	0.0
国金证券公司成都蜀都大道证券营业部	1202	1650.0	1459.8	3.0	59.2	25.4	89.2	13.4	0.0
国金证券公司成都双林路证券营业部	2573	437.8	339.6	1.3	26.5	3.2	67.0	0.3	0.0
国金证券公司成都双元街证券营业部	1182	1670.6	1472.5	3.2	178.7	10.4	0.0	5.9	0.0
国金证券公司都江堰新东门市场证券营业部	2074	791.1	733.8	3.8	48.3	4.6	0.5	0.2	0.0
国金证券公司上海茅台路证券营业部	510	3397.6	2551.3	74.6	46.4	257.8	458.9	7.9	0.8
国联证券公司北京宣武门东大街证券营业部	2635	391.3	352.5	3.8	13.4	3.5	17.7	0.4	0.0
国联证券公司广州江燕路证券营业部	2247	671.3	657.7	1.2	10.4	0.4	0.0	1.6	0.0

证券营业部交易
Trading of Securities Business Outlets

单位：百万元（Million Yuan）

营业部名称 Securities Business Outlet	名次 Rank	交易金额 Trading Value 总计 Total	股票 Stock	基金 Fund	权证 Warrant	国债现货 T-Bond Spot	国债回购 T-Bond Repo	企业债、可转债 Corporate Bond,CB	企业债回购 C-Bond Repo
国联证券公司杭州中山北路证券营业部	2202	700.1	355.8	1.8	135.7	6.5	200.0	0.4	0.0
国联证券公司江阴青果路证券营业部	956	1997.3	1856.3	44.8	89.5	1.5	0.0	5.2	0.0
国联证券公司南京太平南路证券营业部	2126	754.8	714.6	4.5	4.5	6.8	12.2	0.0	12.2
国联证券公司上海邯郸路证券营业部	719	2548.9	2239.2	71.1	63.9	95.1	26.5	44.1	9.0
国联证券公司上海漕宝路证券营业部	1009	1915.9	1524.4	7.2	96.6	13.3	262.9	11.6	0.0
国联证券公司无锡湖滨路证券营业部	525	3306.6	2165.5	29.7	119.4	31.4	872.1	8.4	80.1
国联证券公司无锡梁溪路证券营业部	550	3153.9	2813.7	41.3	235.6	43.3	6.3	13.7	0.0
国联证券公司无锡人民东路证券营业部	1000	1936.0	1710.9	21.0	96.8	12.5	89.7	5.1	0.0
国联证券公司无锡县前东街证券营业部	111	11521.6	4363.6	14.0	68.0	114.2	6949.5	12.3	0.0
国联证券公司无锡中山路证券营业部	216	6366.3	5638.5	87.2	251.1	48.5	275.2	17.9	47.8
国联证券公司宜兴宜城证券营业部	424	3911.8	3661.3	23.8	212.1	13.8	0.0	0.7	0.0
国盛证券公司抚州赣东大道证券营业部	2630	397.9	377.7	1.2	18.8	0.2	0.0	0.0	0.0
国盛证券公司赣州红旗大道赣龙商厦证券营业部	2153	734.8	655.9	9.4	64.4	3.5	1.4	0.2	0.0
国盛证券公司赣州红旗大道物资大楼证券营业部	1994	861.2	740.1	7.2	75.4	3.3	33.5	1.8	0.0
国盛证券公司赣州文清路证券营业部	1592	1201.4	1039.1	3.7	140.6	14.2	3.6	0.1	0.1
国盛证券公司吉安井冈山大道证券营业部	2485	504.4	449.2	2.0	44.1	3.0	5.7	0.3	0.1
国盛证券公司景德镇新村东路证券营业部	2537	466.0	393.6	1.3	70.4	0.6	0.0	0.1	0.0
国盛证券公司九江十里大道证券营业部	2359	589.7	479.2	8.2	91.6	8.8	0.5	1.5	0.0
国盛证券公司南昌八一大道证券营业部	105	11772.7	846.2	9.0	161.3	290.8	10465.2	0.1	0.1
国盛证券公司南昌物资大楼证券营业部	1369	1446.8	911.0	5.6	27.4	55.2	447.6	0.0	0.0
国盛证券公司南昌永叔路证券营业部	179	7432.1	2333.9	12.4	114.9	140.9	4765.6	63.8	0.6
国盛证券公司萍乡跃进中路证券营业部	1871	959.1	794.1	4.8	63.6	4.3	91.3	1.1	0.0
国盛证券公司上海天钥桥路证券营业部	384	4158.5	1465.9	7.1	27.3	135.5	1909.2	600.9	12.6
国盛证券公司上海西凌家宅路营业部	1276	1545.5	1350.6	3.6	52.7	37.5	82.0	19.2	0.0
国盛证券公司上饶赣栋北大道证券营业部	2333	612.7	565.1	3.2	39.5	3.0	0.0	1.8	0.0
国盛证券公司深圳红荔西路证券营业部	1880	950.7	644.1	14.2	15.1	10.4	264.6	2.3	0.0
国盛证券公司鹰潭胜利东路证券营业部	2586	430.9	393.7	1.3	28.8	7.0	0.0	0.1	0.0
国泰君安证券公司鞍山胜利南路证券营业部	1539	1256.1	398.4	0.0	0.0	508.4	268.0	81.3	0.0
国泰君安证券公司北京德外大街证券营业部	218	6263.8	5115.5	132.3	104.8	269.9	350.6	290.8	0.0
国泰君安证券公司北京方庄路证券营业部	188	7094.8	3426.3	82.8	243.7	978.5	2039.6	244.1	75.4
国泰君安证券公司北京西黄城根证券营业部	122	10438.2	6231.7	37.0	273.6	1250.5	2522.1	123.4	0.0
国泰君安证券公司北京知春路证券营业部	80	15778.1	10593.7	145.9	500.8	665.5	3359.5	512.6	0.0
国泰君安证券公司常德育才路证券营业部	1907	934.0	812.2	9.7	104.7	3.2	0.0	4.2	0.0
国泰君安证券公司常州广化街营业部	568	3089.1	2037.8	40.3	258.5	313.4	428.4	6.3	4.4
国泰君安证券公司长春大马路证券营业部	1180	1671.0	1217.0	30.7	88.7	46.7	214.7	73.2	0.0
国泰君安证券公司长春西安大路证券营业部	1730	1082.5	979.8	20.3	60.6	21.0	0.0	0.8	0.0
国泰君安证券公司长沙五一中路证券营业部	330	4579.4	2539.9	48.6	131.7	101.6	1748.3	9.3	0.0
国泰君安证券公司成都北一环路证券营业部	271	5484.9	4351.5	48.2	337.6	417.5	303.3	26.7	0.0
国泰君安证券公司成都建设路证券营业部	1101	1778.4	1539.1	16.6	82.8	51.3	76.8	10.7	1.2
国泰君安证券公司成都顺城大街证券营业部	647	2768.5	2172.6	26.5	99.7	37.6	395.1	36.3	0.7
国泰君安证券公司大连成义街证券营业部	628	2844.7	1012.1	66.2	147.3	1013.9	227.7	375.8	1.7
国泰君安证券公司东莞体育路证券营业部	2638	386.5	360.8	3.9	4.0	4.9	10.9	0.1	1.8
国泰君安证券公司福州华林路证券营业部	266	5594.3	3872.1	199.1	1065.3	59.3	356.0	30.1	12.4
国泰君安证券公司福州五四路证券营业部	1275	1546.0	1112.9	35.4	0.0	239.5	114.5	32.5	11.2
国泰君安证券公司抚州黄巢路证券营业部	2288	647.2	568.2	5.9	72.0	0.1	0.4	0.6	0.0
国泰君安证券公司广州东风中路证券营业部	231	6091.2	3587.3	150.3	141.5	114.8	1929.4	41.1	126.8
国泰君安证券公司广州黄埔大道证券营业部	1841	979.9	786.9	14.2	85.9	8.5	41.4	43.0	0.0
国泰君安证券公司广州人民中路证券营业部	981	1957.8	1488.0	22.7	89.6	44.7	279.4	7.4	25.9
国泰君安证券公司贵阳都司路营业部	1732	1080.6	817.9	33.0	190.4	19.8	16.3	3.2	0.0
国泰君安证券公司哈尔滨地段街证券营业部	1629	1172.4	889.7	8.6	92.2	37.7	0.0	39.8	104.4
国泰君安证券公司哈尔滨西大直街证券营业部	706	2589.8	1684.8	23.8	164.9	129.4	300.0	166.2	120.7
国泰君安证券公司海口滨海大道证券营业部	121	10439.6	216.0	6.9	0.0	0.6	10081.4	0.8	134.0
国泰君安证券公司海口金龙路证券营业部	77	15986.0	1870.6	33.0	212.1	1339.1	12426.5	21.1	83.6
国泰君安证券公司杭州庆春路证券营业部	524	3307.4	2420.7	28.4	87.3	124.5	384.8	261.7	0.0
国泰君安证券公司合肥长江西路证券营业部	947	2018.4	1400.2	16.6	193.8	23.0	380.3	4.5	0.0
国泰君安证券公司衡阳雁城路证券营业部	1006	1925.8	1656.5	18.0	239.8	10.2	0.0	1.4	0.0
国泰君安证券公司呼和浩特新城西街营业部	930	2029.7	1188.9	15.8	121.4	41.5	657.5	4.6	0.0
国泰君安证券公司吉林松江路证券营业部	1193	1658.7	1309.0	18.0	163.7	163.6	0.0	4.5	0.0
国泰君安证券公司济南经二路证券营业部	483	3534.9	2067.1	178.2	112.3	132.6	984.8	59.9	0.0
国泰君安证券公司济南永庆街证券营业部	335	4558.9	1714.5	23.4	115.9	119.7	2550.8	34.6	0.0
国泰君安证券公司荆州北京中路营业部	2028	833.5	723.0	5.1	27.9	77.5	0.0	0.0	0.0
国泰君安证券公司九江甘棠路证券营业部	1656	1157.2	1028.1	12.9	94.5	13.5	6.6	1.7	0.0
国泰君安证券公司昆明人民中路证券营业部	391	4106.9	3124.0	231.2	260.2	14.3	463.9	13.3	0.0
国泰君安证券公司兰州大众市场证券营业部	997	1937.8	1377.3	131.1	313.5	74.2	33.2	8.5	0.1
国泰君安证券公司兰州东岗西路证券营业部	767	2412.3	1693.0	110.4	88.6	458.1	20.0	42.2	0.0

证券营业部交易
Trading of Securities Business Outlets

单位：百万元（Million Yuan）

营业部名称 Securities Business Outlet	名次 Rank	交易金额 Trading Value 总计 Total	股票 Stock	基金 Fund	权证 Warrant	国债现货 T-Bond Spot	国债回购 T-Bond Repo	企业债、可转债 Corporate Bond,CB	企业债回购 C-Bond Repo
国泰君安证券公司兰州西固中路证券营业部	976	1964.9	770.3	169.4	0.0	727.5	121.5	176.3	0.0
国泰君安证券公司临沂沂蒙路证券营业部	1020	1904.0	1585.4	13.1	294.9	1.1	8.2	1.1	0.2
国泰君安证券公司南昌站前路营业部	752	2455.0	2074.4	31.6	225.5	45.4	22.4	55.6	0.0
国泰君安证券公司南京高楼门证券营业部	2431	547.4	516.1	4.3	0.3	26.7	0.0	0.1	0.0
国泰君安证券公司南京太平南路证券营业部	161	8298.5	5946.9	122.0	1097.1	305.1	750.7	68.2	8.5
国泰君安证券公司南宁桃源路路证券营业部	285	5248.3	1549.1	14.3	149.5	361.5	3166.3	7.7	0.0
国泰君安证券公司宁波彩虹北路证券营业部	284	5254.3	3211.6	47.5	851.9	137.2	779.4	200.6	26.1
国泰君安证券公司齐齐哈尔龙华路证券营业部	2265	661.3	581.7	6.8	26.3	32.4	0.0	14.1	0.0
国泰君安证券公司青岛南京路证券营业部	577	3052.6	1877.3	41.1	329.9	129.2	666.9	8.3	0.0
国泰君安证券公司泉州证券营业部	2581	433.4	331.5	17.1	77.5	2.2	0.0	5.1	0.0
国泰君安证券公司汕头金沙路营业部	993	1944.1	1101.9	29.9	677.0	30.1	102.0	3.2	0.0
国泰君安证券公司上海打浦路证券营业部	462	3684.8	2478.1	67.6	68.2	270.0	452.9	293.1	54.9
国泰君安证券公司上海福山路证券营业部	61	18135.5	5348.5	736.5	59.2	2523.4	8754.5	556.5	156.9
国泰君安证券公司上海广东路证券营业部	883	2119.3	1413.9	61.6	36.9	24.5	564.3	7.2	11.0
国泰君安证券公司上海虹桥路证券营业部	612	2914.4	2126.0	153.5	38.5	253.2	160.3	171.4	11.6
国泰君安证券公司上海江苏路证券营业部	40	23730.0	9816.3	210.5	4361.9	539.7	8241.9	174.8	384.9
国泰君安证券公司上海凯旋路证券营业部	322	4653.5	2859.7	120.0	282.7	260.7	1116.5	12.6	0.0
国泰君安证券公司上海陆家嘴东路证券营业部	262	5630.5	3394.5	154.6	48.9	264.1	1669.0	99.5	0.0
国泰君安证券公司上海牡丹江路证券第二营业部	584	3034.3	2113.3	38.8	127.8	19.4	728.0	6.9	0.0
国泰君安证券公司上海牡丹江路证券营业部	888	2106.0	1852.3	33.2	126.9	22.1	67.7	3.9	0.0
国泰君安证券公司上海商城路证券营业部	49	21689.0	7545.4	2674.1	187.5	289.2	5767.8	245.9	4979.2
国泰君安证券公司上海水城路证券营业部	101	12405.5	3476.8	1728.8	72.8	2198.7	3227.0	1093.5	607.8
国泰君安证券公司上海四平路证券营业部	227	6138.4	4447.8	50.1	247.6	240.9	973.1	22.9	156.0
国泰君安证券公司上海延平路证券营业部	19	43768.4	2100.1	144.1	101.3	478.4	40880.0	64.5	0.0
国泰君安证券公司上海杨树浦路证券营业部	63	17695.2	1328.6	17.8	191.9	38.6	16083.7	34.7	0.0
国泰君安证券公司上海宜山路证券营业部	623	2864.7	2363.8	36.5	196.0	165.2	95.8	7.4	0.0
国泰君安证券公司上海制造局路证券营业部	634	2822.3	1909.7	46.0	58.7	25.8	775.8	6.1	0.0
国泰君安证券公司绍兴中兴中路证券营业部	228	6126.0	1062.6	11.8	71.4	534.8	4425.4	19.9	0.0
国泰君安证券公司深圳爱国路证券营业部	268	5572.2	2812.4	5.8	43.0	120.5	1205.9	308.4	1076.2
国泰君安证券公司深圳蔡屋围证券营业部	672	2689.7	2380.0	24.8	65.1	129.4	83.2	7.2	0.0
国泰君安证券公司深圳红荔路证券营业部	1831	991.5	757.0	28.6	70.7	14.2	117.0	4.0	0.0
国泰君安证券公司深圳华发北路营业部	15	46753.2	2242.5	29.7	374.8	20.5	28309.9	34.1	15741.7
国泰君安证券公司深圳人民南路证券营业部	212	6448.1	5292.6	131.0	643.5	35.6	107.2	238.2	0.0
国泰君安证券公司深圳上步中路证券营业部	18	44722.0	982.5	6.2	42.4	95.6	41562.7	1.9	2030.8
国泰君安证券公司深圳深南中路证券营业部	359	4362.4	1528.2	169.7	32.8	1500.1	983.2	148.4	0.0
国泰君安证券公司深圳松岗证券营业部	2204	698.4	550.4	16.9	107.3	5.7	8.9	9.1	0.0
国泰君安证券公司深圳笋岗路证券营业部	337	4545.2	2727.1	15.6	81.4	116.8	1528.8	26.6	49.0
国泰君安证券公司深圳桃园路营业部	835	2225.5	1886.4	58.7	72.5	74.7	107.0	26.2	0.0
国泰君安证券公司深圳益田路证券营业部	185	7198.3	3107.8	17.3	3146.5	211.7	686.0	27.8	1.2
国泰君安证券公司深圳振华路证券营业部	27	35692.1	1560.4	13.6	65.1	256.9	21792.7	57.2	11946.1
国泰君安证券公司沈阳黄河南大街证券营业部	1751	1056.0	957.6	24.2	56.2	17.4	0.0	0.8	0.0
国泰君安证券公司沈阳热闹路证券营业部	448	3721.3	2372.5	32.5	155.9	536.7	618.1	5.7	0.0
国泰君安证券公司石家庄建华南大街证券营业部	302	4907.2	3660.2	90.1	517.5	31.5	570.1	37.8	0.0
国泰君安证券公司石家庄育才街证券营业部	553	3137.5	1539.6	1.2	17.9	98.3	1332.8	147.7	0.0
国泰君安证券公司顺德东乐路证券营业部	1195	1657.8	980.2	23.3	144.9	78.6	349.6	46.4	34.9
国泰君安证券公司台州临海证券营业部	243	5888.0	5384.4	52.9	427.3	19.1	0.0	4.3	0.0
国泰君安证券公司太原并州北路营业部	497	3476.8	1911.5	145.5	141.9	11.0	1174.8	3.6	88.5
国泰君安证券公司天津环湖中路营业部	1843	979.5	789.7	30.6	33.7	2.6	114.0	8.8	0.0
国泰君安证券公司天津六纬路证券营业部	941	2020.1	1001.5	19.8	48.4	11.4	938.5	0.4	0.0
国泰君安证券公司天津塘沽上海道证券营业部	1385	1431.6	1176.7	11.2	73.3	89.6	80.6	0.3	0.0
国泰君安证券公司天津新兴路证券营业部	1955	890.7	819.5	9.6	41.6	15.5	0.0	4.5	0.0
国泰君安证券公司乌鲁木齐建设路证券营业部	2417	555.5	394.7	2.8	13.1	144.0	0.0	0.8	0.0
国泰君安证券公司武汉洞庭街证券营业部	2045	818.1	748.6	11.5	44.0	11.0	0.0	3.0	0.0
国泰君安证券公司武汉解放大道证券营业部	1937	907.7	840.2	8.6	54.7	0.9	0.0	3.3	0.0
国泰君安证券公司武汉紫阳东路证券营业部	1834	985.1	816.5	14.1	42.5	99.5	1.4	11.2	0.0
国泰君安证券公司西安东关正街证券营业部	2061	806.7	727.3	1.2	0.0	43.9	10.4	23.8	0.0
国泰君安证券公司西安环城南路证券营业部	428	3880.1	2282.5	35.5	555.6	230.9	763.2	12.1	0.0
国泰君安证券公司厦门嘉禾路证券营业部	1357	1460.8	1315.1	27.2	111.5	5.8	0.0	1.2	0.0
国泰君安证券公司襄樊襄城南街证券营业部	1996	859.9	666.2	15.2	104.8	35.3	37.9	0.5	0.0
国泰君安证券公司徐州解放南路证券营业部	964	1986.8	1712.0	26.8	215.4	17.2	0.1	15.3	0.0
国泰君安证券公司宜昌云集路证券营业部	2901	27.3	27.3	0.0	0.0	0.0	0.0	0.0	0.0
国泰君安证券公司宜昌珍珠路证券营业部	1399	1413.3	1250.4	7.9	120.7	8.9	0.0	25.3	0.0
国泰君安证券公司宜春东风大街证券营业部	1680	1117.7	944.8	6.1	163.8	2.3	0.0	0.7	0.0
国泰君安证券公司鹰潭环城西路证券营业部	1346	1469.8	1317.3	6.4	112.7	33.2	0.0	0.2	0.0
国泰君安证券公司余姚阳明西路证券营业部	2892	52.0	50.6	0.6	0.0	0.7	0.0	0.1	0.0

证券营业部交易
Trading of Securities Business Outlets

单位：百万元（Million Yuan）

营业部名称 Securities Business Outlet	名次 Rank	交易金额 Trading Value 总计 Total	股票 Stock	基金 Fund	权证 Warrant	国债现货 T-Bond Spot	国债回购 T-Bond Repo	企业债、可转债 Corporate Bond,CB	企业债回购 C-Bond Repo
国泰君安证券公司郑州花园路证券营业部	52	20961.7	4633.2	157.4	528.6	627.6	14737.1	37.8	240.0
国泰君安证券公司重庆民生路证券营业部	673	2689.0	1715.2	17.9	149.6	87.8	715.2	3.3	0.0
国泰君安证券公司重庆民族路营业部	1535	1260.7	1023.6	9.2	28.8	9.6	184.1	5.4	0.0
国泰君安证券公司重庆中山三路证券营业部	839	2217.8	1399.1	12.1	54.8	21.6	729.0	1.2	0.0
国泰君安证券公司株洲建设中路证券营业部	1349	1467.2	1332.8	11.7	94.1	27.5	0.0	1.1	0.0
国泰君安证券公司总部	7	69968.7	21294.1	3924.7	440.5	14183.4	26498.5	1874.7	1752.9
国泰君安证券公司衢州柯城证券营业部	2164	728.5	685.1	6.5	32.4	3.3	0.0	1.2	0.0
国泰君安证券公司泸州三星街证券营业部	858	2177.9	767.4	11.1	117.4	3.8	1277.7	0.4	0.0
国信证券公司北京呼家楼北街证券营业部	162	8262.6	5571.7	156.2	417.5	413.1	1190.8	513.3	0.0
国信证券公司北京三里河路证券营业部	289	5193.5	3042.7	177.3	194.4	230.3	1218.5	330.3	0.0
国信证券公司长春解放大路证券营业部	2897	41.7	22.8	0.2	16.8	1.8	0.0	0.1	0.0
国信证券公司长沙五一大道证券营业部	2902	25.3	19.6	0.5	5.2	0.0	0.0	0.0	0.0
国信证券公司成都二环路证券营业部	742	2492.9	2249.9	11.7	56.6	95.7	33.3	45.8	0.0
国信证券公司大连花园广场证券营业部	1462	1320.9	1227.9	24.4	61.5	4.3	0.0	2.9	0.0
国信证券公司佛山体育路证券营业部	392	4104.7	783.1	30.3	116.4	44.4	3118.8	7.1	4.6
国信证券公司福州五一中路证券营业部	538	3191.5	2339.4	438.3	171.2	105.9	98.3	37.1	1.3
国信证券公司广州东风中路证券营业部	68	16854.2	6982.9	200.1	643.3	1400.9	7560.9	63.6	2.5
国信证券公司哈尔滨田地街证券营业部	1853	971.4	887.2	17.6	58.6	6.5	1.4	0.2	0.0
国信证券公司杭州保俶路证券营业部	200	6680.3	3715.5	2670.4	144.4	57.4	57.5	26.8	8.3
国信证券公司杭州萧然东路证券营业部	1472	1311.5	1217.5	16.9	62.0	15.1	0.0	0.0	0.0
国信证券公司绵阳富乐路证券营业部	1312	1508.1	1379.2	7.5	68.6	50.4	0.0	2.4	0.0
国信证券公司南京洪武路证券营业部	588	3022.7	2449.9	245.8	270.0	4.9	8.9	43.2	0.0
国信证券公司上海北京东路证券营业部	117	11012.3	5477.1	176.9	242.6	250.5	4268.4	7.0	589.8
国信证券公司深圳红荔路证券营业部	2054	810.5	634.4	3.6	125.1	2.9	11.8	32.7	0.0
国信证券公司深圳红岭中路证券营业部	4	88299.4	66359.0	1268.4	8928.7	1549.3	9348.5	759.4	86.0
国信证券公司深圳深南中路证券营业部	329	4597.3	3051.8	63.8	1037.3	3.2	355.3	42.0	44.0
国信证券公司深圳振华路证券营业部	353	4412.4	3075.0	124.6	553.2	26.4	590.0	14.8	28.4
国信证券公司天津湘江道证券营业部	1987	865.2	753.2	62.8	46.3	2.3	0.0	0.6	0.0
国信证券公司武汉京汉大道证券营业部	932	2027.5	1526.0	20.3	269.3	3.5	204.5	1.7	2.1
国信证券公司西安友谊东路证券营业部	713	2554.6	1607.4	265.9	94.5	260.3	169.5	157.0	0.0
国信证券公司烟台西南河路证券营业部	84	14785.8	671.1	16.9	30.7	400.6	13445.7	93.4	127.6
国信证券公司义乌稠州北路证券营业部	823	2257.6	1384.2	24.2	114.2	576.3	110.0	48.8	0.0
国信证券公司珠海翠香路证券营业部	1704	1103.2	797.0	23.7	129.1	8.6	142.6	2.2	0.0
国元证券公司安庆人民路证券营业部	2791	236.5	213.5	1.4	14.7	6.6	0.0	0.4	0.0
国元证券公司蚌埠胜利西路证券营业部	1886	946.8	775.4	12.2	47.7	106.0	0.0	5.5	0.0
国元证券公司北京西坝河南路证券营业部	795	2335.1	785.0	7.2	34.4	38.7	1382.6	10.8	76.4
国元证券公司巢湖健康中路证券营业部	2611	412.4	313.9	0.2	21.4	67.7	0.0	0.2	0.0
国元证券公司滁州琅琊东路证券营业部	2454	530.6	464.2	7.3	44.9	13.9	0.0	0.4	0.0
国元证券公司阜阳颍州南路证券营业部	1473	1310.8	1143.1	9.5	152.7	4.5	0.0	1.0	0.0
国元证券公司广州江南西路证券营业部	1158	1703.2	1135.8	40.0	84.4	98.7	319.4	24.9	0.0
国元证券公司合肥长江路证券营业部	707	2587.5	1993.0	5.9	30.9	489.8	0.0	67.8	0.0
国元证券公司合肥红星路证券营业部	1627	1173.1	920.9	14.6	197.0	28.8	2.9	8.9	0.0
国元证券公司合肥花园街第一证券营业部	2248	670.7	510.2	104.1	51.2	3.4	0.0	1.9	0.0
国元证券公司合肥金寨路证券营业部	1631	1171.4	1024.5	6.9	77.5	56.4	0.0	6.2	0.0
国元证券公司合肥庐江路证券营业部	429	3878.8	2759.3	9.0	28.8	712.9	271.0	97.7	0.0
国元证券公司合肥人民路证券营业部	476	3601.9	1380.2	10.9	29.4	34.9	2113.2	33.2	0.0
国元证券公司合肥寿春路第二证券营业部	2203	699.5	383.7	179.1	115.9	20.9	0.0	0.0	0.0
国元证券公司合肥寿春路第一证券营业部	528	3299.1	2588.4	25.6	235.9	202.7	182.2	63.3	1.0
国元证券公司合肥宿州路证券营业部	980	1958.0	1613.2	25.0	106.0	11.5	158.2	44.1	0.0
国元证券公司合肥芜湖路证券营业部	1903	936.4	816.6	6.4	25.8	60.4	0.0	27.2	0.0
国元证券公司淮北淮海路证券营业部	1957	889.8	800.5	6.4	27.9	55.1	0.0	0.0	0.0
国元证券公司淮南朝阳中路证券营业部	2480	507.4	467.7	6.5	21.9	10.9	0.0	0.4	0.0
国元证券公司淮南国庆中路证券营业部	1916	926.0	841.7	7.2	63.0	11.8	0.0	2.3	0.0
国元证券公司六安人民路证券营业部	2844	161.9	125.1	1.3	17.9	15.1	0.0	2.5	0.0
国元证券公司马鞍山湖南路证券营业部	1923	921.3	828.3	16.8	55.0	20.2	0.0	0.9	0.0
国元证券公司上海东方路证券营业部	643	2784.4	1265.2	465.1	56.0	589.4	400.8	7.8	0.0
国元证券公司上海复兴西路证券营业部	616	2886.0	1927.2	40.2	63.9	303.9	408.7	141.1	1.0
国元证券公司上海虹桥路证券营业部	515	3383.6	1779.6	23.7	82.2	189.6	1267.6	5.4	35.5
国元证券公司上海斜土路证券营业部	1487	1297.1	681.8	13.6	27.5	267.4	291.1	1.0	14.7
国元证券公司上海中山北路证券营业部	503	3434.6	1479.5	68.4	39.4	1458.7	327.1	6.5	55.0
国元证券公司深圳百花二路证券营业部	37	25317.0	1305.5	8.0	72.9	263.3	23242.4	6.6	418.3
国元证券公司深圳宝安南路证券营业部	851	2197.9	1694.0	4.5	5.7	66.1	274.0	153.6	0.0
国元证券公司宿州汴河路证券营业部	2184	712.2	650.9	9.1	48.1	3.4	0.4	0.2	0.0
国元证券公司铜陵义安南路证券营业部	1213	1634.1	839.2	5.8	36.6	269.7	481.0	1.8	0.0
国元证券公司芜湖北京东路证券营业部	2280	652.5	623.2	3.5	23.6	1.5	0.2	0.3	0.0

证券营业部交易
Trading of Securities Business Outlets

单位：百万元（Million Yuan）

营业部名称 Securities Business Outlet	名次 Rank	交易金额 Trading Value 总计 Total	股票 Stock	基金 Fund	权证 Warrant	国债现货 T-Bond Spot	国债回购 T-Bond Repo	企业债、可转债 Corporate Bond,CB	企业债回购 C-Bond Repo
国元证券公司芜湖黄山西路证券营业部	2489	503.3	476.5	5.6	15.0	5.3	0.0	0.9	0.0
国元证券公司芜湖九华山路证券营业部	412	3980.1	764.8	18.0	27.7	245.3	2922.4	1.9	0.0
国元证券公司宣城状元北路证券营业部	2895	43.0	40.7	2.2	0.0	0.0	0.0	0.0	0.0
海际大和证券公司固定收益部	2869	101.0	0.0	0.0	0.0	101.0	0.0	0.0	0.0
海南省信托投资公司深圳证券营业部	2863	110.9	106.6	1.2	0.1	0.0	0.0	3.1	0.0
海南省证券公司海口海秀大道营业部	2910	1.6	1.4	0.2	0.0	0.0	0.0	0.0	0.0
海南省证券公司龙昆北路营业部	2903	22.0	21.4	0.4	0.0	0.2	0.0	0.0	0.0
海通证券公司鞍山二道街营业部	512	3393.7	3047.2	28.0	202.7	81.9	0.0	33.8	0.0
海通证券公司蚌埠中荣街证券营业部	1534	1261.2	955.1	12.8	77.1	7.9	192.4	15.9	0.0
海通证券公司北京光华路营业部	1562	1234.8	1030.9	40.3	77.2	33.4	50.9	2.1	0.0
海通证券公司北京柳芳北里营业部	1241	1594.2	975.7	8.4	43.5	329.2	234.7	2.7	0.0
海通证券公司北京中关村南大街证券营业部	113	11315.8	2310.3	8.4	57.5	909.6	7967.4	62.6	0.0
海通证券公司常熟海虞北路营业部	2827	177.4	75.6	1.4	12.3	0.0	88.0	0.0	0.0
海通证券公司常州健身路营业部	875	2140.6	1925.6	11.8	91.3	28.6	50.8	12.6	20.0
海通证券公司长春大经路营业部	1296	1519.2	1211.9	10.6	98.0	14.1	182.2	2.4	0.0
海通证券公司长沙五一大道营业部	2307	632.6	589.0	23.3	19.5	0.5	0.0	0.3	0.0
海通证券公司成都人民西路营业部	1105	1772.4	1353.7	24.3	178.6	57.3	157.6	0.8	0.0
海通证券公司大连分公司天津街营业部	2373	578.7	515.5	6.9	20.7	10.4	25.0	0.2	0.0
海通证券公司大庆东风路营业部	610	2920.7	861.9	11.3	192.3	614.9	1239.6	0.8	0.0
海通证券公司大庆西二路营业部	304	4903.0	3188.2	27.7	194.8	839.1	288.2	365.1	0.0
海通证券公司福州广达路证券营业部	1002	1933.0	1502.0	19.0	154.3	55.7	181.6	12.3	8.1
海通证券公司广州东风西路营业部	1665	1141.0	798.8	26.8	80.3	57.9	130.4	25.4	21.4
海通证券公司广州江南西路营业部	1976	873.7	652.3	7.7	57.7	28.0	123.2	4.8	0.0
海通证券公司贵阳富水北路证券营业部	1582	1213.6	1065.8	63.3	70.1	11.9	0.4	1.4	0.7
海通证券公司哈尔滨和平路证券营业部	1958	889.3	838.7	7.1	38.1	4.7	0.2	0.5	0.0
海通证券公司海口龙昆北路营业部	1330	1481.5	1250.6	9.2	11.4	38.5	169.3	2.4	0.0
海通证券公司杭州环城西路证券营业部	379	4180.7	2730.7	558.4	300.5	58.8	498.9	31.1	2.3
海通证券公司杭州解放路证券营业部	184	7271.6	4688.5	267.3	587.8	144.3	1481.4	102.3	0.0
海通证券公司杭州文化路证券营业部	658	2745.8	2227.2	13.6	169.6	9.1	278.8	2.1	45.4
海通证券公司合肥美菱大道营业部	1048	1855.4	1297.0	168.3	39.7	16.5	333.2	0.8	0.0
海通证券公司淮安淮海南路证券营业部	2025	834.8	655.6	6.0	105.3	55.7	11.2	1.0	0.0
海通证券公司吉林朝阳街营业部	1729	1082.6	994.9	11.3	55.8	19.3	0.0	1.4	0.0
海通证券公司济南黑虎泉西路证券营业部	943	2020.0	1740.3	8.7	66.0	85.2	108.2	11.7	0.0
海通证券公司昆明东风西路营业部	1097	1782.2	1415.6	8.6	80.2	245.8	15.2	16.8	0.0
海通证券公司辽源人民大街证券营业部	1422	1371.8	1275.6	6.0	28.1	62.0	0.0	0.1	0.0
海通证券公司南京常府街证券营业部	1010	1915.6	1680.6	7.7	144.4	25.0	55.5	2.5	0.0
海通证券公司南京广州路营业部	1443	1344.3	1153.5	28.1	76.9	13.5	69.4	2.8	0.0
海通证券公司南宁人民东路证券营业部	2316	623.4	523.4	4.6	82.7	12.2	0.0	0.5	0.0
海通证券公司南通人民中路证券营业部	2303	635.2	392.7	2.2	44.0	3.3	178.7	14.3	0.0
海通证券公司宁波百丈东路证券营业部	1530	1263.1	856.9	13.8	86.6	7.2	298.4	0.2	0.0
海通证券公司宁波解放北路证券营业部	836	2222.5	1970.6	25.2	89.5	22.8	96.4	18.0	0.0
海通证券公司青岛杭州路营业部	1529	1263.2	925.6	9.8	40.0	51.6	234.3	2.1	0.0
海通证券公司青岛湛山一路营业部	35	26247.7	1826.2	14.5	203.9	269.5	23694.0	29.6	210.0
海通证券公司汕头中山中路营业部	1331	1480.6	1067.3	58.3	79.0	2.7	263.6	0.6	9.0
海通证券公司上海本溪路证券营业部	1328	1482.2	1303.2	50.2	32.7	15.1	78.6	0.6	1.8
海通证券公司上海合肥路证券营业部	475	3604.6	1621.1	33.6	27.1	38.3	1872.3	9.9	2.3
海通证券公司上海建国西路证券营业部	340	4508.0	939.7	33.7	1241.2	14.1	1956.0	26.5	296.8
海通证券公司上海江宁路证券营业部	555	3126.5	1216.1	22.5	1243.2	34.8	603.6	1.0	5.3
海通证券公司上海临汾路营业部	460	3689.1	1293.5	17.4	2194.2	84.5	97.1	2.4	0.0
海通证券公司上海牡丹江路证券营业部	824	2251.7	1561.9	33.4	99.5	249.1	242.3	65.5	0.0
海通证券公司上海欧阳路证券营业部	2547	459.0	423.8	5.0	3.9	23.5	0.0	2.8	0.0
海通证券公司上海平武路证券营业部	1785	1030.1	770.4	23.5	48.5	20.0	166.5	1.3	0.0
海通证券公司上海瑞金南路营业部	245	5873.6	796.0	44.9	56.8	1042.5	3615.6	71.5	246.3
海通证券公司上海天平路营业部	137	9500.4	2886.4	18.6	2584.8	753.7	2898.5	250.5	107.9
海通证券公司上海铜川路证券营业部	308	4844.8	3370.3	16.0	107.9	320.5	998.7	31.2	0.2
海通证券公司上海香港路营业部	147	8824.8	2280.6	36.5	63.0	225.3	6090.1	20.6	108.6
海通证券公司上海新沪路证券营业部	694	2624.6	1837.2	20.8	86.9	62.6	555.7	34.5	26.9
海通证券公司上海新开河营业部	1892	942.8	771.3	34.7	49.4	37.6	32.0	17.8	0.0
海通证券公司上海延长西路证券营业部	104	11800.5	2937.8	420.8	300.9	1663.5	6257.0	171.6	48.8
海通证券公司上海愚园路营业部	1392	1421.2	931.0	22.7	148.1	62.0	227.7	2.9	26.7
海通证券公司上海余姚路证券营业部	1567	1229.6	571.0	29.5	17.2	11.5	598.4	1.9	0.0
海通证券公司上海玉田支路证券营业部	129	9914.5	1354.9	33.0	6049.9	284.8	1330.3	809.5	52.2
海通证券公司上海岳阳路营业部	559	3119.6	1142.4	27.1	20.3	40.9	1880.6	7.4	0.8
海通证券公司上海种德桥路营业部	1547	1247.8	1078.3	36.9	102.0	23.2	2.8	3.4	1.2
海通证券公司上海周家嘴路营业部	1052	1852.3	848.2	14.5	939.1	41.6	4.4	3.6	0.8

证券营业部交易
Trading of Securities Business Outlets

单位：百万元（Million Yuan）

营业部名称 Securities Business Outlet	名次 Rank	交易金额 Trading Value 总计 Total	股票 Stock	基金 Fund	权证 Warrant	国债现货 T-Bond Spot	国债回购 T-Bond Repo	企业债、可转债 Corporate Bond,CB	企业债回购 C-Bond Repo
海通证券公司上海崂山东路证券营业部	548	3157.6	1863.3	38.9	92.4	35.9	1124.8	2.3	0.0
海通证券公司上海崂山西路营业部	1413	1382.2	1057.9	13.5	78.4	11.3	217.9	3.2	0.0
海通证券公司上虞白官镇营业部	1087	1799.1	1637.7	6.2	150.4	3.1	0.0	1.7	0.0
海通证券公司绍兴劳动路营业部	309	4836.1	4320.1	51.1	433.0	21.4	1.5	9.1	0.0
海通证券公司深圳红岭南路营业部	1426	1366.7	1134.5	4.1	42.0	2.5	183.5	0.1	0.0
海通证券公司深圳红岭中路营业部	544	3170.8	2897.6	25.7	182.4	3.2	59.3	2.6	0.0
海通证券公司深圳华富路营业部	1445	1343.5	1181.2	24.2	110.7	5.4	15.3	4.0	2.7
海通证券公司深圳嘉宾路营业部	1307	1512.4	1399.5	4.4	87.5	0.0	17.0	3.9	0.0
海通证券公司深圳景田南路证券营业部	1495	1291.5	1136.5	36.9	15.7	82.9	12.0	7.6	0.0
海通证券公司深圳蛇口太子路营业部	933	2027.3	1353.8	33.6	44.3	6.5	574.5	14.7	0.0
海通证券公司沈阳大西路证券营业部	2344	604.5	550.2	6.2	37.4	6.3	0.0	4.5	0.0
海通证券公司石家庄师范街证券营业部	1542	1250.9	877.1	11.1	90.1	178.7	93.2	0.6	0.0
海通证券公司苏州竹辉路营业部	1434	1357.5	1127.0	18.7	111.0	5.4	91.7	3.8	0.0
海通证券公司泰安龙潭路营业部	1412	1386.7	1053.6	8.8	201.4	114.5	4.8	3.5	0.0
海通证券公司太原新建路营业部	422	3934.5	2880.3	35.6	191.4	479.3	278.1	55.2	14.7
海通证券公司天津长江道营业部	2363	588.9	535.1	2.6	45.2	4.8	0.0	1.2	0.0
海通证券公司威海高山街营业部	763	2422.1	2165.4	12.1	117.4	54.2	54.5	18.6	0.0
海通证券公司乌鲁木齐友好北路证券营业部	2526	476.8	345.4	5.8	25.5	95.8	4.4	0.0	0.0
海通证券公司无锡工运路证券营业部	1383	1435.8	1318.2	23.6	32.2	10.3	51.2	0.3	0.0
海通证券公司芜湖银湖路证券营业部	2823	188.9	180.4	1.7	5.7	1.0	0.0	0.1	0.0
海通证券公司武汉分公司江大路证券营业部	1285	1536.5	807.4	44.4	234.1	53.5	359.7	37.5	0.0
海通证券公司武汉分公司中北路证券营业部	1637	1166.8	830.6	35.7	87.5	2.4	210.3	0.4	0.0
海通证券公司西安西新街证券营业部	1404	1407.5	1235.3	16.8	116.4	38.9	0.0	0.2	0.0
海通证券公司新余劳动南路营业部	1813	1005.3	803.7	12.1	183.3	3.1	0.0	3.0	0.0
海通证券公司烟台解放路证券营业部	1908	933.8	658.4	27.5	73.6	144.6	16.8	13.0	0.0
海通证券公司扬州汶河南路证券营业部	91	13981.3	1338.3	14.3	82.1	35.7	10473.3	10.3	2027.2
海通证券公司营口辽河大街证券营业部	999	1936.5	1277.7	6.2	139.2	76.9	434.2	2.4	0.0
海通证券公司郑州经七路证券营业部	697	2613.3	2181.6	40.4	231.5	108.5	50.8	0.6	0.0
海通证券公司重庆加州花园营业部	2317	623.4	587.7	6.3	13.7	1.3	0.0	14.3	0.0
海通证券公司重庆中山三路证券营业部	810	2295.0	1202.0	6.6	77.4	562.0	446.6	0.4	0.0
海通证券公司淄博石化营业部	951	2009.4	1663.4	10.7	157.0	59.5	107.0	11.9	0.0
海通证券公司淄博通济街营业部	1157	1704.8	1370.0	7.6	235.0	1.6	90.6	0.0	0.0
海通证券公司遵义中华南路营业部	1717	1095.3	955.9	4.1	57.6	3.5	74.2	0.0	0.0
汉唐证券公司蚌埠淮河路证券营业部	2148	738.7	713.1	7.9	0.1	12.2	0.0	5.4	0.0
汉唐证券公司北京丰汇园证券营业部	1008	1923.2	1227.7	10.8	0.3	34.5	304.6	2.6	342.7
汉唐证券公司北京前门证券营业部	1450	1337.0	1322.3	7.6	0.2	6.8	0.0	0.1	0.0
汉唐证券公司北京裕民路证券营业部	187	7135.8	3546.2	41.8	0.3	12.3	3347.5	13.1	175.7
汉唐证券公司常州延陵东路证券营业部	2007	849.4	801.7	15.6	0.1	15.4	12.4	4.3	0.0
汉唐证券公司成都一环路证券营业部	2324	619.5	587.4	1.9	0.1	13.9	16.0	0.2	0.0
汉唐证券公司东莞金牛路证券营业部	2900	27.4	27.4	0.0	0.0	0.0	0.0	0.0	0.0
汉唐证券公司番禺光明南路证券营业部	2264	661.4	508.6	4.8	0.3	8.6	122.5	6.2	10.3
汉唐证券公司佛山汾江中路证券营业部	2306	632.8	306.4	1.9	0.0	3.8	292.2	0.3	28.2
汉唐证券公司广州寺右新马路证券营业部	1564	1232.1	1191.9	4.2	0.4	1.7	30.8	3.2	0.0
汉唐证券公司广州中山大道证券营业部	2318	622.8	613.9	1.9	0.1	4.6	1.9	0.5	0.0
汉唐证券公司贵阳北京路证券营业部	727	2519.5	2431.1	12.2	0.3	64.2	0.0	11.7	0.0
汉唐证券公司贵阳新华路证券营业部	1556	1239.2	1207.7	8.0	0.3	20.3	0.0	2.9	0.0
汉唐证券公司海口滨海大道证券营业部	2515	481.9	210.0	0.5	0.4	7.2	135.1	0.6	128.1
汉唐证券公司茂名迎宾路证券营业部	2392	570.9	555.5	2.2	0.1	1.7	9.6	1.1	0.6
汉唐证券公司南京汉中门大街证券营业部	2443	538.1	529.8	5.3	0.1	2.4	0.0	0.5	0.0
汉唐证券公司上海武进路证券营业部	145	8984.6	8508.0	175.8	1.6	78.5	130.6	90.2	0.0
汉唐证券公司上海中华路证券营业部	945	2018.9	726.3	9.5	0.2	2.3	1223.5	33.0	24.2
汉唐证券公司深圳福星路证券营业部	165	7998.0	7678.2	104.0	1.5	27.6	155.5	30.7	0.4
汉唐证券公司深圳红岭中路证券营业部	2779	250.1	208.8	0.4	0.0	40.7	0.0	0.2	0.0
汉唐证券公司湛江延安路证券营业部	1768	1045.6	746.2	10.8	0.6	18.6	264.1	5.1	0.2
汉唐证券公司湛江中山一路证券营业部	1206	1641.7	1402.0	10.8	0.5	60.0	134.3	7.6	26.5
航空证券公司保定五四西路证券营业部	740	2496.3	1748.8	15.9	149.3	403.8	166.7	11.8	0.0
航空证券公司北京中关村南大街证券营业部	348	4427.3	3030.3	40.9	86.6	17.6	1199.3	52.6	0.0
航空证券公司上海龙华西路证券营业部	2127	754.0	692.4	12.2	30.2	15.9	0.0	3.3	0.0
航空证券公司深圳龙华证券营业部	2517	481.4	433.9	2.4	45.0	0.1	0.0	0.1	0.0
航空证券公司深圳振华路证券营业部	2761	270.2	248.0	0.7	21.3	0.0	0.0	0.2	0.0
航天证券经纪公司上海曹杨路证券营业部	1402	1411.8	1144.0	10.3	70.0	35.0	103.2	28.4	20.8
航天证券经纪公司上海淮海西路证券营业部	2668	356.3	271.2	1.7	28.9	0.8	23.4	0.2	30.1
和兴证券经纪公司北京百万庄大街证券营业部	2544	461.7	442.9	3.5	4.3	10.6	0.0	0.3	0.0
和兴证券经纪公司成都创业路证券营业部	2873	96.7	92.6	0.7	2.9	0.5	0.0	0.0	0.0
和兴证券经纪公司成都福兴街证券营业部	2669	356.2	343.7	1.1	8.4	1.1	1.6	0.3	0.0

证券营业部交易
Trading of Securities Business Outlets

单位：百万元（Million Yuan）

营业部名称 Securities Business Outlet	名次 Rank	交易金额 Trading Value 总计 Total	股票 Stock	基金 Fund	权证 Warrant	国债现货 T-Bond Spot	国债回购 T-Bond Repo	企业债、可转债 Corporate Bond,CB	企业债回购 C-Bond Repo
和兴证券经纪公司成都红庙子证券营业部	2771	259.4	236.5	0.7	21.0	1.1	0.0	0.1	0.0
和兴证券经纪公司成都人民南路证券营业部	2661	362.3	355.9	2.5	2.4	1.5	0.0	0.0	0.0
和兴证券经纪公司成都西御街证券营业部	2766	263.9	244.9	2.0	8.9	7.2	0.0	0.9	0.0
和兴证券经纪公司成都一环路西二段证券营业部	2711	315.9	278.5	1.8	15.1	1.0	19.4	0.1	0.0
和兴证券经纪公司成都一环路西三段证券营业部	2858	128.4	102.0	0.8	16.8	6.2	0.0	2.6	0.0
和兴证券经纪公司德阳凉山路证券营业部	2279	652.6	609.2	2.4	39.0	1.8	0.0	0.3	0.0
和兴证券经纪公司德阳南街证券营业部	2534	467.0	432.9	1.3	30.2	2.6	0.0	0.1	0.0
和兴证券经纪公司峨眉山绥山路证券营业部	2793	236.0	224.2	1.2	10.3	0.3	0.0	0.0	0.0
和兴证券经纪公司江油金轮干道证券营业部	2497	494.8	474.5	1.2	18.2	0.8	0.0	0.0	0.0
和兴证券经纪公司乐山嘉定中路证券营业部	2364	588.0	547.8	1.6	30.8	6.3	0.0	1.6	0.0
和兴证券经纪公司马尔康达尔玛街证券营业部	2887	59.0	57.4	0.2	1.4	0.0	0.0	0.0	0.0
和兴证券经纪公司南充涪江路证券营业部	1642	1164.3	1086.4	5.8	58.6	11.0	0.0	2.5	0.0
和兴证券经纪公司内江公园街证券营业部	2587	430.5	395.9	9.5	23.7	1.1	0.0	0.3	0.0
和兴证券经纪公司上海桂平路证券营业部	2382	576.0	520.8	7.3	11.5	23.8	0.0	12.6	0.0
和兴证券经纪公司上海中华新路证券营业部	1786	1028.7	869.8	8.6	12.9	6.8	125.0	5.5	0.0
和兴证券经纪公司上海崂山东路证券营业部	994	1942.5	391.5	10.0	9.5	60.5	1426.0	6.2	38.9
和兴证券经纪公司西昌胜利路证券营业部	2393	570.3	522.1	2.7	45.1	0.2	0.0	0.1	0.0
和兴证券经纪公司西昌顺城街证券营业部	2518	481.2	438.5	2.6	39.0	1.0	0.0	0.1	0.0
和兴证券经纪公司泸州江阳中路证券营业部	2701	326.4	309.9	1.6	11.1	0.3	3.5	0.0	0.0
河北财达证券经纪公司保定新北街证券营业部	1638	1166.0	1075.5	14.4	27.1	48.4	0.0	0.6	0.0
河北财达证券经纪公司北京花园路证券营业部	2627	399.1	380.0	0.8	13.7	3.2	1.2	0.3	0.0
河北财达证券经纪公司沧州南北大街证券营业部	2253	666.7	606.6	2.6	57.4	0.1	0.0	0.0	0.0
河北财达证券经纪公司邯郸水院北路证券营业部	2469	519.1	481.9	4.7	26.6	5.3	0.0	0.5	0.0
河北财达证券经纪公司衡水中心街证券营业部	2830	173.4	128.3	1.4	42.4	0.2	0.0	1.2	0.0
河北财达证券经纪公司佳木斯西林路证券营业部	1624	1174.9	1029.7	12.4	120.7	2.9	0.0	9.2	0.0
河北财达证券经纪公司秦皇岛东经路证券营业部	2845	159.2	152.0	2.1	4.9	0.2	0.0	0.0	0.0
河北财达证券经纪公司秦皇岛关城南路证券营业部	2749	282.1	262.0	1.2	18.8	0.0	0.0	0.0	0.0
河北财达证券经纪公司秦皇岛河北大街证券营业部	2081	787.5	743.0	3.9	39.5	1.2	0.0	0.1	0.0
河北财达证券经纪公司上海斜土路证券营业部	1209	1636.4	1527.4	3.7	3.9	100.2	0.0	1.3	0.0
河北财达证券经纪公司石家庄和平东路证券营业部	1983	868.8	783.8	4.0	77.3	3.5	0.0	0.2	0.0
河北财达证券经纪公司石家庄华西路证券营业部	1724	1088.6	993.3	9.6	50.1	10.2	23.4	2.1	0.0
河北财达证券经纪公司石家庄青园街证券营业部	486	3522.7	1337.0	3.8	88.6	238.5	1853.6	1.2	0.0
河北财达证券经纪公司唐山翔云道证券营业部	1651	1158.6	979.2	6.3	170.6	2.3	0.0	0.3	0.0
河北财达证券经纪公司天津江都路证券营业部	2232	680.9	628.2	8.3	27.2	16.7	0.0	0.6	0.0
河北财达证券经纪公司涿州东兴北街证券营业部	2320	620.7	551.4	4.6	44.7	18.4	0.0	1.6	0.0
河北证券公司保定环城西路证券营业部	1705	1100.9	1007.4	10.9	70.1	10.8	0.0	1.8	0.0
河北证券公司保定向阳南路证券营业部	1703	1104.2	998.6	7.5	89.9	7.8	0.0	0.4	0.0
河北证券公司北京首体南路证券营业部	324	4646.7	1730.3	27.9	56.7	99.7	2730.5	1.6	0.0
河北证券公司沧州水月寺大街证券营业部	792	2341.9	2163.6	14.5	134.5	28.3	0.0	0.9	0.0
河北证券公司承德火神庙街证券营业部	2448	533.1	506.0	3.4	22.6	1.0	0.0	0.2	0.0
河北证券公司邯郸丛台路证券营业部	1804	1014.2	928.5	8.5	41.0	2.3	0.0	33.9	0.0
河北证券公司邯郸复兴路证券营业部	2455	530.5	476.3	3.6	50.5	0.0	0.0	0.1	0.0
河北证券公司邯郸和平路证券营业部	2034	827.4	786.4	9.3	29.0	2.5	0.0	0.2	0.0
河北证券公司邯郸人民路证券营业部	2199	702.4	611.3	8.3	79.4	3.2	0.0	0.2	0.0
河北证券公司衡水人民中路证券营业部	1888	946.5	836.7	9.4	89.8	7.3	0.0	3.4	0.0
河北证券公司廊坊新华路证券营业部	1428	1365.1	1289.5	11.8	43.4	13.0	0.0	7.3	0.0
河北证券公司秦皇岛河北大街证券营业部	2088	782.9	721.7	5.1	41.4	9.5	0.0	5.1	0.0
河北证券公司秦皇岛迎宾路证券营业部	2387	574.5	527.8	2.2	43.6	0.4	0.0	0.4	0.0
河北证券公司青岛福州南路证券营业部	2809	215.1	198.8	0.8	15.5	0.1	0.0	0.0	0.0
河北证券公司上海九江路证券营业部	1734	1079.1	847.0	10.9	101.1	2.6	13.1	1.8	102.5
河北证券公司深圳滨河路证券营业部	286	5233.4	1946.3	19.9	173.7	239.5	2842.4	11.7	0.0
河北证券公司石家庄联盟路证券营业部	1576	1222.8	439.8	2.0	26.9	7.1	746.5	0.5	0.0
河北证券公司石家庄新华路证券营业部	2304	635.2	590.4	6.1	33.4	4.7	0.0	0.6	0.0
河北证券公司石家庄育才街证券营业部	2380	576.2	501.7	4.9	18.0	1.0	49.9	0.8	0.0
河北证券公司石家庄裕华东路证券营业部	1938	907.3	762.5	4.5	139.4	0.4	0.2	0.4	0.0
河北证券公司石家庄裕华路证券营业部	1981	870.2	723.3	9.5	35.8	9.9	80.4	1.3	10.0
河北证券公司石家庄裕华西路裕园证券营业部	2089	782.3	724.7	7.3	36.5	13.3	0.0	0.6	0.0
河北证券公司石家庄裕华西路证券营业部	2010	846.9	762.9	4.4	67.1	8.4	0.0	4.1	0.0
河北证券公司石家庄中山东路证券营业部	2290	644.0	552.4	13.8	39.3	8.1	20.6	9.8	0.0
河北证券公司唐山华岩路证券营业部	2183	712.4	664.6	7.8	38.6	0.9	0.0	0.5	0.0
河北证券公司唐山唐丰路证券营业部	1400	1412.5	1317.7	10.8	72.1	3.8	6.8	1.4	0.0
河北证券公司唐山文化宫营业部	2084	785.5	744.5	6.3	31.0	2.2	0.0	1.6	0.0
河北证券公司唐山新华西道证券营业部	1753	1055.6	655.3	4.5	22.6	25.6	347.1	0.5	0.0
河北证券公司唐山新区营业部	2522	478.3	459.2	4.7	14.0	0.4	0.0	0.0	0.0
河北证券公司天津三马路证券营业部	2680	345.0	332.3	2.5	8.7	1.1	0.0	0.3	0.0

证券营业部交易
Trading of Securities Business Outlets

单位：百万元（Million Yuan）

营业部名称 Securities Business Outlet	名次 Rank	交易金额 Trading Value 总计 Total	股票 Stock	基金 Fund	权证 Warrant	国债现货 T-Bond Spot	国债回购 T-Bond Repo	企业债、可转债 Corporate Bond,CB	企业债回购 C-Bond Repo
河北证券公司武汉武珞路证券营业部	2213	693.8	175.0	2.2	4.5	177.1	334.7	0.2	0.0
河北证券公司西安长安中路证券营业部	2735	292.6	287.5	2.8	1.9	0.3	0.0	0.0	0.0
河北证券公司邢台郭守敬北路证券营业部	2000	856.4	808.1	7.2	37.0	3.3	0.0	0.8	0.0
河北证券公司邢台西门里证券营业部	2283	651.5	592.6	7.3	50.6	0.2	0.0	0.9	0.0
河北证券公司张家口明德南街证券营业部	2135	748.8	675.0	3.4	68.5	1.1	0.0	0.8	0.0
河北证券公司张家口胜利南路证券营业部	2121	762.5	677.1	6.8	78.1	0.5	0.0	0.1	0.0
河北证券公司重庆渝碚路证券营业部	2341	607.7	517.5	3.2	40.2	2.8	33.0	3.9	7.2
恒泰证券公司包头钢铁大街证券营业部	2001	856.0	766.8	2.0	53.2	33.3	0.0	0.6	0.0
恒泰证券公司北京安德路证券营业部	78	15959.1	1195.3	2.3	75.6	1579.0	13106.1	0.8	0.0
恒泰证券公司北京南滨河路证券营业部	975	1967.1	1293.3	57.9	66.8	38.5	508.4	2.2	0.0
恒泰证券公司赤峰哈达街证券营业部	1372	1442.0	1317.7	3.7	108.6	9.1	0.1	2.8	0.0
恒泰证券公司东胜鄂尔多斯大街证券营业部	1436	1352.3	554.4	3.5	526.4	41.3	226.8	0.0	0.0
恒泰证券公司广州康王中路证券营业部	1861	965.9	428.5	2.6	1.5	236.0	297.3	0.0	0.0
恒泰证券公司海拉尔河西开发区证券营业部	2584	432.6	391.8	1.5	37.8	1.5	0.0	0.0	0.0
恒泰证券公司呼和浩特东影南路证券营业部	2617	407.5	367.3	0.5	31.8	5.7	0.0	2.1	0.0
恒泰证券公司呼和浩特锡林南路证券营业部	2699	329.9	305.0	1.2	22.5	1.2	0.0	0.1	0.0
恒泰证券公司呼和浩特新城北街证券营业部	1643	1163.9	1093.7	8.6	54.4	2.6	0.0	4.6	0.0
恒泰证券公司呼和浩特新城南街证券营业部	1787	1028.4	758.1	3.2	63.6	27.0	155.6	21.0	0.0
恒泰证券公司呼和浩特中山西路证券营业部	1872	958.8	831.1	5.5	108.9	11.5	0.0	1.8	0.0
恒泰证券公司集宁恩和路证券营业部	2655	367.3	306.4	2.7	55.2	3.0	0.0	0.0	0.0
恒泰证券公司临河胜利北路证券营业部	297	5060.7	1639.9	2.6	117.0	104.3	3195.9	1.0	0.0
恒泰证券公司南京洪武北路证券营业部	1645	1163.6	1134.9	0.4	27.3	0.9	0.0	0.1	0.0
恒泰证券公司上海博山东路证券营业部	1359	1459.4	1324.9	9.7	80.5	29.6	9.9	4.9	0.1
恒泰证券公司上海祥德路证券营业部	215	6426.1	3702.6	32.7	706.3	68.1	1849.7	5.4	61.3
恒泰证券公司上海小木桥路证券营业部	1117	1758.1	1508.8	5.4	25.1	47.5	156.5	2.5	12.2
恒泰证券公司深圳莲花路证券营业部	62	18029.1	1107.4	17.6	11.1	369.8	16370.5	152.6	0.0
恒泰证券公司沈阳小西路证券营业部	2514	482.3	447.9	1.7	26.5	2.9	0.0	3.4	0.0
恒泰证券公司乌海海拉南路证券营业部	2505	488.6	396.7	1.0	39.2	2.1	49.4	0.2	0.0
恒信证券公司北京文慧园证券营业部	2673	354.6	353.3	0.6	0.0	0.7	0.0	0.0	0.0
恒信证券公司常德武陵大道证券营业部	2758	274.0	271.7	2.1	0.0	0.1	0.0	0.0	0.0
恒信证券公司长沙劳动西路证券营业部	1407	1393.4	1326.3	6.4	0.3	58.4	0.0	2.1	0.0
恒信证券公司长沙韶山北路证券营业部	2868	102.5	102.2	0.2	0.0	0.1	0.0	0.0	0.0
恒信证券公司长沙五一西路证券营业部	2643	382.0	379.1	1.1	0.1	1.4	0.0	0.4	0.0
恒信证券公司合肥寿春路证券营业部	2700	329.7	321.2	2.4	0.0	5.2	0.0	0.9	0.0
恒信证券公司上海崂山东路证券营业部	2684	340.8	303.6	5.5	0.1	4.1	2.3	25.2	0.0
宏源证券公司北京北洼路证券营业部	32	31320.6	4364.7	82.8	262.5	1746.9	24841.4	21.4	1.0
宏源证券公司大连开发区证券营业部	1700	1105.0	1040.8	8.5	50.7	5.0	0.0	0.0	0.0
宏源证券公司大连延安路证券营业部	1622	1178.8	1095.0	8.7	67.0	7.2	0.0	1.0	0.0
宏源证券公司桂林上海路证券营业部	2046	816.5	615.4	9.2	140.7	47.4	0.0	3.8	0.0
宏源证券公司海口龙昆北路证券营业部	2471	515.8	485.0	3.9	18.7	5.1	0.7	1.6	0.9
宏源证券公司杭州登云路证券营业部	1911	930.0	812.3	11.0	81.4	6.4	17.0	2.0	0.0
宏源证券公司杭州莫干山路证券营业部	611	2915.7	2255.6	7.9	94.9	252.1	245.0	60.3	0.0
宏源证券公司杭州体育场路证券营业部	172	7762.0	2067.4	54.7	110.7	15.4	4980.3	6.3	527.2
宏源证券公司杭州浙大路证券营业部	2141	740.8	671.4	6.5	17.8	23.2	21.6	0.2	0.0
宏源证券公司克拉玛依友谊路证券营业部	2259	663.9	604.6	3.0	32.5	13.1	0.0	10.7	0.0
宏源证券公司昆明祥云街证券营业部	2588	428.7	328.8	1.7	40.4	2.1	50.0	5.8	0.0
宏源证券公司柳州解放南路证券营业部	2105	775.1	636.8	2.2	32.5	1.0	102.2	0.4	0.0
宏源证券公司南宁桃源路证券营业部	2816	207.0	187.3	2.4	11.7	5.6	0.0	0.0	0.0
宏源证券公司上海康定路证券营业部	1868	960.8	636.1	16.6	12.2	14.7	255.5	2.1	23.6
宏源证券公司上海妙境路证券营业部	2752	280.1	264.5	2.1	13.2	0.2	0.0	0.1	0.0
宏源证券公司上海浦北路证券营业部	360	4358.7	1413.3	35.2	47.5	21.1	2300.2	6.6	534.7
宏源证券公司上海中山北一路证券营业部	606	2928.6	2539.4	30.9	95.9	56.0	155.3	22.8	28.2
宏源证券公司深圳莲花路证券营业部	2058	809.4	387.2	5.5	5.7	0.1	393.9	1.8	15.3
宏源证券公司深圳上步中路证券营业部	2847	153.0	151.6	1.0	0.3	0.0	0.0	0.1	0.0
宏源证券公司沈阳十一纬路证券营业部	1381	1437.5	1136.1	29.5	101.3	6.3	160.0	4.4	0.0
宏源证券公司乌鲁木齐北京路证券营业部	1894	941.0	773.0	3.3	158.1	6.3	0.0	0.3	0.0
宏源证券公司乌鲁木齐红山证券营业部	1310	1509.9	908.5	5.6	62.4	477.8	50.1	5.6	0.0
宏源证券公司乌鲁木齐文艺路证券营业部	16	46605.0	2994.1	13.0	79.8	1387.9	41404.5	62.8	662.9
宏源证券公司武汉东湖路证券营业部	2426	551.5	499.1	6.5	44.4	1.2	0.2	0.1	0.0
宏源证券公司盐城大庆中路证券营业部	1374	1441.0	1152.6	7.8	167.2	9.4	80.0	24.0	0.0
宏源证券公司盐城解放北路证券营业部	1376	1439.7	1275.4	11.6	148.7	3.0	0.0	1.1	0.0
红塔证券公司北京板井路证券营业部	1360	1459.4	856.2	8.2	37.0	38.1	519.4	0.5	0.0
红塔证券公司春城路证券营业部	1056	1847.8	1413.8	23.7	101.4	11.1	295.9	1.8	0.0
红塔证券公司大理证券营业部	2255	665.7	597.2	3.7	58.6	0.7	0.0	5.5	0.0
红塔证券公司南屏街证券营业部	972	1973.3	1547.9	170.5	38.9	9.3	206.4	0.3	0.0

证券营业部交易
Trading of Securities Business Outlets

单位：百万元（Million Yuan）

营业部名称 Securities Business Outlet	名次 Rank	交易金额 Trading Value							
		总计 Total	股票 Stock	基金 Fund	权证 Warrant	国债现货 T-Bond Spot	国债回购 T-Bond Repo	企业债、可转债 Corporate Bond,CB	企业债回购 C-Bond Repo
红塔证券公司青年路证券营业部	1080	1814.0	1645.3	9.8	31.0	25.3	66.0	36.6	0.0
红塔证券公司人民东路证券营业部	1302	1515.5	624.3	6.6	30.0	4.1	834.6	1.4	14.5
红塔证券公司上海密云路证券营业部	1890	943.5	807.4	10.7	49.6	10.3	58.5	2.6	4.5
红塔证券公司上海田林东路证券营业部	1022	1902.5	1245.7	19.1	7.5	298.8	168.6	119.0	43.8
红塔证券公司上海骊山路证券营业部	1410	1389.1	1222.4	18.1	52.8	32.3	58.4	4.7	0.5
红塔证券公司苏州人民路证券营业部	2607	414.4	375.7	1.7	32.7	4.3	0.0	0.0	0.0
红塔证券公司永安路证券营业部	2257	665.0	586.3	4.1	28.7	1.8	39.2	0.7	4.2
红塔证券公司永昌证券营业部	1565	1230.6	846.1	3.9	47.5	5.4	325.1	2.1	0.4
华安证券公司安庆龙山路证券营业部	931	2028.5	1350.3	16.3	505.8	155.7	0.0	0.5	0.0
华安证券公司安庆人民路证券营业部	1901	938.1	825.2	13.7	89.9	8.0	0.0	1.3	0.0
华安证券公司蚌埠胜利中路证券营业部	1611	1185.5	955.9	13.3	119.2	75.2	0.0	21.9	0.0
华安证券公司北京慧忠北里证券营业部	345	4474.5	2903.8	103.9	104.6	101.4	1217.8	43.0	0.0
华安证券公司巢湖市巢湖路证券营业部	1067	1831.2	904.9	9.2	45.7	71.9	798.0	1.5	0.0
华安证券公司池州长江南路证券营业部	2340	609.0	570.7	3.4	34.1	0.7	0.0	0.0	0.0
华安证券公司滁州天长路证券营业部	1288	1534.3	1285.6	7.7	102.1	96.0	0.0	42.9	0.0
华安证券公司阜阳人民西路证券营业部	942	2020.0	1840.3	10.4	155.7	8.6	0.0	5.0	0.0
华安证券公司广州东湖西路证券营业部	639	2805.9	806.7	5.6	40.7	53.4	1887.0	12.1	0.4
华安证券公司合肥安庆路证券营业部	607	2927.5	774.5	10.9	33.2	77.3	2025.3	6.2	0.0
华安证券公司合肥长江中路证券营业部	1830	991.7	882.3	13.8	61.4	30.0	3.0	1.2	0.0
华安证券公司合肥金寨路证券营业部	1028	1890.4	1697.1	22.1	145.7	24.0	0.0	1.6	0.0
华安证券公司合肥蒙城路证券营业部	1500	1286.6	1146.3	11.5	98.5	24.0	4.4	1.8	0.0
华安证券公司淮北孟山路证券营业部	1432	1359.7	1266.0	10.4	75.4	7.1	0.0	0.8	0.0
华安证券公司淮南朝阳路证券营业部	1185	1669.9	1485.3	21.6	145.6	17.2	0.0	0.3	0.0
华安证券公司黄山前南新村证券营业部	887	2106.2	1191.4	10.6	97.7	157.8	648.3	0.3	0.0
华安证券公司六安梅山路证券营业部	1326	1484.8	1316.9	13.6	104.6	46.7	0.0	3.0	0.0
华安证券公司马鞍山湖东中路证券营业部	1345	1472.2	1350.6	18.2	74.6	27.1	0.0	1.8	0.0
华安证券公司上海丽园路证券营业部	665	2725.5	789.3	256.9	64.0	5.7	1199.5	0.8	409.3
华安证券公司上海浦东南路证券营业部	409	4000.1	1668.8	10.6	45.9	2.7	1990.2	2.8	279.1
华安证券公司深圳彩田南路证券营业部	2856	131.3	129.2	0.4	1.7	0.0	0.0	0.0	0.0
华安证券公司宿州汴河路证券营业部	1116	1760.2	1142.9	8.9	128.8	453.2	26.0	0.4	0.0
华安证券公司铜陵淮河北路证券营业部	2030	829.8	764.8	10.3	51.9	2.5	0.0	0.2	0.0
华安证券公司铜陵淮河路证券营业部	2355	592.0	529.7	2.4	56.4	2.1	0.0	1.4	0.0
华安证券公司芜湖新芜路证券营业部	1042	1859.7	1714.7	13.5	62.6	67.9	0.0	1.0	0.0
华安证券公司宣城鳌峰西路证券营业部	1975	874.6	765.6	6.2	97.8	4.4	0.0	0.5	0.0
华创证券经纪公司北京复兴门外大街证券营业部	1711	1098.3	753.7	2.8	60.7	4.5	275.5	1.1	0.0
华创证券经纪公司德阳长江西路证券营业部	1335	1479.1	1279.9	10.5	177.8	9.5	0.0	1.5	0.0
华创证券经纪公司贵阳中华北路证券营业部	1013	1913.9	1018.6	9.8	145.0	20.4	717.4	2.7	0.0
华创证券经纪公司贵阳中山东路证券营业部	2629	398.1	349.8	8.5	32.7	2.3	4.2	0.6	0.0
华创证券经纪公司上海长海路证券营业部	1720	1091.2	713.4	32.1	37.3	39.2	259.2	1.4	8.6
华创证券经纪公司上海控江路证券营业部	2493	499.9	412.7	5.4	8.6	12.7	28.3	0.3	31.8
华林证券公司北京北三环东路证券营业部	372	4260.7	1734.0	1.0	75.4	84.7	2365.6	0.0	0.0
华林证券公司鹤山东升路证券营业部	1431	1360.1	1069.7	2.6	59.1	5.8	221.0	1.9	0.0
华林证券公司广州多宝路证券营业部	2130	752.2	582.6	1.3	17.7	52.8	74.5	22.1	1.2
华林证券公司江门冈州大道证券营业部	877	2136.4	912.5	3.1	95.7	2.2	1121.5	1.4	0.0
华林证券公司江门港口路证券营业部	331	4572.5	1932.6	16.6	150.4	46.2	2419.2	7.4	0.1
华林证券公司江门建设路证券营业部	597	2984.8	611.3	7.5	32.2	30.5	2294.4	8.7	0.3
华林证券公司开平东兴中路证券营业部	2217	691.8	554.9	4.3	38.3	3.8	90.5	0.0	0.0
华林证券公司上海武宁路证券营业部	816	2279.8	1333.7	27.9	18.8	108.1	785.4	3.1	2.8
华林证券公司深圳深南中路证券营业部	558	3120.0	2845.7	48.2	33.5	89.4	88.6	14.5	0.0
华龙证券公司白银四龙路证券营业部	2274	655.7	578.0	3.3	66.7	1.9	5.0	0.8	0.0
华龙证券公司北京安外大街证券营业部	2250	668.3	563.9	15.4	41.5	30.4	17.1	0.0	0.0
华龙证券公司杭州杭大路证券营业部	2914	0.9	0.5	0.0	0.3	0.0	0.0	0.0	0.0
华龙证券公司酒泉盘旋东路证券营业部	2685	340.1	292.6	6.8	40.2	0.5	0.0	0.0	0.0
华龙证券公司兰州东岗西路证券营业部	2075	790.0	664.0	4.2	77.8	21.4	22.0	0.6	0.0
华龙证券公司兰州合水路证券营业部	2140	744.6	673.6	3.0	57.5	0.6	0.0	0.9	0.0
华龙证券公司兰州静宁路证券营业部	363	4352.1	387.5	1.5	35.9	199.6	3727.1	0.5	0.0
华龙证券公司兰州酒泉路证券营业部	1967	880.4	851.8	0.2	28.3	0.0	0.0	0.1	0.0
华龙证券公司兰州陇西路证券营业部	2662	362.1	353.6	0.8	5.7	2.0	0.0	0.1	0.0
华龙证券公司兰州民主东路证券营业部	2436	542.1	490.5	3.3	27.5	5.9	14.0	0.9	0.0
华龙证券公司兰州民主西路证券营业部	2353	593.6	430.5	7.3	150.5	2.2	0.0	3.1	0.0
华龙证券公司兰州农民巷证券营业部	2542	462.8	422.9	1.2	35.5	2.8	0.0	0.3	0.0
华龙证券公司兰州七里河证券营业部	2151	735.3	575.8	3.0	24.1	23.5	108.0	0.9	0.0
华龙证券公司兰州五泉路证券营业部	2884	70.9	54.7	0.3	9.2	6.2	0.0	0.5	0.0
华龙证券公司兰州中山路证券营业部	2861	119.7	104.4	0.0	3.3	0.0	12.0	0.0	0.0
华龙证券公司平凉中山路证券营业部	2841	164.0	120.2	0.6	42.9	0.4	0.0	0.0	0.0

证券营业部交易
Trading of Securities Business Outlets

单位：百万元（Million Yuan）

营业部名称 Securities Business Outlet	名次 Rank	交易金额 Trading Value 总计 Total	股票 Stock	基金 Fund	权证 Warrant	国债现货 T-Bond Spot	国债回购 T-Bond Repo	企业债、可转债 Corporate Bond,CB	企业债回购 C-Bond Repo
华龙证券公司上海长宁路证券营业部	1613	1184.9	696.0	4.5	13.5	317.6	152.1	1.2	0.0
华龙证券公司上海中山北二路证券营业部	292	5134.5	3262.4	15.0	838.0	163.1	750.6	36.5	68.9
华龙证券公司深圳深南中路证券营业部	1984	868.4	820.6	0.0	31.8	0.3	0.0	15.6	0.0
华龙证券公司天水广场证券营业部	1815	1004.1	900.0	4.6	96.1	2.9	0.0	0.5	0.0
华龙证券公司无锡北大街证券营业部	2715	313.5	245.8	2.5	57.6	7.6	0.0	0.0	0.0
华龙证券公司重庆公园路证券营业部	2356	591.9	375.8	3.4	13.6	62.3	134.6	2.1	0.0
华泰证券公司北京月坛南街证券营业部	815	2282.4	2097.7	66.6	74.7	17.5	17.1	8.9	0.0
华泰证券公司常州和平南路证券营业部	290	5173.8	4122.2	43.4	711.4	131.4	153.2	10.2	2.0
华泰证券公司成都营业部	1931	911.0	852.0	6.5	27.3	25.0	0.0	0.2	0.0
华泰证券公司广州机场路证券营业部	1625	1174.8	1012.5	23.0	111.5	7.4	7.3	13.1	0.0
华泰证券公司淮安淮海北路证券营业部	264	5610.3	4806.8	49.7	428.8	144.4	1.8	178.9	0.0
华泰证券公司江阴虹桥北路证券营业部	207	6501.2	5612.0	34.5	492.9	151.7	205.8	4.3	0.0
华泰证券公司南京长江路证券营业部	514	3389.0	2631.1	48.6	301.6	344.3	52.8	10.6	0.0
华泰证券公司南京大桥南路证券营业部	645	2779.5	2023.6	15.8	127.4	102.7	501.3	8.7	0.0
华泰证券公司南京汉中路证券营业部	1233	1605.4	1235.5	48.8	78.9	3.6	30.3	195.5	12.7
华泰证券公司南京解放路证券营业部	871	2156.1	1808.7	25.3	149.6	74.1	69.2	29.3	0.0
华泰证券公司南京止马营证券营业部	861	2177.0	2008.5	16.7	101.3	29.6	7.9	13.1	0.0
华泰证券公司南京中华路证券营业部	1174	1677.8	1414.6	23.3	192.1	19.7	8.3	19.8	0.0
华泰证券公司南京中山北路第二证券营业部	1652	1158.4	1048.2	17.7	69.7	17.5	1.2	4.2	0.0
华泰证券公司南京中山北路证券营业部	237	6014.3	2991.3	15.6	435.4	280.5	2264.4	27.0	0.0
华泰证券公司南通环城西路证券营业部	464	3675.3	3029.7	35.2	162.3	403.4	37.5	7.2	0.0
华泰证券公司南通人民中路证券营业部	1093	1786.8	1587.6	25.4	123.7	14.8	11.8	23.4	0.0
华泰证券公司南通姚港路证券营业部	150	8529.6	3085.3	43.8	235.8	829.4	3435.7	878.4	21.2
华泰证券公司泉州九一街证券营业部	2428	548.8	461.8	14.4	46.2	3.3	0.0	23.0	0.0
华泰证券公司上海康定路证券营业部	298	5038.5	3519.8	59.9	63.2	270.0	1090.1	35.5	0.0
华泰证券公司上海西藏南路证券营业部	987	1952.7	1583.9	27.3	24.4	172.8	131.7	12.7	0.0
华泰证券公司绍兴上大路证券营业部	1051	1852.6	1655.4	79.5	92.8	1.5	0.0	23.5	0.0
华泰证券公司深圳彩田路证券营业部	1151	1716.6	932.9	23.2	11.1	0.8	735.0	13.8	0.0
华泰证券公司沈阳小东路证券营业部	2092	781.3	640.8	6.3	111.0	19.9	0.0	3.4	0.0
华泰证券公司苏州人民路证券营业部	996	1940.8	1707.4	34.5	119.7	46.4	10.5	15.3	7.0
华泰证券公司泰州青年路证券营业部	799	2323.9	1998.4	38.3	185.5	64.7	4.2	32.8	0.0
华泰证券公司天津大沽南路证券营业部	2494	496.1	430.0	1.9	60.4	3.3	0.0	0.5	0.0
华泰证券公司无锡解放西路证券营业部	197	6732.8	5464.4	68.0	610.0	325.0	247.2	13.5	4.7
华泰证券公司无锡永乐路证券营业部	1237	1601.4	1259.9	26.4	162.2	36.3	110.1	6.6	0.0
华泰证券公司武汉武珞路证券营业部	625	2851.2	1844.4	25.8	264.3	65.6	613.1	17.9	20.0
华泰证券公司徐州中山南路证券营业部	313	4779.1	3653.0	56.1	306.6	536.5	195.2	31.3	0.3
华泰证券公司盐城建军东路证券营业部	683	2662.9	2162.1	20.2	251.6	140.9	84.0	4.2	0.0
华泰证券公司扬州文昌中路证券营业部	953	2008.7	1801.3	18.7	123.7	55.3	4.4	5.4	0.0
华泰证券公司张家港杨舍东街证券营业部	973	1971.3	1739.1	21.3	188.7	19.9	0.0	2.3	0.0
华泰证券公司镇江中山东路证券营业部	775	2392.6	2163.7	25.0	190.3	9.2	0.8	3.3	0.0
华西证券公司北京紫竹院路证券营业部	587	3026.5	2101.2	21.5	92.8	71.2	712.8	26.9	0.0
华西证券公司成都东大街证券营业部	2195	705.0	655.8	3.7	39.3	4.8	1.0	0.5	0.0
华西证券公司成都抚琴街证券营业部	45	22477.7	350.1	1.7	39.0	1430.7	20656.2	0.1	0.0
华西证券公司成都猛追湾街证券营业部	103	12049.5	1097.3	7.2	50.0	1212.0	9670.2	12.7	0.0
华西证券公司成都南一环路证券营业部	1982	869.4	772.0	4.1	52.9	23.1	12.5	2.2	2.7
华西证券公司成都陕西街证券营业部	1144	1725.6	591.6	27.8	39.2	229.2	671.7	55.0	111.1
华西证券公司成都西玉龙街证券营业部	132	9643.5	3958.8	81.7	889.4	278.8	4360.8	73.2	0.9
华西证券公司达州大东街证券营业部	2271	658.0	588.5	1.6	55.7	11.9	0.1	0.2	0.0
华西证券公司大连港湾街证券营业部	1446	1342.2	541.8	6.6	45.7	2.6	742.2	3.4	0.0
华西证券公司峨眉山名山路证券营业部	2362	589.2	560.5	2.3	23.1	1.4	1.7	0.2	0.0
华西证券公司广安金广大道证券营业部	2398	567.5	486.9	4.4	40.8	34.3	0.1	1.0	0.0
华西证券公司广汉湖南路证券营业部	354	4406.1	1738.9	4.7	86.9	1252.2	1312.0	11.4	0.0
华西证券公司广州江海路证券营业部	1455	1329.0	792.2	36.6	58.2	4.6	398.2	10.8	28.4
华西证券公司杭州学院路证券营业部	334	4560.4	2005.9	14.1	2459.1	29.7	13.3	38.3	0.0
华西证券公司江油东大街证券营业部	2342	605.9	531.9	2.0	57.5	12.7	0.2	1.5	0.0
华西证券公司乐山嘉定南路证券营业部	2129	753.5	699.6	3.4	47.3	3.1	0.0	0.1	0.0
华西证券公司绵阳安昌路证券营业部	725	2525.1	2092.5	39.2	165.7	102.7	119.0	6.0	0.0
华西证券公司南充涪江路证券营业部	1510	1277.9	1170.6	6.1	86.0	6.7	8.1	0.4	0.0
华西证券公司攀枝花新华街证券营业部	1298	1517.3	1390.9	6.5	107.3	11.7	0.0	1.0	0.0
华西证券公司上海曲阳路证券营业部	110	11526.8	1829.3	17.8	76.8	56.6	1530.3	126.2	7890.0
华西证券公司深圳民田路证券营业部	1104	1772.6	992.1	5.3	383.8	10.5	349.3	31.6	0.0
华西证券公司遂宁射洪证券营业部	2705	324.1	307.9	0.3	15.6	0.3	0.0	0.0	0.0
华西证券公司遂宁遂州南路证券营业部	1926	918.1	783.6	1.8	122.5	2.0	6.0	1.3	0.9
华西证券公司雅安朝阳街证券营业部	2467	519.8	474.2	3.7	34.1	6.4	0.5	0.5	0.5
华西证券公司宜宾抗建路证券营业部	1425	1367.8	1293.8	6.4	57.5	6.4	0.0	3.7	0.0

证券营业部交易
Trading of Securities Business Outlets

单位：百万元（Million Yuan）

营业部名称 Securities Business Outlet	名次 Rank	交易金额 Trading Value 总计 Total	股票 Stock	基金 Fund	权证 Warrant	国债现货 T-Bond Spot	国债回购 T-Bond Repo	企业债、可转债 Corporate Bond,CB	企业债回购 C-Bond Repo
华西证券公司重庆万州鸽子沟证券营业部	2569	441.6	411.5	2.2	27.1	0.9	0.0	0.1	0.0
华西证券公司自贡五星街证券营业部	562	3110.3	1576.8	18.3	123.7	1352.7	35.6	3.4	0.0
华鑫证券公司北京车公庄大街证券营业部	2176	718.7	588.8	2.7	3.2	23.5	100.2	0.4	0.0
华鑫证券公司上海定西路证券营业部	1451	1335.9	607.1	9.8	85.2	34.8	598.5	0.6	0.0
华鑫证券公司上海嘉定证券营业部	130	9877.8	952.5	8.4	36.1	295.9	8584.7	0.2	0.0
华鑫证券公司上海金山证券营业部	1850	972.4	513.2	11.0	12.3	3.6	432.0	0.3	0.0
华鑫证券公司上海龙吴路证券营业部	1421	1373.4	807.2	10.7	13.7	8.9	530.1	2.9	0.0
华鑫证券公司上海茅台路证券营业部	846	2207.2	482.9	9.2	17.8	121.0	1575.2	1.1	0.0
华鑫证券公司上海梅岭北路证券营业部	1323	1487.8	508.2	5.5	2.9	84.1	885.2	2.0	0.0
华鑫证券公司上海南汇证券营业部	2116	767.4	743.7	5.8	10.9	6.1	0.0	0.8	0.0
华鑫证券公司上海浦东大道证券营业部	869	2160.1	538.8	25.0	32.7	6.1	1125.0	1.1	431.4
华鑫证券公司上海松江证券交易营业部	1292	1524.1	1042.7	22.4	75.6	6.6	373.6	3.1	0.0
华鑫证券公司上海同济路证券营业部	504	3430.2	501.8	20.0	9.3	10.9	2887.9	0.4	0.0
华鑫证券公司上海武宁证券营业部	253	5710.5	1254.1	12.1	24.7	10.1	4406.3	3.2	0.0
华鑫证券公司上海斜土路证券营业部	41	23287.5	1842.9	14.5	139.7	728.5	20544.7	17.3	0.0
华鑫证券公司上海莘建路证券营业部	1452	1335.6	1190.0	31.3	71.7	41.5	0.0	1.1	0.0
华鑫证券公司上海漕宝路证券营业部	2209	695.6	568.0	7.9	10.1	9.9	97.8	1.9	0.0
华鑫证券公司深圳证券营业部	2875	92.9	92.4	0.0	0.5	0.0	0.0	0.0	0.0
华鑫证券公司西安解放路证券营业部	2683	340.9	309.6	2.1	17.5	3.0	0.0	8.7	0.0
华鑫证券公司西安南关正街证券营业部	2798	226.4	214.9	0.9	9.3	1.0	0.0	0.3	0.0
华鑫证券公司西安团结南路证券营业部	2636	391.0	367.7	2.8	19.5	0.7	0.0	0.4	0.0
华鑫证券公司西安西大街证券营业部	2346	601.7	580.9	1.5	18.7	0.2	0.0	0.4	0.0
华鑫证券公司西安闫良证券营业部	2608	414.2	389.9	5.4	15.1	3.8	0.0	0.0	0.0
吉林泛亚信托投资有限公司长春白菊路证券营业部	2765	265.7	264.6	0.8	0.1	0.1	0.0	0.0	0.0
吉林泛亚信托投资有限公司长春证券交易营业部	1816	1003.8	752.0	0.6	0.0	214.2	37.0	0.0	0.0
健桥证券公司宝鸡汉中路证券营业部	2143	739.6	699.9	3.0	35.9	0.5	0.0	0.3	0.0
健桥证券公司宝鸡经二路证券营业部	2691	335.3	303.3	7.5	17.1	1.8	5.6	0.1	0.0
健桥证券公司北京学院南路证券营业部	2132	751.4	555.4	12.0	27.2	31.6	121.8	3.5	0.0
健桥证券公司汉中东大街证券营业部	2302	635.9	582.6	3.7	47.2	2.1	0.0	0.3	0.0
健桥证券公司汉中虎桥路证券营业部	2593	424.5	380.1	2.2	42.1	0.1	0.0	0.0	0.0
健桥证券公司丹阳丹凤北路证券营业部	2787	242.2	227.1	0.5	14.2	0.2	0.0	0.2	0.0
健桥证券公司上海证券交易营业部	156	8446.4	371.4	5.1	8.6	150.8	7909.9	0.5	0.0
健桥证券公司深圳证券交易营业部	680	2666.2	340.9	1.0	23.1	270.8	2014.3	16.0	0.0
健桥证券公司西安东大街证券交易营业部	1023	1902.3	1038.7	14.1	61.4	12.6	775.3	0.3	0.0
健桥证券公司西安高新技术产业开发区证券交易营业部	1294	1523.0	989.5	8.9	37.7	42.9	441.7	2.4	0.0
健桥证券公司西安未央路证券交易营业部	1352	1464.6	795.6	3.1	73.6	592.0	0.0	0.3	0.0
健桥证券公司西安雁塔路证券交易营业部	2357	591.7	562.7	1.9	26.0	0.9	0.0	0.2	0.0
江海证券经纪公司哈尔滨赣水路证券营业部	2536	466.2	363.6	1.8	93.0	4.0	0.9	2.8	0.2
江海证券经纪公司哈尔滨花园街证券营业部	2390	572.2	522.2	12.3	25.4	10.3	0.0	2.0	0.0
江海证券经纪公司哈尔滨石头道街证券营业部	614	2905.6	1794.1	6.5	1042.4	60.0	1.2	1.0	0.5
江海证券经纪公司哈尔滨西大直街证券营业部	734	2511.5	1202.1	8.1	988.5	38.1	245.3	0.2	29.3
江海证券经纪公司哈尔滨西十四道街证券营业部	1242	1591.8	1419.4	4.9	86.6	11.8	52.6	10.7	5.7
江海证券经纪公司哈尔滨新疆大街证券营业部	1537	1258.9	1002.3	8.4	41.4	129.6	63.0	14.1	0.0
江海证券经纪公司哈尔滨中宣街证券营业部	1909	933.8	847.6	0.4	58.1	3.4	21.4	1.3	1.6
江海证券经纪公司上海万航渡路证券营业部	906	2066.5	1686.9	17.6	71.2	9.6	185.5	8.4	87.3
江海证券经纪公司上海武东路证券营业部	2226	685.6	585.4	4.0	46.9	8.6	34.6	2.8	3.3
江南证券公司北京安立路证券营业部	275	5371.7	3001.4	32.9	403.2	164.4	1744.1	25.6	0.0
江南证券公司丰城解放南路证券营业部	2578	436.4	375.7	1.7	58.9	0.0	0.0	0.1	0.0
江南证券公司赣州红旗大道证券营业部	2201	701.3	634.4	2.4	63.4	0.1	0.0	1.1	0.0
江南证券公司杭州香积寺证券营业部	244	5879.0	454.1	2.1	1385.5	403.3	3632.5	1.5	0.0
江南证券公司吉安中山西路证券营业部	1898	938.3	811.6	2.8	123.5	0.1	0.0	0.4	0.0
江南证券公司重庆南坪西路证券营业部	86	14505.8	473.2	0.8	95.6	1575.3	12306.9	0.0	54.0
江南证券公司景德镇瓷都大道证券营业部	1347	1468.6	1277.7	7.2	179.2	4.3	0.0	0.1	0.0
江南证券公司昆明北京路证券营业部	2702	325.7	267.1	5.9	46.4	0.6	5.7	0.0	0.0
江南证券公司南昌广场南路证券营业部	25	37678.9	3745.1	45.5	183.3	3382.1	29194.2	13.7	1115.0
江南证券公司上海漕溪北路证券营业部	1303	1515.2	1264.9	32.5	78.2	89.8	49.3	0.6	0.0
江南证券公司上饶赣东北大道证券营业部	2447	533.7	493.4	2.0	37.9	0.4	0.0	0.2	0.0
江南证券公司深圳春风路证券营业部	1419	1374.4	1117.2	3.1	148.4	19.6	69.1	17.0	0.0
江南证券公司天津六纬路证券营业部	901	2075.4	1397.6	55.5	101.7	44.3	472.0	4.3	0.0
江南证券公司武汉新华路证券营业部	552	3147.6	1153.3	10.6	385.8	120.9	1437.6	9.5	29.9
江南证券公司宜春东风大街证券营业部	1973	876.0	679.2	85.0	111.7	0.0	0.0	0.1	0.0
江南证券公司郑州中原东路证券营业部	1278	1543.3	1238.8	162.7	128.9	3.7	0.0	9.2	0.0
江南证券公司郑州嵩山南路证券营业部	2268	659.2	579.7	1.4	77.9	0.1	0.0	0.0	0.0
焦作市信托投资公司上海大连西路营业部	2208	696.9	671.0	13.6	0.2	8.2	2.4	1.6	0.0
焦作市信托投资公司证券营业部	1053	1851.3	1832.4	15.7	0.2	2.2	0.0	0.9	0.0

证券营业部交易
Trading of Securities Business Outlets

单位：百万元（Million Yuan）

营业部名称 Securities Business Outlet	名次 Rank	交易金额 Trading Value 总计 Total	股票 Stock	基金 Fund	权证 Warrant	国债现货 T-Bond Spot	国债回购 T-Bond Repo	企业债、可转债 Corporate Bond,CB	企业债回购 C-Bond Repo
金通证券公司北京紫竹院路证券营业部	1782	1032.4	124.8	2.8	2.8	0.0	902.0	0.0	0.0
金通证券公司海宁南寺街证券营业部	617	2874.3	2536.9	11.7	210.9	111.6	0.0	3.2	0.0
金通证券公司杭州定安路证券营业部	714	2553.7	2035.7	18.7	108.6	82.1	303.4	5.2	0.0
金通证券公司杭州凤起路证券营业部	500	3456.5	2423.9	7.8	98.9	27.4	892.2	6.3	0.0
金通证券公司杭州清江路证券营业部	1136	1735.3	1285.5	5.8	91.0	4.4	344.1	3.6	0.8
金通证券公司杭州体育场路证券营业部	847	2204.3	1520.4	10.7	79.3	5.1	447.9	1.4	139.5
金通证券公司杭州文晖路证券营业部	344	4477.2	2907.4	37.3	158.6	207.7	1061.0	52.7	52.5
金通证券公司杭州心南路证券营业部	452	3709.8	3002.4	13.7	136.3	1.9	555.3	0.2	0.0
金通证券公司杭州延安路证券营业部	99	12835.2	3941.1	72.6	292.9	699.7	7828.2	0.8	0.0
金通证券公司杭州玉古路证券营业部	952	2009.0	1407.8	14.8	45.0	49.6	480.6	10.8	0.5
金通证券公司湖州南街证券营业部	450	3715.7	1513.0	8.1	116.4	97.9	1976.0	4.4	0.0
金通证券公司嘉兴吉杨路证券营业部	447	3722.5	3328.5	24.6	222.5	124.2	20.0	2.7	0.0
金通证券公司金华中山路证券营业部	745	2468.0	2141.9	6.4	167.6	0.0	151.8	0.2	0.0
金通证券公司临安钱王大街证券营业部	1168	1684.0	1583.0	8.6	89.1	3.1	0.0	0.2	0.0
金通证券公司上海恒丰路证券营业部	175	7690.2	1646.1	94.6	65.0	349.6	5188.6	62.2	284.0
金通证券公司深圳迎春路证券营业部	2690	335.6	269.6	0.8	8.0	0.1	28.3	1.0	27.9
金通证券公司温岭东辉北路证券营业部	440	3770.1	3428.7	15.3	323.4	1.2	1.0	0.5	0.0
金通证券公司义乌化工路证券营业部	490	3498.6	3062.6	17.8	415.5	2.0	0.0	0.7	0.0
金通证券公司余姚南雷路证券营业部	718	2549.3	2032.9	13.0	479.6	21.7	0.0	2.1	0.0
金通证券公司诸暨永兴路证券营业部	1045	1857.1	1689.6	9.4	156.4	0.7	0.0	1.0	0.0
金信证券公司北京朝阳门北大街证券营业部	1038	1865.6	1248.8	3.8	32.8	18.1	561.8	0.3	0.0
金信证券公司东阳吴宁西路证券营业部	589	3001.5	2718.9	15.1	262.1	4.7	0.0	0.8	0.0
金信证券公司杭州杭大路证券营业部	100	12793.5	1513.8	1.6	113.8	483.9	4753.8	53.5	5873.2
金信证券公司金华青春路证券营业部	48	21955.8	3150.1	11.1	152.2	744.7	17897.0	0.7	0.0
金信证券公司丽水大众街证券营业部	1779	1033.4	908.3	7.0	117.9	0.0	0.0	0.2	0.0
金信证券公司临海崇和路证券营业部	1321	1496.9	1318.6	6.7	112.6	59.0	0.0	0.1	0.0
金信证券公司龙游太平西路证券营业部	2646	377.8	356.6	2.0	18.7	0.5	0.0	0.0	0.0
金信证券公司上海长乐路证券营业部	95	13164.2	1686.7	18.4	44.0	3483.1	7149.0	46.4	736.4
金信证券公司上海长宁路证券营业部	873	2147.4	2073.5	19.3	34.6	5.6	1.2	13.2	0.0
金信证券公司上海四川中路证券营业部	884	2117.3	1306.3	13.8	65.4	264.7	450.6	16.5	0.0
金信证券公司绍兴解放北路证券营业部	841	2213.6	1552.2	13.7	83.2	559.9	0.0	4.5	0.0
金信证券公司绍兴人民路证券营业部	1197	1657.1	1174.8	8.6	75.9	335.4	0.0	12.4	50.0
金信证券公司深圳红荔路证券营业部	2144	739.6	682.7	15.2	40.8	0.4	0.0	0.6	0.0
金信证券公司台州环城东路证券营业部	771	2400.4	2168.5	15.4	188.6	2.0	0.0	25.9	0.0
金信证券公司天津多伦道证券营业部	2211	694.9	550.2	9.6	15.2	119.7	0.0	0.3	0.0
金信证券公司温州温迪路证券营业部	704	2594.0	2373.7	11.9	58.6	0.5	17.7	131.5	0.0
金信证券公司义乌江滨北路证券营业部	2	214498.8	4189.9	26.0	330.4	0.1	200573.6	1.9	9376.8
金信证券公司永康九铃东路证券营业部	778	2384.5	2120.0	21.3	212.7	29.7	0.0	0.8	0.0
金信证券公司重庆中山一路证券营业部	2550	457.1	406.6	2.0	35.9	11.3	0.0	1.3	0.0
金信证券公司衢州上街证券营业部	1337	1478.9	1408.8	7.2	60.1	2.1	0.6	0.1	0.0
金元证券公司北京新外大街证券营业部	857	2178.2	1742.5	132.6	33.1	0.0	270.0	0.0	0.0
金元证券公司成都二环路证券营业部	1167	1684.0	1251.4	2.9	114.3	31.5	246.0	0.2	37.8
金元证券公司海口南宝路证券营业部	1035	1869.7	1178.9	10.9	313.8	0.9	333.6	30.2	1.4
金元证券公司杭州体育场路证券营业部	1194	1658.3	1392.8	100.2	0.0	0.2	48.4	76.6	40.0
金元证券公司上海长阳路证券营业部	1249	1582.3	1168.8	18.7	32.1	15.4	339.5	7.4	0.5
金元证券公司上海东方路证券营业部	454	3703.6	2803.9	55.1	38.4	544.1	174.4	15.1	72.6
金元证券公司上海宜山路证券营业部	255	5681.2	4361.2	25.4	139.1	90.8	1046.2	18.7	0.0
金元证券公司深圳华强北路证券营业部	451	3710.4	1615.4	78.1	106.8	22.3	1326.1	118.2	443.5
金元证券公司深圳上步路证券营业部	1626	1173.7	1135.0	10.8	17.9	0.0	10.0	0.0	0.0
金元证券公司苏州养育巷证券营业部	1398	1414.1	1031.6	3.4	264.4	0.1	114.1	0.0	0.6
金元证券公司新疆乌鲁木齐黄河路证券营业部	1257	1577.7	1394.9	5.3	104.2	72.8	0.0	0.5	0.0
巨田证券公司北京北太平庄路证券营业部	989	1950.6	1787.0	17.1	118.9	18.2	0.0	9.5	0.0
巨田证券公司北京东三环北路证券营业部	2743	286.5	248.3	0.3	31.2	2.2	4.5	0.0	0.0
巨田证券公司成都八宝街证券营业部	2323	620.0	521.7	21.7	42.2	7.5	26.8	0.1	0.0
巨田证券公司杭州文三路证券营业部	2559	447.9	399.0	12.9	6.3	0.0	28.3	0.0	1.4
巨田证券公司上海曹杨路证券营业部	443	3734.5	1668.0	62.6	50.2	107.2	1779.6	67.0	0.0
巨田证券公司深圳爱国路证券营业部	2538	465.6	238.0	0.9	74.4	0.1	150.0	2.2	0.0
巨田证券公司深圳滨河路证券营业部	1228	1613.7	1246.5	13.0	11.6	135.6	198.7	8.4	0.0
巨田证券公司深圳布吉证券营业部	2521	479.4	444.4	4.0	25.9	4.9	0.0	0.1	0.0
巨田证券公司深圳红荔路证券营业部	2470	517.4	498.7	2.6	14.0	0.3	0.0	1.7	0.0
巨田证券公司深圳人民南路证券营业部	1041	1862.4	684.4	3.3	144.1	2.6	1023.0	5.1	0.0
巨田证券公司深圳蛇口工业七路证券营业部	1635	1168.5	792.7	6.2	61.0	0.9	249.9	28.5	29.3
巨田证券公司深圳深南中路证券营业部	1519	1273.2	1068.1	5.6	187.3	0.1	0.0	12.1	0.0
巨田证券公司深圳新洲路证券营业部	1496	1291.3	465.5	5.8	42.1	4.0	773.1	0.3	0.4
巨田证券公司沈阳市府大路证券营业部	1959	887.9	742.9	5.8	130.0	8.6	0.3	0.4	0.0

证券营业部交易
Trading of Securities Business Outlets

单位：百万元（Million Yuan）

营业部名称 Securities Business Outlet	名次 Rank	交易金额 Trading Value 总计 Total	股票 Stock	基金 Fund	权证 Warrant	国债现货 T-Bond Spot	国债回购 T-Bond Repo	企业债、可转债 Corporate Bond,CB	企业债回购 C-Bond Repo
巨田证券公司无锡中山路证券营业部	2838	165.6	157.5	1.2	4.3	0.4	2.1	0.1	0.0
巨田证券公司武汉航空路证券营业部	2156	732.3	615.7	4.7	107.7	3.2	0.1	0.8	0.1
巨田证券公司珠海翠香二路证券营业部	2245	672.1	614.6	5.3	49.7	2.5	0.0	0.0	0.0
昆仑证券公司北京长春桥路证券营业部	1007	1923.3	654.2	3.8	47.6	18.1	1198.6	1.0	0.0
昆仑证券公司上海西藏南路证券营业部	2554	455.1	409.9	4.0	37.1	4.1	0.0	0.1	0.0
昆仑证券公司深圳深南中路证券营业部	1874	953.9	680.9	4.9	264.9	0.3	2.3	0.6	0.0
昆仑证券公司武汉紫阳路证券营业部	1533	1262.0	1088.7	5.2	159.6	8.3	0.0	0.2	0.0
昆仑证券公司西宁五四大街证券营业部	2568	443.0	411.3	2.9	28.0	0.7	0.0	0.0	0.0
联合证券公司北京北三环东路证券营业部	865	2167.4	1314.1	14.0	33.4	479.1	48.0	278.9	0.0
联合证券公司北京南草场街证券营业部	1877	951.7	804.8	18.1	61.4	19.3	0.0	48.0	0.0
联合证券公司北京西三环北路证券营业部	551	3152.7	1067.5	16.2	52.2	46.1	1968.7	2.0	0.0
联合证券公司长春解放大路证券营业部	2125	754.9	687.5	5.6	56.6	4.2	0.0	1.1	0.0
联合证券公司长沙劳动西路证券营业部	1970	879.1	817.1	12.0	42.7	6.2	0.0	1.2	0.0
联合证券公司成都南一环路证券营业部	946	2018.5	1746.1	13.1	249.8	9.3	0.0	0.3	0.0
联合证券公司成都浣花北路证券营业部	909	2063.6	1713.7	41.1	104.7	106.4	90.0	7.6	0.0
联合证券公司广州华乐路证券营业部	566	3092.5	2816.1	13.6	215.4	13.7	25.5	7.2	1.0
联合证券公司广州荔湾路证券营业部	1661	1146.1	1039.6	17.9	67.9	1.2	2.7	16.3	0.5
联合证券公司广州天河路证券营业部	1186	1668.1	1515.2	51.5	95.7	4.7	0.0	1.0	0.0
联合证券公司哈尔滨铁路街证券营业部	1889	944.4	879.1	5.1	57.9	2.3	0.0	0.1	0.0
联合证券公司哈尔滨西十六道街证券营业部	1269	1561.0	1455.0	10.8	71.2	18.5	0.0	5.6	0.0
联合证券公司海口海秀路证券营业部	1961	886.1	765.7	10.8	103.2	5.7	0.0	0.7	0.0
联合证券公司济南无影山东路证券营业部	1284	1539.3	1157.4	10.1	76.8	117.8	176.9	0.3	0.0
联合证券公司牡丹江东平安街证券营业部	1925	918.1	661.5	28.1	121.7	105.1	0.0	1.8	0.0
联合证券公司南昌苏圃路证券营业部	546	3167.5	2130.6	8.3	86.3	98.7	763.7	38.4	41.5
联合证券公司南京汉中路证券营业部	1619	1179.6	1008.5	32.3	8.5	22.5	85.0	6.9	16.0
联合证券公司南京户部街证券营业部	681	2665.2	2410.3	30.5	160.6	21.5	32.1	2.1	8.2
联合证券公司南京中山北路证券交易营业部	1540	1255.8	1088.6	25.2	48.6	32.3	44.1	9.7	7.4
联合证券公司上海长江西路证券交易营业部	860	2177.2	1699.4	17.3	38.6	317.6	54.8	29.5	20.1
联合证券公司上海大连路证券营业部	461	3685.7	2271.8	788.6	19.7	262.1	338.8	3.6	1.2
联合证券公司上海牡丹江路证券营业部	210	6470.9	4728.6	229.6	93.0	555.5	765.0	99.1	0.0
联合证券公司上海威海路证券营业部	1698	1106.0	796.5	100.6	41.4	16.4	81.7	1.9	67.5
联合证券公司上海新闸路证券营业部	554	3133.5	1715.3	21.8	73.9	27.0	923.3	9.4	362.8
联合证券公司深圳爱国路证券营业部	736	2509.5	1054.4	24.0	20.1	0.7	1407.6	2.7	0.0
联合证券公司深圳华强北路证券营业部	1578	1218.1	1130.1	12.1	38.2	0.6	32.3	2.9	2.0
联合证券公司深圳建设路证券营业部	1718	1093.9	688.6	8.2	123.1	1.6	240.2	7.1	25.1
联合证券公司深圳深南东路第二证券营业部	2427	549.8	501.2	0.0	0.0	10.3	30.0	8.3	0.0
联合证券公司深圳深南东路证券营业部	405	4013.7	1574.4	31.1	203.2	68.5	2133.7	3.0	0.0
联合证券公司深圳振兴路第二证券营业部	1005	1927.4	1594.0	23.6	139.4	54.1	68.5	46.3	1.7
联合证券公司沈阳南三经街第二营业部	1943	899.0	836.6	7.2	51.5	3.5	0.0	0.2	0.0
联合证券公司十堰公园路证券营业部	1770	1044.6	936.4	9.6	95.7	1.8	0.0	1.2	0.0
联合证券公司仪征环南路证券营业部	1279	1543.3	1349.3	10.7	161.1	7.9	1.2	13.1	0.0
联讯证券经纪公司北京外馆东街证券营业部	466	3668.8	2906.5	14.8	162.2	37.3	547.3	0.8	0.0
联讯证券经纪公司北京西直门北大街证券营业部	777	2384.6	1907.3	22.8	125.5	91.6	232.0	5.4	0.0
联讯证券经纪公司惠州麦地南路证券营业部	124	10393.9	1009.5	8.1	159.9	66.5	9128.4	1.3	20.2
联讯证券经纪公司惠州下埔路证券营业部	1362	1456.9	1097.2	6.4	125.8	56.9	168.6	2.0	0.0
联讯证券经纪公司南通工农路证券营业部	1466	1318.2	823.5	4.4	51.2	2.7	431.7	4.7	0.0
联讯证券经纪公司上海中山北路证券营业部	116	11043.5	1315.1	12.5	54.1	288.8	9371.3	1.7	0.0
联讯证券经纪公司沈阳大西路证券营业部	2137	746.3	669.8	5.7	65.4	5.0	0.0	0.4	0.0
辽宁省证券公司本溪解放北路证券营业部	1771	1043.4	1000.4	8.6	0.3	32.7	0.0	1.4	0.0
辽宁省证券公司本溪永丰商业区证券营业部	2267	660.6	618.5	4.4	0.1	35.1	0.0	2.4	0.0
辽宁省证券公司朝阳新华路证券营业部	1920	924.8	911.4	5.0	0.1	7.9	0.0	0.4	0.0
辽宁省证券公司大连中山路证券营业部	962	1988.9	1686.5	6.1	0.1	285.8	7.2	3.3	0.0
辽宁省证券公司丹东锦山大街证券营业部	934	2025.7	1991.3	7.6	0.3	23.8	0.0	2.7	0.0
辽宁省证券公司阜新解放大街证券营业部	2103	775.7	765.2	3.3	0.1	6.0	0.0	1.2	0.0
辽宁省证券公司葫芦岛连山大街证券营业部	1695	1108.9	1096.4	6.8	0.2	5.4	0.0	0.2	0.0
辽宁省证券公司深圳八卦二路证券营业部	2707	319.3	317.5	0.3	0.0	0.2	0.0	1.4	0.0
辽宁省证券公司辽阳武圣路证券营业部	2150	736.8	725.1	6.2	0.1	4.8	0.0	0.6	0.0
辽宁省证券公司盘锦红旗大街证券营业部	2200	701.5	472.7	2.7	0.0	225.6	0.0	0.5	0.0
辽宁省证券公司盘锦兴隆大街证券营业部	1129	1742.7	1473.8	14.9	0.2	246.9	0.0	7.0	0.0
辽宁省证券公司上海北京西路证券营业部	1745	1061.7	993.7	23.0	0.1	31.1	0.0	13.9	0.0
辽宁省证券公司上海大连路证券营业部	821	2261.6	1440.2	11.4	0.1	23.7	779.1	7.1	0.0
辽宁省证券公司上海浦东大道证券营业部	872	2153.5	2101.1	4.9	0.1	37.6	0.0	9.8	0.0
辽宁省证券公司沈阳北顺城路证券营业部	684	2659.6	1569.8	22.4	0.1	897.3	0.0	170.0	0.0
辽宁省证券公司沈阳黑龙江街营业部	618	2874.3	2780.9	4.4	0.1	83.6	0.0	5.4	0.0
辽宁省证券公司沈阳市府大路证券营业部	133	9596.4	1381.7	32.8	0.1	8176.2	0.0	5.7	0.0

证券营业部交易
Trading of Securities Business Outlets

单位：百万元（Million Yuan）

营业部名称 Securities Business Outlet	名次 Rank	交易金额 Trading Value 总计 Total	股票 Stock	基金 Fund	权证 Warrant	国债现货 T-Bond Spot	国债回购 T-Bond Repo	企业债、可转债 Corporate Bond,CB	企业债回购 C-Bond Repo
辽宁省证券公司沈阳中山路营业部	2397	567.6	476.6	3.3	0.1	86.9	0.0	0.7	0.0
辽宁省证券公司沈阳总站路营业部	1614	1184.1	724.6	3.0	0.1	451.8	0.0	4.5	0.0
辽宁省证券公司天津新华路证券营业部	2338	610.0	592.9	10.8	0.0	4.9	0.0	1.4	0.0
辽宁省证券公司铁岭银州路营业部	1609	1187.8	1068.8	11.0	0.2	104.9	0.0	3.0	0.0
辽宁省证券公司营口集贤里证券营业部	1566	1230.1	1124.9	6.3	0.1	97.0	0.0	1.8	0.0
民生证券公司北京西三环北路证券营业部	1128	1744.8	1621.2	2.2	12.3	72.9	15.0	21.3	0.0
民生证券公司成都岳府街证券营业部	2703	325.4	317.6	0.1	7.6	0.1	0.0	0.0	0.0
民生证券公司广州寺右一马路证券营业部	2790	239.3	158.6	3.9	17.2	29.0	30.6	0.1	0.0
民生证券公司济南文化西路证券营业部	1064	1833.3	327.6	4.9	74.0	0.5	1426.4	0.1	0.0
民生证券公司南阳仲景南路证券营业部	1514	1276.5	925.0	4.0	343.2	0.4	0.0	3.9	0.0
民生证券公司上海漕溪北路证券营业部	598	2977.3	2341.4	17.9	106.4	88.9	342.1	80.6	0.0
民生证券公司深圳深南中路证券营业部	1761	1050.9	714.9	2.2	18.7	167.6	111.5	24.1	11.9
民生证券公司新乡和平路证券营业部	2033	828.8	634.7	1.6	178.0	3.2	0.0	11.3	0.0
民生证券公司郑州济源路证券营业部	1415	1380.5	1264.2	7.7	106.4	2.1	0.0	0.1	0.0
民生证券公司郑州金水路证券营业部	1523	1268.7	1191.1	7.1	58.9	9.8	0.0	1.8	0.0
民生证券公司郑州陇海路证券营业部	1573	1226.6	1129.8	6.3	85.2	3.0	0.0	2.4	0.0
民生证券公司郑州桐柏路证券营业部	1019	1904.9	1698.9	11.8	185.9	7.9	0.0	0.5	0.0
民生证券公司郑州西太康路证券营业部	797	2333.8	2124.1	11.2	192.7	4.5	0.0	1.3	0.0
民生证券公司周口七一路证券营业部	1333	1479.5	1307.4	7.9	158.9	3.8	0.0	1.5	0.0
民生证券公司驻马店解放路证券营业部	1678	1123.2	978.9	6.9	136.2	0.8	0.0	0.4	0.0
闽发证券公司北京北四环中路证券营业部	1490	1294.5	1219.5	13.1	24.0	27.8	0.0	10.2	0.0
闽发证券公司北京翠微路证券营业部	1183	1670.5	1515.9	27.9	114.5	10.4	0.0	1.8	0.0
闽发证券公司成都东一环路证券营业部	2185	712.1	692.2	3.3	4.3	2.7	5.8	3.8	0.0
闽发证券公司福清后埔街证券营业部	735	2510.6	2415.1	15.3	6.6	2.7	23.8	47.1	0.0
闽发证券公司福州八一七中路证券营业部	1060	1838.4	1770.2	12.7	42.8	7.0	0.0	5.7	0.0
闽发证券公司福州北环东路证券营业部	1845	976.3	928.9	12.1	28.0	6.4	0.0	0.9	0.0
闽发证券公司福州五一北路证券营业部	2026	834.2	800.7	4.7	16.0	11.9	0.0	0.9	0.0
闽发证券公司福州五一中路证券营业部	1501	1286.1	1219.4	9.7	36.6	3.0	0.0	17.5	0.0
闽发证券公司福州杨桥中路证券营业部	1528	1263.8	1223.9	13.1	17.3	8.5	0.0	1.0	0.0
闽发证券公司福州洋中路证券营业部	1741	1067.5	1020.9	18.3	18.2	9.9	0.0	0.3	0.0
闽发证券公司杭州凤起路证券营业部	2867	103.0	102.7	0.3	0.0	0.0	0.0	0.0	0.0
闽发证券公司荆州拥军路证券营业部	2888	54.6	52.6	0.8	1.2	0.0	0.0	0.0	0.0
闽发证券公司南昌中山路证券营业部	1927	915.8	901.2	3.7	7.8	1.9	0.0	1.2	0.0
闽发证券公司南京龙蟠中路证券营业部	2729	299.7	290.8	0.5	3.2	0.0	5.2	0.0	0.0
闽发证券公司南宁民族大道证券营业部	1594	1200.3	1173.9	9.6	15.9	0.5	0.0	0.4	0.0
闽发证券公司南平中山路证券营业部	1581	1214.7	1194.3	5.9	13.7	0.6	0.0	0.2	0.0
闽发证券公司莆田梅园路证券营业部	1027	1895.9	1777.4	14.4	33.9	41.8	28.2	0.1	0.0
闽发证券公司泉州田安路证券营业部	834	2226.3	2131.1	29.2	37.0	24.8	0.0	4.2	0.0
闽发证券公司泉州温陵路证券营业部	602	2957.8	2846.5	21.2	74.5	8.4	0.0	7.2	0.0
闽发证券公司三明列东街证券营业部	995	1940.9	1906.4	15.5	16.7	1.7	0.0	0.6	0.0
闽发证券公司三明三元证券营业部	1817	1003.7	986.5	6.7	8.9	0.9	0.0	0.7	0.0
闽发证券公司上海水电路证券营业部	1470	1312.3	1255.6	9.8	4.5	38.9	0.0	3.5	0.0
闽发证券公司上海永嘉路证券营业部	2821	196.6	187.4	3.5	0.4	1.6	0.0	3.6	0.0
闽发证券公司深圳蛇口工业三路证券营业部	2881	78.9	59.4	0.2	0.0	0.1	19.2	0.0	0.0
闽发证券公司深圳中兴路证券营业部	2784	248.2	241.3	3.2	3.0	0.4	0.0	0.2	0.0
闽发证券公司天津六纬路证券营业部	2429	548.3	533.6	8.1	3.2	2.6	0.0	0.8	0.0
闽发证券公司武汉台北一路证券营业部	2598	420.7	411.1	3.0	3.0	2.1	0.0	1.5	0.0
闽发证券公司永安牺和路证券营业部	2122	762.3	715.8	35.2	7.9	2.5	0.0	0.9	0.0
闽发证券公司漳州新华北路证券营业部	1344	1472.4	1417.7	19.6	21.1	5.4	0.0	8.5	0.0
南京证券公司常熟吉祥商城证券营业部	368	4278.0	2673.2	9.2	55.7	458.0	1061.0	20.9	0.0
南京证券公司江阴虹桥南路证券营业部	1123	1752.3	1611.6	13.3	112.0	3.7	0.8	10.9	0.0
南京证券公司连云港通灌南路证券营业部	988	1951.1	1557.1	223.2	165.3	4.5	0.0	1.0	0.0
南京证券公司南京常府街证券营业部	1218	1628.7	1101.1	65.1	78.1	19.0	338.3	27.2	0.0
南京证券公司南京长乐路证券营业部	1722	1090.4	1002.9	21.1	52.3	13.7	0.0	0.5	0.0
南京证券公司南京大钟亭证券营业部	750	2460.6	1930.6	45.3	177.9	253.7	9.0	44.2	0.0
南京证券公司南京建康路证券营业部	2115	768.5	636.5	4.3	45.6	8.5	71.0	1.9	0.6
南京证券公司南京龙蟠路证券营业部	1287	1534.4	1364.0	44.6	105.2	18.2	0.0	2.6	0.0
南京证券公司南京热河路证券营业部	894	2092.1	1500.4	4.6	153.7	91.8	340.0	1.6	0.0
南京证券公司南京新华路证券营业部	1356	1461.8	1324.9	9.3	106.7	14.8	0.0	6.2	0.0
南京证券公司南京云南北路证券营业部	604	2942.8	2528.8	19.1	123.5	268.8	0.0	2.6	0.0
南京证券公司南京中山南路证券营业部	2133	751.4	704.0	7.2	35.4	3.5	0.0	1.4	0.0
南京证券公司上海南车站路证券营业部	423	3921.0	3297.6	353.0	28.2	84.0	142.1	16.1	0.0
南京证券公司上海新华路证券营业部	1252	1580.6	1416.9	9.1	43.1	23.2	64.7	21.0	2.7
南京证券公司张家港步行街证券营业部	2108	773.3	491.0	1.1	277.0	2.5	0.0	1.7	0.0
南京证券公司镇江中山东路证券营业部	1580	1217.6	1144.1	6.6	57.4	7.0	0.0	2.5	0.0

证券营业部交易
Trading of Securities Business Outlets

单位：百万元（Million Yuan）

营业部名称 Securities Business Outlet	名次 Rank	交易金额 Trading Value 总计 Total	股票 Stock	基金 Fund	权证 Warrant	国债现货 T-Bond Spot	国债回购 T-Bond Repo	企业债、可转债 Corporate Bond,CB	企业债回购 C-Bond Repo
平安证券公司北京东花市北里证券营业部	196	6749.6	4179.0	90.6	123.5	245.4	2034.4	65.3	11.4
平安证券公司成都双楠路证券营业部	2477	510.3	458.9	5.8	45.2	0.4	0.0	0.1	0.0
平安证券公司大连人民路证券营业部	1411	1388.2	1238.1	13.4	29.2	53.3	51.0	3.2	0.0
平安证券公司广州环市东路证券营业部	1126	1745.7	1477.4	45.2	115.7	72.7	33.2	1.6	0.0
平安证券公司广州新港中路证券营业部	2687	337.7	292.7	3.0	15.2	19.3	7.3	0.2	0.0
平安证券公司海口国贸大道证券营业部	2415	557.4	514.8	4.1	38.2	0.3	0.0	0.1	0.0
平安证券公司杭州文三路证券营业部	583	3034.4	1252.4	25.8	113.1	20.7	1620.5	1.9	0.0
平安证券公司南京北门桥路证券营业部	2530	470.2	433.6	2.8	15.2	13.4	0.7	4.7	0.0
平安证券公司青岛中山路证券营业部	1282	1539.9	1219.0	2.9	37.9	0.8	278.9	0.5	0.0
平安证券公司上海常熟路证券营业部	427	3883.5	2467.8	105.3	47.1	171.7	866.1	21.5	203.9
平安证券公司上海零陵路证券营业部	1474	1310.7	1026.1	12.5	47.7	13.8	207.0	3.5	0.1
平安证券公司深圳八卦三路证券营业部	88	14435.9	12079.5	161.3	839.8	667.6	576.7	109.0	1.8
平安证券公司深圳商报路证券营业部	306	4879.5	2841.8	6.4	37.0	229.8	1728.8	35.7	0.0
平安证券公司深圳蛇口招商路证券营业部	332	4566.9	3336.5	17.7	58.1	258.6	811.7	84.4	0.0
平安证券公司深圳深南东路证券营业部	688	2648.6	1130.5	68.7	50.5	72.1	1291.1	17.9	17.8
平安证券公司深圳深南中路证券营业部	1653	1158.2	923.1	12.7	105.7	49.8	62.4	1.0	3.5
平安证券公司深圳振华路证券营业部	431	3875.0	1127.7	10.8	42.3	891.3	1330.0	472.7	0.2
平安证券公司天津绍兴道证券营业部	1219	1626.9	1068.0	104.9	98.9	318.0	20.0	17.1	0.0
平安证券公司乌鲁木齐人民路证券营业部	2110	772.7	708.1	2.5	44.6	17.5	0.0	0.0	0.0
平安证券公司武汉崇仁路证券营业部	2529	473.2	441.2	4.7	19.8	5.9	0.0	1.6	0.0
平安证券公司重庆八一路证券营业部	2457	529.0	449.7	2.0	35.5	0.8	40.9	0.0	0.0
平安证券公司珠海园林路证券营业部	1932	910.6	813.7	7.2	60.1	14.0	10.0	5.6	0.0
齐鲁证券有限公司北京北四环西路证券营业部	1300	1516.8	1226.3	23.4	244.5	16.8	5.0	0.8	0.0
齐鲁证券有限公司滨州渤海七路证券营业部	2710	316.7	211.9	1.5	26.7	0.2	76.1	0.1	0.2
齐鲁证券有限公司德州三八路证券营业部	808	2300.7	2041.9	20.0	227.4	9.9	0.0	1.4	0.0
齐鲁证券有限公司东营西四路证券营业部	2439	539.0	450.0	4.7	81.2	3.0	0.0	0.2	0.0
齐鲁证券有限公司济南解放路证券营业部	1065	1833.3	1434.8	9.5	62.7	208.6	90.0	27.8	0.0
齐鲁证券有限公司济南山大路证券营业部	1803	1014.4	903.9	13.8	93.1	3.2	0.0	0.5	0.0
齐鲁证券有限公司济南石棚街证券营业部	2378	577.5	501.1	4.1	37.1	34.7	0.0	0.5	0.0
齐鲁证券有限公司济南舜耕路证券营业部	2458	526.6	480.4	4.7	20.0	21.4	0.0	0.1	0.0
齐鲁证券有限公司济南铜元局前街证券营业部	2815	208.1	200.4	0.7	5.9	1.0	0.0	0.3	0.0
齐鲁证券有限公司济南小纬四路证券营业部	2679	345.1	322.0	2.8	16.8	1.1	0.0	2.4	0.0
齐鲁证券有限公司济宁红星中路证券营业部	800	2320.9	2030.2	11.6	143.1	101.2	32.2	2.6	0.0
齐鲁证券有限公司莱芜鲁中西大街证券营业部	2813	210.9	202.5	1.0	7.2	0.1	0.0	0.1	0.0
齐鲁证券有限公司聊城东昌东路证券营业部	2533	467.5	412.7	1.6	52.2	1.0	0.0	0.1	0.0
齐鲁证券有限公司青岛延安三路证券营业部	2812	211.5	156.3	2.0	39.1	2.1	9.9	1.0	1.2
齐鲁证券有限公司日照黄海一路证券营业部	2742	286.7	254.4	2.2	29.8	0.1	0.0	0.3	0.0
齐鲁证券有限公司荣成成山大道证券营业部	2433	545.6	373.1	1.5	31.6	46.9	77.2	0.1	15.2
齐鲁证券有限公司上海赤峰路证券营业部	854	2194.8	1005.8	10.4	61.5	19.2	1027.4	4.0	66.6
齐鲁证券有限公司上海四平路证券营业部	2128	753.9	355.3	4.4	11.4	28.5	333.9	0.1	20.3
齐鲁证券有限公司上海斜土路证券营业部	1430	1361.4	914.2	4.9	19.6	81.5	341.0	0.3	0.0
齐鲁证券有限公司泰安东岳大街证券营业部	2349	598.2	484.2	7.6	100.9	5.3	0.0	0.1	0.0
齐鲁证券有限公司泰安岱宗大街证券营业部	1606	1190.0	887.7	5.6	287.7	7.7	0.1	1.2	0.0
齐鲁证券有限公司威海海滨北路证券营业部	1211	1634.8	1422.1	22.1	98.1	9.4	77.7	5.5	0.0
齐鲁证券有限公司文登市香山路证券营业部	2261	662.1	534.0	3.9	60.5	63.5	0.0	0.3	0.0
齐鲁证券有限公司烟台南通路证券营业部	1950	892.8	539.7	3.5	21.7	91.7	234.8	1.4	0.0
齐鲁证券有限公司枣庄文化中路证券营业部	2596	423.1	350.0	2.3	59.7	10.1	0.8	0.1	0.0
齐鲁证券有限公司淄博桓公路证券营业部	1844	977.6	762.6	6.4	200.1	4.3	0.0	4.3	0.0
齐鲁证券有限公司淄博机场路证券营业部	2228	685.0	613.0	9.7	43.6	5.7	12.8	0.2	0.0
齐鲁证券有限公司淄博人民西路营业部	217	6285.7	954.6	6.7	129.6	2529.8	2663.7	1.3	0.0
齐齐哈尔市证券有限公司卜奎营业部	1676	1124.9	1029.8	4.0	88.6	2.4	0.0	0.1	0.0
齐齐哈尔市证券有限公司富拉尔基营业部	1748	1058.5	997.6	4.9	55.1	0.6	0.0	0.4	0.0
齐齐哈尔市证券有限公司哈尔滨恒升证券交易营业部	2120	763.0	650.0	3.5	109.0	0.4	0.0	0.1	0.0
齐齐哈尔市证券有限公司永安营业部	2178	717.1	672.5	2.9	41.4	0.2	0.0	0.1	0.0
青岛市弘诚信托投资有限公司上海营业部	737	2507.8	638.0	4.3	0.1	23.0	1541.6	20.6	280.2
日信证券公司北京北四环西路证券营业部	2890	53.3	51.2	1.0	0.0	1.1	0.0	0.0	0.0
日信证券公司呼和浩特锡林南路证券营业部	2440	538.4	494.8	7.2	34.8	1.5	0.0	0.2	0.0
日信证券公司通辽和平路证券营业部	2672	354.9	329.6	2.7	22.2	0.2	0.0	0.2	0.0
三江源证券经纪有限公司本溪平山路证券营业部	2746	284.6	229.9	4.9	32.4	16.6	0.0	0.9	0.0
三江源证券经纪有限公司大连庄河市黄海大街证券营业部	2836	168.4	158.8	0.3	8.7	0.2	0.0	0.3	0.0
三江源证券经纪有限公司抚顺东六路证券营业部	2734	293.3	217.1	3.8	17.7	49.8	0.0	4.9	0.0
三江源证券经纪有限公司黑河中央街证券营业部	2824	188.7	166.8	0.5	21.4	0.0	0.0	0.0	0.0
三江源证券经纪有限公司辽阳中华大街第二证券营业部	2651	372.1	340.3	5.9	22.9	3.1	0.0	0.0	0.0
三江源证券经纪有限公司辽阳中华大街第一证券营业部	2899	28.5	28.4	0.1	0.0	0.0	0.0	0.0	0.0
三江源证券经纪有限公司盘锦泰山路证券营业部	2551	456.4	355.2	2.9	95.6	2.2	0.0	0.4	0.0

证券营业部交易
Trading of Securities Business Outlets

单位：百万元（Million Yuan）

营业部名称 Securities Business Outlet	名次 Rank	交易金额 Trading Value 总计 Total	股票 Stock	基金 Fund	权证 Warrant	国债现货 T-Bond Spot	国债回购 T-Bond Repo	企业债、可转债 Corporate Bond,CB	企业债回购 C-Bond Repo
三江源证券经纪有限公司唐山卫国路证券营业部	2068	801.0	705.3	2.6	89.5	2.0	0.0	1.6	0.0
三江源证券经纪有限公司西宁长江路证券营业部	2859	125.9	110.6	0.2	14.3	0.8	0.0	0.0	0.0
山西证券公司北京太平庄证券营业部	1037	1868.5	1717.1	17.4	61.4	28.0	41.2	3.5	0.0
山西证券公司长治长兴南路证券营业部	1699	1105.0	983.2	5.7	77.6	38.1	0.0	0.5	0.0
山西证券公司晋中迎宾路证券营业部	1601	1192.1	1171.9	1.2	17.4	0.6	0.0	1.1	0.0
山西证券公司离石长治路证券营业部	2009	847.2	772.7	6.7	58.0	9.7	0.0	0.1	0.0
山西证券公司临汾北洪家楼证券营业部	2722	306.6	259.5	1.0	3.4	42.7	0.0	0.0	0.0
山西证券公司宁波百丈东路证券营业部	2837	166.3	45.1	0.0	0.3	100.9	20.0	0.0	0.0
山西证券公司上海虹桥路证券营业部	1119	1756.4	1543.9	29.4	23.0	36.1	113.2	10.8	0.0
山西证券公司上海浦东南路证券营业部	1311	1508.7	1119.1	219.3	3.0	166.0	0.0	1.4	0.0
山西证券公司上海松花江路证券营业部	383	4159.7	1634.0	57.7	63.7	1405.4	993.4	5.6	0.0
山西证券公司深圳华富路证券营业部	768	2410.2	904.9	0.1	20.3	251.4	1233.4	0.2	0.0
山西证券公司深圳深南中路证券营业部	2354	593.2	498.7	0.6	1.1	69.7	6.0	17.2	0.0
山西证券公司朔州开发路证券营业部	2622	402.6	362.4	2.2	34.1	2.1	0.0	1.8	0.0
山西证券公司太原并州南路证券营业部	822	2258.9	1627.4	367.3	56.1	56.0	0.0	152.1	0.0
山西证券公司太原府东街证券营业部	1096	1783.3	1410.2	7.9	37.7	30.4	295.1	2.1	0.0
山西证券公司太原府西街营业部	13	48561.6	1799.7	16.5	149.0	3024.5	43441.5	130.4	0.0
山西证券公司太原解放北路证券营业部	2282	652.1	615.3	1.9	34.6	0.1	0.0	0.1	0.0
山西证券公司太原坞城路证券营业部	2499	493.1	455.6	4.8	28.1	4.6	0.0	0.1	0.0
山西证券公司太原西矿街证券营业部	336	4556.7	711.8	4.4	42.1	276.6	3521.6	0.2	0.0
山西证券公司太原迎泽大街证券营业部	58	19130.7	1623.6	18.4	131.5	892.1	16461.3	3.8	0.0
山西证券公司太原漪汾街证券营业部	1866	962.1	900.5	2.8	51.9	7.0	0.0	0.0	0.0
山西证券公司西安高新二路证券营业部	2069	800.7	780.7	2.0	17.0	1.1	0.0	0.0	0.0
山西证券公司忻州七一北路证券营业部	2751	281.3	250.8	2.2	18.8	9.4	0.0	0.1	0.0
山西证券公司阳泉德胜东街证券营业部	1623	1178.4	1069.6	16.7	73.6	18.2	0.0	0.3	0.0
山西证券公司运城市市府街证券营业部	1849	973.1	883.7	3.1	81.9	4.1	0.0	0.2	0.0
陕西开源证券经纪公司西安长安南路证券营业部	2775	254.9	239.4	1.2	10.0	2.4	0.0	1.8	0.0
陕西开源证券经纪公司西安纺织城证券营业部	2763	269.3	247.9	1.2	19.0	0.3	0.0	0.8	0.0
陕西开源证券经纪公司西安南四府街证券营业部	2834	168.5	143.2	1.1	22.4	1.8	0.0	0.0	0.0
陕西开源证券经纪公司榆林新建南路证券营业部	2879	85.8	69.0	0.5	16.3	0.0	0.0	0.0	0.0
上海远东证券有限公司成都红星路证券营业部	2909	1.9	1.9	0.0	0.0	0.0	0.0	0.0	0.0
上海远东证券有限公司成都人民中路证券营业部	2799	225.5	218.7	0.7	5.9	0.2	0.0	0.1	0.0
上海远东证券有限公司成都西安中路证券营业部	2760	270.3	250.5	1.0	14.7	3.7	0.5	0.0	0.0
上海远东证券有限公司成都一环路证券营业部	2102	775.8	511.7	4.4	258.2	1.4	0.0	0.0	0.0
上海远东证券有限公司上海金桥路证券营业部	240	5951.4	2885.8	61.8	337.8	341.6	2315.1	9.4	0.0
上海远东证券有限公司深圳湖贝路证券营业部	2796	228.3	191.8	0.8	35.7	0.0	0.0	0.0	0.0
上海远东证券有限公司信阳东方红大道证券营业部	2907	9.6	9.6	0.0	0.0	0.0	0.0	0.0	0.0
上海远东证券有限公司信阳人民路证券营业部	2857	129.6	127.1	0.7	0.0	1.5	0.0	0.4	0.0
上海远东证券有限公司信阳跃进东路证券营业部	2870	98.6	95.4	0.5	0.0	2.6	0.0	0.0	0.0
上海远东证券有限公司郑州经八路证券营业部	1989	863.5	742.2	1.6	10.4	74.9	0.0	34.4	0.0
上海证券公司堡镇证券营业部	1763	1049.5	926.5	12.5	42.3	21.3	37.3	9.7	0.0
上海证券公司北京万寿路证券营业部	2077	789.0	715.7	5.4	62.6	4.2	0.0	1.1	0.0
上海证券公司崇明证券营业部	444	3729.8	2146.5	3.3	1058.9	65.7	435.6	19.8	0.0
上海证券公司定西路证券营业部	421	3939.4	1147.3	124.8	65.0	30.0	2564.8	2.0	5.6
上海证券公司东方路证券营业部	356	4384.0	1214.2	80.9	40.8	159.2	2871.6	17.4	0.0
上海证券公司高安路证券营业部	1409	1392.2	962.9	149.4	58.4	122.5	59.1	39.9	0.0
上海证券公司广灵四路证券营业部	1757	1052.7	914.6	26.0	41.5	27.2	41.4	2.0	0.0
上海证券公司杭州解放路证券营业部	2483	505.9	420.8	65.2	19.9	0.0	0.0	0.0	0.0
上海证券公司虹梅路证券营业部	1595	1200.0	811.6	45.4	18.7	67.9	255.8	0.7	0.0
上海证券公司嘉定证券营业部	2155	733.1	673.2	11.4	24.4	15.2	6.7	2.1	0.0
上海证券公司金山证券营业部	2592	425.4	377.9	5.9	27.6	11.9	0.0	2.1	0.0
上海证券公司九江路证券营业部	198	6715.8	1010.4	19.3	14.6	666.4	5000.2	5.0	0.0
上海证券公司龙镇路证券营业部	2207	697.3	634.0	6.4	46.5	8.9	0.0	1.5	0.0
上海证券公司妙境路证券营业部	2218	691.6	626.6	5.8	53.7	4.7	0.0	0.9	0.0
上海证券公司南昌民德路证券营业部	2372	578.9	530.7	1.3	42.5	3.6	0.0	0.9	0.0
上海证券公司南京草场门大街证券营业部	1735	1077.7	670.5	28.8	350.0	20.6	7.2	0.7	0.0
上海证券公司南桥证券营业部	1997	859.2	806.8	13.0	26.0	12.1	0.0	1.4	0.0
上海证券公司平顺路证券营业部	1857	970.2	879.8	9.8	43.3	24.4	0.0	12.8	0.0
上海证券公司青浦证券营业部	2567	443.5	407.7	6.8	25.5	3.2	0.0	0.2	0.0
上海证券公司茸城证券营业部	1304	1514.6	1319.7	17.9	122.9	53.5	0.0	0.7	0.0
上海证券公司商城路证券营业部	1164	1694.6	1234.3	109.8	79.7	106.4	159.9	4.4	0.0
上海证券公司上海临平路证券营业部	1248	1583.5	1315.6	27.6	48.1	88.6	98.3	5.3	0.0
上海证券公司深圳福虹路证券营业部	2720	309.5	292.7	1.5	14.7	0.0	0.0	0.6	0.0
上海证券公司苏州干将西路证券营业部	2539	464.5	372.9	18.5	16.8	1.1	55.0	0.3	0.0
上海证券公司西藏路证券营业部	603	2947.6	1131.8	56.7	19.2	64.4	1606.6	18.9	50.0

证券营业部交易
Trading of Securities Business Outlets

单位：百万元（Million Yuan）

营业部名称 Securities Business Outlet	名次 Rank	交易金额 Trading Value 总计 Total	股票 Stock	基金 Fund	权证 Warrant	国债现货 T-Bond Spot	国债回购 T-Bond Repo	企业债、可转债 Corporate Bond,CB	企业债回购 C-Bond Repo
上海证券公司西藏南路证券营业部	1742	1067.2	863.5	12.2	25.3	20.0	141.8	4.5	0.0
上海证券公司襄阳北路证券营业部	257	5659.4	1693.1	254.2	77.7	95.4	3502.8	36.3	0.0
上海证券公司延长西路证券营业部	1869	960.4	576.9	10.5	131.5	47.3	191.7	2.5	0.0
上海证券公司玉屏南路证券营业部	2407	563.1	472.6	4.1	22.5	14.8	40.7	8.4	0.0
上海证券公司重庆南城大道证券营业部	2800	224.0	209.1	0.8	7.2	6.9	0.0	0.0	0.0
上海证券公司周浦证券营业部	2430	548.1	434.7	4.5	17.7	57.6	0.0	33.7	0.0
上海证券公司芷江西路证券营业部	1204	1644.4	1457.5	44.3	40.2	81.1	11.6	9.7	0.0
上海证券公司莘庄证券营业部	743	2490.6	2000.6	101.7	287.4	37.2	59.6	4.1	0.0
申银万国证券公司北京安定路营业部	668	2708.6	1986.1	98.7	70.7	152.9	397.2	3.1	0.0
申银万国证券公司北京劲松九区证券营业部	39	23768.1	3247.0	16.0	82.9	5136.1	14908.1	378.1	0.0
申银万国证券公司长春东朝阳路证券营业部	1106	1772.3	730.6	8.5	0.0	165.3	806.7	54.3	6.8
申银万国证券公司长沙蔡锷中路证券营业部	935	2025.5	1459.7	3.3	125.6	192.1	233.3	11.6	0.0
申银万国证券公司成都盐市口证券营业部	926	2036.1	1452.7	6.6	62.4	20.9	492.4	1.0	0.0
申银万国证券公司福建福州鼓屏路营业部	1914	927.1	851.6	12.6	58.4	3.7	0.0	0.8	0.0
申银万国证券公司福建厦门厦禾路营业部	874	2140.6	1524.0	13.6	105.8	7.0	488.3	2.0	0.0
申银万国证券公司广东广州江南大道营业部	377	4198.4	1807.7	47.7	69.6	50.9	2215.8	6.7	0.0
申银万国证券公司广东广州天河北路营业部	549	3156.0	1595.9	23.3	187.4	151.0	1164.0	34.3	0.0
申银万国证券公司广西南宁古城路营业部	2491	500.3	378.8	2.3	45.9	3.3	58.3	0.3	11.4
申银万国证券公司哈尔滨南马路证券营业部	1673	1129.2	842.7	7.3	276.4	0.8	0.0	2.0	0.0
申银万国证券公司海南海口龙昆南路营业部	533	3234.2	2144.3	30.8	236.7	24.1	706.5	11.4	80.4
申银万国证券公司杭州密渡桥路证券营业部	291	5168.0	1783.4	43.5	386.8	1088.2	1617.1	249.0	0.0
申银万国证券公司合肥阜南路证券营业部	1913	927.1	639.1	36.4	69.2	16.8	162.0	3.7	0.0
申银万国证券公司黑龙江哈尔滨中山路营业部	480	3577.2	1785.1	14.1	54.2	663.6	992.4	67.4	0.4
申银万国证券公司湖北武汉中山路营业部	638	2810.5	1577.5	12.8	138.0	4.5	1075.7	2.1	0.0
申银万国证券公司湖北襄樊人民广场营业部	1930	911.2	688.8	4.9	107.5	22.0	60.8	1.7	25.5
申银万国证券公司黄石黄石大道证券营业部	1152	1716.2	1040.4	4.0	56.8	106.9	444.2	42.1	21.7
申银万国证券公司江苏靖江骥江路营业部	1200	1653.5	1455.1	24.6	146.2	7.1	0.0	20.5	0.0
申银万国证券公司江苏南京华侨路营业部	918	2050.6	1637.9	33.0	266.1	16.6	92.2	4.7	0.1
申银万国证券公司江苏南京山西路营业部	1264	1567.0	1192.3	28.4	117.0	78.8	142.4	7.5	0.7
申银万国证券公司江苏南通南大街营业部	23	38573.8	3499.5	69.2	89.7	934.2	33455.3	85.8	440.0
申银万国证券公司江苏无锡清扬路营业部	521	3339.1	1384.6	21.9	51.8	54.6	1825.8	0.3	0.0
申银万国证券公司江苏镇江中山东路证券营业部	1370	1443.6	1340.6	9.7	29.7	39.2	0.0	24.4	0.0
申银万国证券公司江西九江浔阳路营业部	1904	936.2	501.1	3.3	27.9	105.4	295.5	2.9	0.1
申银万国证券公司江西上饶中山西路营业部	2395	569.4	400.2	3.6	147.7	0.4	17.4	0.1	0.0
申银万国证券公司金华八一北街证券营业部	1272	1551.9	1467.3	10.3	69.3	4.4	0.0	0.6	0.0
申银万国证券公司兰州东岗西路证券营业部	2441	538.4	487.7	8.3	37.6	3.0	0.0	1.8	0.0
申银万国证券公司辽宁大连武汉街营业部	532	3277.6	2607.3	43.3	94.3	321.7	150.4	60.8	0.0
申银万国证券公司辽宁沈阳中山路营业部	1465	1318.8	1210.1	6.1	65.4	23.2	7.5	6.4	0.0
申银万国证券公司辽宁沈阳岐山中路营业部	1139	1733.2	1600.2	15.6	82.0	24.3	0.0	11.1	0.0
申银万国证券公司南昌北京西路证券营业部	773	2397.4	1570.4	38.6	111.1	144.0	470.8	62.5	0.0
申银万国证券公司南昌洪都北大道证券营业部	590	2997.6	1602.3	5.4	30.0	638.7	481.3	240.0	0.0
申银万国证券公司宁波中山东路证券营业部	1453	1334.4	1259.5	16.2	41.5	12.5	0.0	4.8	0.0
申银万国证券公司青岛太平路证券营业部	820	2264.5	1283.9	12.1	54.9	250.5	651.2	11.9	0.0
申银万国证券公司上海碧江路营业部	891	2099.2	1602.9	31.4	151.7	41.0	265.8	6.5	0.0
申银万国证券公司上海昌化路营业部	509	3412.4	2548.5	84.5	151.9	241.4	297.4	77.4	11.3
申银万国证券公司上海崇明营业部	1417	1378.8	1192.8	24.9	88.8	14.4	54.5	3.4	0.0
申银万国证券公司上海川沙路证券营业部	900	2076.8	1910.4	26.0	91.8	46.2	0.0	2.4	0.0
申银万国证券公司上海东大名路营业部	365	4342.5	2327.5	15.0	29.4	612.1	1344.6	12.9	1.0
申银万国证券公司上海东体育会路营业部	1679	1118.4	934.3	20.2	4.9	29.8	127.5	1.7	0.0
申银万国证券公司上海奉贤营业部	294	5105.6	1613.7	20.2	100.9	11.0	3359.4	0.4	0.0
申银万国证券公司上海福州路营业部	540	3184.5	1288.5	28.6	41.3	16.1	1794.2	13.8	2.0
申银万国证券公司上海广东路营业部	848	2204.0	1398.1	99.9	66.3	24.1	601.3	14.3	0.0
申银万国证券公司上海海宁路营业部	902	2072.1	1514.8	17.0	39.5	14.7	484.9	1.2	0.0
申银万国证券公司上海虹古路营业部	128	10185.4	3243.7	1600.9	61.7	325.5	4771.0	172.6	10.0
申银万国证券公司上海沪太路证券营业部	380	4178.9	1827.8	28.4	48.1	27.6	2241.4	5.6	0.0
申银万国证券公司上海黄兴路证券营业部	896	2089.5	1568.6	16.9	74.9	181.0	239.5	7.5	1.1
申银万国证券公司上海吉林路营业部	970	1974.2	1377.5	17.7	45.0	38.5	488.7	6.7	0.0
申银万国证券公司上海嘉定营业部	608	2923.1	1876.3	28.9	72.6	26.0	916.9	2.4	0.0
申银万国证券公司上海金山证券营业部	1524	1267.9	1202.4	7.8	44.0	12.6	0.0	1.2	0.0
申银万国证券公司上海兰坪路营业部	436	3799.8	1532.3	26.2	37.7	52.8	2132.1	18.7	0.0
申银万国证券公司上海兰溪路营业部	10	51363.0	1605.7	55.0	112.9	172.1	49412.7	4.6	0.0
申银万国证券公司上海龙茗路证券营业部	2531	468.4	445.4	5.3	2.1	13.5	1.6	0.4	0.0
申银万国证券公司上海龙漕路营业部	728	2519.0	2241.9	60.2	123.9	68.1	12.9	12.0	0.0
申银万国证券公司上海隆昌路营业部	1031	1886.3	1516.9	31.4	119.1	23.7	181.3	13.9	0.0
申银万国证券公司上海陆家浜路营业部	1059	1840.2	1508.4	52.9	39.6	35.0	149.5	26.1	28.7

证券营业部交易
Trading of Securities Business Outlets

单位：百万元（Million Yuan）

营业部名称 Securities Business Outlet	名次 Rank	交易金额 Trading Value 总计 Total	股票 Stock	基金 Fund	权证 Warrant	国债现货 T-Bond Spot	国债回购 T-Bond Repo	企业债、可转债 Corporate Bond,CB	企业债回购 C-Bond Repo
申银万国证券公司上海洛川东路证券营业部	1073	1826.5	1726.8	34.7	33.2	26.3	0.0	5.5	0.0
申银万国证券公司上海南汇营业部	85	14718.0	1680.5	14.9	436.2	777.6	11808.2	0.7	0.0
申银万国证券公司上海浦建路证券营业部	456	3695.1	2839.6	16.6	185.8	81.6	530.4	41.3	0.0
申银万国证券公司上海浦三路营业部	927	2035.8	1156.0	33.4	28.8	224.5	553.5	21.2	18.4
申银万国证券公司上海齐河路证券营业部	731	2514.1	2178.9	41.7	88.1	87.2	115.4	2.8	0.0
申银万国证券公司上海钦州路营业部	804	2316.6	1554.7	72.9	589.4	44.8	34.3	17.5	3.1
申银万国证券公司上海青浦证券营业部	1036	1868.8	1711.5	30.1	99.5	25.2	0.0	2.5	0.0
申银万国证券公司上海瑞金二路营业部	73	16087.5	2875.4	145.8	30.7	150.5	12727.3	157.8	0.0
申银万国证券公司上海三林路营业部	1418	1377.5	1202.1	9.4	47.3	33.7	82.3	2.6	0.0
申银万国证券公司上海商城路营业部	1423	1371.2	951.8	14.7	16.1	11.2	371.6	5.8	0.0
申银万国证券公司上海上中西路营业部	120	10450.6	4164.7	69.6	154.5	1474.6	4058.1	313.7	215.3
申银万国证券公司上海石化证券营业部	1095	1783.4	1668.7	26.5	68.2	13.4	4.0	2.7	0.0
申银万国证券公司上海松江营业部	576	3055.9	1630.1	54.2	103.1	8.1	1258.1	2.3	0.0
申银万国证券公司上海天钥桥路营业部	457	3691.8	2471.4	74.5	76.6	63.7	971.6	34.1	0.0
申银万国证券公司上海同泰路营业部	1138	1733.3	1580.2	27.6	97.9	24.7	0.0	2.9	0.0
申银万国证券公司上海吴中路营业部	1078	1820.3	1628.8	63.8	96.0	17.3	4.3	10.1	0.0
申银万国证券公司上海武进路营业部	1448	1340.1	872.8	20.8	54.6	12.4	377.3	2.3	0.0
申银万国证券公司上海斜土路证券营业部	381	4176.2	1444.7	30.6	125.8	119.8	2287.4	165.7	2.1
申银万国证券公司上海新昌路营业部	69	16723.7	10778.6	1589.2	81.5	1279.4	1366.0	1254.0	375.1
申银万国证券公司上海延长中路营业部	1103	1775.3	1338.1	12.2	62.8	73.9	287.8	0.6	0.0
申银万国证券公司上海银城东路营业部	26	35698.6	9286.9	389.2	2034.9	3093.7	15284.1	1281.0	4327.4
申银万国证券公司上海余姚路证券营业部	140	9241.1	4310.6	48.8	60.4	2063.4	1635.6	620.6	501.6
申银万国证券公司上海玉屏南路营业部	983	1954.5	1120.5	18.6	31.2	56.7	702.2	25.4	0.0
申银万国证券公司上海中华路证券营业部	224	6178.8	1258.9	40.7	72.1	77.8	4721.3	7.4	0.6
申银万国证券公司上海中山北二路证券营业部	229	6110.4	2253.8	34.2	76.2	752.0	2980.6	13.6	0.0
申银万国证券公司上海中山北路营业部	239	5979.7	2804.7	91.4	57.0	99.7	2899.7	27.2	0.0
申银万国证券公司上海周浦证券营业部	247	5820.5	3503.8	36.6	101.8	404.2	1652.7	120.4	0.0
申银万国证券公司上海莘庄营业部	520	3355.7	2960.7	51.7	246.4	89.1	0.0	7.8	0.0
申银万国证券公司深圳红荔西路营业部	687	2651.5	1368.2	23.2	51.6	25.8	1179.2	1.1	2.4
申银万国证券公司深圳金田路证券营业部	1682	1115.5	1025.0	4.7	5.0	27.5	48.8	4.5	0.0
申银万国证券公司四川成都槐树街营业部	1201	1653.4	1450.2	8.5	13.6	70.9	109.8	0.4	0.0
申银万国证券公司四川成都人民北路营业部	1482	1306.9	1155.0	8.2	87.4	15.5	39.6	1.1	0.0
申银万国证券公司四川成都西一环路营业部	721	2536.5	808.7	3.4	30.5	6.0	1679.3	8.6	0.0
申银万国证券公司四川眉山县东坡镇营业部	1142	1726.8	1609.5	26.3	82.1	6.9	0.0	2.0	0.0
申银万国证券公司四川泸州广凤路营业部	2016	841.3	547.2	3.9	30.5	0.9	258.7	0.2	0.0
申银万国证券公司苏州东吴北路证券营业部	1615	1184.0	982.8	15.2	67.4	11.7	95.6	11.3	0.0
申银万国证券公司天津红星路营业部	917	2050.7	1689.3	9.5	71.0	95.9	166.3	18.6	0.0
申银万国证券公司天津吴家窑大街证券营业部	2239	677.2	626.2	11.1	20.6	2.9	15.2	1.3	0.0
申银万国证券公司温州人民路证券营业部	779	2374.4	2088.9	15.9	255.2	2.8	3.4	8.0	0.2
申银万国证券公司乌鲁木齐光明路证券营业部	1488	1295.2	1127.3	12.7	4.3	0.6	150.0	0.3	0.0
申银万国证券公司武汉青年路证券营业部	1254	1579.3	1245.3	140.8	185.4	3.8	4.0	0.1	0.0
申银万国证券公司西安长安北路证券营业部	1586	1206.2	990.7	17.2	28.6	99.0	56.5	7.5	6.6
申银万国证券公司扬州扬子江北路证券营业部	1427	1366.3	1188.2	11.9	144.8	9.3	10.0	2.1	0.0
申银万国证券公司宜昌西陵一路证券营业部	1743	1066.3	959.3	5.1	94.9	3.4	0.0	3.6	0.0
申银万国证券公司浙江嘉兴禾兴北路营业部	487	3513.9	1367.3	23.7	119.1	110.2	1722.5	3.7	167.4
申银万国证券公司浙江宁波大梁街营业部	677	2674.6	2461.8	117.7	56.4	17.7	18.9	2.1	0.0
申银万国证券公司浙江桐乡振兴东路营业部	1062	1835.3	1557.5	24.5	95.5	48.0	92.0	17.8	0.0
申银万国证券公司浙江衢州狮桥街营业部	1499	1287.2	1196.1	7.9	82.2	0.9	0.0	0.2	0.0
申银万国证券公司重庆小新街营业部	1599	1196.5	698.9	35.8	24.3	1.9	418.5	17.2	0.0
申银万国证券公司重庆杨家坪营业部	2041	821.3	583.3	5.4	36.5	4.9	189.7	1.3	0.2
申银万国证券公司重庆中山一路营业部	1373	1441.4	1089.0	7.7	35.5	19.4	211.0	3.1	75.7
申银万国证券公司珠海迎宾南路证券营业部	1320	1500.9	1405.8	7.1	55.7	5.5	23.2	3.6	0.1
沈阳诚浩证券经纪公司沈阳崇山东路证券营业部	2577	436.7	329.4	1.9	30.5	73.0	1.1	0.8	0.0
沈阳诚浩证券经纪公司沈阳宁山中路证券营业部	2658	363.4	240.2	2.2	13.6	107.1	0.0	0.3	0.0
沈阳诚浩证券经纪公司沈阳启工街证券营业部	2564	446.2	347.8	4.1	63.0	31.2	0.0	0.1	0.0
沈阳诚浩证券经纪公司沈阳泉园街证券营业部	2246	671.6	319.0	4.2	16.0	331.1	1.0	0.3	0.0
沈阳诚浩证券经纪公司沈阳热闹路证券营业部	720	2546.8	548.7	2.7	259.0	640.5	1086.3	9.5	0.0
沈阳诚浩证券经纪公司沈阳西顺城街证券营业部	2502	492.1	325.2	2.7	66.5	94.0	0.0	3.7	0.0
沈阳诚浩证券经纪公司沈阳兴华南街证券营业部	1800	1017.6	746.6	6.0	71.1	190.9	1.4	1.7	0.0
世纪证券公司北京光华路证券营业部	596	2990.2	1051.0	1.0	44.9	124.3	1768.2	0.0	0.8
世纪证券公司长沙韶山北路证券营业部	2385	575.1	465.4	46.2	27.5	17.8	14.7	3.5	0.0
世纪证券公司抚州大公路证券营业部	1784	1030.8	924.4	8.1	47.0	1.6	49.4	0.4	0.0
世纪证券公司昆明人民中路证券营业部	1878	951.5	710.1	1.7	17.9	45.8	138.0	38.0	0.0
世纪证券公司南昌广场南路证券营业部	2446	534.1	477.0	2.9	53.2	1.0	0.0	0.1	0.0
世纪证券公司南昌井岗山大道证券营业部	1949	893.3	478.6	2.3	43.3	1.3	367.1	0.7	0.0

证券营业部交易
Trading of Securities Business Outlets

单位：百万元（Million Yuan）

营业部名称 Securities Business Outlet	名次 Rank	交易金额 Trading Value 总计 Total	股票 Stock	基金 Fund	权证 Warrant	国债现货 T-Bond Spot	国债回购 T-Bond Repo	企业债、可转债 Corporate Bond,CB	企业债回购 C-Bond Repo
世纪证券公司南昌民德路证券营业部	1616	1183.3	925.9	3.6	36.0	7.0	182.2	28.7	0.0
世纪证券公司南昌胜利路证券营业部	1636	1168.4	1111.6	5.9	42.1	7.9	0.0	0.9	0.0
世纪证券公司南京中山南路证券营业部	1671	1132.1	736.8	0.4	56.1	66.0	272.6	0.2	0.0
世纪证券公司上海威海路证券营业部	206	6513.3	2634.1	58.6	46.8	824.3	2891.2	58.2	0.0
世纪证券公司深圳福虹路证券营业部	636	2811.9	1222.2	13.2	31.9	115.5	1405.5	20.9	2.7
世纪证券公司深圳深南大道中证券营业部	5	82201.5	1227.7	2.8	1088.3	2302.7	77329.6	0.0	250.4
世纪证券公司新余赣新路证券营业部	2049	813.9	652.4	14.9	100.5	46.0	0.0	0.2	0.0
首创证券公司北京北辰东路证券营业部	474	3610.6	3256.2	43.8	108.8	139.6	55.5	5.5	1.2
首创证券公司成都高升桥东路证券营业部	2606	415.2	404.1	1.2	7.7	2.0	0.0	0.1	0.0
首创证券公司上海零陵路证券营业部	1058	1846.6	667.4	15.0	313.1	8.4	841.3	1.4	0.0
首创证券公司上海水城路证券营业部	1338	1477.0	1086.9	21.3	30.9	18.2	318.0	1.7	0.0
首创证券公司深圳吉华路证券营业部	1391	1424.3	985.1	2.1	37.4	298.6	100.0	1.2	0.0
首创证券公司石家庄栗康街证券营业部	1196	1657.7	1308.5	9.7	176.9	17.3	142.5	2.8	0.0
首创证券公司石家庄平安北大街证券营业部	2223	688.8	535.4	7.4	72.3	3.0	70.5	0.1	0.0
首创证券公司石家庄新华路证券营业部	1459	1324.0	742.8	4.4	49.6	2.6	523.8	0.9	0.0
四川省天风证券公司成都林荫街证券营业部	2402	564.9	523.3	4.3	35.3	1.0	0.0	1.0	0.0
四川省天风证券公司成都走马街证券营业部	2523	477.8	441.2	1.9	31.5	2.5	0.0	0.6	0.0
四川省天风证券公司大连旅顺自新街证券营业部	2803	218.0	161.4	1.4	40.8	14.2	0.0	0.3	0.0
四川省天风证券公司大连普兰店南山路证券营业部	2835	168.4	141.5	1.4	14.9	10.7	0.0	0.0	0.0
四川省天风证券公司大连天河路证券营业部	2066	802.6	739.2	9.0	47.3	6.4	0.0	0.7	0.0
四川省天风证券公司深圳爱国路证券营业部	2368	581.4	553.3	0.1	24.4	2.6	1.0	0.0	0.0
泰阳证券公司保定向阳南路证券营业部	2543	461.8	404.3	3.5	52.0	1.8	0.0	0.3	0.0
泰阳证券公司北京阜外大街证券营业部	542	3180.5	1762.6	24.5	614.6	22.9	695.9	60.2	0.0
泰阳证券公司常德青年路证券营业部	1017	1906.7	1620.1	102.3	130.1	1.3	0.0	52.9	0.0
泰阳证券公司长沙黄兴中路证券营业部	502	3437.4	2868.2	24.5	460.6	3.1	72.8	8.2	0.0
泰阳证券公司长沙劳动路证券营业部	1882	950.5	835.0	8.8	102.7	3.6	0.0	0.3	0.0
泰阳证券公司长沙留芳岭证券营业部	1210	1635.5	1533.0	15.5	77.8	6.9	0.0	2.2	0.0
泰阳证券公司长沙五一东路证券营业部	1808	1009.3	905.0	3.9	96.8	2.8	0.0	0.6	0.0
泰阳证券公司郴州国庆南路证券营业部	1099	1780.0	1337.8	12.0	213.7	126.6	80.0	9.9	0.0
泰阳证券公司广州小北路证券营业部	785	2365.6	1703.4	5.3	561.3	1.0	91.2	3.4	0.0
泰阳证券公司贵阳合群路证券营业部	2681	344.2	240.4	2.1	66.0	4.1	23.5	0.1	8.0
泰阳证券公司杭州凤起路证券营业部	300	4998.6	975.8	12.8	3207.6	272.9	287.6	242.0	0.0
泰阳证券公司衡阳衡西大市场证券营业部	969	1974.4	1780.3	12.5	174.5	5.6	0.0	1.5	0.0
泰阳证券公司怀化鹤州北路证券营业部	1286	1536.2	1288.4	12.2	229.0	2.3	0.0	4.4	0.0
泰阳证券公司昆明环城南路证券营业部	2864	110.3	90.0	0.5	0.0	1.7	18.0	0.0	0.0
泰阳证券公司昆明三市街证券营业部	960	1991.4	1849.9	13.0	39.1	7.4	82.0	0.1	0.0
泰阳证券公司娄底娄星路证券营业部	842	2210.9	1883.1	10.8	308.3	7.9	0.0	0.7	0.0
泰阳证券公司南昌阳明路证券营业部	2739	291.0	274.7	1.9	13.1	0.8	0.5	0.0	0.0
泰阳证券公司南京王府大街证券营业部	1821	997.3	688.1	62.4	159.0	66.8	3.5	17.4	0.2
泰阳证券公司上海延安西路证券营业部	390	4107.0	3390.2	99.0	428.6	162.9	7.8	18.5	0.0
泰阳证券公司邵阳邵水西路证券营业部	749	2461.6	2231.4	11.6	209.9	6.7	0.0	2.0	0.0
泰阳证券公司深圳怡景路证券营业部	1666	1139.1	1007.1	18.5	99.1	12.2	0.0	2.3	0.0
泰阳证券公司太原桃园南路证券营业部	2764	266.5	257.0	0.8	5.9	2.5	0.0	0.3	0.0
泰阳证券公司湘潭解放路证券营业部	959	1993.3	1322.6	10.2	161.8	34.7	462.5	1.5	0.0
泰阳证券公司益阳长益路证券营业部	1334	1479.4	1302.0	5.9	167.3	3.8	0.0	0.5	0.0
泰阳证券公司永州潇湘路证券营业部	1481	1308.0	1169.3	5.7	132.3	0.7	0.0	0.1	0.0
泰阳证券公司岳阳东茅岭证券营业部	1498	1289.8	1050.3	9.4	77.5	4.8	147.6	0.3	0.0
泰阳证券公司重庆邹容路证券营业部	1469	1313.5	1158.3	5.0	80.7	6.2	54.2	0.1	9.0
泰阳证券公司株州车站路证券营业部	748	2464.3	2087.8	11.0	194.4	170.2	0.0	0.8	0.0
太平洋证券公司北京海淀大街证券营业部	2850	142.1	93.6	1.0	32.9	0.0	0.0	14.6	0.0
太平洋证券公司开远灵泉东路营业部	2714	313.9	254.5	0.8	26.3	0.8	31.0	0.6	0.0
太平洋证券公司昆明白塔路证券营业部	2112	771.9	686.8	5.1	78.1	1.9	0.0	0.1	0.0
太平洋证券公司昆明翠湖西路证券营业部	1454	1333.5	1202.7	5.9	106.1	12.1	6.6	0.1	0.0
太平洋证券公司昆明金碧路证券营业部	1449	1338.6	942.1	4.4	94.0	7.1	195.1	1.1	94.8
太平洋证券公司昆明威远街证券营业部	1693	1109.7	700.5	4.9	74.6	2.2	327.3	0.2	0.0
太平洋证券公司曲靖麒麟南路证券营业部	1361	1457.8	1273.7	8.0	105.3	53.1	14.6	5.1	0.0
太平洋证券公司上海新闸路证券营业部	2336	610.9	541.2	9.6	53.5	3.5	0.0	3.2	0.0
太平洋证券公司深圳华强北路证券营业部	2507	487.3	358.1	0.1	7.8	0.0	115.7	3.9	1.7
太平洋证券公司玉溪玉兴路证券营业部	2086	785.1	649.5	4.8	101.0	1.7	27.8	0.3	0.0
天和证券经纪有限公司杭州凤起路证券营业部	219	6260.2	1524.3	103.7	600.1	8.4	4022.8	0.9	0.0
天和证券经纪有限公司杭州环城西路证券营业部	1602	1191.8	1063.8	9.4	37.8	13.6	65.2	2.0	0.0
天和证券经纪有限公司杭州莫干山路证券营业部	2055	810.2	750.4	4.1	12.6	3.3	38.6	0.7	0.5
天和证券经纪有限公司杭州青春坊证券营业部	2042	820.7	734.7	7.5	62.7	2.9	8.4	4.6	0.0
天和证券经纪有限公司杭州清泰街证券营业部	98	12895.4	1070.8	80.6	207.4	1419.1	9800.1	15.8	301.5
天和证券经纪有限公司杭州庆春路证券营业部	432	3873.7	2133.1	41.5	67.2	12.8	1617.4	1.8	0.0

证券营业部交易
Trading of Securities Business Outlets

单位：百万元（Million Yuan）

营业部名称 Securities Business Outlet	名次 Rank	交易金额 Trading Value 总计 Total	股票 Stock	基金 Fund	权证 Warrant	国债现货 T-Bond Spot	国债回购 T-Bond Repo	企业债、可转债 Corporate Bond,CB	企业债回购 C-Bond Repo
天和证券经纪有限公司杭州体育场路证券营业部	312	4791.1	1968.1	19.1	76.4	356.8	2339.4	13.0	18.2
天和证券经纪有限公司杭州孝女路证券营业部	703	2594.4	1586.1	20.7	166.9	115.1	647.5	0.8	57.3
天和证券经纪有限公司湖州威莱大街证券营业部	320	4690.7	1029.8	10.4	88.8	14.9	3546.6	0.3	0.0
天和证券经纪有限公司上海襄阳南路证券营业部	1390	1424.5	1203.3	57.9	25.7	23.3	61.7	0.9	51.8
天和证券经纪有限公司上海漕溪路证券营业部	867	2163.8	2037.1	17.0	45.6	16.7	44.6	2.9	0.0
天和证券经纪有限公司绍兴人民中路证券营业部	485	3524.8	3286.8	19.4	189.1	6.4	22.8	0.4	0.0
天和证券经纪有限公司温岭东辉北路证券营业部	1110	1768.6	1229.0	4.6	509.8	21.4	0.0	1.5	2.2
天勤证券经纪有限公司北京东直门外大街证券营业部	1593	1201.3	1010.4	3.9	71.7	6.8	79.9	0.3	28.3
天勤证券经纪有限公司大连金州区民政街证券营业部	2472	515.7	482.3	3.5	23.5	6.1	0.0	0.4	0.0
天勤证券经纪有限公司杭州邮电路证券营业部	1133	1739.9	984.6	11.1	616.9	5.0	121.0	0.1	1.2
天勤证券经纪有限公司青岛鞍山二路证券营业部	1847	974.7	832.4	27.3	0.1	0.7	109.8	4.3	0.0
天勤证券经纪有限公司青岛升平路证券营业部	2371	579.8	576.2	3.4	0.0	0.1	0.0	0.0	0.0
天勤证券经纪有限公司青岛新疆路证券营业部	1552	1242.7	830.0	8.7	0.0	6.7	269.4	2.9	124.9
天勤证券经纪有限公司青岛延安路证券营业部	2641	383.2	325.2	2.2	0.1	1.1	53.8	0.7	0.2
天勤证券经纪有限公司青岛源头路证券营业部	2157	731.9	719.5	7.5	0.1	2.0	2.1	0.8	0.0
天勤证券经纪有限公司深圳深南中路证券营业部	2776	253.5	250.5	0.2	2.8	0.0	0.0	0.2	0.0
天勤证券经纪有限公司天津浦口道证券营业部	489	3509.0	2857.9	38.6	338.5	138.0	131.3	4.5	0.2
天同证券公司北京朝外大街证券营业部	1247	1586.7	1226.7	9.5	129.8	15.0	183.0	22.6	0.0
天同证券公司大连吉庆街证券营业部	2418	554.6	507.6	1.3	36.4	3.1	5.7	0.6	0.0
天同证券公司东营济南路证券营业部	458	3689.5	3193.4	31.0	256.0	22.2	181.1	5.8	0.0
天同证券公司东营南一路证券营业部	2347	599.7	549.5	3.5	34.5	8.9	0.0	3.3	0.0
天同证券公司福州湖东路证券营业部	859	2177.5	1379.0	41.3	58.6	14.2	633.7	3.7	47.1
天同证券公司荷泽双河路证券营业部	2360	589.4	452.8	4.8	127.1	4.5	0.0	0.3	0.0
天同证券公司淮坊健康西街证券营业部	1148	1720.7	1263.1	11.8	141.4	22.5	279.5	2.4	0.0
天同证券公司淮坊胜利东街证券营业部	1807	1010.2	849.2	8.4	90.0	9.6	52.5	0.5	0.0
天同证券公司淮坊寿光公园北街证券营业部	508	3414.5	652.0	2.4	74.5	141.8	2543.2	0.6	0.0
天同证券公司淮坊新华路证券营业部	1819	1001.3	893.6	7.6	96.5	2.8	0.7	0.1	0.0
天同证券公司淮坊鸢飞路证券营业部	1591	1202.9	997.1	13.4	141.5	4.7	42.9	3.2	0.0
天同证券公司济南共青团路证券营业部	97	12924.7	2370.9	98.3	364.1	929.0	9124.0	5.8	32.6
天同证券公司济南经七路证券营业部	1719	1091.6	966.5	18.3	81.4	15.7	8.4	1.3	0.0
天同证券公司济南经十路证券营业部	1493	1293.2	764.6	8.8	55.1	13.6	392.2	59.1	0.0
天同证券公司济南历山路证券营业部	1280	1541.6	1183.4	9.6	93.6	25.4	215.5	14.0	0.0
天同证券公司济宁古槐路证券营业部	426	3896.8	1675.8	48.5	164.9	146.4	1857.7	2.1	1.3
天同证券公司胶南珠山路证券营业部	2235	678.6	257.6	1.8	21.5	0.2	397.4	0.0	0.0
天同证券公司莱芜钢都大街证券营业部	2285	648.9	565.4	4.6	60.6	0.3	17.9	0.1	0.0
天同证券公司莱芜鲁中东大街证券营业部	1024	918.6	760.2	5.9	144.8	2.0	5.6	0.1	0.0
天同证券公司聊城柳园南路证券营业部	1246	1588.0	1343.4	33.5	144.7	31.8	33.5	1.2	0.0
天同证券公司临沂解放路证券营业部	646	2774.7	1931.6	13.8	286.5	40.5	502.2	0.2	0.0
天同证券公司蓬莱钟楼北路证券营业部	827	2239.8	1114.7	8.6	47.2	22.8	1045.0	1.4	0.0
天同证券公司青岛广州路证券营业部	1253	1580.3	586.3	11.5	11.8	2.7	968.0	0.1	0.0
天同证券公司青岛江西路证券营业部	624	2859.6	1377.5	66.2	36.6	2.7	1369.5	6.8	0.3
天同证券公司青岛香港中路证券营业部	675	2678.9	1059.8	3.9	60.8	0.4	1553.7	0.3	0.0
天同证券公司日照舒斯贝尔商业街证券营业部	1378	1439.0	1195.7	5.8	212.1	0.0	25.1	0.3	0.0
天同证券公司上海东方路证券营业部	414	3966.7	1399.0	8.6	114.0	496.3	1420.8	499.9	28.2
天同证券公司上海甘河路证券营业部	1348	1467.9	1290.5	17.3	39.0	17.1	76.5	6.2	21.4
天同证券公司上海建国中路证券营业部	1354	1462.8	894.5	21.6	24.3	7.4	514.2	0.9	0.0
天同证券公司上海西安路证券营业部	1324	1486.6	819.8	13.4	13.7	10.5	527.8	10.9	60.3
天同证券公司上海仙霞路证券营业部	1198	1654.3	631.8	39.4	33.8	93.3	851.7	4.4	0.0
天同证券公司深圳红荔路银荔大厦证券营业部	1438	1350.5	879.1	0.9	8.0	0.0	365.4	0.1	97.0
天同证券公司深圳红荔路证券营业部	526	3306.3	29.1	0.1	3.9	139.5	3133.8	0.0	0.0
天同证券公司沈阳北陵大街证券营业部	1467	1316.9	1022.1	3.5	79.3	36.1	0.4	175.5	0.0
天同证券公司泰安升平街证券营业部	711	2562.0	888.5	6.7	95.0	1.5	1570.1	0.2	0.0
天同证券公司天津红旗路证券营业部	1881	950.6	901.1	3.3	39.9	6.1	0.1	0.2	0.0
天同证券公司威海光明路证券营业部	1113	1763.5	701.7	8.3	59.1	5.8	986.4	0.9	1.2
天同证券公司武汉宝丰路证券营业部	2031	829.8	697.7	4.0	118.6	2.4	4.6	1.2	1.3
天同证券公司厦门蜂巢山路证券营业部	1912	929.1	695.2	6.3	36.3	3.2	19.5	168.6	0.0
天同证券公司厦门松柏证券营业部	817	2274.1	1599.3	6.0	76.5	2.1	580.5	9.6	0.0
天同证券公司厦门厦禾路证券营业部	367	4308.8	3416.5	22.5	166.5	92.7	465.7	144.9	0.0
天同证券公司新泰府前街证券营业部	2500	492.4	453.8	2.2	36.1	0.2	0.0	0.1	0.0
天同证券公司烟台北马路证券营业部	189	7007.5	970.5	12.8	19.1	221.2	5782.4	1.3	0.2
天同证券公司烟台环山路证券营业部	417	3959.4	1375.3	16.2	30.4	5.4	2514.5	9.1	8.5
天同证券公司烟台开发区长江路证券营业部	416	3961.2	859.3	7.0	30.2	14.4	3050.3	0.0	0.0
天同证券公司烟台龙口环城北路证券营业部	1171	1679.5	772.9	13.9	16.9	0.8	874.4	0.6	0.0
天同证券公司烟台牟平证券营业部	2166	728.0	533.2	6.0	43.8	39.7	89.2	10.8	5.3
天同证券公司枣庄青檀中路证券营业部	798	2329.2	1959.2	14.0	342.8	5.4	7.4	0.4	0.0

证券营业部交易
Trading of Securities Business Outlets

单位：百万元（Million Yuan）

营业部名称 Securities Business Outlet	名次 Rank	交易金额 Trading Value 总计 Total	股票 Stock	基金 Fund	权证 Warrant	国债现货 T-Bond Spot	国债回购 T-Bond Repo	企业债、可转债 Corporate Bond,CB	企业债回购 C-Bond Repo
天同证券公司招远温泉路证券营业部	2293	641.8	547.6	3.8	41.1	8.7	37.1	3.5	0.0
天同证券公司淄博桓公路证券营业部	1021	1903.9	1705.5	26.4	145.7	23.6	0.0	2.6	0.0
天同证券公司淄博小商品街证券营业部	1835	983.7	799.2	13.9	86.7	46.6	35.5	1.8	0.0
天同证券公司淄博新村西路营业部	157	8344.1	1891.0	25.3	278.2	45.7	4579.9	12.6	1511.6
天同证券公司淄博沿河西路证券营业部	1489	1294.9	1123.2	13.6	108.0	16.5	29.2	0.7	3.8
天同证券公司邹城凫山路证券营业部	1111	1764.4	947.4	7.0	809.0	0.8	0.0	0.2	0.0
天一证券公司北京东四北大街证券营业部	2096	779.4	702.2	1.6	52.0	21.4	0.0	2.2	0.0
天一证券公司慈溪浒山证券营业部	655	2751.4	2401.9	15.5	315.7	3.4	14.3	0.6	0.0
天一证券公司奉化大桥证券营业部	1630	1171.8	1099.2	7.8	49.9	1.2	8.5	4.7	0.6
天一证券公司佛山季华路证券营业部	832	2227.6	841.6	15.2	650.0	6.5	710.8	1.2	2.3
天一证券公司广州林和西路证券营业部	761	2430.3	300.7	21.9	2084.4	4.7	12.7	5.9	0.0
天一证券公司杭州解放路证券营业部	913	2060.4	1310.7	7.7	43.5	47.0	631.9	15.1	4.7
天一证券公司金华双溪西路证券营业部	2003	854.0	688.9	8.3	98.6	0.0	0.0	58.1	0.0
天一证券公司南京中山东路证券营业部	1368	1446.8	1322.8	4.5	12.1	9.5	96.2	1.6	0.0
天一证券公司宁波彩虹南路证券营业部	986	1953.4	1760.4	11.6	159.2	19.5	1.2	1.6	0.0
天一证券公司宁波槐树路证券营业部	1082	1810.3	1555.1	22.2	99.4	7.1	125.1	1.4	0.0
天一证券公司宁波解放南路证券营业部	87	14451.1	2808.6	117.0	2356.2	18.7	9137.3	13.3	0.0
天一证券公司宁波九如里证券营业部	303	4905.7	3275.0	37.9	1513.7	29.2	38.2	9.9	1.8
天一证券公司宁波开明街证券营业部	527	3300.7	1839.0	18.5	131.9	67.5	1235.9	7.9	0.0
天一证券公司宁波孝闻街证券营业部	491	3495.2	2747.9	30.6	149.8	162.7	120.5	279.7	4.0
天一证券公司宁波新碶证券营业部	1435	1357.2	1231.8	19.7	73.8	1.2	30.6	0.2	0.0
天一证券公司上海北京西路证券营业部	51	21232.3	3772.9	16.3	518.0	324.3	16596.0	4.9	0.0
天一证券公司上海桃林路证券营业部	160	8327.0	713.2	31.0	16.9	17.6	6730.4	4.7	813.3
天一证券公司深圳深南东路证券营业部	1649	1159.2	1002.1	1.0	84.4	10.1	40.0	21.7	0.0
天一证券公司烟台南大街证券营业部	1516	1275.8	842.1	4.9	186.1	15.1	227.7	0.0	0.0
天一证券公司镇海城关证券营业部	1100	1779.4	1591.0	12.4	163.0	10.8	0.0	2.3	0.0
天元证券经纪公司北京广渠门外大街证券营业部	112	11461.3	702.2	3.3	21.4	2158.6	8575.3	0.6	0.0
天元证券经纪公司大连证券营业部	2590	427.2	393.5	3.0	5.3	13.9	7.2	2.2	2.1
天元证券经纪公司大庆龙凤大街证券营业部	2192	706.6	613.2	5.8	63.4	10.7	0.0	13.5	0.0
天元证券经纪公司奋斗路证券营业部	1506	1280.8	472.6	11.1	15.8	17.4	678.1	3.8	82.0
天元证券经纪公司哈尔滨中山路证券营业部	1738	1071.5	815.3	5.6	37.9	16.8	136.9	10.7	48.4
天元证券经纪公司哈尔滨中央大街证券营业部	1954	891.2	827.8	4.8	51.5	3.4	3.6	0.2	0.0
天元证券经纪公司哈尔滨珠江路证券营业部	2376	578.4	524.8	3.0	47.2	1.6	0.0	1.9	0.0
天元证券经纪公司齐齐哈尔建设大街证券营业部	2520	479.7	435.2	3.0	40.9	0.5	0.0	0.1	0.0
天元证券经纪公司上海瑞金南路证券营业部	1691	1110.5	642.1	8.9	8.4	27.4	412.9	7.1	3.8
天元证券经纪公司上海瞿溪路证券营业部	29	33206.4	930.1	12.7	37.7	1238.1	30984.7	0.7	2.5
天元证券经纪公司深圳证券营业部	2361	589.3	468.2	8.7	108.6	2.8	0.0	1.1	0.0
天元证券经纪公司沈阳证券营业部	2546	460.6	427.7	4.9	25.4	2.6	0.0	0.1	0.0
天元证券经纪公司厦门吕岭路证券营业部	1827	994.2	924.4	5.7	54.8	9.0	0.4	0.1	0.0
天元证券经纪公司伊春证券营业部	2242	673.1	635.4	2.8	31.6	3.3	0.0	0.1	0.0
万和证券经纪公司成都建设路证券营业部	1396	1418.1	653.7	4.4	24.8	8.0	704.0	1.2	22.0
万和证券经纪公司成都蜀汉路证券营业部	2169	724.6	693.3	2.9	24.4	4.0	0.0	0.2	0.0
万和证券经纪公司成都体育场路证券营业部	1796	1021.5	299.6	1.9	23.1	13.2	429.9	0.6	253.2
万和证券经纪公司成都天仙桥南路证券营业部	2310	630.1	266.9	2.5	11.5	3.8	344.8	0.3	0.4
万和证券经纪公司海口南沙路证券营业部	2898	29.3	25.2	0.0	4.0	0.0	0.0	0.0	0.0
万和证券经纪公司深圳笋岗东路证券营业部	2093	781.3	679.1	4.1	15.5	30.0	51.1	1.5	0.0
万联证券公司北京西单证券营业部	2004	853.9	806.5	4.6	39.0	0.8	1.6	1.4	0.0
万联证券公司鄂州滨湖北路证券营业部	2281	652.4	604.3	2.8	44.8	0.5	0.0	0.1	0.0
万联证券公司广州滨江证券营业部	2388	573.1	407.4	4.4	33.0	1.6	126.7	0.0	0.0
万联证券公司广州东风东路证券营业部	1689	1111.5	552.5	88.5	28.8	18.5	327.5	90.3	5.3
万联证券公司广州东风中路证券营业部	1503	1285.2	969.7	5.1	54.6	6.0	236.2	13.6	0.0
万联证券公司广州芳村证券营业部	1863	964.4	658.1	3.0	30.8	1.4	261.9	1.1	8.2
万联证券公司广州广园证券营业部	493	3489.4	1500.7	38.1	99.3	32.6	1818.0	0.8	0.0
万联证券公司广州开发区证券营业部	2556	453.3	387.6	4.6	40.8	1.9	16.4	0.3	1.7
万联证券公司广州区庄证券营业部	2275	654.6	482.2	3.7	43.1	0.2	124.5	1.0	0.0
万联证券公司广州石牌东证券营业部	1281	1540.2	1294.1	7.2	35.1	11.9	191.0	1.0	0.0
万联证券公司广州五羊证券营业部	1836	983.3	800.4	7.2	27.4	0.9	121.2	13.8	12.5
万联证券公司广州越华证券营业部	2865	110.1	20.7	0.0	0.0	0.0	89.4	0.0	0.0
万联证券公司衡阳证券营业部	1132	1740.2	1605.5	17.5	110.6	6.3	0.0	0.3	0.0
万联证券公司黄石天津路证券营业部	1707	1100.2	1038.2	5.8	51.5	3.8	0.0	0.9	0.0
万联证券公司荆门长宁大道证券营业部	2623	402.0	356.0	5.3	40.7	0.0	0.0	0.0	0.0
万联证券公司乐山嘉定南路证券营业部	2314	628.2	599.9	4.4	13.6	10.3	0.0	0.0	0.0
万联证券公司内江交通路证券营业部	1716	1095.7	953.6	14.5	118.0	6.9	1.7	1.2	0.0
万联证券公司上海万航渡路证券营业部	2251	667.9	552.6	9.4	96.2	5.0	3.9	0.8	0.0
万联证券公司上海永康路证券营业部	2400	565.4	398.0	5.4	11.9	5.9	143.8	0.4	0.0

证券营业部交易
Trading of Securities Business Outlets

单位：百万元（Million Yuan）

营业部名称 Securities Business Outlet	名次 Rank	交易金额 Trading Value 总计 Total	股票 Stock	基金 Fund	权证 Warrant	国债现货 T-Bond Spot	国债回购 T-Bond Repo	企业债、可转债 Corporate Bond,CB	企业债回购 C-Bond Repo
万联证券公司绍兴中兴南路证券营业部	2414	557.6	542.8	1.2	13.5	0.1	0.0	0.0	0.0
万联证券公司永州零陵中路证券营业部	2180	715.7	601.1	3.2	110.7	0.4	0.0	0.3	0.0
蔚深证券公司长沙五一中路证券营业部	1553	1240.9	729.8	10.3	29.0	12.4	459.3	0.1	0.0
蔚深证券公司兰州中山路证券营业部	1675	1126.6	861.1	5.4	198.8	60.7	0.0	0.6	0.0
蔚深证券公司南昌阳明路证券营业部	2420	554.4	515.7	5.4	32.3	0.7	0.0	0.4	0.0
蔚深证券公司南京汉中路证券营业部	826	2241.3	1975.8	29.0	178.9	7.1	35.8	12.1	2.5
蔚深证券公司上海镇宁路证券营业部	518	3359.0	1294.9	86.3	23.6	33.2	1749.6	1.4	169.9
蔚深证券公司上海中山西路证券营业部	2134	749.7	556.0	2.0	47.2	6.5	132.7	0.9	4.4
蔚深证券公司深圳彩田南路证券营业部	2165	728.2	479.0	0.6	30.5	0.1	217.5	0.5	0.0
蔚深证券公司深圳横岗证券交易营业部	1855	970.9	899.9	1.4	67.3	2.0	0.0	0.4	0.0
蔚深证券公司深圳华侨城证券营业部	2022	837.5	758.3	2.8	32.1	0.0	29.4	7.4	7.6
蔚深证券公司深圳南山区南山大道证券营业部	2562	447.0	415.8	1.8	27.4	0.7	0.0	1.4	0.0
蔚深证券公司深圳新城广场证券营业部	2196	704.2	579.3	1.6	96.7	0.1	26.4	0.1	0.0
蔚深证券公司深圳园岭三街证券营业部	1026	1896.2	1169.1	2.4	52.1	212.9	437.4	22.3	0.0
蔚深证券公司深圳振华路证券营业部	545	3168.1	1552.4	6.7	314.4	6.5	1224.8	40.7	22.6
蔚深证券公司沈阳三好街证券营业部	1833	988.0	928.2	6.9	47.2	4.0	0.0	1.7	0.0
蔚深证券公司天津八经路证券营业部	1476	1309.0	589.1	198.0	39.2	1.5	477.4	0.3	3.6
蔚深证券公司武汉鹦鹉大道证券营业部	2434	545.3	493.1	7.3	29.0	15.0	0.0	1.0	0.0
武汉市信托投资公司花桥证券营业部	2778	251.0	245.6	2.0	0.1	1.5	0.0	1.8	0.0
武汉市信托投资公司江汉路证券营业部	2810	213.9	210.7	2.9	0.1	0.0	0.0	0.3	0.0
武汉市信托投资公司武汉建设一路证券营业部	2663	361.4	356.6	2.1	0.2	0.6	0.0	2.0	0.0
武汉市信托投资公司武汉珞瑜路证券营业部	2509	485.3	474.4	6.6	0.2	1.9	0.0	2.3	0.0
武汉市信托投资公司信联证券交易营业部	2674	353.7	349.1	3.8	0.1	0.6	0.0	0.1	0.0
武汉证券公司北京广安门南街证券营业部	966	1977.7	1855.2	8.4	0.3	6.2	107.4	0.2	0.0
武汉证券公司广州中山一路证券营业部	2833	168.8	167.9	0.1	0.0	0.7	0.0	0.1	0.0
武汉证券公司哈尔滨清滨路证券营业部	2345	602.3	597.1	2.9	0.1	0.6	0.0	1.6	0.0
武汉证券公司杭州富春江路证券营业部	2871	97.4	93.1	2.0	0.0	0.0	0.0	2.3	0.0
武汉证券公司黄石市府路证券营业部	2603	416.8	414.4	2.0	0.1	0.1	0.0	0.0	0.0
武汉证券公司惠济路证券营业部	2391	571.2	563.6	6.4	0.2	0.8	0.0	0.3	0.0
武汉证券公司解放大道证券营业部	2828	177.3	174.4	0.6	0.1	2.0	0.0	0.3	0.0
武汉证券公司荆州北京路证券营业部	1942	900.2	896.7	3.0	0.1	0.3	0.0	0.1	0.0
武汉证券公司上海普安路证券营业部	28	35187.4	524.9	6.6	0.2	14.8	34639.6	1.4	0.0
武汉证券公司上海新港路证券营业部	844	2209.6	497.7	3.2	0.1	5.5	1701.0	2.2	0.0
武汉证券公司深圳深南中路证券营业部	2885	66.9	66.2	0.3	0.0	0.0	0.0	0.4	0.0
武汉证券公司沈阳和平区南四经街证券营业部	2725	303.1	299.7	2.6	0.1	0.8	0.0	0.0	0.0
武汉证券公司天津证券营业部	2513	482.8	478.1	2.7	0.2	0.6	0.0	1.3	0.0
武汉证券公司武汉和平大道证券营业部	2482	506.2	501.3	2.8	0.4	1.1	0.0	0.6	0.0
武汉证券公司武汉万松园路证券营业部	2788	240.9	237.8	1.2	0.2	0.9	0.0	0.8	0.0
武汉证券公司武汉武珞路证券营业部	2781	249.6	247.1	1.8	0.1	0.6	0.0	0.1	0.0
武汉证券公司武汉珞瑜路证券营业部	2474	512.6	477.8	5.9	0.2	21.5	0.0	7.1	0.0
武汉证券公司武汉鹦鹉大道证券营业部	2820	199.4	197.1	1.4	0.0	0.8	0.0	0.0	0.0
武汉证券公司西安证券营业部	2256	665.2	659.9	1.8	0.2	2.9	0.0	0.4	0.0
武汉证券公司沿江大道第一证券营业部	2094	780.1	767.2	3.9	0.6	7.8	0.0	0.6	0.0
五矿证券经纪公司杭州中山北路证券营业部	2107	773.9	599.9	11.5	25.2	57.2	79.0	1.1	0.0
五矿证券经纪公司深圳华富路证券营业部	1773	1040.5	953.2	11.1	32.8	40.2	0.0	3.2	0.0
五洲证券有限公司深圳市深南大道证券营业部	1677	1124.0	1080.2	0.0	0.0	43.3	0.0	0.5	0.0
西安华弘证券经纪公司西安电子二路证券营业部	1273	1549.7	391.3	7.6	1149.4	1.4	0.0	0.1	0.0
西安华弘证券经纪公司西安南大街证券营业部	1226	1615.4	1005.0	5.2	261.5	8.5	334.3	0.9	0.0
西安华弘证券经纪公司西安太白路证券营业部	2464	520.6	479.0	9.9	29.0	1.4	0.0	1.2	0.0
西安华弘证券经纪公司西安阎良人民路证券营业部	2772	258.9	240.4	0.7	17.8	0.0	0.0	0.0	0.0
西北证券公司北京惠新西街证券营业部	387	4130.7	2273.6	5.2	86.2	274.0	1477.1	0.4	14.2
西北证券公司福州华林路证券营业部	1951	892.6	821.9	9.1	49.6	7.6	3.8	0.6	0.0
西北证券公司广州先烈中路证券营业部	2730	298.0	279.5	2.3	5.6	8.2	0.6	0.1	1.7
西北证券公司杭州庆春东路证券营业部	2162	729.0	685.2	5.1	28.2	9.5	0.0	1.0	0.0
西北证券公司昆明丹霞路证券营业部	1791	1027.2	792.0	8.7	27.9	9.3	171.8	1.9	15.6
西北证券公司南京王府大街证券营业部	1805	1011.4	962.7	5.8	32.0	8.7	0.6	1.6	0.0
西北证券公司上海西藏南路证券营业部	1395	1419.6	1181.9	9.2	17.7	206.7	0.0	4.1	0.0
西北证券公司深圳彩田南路证券营业部	2409	561.1	429.1	0.8	23.2	0.2	102.5	0.3	5.0
西北证券公司深圳福华路证券营业部	2381	576.2	346.7	0.1	15.4	8.6	0.0	205.4	0.0
西北证券公司石嘴山大武口证券营业部	2152	734.9	424.3	0.9	180.8	128.9	0.0	0.0	0.0
西北证券公司石嘴山富强西路证券营业部	2817	206.7	174.9	0.9	17.4	13.5	0.0	0.0	0.0
西北证券公司吴忠裕民东街证券营业部	2456	529.3	489.3	4.7	34.9	0.4	0.0	0.0	0.0
西北证券公司银川福州南街证券营业部	2872	97.4	93.5	0.4	3.4	0.0	0.0	0.0	0.0
西北证券公司银川凤凰北街证券营业部	1440	1348.6	939.0	3.2	75.9	10.5	320.0	0.1	0.0
西北证券公司银川怀远西路证券营业部	2610	414.1	388.2	1.7	22.0	1.8	0.0	0.4	0.0

证券营业部交易
Trading of Securities Business Outlets

单位：百万元（Million Yuan）

营业部名称 Securities Business Outlet	名次 Rank	交易金额 Trading Value 总计 Total	股票 Stock	基金 Fund	权证 Warrant	国债现货 T-Bond Spot	国债回购 T-Bond Repo	企业债、可转债 Corporate Bond,CB	企业债回购 C-Bond Repo
西北证券公司银川民族北街证券营业部	234	6061.0	925.6	4.9	139.4	295.8	4277.1	1.1	417.0
西北证券公司银川文化东街证券营业部	1758	1052.0	657.6	2.0	290.1	101.9	0.0	0.5	0.0
西北证券公司银川新华东街证券营业部	1905	935.6	915.7	0.5	15.5	3.8	0.0	0.0	0.0
西北证券公司银川中山北街证券营业部	2532	468.0	435.4	2.6	28.4	1.2	0.0	0.4	0.0
西北证券公司重庆较场口营业部	2449	533.0	459.1	2.1	47.3	19.1	1.2	4.3	0.0
西部证券公司宝鸡红旗路证券营业部	2039	822.9	766.0	5.5	50.3	0.8	0.0	0.3	0.0
西部证券公司宝鸡经二路证券营业部	1993	861.3	791.5	6.6	60.9	1.9	0.0	0.4	0.0
西部证券公司宝鸡清姜路证券营业部	2374	578.5	536.9	4.8	34.3	2.3	0.0	0.3	0.0
西部证券公司北京新街口外大街证券营业部	2330	614.1	587.2	4.6	18.1	1.1	0.0	3.0	0.0
西部证券公司山东潍坊证券营业部	2191	707.3	444.5	1.0	31.9	2.4	226.3	1.3	0.0
西部证券公司上海开鲁路证券营业部	2181	715.1	669.7	14.3	14.0	10.9	0.0	6.2	0.0
西部证券公司上海梅川路证券营业部	1769	1045.1	824.4	11.8	29.7	18.7	150.2	10.3	0.0
西部证券公司上海西江湾路证券营业部	2292	642.5	611.0	6.2	19.6	4.7	0.0	0.9	0.0
西部证券公司深圳深南大道证券营业部	2018	841.1	524.7	22.9	17.0	0.1	269.9	6.5	0.0
西部证券公司渭南东风街证券营业部	1992	861.4	769.4	3.1	88.2	0.7	0.0	0.0	0.0
西部证券公司西安长安中路证券营业部	2038	823.1	724.5	3.1	85.7	7.9	0.0	1.9	0.0
西部证券公司西安东新街证券营业部	2628	398.1	333.0	2.2	59.2	2.6	1.0	0.1	0.0
西部证券公司西安金花南路证券营业部	1332	1479.8	867.9	5.9	30.3	501.9	69.3	4.4	0.0
西部证券公司西安康乐路证券营业部	2008	848.4	787.1	4.3	52.1	3.9	0.0	0.9	0.0
西部证券公司西安莲湖路第二证券营业部	2070	798.2	738.6	3.9	55.0	0.7	0.0	0.1	0.0
西部证券公司西安莲湖路第一证券营业部	1225	1622.5	1240.6	8.9	165.2	12.8	193.5	1.4	0.0
西部证券公司西安青年路证券营业部	2804	217.6	213.5	1.1	0.0	2.6	0.0	0.3	0.0
西部证券公司西安西五路证券营业部	1001	1934.8	1643.4	89.4	90.0	33.5	74.9	3.7	0.0
西部证券公司西安沣镐东路证券营业部	1801	1016.0	904.2	9.7	79.4	13.0	0.0	9.7	0.0
西部证券公司咸阳渭阳西路证券营业部	1325	1484.9	1326.2	10.2	126.7	21.5	0.0	0.4	0.0
西部证券公司咸阳西兰路证券营业部	1485	1302.2	1140.3	8.4	132.5	19.1	0.0	1.9	0.0
西藏证券经纪公司北京陶然亭路证券营业部	2065	803.5	741.9	5.6	40.3	4.1	0.0	11.7	0.0
西藏证券经纪公司成都证券营业部	2548	458.9	372.3	2.6	19.0	6.5	56.8	1.8	0.0
西藏证券经纪公司杭州证券营业部	2785	243.4	216.9	1.3	24.1	0.2	0.7	0.3	0.0
西藏证券经纪公司拉萨证券营业部	2665	358.2	320.0	0.5	37.5	0.0	0.0	0.1	0.0
西藏证券经纪公司上海辉河路证券交易营业部	2558	450.0	421.9	4.4	14.5	6.5	0.9	1.7	0.0
西南证券公司北京北三环中路证券营业部	30	32756.1	6517.7	175.0	896.6	44.3	25105.4	17.1	0.0
西南证券公司成都石灰街证券营业部	1696	1107.2	628.1	52.5	10.0	8.1	307.5	0.1	100.9
西南证券公司广州明月一路证券营业部	1572	1226.8	970.0	20.1	33.8	3.5	187.5	4.3	7.6
西南证券公司杭州庆春东路证券营业部	501	3452.3	1382.7	32.7	1568.0	37.8	419.9	5.4	5.9
西南证券公司济南英贤街证券营业部	283	5256.2	727.8	2.6	75.1	217.7	4013.0	5.4	214.7
西南证券公司昆明北京路证券营业部	1814	1005.3	935.4	6.3	53.8	5.1	3.5	1.1	0.0
西南证券公司上海定西路证券营业部	1173	1678.1	1093.6	10.4	15.2	8.2	505.4	1.7	43.6
西南证券公司上海田林东路证券营业部	1071	1828.1	1562.5	19.4	36.9	188.3	10.9	10.2	0.0
西南证券公司上海西乡路证券营业部	910	2062.5	1379.1	13.9	32.5	120.3	485.5	7.1	24.1
西南证券公司深圳福强路营业部	1154	1712.3	1298.2	0.9	45.2	269.2	98.3	0.5	0.0
西南证券公司深圳上步中路证券营业部	2582	433.1	374.6	0.4	49.6	1.0	6.6	0.9	0.0
西南证券公司深圳蛇口后海路证券营业部	802	2319.6	794.2	2.2	26.6	3.3	1168.2	1.2	323.9
西南证券公司太原新建路证券营业部	2396	568.4	488.7	11.4	68.2	0.1	0.0	0.1	0.0
西南证券公司涂州淮海西路证券营业部	1941	903.1	755.6	7.1	76.6	4.1	59.5	0.2	0.0
西南证券公司重庆沧白路证券营业部	1839	982.1	770.0	7.6	149.5	51.2	1.9	1.9	0.0
西南证券公司重庆长江二路证券营业部	2770	260.2	234.8	1.2	16.0	5.3	2.4	0.4	0.2
西南证券公司重庆涪陵人民西路证券营业部	1618	1180.2	1027.2	4.8	141.4	3.9	0.0	2.9	0.0
西南证券公司重庆惠工路证券营业部	1583	1212.5	1089.7	6.0	105.8	5.6	3.5	1.4	0.6
西南证券公司重庆嘉陵桥西村证券营业部	1823	996.0	722.1	4.5	23.9	4.5	206.1	34.8	0.0
西南证券公司重庆建新北路证券营业部	2091	781.3	708.5	9.6	53.4	9.6	0.0	0.3	0.0
西南证券公司重庆临江支路证券营业部	1541	1255.1	961.9	2.9	27.4	64.6	198.0	0.3	0.0
西南证券公司重庆荣昌证券营业部	2819	205.1	191.4	2.2	8.8	2.5	0.0	0.2	0.0
西南证券公司重庆胜利路证券营业部	1715	1097.2	956.0	11.8	83.9	44.0	0.4	1.1	0.0
西南证券公司重庆兴隆路证券营业部	2488	503.7	389.8	4.4	47.5	3.9	50.8	5.8	1.5
西南证券公司重庆渝碚路证券营业部	2015	843.0	776.3	3.7	56.8	4.4	0.0	1.7	0.0
西南证券公司重庆珠江路证券营业部	2649	373.7	337.2	4.4	31.8	0.1	0.0	0.3	0.0
厦门证券有限公司北京远大路证券营业部	1792	1025.6	522.9	7.0	3.7	1.1	490.6	0.3	0.0
厦门证券有限公司成都星辉中路证券营业部	2453	531.2	480.4	2.3	42.8	5.0	0.1	0.6	0.0
厦门证券有限公司东明路营业部	1245	1588.7	738.1	6.3	316.4	1.3	526.6	0.1	0.0
厦门证券有限公司莲前西路营业部	2095	779.7	643.5	4.0	114.6	1.0	16.5	0.2	0.0
厦门证券有限公司上海陆家滨路证券营业部	1752	1055.9	947.9	16.3	42.2	20.7	23.7	5.1	0.0
厦门证券有限公司厦门湖滨西路证券营业部	1341	1475.5	1198.0	6.5	126.9	2.8	140.1	1.3	0.0
湘财证券公司北京朝外大街证券营业部	494	3486.5	2268.7	21.7	102.7	620.8	311.4	161.2	0.0
湘财证券公司北京府前西街证券营业部	1511	1277.4	1006.3	7.6	147.0	84.2	28.0	4.3	0.0

证券营业部交易
Trading of Securities Business Outlets

单位：百万元（Million Yuan）

营业部名称 Securities Business Outlet	名次 Rank	交易金额 Trading Value 总计 Total	股票 Stock	基金 Fund	权证 Warrant	国债现货 T-Bond Spot	国债回购 T-Bond Repo	企业债、可转债 Corporate Bond,CB	企业债回购 C-Bond Repo
湘财证券公司北京惠新东街证券营业部	183	7310.9	2136.1	57.6	167.5	177.9	4765.2	6.6	0.0
湘财证券公司北京苏州街证券营业部	301	4991.3	3104.9	60.7	302.9	184.9	1309.6	28.3	0.0
湘财证券公司长沙劳动西路证券营业部	90	14056.2	1446.8	12.5	198.9	1532.2	10864.1	1.8	0.0
湘财证券公司长沙韶山路证券营业部	72	16149.7	3877.4	8.3	86.9	1240.6	10094.6	96.5	740.3
湘财证券公司长沙新民路证券营业部	118	10862.9	1312.6	36.0	146.7	610.8	8755.8	1.0	0.0
湘财证券公司成都锦里东路证券营业部	374	4227.3	704.4	8.5	10.3	9.2	3487.4	7.6	0.0
湘财证券公司福州五四路证券营业部	1089	1793.6	821.1	76.0	49.9	20.3	823.5	2.8	0.0
湘财证券公司广州恒福路证券营业部	539	3188.7	2480.2	30.7	91.8	126.4	428.2	22.1	9.3
湘财证券公司广州黄埔大道证券营业部	343	4489.8	1702.0	32.5	175.0	11.4	2563.7	5.1	0.0
湘财证券公司贵阳中华北路证券营业部	404	4017.6	310.7	5.7	44.7	171.7	3475.1	8.2	1.6
湘财证券公司哈尔滨证券营业部	506	3423.4	938.0	11.0	68.2	50.7	2354.6	0.9	0.0
湘财证券公司海口证券交易营业部	985	1953.5	1192.8	13.3	200.3	2.3	536.7	8.2	0.0
湘财证券公司杭州教工路证券营业部	114	11293.4	3298.5	65.0	2959.3	22.0	4946.5	2.1	0.0
湘财证券公司合肥金寨路证券营业部	2738	291.2	253.1	1.6	36.4	0.1	0.0	0.1	0.0
湘财证券公司济南馆驿街证券营业部	307	4853.6	679.1	9.7	131.5	126.8	3904.6	1.9	0.0
湘财证券公司昆明青年路证券营业部	979	1959.5	1744.9	12.6	40.6	92.5	61.9	6.5	0.6
湘财证券公司马鞍山路证券营业部	726	2519.7	433.5	8.4	48.6	15.9	2013.0	0.3	0.0
湘财证券公司南京虎踞南路证券营业部	108	11691.1	968.1	14.3	14.0	87.8	10587.3	0.4	19.2
湘财证券公司上海共和新路证券营业部	478	3596.6	1397.8	11.1	40.1	286.1	1833.4	28.2	0.0
湘财证券公司上海金杨路证券营业部	323	4647.8	2174.6	211.0	85.8	319.8	1387.7	118.4	350.6
湘财证券公司上海泰兴路证券营业部	123	10402.8	3057.1	301.2	28.1	1279.5	5654.9	25.4	56.6
湘财证券公司上海枣阳路证券营业部	138	9451.4	2203.7	23.9	41.5	323.8	6847.7	10.7	0.0
湘财证券公司深圳深南大道证券营业部	38	24534.0	3669.9	24.3	29.7	2796.4	16205.9	70.7	1737.2
湘财证券公司沈阳绥化西街证券营业部	459	3689.3	1198.1	19.5	46.1	255.2	2167.4	3.0	0.0
湘财证券公司天津京津公路证券营业部	2072	794.2	310.5	1.9	29.3	1.9	450.6	0.1	0.0
湘财证券公司乌鲁木齐克拉玛依东路营业部	321	4680.0	955.5	4.6	69.7	527.4	2298.5	11.0	813.2
湘财证券公司武汉和平大道证券营业部	1039	1864.3	1253.1	4.8	48.7	1.2	547.0	0.2	9.4
湘财证券公司西安西华门证券营业部	163	8178.0	621.2	44.7	73.0	1292.7	6143.3	3.1	0.0
湘财证券公司岳阳南湖大道证券营业部	299	5037.0	822.7	11.6	63.6	376.7	3722.2	40.2	0.0
新华证券有限公司上海铜仁路证券营业部	2916	0.3	0.1	0.2	0.0	0.0	0.0	0.0	0.0
新疆证券公司北京裕民东路证券营业部	401	4029.1	1757.6	86.3	1411.3	24.5	557.2	192.2	0.0
新疆证券公司昌吉北京南路证券营业部	1340	1476.4	955.7	3.3	71.2	0.4	445.7	0.2	0.0
新疆证券公司长沙韶山北路证券营业部	2560	447.9	422.0	4.9	20.9	0.1	0.0	0.1	0.0
新疆证券公司广州江南大道证券营业部	1049	1855.2	1078.1	193.6	97.6	119.9	360.8	5.2	0.0
新疆证券公司哈密天山北路证券营业部	2319	622.1	558.7	4.4	53.9	4.5	0.0	0.5	0.0
新疆证券公司杭州庆春路证券营业部	325	4642.8	2193.9	9.4	678.5	5.1	1746.8	9.1	0.0
新疆证券公司喀什解放北路证券营业部	2733	293.7	263.5	0.9	29.3	0.0	0.0	0.0	0.0
新疆证券公司克拉玛依塔河路证券营业部	1767	1046.3	1008.6	4.3	29.0	2.8	0.0	1.6	0.0
新疆证券公司库尔勒建设路证券营业部	1441	1345.7	1166.0	6.9	123.3	5.8	43.3	0.4	0.0
新疆证券公司奎屯乌鲁木齐西路证券营业部	2076	789.1	750.0	1.5	36.7	0.7	0.0	0.2	0.0
新疆证券公司南京华侨路证券营业部	2557	451.6	406.7	0.9	42.4	1.5	0.0	0.2	0.0
新疆证券公司上海长寿路证券营业部	2652	370.3	346.2	2.4	5.6	4.8	3.8	7.6	0.0
新疆证券公司深圳福华一路证券营业部	213	6443.1	463.2	5.0	93.3	1512.2	4368.4	0.3	0.8
新疆证券公司石河子西环路证券营业部	67	17129.7	583.7	2.3	31.1	1571.1	14941.4	0.1	0.0
新疆证券公司乌鲁木齐北京南路证券营业部	922	2044.6	1888.6	11.8	132.7	11.4	0.0	0.1	0.0
新疆证券公司乌鲁木齐和平北路证券营业部	1935	908.2	804.0	3.0	83.0	1.4	16.6	0.1	0.0
新疆证券公司乌鲁木齐解放北路证券营业部	2915	0.4	0.4	0.0	0.0	0.0	0.0	0.0	0.0
新疆证券公司乌鲁木齐民主路证券营业部	2365	587.2	558.0	2.2	27.0	0.0	0.0	0.0	0.0
新疆证券公司乌鲁木齐人民路证券营业部	1155	1709.4	1302.4	13.0	58.6	126.8	205.8	0.9	2.0
新疆证券公司乌鲁木齐新华南路证券营业部	250	5750.2	1280.2	6.8	90.4	215.7	4156.0	1.1	0.0
新疆证券公司乌鲁木齐友好南路证券营业部	139	9283.9	1641.5	3.6	47.7	361.8	7229.3	0.0	0.0
新疆证券公司厦门厦禾路证券营业部	1658	1152.4	911.4	6.2	28.6	2.4	203.4	0.4	0.0
新疆证券公司伊宁胜利街证券营业部	2496	495.3	428.5	4.9	61.4	0.6	0.0	0.0	0.0
新疆证券公司宜兴人民中路证券营业部	2572	439.2	369.0	2.3	67.9	0.0	0.0	0.0	0.0
新时代证券公司包头林荫中路证券营业部	2549	457.2	406.7	2.8	38.6	9.0	0.0	0.1	0.0
新时代证券公司包头南门外大街证券营业部	2241	676.0	625.8	2.8	47.1	0.2	0.0	0.1	0.0
新时代证券公司包头市府西路证券营业部	2413	557.8	495.3	3.3	58.8	0.3	0.0	0.1	0.0
新时代证券公司包头文化路证券营业部	648	2765.7	564.3	1.8	99.9	415.8	1683.1	0.8	0.0
新时代证券公司北京成府路证券营业部	364	4346.2	764.4	3.3	103.5	233.4	3241.1	0.6	0.0
新时代证券公司佛山南海大道证券营业部	2351	596.9	375.2	4.8	16.8	21.1	154.8	12.1	12.2
新时代证券公司福州五一中路证券营业部	1974	874.7	700.4	3.4	103.8	2.0	46.4	11.8	6.9
新时代证券公司嘉兴吉杨路证券营业部	2219	691.5	533.3	6.0	149.0	1.5	0.0	1.8	0.0
新时代证券公司开封北土街证券营业部	2814	210.1	187.4	0.0	0.0	22.7	0.0	0.0	0.0
新时代证券公司开封中山路证券营业部	1190	1664.0	921.9	7.2	69.1	239.8	385.4	35.3	5.4
新时代证券公司青岛福州南路证券营业部	2326	619.3	516.0	8.5	32.0	0.1	62.8	0.0	0.0

证券营业部交易
Trading of Securities Business Outlets

单位：百万元（Million Yuan）

营业部名称 Securities Business Outlet	名次 Rank	交易金额 Trading Value 总计 Total	股票 Stock	基金 Fund	权证 Warrant	国债现货 T-Bond Spot	国债回购 T-Bond Repo	企业债、可转债 Corporate Bond,CB	企业债回购 C-Bond Repo
新时代证券公司三门峡崤山路证券营业部	2512	483.2	444.7	5.2	29.5	2.7	0.0	1.0	0.0
新时代证券公司上海天山路证券营业部	790	2344.5	2231.0	67.4	30.5	9.9	4.8	0.9	0.0
新时代证券公司上海延平路证券营业部	1217	1628.8	1003.9	8.6	28.8	63.0	522.3	1.0	1.2
新时代证券公司深圳福华一路证券营业部	2626	399.5	373.6	1.7	21.9	0.0	0.0	2.4	0.0
新时代证券公司苏州白塔东路证券营业部	1852	971.4	929.5	3.4	31.1	1.8	5.2	0.5	0.0
新时代证券公司天津上海道证券营业部	1150	1717.4	1599.1	2.9	31.5	77.8	0.0	6.1	0.0
新时代证券公司天津西市大街证券营业部	1686	1112.3	930.3	7.7	159.0	1.5	13.7	0.0	0.0
新时代证券公司扬州文汇南路证券营业部	2614	409.9	378.5	2.1	24.8	4.4	0.0	0.1	0.0
新时代证券公司郑州丰产路证券营业部	1175	1676.8	1391.0	3.3	25.7	188.4	66.8	1.6	0.0
新时代证券公司郑州红专路证券营业部	1551	1243.0	981.0	5.9	55.2	55.1	130.5	15.2	0.0
新时代证券公司重庆上清寺路证券营业部	2777	251.1	241.9	0.3	8.8	0.0	0.0	0.0	0.0
信泰证券公司常熟枫林路证券营业部	954	2000.6	1736.0	17.6	57.4	35.3	67.7	86.1	0.5
信泰证券公司常州东横街证券营业部	963	1988.6	1333.2	14.4	71.4	18.8	460.5	5.7	84.7
信泰证券公司连云港通灌南路证券营业部	2206	697.3	621.7	6.3	67.3	1.1	0.2	0.7	0.0
信泰证券公司南京北京西路证券营业部	2475	512.3	475.8	2.0	18.0	3.0	6.5	5.8	1.2
信泰证券公司南京丹凤街证券营业部	1588	1204.6	1101.9	12.5	48.7	29.9	5.9	5.7	0.0
信泰证券公司南京玄武门证券营业部	886	2108.0	1907.2	24.9	67.8	15.7	82.3	10.1	0.0
信泰证券公司南京中华路证券营业部	1669	1134.6	1040.0	6.3	42.4	8.2	26.3	3.4	8.0
信泰证券公司南京中山东路证券营业部	1504	1283.8	820.7	11.0	38.5	182.1	222.8	8.8	0.0
信泰证券公司上海长宁路证券营业部	2194	706.1	564.8	10.3	21.0	15.3	92.7	2.0	0.0
信泰证券公司苏州新市路证券营业部	1579	1218.0	914.6	9.1	95.0	8.2	167.2	5.6	18.3
信泰证券公司无锡解放西路证券营业部	1130	1741.1	1100.8	17.0	75.2	17.6	518.7	7.6	4.2
信泰证券公司徐州青年路证券营业部	990	1949.4	1651.3	12.9	259.2	18.5	6.0	1.5	0.0
信泰证券公司徐州中山南路证券营业部	2109	773.3	605.9	4.2	58.7	1.5	91.3	0.7	11.1
信泰证券公司盐城大庆中路证券营业部	2595	424.2	399.8	7.1	16.1	0.8	0.0	0.5	0.0
兴安证券公司北京知春路证券营业部	2287	647.6	540.6	4.6	86.8	0.6	13.0	2.0	0.0
兴安证券公司大庆纬二路证券营业部	689	2645.3	1496.8	10.3	239.4	119.9	778.1	0.8	0.0
兴安证券公司东莞莞太路证券营业部	2904	20.1	19.7	0.0	0.4	0.0	0.0	0.0	0.0
兴安证券公司哈尔滨尚志大街证券营业部	2444	537.2	518.2	3.2	14.3	0.9	0.0	0.6	0.0
兴安证券公司哈尔滨市新阳路证券营业部	2366	585.1	545.2	2.7	32.5	4.5	0.0	0.1	0.0
兴安证券公司哈尔滨通江街证券营业部	373	4241.7	1257.2	9.8	90.2	157.0	2727.1	0.4	0.0
兴安证券公司哈尔滨西直大街证券营业部	1897	938.7	876.7	6.5	49.1	4.0	1.4	0.5	0.4
兴安证券公司哈尔滨学府路证券营业部	2221	690.7	426.7	1.9	2.8	4.4	193.9	0.1	61.0
兴安证券公司哈尔滨中山路证券营业部	1518	1275.2	1170.8	14.2	75.6	12.2	0.0	2.4	0.0
兴安证券公司鹤岗东解放路证券营业部	2619	403.9	365.1	2.1	34.5	2.2	0.0	0.0	0.0
兴安证券公司鸡西中心大街证券营业部	2021	839.0	734.1	6.7	97.5	0.4	0.0	0.2	0.0
兴安证券公司加格答奇兴安大街证券营业部	2768	261.6	238.9	4.9	17.2	0.3	0.0	0.4	0.0
兴安证券公司牡丹江牡丹街证券营业部	346	4457.3	2270.3	27.9	144.5	660.6	1338.2	15.5	0.0
兴安证券公司七台河山湖路证券营业部	2740	287.9	255.5	1.6	28.4	0.5	0.0	1.9	0.0
兴安证券公司上海桂林路证券营业部	20	43755.1	1888.0	92.9	57.6	862.5	40843.4	8.5	2.3
兴安证券公司上海枣阳路证券营业部	362	4355.9	953.5	71.5	63.5	298.8	2915.8	2.3	50.6
兴安证券公司深圳深南中路证券营业部	1317	1505.6	584.2	2.7	57.0	3.5	858.0	0.2	0.0
兴安证券公司双鸭山五马路证券营业部	2632	396.7	343.0	3.2	49.4	1.2	0.0	0.0	0.0
兴业证券公司北京赵登禹路证券营业部	776	2385.5	1093.6	18.2	156.2	52.8	1029.7	35.1	0.0
兴业证券公司成都红星路证券营业部	880	2125.6	1559.8	5.5	57.7	28.4	391.5	23.0	59.7
兴业证券公司福州湖东路证券营业部	211	6461.0	4290.0	105.2	302.3	419.0	1099.0	162.1	83.3
兴业证券公司福州市古田路证券营业部	701	2602.0	1264.5	37.3	412.7	12.1	726.1	2.3	147.1
兴业证券公司福州五四北路证券营业部	698	2612.5	1648.4	20.4	131.9	83.6	611.7	32.6	84.0
兴业证券公司福州五一南路证券营业部	765	2420.3	1639.7	61.7	95.8	145.4	54.3	28.9	394.5
兴业证券公司广州东风中路证券营业部	948	2018.1	1074.4	3.2	79.7	6.7	854.2	0.0	0.0
兴业证券公司哈尔滨上游街证券营业部	753	2454.2	2235.1	27.8	46.3	78.1	58.0	2.4	6.5
兴业证券公司杭州建国南路证券营业部	36	25525.4	1564.3	36.9	70.0	1618.2	22067.4	166.5	2.1
兴业证券公司济南山大路证券营业部	1457	1325.6	1214.2	3.5	31.3	40.0	22.5	12.6	1.6
兴业证券公司龙岩九一南路证券营业部	1047	1855.8	1390.9	19.2	163.4	230.6	12.0	39.6	0.0
兴业证券公司南京太平北路证券营业部	649	2763.0	1931.1	22.1	69.6	89.7	351.9	258.1	40.5
兴业证券公司南平滨江中路证券营业部	757	2434.0	1973.2	52.0	189.9	50.7	2.0	165.8	0.5
兴业证券公司泉州涂门街证券营业部	430	3875.9	2811.9	38.3	216.5	7.5	761.1	24.9	15.7
兴业证券公司三明列东街证券营业部	1120	1754.1	1296.7	12.8	315.9	127.5	0.9	0.2	0.0
兴业证券公司上海金陵东路证券营业部	93	13838.9	6706.5	191.3	201.0	566.9	5854.2	318.9	0.1
兴业证券公司上海天钥桥路证券营业部	375	4226.1	2868.4	34.3	99.0	814.6	291.6	118.2	0.0
兴业证券公司深圳景田路证券营业部	855	2185.1	1623.8	105.8	29.8	34.2	326.1	4.0	61.4
兴业证券公司武汉青年路证券营业部	654	2756.5	1834.1	9.8	153.8	6.0	582.4	7.8	162.7
兴业证券公司西安解放路证券营业部	666	2721.5	1461.4	10.5	557.9	156.9	315.4	219.5	0.0
兴业证券公司厦门厦禾路证券营业部	1118	1757.6	1505.3	22.8	167.8	1.6	56.0	4.1	0.1
兴业证券公司厦门兴隆路证券营业部	315	4729.3	3201.7	29.1	955.8	267.4	196.1	79.3	0.0

证券营业部交易
Trading of Securities Business Outlets

单位：百万元（Million Yuan）

营业部名称 Securities Business Outlet	名次 Rank	交易金额 Trading Value 总计 Total	股票 Stock	基金 Fund	权证 Warrant	国债现货 T-Bond Spot	国债回购 T-Bond Repo	企业债、可转债 Corporate Bond,CB	企业债回购 C-Bond Repo
兴业证券公司漳州延安北路证券营业部	407	4003.7	2659.8	365.2	108.0	84.4	767.1	0.6	18.6
亚洲证券公司包头东河区证券营业部	2478	509.2	489.2	0.5	19.3	0.1	0.0	0.0	0.0
亚洲证券公司北京广安路证券营业部	1772	1043.0	916.4	26.3	63.8	34.5	0.0	2.0	0.0
亚洲证券公司北京小黄庄路证券营业部	1708	1099.6	1014.5	9.1	14.8	42.8	16.0	2.4	0.0
亚洲证券公司长春同志街证券营业部	1124	1751.7	1063.5	5.9	83.7	594.4	0.0	4.1	0.0
亚洲证券公司长沙城南中路证券营业部	2747	284.1	267.8	1.4	13.9	1.0	0.0	0.1	0.0
亚洲证券公司成都南一环路证券营业部	2561	447.8	384.8	4.7	16.7	21.0	20.4	0.1	0.0
亚洲证券公司成都提督街证券营业部	2097	778.5	653.1	3.8	14.5	8.0	98.1	1.0	0.0
亚洲证券公司大连白山路证券营业部	2193	706.3	642.8	6.0	30.7	26.1	0.0	0.7	0.0
亚洲证券公司当阳长坂路证券营业部	2727	300.8	273.5	3.3	15.2	8.1	0.0	0.6	0.0
亚洲证券公司恩施舞阳大街证券营业部	2718	310.5	263.3	0.5	22.4	24.2	0.0	0.2	0.0
亚洲证券公司福州证券营业部	2704	324.4	240.6	11.0	48.3	0.1	23.6	0.8	0.1
亚洲证券公司广州天河证券营业部	2335	611.3	516.8	2.2	58.1	8.0	26.2	0.0	0.0
亚洲证券公司哈尔滨大成街证券营业部	1479	1308.4	900.7	30.2	44.1	192.0	14.4	127.0	0.0
亚洲证券公司海口龙华路证券营业部	2644	381.5	283.8	0.9	24.8	17.8	54.2	0.0	0.0
亚洲证券公司合肥青阳路证券营业部	1141	1730.7	302.6	1.8	1222.5	25.4	178.3	0.0	0.0
亚洲证券公司黄冈西湖一路证券营业部	2173	723.1	629.9	2.4	49.7	41.0	0.0	0.1	0.0
亚洲证券公司荆州北京中路证券营业部	2059	808.3	749.1	3.8	33.6	9.8	0.0	12.0	0.0
亚洲证券公司南昌井岗山大道证券营业部	1327	1483.7	1267.0	7.6	172.9	31.9	0.0	4.4	0.0
亚洲证券公司南京瑞金路证券营业部	630	2828.2	2108.3	11.7	63.9	454.3	186.7	3.3	0.0
亚洲证券公司宁波西河街证券营业部	1230	1610.5	1299.3	20.4	108.1	3.8	176.5	2.5	0.0
亚洲证券公司青岛宁夏路证券营业部	1824	995.5	890.3	12.4	30.9	25.9	35.0	1.1	0.0
亚洲证券公司上海安龙路证券营业部	840	2214.5	1372.3	297.3	26.5	34.9	420.0	2.5	61.0
亚洲证券公司上海常德路证券营业部	1184	1670.5	1520.8	18.0	16.0	35.4	73.4	6.2	0.7
亚洲证券公司上海瑞金一路证券营业部	904	2068.6	1695.5	18.8	33.6	152.6	91.7	76.5	0.0
亚洲证券公司上海新闸路证券营业部	143	9031.9	380.2	7.9	4.2	13.2	8619.5	0.5	6.4
亚洲证券公司深圳深南中路证券营业部	2511	483.4	374.4	1.1	22.1	0.4	59.5	3.8	22.1
亚洲证券公司深圳盐田路证券营业部	2350	597.4	388.1	4.1	3.9	106.0	94.6	0.7	0.0
亚洲证券公司沈阳南五马路证券营业部	2404	564.4	487.2	2.8	19.8	53.0	0.0	1.7	0.0
亚洲证券公司石家庄自强路证券营业部	1557	1238.3	954.7	12.7	96.3	84.1	89.3	1.2	0.0
亚洲证券公司天津白堤路证券营业部	991	1949.2	1110.1	9.9	38.0	84.6	579.8	7.2	119.7
亚洲证券公司天津红星路证券营业部	1929	912.2	798.4	4.3	29.0	31.6	46.0	2.8	0.0
亚洲证券公司天津勤俭道证券营业部	961	1990.5	1518.3	10.9	69.2	97.8	291.9	2.4	0.0
亚洲证券公司梧州蝶山二路证券营业部	2618	405.2	369.4	1.6	30.0	3.0	0.0	1.1	0.0
亚洲证券公司武汉红钢城四街证券营业部	1536	1259.1	737.2	2.6	40.3	21.6	373.5	0.8	83.1
亚洲证券公司武汉江汉二路证券营业部	2466	520.3	446.2	6.2	22.9	32.4	9.7	3.0	0.0
亚洲证券公司武汉彭刘杨路证券营业部	1507	1279.5	932.2	3.4	26.7	213.9	102.5	0.0	0.0
亚洲证券公司武汉青年路证券营业部	2421	553.9	493.9	6.6	11.2	41.1	0.0	1.0	0.0
亚洲证券公司武汉武珞路证券营业部	2332	613.1	557.0	6.9	21.7	25.1	0.0	2.3	0.0
亚洲证券公司西安文艺北路证券营业部	2616	409.0	376.6	2.5	24.3	3.2	0.0	2.4	0.0
亚洲证券公司孝感长征路证券营业部	1072	1828.0	1629.8	20.2	75.0	77.8	2.1	23.1	0.0
亚洲证券公司宜昌滨湖路证券营业部	1265	1566.2	1284.0	18.6	73.5	92.8	86.9	10.4	0.0
亚洲证券公司银川解放东街证券营业部	2384	575.5	521.0	3.0	45.3	5.8	0.0	0.4	0.0
亚洲证券公司银川新城区证券营业部	2648	374.1	338.1	2.5	33.0	0.4	0.0	0.1	0.0
亚洲证券公司营口证券营业部	2826	178.1	145.8	0.9	0.0	31.3	0.0	0.1	0.0
亚洲证券公司岳阳南湖大道证券营业部	2460	523.1	463.9	3.0	13.8	31.8	9.8	0.8	0.0
亚洲证券公司郑州东明路证券营业部	2131	751.9	672.6	15.0	52.8	11.1	0.0	0.5	0.0
亚洲证券公司郑州经三路证券营业部	2020	839.1	586.5	8.1	16.8	227.0	0.0	0.7	0.0
亚洲证券公司重庆大渡口证券营业部	2640	385.8	364.2	1.6	17.1	2.7	0.0	0.2	0.0
招商证券公司北京北三环东路证券营业部	281	5289.1	3332.4	71.7	77.7	791.6	748.6	267.1	0.0
招商证券公司北京建国路证券营业部	225	6161.4	4386.0	324.3	245.6	226.8	811.7	167.0	0.0
招商证券公司长沙芙蓉中路证券营业部	2035	825.0	705.0	53.0	57.4	3.3	1.3	5.0	0.0
招商证券公司成都三洞桥路证券营业部	592	2996.1	2430.7	6.4	92.7	64.9	250.0	151.5	0.0
招商证券公司东莞东城西路证券营业部	738	2503.6	1618.6	6.6	42.6	72.2	747.5	1.6	14.4
招商证券公司佛山季华路证券营业部	1723	1090.0	486.3	18.1	44.4	0.4	529.2	11.4	0.3
招商证券公司福州广达路证券营业部	829	2232.4	1606.7	315.3	85.5	24.9	90.0	110.0	0.0
招商证券公司广州天河北路证券营业部	481	3562.6	2639.0	52.0	88.0	70.4	694.8	18.5	0.0
招商证券公司哈尔滨长江路证券营业部	148	8640.7	2969.5	223.0	234.1	2592.9	2169.0	445.9	6.1
招商证券公司杭州湖墅南路证券营业部	814	2283.0	1385.0	7.1	47.8	100.1	660.7	80.6	1.7
招商证券公司合肥六安路证券营业部	1650	1158.7	967.6	20.4	145.8	2.2	0.0	22.8	0.0
招商证券公司昆明五一路证券营业部	543	3180.2	1553.9	9.9	45.0	22.5	1492.0	56.9	0.0
招商证券公司南京中山南路证券营业部	908	2065.4	1171.1	157.7	111.4	62.9	558.3	4.0	0.0
招商证券公司南宁民主路证券营业部	1268	1563.0	1349.7	8.9	46.9	156.6	0.0	0.9	0.0
招商证券公司上海澳门路证券营业部	43	22878.1	5026.7	136.6	15.1	1190.6	15549.6	606.2	353.3
招商证券公司上海世纪大道证券营业部	280	5295.1	3186.5	1448.9	205.5	139.0	272.1	43.1	0.0

证券营业部交易
Trading of Securities Business Outlets

单位：百万元（Million Yuan）

营业部名称 Securities Business Outlet	名次 Rank	交易金额 Trading Value 总计 Total	股票 Stock	基金 Fund	权证 Warrant	国债现货 T-Bond Spot	国债回购 T-Bond Repo	企业债、可转债 Corporate Bond,CB	企业债回购 C-Bond Repo
招商证券公司上海翔殷路证券营业部	1420	1374.0	1213.1	41.2	60.1	19.3	35.5	4.8	0.0
招商证券公司上海肇嘉浜路证券营业部	670	2701.1	2253.0	59.1	70.9	117.1	138.6	11.5	50.9
招商证券公司深圳常兴路证券营业部	579	3040.7	2245.6	135.1	61.0	157.2	435.2	6.6	0.0
招商证券公司深圳东门南路证券营业部	1024	1898.8	1589.3	14.2	228.5	11.5	0.2	55.0	0.0
招商证券公司深圳福民路证券营业部	1353	1464.5	1307.4	6.2	73.8	7.0	58.3	0.4	11.4
招商证券公司深圳建安路证券营业部	928	2035.7	1221.9	684.0	124.2	3.4	0.0	2.1	0.0
招商证券公司深圳龙岗证券营业部	1851	971.8	807.9	4.1	157.8	1.8	0.0	0.2	0.0
招商证券公司深圳南山南油大道证券营业部	169	7934.3	3226.0	272.6	94.0	848.2	3341.1	152.3	0.0
招商证券公司深圳沙头角金融路证券营业部	1216	1629.2	603.0	2.6	12.5	142.8	866.0	2.2	0.0
招商证券公司深圳笋岗路证券营业部	1367	1447.0	1203.5	95.1	75.5	16.8	54.1	2.0	0.0
招商证券公司深圳振华路证券营业部	14	48322.6	39475.0	870.2	4502.6	899.4	2214.2	361.1	0.0
招商证券公司无锡新生路证券营业部	182	7354.2	1398.5	384.8	60.9	1363.7	3888.2	258.1	0.0
招商证券公司武汉中北路证券营业部	796	2335.0	1126.3	22.8	90.5	124.9	967.7	1.3	1.5
招商证券公司扬州汶河北路证券营业部	1442	1344.9	916.8	18.2	43.5	40.4	325.3	0.8	0.0
招商证券公司珠海人民东路证券营业部	1262	1568.1	1461.0	10.9	63.7	19.4	1.4	11.6	0.0
镇江市信托投资公司南门大街证券交易营业部	2492	499.9	463.6	33.8	0.0	2.1	0.0	0.4	0.0
镇江市信托投资公司无锡西横路证券营业部	2650	373.1	363.3	4.4	0.1	3.6	0.1	1.6	0.0
中富证券公司北京东四十条证券营业部	2671	355.5	277.6	4.0	0.0	0.7	63.4	1.9	7.8
中富证券公司大连胜利东路证券营业部	2445	536.1	529.6	1.7	0.2	3.0	0.0	1.6	0.0
中富证券公司福州五四路证券营业部	2854	136.0	129.5	4.0	0.0	0.0	2.5	0.0	0.0
中富证券公司广州东风中路证券营业部	2321	620.4	377.0	11.8	0.1	0.0	188.1	43.4	0.0
中富证券公司杭州文三路证券营业部	2254	666.0	454.2	5.2	0.3	1.7	161.5	0.4	42.7
中富证券公司嘉兴越秀北路证券营业部	2639	386.2	369.6	3.7	0.0	7.3	0.7	4.8	0.0
中富证券公司乐清乐成镇乐怡路证券营业部	1227	1615.1	1601.5	9.7	0.1	3.6	0.0	0.2	0.0
中富证券公司南京洪武路证券营业部	1910	930.5	675.9	3.2	0.0	2.9	238.9	1.9	7.7
中富证券公司瑞安滨江大道证券营业部	1076	1822.7	1806.7	11.4	0.1	1.6	2.8	0.1	0.0
中富证券公司上海南京西路证券营业部	652	2760.2	1455.2	10.7	0.4	29.1	1261.8	1.9	1.0
中富证券公司深圳深南中路证券营业部	2294	640.9	113.4	0.0	0.0	0.0	526.5	1.0	0.0
中富证券公司台州解放南路证券营业部	2762	270.1	268.6	1.3	0.0	0.1	0.0	0.0	0.0
中富证券公司温州谢池商城证券营业部	347	4450.4	4009.6	67.3	0.9	10.7	354.9	7.0	0.0
中关村证券公司北京中关村南大街证券营业部	135	9574.4	3895.8	73.9	143.9	164.9	5174.8	9.6	111.4
中关村证券公司潮阳峡山证券营业部	2230	682.0	412.0	3.8	40.1	8.0	215.0	3.0	0.0
中关村证券公司潮阳中山西路证券营业部	2043	819.9	546.3	73.8	47.9	2.7	148.6	0.6	0.0
中关村证券公司澄海中心市场证券营业部	2240	676.8	635.7	1.2	35.8	3.8	0.0	0.3	0.0
中关村证券公司大连五五路证券营业部	2189	708.8	650.4	5.5	45.0	7.3	0.2	0.5	0.0
中关村证券公司广州滨江东路证券营业部	126	10372.7	3495.9	15.4	207.7	322.4	6322.4	8.9	0.0
中关村证券公司汕头长平路第一证券营业部	2040	821.8	698.0	9.5	35.8	28.7	46.7	2.0	1.2
中关村证券公司汕头国商大厦证券营业部	653	2760.1	1286.8	7.7	56.9	11.1	1390.2	0.7	6.7
中关村证券公司汕头金砂东路证券营业部	263	5626.8	1921.7	42.7	58.8	56.0	3456.6	2.8	88.3
中关村证券公司汕头中山路证券营业部	2124	756.5	545.8	9.0	25.5	3.4	170.9	1.9	0.0
中关村证券公司上海迎勋路证券营业部	60	18288.9	1867.4	31.3	275.6	82.7	15791.8	6.9	233.1
中关村证券公司深圳红荔西路证券营业部	399	4063.4	684.2	7.6	36.7	4.7	3316.0	0.5	13.8
中关村证券公司苏州新市路证券营业部	1906	934.3	682.4	11.0	96.2	1.0	143.7	0.1	0.0
中国国际金融有限公司北京建国门外大街证券营业部	6	73279.0	13852.7	356.0	25.4	7726.1	48956.2	1640.6	721.9
中国国际金融有限公司上海陆家嘴东路证券营业部	3	142764.5	44913.0	2204.3	98.0	17607.9	68560.0	3536.3	5845.1
中国国际金融有限公司深圳深南大道证券营业部	296	5066.2	3799.9	32.8	6.3	348.3	578.0	300.8	0.0
中国建银投资证券公司鞍山南胜利路证券营业部	1659	1148.8	1083.1	6.7	24.1	33.5	0.0	1.3	0.0
中国建银投资证券公司北京安立路证券营业部	1604	1190.9	1148.2	6.3	29.9	6.3	0.0	0.3	0.0
中国建银投资证券公司北京东长安街东方广场证券营业部	2676	348.6	305.7	1.2	4.2	37.1	0.0	0.5	0.0
中国建银投资证券公司北京方庄芳群园证券营业部	889	2102.8	2014.2	8.7	51.2	7.6	0.0	21.0	0.0
中国建银投资证券公司北京复兴路证券营业部	691	2630.3	2192.6	24.2	32.6	110.3	267.1	3.5	0.0
中国建银投资证券公司常州晋陵中路证券营业部	529	3287.1	1622.1	11.7	44.8	14.2	1556.8	37.6	0.0
中国建银投资证券公司长春大经路证券营业部	1714	1097.5	1039.9	4.5	33.9	17.1	2.0	0.0	0.0
中国建银投资证券公司长沙建湘路证券营业部	2842	163.9	143.8	2.2	11.5	0.0	5.9	0.5	0.0
中国建银投资证券公司成都人民北路证券营业部	1387	1426.8	1209.3	17.6	55.5	39.7	73.1	4.1	27.4
中国建银投资证券公司承德陕西营路证券营业部	2291	642.9	622.0	3.0	16.8	0.9	0.0	0.1	0.0
中国建银投资证券公司大连上海路证券营业部	2312	629.2	603.3	7.6	11.5	6.5	0.0	0.3	0.0
中国建银投资证券公司东莞虎门证券营业部	967	1977.3	729.9	92.5	48.0	2.0	928.2	62.5	114.1
中国建银投资证券公司福州五一北路证券营业部	754	2452.8	1416.6	11.6	125.2	80.7	817.1	0.9	0.8
中国建银投资证券公司广州滨江东路证券营业部	756	2434.5	1364.2	40.5	108.9	5.7	909.1	6.1	0.0
中国建银投资证券公司广州番禺平康路证券营业部	316	4728.6	2392.7	15.3	54.1	5.6	2247.3	3.1	10.4
中国建银投资证券公司广州建设三马路证券营业部	907	2065.9	1220.5	11.6	17.9	10.0	803.9	2.0	0.0
中国建银投资证券公司广州水荫路证券营业部	519	3356.2	1508.3	10.0	54.1	21.0	1582.8	0.6	179.3
中国建银投资证券公司广州体育东路证券营业部	1032	1885.0	1150.5	5.7	23.4	5.7	693.8	3.1	2.8
中国建银投资证券公司广州中山六路证券营业部	1433	1357.8	1017.5	12.5	13.0	21.6	291.2	0.6	1.4

证券营业部交易
Trading of Securities Business Outlets

单位：百万元（Million Yuan）

营业部名称 Securities Business Outlet	名次 Rank	交易金额 Trading Value 总计 Total	股票 Stock	基金 Fund	权证 Warrant	国债现货 T-Bond Spot	国债回购 T-Bond Repo	企业债、可转债 Corporate Bond,CB	企业债回购 C-Bond Repo
中国建银投资证券公司贵阳滨河路证券营业部	2698	331.2	315.0	1.2	9.9	4.7	0.0	0.4	0.0
中国建银投资证券公司哈尔滨一曼街证券营业部	1952	892.1	857.4	13.4	0.0	21.0	0.0	0.3	0.0
中国建银投资证券公司哈尔滨友谊路证券营业部	1965	884.6	853.0	5.6	20.9	4.8	0.0	0.4	0.0
中国建银投资证券公司海口龙华路证券营业部	1569	1227.9	1002.8	4.3	15.0	10.7	185.7	8.0	1.5
中国建银投资证券公司杭州文晖路证券营业部	2099	778.3	702.2	7.7	47.6	8.4	9.6	0.9	2.0
中国建银投资证券公司合肥美菱大道证券营业部	2459	525.3	478.4	3.5	3.2	25.0	7.0	8.2	0.0
中国建银投资证券公司淮安河北西路证券营业部	1795	1021.8	981.5	10.4	23.3	5.8	0.0	0.8	0.0
中国建银投资证券公司济南历山路证券营业部	1759	1051.9	987.3	8.3	34.1	5.8	15.3	0.8	0.2
中国建银投资证券公司江门堤东路证券营业部	580	3040.3	1136.6	11.1	28.9	54.9	1460.1	16.2	332.5
中国建银投资证券公司洛阳天津路证券营业部	1648	1162.5	1107.6	7.7	38.8	7.4	0.0	1.2	0.0
中国建银投资证券公司绵阳临园路证券营业部	1848	973.2	896.6	6.0	54.6	2.9	0.0	13.2	0.0
中国建银投资证券公司南昌叠山路证券营业部	1176	1675.9	956.7	5.2	36.9	6.2	668.4	2.5	0.1
中国建银投资证券公司南京淮海路证券营业部	1654	1158.0	688.3	9.2	8.6	4.7	444.8	2.4	0.0
中国建银投资证券公司南京建宁路证券营业部	1596	1198.0	1024.9	8.5	19.3	136.1	7.3	1.9	0.0
中国建银投资证券公司南通青年西路证券营业部	1055	1849.0	1516.6	12.2	26.9	20.6	269.3	3.4	0.0
中国建银投资证券公司潜江江汉路证券营业部	2175	721.1	683.9	6.0	29.4	0.6	0.0	1.2	0.0
中国建银投资证券公司青岛馆陶路证券营业部	1964	884.8	717.1	3.4	163.3	0.1	0.8	0.1	0.0
中国建银投资证券公司上海东江湾路证券营业部	382	4175.4	1241.8	30.8	16.4	32.8	2850.3	3.4	0.0
中国建银投资证券公司上海法华镇路证券营业部	1243	1591.4	743.6	14.6	43.0	9.6	776.5	1.6	2.4
中国建银投资证券公司上海复兴东路证券营业部	517	3376.0	2078.8	16.0	11.0	19.5	1138.5	10.7	101.6
中国建银投资证券公司上海南京西路证券营业部	1098	1781.0	1685.4	47.4	29.1	7.0	1.0	11.2	0.0
中国建银投资证券公司上海浦东南路证券营业部	2012	845.1	680.0	5.7	27.8	36.5	67.3	2.9	25.1
中国建银投资证券公司上海物华路证券营业部	2017	841.3	767.6	17.9	15.3	19.8	18.6	1.9	0.0
中国建银投资证券公司上海新闸路证券营业部	2052	811.4	747.1	12.2	37.5	11.8	0.0	2.9	0.0
中国建银投资证券公司深圳爱国路证券营业部	1034	1872.2	1037.5	17.0	104.0	3.3	690.1	3.3	17.1
中国建银投资证券公司深圳八卦路证券营业部	2604	416.3	379.5	4.5	7.0	0.2	20.5	2.6	2.0
中国建银投资证券公司深圳贝丽南路证券营业部	1939	903.9	489.3	6.6	10.6	1.5	395.7	0.3	0.0
中国建银投资证券公司深圳人民北路证券营业部	1790	1027.3	588.1	6.3	325.6	0.4	102.9	4.0	0.0
中国建银投资证券公司深圳深南东路证券营业部	2783	248.9	178.0	0.8	7.4	0.0	62.7	0.0	0.0
中国建银投资证券公司深圳深南中路证券营业部	2237	677.7	641.1	3.5	27.4	0.6	3.5	1.7	0.0
中国建银投资证券公司沈阳北顺城路证券营业部	2171	723.8	699.3	5.9	13.7	4.8	0.0	0.2	0.0
中国建银投资证券公司沈阳三好街证券营业部	1366	1447.4	1115.3	10.3	315.7	4.5	0.0	1.6	0.0
中国建银投资证券公司顺德大良证券营业部	685	2652.2	1527.2	20.6	45.5	40.4	948.4	30.0	40.0
中国建银投资证券公司苏州三香路证券营业部	1589	1203.5	1129.0	8.4	47.1	17.7	0.0	1.3	0.0
中国建银投资证券公司遂宁遂州南路证券营业部	2308	631.2	612.2	2.6	12.7	3.7	0.0	0.1	0.0
中国建银投资证券公司太原解放路证券营业部	2252	667.2	632.3	8.1	21.7	4.9	0.0	0.3	0.0
中国建银投资证券公司天津贵州路证券营业部	2328	618.0	604.8	5.6	5.3	2.0	0.0	0.4	0.0
中国建银投资证券公司天津河北大街证券营业部	2709	318.2	313.2	2.8	1.0	0.8	0.0	0.3	0.0
中国建银投资证券公司天津建设路证券营业部	2565	444.7	422.2	2.2	11.2	2.2	5.2	1.7	0.0
中国建银投资证券公司天津南京路证券营业部	2044	819.5	727.6	4.8	22.4	4.6	58.3	1.8	0.0
中国建银投资证券公司铁岭柴河街证券营业部	2435	543.3	494.2	2.9	18.3	27.7	0.0	0.3	0.0
中国建银投资证券公司威海公园路证券营业部	2647	376.1	364.6	1.2	3.8	0.1	6.1	0.1	0.0
中国建银投资证券公司无锡健康路证券营业部	2442	538.1	502.8	4.3	6.9	2.5	17.1	1.1	3.5
中国建银投资证券公司武汉台北路证券营业部	2487	503.9	450.7	4.1	2.7	0.7	38.0	7.7	0.0
中国建银投资证券公司武汉徐东路证券营业部	2060	808.2	774.3	3.9	19.8	5.7	0.3	4.3	0.0
中国建银投资证券公司西安文艺路证券营业部	1946	896.6	864.9	7.5	19.1	4.8	0.0	0.3	0.0
中国建银投资证券公司西宁黄河路证券营业部	2087	784.8	683.7	6.8	72.6	12.4	0.0	9.4	0.0
中国建银投资证券公司扬州汶河北路证券营业部	664	2731.6	2434.0	27.3	62.3	32.5	153.9	15.6	5.9
中国建银投资证券公司郑州纬五路证券营业部	2163	728.7	681.5	1.3	8.6	0.9	36.2	0.3	0.0
中国建银投资证券公司郑州伊河路证券营业部	1548	1246.6	1168.1	9.7	58.2	7.0	1.6	2.0	0.0
中国建银投资证券公司中山市中山一路证券营业部	1308	1510.8	696.8	7.8	12.7	4.4	788.8	0.2	0.1
中国建银投资证券公司重庆新华路证券交易营业部	2295	640.7	412.9	1.2	13.5	20.8	191.9	0.5	0.0
中国建银投资证券公司珠海水湾路证券营业部	838	2220.6	793.3	12.8	58.0	22.8	1132.1	6.1	195.6
中国建银投资证券公司自贡解放路证券营业部	2161	729.9	694.1	6.2	18.3	9.9	0.0	1.5	0.0
中国金谷国际信托投资公司北京翠微路证券交易营业部	1860	966.2	920.9	7.5	0.3	11.5	23.3	2.7	0.0
中国金谷国际信托投资公司北京古城路证券交易营业部	1172	1679.4	1651.1	13.9	0.2	12.2	0.0	1.9	0.0
中国金谷国际信托投资公司上海证券交易营业部	2486	504.1	474.1	10.3	0.0	4.2	14.3	1.1	0.0
中国金谷国际信托投资公司深圳证券交易营业部	2848	149.9	141.0	0.3	0.0	8.7	0.0	0.0	0.0
中国科技证券公司北京阜成路证券营业部	115	11074.0	2105.0	13.9	166.7	189.8	8416.9	6.3	175.5
中国科技证券公司成都领事馆路证券营业部	916	2052.2	1671.8	6.6	37.2	45.4	279.3	6.0	6.0
中国科技证券公司大连唐山街证券营业部	2451	531.6	508.5	5.0	7.5	10.0	0.0	0.4	0.0
中国科技证券公司哈尔滨果戈里大街证券营业部	2053	810.6	747.4	6.0	45.5	11.7	0.0	0.0	0.0
中国科技证券公司杭州莫干山路证券营业部	127	10260.0	933.6	21.6	43.4	13.3	0.7	80.1	9167.3
中国科技证券公司嘉兴中山西路证券营业部	659	2744.0	2094.5	15.1	196.2	40.6	392.3	5.2	0.0
中国科技证券公司昆明人民东路证券营业部	710	2565.9	276.1	1.4	23.0	48.9	2181.5	0.4	34.6

证券营业部交易
Trading of Securities Business Outlets

单位：百万元（Million Yuan）

营业部名称 Securities Business Outlet	名次 Rank	交易金额 Trading Value 总计 Total	股票 Stock	基金 Fund	权证 Warrant	国债现货 T-Bond Spot	国债回购 T-Bond Repo	企业债、可转债 Corporate Bond,CB	企业债回购 C-Bond Repo
中国科技证券公司绵阳翠华街证券营业部	2225	686.6	586.5	11.6	79.8	7.7	0.0	0.9	0.0
中国科技证券公司南昌民德路证券营业部	180	7383.3	1317.9	26.9	60.7	1.3	5976.5	0.0	0.0
中国科技证券公司南京珠江路证券营业部	1444	1343.9	984.0	18.8	26.7	87.5	210.8	12.1	4.0
中国科技证券公司内江人民路证券营业部	2005	852.7	645.8	3.8	173.3	28.8	0.0	1.2	0.0
中国科技证券公司青岛山东路证券营业部	1074	1826.2	1354.6	7.6	446.7	15.8	0.0	1.5	0.0
中国科技证券公司上海延安东路证券营业部	977	1964.2	1150.6	21.2	63.0	87.3	603.4	18.0	20.7
中国科技证券公司上海延长西路证券营业部	469	3628.2	1877.1	7.5	153.5	1112.6	326.1	109.6	41.7
中国科技证券公司深圳建安路证券营业部	1755	1053.6	952.4	5.4	83.4	0.5	0.0	11.9	0.0
中国科技证券公司深圳沙头角证券营业部	42	22966.2	424.1	1.6	22.6	5178.8	17338.3	0.9	0.0
中国科技证券公司沈阳十一纬路证券营业部	1712	1098.0	1032.7	4.6	47.8	11.8	0.0	1.2	0.0
中国科技证券公司天津赤峰道证券营业部	195	6754.2	476.5	3.2	12.4	87.5	6006.0	0.6	168.0
中国科技证券公司武汉胜利街证券营业部	1694	1109.0	1066.3	3.1	39.1	0.5	0.0	0.0	0.0
中国科技证券公司厦门湖滨路证券营业部	1726	1084.9	870.5	116.5	90.9	2.4	0.0	4.6	0.0
中国科技证券公司宜宾中山街证券营业部	1754	1054.6	927.2	7.3	94.0	12.0	0.0	14.1	0.0
中国科技证券公司镇江中山东路证券营业部	1681	1116.0	935.0	6.8	57.2	114.4	1.8	0.7	0.0
中国科技证券公司重庆上清寺证券营业部	1163	1695.3	346.7	0.6	33.8	202.3	1111.8	0.1	0.0
中国旅游国际信托投资有限公司北京证券营业部	899	2077.6	982.7	18.5	0.3	20.4	1018.4	8.1	29.3
中国旅游国际信托投资有限公司成都证券营业部	567	3089.1	717.9	1.5	0.0	0.8	2338.3	2.5	28.2
中国旅游国际信托投资有限公司哈尔滨证券营业部	2002	855.4	813.7	3.3	0.1	4.4	33.0	0.6	0.3
中国旅游国际信托投资有限公司上海证券营业部	222	6211.8	1650.0	20.7	0.4	82.1	4257.0	13.1	188.6
中国旅游国际信托投资有限公司天津证券营业部	267	5581.9	574.3	2.4	0.6	46.1	4958.2	0.3	0.0
中国旅游国际信托投资有限公司岳阳证券营业部	2187	710.9	707.5	3.3	0.0	0.0	0.0	0.0	0.0
中国民族证券公司鞍山人民路证券营业部	190	6966.6	6273.9	62.8	391.1	229.2	0.0	9.7	0.0
中国民族证券公司北京和平里证券营业部	722	2534.8	1848.7	42.2	168.5	40.4	340.3	19.2	75.6
中国民族证券公司北京太平桥大街证券营业部	82	15137.6	3879.5	366.9	192.8	3668.4	6952.1	78.0	0.0
中国民族证券公司长春西安大路证券营业部	534	3229.8	2574.6	9.9	96.1	124.5	415.0	9.7	0.0
中国民族证券公司长沙车站北路证券营业部	2737	291.7	265.3	1.9	24.2	0.4	0.0	0.0	0.0
中国民族证券公司成都沙湾路证券营业部	1555	1239.5	1050.8	11.8	21.5	116.6	33.6	5.3	0.0
中国民族证券公司大连五四路证券营业部	1549	1245.2	1089.5	10.0	78.2	35.2	0.0	32.3	0.0
中国民族证券公司广州福今路证券营业部	2524	477.3	440.3	5.8	30.4	0.8	0.0	0.1	0.0
中国民族证券公司哈尔滨西大直街证券营业部	1922	921.8	798.6	4.3	68.0	26.4	21.4	3.1	0.0
中国民族证券公司呼和浩特锡林南路证券营业部	2620	403.4	310.6	1.5	47.1	41.6	0.6	2.0	0.0
中国民族证券公司吉首人民北路证券营业部	2146	739.4	646.5	2.6	89.6	0.6	0.0	0.0	0.0
中国民族证券公司昆明东风西路证券营业部	2589	427.9	292.3	2.4	21.3	18.3	91.6	0.5	1.4
中国民族证券公司乐山柏杨路证券营业部	1977	873.2	675.3	3.0	16.6	177.8	0.0	0.5	0.0
中国民族证券公司乐山大桥证券营业部	2168	725.5	675.6	2.9	23.6	23.3	0.0	0.2	0.0
中国民族证券公司乐山小十字证券营业部	2695	331.9	310.2	1.3	5.8	13.9	0.0	0.7	0.0
中国民族证券公司南京西康路证券营业部	1788	1028.2	959.1	19.1	21.0	25.6	0.0	3.4	0.0
中国民族证券公司上海延平路证券营业部	477	3601.6	2781.2	97.3	107.6	115.3	481.0	9.4	9.8
中国民族证券公司深圳深南中路证券营业部	1306	1512.6	763.8	0.9	728.3	0.2	2.6	14.9	1.8
中国民族证券公司沈阳南京街证券营业部	2786	242.9	164.1	1.5	69.9	7.5	0.0	0.0	0.0
中国民族证券公司沈阳沈阳路证券营业部	496	3479.1	1504.0	107.6	167.3	1696.8	0.0	3.5	0.0
中国民族证券公司石家庄和平西路证券营业部	2231	681.7	627.0	7.6	27.3	18.3	0.0	1.4	0.0
中国民族证券公司石家庄建华北大街证券营业部	1109	1769.2	778.2	6.8	17.8	58.2	905.6	2.7	0.0
中国民族证券公司天津三马路证券营业部	1587	1204.9	1055.1	7.8	136.3	5.2	0.0	0.5	0.0
中国民族证券公司通化新华大街证券营业部	1702	1104.2	1056.4	4.7	18.8	19.7	0.0	4.5	0.0
中国民族证券公司通化新站路证券营业部	2642	382.2	222.1	1.7	147.5	7.7	0.0	3.2	0.0
中国民族证券公司乌鲁木齐人民路证券营业部	2744	286.1	265.9	3.0	17.0	0.2	0.0	0.0	0.0
中国民族证券公司西安高新路证券营业部	1864	963.8	750.5	4.7	12.6	18.5	176.7	0.7	0.0
中国民族证券公司延吉局子街证券营业部	1865	962.7	667.3	1.2	60.4	68.8	165.0	0.0	0.0
中国银河证券公司包头乌兰道证券营业部	2050	813.2	657.1	5.6	140.9	1.2	8.4	0.0	0.0
中国银河证券公司北京安外证券营业部	453	3703.9	1523.7	56.4	48.1	1978.1	73.7	23.8	0.0
中国银河证券公司北京百万庄证券营业部	468	3640.7	2755.9	39.9	208.6	441.7	15.2	179.5	0.0
中国银河证券公司北京阜成路证券营业部	89	14150.3	4878.1	373.0	292.2	263.0	6637.7	1074.7	631.7
中国银河证券公司北京黄寺大街证券营业部	463	3680.1	1472.0	42.9	128.2	765.6	1263.7	6.8	0.0
中国银河证券公司北京双榆树证券营业部	71	16622.4	3069.7	37.1	218.2	2303.3	10749.2	244.9	0.0
中国银河证券公司北京天坛东里证券营业部	252	5737.2	3454.4	21.3	286.3	204.7	1755.4	4.9	10.2
中国银河证券公司北京望京西园证券营业部	214	6428.5	3595.3	266.1	223.3	662.6	1466.5	55.1	159.6
中国银河证券公司北京学院南路证券营业部	278	5322.6	2691.8	101.7	264.9	167.8	1982.3	24.6	89.6
中国银河证券公司北京月坛证券营业部	56	19773.9	6019.2	469.0	284.0	4366.5	8580.5	54.8	0.0
中国银河证券公司长春西民主大街证券营业部	1558	1237.7	1094.0	12.4	57.9	72.0	0.0	1.4	0.0
中国银河证券公司长春重庆路证券营业部	2136	747.1	581.0	9.7	48.6	106.2	0.0	1.5	0.0
中国银河证券公司长沙芙蓉路证券营业部	1798	1018.9	818.6	23.9	67.3	34.9	74.1	0.1	0.0
中国银河证券公司长沙芙蓉中路证券营业部	965	1985.5	1247.1	6.5	104.2	120.4	489.8	17.6	0.0
中国银河证券公司成都北二环路证券营业部	1793	1022.7	868.2	9.3	120.9	19.4	0.0	4.8	0.0

证券营业部交易
Trading of Securities Business Outlets

单位：百万元（Million Yuan）

营业部名称 Securities Business Outlet	名次 Rank	交易金额 Trading Value 总计 Total	股票 Stock	基金 Fund	权证 Warrant	国债现货 T-Bond Spot	国债回购 T-Bond Repo	企业债、可转债 Corporate Bond,CB	企业债回购 C-Bond Repo
中国银河证券公司成都科华北路证券营业部	850	2198.6	1681.0	9.8	65.8	144.9	280.1	17.1	0.0
中国银河证券公司成都双林路证券营业部	1220	1626.2	1446.6	27.4	109.6	35.0	4.1	3.4	0.2
中国银河证券公司成都同仁路证券营业部	1885	948.3	780.6	39.4	65.0	62.8	0.0	0.5	0.0
中国银河证券公司大连黄河路证券营业部	1260	1568.9	1417.2	16.1	104.5	28.8	0.0	2.3	0.0
中国银河证券公司大连人民路证券营业部	413	3969.7	1540.8	11.3	27.9	158.1	2211.1	20.5	0.0
中国银河证券公司大连万岁街证券营业部	1736	1077.0	976.9	16.3	67.4	15.1	0.0	1.2	0.0
中国银河证券公司大连延安路证券营业部	1484	1302.3	1108.6	15.0	74.9	87.1	0.0	16.8	0.0
中国银河证券公司德清证券营业部	1799	1018.4	930.9	8.1	74.1	1.3	0.0	4.0	0.0
中国银河证券公司东莞东城大道证券营业部	1778	1034.0	456.5	13.7	73.5	0.4	489.9	0.0	0.0
中国银河证券公司佛山证券营业部	813	2284.4	1698.6	28.9	117.2	23.1	414.5	1.6	0.5
中国银河证券公司福州华盛证券营业部	564	3105.1	1259.2	28.0	187.5	21.2	1607.9	1.3	0.0
中国银河证券公司福州证券营业部	94	13558.5	3957.6	158.0	1114.4	401.1	7758.3	154.0	15.1
中国银河证券公司福州中山路证券营业部	314	4772.1	3466.2	40.7	812.4	141.7	280.4	29.1	1.6
中国银河证券公司广州东风西路证券营业部	1127	1745.2	1448.6	12.0	114.1	22.4	133.9	1.2	13.1
中国银河证券公司广州建设大马路证券营业部	1749	1057.0	807.2	11.6	96.0	32.3	109.1	0.7	0.0
中国银河证券公司广州较场东路证券营业部	1203	1648.7	1256.1	15.6	61.2	30.3	280.8	3.4	1.3
中国银河证券公司广州解放中路证券营业部	396	4088.9	1954.0	16.1	176.3	69.9	1577.5	28.8	266.3
中国银河证券公司广州五羊新城证券营业部	895	2090.8	1684.4	19.9	164.8	7.0	205.4	9.4	0.0
中国银河证券公司桂林中山中路证券营业部	2882	74.6	73.6	0.2	0.6	0.2	0.0	0.0	0.0
中国银河证券公司哈尔滨花园街证券营业部	1660	1148.4	1010.1	13.0	97.3	27.4	0.0	0.6	0.0
中国银河证券公司哈尔滨西十道街证券营业部	408	4003.1	2077.8	14.5	143.4	1465.6	79.3	222.6	0.0
中国银河证券公司海口海秀路证券营业部	1762	1050.1	670.4	18.7	64.6	69.6	223.1	2.2	1.6
中国银河证券公司杭州湖墅南路证券营业部	984	1953.9	1449.9	23.1	95.1	18.9	348.2	18.7	0.0
中国银河证券公司杭州解放路证券营业部	24	38556.2	3136.2	19.1	83.2	119.8	35081.5	115.6	0.8
中国银河证券公司杭州凯旋路证券营业部	837	2222.1	1850.4	16.1	291.4	18.3	36.6	9.3	0.0
中国银河证券公司杭州新华路证券营业部	671	2694.1	1948.2	60.3	195.5	43.3	309.3	107.7	29.8
中国银河证券公司杭州中河中路证券营业部	784	2365.8	2017.1	9.1	153.7	20.6	160.8	4.5	0.0
中国银河证券公司合肥长江路证券营业部	1135	1737.8	1575.9	20.6	97.9	40.5	0.4	2.5	0.0
中国银河证券公司合肥金城证券营业部	1918	925.2	640.7	11.2	28.7	22.8	210.7	11.1	0.0
中国银河证券公司合肥桐城路证券营业部	1408	1393.1	1043.1	15.0	89.0	193.2	48.2	4.6	0.0
中国银河证券公司呼和浩特大学西街证券营业部	2677	346.6	312.4	3.8	29.2	1.2	0.0	0.1	0.0
中国银河证券公司呼和浩特证券营业部	1985	868.3	763.1	5.2	91.0	8.7	0.0	0.4	0.0
中国银河证券公司湖州证券营业部	1125	1747.7	1502.4	15.6	195.2	10.6	4.0	17.6	2.2
中国银河证券公司济南经七路证券营业部	578	3048.0	862.8	577.5	105.0	918.3	481.5	103.0	0.0
中国银河证券公司嘉兴证券营业部	1380	1438.1	1281.7	10.2	110.3	31.6	0.0	4.4	0.0
中国银河证券公司金华证券营业部	744	2486.8	2293.4	11.9	178.5	2.0	0.0	0.9	0.0
中国银河证券公司晋中榆太路证券营业部	949	2014.2	1757.8	13.4	211.4	23.2	5.2	3.3	0.0
中国银河证券公司荆门证券营业部	2379	577.0	492.7	3.7	45.2	35.4	0.0	0.1	0.0
中国银河证券公司昆明白塔路证券营业部	1040	1862.6	1591.6	23.9	181.4	61.9	0.0	3.9	0.0
中国银河证券公司昆明人民中路证券营业部	1214	1632.9	1472.9	39.7	97.3	8.3	4.6	10.1	0.0
中国银河证券公司兰溪证券营业部	1522	1268.8	1126.8	8.4	128.8	4.3	0.0	0.6	0.0
中国银河证券公司兰州永昌路证券营业部	2463	521.6	327.8	0.6	19.3	173.9	0.0	0.0	0.0
中国银河证券公司兰州证券营业部	2386	574.9	491.7	3.4	36.8	2.7	35.4	1.9	3.0
中国银河证券公司丽水证券营业部	712	2557.6	2210.2	18.8	327.0	0.2	0.0	1.5	0.0
中国银河证券公司廉江新兴路证券营业部	2633	393.1	260.5	1.5	55.6	3.0	71.9	0.5	0.0
中国银河证券公司临汾鼓楼东大街证券营业部	892	2094.5	1667.8	15.1	404.0	5.2	0.0	2.4	0.0
中国银河证券公司马鞍山证券营业部	1386	1428.3	1171.9	21.4	198.6	10.8	0.0	25.6	0.0
中国银河证券公司南昌广场东路证券营业部	55	19979.4	641.9	12.9	62.4	6777.2	12480.1	5.1	0.0
中国银河证券公司南昌广场南路证券营业部	235	6055.7	2239.6	146.3	59.7	1248.3	2327.7	34.1	0.0
中国银河证券公司南昌沿江中路证券营业部	2236	678.1	435.9	6.9	20.7	81.0	133.4	0.2	0.0
中国银河证券公司南京汉中路证券营业部	1598	1196.5	967.2	49.7	67.9	11.3	94.8	5.7	0.0
中国银河证券公司南京洪武路证券营业部	1291	1532.3	1346.4	16.6	123.8	37.6	0.0	7.8	0.0
中国银河证券公司南京湖南路证券营业部	410	3992.1	2934.7	15.9	161.2	177.8	659.1	43.5	0.0
中国银河证券公司南京上海路证券营业部	862	2175.5	1020.9	30.0	72.3	18.8	619.8	29.3	384.3
中国银河证券公司南京石鼓路证券营业部	1502	1286.1	1162.6	11.6	82.6	10.3	16.5	1.9	0.5
中国银河证券公司南宁证券营业部	1365	1448.8	1095.8	5.9	247.3	8.8	90.6	0.4	0.0
中国银河证券公司宁波长春路证券证营业部	1884	948.9	835.7	8.0	40.2	7.7	39.8	17.5	0.0
中国银河证券公司宁波翠柏路证券营业部	33	30784.8	1535.8	16.6	121.0	1161.8	27937.3	12.4	0.0
中国银河证券公司宁波和义路证券营业部	438	3791.4	2570.0	33.3	233.6	41.2	881.3	32.1	0.0
中国银河证券公司宁波解放南路证券营业部	258	5652.7	4627.0	32.8	254.9	177.4	550.5	10.1	0.0
中国银河证券公司秦皇岛证券营业部	1480	1308.3	960.7	5.9	84.8	4.6	252.1	0.2	0.0
中国银河证券公司青岛广西路证券营业部	1887	946.5	855.7	6.7	84.0	0.0	0.0	0.1	0.0
中国银河证券公司青岛热河路证券营业部	1079	1817.0	1062.4	111.5	45.1	17.3	574.9	5.9	0.0
中国银河证券公司汕头天山路证券营业部	1781	1033.0	835.5	7.0	45.1	26.0	110.6	4.3	4.5
中国银河证券公司汕头银座证券营业部	442	3735.1	3167.8	29.0	343.1	83.1	102.5	9.6	0.0

证券营业部交易
Trading of Securities Business Outlets

单位：百万元（Million Yuan）

营业部名称 Securities Business Outlet	名次 Rank	交易金额 Trading Value 总计 Total	股票 Stock	基金 Fund	权证 Warrant	国债现货 T-Bond Spot	国债回购 T-Bond Repo	企业债、可转债 Corporate Bond,CB	企业债回购 C-Bond Repo
中国银河证券公司上海安业路证券营业部	1084	1806.4	1622.3	47.0	41.7	48.8	33.7	13.0	0.0
中国银河证券公司上海大连西路证券营业部	65	17471.9	1786.9	197.4	58.0	319.8	15031.7	34.7	43.4
中国银河证券公司上海东大名路外滩证券营业部	64	17507.4	1634.8	96.0	51.2	219.8	15494.8	5.8	4.9
中国银河证券公司上海东方路证券营业部	181	7368.9	3740.0	1525.7	707.1	723.2	422.1	222.2	28.8
中国银河证券公司上海复兴东路证券营业部	31	31571.4	1812.7	21.4	44.0	202.1	29470.2	21.0	0.0
中国银河证券公司上海共康路证券营业部	203	6611.3	1382.1	14.2	42.3	627.6	4538.0	7.0	0.0
中国银河证券公司上海红松路证券营业部	256	5662.9	2332.1	14.0	63.5	308.0	2938.0	7.2	0.0
中国银河证券公司上海沪南路证券营业部	1295	1522.1	1399.5	18.4	61.0	38.2	0.0	5.0	0.0
中国银河证券公司上海江宁路证券营业部	591	2996.9	1740.1	30.3	79.1	127.8	1008.9	10.7	0.0
中国银河证券公司上海江苏北路证券营业部	102	12244.9	3273.1	32.0	134.9	304.4	4815.0	73.2	3612.3
中国银河证券公司上海浦东南路证券营业部	305	4884.8	1596.7	571.4	43.2	251.1	1914.7	492.7	15.0
中国银河证券公司上海曲阳路证券营业部	177	7606.9	1306.6	10.2	20.4	435.9	5797.2	36.6	0.0
中国银河证券公司上海上南路证券营业部	870	2157.1	1609.2	42.0	77.4	49.2	375.0	4.3	0.0
中国银河证券公司上海四川北路证券营业部	479	3592.9	1300.1	253.7	33.0	57.6	1892.4	37.6	18.6
中国银河证券公司上海五莲路证券营业部	1231	1608.8	1467.0	19.7	91.8	27.2	0.0	3.1	0.0
中国银河证券公司上海新昌路证券营业部	79	15862.2	1601.6	19.6	42.0	757.7	9887.1	275.3	3278.8
中国银河证券公司上海延安西路证券营业部	178	7498.5	1901.1	363.5	56.5	463.7	4379.9	169.4	164.6
中国银河证券公司上海营口路证券营业部	1212	1634.7	1322.4	37.5	47.9	52.2	169.3	5.4	0.0
中国银河证券公司上海源深路证券营业部	74	16081.0	2066.6	1442.3	105.9	120.8	12289.6	55.7	0.0
中国银河证券公司上海张杨路证券营业部	81	15641.4	1592.2	21.6	46.8	205.1	13761.1	14.6	0.0
中国银河证券公司上海肇嘉浜路证券营业部	339	4518.7	3332.7	27.7	96.5	253.7	785.2	22.9	0.0
中国银河证券公司上海中山北路证券营业部	807	2301.4	2046.6	34.4	40.6	139.8	27.4	5.2	7.5
中国银河证券公司上海中原路证券营业部	992	1949.0	1538.0	16.9	42.7	74.9	39.9	236.7	0.0
中国银河证券公司上海漕宝路证券营业部	523	3317.2	1910.8	81.2	156.4	815.0	340.2	13.6	0.0
中国银河证券公司绍兴证券营业部	342	4491.3	3882.9	26.7	548.5	9.5	0.0	23.8	0.0
中国银河证券公司深圳宝安路证券营业部	601	2960.3	1806.3	22.5	201.0	25.0	903.0	2.6	0.0
中国银河证券公司深圳碧波证券营业部	2047	816.0	627.9	53.6	27.4	100.4	0.1	6.6	0.0
中国银河证券公司深圳滨河路证券营业部	937	2024.1	532.9	10.4	61.5	0.0	1169.5	8.5	241.4
中国银河证券公司深圳华强北路证券营业部	2215	692.9	624.1	5.6	9.3	49.2	4.4	0.3	0.0
中国银河证券公司深圳景田证券营业部	678	2671.3	1253.8	100.5	39.4	421.0	670.0	113.9	72.8
中国银河证券公司深圳罗湖证券营业部	1919	925.1	548.6	57.4	26.4	5.1	286.1	1.5	0.0
中国银河证券公司深圳商报东路证券营业部	1563	1232.9	904.7	7.0	108.4	198.3	9.1	5.5	0.0
中国银河证券公司深圳深茂证券营业部	1554	1240.3	1055.7	3.3	7.5	146.0	10.1	17.7	0.0
中国银河证券公司沈阳滑翔路证券营业部	1934	908.4	838.7	3.8	45.5	20.4	0.0	0.1	0.0
中国银河证券公司沈阳南八马路证券营业部	751	2456.0	929.4	15.6	128.2	1178.8	0.0	204.1	0.0
中国银河证券公司沈阳青年大街证券营业部	637	2811.6	636.3	6.6	44.7	814.6	1290.4	19.0	0.0
中国银河证券公司沈阳顺城证券营业部	2138	745.2	646.8	5.4	61.9	30.3	0.0	0.8	0.0
中国银河证券公司沈阳中华路证券营业部	1655	1157.7	742.1	8.7	45.3	313.8	0.0	47.8	0.0
中国银河证券公司石家庄北站证券营业部	1687	1112.2	917.7	20.0	95.4	46.8	28.2	4.0	0.0
中国银河证券公司石家庄红旗大街证券营业部	644	2782.3	1990.7	14.5	71.5	142.2	373.2	190.2	0.0
中国银河证券公司顺德市大良证券营业部	277	5346.6	2284.3	30.8	206.9	66.6	2734.4	17.2	6.4
中国银河证券公司苏州三香路证券营业部	2741	287.0	204.8	2.3	77.6	2.1	0.0	0.2	0.0
中国银河证券公司台州证券营业部	1181	1670.8	1405.6	10.4	248.9	0.6	0.0	5.3	0.0
中国银河证券公司太原桃园证券营业部	351	4418.5	1651.3	16.4	208.4	73.4	2466.7	2.2	0.1
中国银河证券公司太原迎泽西大街证券营业部	1143	1726.1	1426.1	13.0	141.1	44.4	97.5	4.0	0.0
中国银河证券公司天津大连道证券营业部	1240	1594.5	1022.8	8.7	29.7	3.1	297.9	0.0	232.3
中国银河证券公司天津民族路证券营业部	358	4374.4	1245.8	17.3	567.7	6.2	2536.0	1.4	0.0
中国银河证券公司天津云景证券营业部	1584	1212.5	976.3	31.0	36.8	150.0	18.4	0.0	0.0
中国银河证券公司温州证券营业部	397	4074.6	2775.5	45.8	381.9	704.1	20.0	147.2	0.0
中国银河证券公司乌鲁木齐解放北路证券营业部	204	6572.3	565.4	2.7	61.3	377.6	5565.3	0.0	0.0
中国银河证券公司武汉澳门路证券营业部	2057	809.6	645.4	13.0	31.2	112.4	7.4	0.3	0.0
中国银河证券公司武汉汉阳证券营业部	2313	628.8	577.7	5.9	41.9	1.4	0.0	1.9	0.0
中国银河证券公司武汉洪山证券营业部	2078	788.6	722.2	9.9	46.6	4.3	0.0	5.5	0.0
中国银河证券公司武汉花桥证券营业部	1990	862.5	780.1	5.7	67.3	9.0	0.0	0.5	0.0
中国银河证券公司武汉四唯路证券营业部	2101	777.6	675.9	8.9	69.5	2.4	17.2	3.7	0.0
中国银河证券公司武汉武珞路证券营业部	238	6013.7	3704.8	4.9	177.0	9.7	2105.7	11.6	0.0
中国银河证券公司武汉钟家村证券营业部	2210	695.2	508.3	5.5	46.0	134.3	0.0	1.1	0.0
中国银河证券公司武汉自由路证券营业部	366	4321.3	484.5	11.9	93.6	15.9	3473.2	11.3	231.0
中国银河证券公司西安和平路证券营业部	845	2207.4	1116.1	8.7	69.7	35.7	976.1	1.2	0.0
中国银河证券公司西安友谊东路证券营业部	1662	1145.3	751.9	6.2	32.0	48.6	306.0	0.6	0.0
中国银河证券公司西宁长江路证券营业部	2878	86.6	78.3	8.1	0.0	0.2	0.0	0.0	0.0
中国银河证券公司西宁湟光证券营业部	1936	907.9	751.3	77.6	76.3	2.7	0.0	0.1	0.0
中国银河证券公司厦门虎园路证券营业部	833	2226.4	1745.8	19.3	111.6	147.0	108.5	94.2	0.0
中国银河证券公司厦门嘉禾路证券营业部	915	2055.4	1845.5	15.4	167.7	25.1	0.8	0.9	0.0
中国银河证券公司厦门美湖路证券营业部	924	2043.4	1910.0	10.6	62.3	13.1	44.8	2.5	0.0

证券营业部交易
Trading of Securities Business Outlets

单位：百万元（Million Yuan）

营业部名称 Securities Business Outlet	名次 Rank	交易金额 Trading Value 总计 Total	股票 Stock	基金 Fund	权证 Warrant	国债现货 T-Bond Spot	国债回购 T-Bond Repo	企业债、可转债 Corporate Bond,CB	企业债回购 C-Bond Repo
中国银河证券公司襄樊证券营业部	1948	893.8	786.0	5.8	68.6	15.3	17.6	0.5	0.0
中国银河证券公司烟台证券营业部	153	8509.0	5217.4	3038.0	133.7	10.5	105.4	2.4	1.6
中国银河证券公司扬州文昌西路证券营业部	2789	240.0	186.9	3.0	30.7	0.2	0.0	19.2	0.0
中国银河证券公司宜昌新世纪证券营业部	1683	1115.1	1009.1	13.3	85.7	3.9	0.0	3.1	0.0
中国银河证券公司银川新华西街证券营业部	2721	307.6	282.9	6.7	7.0	6.7	0.0	4.3	0.0
中国银河证券公司湛江证券营业部	903	2068.9	1209.8	15.4	52.7	257.9	524.4	7.6	1.1
中国银河证券公司郑州丰产路证券营业部	2570	440.7	318.3	8.6	112.5	1.2	0.0	0.0	0.0
中国银河证券公司郑州健康路证券营业部	1701	1104.3	786.5	6.9	104.3	28.9	176.7	1.1	0.0
中国银河证券公司郑州陇海路证券营业部	1313	1507.6	1358.6	12.9	123.5	4.3	8.0	0.3	0.0
中国银河证券公司郑州南阳路证券营业部	1122	1753.5	1226.0	5.2	294.5	53.3	174.3	0.2	0.0
中国银河证券公司郑州山河证券营业部	2079	787.8	710.4	6.0	52.8	16.0	0.0	2.6	0.0
中国银河证券公司中山小榄证券营业部	2023	836.9	611.4	40.6	43.0	28.3	113.5	0.2	0.0
中国银河证券公司中山证券营业部	66	17241.0	3578.6	53.7	203.8	996.6	12250.1	158.1	0.1
中国银河证券公司重庆建新东路证券营业部	2322	620.0	529.0	6.4	72.5	3.4	7.1	1.6	0.0
中国银河证券公司重庆江津证券营业部	2666	357.7	251.3	32.3	27.5	39.2	6.9	0.5	0.0
中国银河证券公司重庆九龙坡证券营业部	2186	711.1	637.4	2.2	42.3	8.1	9.0	12.2	0.0
中国银河证券公司重庆临江路证券营业部	193	6850.2	630.2	21.2	28.3	1703.3	4454.7	12.6	0.0
中国银河证券公司重庆民族路证券营业部	881	2124.0	732.9	13.5	70.4	4.1	1281.9	21.2	0.0
中国银河证券公司重庆南坪东路证券营业部	2805	217.3	201.2	1.4	13.2	1.2	0.0	0.3	0.0
中国银河证券公司珠海柠溪路证券营业部	2692	334.9	317.5	1.6	15.4	0.3	0.0	0.2	0.0
中期证券经纪公司北京苏州街证券营业部	2541	463.7	339.8	2.6	114.5	6.3	0.0	0.6	0.0
中期证券经纪公司大连中山广场证券营业部	1483	1304.2	1060.6	13.0	206.7	16.2	0.7	6.9	0.0
中期证券经纪公司上海徐家汇路证券营业部	2375	578.5	497.4	2.4	75.3	2.7	0.3	0.4	0.0
中期证券经纪公司深圳华强北路证券营业部	467	3661.7	1197.7	42.4	42.8	4.2	883.4	54.5	1436.8
中期证券经纪公司沈阳光荣街证券营业部	1891	943.0	852.5	11.4	52.6	23.9	0.0	2.5	0.0
中期证券经纪公司苏州干将路证券营业部	1458	1324.6	1262.6	6.4	46.5	8.7	0.0	0.5	0.0
中期证券经纪公司天津绍兴道营业部	2906	13.7	13.7	0.0	0.0	0.0	0.0	0.0	0.0
中期证券经纪公司武汉洞庭街证券营业部	1512	1277.0	814.9	13.9	108.2	6.1	333.3	0.6	0.0
中期证券经纪公司郑州经七路证券营业部	2782	249.5	237.9	0.4	11.2	0.0	0.0	0.0	0.0
中山证券公司北京车公庄大街证券营业部	1494	1292.8	970.4	29.3	29.2	76.8	133.6	0.7	52.8
中山证券公司海城北顺城路证券营业部	1811	1006.6	907.7	7.6	89.0	1.4	0.0	0.8	0.0
中山证券公司南通孩儿巷证券营业部	971	1973.8	545.3	2.4	32.5	40.6	1353.0	0.0	0.0
中山证券公司上海长宁路证券营业部	1575	1223.1	901.1	12.1	34.4	32.0	188.2	0.6	54.8
中山证券公司上海零陵路证券营业部	732	2513.2	2359.0	62.1	26.5	51.1	6.4	6.4	1.7
中山证券公司深圳人民北路证券营业部	1363	1456.5	1411.2	1.6	15.4	28.0	0.0	0.3	0.0
中山证券公司深圳深南大道证券营业部	388	4116.2	814.2	72.6	86.4	228.6	841.0	858.4	1215.1
中山证券公司武汉新华下路证券营业部	2179	715.9	644.7	7.7	47.5	4.6	10.7	0.6	0.0
中山证券公司中山竹苑路证券营业部	1314	1507.3	719.5	7.1	145.7	1.9	584.8	0.7	47.6
中天证券公司辽阳民主路证券营业部	2731	296.9	282.1	2.2	12.3	0.1	0.0	0.3	0.0
中天证券公司上海交通路证券营业部	2624	401.3	367.7	4.6	22.6	4.9	0.0	1.4	0.0
中天证券公司上海临青路证券营业部	1405	1406.3	1240.3	9.9	145.7	6.9	0.0	3.5	0.0
中天证券公司深圳红岭南路证券营业部	2911	1.3	1.3	0.0	0.0	0.0	0.0	0.0	0.0
中天证券公司沈阳北五马路证券营业部	223	6179.8	65.4	2.7	0.5	5956.5	152.8	1.9	0.0
中天证券公司沈阳长江街证券营业部	2337	610.6	568.1	2.9	37.3	1.9	0.0	0.4	0.0
中天证券公司沈阳崇山中路证券营业部	2563	446.3	415.9	3.3	18.1	8.8	0.0	0.2	0.0
中天证券公司沈阳大南街证券营业部	2566	443.9	399.2	5.4	32.5	5.5	0.0	1.4	0.0
中天证券公司沈阳枫阳路证券营业部	2266	661.2	606.6	3.0	49.9	0.9	0.0	0.8	0.0
中天证券公司沈阳和平南大街证券营业部	2767	262.1	244.3	1.1	14.0	2.2	0.0	0.5	0.0
中天证券公司沈阳黑龙江街证券营业部	2600	419.2	386.7	4.3	26.1	1.8	0.0	0.4	0.0
中天证券公司沈阳联合路证券营业部	1092	1789.3	896.4	162.3	16.2	253.6	393.8	67.1	0.0
中天证券公司沈阳南京北街证券营业部	1617	1182.9	579.3	10.0	17.9	566.3	8.0	1.4	0.0
中天证券公司沈阳南六东路证券营业部	1896	939.3	875.8	9.6	44.7	7.6	0.0	1.7	0.0
中天证券公司沈阳十三纬路证券营业部	2461	522.6	464.2	6.6	50.1	1.1	0.0	0.5	0.0
中天证券公司沈阳文化东路证券营业部	2579	435.1	401.2	1.4	32.4	0.1	0.0	0.0	0.0
中天证券公司沈阳小西路证券营业部	2552	455.6	420.5	5.2	29.9	0.1	0.0	0.0	0.0
中天证券公司天津华昌大街证券营业部	2540	464.5	431.5	2.5	28.9	1.4	0.0	0.2	0.0
中天证券公司天津建设路证券营业部	2894	50.4	44.4	0.6	4.5	0.9	0.0	0.0	0.0
中信建投证券公司鞍山市人民路证券营业部	893	2092.9	1271.7	7.0	44.8	328.8	376.8	63.7	0.0
中信建投证券公司鞍山市五一路证券营业部	2083	787.2	699.9	12.8	67.8	5.4	0.0	1.3	0.0
中信建投证券公司北京市安立路证券营业部	151	8529.5	4829.0	932.4	310.7	437.2	1793.0	162.5	64.7
中信建投证券公司北京市东直门南大街证券营业部	8	68291.7	5792.2	84.4	630.8	711.9	55499.0	454.5	5118.8
中信建投证券公司北京市海淀南路证券营业部	173	7753.2	3746.3	130.7	310.2	137.5	3045.2	40.7	342.6
中信建投证券公司北京市三里河路证券营业部	1147	1722.5	1088.1	37.1	64.6	24.5	495.9	12.2	0.1
中信建投证券公司常州市邮电路证券营业部	1088	1798.0	1393.1	276.1	51.6	27.7	46.6	2.9	0.0
中信建投证券公司长春市人民大街证券营业部	1401	1412.4	1261.7	17.1	104.1	27.5	0.0	2.0	0.0

证券营业部交易
Trading of Securities Business Outlets

单位：百万元（Million Yuan）

营业部名称 Securities Business Outlet	名次 Rank	交易金额 Trading Value 总计 Total	股票 Stock	基金 Fund	权证 Warrant	国债现货 T-Bond Spot	国债回购 T-Bond Repo	企业债、可转债 Corporate Bond,CB	企业债回购 C-Bond Repo
中信建投证券公司长沙市蔡锷中路证券营业部	1571	1226.8	574.7	8.1	55.4	1.3	587.2	0.1	0.0
中信建投证券公司长沙市体育馆路证券营业部	1947	894.2	690.1	85.5	37.8	3.1	54.8	0.2	22.7
中信建投证券公司长沙市芙蓉中路证券营业部	1162	1697.0	1063.2	13.6	43.2	8.5	557.0	9.0	2.5
中信建投证券公司潮州市潮枫路证券营业部	1995	860.3	766.3	6.8	61.4	9.5	13.0	0.3	3.0
中信建投证券公司郴州市解放路证券营业部	2238	677.4	579.1	7.4	81.1	1.0	8.7	0.1	0.0
中信建投证券公司成都市马家花园证券营业部	605	2931.0	2530.7	66.3	143.6	31.2	149.8	9.5	0.0
中信建投证券公司成都市南一环路证券营业部	950	2010.6	1828.7	26.4	95.9	44.5	6.8	8.3	0.0
中信建投证券公司大连市同兴街证券营业部	921	2048.2	934.8	15.9	25.9	15.8	1054.3	1.5	0.0
中信建投证券公司佛山市南海区南桂东路证券营业部	152	8523.5	588.7	8.1	32.4	746.2	7082.0	46.7	19.4
中信建投证券公司佛山市禅城区南庄证券营业部	2634	392.9	377.0	1.9	13.7	0.3	0.0	0.0	0.0
中信建投证券公司福州市东街证券营业部	547	3164.5	2108.4	86.8	139.5	252.5	519.9	57.5	0.0
中信建投证券公司赣州市健康路证券营业部	2262	662.1	567.9	3.5	53.6	37.1	0.0	0.0	0.0
中信建投证券公司广元市利州东路证券营业部	2278	652.8	566.1	4.0	44.8	0.1	37.8	0.0	0.0
中信建投证券公司广州市黄埔东路证券营业部	1644	1163.7	948.0	9.7	62.1	2.1	133.9	0.2	7.8
中信建投证券公司广州市体育西路证券营业部	2694	334.0	308.1	3.1	10.7	0.5	11.6	0.0	0.0
中信建投证券公司广州市中山二路证券营业部	1250	1581.7	1250.8	31.4	83.5	13.0	199.4	3.7	0.0
中信建投证券公司哈尔滨市靖宇大街证券营业部	1165	1687.7	1211.7	13.6	33.5	262.1	126.1	8.4	32.4
中信建投证券公司哈尔滨市西二道街证券营业部	1577	1221.2	1000.8	14.6	85.4	4.0	115.3	1.2	0.0
中信建投证券公司海口市海府大道东湖证券营业部	2145	739.6	543.5	6.2	32.6	79.6	66.4	11.3	0.0
中信建投证券公司海口市海府大道证券营业部	2422	552.9	518.2	8.0	22.5	3.9	0.0	0.2	0.0
中信建投证券公司杭州市解放路证券营业部	505	3424.5	2371.2	27.4	724.2	0.5	284.8	0.4	15.9
中信建投证券公司黄石市颐阳路证券营业部	2369	581.3	519.4	2.3	37.2	0.0	0.0	22.4	0.0
中信建投证券公司吉安市井冈山大道证券营业部	2048	815.7	670.6	4.9	138.8	0.6	0.0	0.8	0.0
中信建投证券公司济南市经四路证券营业部	96	13057.8	3609.1	73.3	239.5	100.0	9001.6	26.7	7.6
中信建投证券公司济南市泺源大街证券营业部	586	3032.5	1685.4	43.8	71.5	234.0	995.1	2.7	0.0
中信建投证券公司揭阳市站前路证券营业部	1134	1738.4	1524.3	11.9	150.7	14.3	36.1	1.0	0.0
中信建投证券公司锦州市解放路证券营业部	1854	971.0	834.7	11.6	85.1	30.3	0.9	8.5	0.0
中信建投证券公司荆州市荆沙路证券营业部	1640	1165.0	998.9	117.4	41.2	4.8	1.9	0.8	0.0
中信建投证券公司兰州市金昌路证券营业部	201	6665.7	861.0	12.4	62.8	12.0	5716.5	1.0	0.0
中信建投证券公司连云港市通灌北路证券营业部	1188	1667.0	1411.0	10.2	67.3	137.2	0.0	41.3	0.0
中信建投证券公司南昌市北京西路证券营业部	1870	960.2	792.6	7.6	77.7	4.6	77.3	0.3	0.0
中信建投证券公司南昌市井冈山大道证券营业部	2216	692.1	604.5	6.7	69.3	4.2	6.7	0.7	0.0
中信建投证券公司南昌市象山北路证券营业部	1221	1625.4	1415.8	6.8	47.6	129.6	9.6	16.0	0.0
中信建投证券公司南昌市中山路证券营业部	1244	1589.9	1254.3	8.1	53.2	10.4	233.0	30.9	0.0
中信建投证券公司南京市淮海路证券营业部	682	2664.4	2339.1	77.9	43.8	116.6	71.1	4.2	11.7
中信建投证券公司南京市龙蟠中路证券营业部	513	3389.7	872.4	6.4	36.0	27.7	2443.3	1.8	2.0
中信建投证券公司宁波市曙光路证券营业部	1014	1912.4	1483.3	12.7	99.1	311.0	5.7	0.4	0.3
中信建投证券公司青岛市瞿塘峡路证券营业部	378	4193.1	1272.1	10.1	26.8	72.0	2733.1	7.5	71.6
中信建投证券公司上海市北京西路证券营业部	1667	1138.6	1020.7	16.9	26.4	23.2	47.0	2.2	2.2
中信建投证券公司上海市大木桥路证券营业部	809	2295.8	1598.4	33.8	214.5	39.3	286.3	46.6	76.8
中信建投证券公司上海市福山路证券营业部	273	5424.1	2970.7	132.5	347.9	35.9	1746.8	6.9	183.4
中信建投证券公司上海市高桥证券营业部	708	2584.8	1854.8	20.9	98.3	38.1	563.6	9.1	0.0
中信建投证券公司上海市哈密路证券营业部	17	44887.2	3418.5	130.3	252.9	385.1	29006.5	51.2	11642.7
中信建投证券公司上海市华灵路证券营业部	536	3204.9	2469.8	39.4	116.5	244.4	281.0	52.4	1.3
中信建投证券公司上海市控江路证券营业部	441	3759.7	2186.6	36.7	32.4	56.6	1395.9	37.6	13.7
中信建投证券公司上海市青浦证券营业部	2299	639.6	418.0	6.4	14.5	6.7	191.1	2.9	0.0
中信建投证券公司上海市五莲路证券营业部	1342	1473.7	1316.1	18.1	52.6	14.5	63.0	9.0	0.4
中信建投证券公司上海市向城路证券营业部	627	2844.8	1995.8	38.5	13.4	95.7	502.6	194.1	4.7
中信建投证券公司上海市徐家汇路证券营业部	251	5739.9	898.3	29.5	56.6	248.1	4399.2	6.9	101.4
中信建投证券公司上海市营口路证券营业部	594	2992.7	2629.3	30.6	75.1	41.3	203.9	11.8	0.7
中信建投证券公司上海市永嘉路证券营业部	435	3845.4	1537.2	11.1	36.4	16.1	2240.5	4.0	0.2
中信建投证券公司上饶市赣东北大道证券营业部	2498	493.6	426.9	3.0	43.6	0.3	19.6	0.2	0.0
中信建投证券公司深圳市宝安新城创业路证券营业部	2432	545.8	268.1	2.4	48.7	0.0	225.1	1.5	0.0
中信建投证券公司深圳市华阳街证券营业部	1234	1603.2	712.7	12.1	37.0	46.2	787.6	0.8	6.8
中信建投证券公司深圳市深南中路证券营业部	1424	1369.6	1131.5	37.1	29.9	1.5	103.6	66.0	0.0
中信建投证券公司深圳市振华路证券营业部	167	7950.0	2503.7	474.6	3608.8	204.9	1105.6	52.3	0.0
中信建投证券公司沈阳市中街路证券营业部	1492	1293.6	920.3	14.3	42.1	35.6	280.9	0.6	0.0
中信建投证券公司十堰市朝阳北路证券营业部	1309	1510.3	1168.1	6.4	49.4	254.4	0.3	31.6	0.0
中信建投证券公司石家庄市裕华东路证券营业部	831	2230.4	2026.2	65.5	114.2	19.7	0.6	4.2	0.0
中信建投证券公司苏州市东环路证券营业部	1543	1250.6	1103.2	25.1	100.0	12.1	7.8	2.4	0.0
中信建投证券公司泰州市青年北路证券营业部	925	2040.8	1582.1	10.8	152.6	267.3	10.0	18.0	0.0
中信建投证券公司天津市红旗南路证券营业部	1456	1326.2	1121.7	25.2	57.0	36.6	82.0	3.7	0.0
中信建投证券公司天津市解放南路证券营业部	853	2195.5	1622.8	202.4	160.8	91.4	112.7	5.4	0.0
中信建投证券公司武汉市建设八路证券营业部	1794	1021.9	940.4	11.8	53.4	3.1	12.2	1.0	0.0
中信建投证券公司武汉市中北路证券营业部	1015	1911.6	1236.1	43.9	355.3	17.3	255.5	3.5	0.0

证券营业部交易
Trading of Securities Business Outlets

单位：百万元（Million Yuan）

营业部名称 Securities Business Outlet	名次 Rank	交易金额 Trading Value 总计 Total	股票 Stock	基金 Fund	权证 Warrant	国债现货 T-Bond Spot	国债回购 T-Bond Repo	企业债、可转债 Corporate Bond,CB	企业债回购 C-Bond Repo
中信建投证券公司西安市南大街证券营业部	83	15055.6	2214.1	42.5	98.8	1022.2	11576.8	96.3	5.0
中信建投证券公司厦门市大同路证券营业部	484	3532.7	1855.4	56.8	184.8	8.4	1242.1	185.2	0.0
中信建投证券公司厦门市同新路证券营业部	1267	1564.6	1003.3	9.7	73.3	0.4	477.6	0.1	0.0
中信建投证券公司襄樊市襄城鼓楼巷证券营业部	186	7138.8	1357.3	11.6	76.9	18.5	5629.4	1.4	43.7
中信建投证券公司烟台市大海阳路证券营业部	141	9197.5	1234.3	26.9	67.8	160.7	7559.1	7.3	141.4
中信建投证券公司宜昌市解放路证券营业部	692	2628.1	1695.3	722.0	72.1	121.7	0.2	16.8	0.0
中信建投证券公司张家界市紫舞东路证券营业部	2583	433.1	388.4	3.2	41.5	0.0	0.0	0.0	0.0
中信建投证券公司重庆市汉渝路证券营业部	274	5403.3	1114.6	18.2	90.8	79.4	4099.9	0.4	0.0
中信建投证券公司重庆市临江支路证券营业部	939	2020.8	497.0	9.8	57.7	42.9	1413.1	0.2	0.0
中信建投证券公司重庆市南坪西路证券营业部	1205	1644.0	1434.3	15.9	42.0	1.3	61.0	89.5	0.0
中信建投证券公司重庆市万州证券营业部	2327	619.3	511.4	12.0	27.3	6.0	62.0	0.6	0.0
中信建投证券公司株州市建设中路证券营业部	1721	1091.1	857.6	8.8	110.9	2.6	101.7	2.8	6.7
中信建投证券公司淄博市中心路证券营业部	455	3695.3	1386.9	28.6	113.3	372.3	1793.0	1.3	0.0
中信建投证券公司泸州市滨江路证券营业部	2516	481.4	408.4	3.2	56.7	3.0	9.8	0.3	0.0
中信万通证券公司滨州黄河二路证券营业部	1740	1070.5	904.5	6.3	155.4	0.6	0.0	3.7	0.0
中信万通证券公司滨州黄河五路证券营业部	2244	672.3	496.5	3.1	172.6	0.0	0.0	0.0	0.0
中信万通证券公司即墨鹤山路证券营业部	1838	982.1	809.6	3.2	27.6	1.6	75.4	11.5	53.2
中信万通证券公司济南山大路证券营业部	2197	703.4	533.7	4.9	58.6	78.2	26.5	0.9	0.7
中信万通证券公司胶州湖州路证券营业部	2229	682.1	615.7	5.3	59.7	1.1	0.0	0.4	0.0
中信万通证券公司临沂沂蒙路证券营业部	1766	1046.9	722.6	2.9	166.6	125.1	0.0	29.8	0.0
中信万通证券公司平度人民路证券营业部	2334	611.7	585.7	3.6	20.5	0.8	1.1	0.1	0.0
中信万通证券公司青岛保定路证券营业部	593	2995.1	1473.9	12.7	77.8	74.9	1350.3	5.5	0.0
中信万通证券公司青岛标山路证券营业部	318	4693.8	2202.8	28.8	172.1	162.9	1651.5	199.0	276.6
中信万通证券公司青岛登州路证券营业部	2301	635.9	456.3	5.5	126.6	0.4	34.6	0.6	12.0
中信万通证券公司青岛东海西路证券营业部	2064	804.0	737.2	5.2	44.1	4.7	11.3	1.6	0.0
中信万通证券公司青岛嘉定路证券营业部	499	3456.6	1396.9	11.5	85.9	3.2	1758.8	28.2	172.1
中信万通证券公司青岛经济技术开发区井冈山路证券营业部	1140	1733.0	1122.2	7.8	96.2	17.0	489.7	0.2	0.0
中信万通证券公司青岛南京路证券营业部	783	2366.7	1889.0	30.2	166.4	10.2	266.0	5.0	0.0
中信万通证券公司烟台南大街证券营业部	76	16039.8	5586.9	10.8	105.0	2227.8	7937.8	130.3	41.2
中信万通证券公司淄博共青团西路证券营业部	1641	1164.6	1014.0	13.3	90.2	46.2	0.0	0.9	0.0
中信万通证券公司淄博美食街证券营业部	882	2122.9	1186.8	6.7	65.7	60.9	774.9	0.6	27.4
中信证券公司北京安外大街证券营业部	34	29990.4	3832.8	86.4	455.9	421.0	25048.9	101.3	44.0
中信证券公司北京白家庄东里证券营业部	439	3776.6	3066.8	30.4	76.5	142.2	433.4	27.3	0.0
中信证券公司北京北三环中路证券营业部	44	22851.1	3681.6	37.4	206.9	103.8	18615.2	203.8	2.5
中信证券公司北京复外大街证券营业部	676	2676.2	2182.1	37.9	157.0	50.2	228.7	20.3	0.0
中信证券公司北京花园东路证券营业部	516	3380.8	584.1	22.4	17.3	3.3	2718.4	33.1	2.2
中信证券公司北京张自忠路证券营业部	22	42744.7	2303.8	68.4	205.7	1537.8	38148.1	376.1	104.8
中信证券公司成都玉林北街证券营业部	1177	1673.8	1425.9	19.4	144.6	18.4	59.4	5.7	0.5
中信证券公司大连中山广场证券营业部	1513	1277.0	1110.2	11.7	44.1	84.9	0.0	26.1	0.0
中信证券公司广州天河北路证券营业部	402	4025.4	3059.0	236.3	448.4	69.5	203.8	7.2	1.2
中信证券公司杭州庆春路证券营业部	1108	1771.8	1414.8	8.6	64.2	20.2	252.6	11.4	0.0
中信证券公司南京高楼门证券营业部	1115	1760.5	1319.0	15.6	78.6	77.9	232.6	29.4	7.4
中信证券公司宁波江东北路证券营业部	674	2679.2	2049.5	23.6	132.5	59.9	376.6	37.1	0.0
中信证券公司如皋环城南路证券营业部	755	2438.2	1565.1	6.4	141.4	45.6	678.6	1.1	0.0
中信证券公司上海昌平路证券营业部	109	11582.3	3515.8	45.0	62.5	2491.5	5089.3	151.8	226.4
中信证券公司上海东方路证券营业部	403	4022.0	2235.7	48.3	52.5	48.1	1471.7	41.0	124.8
中信证券公司上海番禺路时代大厦证券营业部	220	6230.6	4800.1	111.1	192.3	65.4	1003.7	34.1	23.9
中信证券公司上海番禺路证券营业部	254	5704.4	1227.8	15.5	18.9	852.6	3260.4	35.0	294.3
中信证券公司上海复兴中路证券营业部	75	16062.6	7006.5	394.0	167.6	2677.6	5454.4	294.8	67.8
中信证券公司上海沪闵路证券营业部	242	5930.7	2105.2	48.4	94.7	82.0	3275.5	19.1	305.9
中信证券公司上海辽源西路证券营业部	349	4426.9	1885.4	26.2	57.8	893.6	1154.4	171.8	237.7
中信证券公司上海茅台路证券营业部	574	3062.4	1722.7	28.5	262.9	435.0	516.9	7.0	89.4
中信证券公司上海石化证券营业部	878	2132.3	1960.7	23.5	72.1	29.0	22.2	18.9	5.9
中信证券公司上海四平路证券营业部	241	5938.7	3493.2	297.6	132.2	199.0	1610.5	86.9	119.3
中信证券公司上海辛耕路证券营业部	621	2868.6	1474.9	18.7	19.3	20.4	763.1	4.4	567.8
中信证券公司深圳湖贝路证券营业部	470	3625.4	2623.3	21.1	235.8	100.8	547.1	69.2	28.0
中信证券公司深圳人民南路证券营业部	131	9670.7	2496.9	27.1	19.1	258.9	6280.1	222.6	366.0
中信证券公司深圳新闻路证券营业部	265	5603.6	3018.7	105.7	834.5	0.6	1566.4	63.9	13.8
中信证券公司苏州中新路证券营业部	170	7776.9	1969.1	47.0	145.2	1099.0	3993.4	137.1	386.1
中信证券公司天津大港证券营业部	1684	1115.0	900.6	9.8	149.0	50.2	0.0	5.4	0.0
中信证券公司天津友谊路证券营业部	472	3615.4	2794.0	82.5	93.4	20.0	610.9	14.6	0.0
中信证券公司天津中山北路证券营业部	2170	724.2	648.5	6.7	44.5	2.6	21.0	0.9	0.0
中信证券公司武汉建设大道证券营业部	791	2342.7	1541.0	123.0	73.0	20.6	572.8	12.3	0.0
中信证券公司西安南二环路证券营业部	825	2244.3	999.1	3.9	31.7	0.8	1081.0	1.3	126.5
中信证券公司徐州民主南路证券营业部	1091	1789.7	1303.9	8.4	98.8	135.8	240.6	2.2	0.0

证券营业部交易
Trading of Securities Business Outlets

单位：百万元（Million Yuan）

营业部名称 Securities Business Outlet	名次 Rank	交易金额 Trading Value 总计 Total	股票 Stock	基金 Fund	权证 Warrant	国债现货 T-Bond Spot	国债回购 T-Bond Repo	企业债、可转债 Corporate Bond,CB	企业债回购 C-Bond Repo
中兴信托投资公司北京证券交易部	371	4267.8	3476.9	14.0	0.6	66.9	469.5	240.0	0.0
中兴信托投资公司上海长顺路证券交易营业部	434	3853.3	1681.7	80.6	0.5	71.2	1935.5	10.6	73.1
中兴信托投资公司上海愚园路证券部	863	2175.4	1286.9	27.4	0.4	194.6	589.0	4.3	72.8
中兴信托投资公司深圳证券交易营业部	2452	531.5	342.8	1.7	0.1	19.8	143.8	0.2	23.1
中兴信托投资公司天津证券交易营业部	2405	564.4	545.9	10.0	0.1	1.5	5.6	1.0	0.3
中兴信托投资公司武汉证券交易营业部	2723	304.9	294.5	0.8	0.1	0.7	7.7	0.1	1.1
中银国际证券公司北京宣外大街证券营业部	420	3948.1	2735.7	8.7	49.9	87.0	185.7	881.1	0.0
中银国际证券公司成都人民中路证券营业部	1774	1040.2	755.7	10.8	64.5	15.6	192.4	1.2	0.1
中银国际证券公司大连黄河路证券营业部	1077	1821.2	929.9	20.2	152.0	42.7	672.7	3.8	0.0
中银国际证券公司广州农林下路证券营业部	669	2708.0	1886.1	83.1	221.9	161.8	310.8	44.4	0.0
中银国际证券公司哈尔滨安发街证券营业部	570	3076.5	1035.5	13.8	203.4	4.4	1361.3	0.3	457.8
中银国际证券公司海口机场路证券营业部	1620	1179.4	950.1	5.8	58.1	13.9	69.4	81.5	0.7
中银国际证券公司杭州新市街证券营业部	125	10376.5	1719.5	13.3	92.8	622.1	7474.0	7.1	447.7
中银国际证券公司牡丹江西平安街证券营业部	770	2404.5	1855.7	73.6	269.7	89.5	84.5	31.5	0.0
中银国际证券公司南京建邺路证券营业部	1968	879.5	772.7	7.3	34.9	3.4	48.3	0.1	12.7
中银国际证券公司三亚新风路证券营业部	1371	1442.6	784.4	13.6	45.7	182.6	414.5	1.7	0.2
中银国际证券公司上海广元西路证券营业部	406	4005.1	2895.7	134.1	80.5	96.1	744.9	9.1	44.7
中银国际证券公司上海欧阳路证券营业部	158	8343.9	4246.6	78.4	81.5	191.1	3185.5	242.4	318.5
中银国际证券公司上海银城中路证券营业部	1	316940.3	14961.6	33.8	56.0	24850.6	264303.6	437.1	12297.5
中银国际证券公司深圳彩田路证券营业部	1256	1577.8	1144.4	14.0	235.1	1.9	169.3	1.6	11.6
中银国际证券公司沈阳和平南大街证券营业部	1090	1792.5	1512.2	50.6	113.1	9.1	94.9	4.5	8.2
中银国际证券公司天津南京路证券营业部	1414	1381.6	829.9	3.1	42.4	5.8	481.9	1.0	17.6
中银国际证券公司武汉黄孝河路证券营业部	642	2786.5	2465.8	8.6	295.8	11.0	3.8	1.5	0.0
中银国际证券公司武汉武珞路证券营业部	640	2794.7	2546.5	12.1	216.4	2.6	14.8	2.3	0.0
中银国际证券公司郑州农业路证券营业部	2062	804.8	709.3	3.0	92.0	0.3	0.0	0.2	0.0
中银国际证券公司重庆江北证券营业部	923	2043.4	1420.5	7.9	321.5	12.3	208.1	19.2	54.0
中原证券公司安阳钢一路证券营业部	656	2748.5	2521.9	28.0	141.6	54.7	0.0	2.4	0.0
中原证券公司焦作塔南路证券营业部	1876	952.9	704.9	8.1	237.1	2.3	0.0	0.6	0.0
中原证券公司南阳人民路证券营业部	1179	1671.5	1405.3	103.9	159.7	2.0	0.0	0.6	0.0
中原证券公司平顶山中兴南路证券营业部	1068	1829.6	1646.8	21.5	155.9	3.6	0.0	1.7	0.0
中原证券公司三门峡六峰路证券营业部	1384	1432.1	1275.3	11.8	139.7	1.0	1.2	3.1	0.0
中原证券公司商丘八一路证券营业部	1364	1453.5	1253.1	10.0	182.7	0.2	6.7	0.9	0.0
中原证券公司上海大连西路证券营业部	511	3397.2	1077.7	13.2	31.7	30.6	2237.2	6.9	0.0
中原证券公司深圳福强路证券营业部	2801	222.8	192.5	8.9	14.2	0.3	6.6	0.3	0.0
中原证券公司新乡人民路证券营业部	958	1994.2	1846.5	17.3	118.6	4.4	0.0	7.4	0.0
中原证券公司许昌南关大街第一证券营业部	936	2025.4	1779.0	21.1	163.6	57.7	3.7	0.3	0.0
中原证券公司郑州经六路证券营业部	717	2550.3	2102.7	31.5	401.6	7.2	6.6	0.8	0.0
中原证券公司郑州商城路证券营业部	2874	96.1	68.8	0.6	26.6	0.0	0.0	0.0	0.0
中原证券公司郑州桐柏路证券营业部	705	2590.4	2158.7	27.1	266.4	36.9	97.7	3.7	0.0
中原证券公司郑州纬五路第一证券营业部	1081	1813.4	1400.5	199.2	193.3	15.4	0.0	5.0	0.0
中原证券公司郑州政二街证券营业部	465	3669.5	2002.1	251.6	84.8	468.7	842.8	19.4	0.0
中原证券公司漯河昆仑路证券营业部	1377	1439.2	1330.6	11.4	92.6	4.4	0.0	0.3	0.0
中原证券公司濮阳京开大道证券营业部	1160	1699.5	1538.2	13.1	130.0	14.8	1.9	1.5	0.0
众成证券经纪有限公司长沙芙蓉中路证券营业部	2889	54.1	48.7	0.1	4.6	0.7	0.0	0.0	0.0
众成证券经纪有限公司济南经七路证券营业部	1131	1740.7	456.8	2.2	946.0	0.7	334.8	0.2	0.0
众成证券经纪有限公司平顶山建设路证券营业部	1980	872.8	833.0	5.1	33.1	1.5	0.0	0.1	0.0
众成证券经纪有限公司平顶山建设中路证券营业部	1873	957.9	865.5	5.0	85.6	1.4	0.0	0.4	0.0
众成证券经纪有限公司上海中山西路证券营业部	944	2019.3	557.9	8.0	24.6	32.9	1392.7	3.2	0.0
众成证券经纪有限公司沈阳文艺路营业部	2394	569.4	518.1	2.3	36.2	12.3	0.0	0.4	0.0
众成证券经纪有限公司西安兴庆南路证券营业部	2437	540.5	366.4	2.7	65.7	69.3	36.2	0.1	0.0
众成证券经纪有限公司郑州丰产路证券营业部	2389	572.6	492.6	1.6	57.4	0.4	20.4	0.3	0.0
众成证券经纪有限公司郑州文化路证券营业部	2286	647.8	603.8	2.3	24.7	12.9	3.5	0.6	0.0
珠海国际信托投资公司上海中山西路证券交易营业部	1747	1058.8	752.7	11.7	0.2	22.3	269.3	2.6	0.0
珠海国际信托投资公司深圳证券业务部	2802	221.0	215.1	0.8	0.2	0.2	3.7	1.0	0.0
珠海国际信托投资公司证券交易营业部	1777	1035.4	999.1	8.0	0.5	17.4	4.8	5.7	0.0
珠海国际信托投资公司证券交易营业二部	2408	562.8	555.9	2.2	0.4	2.0	1.6	0.7	0.0
珠海中业信托投资有限公司上海双阳路证券交易营业部	2866	108.2	106.6	0.6	0.0	0.3	0.0	0.6	0.0

B 股证券商
B Share Brokers

单位：万元人民币（10000 Yuan RMB）

公司名称 Company	公司地址 Address	席位数 Seat Number	股票交易金额 Trading Value	排名 Rank
申银万国证券股份有限公司	上海市常熟路 171 号	17	494060.890	1
国泰君安证券股份有限公司	上海市延平路 135 号	13	343544.790	2
中国银河证券有限责任公司	北京市西城区金融大街 35 号国际企业大厦 C 座	28	208778.370	3
海通证券股份有限公司	上海市淮海中路 98 号	18	192891.390	4
广发证券股份有限公司	广州市天河北路 183 号大都会广场 42 楼	5	135616.690	5
中信证券股份有限公司	深圳市笋岗路 12 号中民时代广场 B 座 32 层	2	110861.930	6
方正证券有限责任公司	杭州市平海路 1 号	4	80727.430	7
招商证券股份有限公司	深圳市福田区益田路江苏大厦 38-45 层	2	78931.920	8
华泰证券有限责任公司	江苏省南京市中山东路 90 号华泰证券大厦	3	75491.140	9
国信证券有限责任公司	深圳市罗湖区红岭中路 1012 号国信证券大厦	2	73031.570	10
摩根大通证券（远东）有限公司	上海市银城东路 101 号汇丰大厦 31 楼	2	60903.530	11
东方证券股份有限公司	上海市浦东大道 720 号国际航运金融大厦 20 层	3	59959.650	12
里昂证券有限公司(Credit Lyonnais)	上海市世纪大道 88 号金茂大厦 1603 室	2	58653.630	13
渤海证券有限责任公司	天津市河西区宾水道 3 号	4	58155.980	14
光大证券股份有限公司	上海市浦东新区浦东南路 528 号上海证券大厦	2	53749.600	15
金通证券股份有限公司	浙江省杭州市凤起路 108 号	2	51666.890	16
中国国际金融有限公司	北京市建国门外大街 1 号国贸大厦 2 座 28 层	1	49190.620	17
亚洲证券有限责任公司	上海市九江路 399 号	4	47800.590	18
南方证券股份有限公司	深圳市罗湖区嘉宾路 4028 号太平洋商贸大厦 2508 房	10	44038.700	19
中银国际证券有限责任公司	上海市浦东银城中路 200 号中银大厦 39 楼	1	41783.050	20
上海证券有限责任公司	上海市九江路 111 号	2	41661.390	21
凯基证券亚洲有限公司	香港中环花园道 3 号中国工商银行大厦 27 楼	1	41238.630	22
荷银证券亚洲有限公司	上海市金茂大厦 28 楼 2802 室	2	40853.200	23
广东证券股份有限公司	广州市解放南路 123 号金汇大厦	3	37625.740	24
湘财证券有限责任公司	上海市浦东银城东路 139 号华能联合大厦 18 楼	1	31593.430	25
大鹏证券有限责任公司	深圳深圳南东路 5002 号地王大厦 8 楼	2	29348.390	26
平安证券有限责任公司	深圳市福田区八卦岭八卦三路平安大厦 3 楼	2	29129.640	27
长城证券有限责任公司	深圳市深南大道 6008 号特区报业大厦 14、16、17 楼	1	26958.860	28
信泰证券有限责任公司	江苏省南京市长江路 88 号	2	26129.070	29
兴安证券有限责任公司	黑龙江省哈尔滨市道里区通江街 188 号	2	25668.070	30
华安证券有限责任公司	合肥市阜南路 166 号	4	25649.520	31
东北证券有限责任公司	长春市自由大路 1138 号	4	25647.980	32
中国民族证券有限责任公司	北京市朝阳区西坝河南里 22 号	3	24487.110	33
辽宁省证券公司	沈阳市沈河区惠工街 56 号	2	23650.710	34
长江证券有限责任公司	武汉市新华下路特 8 号	7	23231.650	35
联合证券有限责任公司	深圳市深南东路 5047 号发展银行大厦 10、24、25 层	1	22098.790	36
中国科技证券有限责任公司	北京市朝阳区安立路 101 号名人大厦 28-30 层	2	21333.700	37
兴业证券股份有限公司	福建省福州市湖东路 99 号标力大厦	1	21045.120	38
美林国际(Merrill Lynch)	上海市长乐路 989 号世纪商贸广场 3609 室	2	19852.860	39
泰阳证券有限责任公司	湖南省长沙市建湘路 479 号泰阳证券大厦	2	18633.750	40
京华山一国际(香港)有限公司	香港中环大道中 183 号新纪元广场中远大厦 36 楼	1	18216.540	41
西南证券有限责任公司	重庆市渝中区临江支路 2 号合景大厦 22-25 层	4	18192.790	42
天同证券有限责任公司	山东省济南市泉城路 180 号齐鲁国际大厦 5 层	3	17166.850	43
国元证券有限责任公司	合肥市寿春路 179 号	2	17041.370	44
东吴证券有限责任公司	江苏省苏州石路爱河桥 28 号	1	17009.680	45
汉唐证券有限责任公司	广东省深圳市南山区汉唐大厦 25 层	1	15594.240	46
大华继显(香港)有限公司	上海市淮海中路 1010 号嘉华中心 605 室	1	15191.150	47
闽发证券有限责任公司	福州市五四路 158 号环球广场 28-29 层	1	14912.290	48
民生证券有限责任公司	北京市朝阳区朝阳门外大街 16 号中国人寿大厦 1901 室	3	14249.910	49
宏源证券股份有限公司	新疆乌鲁木齐市建设路 2 号宏源大厦 8 楼	1	13938.320	50
万联证券有限责任公司	广州市东风东路 836 号东峻广场 34、35 层	1	13918.660	51
大通证券股份有限公司	大连市中山区人民路 24 号平安大厦 26 层	1	11536.880	52
汇富金融服务有限公司	香港中環夏慤道 10 號和記大廈 5 樓	1	11175.550	53
广州证券有限责任公司	广州市先烈中路 69 号东山广场主楼 5 楼	2	10819.490	54
北京证券有限责任公司	北京市海淀区车公庄西大街乙 19 号华通大厦 B 座 10-16 层	2	10475.170	55
华西证券有限责任公司	四川省成都市陕西街 239 号	1	10156.670	56
华鑫证券有限责任公司	深圳市深业大厦 25 层	2	8611.200	57
巨田证券有限责任公司	深圳市福田区滨河路证券大厦 21 层	1	8391.020	58
红塔证券股份有限公司	昆明市北京路 155 号附 1 号红塔大厦 7-11 楼	1	7783.190	59
中信万通证券有限责任公司	青岛市东海西路 28 号	1	7655.520	60
河北证券有限责任公司	石家庄市裕华东路 81 号冶金大厦 15 层	1	7361.090	61
恒泰证券有限责任公司	内蒙古呼和浩特市新城区东风路 111 号	1	7261.430	62
国海证券有限责任公司	南宁市滨湖路 46 号	1	7099.790	63
德意志证券亚洲有限公司	上海市银城东路 101 号汇丰大厦 29 楼	1	7009.610	64
国联证券有限责任公司	无锡市县前东街 8 号国联大厦 6、7 楼	1	6708.280	65

B 股证券商
B Share Brokers

单位：万元人民币（10000 Yuan RMB）

公司名称 Company	公司地址 Address	席位数 Seat Number	股票交易金额 Trading Value	排名 Rank
新鸿基投资服务有限公司(Sun Hung Kai)	上海市南京西路 338 号天安中心 1902 室	2	6688.290	66
天一证券有限责任公司	浙江省宁波市开明街 417-427 号	2	6320.180	67
财富证券有限责任公司	长沙市芙蓉中路中路二段 80 号顺天国际财富中心 26 层	1	5710.440	68
中关村证券股份有限公司	北京市朝阳区裕民路 12 号中国国际科技会展中心 B 座 11 层	1	5451.840	69
大和证券住银资本市场(香港)有限公司	上海市浦东新区富城路 99 号震旦大厦 15 楼	1	5122.920	70
蔚深证券有限责任公司	深圳市福田区振华路飞亚达大厦 5、8 楼	1	4897.170	71
中富证券有限责任公司	上海市南京西路 1468 号中欣大厦 17 层	1	4654.450	72
南京证券有限责任公司	南京市大钟亭 8 号	1	4544.740	73
法国巴黎百富勤证券有限公司	上海南京西路 1266 号恒隆广场 5606 室	1	4472.720	74
天元证券经纪有限责任公司	黑龙江省哈尔滨市珠江路 50 号	1	4268.500	75
世纪证券有限责任公司	深圳市深南大道 7088 号招商银行大厦 41 层	1	4051.300	76
野村国际(香港)公司(Nomura)	上海市淮海中路 381 路中环广场 7 楼 725 室	1	3987.010	77
西部证券股份有限公司	西安市东新街 232 号陕西信托大厦	1	3947.280	78
广东民安证券经纪有限责任公司	广州市天河区体育东路 118 号财富广场东塔 17-18 楼	1	3697.990	79
西北证券有限责任公司	银川市民族北街 1 号	1	3668.020	80
德邦证券有限责任公司	上海市浦东南路 588 号 26 楼	1	3659.470	81
山西证券有限责任公司	太原市府西街 69 号山西国贸中心	1	3566.790	82
第一证券有限公司	广东珠海市情侣南路 259 号日华商业广场 A 区 4 楼	1	3552.050	83
华龙证券有限责任公司	兰州市静宁路 308 号	1	3501.720	84
齐鲁证券有限公司	济南市经十路 128 号	1	3341.690	85
北方证券有限责任公司	上海市浦东南路 500 号	1	3302.560	86
群益证券(香港)有限公司	上海市浦东南路 360 号新上海国际大厦 18 楼	1	3050.310	87
新疆证券有限责任公司	新疆乌鲁木齐市解放北路 1 号	1	2888.730	88
天和证券经纪有限公司	杭州市孝女路 2-2 号	1	2761.680	89
武汉证券有限责任公司	武汉市汉口沿江大道 130 号	1	2736.130	90
中国旅游国际信托投资有限公司	北京站东街 6 号金安皇都大酒店 4 层	1	2602.330	91
东莞证券有限责任公司	广东省东莞市莞城区可园南路 1 号金源中心	1	2560.250	92
首创证券有限责任公司	北京市朝阳区北辰东路 8 号辰运大厦 3 层	1	2382.590	93
华林证券有限责任公司	广东省江门市港口路 1 号	1	2324.090	94
中期证券经纪有限责任公司	上海市卢湾区徐家汇路 555 号广发银行大厦 4C 座	1	2304.370	95
第一创业证券有限责任公司	深圳市罗湖区笋岗路 12 号中民时代广场 B 座 25、26 层	1	2164.120	96
法国兴业证券(香港)有限公司	上海市浦东新区世纪大道 88 号金茂大厦 41 楼	1	2016.890	97
国盛证券有限责任公司	江西省南昌市永叔路 15 号信达大厦	1	1968.160	98
华创证券经纪有限责任公司	贵州省贵阳市中华北路 216 号华创大厦	1	1372.400	99
恒信证券有限责任公司	湖南省长沙市韶山北路 159 号	1	1018.460	100
航天证券经纪有限责任公司	上海市普陀区曹杨路 430 号	1	990.600	101
西藏证券经纪有限责任公司	上海市虹口区辉河路 118 号	1	643.920	102
富成证券经纪有限公司	上海市浦东新区世纪大道 1600 号 12A	1	344.960	103
汇丰证券（亚洲）有限公司	上海市浦东新区银城东路 101 号汇丰大厦 34 楼	1	338.890	104
万和证券经纪有限责任公司	深圳市笋岗东路 1002 号宝安广场 A 座 27 楼、3 楼 B、C 座	1	11.970	105
东亚证券有限公司	香港德辅道中 10 号东亚银行大厦 14 楼	1	1.900	106

五十大会员公司交易
Top 50 Most Active Member Companies

单位：百万元人民币（1,000,000 Yuan RMB）

会员公司 Company	名次 Rank	交易金额总计 Total Trading Value	会员公司 Company	名次 Rank	A 股交易金额 A Share Trading Value
国泰君安证券股份有限公司	1	713287.84	国泰君安证券股份有限公司	1	247007.49
中国银河证券有限责任公司	2	672376.08	中国银河证券有限责任公司	2	241129.92
申银万国证券股份有限公司	3	480711.18	申银万国证券股份有限公司	3	190773.53
海通证券股份有限公司	4	383514.20	海通证券股份有限公司	4	133773.03
中银国际证券有限责任公司	5	375995.82	国信证券有限责任公司	5	117904.68
中信证券股份有限公司	6	331113.69	广发证券股份有限公司	6	107923.19
金信证券有限责任公司	7	289081.37	光大证券股份有限公司	7	95279.43
光大证券股份有限公司	8	232903.53	招商证券股份有限公司	8	94764.67
中国国际金融有限公司	9	221448.40	中信证券股份有限公司	9	83519.96
广发证券股份有限公司	10	198714.79	华泰证券有限责任公司	10	78155.21
国信证券有限责任公司	11	191933.43	中国国际金融有限公司	11	62073.72
湘财证券有限责任公司	12	191040.45	联合证券有限责任公司	12	60275.60
招商证券股份有限公司	13	157837.36	天同证券有限责任公司	13	59578.10
天同证券有限责任公司	14	135850.09	东方证券股份有限公司	14	53566.33
北京证券有限责任公司	15	119299.63	兴业证券股份有限公司	15	48848.77
宏源证券股份有限公司	16	112914.83	湘财证券有限责任公司	16	48343.41
长江证券有限责任公司	17	106096.94	中银国际证券有限责任公司	17	46272.94
华泰证券有限责任公司	18	105588.16	长城证券有限责任公司	18	41556.51
东方证券股份有限公司	19	103435.76	金通证券股份有限公司	19	41365.12
世纪证券有限责任公司	20	102839.97	平安证券有限责任公司	20	39512.98
兴业证券股份有限公司	21	99042.07	广东证券股份有限公司	21	38789.48
山西证券有限责任公司	22	97984.10	珠海经济特区信托投资公司	22	38789.48
富友证券经纪有限责任公司	23	97984.10	泰阳证券有限责任公司	23	37015.99
华西证券有限责任公司	24	90610.24	国元证券有限责任公司	24	36699.97
联合证券有限责任公司	25	87926.48	亚洲证券有限责任公司	25	35748.38
中国科技证券有限责任公司	26	85867.45	渤海证券有限责任公司	26	35676.15
国元证券有限责任公司	27	82172.58	东北证券有限责任公司	27	35480.10
江南证券有限责任公司	28	79030.51	汉唐证券有限责任公司	28	34893.20
天一证券有限责任公司	29	78768.97	东吴证券有限责任公司	29	34839.80
方正证券有限责任公司	30	78068.63	上海证券有限责任公司	30	33013.88
长城证券有限责任公司	31	78052.10	金信证券有限责任公司	31	32869.81
平安证券有限责任公司	32	75142.63	中国民族证券有限责任公司	32	32481.54
渤海证券有限责任公司	33	73817.78	山西华康信托投资有限责任公司	33	32481.54
上海证券有限责任公司	34	68863.82	天一证券有限责任公司	34	31743.60
金通证券股份有限公司	35	68178.98	闽发证券有限责任公司	35	31076.51
兴安证券有限责任公司	36	67844.50	华安证券有限责任公司	36	30546.70
西南证券有限责任公司	37	66109.39	长江证券有限责任公司	37	30225.07
恒泰证券有限责任公司	38	64491.21	华西证券有限责任公司	38	29694.41
新疆证券有限责任公司	39	63313.62	宏源证券股份有限公司	39	29295.28
广东证券股份有限公司	40	61931.51	国联证券有限责任公司	40	28053.86
珠海经济特区信托投资公司	41	61931.51	方正证券有限责任公司	41	27823.56
华鑫证券有限责任公司	42	60300.33	河北证券有限责任公司	42	27564.27
东北证券有限责任公司	43	56908.49	西南证券有限责任公司	43	27001.23
中关村证券股份有限公司	44	56869.18	国海证券有限责任公司	44	26937.80
亚洲证券有限责任公司	45	55384.84	北京证券有限责任公司	45	25638.40
天元证券经纪有限责任公司	46	53953.00	辽宁省证券公司	46	25313.84
中国民族证券有限责任公司	47	52764.77	中信万通证券有限责任公司	47	24425.51
山西华康信托投资有限责任公司	48	52764.77	中原证券股份有限公司	48	24304.62
大通证券股份有限公司	49	51566.19	南京证券有限责任公司	49	24284.47
泰阳证券有限责任公司	50	49190.10	中国科技证券有限责任公司	50	23283.89

五十大会员公司交易
Top 50 Most Active Member Companies

单位：百万元人民币（1,000,000 Yuan RMB）

会员公司 Company	名次 Rank	国债现货交易金额 T-Bond Spot Trading Value	会员公司 Company	名次 Rank	国债回购交易金额 T-Bond Repurchase Trading Value
中国银河证券有限责任公司	1	43942.79	中国银河证券有限责任公司	1	327200.60
国泰君安证券股份有限公司	2	39340.58	国泰君安证券股份有限公司	2	325624.30
申银万国证券股份有限公司	3	32178.59	中银国际证券有限责任公司	3	283790.70
海通证券股份有限公司	4	30932.28	金信证券有限责任公司	4	231405.30
中银国际证券有限责任公司	5	26680.34	申银万国证券股份有限公司	5	221471.40
中国国际金融有限公司	6	26021.01	中信证券股份有限公司	6	195997.10
中信证券股份有限公司	7	22695.53	海通证券股份有限公司	7	183779.70
湘财证券有限责任公司	8	12658.67	湘财证券有限责任公司	8	118569.80
辽宁省证券公司	9	10869.01	中国国际金融有限公司	9	118094.20
平安证券有限责任公司	10	10517.18	光大证券股份有限公司	10	106404.00
招商证券股份有限公司	11	9293.98	北京证券有限责任公司	11	87724.20
中国科技证券有限责任公司	12	7310.72	世纪证券有限责任公司	12	84418.50
中天证券有限责任公司	13	6795.86	宏源证券股份有限公司	13	75057.90
中国民族证券有限责任公司	14	6559.25	广发证券股份有限公司	14	68120.90
山西华康信托投资有限责任公司	15	6559.25	山西证券有限责任公司	15	66126.70
山西证券有限责任公司	16	6474.75	富友证券经纪有限责任公司	16	66126.70
富友证券经纪有限责任公司	17	6474.75	长江证券有限责任公司	17	64329.40
广发证券股份有限公司	18	6345.55	天同证券有限责任公司	18	63010.70
方正证券有限责任公司	19	6299.00	兴安证券有限责任公司	19	49668.90
华西证券有限责任公司	20	6158.87	江南证券有限责任公司	20	48911.40
国元证券有限责任公司	21	6146.60	国信证券有限责任公司	21	44153.90
金信证券有限责任公司	22	6125.36	中国科技证券有限责任公司	22	42845.40
江南证券有限责任公司	23	5809.04	华鑫证券有限责任公司	23	42790.00
光大证券股份有限公司	24	5745.11	天元证券经纪有限责任公司	24	40799.10
长江证券有限责任公司	25	5681.44	华西证券有限责任公司	25	40601.80
国信证券有限责任公司	26	5679.21	招商证券股份有限公司	26	36900.60
东方证券股份有限公司	27	5214.73	恒泰证券有限责任公司	27	36890.50
兴业证券股份有限公司	28	4922.13	武汉证券有限责任公司	28	36448.00
华泰证券有限责任公司	29	4869.42	兴业证券股份有限公司	29	36431.20
渤海证券有限责任公司	30	4447.17	中关村证券股份有限公司	30	36419.30
宏源证券股份有限公司	31	4114.13	天一证券有限责任公司	31	35757.30
联合证券有限责任公司	32	3995.25	方正证券有限责任公司	32	35390.90
新疆证券有限责任公司	33	3973.66	国元证券有限责任公司	33	34549.10
世纪证券有限责任公司	34	3561.11	新疆证券有限责任公司	34	34278.50
天元证券经纪有限责任公司	35	3505.94	西南证券有限责任公司	35	32834.30
财富证券有限责任公司	36	3458.09	大通证券股份有限公司	36	29316.50
长城证券有限责任公司	37	3320.28	长城证券有限责任公司	37	29140.30
齐鲁证券有限公司	38	3307.67	上海证券有限责任公司	38	26873.70
上海证券有限责任公司	39	3275.08	渤海证券有限责任公司	39	26738.50
亚洲证券有限责任公司	40	3085.23	东方证券股份有限公司	40	25316.40
天同证券有限责任公司	41	2917.11	北方证券有限责任公司	41	22946.70
东北证券有限责任公司	42	2757.40	财富证券有限责任公司	42	22729.30
恒泰证券有限责任公司	43	2641.31	天和证券经纪有限公司	43	22215.10
北京证券有限责任公司	44	2527.01	甘肃证券有限责任公司	44	22125.70
北京高华证券有限责任公司	45	2432.97	金通证券股份有限公司	45	20180.40
湛江国际信托投资公司	46	2432.97	联讯证券经纪有限责任公司	46	19879.30
广东民安证券经纪有限责任公司	47	2249.32	国盛证券有限责任公司	47	18070.20
华安证券有限责任公司	48	2220.93	广东证券股份有限公司	48	17502.70
国都证券有限责任公司	49	2141.68	珠海经济特区信托投资公司	49	17502.70
兴安证券有限责任公司	50	2133.28	长财证券经纪有限责任公司	50	17352.10

五十大会员公司交易
Top 50 Most Active Member Companies

单位：百万元人民币（1,000,000 Yuan RMB）

会员公司 Company	名次 Rank	基金交易金额 Fund Trading Value	会员公司 Company	名次 Rank	权证交易金额 Warrant Trading Value
国泰君安证券股份有限公司	1	14086.14	国泰君安证券股份有限公司	1	25768.38
中国银河证券有限责任公司	2	12734.71	海通证券股份有限公司	2	23321.84
申银万国证券股份有限公司	3	6816.78	中国银河证券有限责任公司	3	20254.32
国信证券有限责任公司	4	6111.58	国信证券有限责任公司	4	14182.54
招商证券股份有限公司	5	5480.93	光大证券股份有限公司	5	13946.53
平安证券有限责任公司	6	4179.06	东方证券股份有限公司	6	13917.63
海通证券股份有限公司	7	3662.49	申银万国证券股份有限公司	7	11988.15
广发证券股份有限公司	8	2920.32	广发证券股份有限公司	8	9440.29
中信证券股份有限公司	9	2675.94	天一证券有限责任公司	9	8758.37
中国国际金融有限公司	10	2593.16	泰阳证券有限责任公司	10	8063.48
联合证券有限责任公司	11	2425.02	招商证券股份有限公司	11	7305.16
华泰证券有限责任公司	12	2417.88	华泰证券有限责任公司	12	6842.78
光大证券股份有限公司	13	2189.22	天同证券有限责任公司	13	5881.21
上海证券有限责任公司	14	1727.45	中信证券股份有限公司	14	5705.90
长江证券有限责任公司	15	1573.81	湘财证券有限责任公司	15	5578.80
兴业证券股份有限公司	16	1232.78	方正证券有限责任公司	16	5535.87
国元证券有限责任公司	17	1189.66	东吴证券有限责任公司	17	5334.88
湘财证券有限责任公司	18	1152.19	华西证券有限责任公司	18	5276.78
渤海证券有限责任公司	19	1108.49	中信建投证券有限责任公司	19	5266.30
东方证券股份有限公司	20	1094.73	高盛高华证券有限责任公司	20	5266.30
北京证券有限责任公司	21	1033.63	联合证券有限责任公司	21	4774.12
南京证券有限责任公司	22	835.92	兴业证券股份有限公司	22	4612.21
天同证券有限责任公司	23	797.86	西南证券有限责任公司	23	3734.20
中国民族证券有限责任公司	24	792.95	江南证券有限责任公司	24	3609.36
山西华康信托投资有限责任公司	25	792.95	渤海证券有限责任公司	25	3421.72
山西证券有限责任公司	26	789.03	新疆证券有限责任公司	26	3321.29
富友证券经纪有限责任公司	27	789.03	金通证券股份有限公司	27	3267.74
中原证券股份有限公司	28	778.22	亚洲证券有限责任公司	28	3027.20
长城证券有限责任公司	29	720.57	上海证券有限责任公司	29	2982.55
亚洲证券有限责任公司	30	657.08	中国建银投资证券有限责任公司	30	2851.77
华安证券有限责任公司	31	656.81	中国民族证券有限责任公司	31	2806.60
中银国际证券有限责任公司	32	595.68	山西华康信托投资有限责任公司	32	2806.60
财富证券有限责任公司	33	593.78	中银国际证券有限责任公司	33	2727.08
东吴证券有限责任公司	34	545.56	国海证券有限责任公司	34	2708.12
泰阳证券有限责任公司	35	505.23	东北证券有限责任公司	35	2624.06
国海证券有限责任公司	36	495.17	广东证券股份有限公司	36	2568.73
方正证券有限责任公司	37	459.64	珠海经济特区信托投资公司	37	2568.73
江南证券有限责任公司	38	454.05	华安证券有限责任公司	38	2543.80
金元证券有限责任公司	39	443.27	中原证券股份有限公司	39	2540.14
汉唐证券有限责任公司	40	437.89	财通证券经纪有限责任公司	40	2515.72
西南证券有限责任公司	41	417.71	江海证券经纪有限责任公司	41	2453.50
天一证券有限责任公司	42	405.49	恒泰证券有限责任公司	42	2245.25
天和证券经纪有限公司	43	395.84	长城证券有限责任公司	43	2225.67
金通证券股份有限公司	44	394.63	齐鲁证券有限公司	44	2212.73
新疆证券有限责任公司	45	379.54	广发华福证券有限责任公司	45	2135.96
宏源证券股份有限公司	46	371.01	南方证券股份有限公司	46	2135.96
蔚深证券有限责任公司	47	367.81	天和证券经纪有限公司	47	2089.96
广东证券股份有限公司	48	359.37	金信证券有限责任公司	48	2055.44
珠海经济特区信托投资公司	49	359.37	国元证券有限责任公司	49	2053.92
国联证券有限责任公司	50	351.38	长江证券有限责任公司	50	2038.54

五十大会员公司交易
Top 50 Most Active Member Companies

单位：百万元人民币（1,000,000 Yuan RMB）

会员公司 Company	名次 Rank	企业债回购交易金额 Corporate Bond Repo Trading Value	会员公司 Company	名次 Rank	企业债、可转债交易金额 Corporate Bond,Convertible Bond Trading Value
国泰君安证券股份有限公司	1	48741.00	国泰君安证券股份有限公司	1	9277.68
中国银河证券有限责任公司	2	18418.40	中国银河证券有限责任公司	2	6606.83
金信证券有限责任公司	3	16036.40	申银万国证券股份有限公司	3	6201.68
中信证券股份有限公司	4	14319.10	中国国际金融有限公司	4	5477.72
中银国际证券有限责任公司	5	13691.30	中信证券股份有限公司	5	4955.29
中国科技证券有限责任公司	6	9617.80	招商证券股份有限公司	6	2862.83
华西证券有限责任公司	7	8034.50	海通证券股份有限公司	7	2827.40
光大证券股份有限公司	8	7724.70	平安证券有限责任公司	8	2620.93
第一创业证券有限责任公司	9	6851.20	华泰证券有限责任公司	9	2398.14
中国国际金融有限公司	10	6567.00	国信证券有限责任公司	10	2232.94
申银万国证券股份有限公司	11	6337.40	中银国际证券有限责任公司	11	1819.88
富成证券经纪有限公司	12	4529.80	兴业证券股份有限公司	12	1706.05
湘财证券有限责任公司	13	3738.00	联合证券有限责任公司	13	1479.72
海通证券股份有限公司	14	3288.10	东方证券股份有限公司	14	1474.18
中信建投证券有限责任公司	15	2650.40	广发证券股份有限公司	15	1278.50
高盛高华证券有限责任公司	16	2650.40	天同证券有限责任公司	16	1204.73
天同证券有限责任公司	17	2258.20	光大证券股份有限公司	17	1069.79
东方证券股份有限公司	18	2252.10	中山证券有限责任公司	18	868.59
宏源证券股份有限公司	19	1793.80	国元证券有限责任公司	19	760.96
中期证券经纪有限责任公司	20	1436.80	长城证券有限责任公司	20	724.69
方正证券有限责任公司	21	1386.90	国盛证券有限责任公司	21	693.33
中山证券有限责任公司	22	1372.00	长江证券有限责任公司	22	686.71
广发证券股份有限公司	23	1338.00	湘财证券有限责任公司	23	678.46
长江证券有限责任公司	24	1329.50	渤海证券有限责任公司	24	561.45
渤海证券有限责任公司	25	1282.60	上海证券有限责任公司	25	518.69
江南证券有限责任公司	26	1198.90	中信万通证券有限责任公司	26	474.45
大鹏证券有限责任公司	27	1104.10	东吴证券有限责任公司	27	454.95
兴业证券股份有限公司	28	1078.40	第一创业证券有限责任公司	28	445.22
财富证券有限责任公司	29	1072.40	天一证券有限责任公司	29	436.87
中信万通证券有限责任公司	30	1062.60	泰阳证券有限责任公司	30	430.75
国信证券有限责任公司	31	938.10	华西证券有限责任公司	31	411.63
国都证券有限责任公司	32	896.10	方正证券有限责任公司	32	365.19
平安证券有限责任公司	33	830.10	西部证券股份有限公司	33	359.13
天一证券有限责任公司	34	826.70	山西证券有限责任公司	34	331.42
甘肃证券有限责任公司	35	801.00	富友证券经纪有限责任公司	35	331.42
广东证券股份有限公司	36	778.40	国都证券有限责任公司	36	319.43
珠海经济特区信托投资公司	37	778.40	亚洲证券有限责任公司	37	316.02
汉唐证券有限责任公司	38	736.90	东北证券有限责任公司	38	313.15
西南证券有限责任公司	39	723.00	金信证券有限责任公司	39	310.89
华安证券有限责任公司	40	688.80	广东证券股份有限公司	40	307.02
国元证券有限责任公司	41	601.90	珠海经济特区信托投资公司	41	307.02
金元证券有限责任公司	42	596.40	财富证券有限责任公司	42	288.99
大通证券股份有限公司	43	595.30	中国科技证券有限责任公司	43	275.66
联合证券有限责任公司	44	555.00	恒泰证券有限责任公司	44	268.09
金通证券股份有限公司	45	505.20	金元证券有限责任公司	45	266.73
中关村证券股份有限公司	46	454.50	北京证券有限责任公司	46	258.49
西北证券有限责任公司	47	453.50	中兴信托投资有限责任公司	47	256.26
招商证券股份有限公司	48	439.60	宏源证券股份有限公司	48	245.14
天和证券经纪有限公司	49	431.50	辽宁省证券公司	49	244.15
华鑫证券有限责任公司	50	431.40	中信建投证券有限责任公司	50	238.37

SHAREHOLDER

投　资　者

投资者历年开户

Historical Data of Shareholder's Accounts

投资者构成

Investor Structure

A股投资者开户地区分布

Geographical Distribution of A Shareholder's Accounts

投资者历年开户
Historical Data of Shareholder's Accounts

股票投资者历年开户 Data of Investor Accounts (A Share & B Share) 单位：万户

	1997	1998	1999	2000	2001	2002	2003	2004	2005
开户总数 Total									
总数 Total	1713.31	1999.41	2281.12	2957.84	3419.84	3555.95	3632.06	3703.08	3747.92
个人 Person	1708.09	1993.14	2272.80	2944.89	3403.06	3536.89	3612.11	3682.41	3726.63
机构 Company	5.22	6.26	8.32	12.95	16.79	19.06	19.95	20.67	21.28
A 股开户总数 Total (A Share)									
总数 Total	1706.77	1991.61	2272.23	2943.32	3326.93	3459.54	3534.00	3603.72	3648.06
个人 Person	1702.19	1986.05	2264.67	2931.20	3311.07	3441.43	3515.05	3584.19	3628.00
机构 Company	4.59	5.56	7.56	12.12	15.87	18.10	18.95	19.53	20.06
B 股开户总数 Total (B Share)									
总数 Total	6.54	7.80	8.88	14.52	92.91	96.42	98.07	99.36	99.86
个人 Person	5.91	7.10	8.13	13.69	91.99	95.46	97.06	98.22	98.63
机构 Company	0.63	0.70	0.76	0.83	0.92	0.96	1.00	1.14	1.23
新开户总数 New									
总数 Total	502.79	286.10	281.71	676.72	462.00	136.11	76.11	71.02	44.83
个人 Person	501.35	285.05	279.66	672.09	458.17	133.83	75.22	70.30	44.22
机构 Company	2.20	1.04	2.05	4.64	3.83	2.28	0.89	0.72	0.61
A 股新开户数 New (A Share)									
总数 Total	500.84	284.83	280.62	671.08	383.62	132.60	74.46	69.72	44.33
个人 Person	499.58	283.86	278.62	666.52	379.87	130.37	73.62	69.14	43.81
机构 Company	2.02	0.97	2.00	4.56	3.75	2.23	0.85	0.58	0.53
B 股新开户数 New (B Share)									
总数 Total	1.95	1.26	1.09	5.64	78.39	3.51	1.65	1.30	0.50
个人 Person	1.78	1.19	1.03	5.56	78.30	3.47	1.61	1.16	0.41
机构 Company	0.08	0.17	0.06	0.08	0.09	0.04	0.04	0.14	0.09

历年 A 股股东新开户情况 Data of Investor Accounts (A Share)

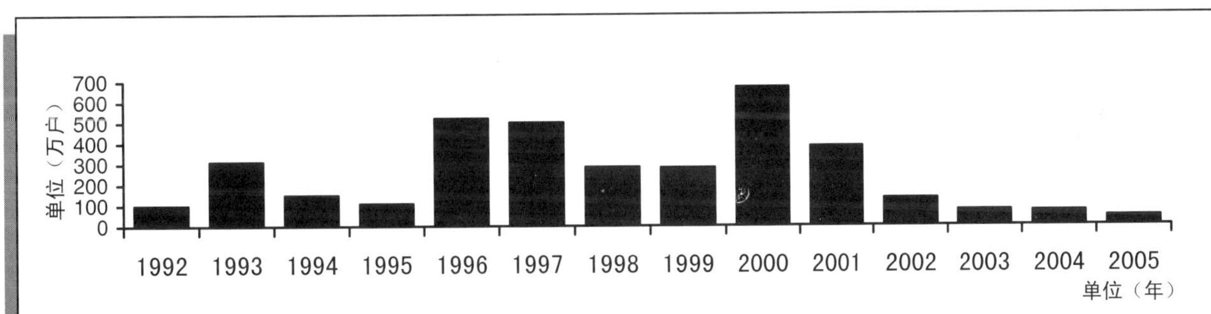

历年 B 股股东新开户情况 Data of Investor Accounts (B share)

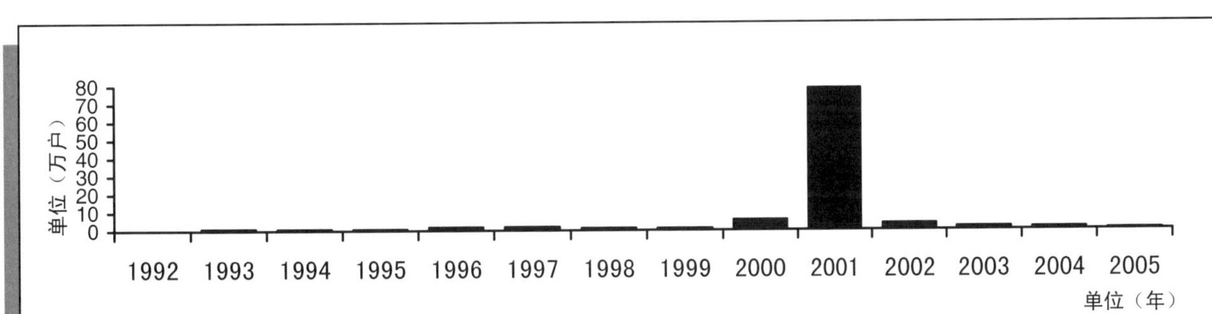

投资者构成 Investor Structure

年龄分布 Age

年龄段 Age	30 岁以下 Under 30	30-40 岁 30-40	40-50 岁 40-50	50-60 岁 50-60	60 岁以上 Up 60	其他 Other
人数	9738559	11643030	7752827	3256157	2444555	0
比例（%）	27.96	33.42	22.26	9.35	7.02	0.00

2005 年投资者年龄构成图 Age

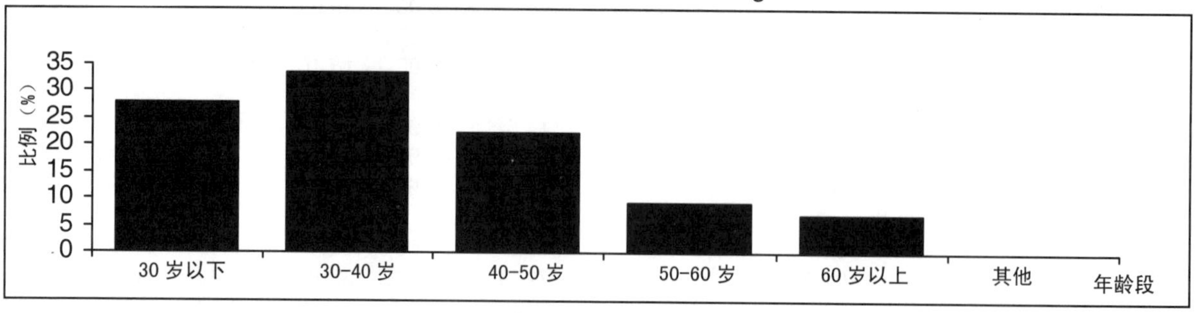

学历分布 Academic Background

学历 Academic	中专以下 Under Middle Education	中专 Middle Education	大专 Higher Education	大学本科 Bachelor	硕士及以上 Master	其他 Other
人数	12228604	8696326	7150102	2905127	1300982	0
比例（%）	37.88	26.94	22.15	9.00	4.03	0.00

2005 年投资者学历分布图 Academic

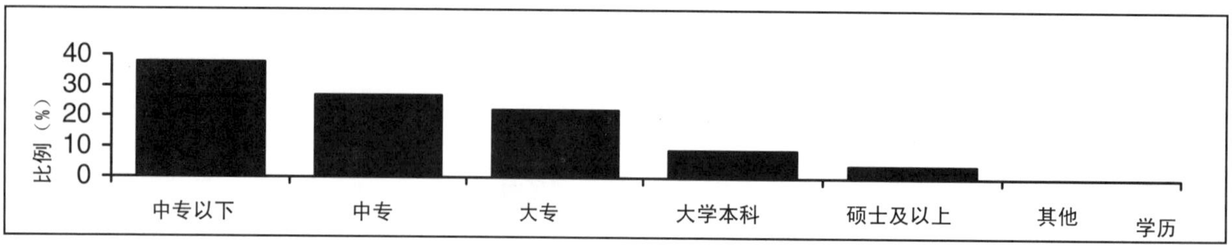

性别分布 Sex

性别 Sex	男性 Male	女性 Female	其他 Other
人数	19142367	15689596	0
比例（%）	54.96	45.04	0.00

2005 年投资者性别分布比例图 Sex

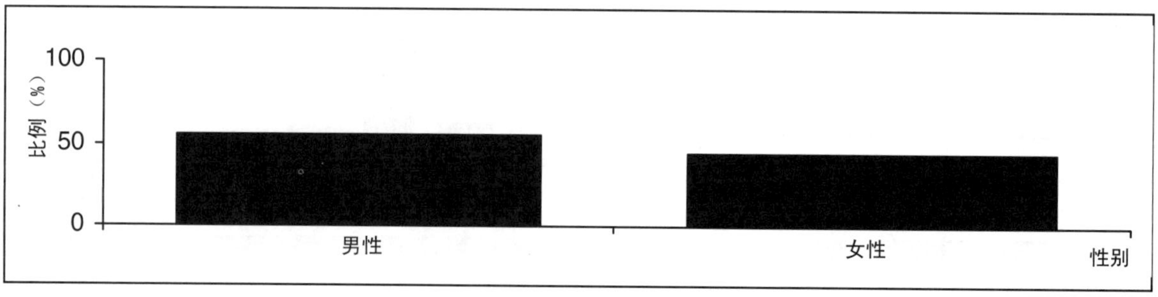

注：统计表中的“其他”为统计误差部分，产生原因请查看“指标说明”。

A 股投资者开户地区分布
Geographical Distributions of A Shareholder's Accounts

地区 Area	名次 Rank	年内新增 New	所占比例 %	名次 Rank	总数 Total	所占比例 %
广 东	1	127498	19.43	2	3972604	10.62
上 海	2	92124	14.04	1	5111764	13.66
北 京	3	46158	7.03	8	1673536	4.47
辽 宁	4	45908	7.00	5	2162851	5.78
江 苏	5	41969	6.40	3	3457236	9.24
浙 江	6	34169	5.21	7	1920734	5.13
四 川	7	31139	4.75	6	1995689	5.33
山 东	8	27542	4.20	4	2352311	6.29
福 建	9	25576	3.90	9	1441635	3.85
河 南	10	24846	3.79	11	1151249	3.08
广 西	11	16307	2.48	22	514339	1.37
湖 北	12	15551	2.37	10	1267344	3.39
河 北	13	13667	2.08	15	885271	2.37
湖 南	14	13404	2.04	13	974034	2.60
天 津	15	12393	1.89	17	832966	2.23
黑龙江	16	11796	1.80	12	1035949	2.77
安 徽	17	10998	1.68	14	893442	2.39
江 西	18	9778	1.49	20	647503	1.73
吉 林	19	9490	1.45	18	706251	1.89
陕 西	20	7687	1.17	16	868059	2.32
重 庆	21	7485	1.14	19	667597	1.78
山 西	22	6763	1.03	21	598835	1.60
云 南	23	4635	0.71	25	309577	0.83
新 疆	24	4617	0.70	23	503679	1.35
内蒙古	25	3922	0.60	27	265303	0.71
甘 肃	26	3793	0.58	26	295597	0.79
贵 州	27	3346	0.51	29	171724	0.46
海 南	28	1987	0.30	24	422454	1.13
宁 夏	29	1176	0.18	30	101163	0.27
青 海	30	351	0.05	28	191199	0.51
西 藏	31	167	0.03	31	21072	0.06
合 计	0	656242	100.00	0	37412967	100.00

APPENDIX

附　录

市场竞价申报规定
Auction Rules for Bid/Offer

证券种类	代码特征	竞价方式	交易单位	每笔申报限制	价格变动单位	申报价格限制	计价单位	买卖方向限制	备注
A 股股票	60＊＊＊＊	集合竞价和连续竞价	每股面额 1 元 100 股	流通股＜1 亿，不得超过 20 万股；1 亿≤流通股，不得超过 100 万股	0.01 元	不超过上一交易日收盘价的上下 10%为限（ST 股票：上下 5%）	1 股	…	卖出可小于交易单位申报；买进须是交易单位或其整数倍
基金	5＊＊＊＊＊	同上	每份面额 1 元 100 份	同上	同上	同上	1 份	…	同上
B 股	9＊＊＊＊＊	同上	每股面额 1 元 100 股	同上	0.001 美元	同上	1 股	…	按美元计价，其他同上
权证	58＊＊＊＊	同上	100 份	不超过 100 万份	0.001 元	专门的权证价格控制方式，比较复杂，详见权证管理办法	1 份		可回转交易
国债	0＊＊＊＊＊	同上	1 手（1 千元面额）	不得超过 10000 手	0.01 元	不得高于卖一 10%；不得低于买一 10%；同时不高于卖一和买一平均值的 130%，低于该平均值的 70%	百元面值	…	…
企业债券	12＊＊＊＊	同上	同上	同上	同上	同上	同上	…	…
可转换债券	10＊＊＊＊ 11＊＊＊＊	同上	同上	同上	0.01 元	同上	同上	…	…
债券质押式回购	20＊＊＊＊	同上	100 手	不得超过 10000 手	0.005 元	…	每百元资金	…	按每百元收益报价
债券买断式回购	20＊＊＊＊	同上	1000 手	不得超过 50000 手	0.01 元	…	每百元面值	…	每百元面值的到期回购价格

注：1. 无价格涨跌幅的股票，集合竞价阶段，申报价格不得高于前收盘价的 200%，并且不低于前收盘价格的 50%；连续竞价阶段同债券交易。

2. 债券交易的集合竞价阶段，申报价格不得高于前收盘价格的 150%，并且不得低于前收盘价格的 70%。

2 月

3 日

华电国际电力股份有限公司的 28450 万元人民币普通股股票将于 2005 年 2 月 3 日起在上海证券交易所交易市场上市交易。证券简称为“华电国际”，证券代码为“600027”。

3 月

23 日

西安达尔曼实业股份有限公司于 2005 年 3 月 23 日收到上海证券交易所《关于决定公司股票终止上市的通知》，决定公司 A 股股票自 2005 年 3 月 25 日起终止上市。

4 月

12 日

中材国际工程股份有限公司的 4640 万元人民币普通股股票将于 2005 年 4 月 12 日起在上海证券交易所交易市场上市交易。证券简称为“中材国际”，证券代码为“600970”。

5 月

9 日

包头铝业股份有限公司的 11200 万元人民币普通股股票将于 2005 年 5 月 9 日起在上海证券交易所交易市场上市交易。证券简称为“包头铝业”，证券代码为“600472”。

6 月

16 日

上海浦东发展(集团)有限公司发行的 2003 年上海浦东发展(集团)有限公司公司债券将于 2005 年 6 月 16 日起在上海证券交易所交易市场上市交易，上市总额为 3.3366 亿元人民币。证券简称为“03 浦发债”，证券代码为“120307”。

7 月

18 日

申能(集团)有限公司发行的2005年申能(集团)有限公司公司债券将于2005年7月18日起在上海证券交易所交易市场上市交易，上市总额为人民币 2300 万元，证券简称为“05 申能债”，证券代码为“120501”。

22 日

苏州工业园区地产经营管理公司发行的 2005 年苏州工业园区地产经营管理公司企业债券将于 2005 年 7 月 22 日起在上海证券交易所交易市场上市交易，上市总额为 6100 万元人民币。证券简称为“05 苏园建”，证券代码为“120502”。

8 月

1 日

重庆市水务控股(集团)有限公司发行的 2005 年重庆市水务控股(集团)有限公司债券将于 2005 年 8 月 1 日在上海证券交易所交易市场上市交易，上市总额为 1300 万元人民币。证券简称为“05 渝水务”，证券代码为“120503”。

广东华圣科技投资股份有限公司于 2005 年 8 月 1 日收到上海证券交易所《关于决定公司股票终止上市的通知》，上海证券交易所决定公司 A 股股票自 2005 年 8 月 5 日起终止上市。

12 日

浙江沪杭甬高速公路股份有限公司发行的 2003 年公司债券将于 2005 年 8 月 12 日起在上海证券交易所交易市场上市交易，上市总额为人民币 11550 万元。证券简称为“03 沪杭甬”，证券代码为“120308”。

26 日

中国大唐集团公司发行的 2005 年中国大唐集团公司企业债券将于 2005 年 8 月 26 日起在上海证券交易所交易市场上市交易，上市总额为人民币 1951 万元。证券简称为“05 大唐债”，证券代码为“120506”。

9 月

6 日

中国华电集团公司发行的 2005 年中国华电集团公司企业债券(10 年期固定利率债券)将于 2005 年 9 月 6 日起在上海证券交易所交易市场上市交易，上市额度为 5300 万元。证券简称为“05 华电债”，证券代码为“120505”。

8 日

中国国电集团公司发行的 2004 年中国国电集团公司企业债券(十年期固定利率债券、十五年期固定利率债券)将于 2005 年 9 月 8 日起在上海证券交易所交易市场上市交易，其中，十年期固定利率债券上市额度为 5728 万元，证券简称为“04 国电(1)”，证券代码为“120485”；十五年期固定利率债券上市额度为 590.8 万元，证券简称为“04 国电(2)”，证券代码为“120486”。

9 日

2005 年中国铁路建设债券将于 2005 年 9 月 9 日在上海证券交易所交易市场上市交易。05 铁道债为实名制记账式债券，发行总额 50 亿元，期限为 15 年，票面年利率为 4.85%，按年付息，自 2005 年 7 月 29 日起计息，2020 年 7 月 28 日到期支付本金及最后一年利息。05 铁道债上市总额 0.83494 亿元。债券简称为“05 铁道债”，交易代码为“120508”。

12 日

国家电网公司发行的2005年国家电网公司企业债券(十年期固定利率债券、十年期浮动利率债券)将于 2005 年 9 月 12 日起在上海证券交易所交易市场上市交易，其中，十年期固定利率债券上市额度为 19953.9 万元，证券简称为“05 国网(1)”，证券代码为“120509”；十年期浮动利率债券上市额度为 4600.0 万元，证券简称为“05 国网(2)”，证券代码为“120510”。

14 日

陕西煤航数码测绘(集团)股份有限公司于 2005 年 9 月 14 日收到上海证券交易所《关于决定公司股票终止上市的通知》，决定公司股票自 2005 年 9 月 20 日起终止上市。

中国四川国际合作股份有限公司于 2005 年 9 月 14 日收到上海证券交易所《关于决定公司股票终止上市的通知》，决定公司股票自 2005 年 9 月 16 日起终止上市。

19 日

浙江信联股份有限公司于 2005 年 9 月 19 日收到上海证券交易所《关于决定公司股票终止上市的通知》。上海证券交易所决定公司的 A 股股票自 2005 年 9 月 21 日起终止上市。

20 日

哈慈股份有限公司于 2005 年 9 月 20 日收到上海证券交易所《关于决定公司股票终止上市的通知》(下称：《通知》)，《通知》决定公司 A 股股票自 2005 年 9 月 22 日起终止上市。

22 日

哈慈股份有限公司(证券简称：*ST 哈慈，证券代码：600752)因 2002 年、2003 年和 2004 年连续三年亏损，*ST 哈慈股票自 2005 年 5 月 20 日起暂停上市。2005 年 8 月 31 日，*ST 哈慈披露了 2005 年半年度报告，但未在其后五个交易日内向上海证券交易所提出*ST 哈慈股票恢复上市申请。

根据中国证监会有关规定和上海证券交易所上市委员会的审核意见，上海证券交易所决定*ST 哈慈股票自 2005 年 9 月 22 日起终止上市。

26 日

中国电力投资集团公司发行的 2005 年中国电力投资集团公司企业债券将于 2005 年 9 月 26 日起在上海证券交易所交易市场上市交易，上市总额为 4186 万元。证券简称为“05 中电投”，证券代码为“120516”。

27 日

上海市城市建设投资开发总公司发行的 2005 年上海城市建设债券(10 年期固定利率债券、15 年期固定利率债券)将于 2005 年 9 月 27 日起在上海证券交易所交易市场上市交易，其中，10 年期固定利率债券上市总额为 8658.5 万元人民币，证券简称为“05 沪建(1)”，证券代码为“120511”；15 年期固定利率债券上市总额为 3876.0 万元人民币，证券简称为“05 沪建(2)”，证券代码为“120512”。

10 月

26 日

2004 年中国南方电网建设债券(以下简称“04 南网债”)定于 2005 年 10 月 26 日在上海证券交易所上市交易。“04 南网债”为实名制记帐式债券，发行总额 30 亿元，其中十年期品种 10 亿元，票面年利率为固定利率 5.3%；十五年期品种 20 亿元，票面年利率为固定利率 5.6%。“04 南网债”以现券方式在本所上市交易，上市总额 2000 万元，其中十年期品种债券简称为“04 南网（1）”，交易代码为“120489”，十五年期品种债券简称为“04 南网（2）”，交易代码为“120490”。

2003 年江苏交通控股有限公司企业债券(以下简称“03 苏交通”)定于 2005 年 10 月 26 日在上海证券交易所上市交易。“03 苏交通”为实名制记帐式债券，发行总额 18 亿元，期限为 10 年，票面年利率为 4.61%，按年付息，自 2003 年 11 月 21 日起计息，2013 年 11 月 20 日到期兑付本金及最后一年利息。“03 苏交通”以现券方式在本所上市交易，债券简称为“03 苏交通”，交易代码为“120309”，上市总额 26,927.4 万元。

11 月

16 日

中国华能集团公司发行的 2005 年中国华能集团公司企业债券(10 年期固定利率债券)将于 2005 年 11 月 16 日上市交易，上市额度为 1.1601 亿元。证券简称为“05 华能债”，证券代码为“120519”。

23 日

公司流通股股东获得的认购权证、认沽权证将于 2005 年 11 月 23 日在上海证券交易所上市流通，认购权证的交易简称为“武钢 JTB1”，交易代码为“580001”；认沽权证的交易简称为“武钢 JTP1”，交易代码为“580999”。

25 日

北京能源投资(集团)有限公司发行的 2005 年北京能源投资(集团)有限公司公司债券(五年期固定利率债券、七年期固定利率债券)将于 2005 年 11 月 25 日起在上海证券交易所交易市场上市交易，其中，五年期固定利率债券上市额度为 7745 万元，证券简称为“05 京能(1)”，证券代码为“120517”；七年期固定利率债券上市额度为 2000 万元，证券简称为“05 京能(2)”，证券代码为“120518”。

12 月

15 日

中国国际航空股份有限公司发行的 2005 年中国国际航空股份有限公司企业债券(十年期固定利率债券)将于 2005 年 12 月 15 日起在上海证券交易所交易市场上市交易，上市额度为 1392 万元。证券简称为“05 国航债”，证券代码为“120521”。

20 日

中国铁通集团有限公司发行的 2005 年中国铁通集团有限公司公司债券将于 2005 年 12 月 20 日起在上海证券交易所交易市场上市交易，上市总额为 667.5 万元。证券简称为“05 铁通债”，证券代码为“120522”。

23 日

广东省机场管理集团公司发行的以广州白云国际机场股份有限公司(简称为白云机场，股权分置改革方案实施后，简称为 G 穗机场)为标的证券的 24000 万份认沽权证将于 2005 年 12 月 23 日起在上海证券交易所交易市场上市交易。权证交易简称为“机场 JTP1”，交易代码为“580998”，行权简称为“AS061222”，行权代码为“582998”。

29 日

杭州市城市建设发展有限公司发行的 2005 年杭州市城市建设发展有限公司公司债券将于 2005 年 12 月 29 日起在上海证券交易所交易市场上市交易，上市总额为人民币 1694.50 万元。证券简称为“05 杭城建”，证券代码为“120520”。

31 日

黑龙江省科利华网络股份有限公司(简称*ST 龙科)因 2002 年、2003 年和 2004 年连续三年亏损，*ST 龙科股票自 2005 年 5 月 20 日起暂停上市。2005 年 9 月 7 日，*ST 龙科向上海证券交易所提出公司股票恢复上市申请，上海证券交易所于 9 月 14 日受理。上海证券交易所上市委员会对*ST 龙科的股票恢复上市申请进行了审议，作出了不同意*ST 龙科股票恢复上市申请的审核意见。

根据有关文件的规定，上海证券交易所决定*ST 龙科股票自 2005 年 12 月 31 日起终止上市。

图书在版编目（CIP）数据

上海证券交易所统计年鉴.2006卷/上海证券交易所编.
—上海：上海人民出版社,2006
ISBN 7-208-06527-6

Ⅰ.上... Ⅱ.上... Ⅲ.证券交易所–统计资料–
上海市–2006–年鉴 Ⅳ.F832.51-54

中国版本图书馆CIP数据核字(2006)第114387号

责任编辑　王舒娟
封面装帧　王小阳

上海证券交易所统计年鉴
（2006卷）
上海证券交易所　编
世纪出版集团
上海人民出版社出版
（200001　上海福建中路193号　www.ewen.cc）
世纪出版集团发行中心发行
上海商务联西印刷有限公司印刷
开本889×1194　1/16　印张15　插页15　字数767,000
2006年10月第1版　2006年10月第1次印刷
印数1-4,000
ISBN 7-208-06527-6/F·1487
定价 80.00元